Wolfgang Eggert
Israels Geheimvatikan

WOLFGANG EGGERT

Im Namen Gottes

Israels
Geheim-vatikan

als Vollstrecker biblischer Prophetie

CHRONOS MEDIEN VERTRIEB GMBH MÜNCHEN

Wolfgang Eggert: Israels Geheimvatikan (Bd.1)

4. Auflage Juli 2008
3. Auflage Mai 2004
2. Auflage Oktober 2002
1. Auflage Juli 2001

Chronos Medien Vertrieb GmbH
Postfach 450108, 80901 München
Tel/Fax: 089-26215774
Internet: beimpropheten.@hotmail.com

ISBN 3-935845-01-4
ISBN 3-935845-02-2 Band 2
ISBN 3-935845-03-0 Band 3
ISBN 3-935845-00-6 Gesamtausgabe1-3

Internationales Copyright © 2001. Alle Rechte, einschließlich derjenigen des auszugsweisen Abdrucks sowie der fotomechanischen und elektronischen Wiedergabe, vorbehalten.

Printed in Germany

Der Verlag dankt Herrn Hansjürgen Bertram für das Lektorat

INHALT

Kapitel 1: Die Bibelprophetie - Göttliche Fügung oder menschliche Verschwörung? 17
Der Bibel-Code 17
Wer war hier am Werk? 18
Das Mittel: Kryptographie 19
Buchstabentreue Torah 21
Tatkräftige Diener Gottes 22
Kabbalisten als Träger und Wahrer der Geheimnisse 25

Kapitel 2: Biblischer Messianismus, Historischer Determinismus, Politischer Aktivismus 31
Der Heiland der geschichtlichen Erfüllung 31
Die „Verwaltungszentrale" des Messias 32
Der himmlische Plan 33
Der göttliche Imperativ der Bibelprophetie 34
Der biblische Erlösungszionismus 37
Den Messias ben David erzwingen? 39
Heiliger, Mystiker, Zionist. Rabbi Kook als Apologet des Geheimvatikans 41
Ein Weltkrieg stellt die Errichtung des jüdischen Staatswesens in Aussicht 44
Messiaswehen gegen das jüdische Volk: Der Holocaust 47
Judaistische Reaktionen auf den Holocaust: Wächter der Mauer vs. Erstürmer 54
Der Staat Israel und seine messianische Bedeutung 56
Ein unverwundbarer Platzhalter Gottes? 57
Die Forcierung von Armageddon am Tempelberg 58
Die Frage nach der Durchsetzbarkeit des Bibelplans 61

Kapitel 3: Die Freimaurerei als verlängerter Arm des Geheimvatikans 63
Ein Aufstand mit Folgen 63
Das religiöse Selbstverständnis und das Zukunftsbild der Freimaurerei 64
Die Ingangsetzung einer Verschwörung 65
Der Schaffensprozeß – im Namen Gottes 66
Zurück in die Zukunft: Armageddon 68

Kap. 4: Wie Israels Geheimvatikan Geschichte machte 69

Kap. 4,1: Der Puritanismus als Speerspitze des Geheimvatikans 71

Kap. 4,2: Die Freimaurerei und ihr Wesen 77
Anklage und Verteidigung 77
Eine undemokratische Struktur 78
Die (un)kontrollierte Gesellschaft 78
Der jüdische Ursprung der Freimaurerei von Ashmole... 79
... zur ersten Großloge und dem Gang in die Öffentlichkeit 80
Die mosaische Mission der Loge 82
Politische Enthaltsamkeit als Lebenslüge 84

Kap. 4,3: Die Begründung der Vereinigten Staaten von Amerika 87
Vom europäischen Krieg um Amerika zum Paktabschluß Frankreichs mit der Loge 87
Das Massaker vom 5. März 1770 89
Die „Bostoner Tee-Party" 90
Die separatistischen Kontinentalkongresse 91
Die Unabhängigkeitserklärung 92
Die brüderliche Verteilung der Ämter 93

Kap. 4,4: Das Geheimnis hinter der Französischen Revolution 97
Die „Aufklärung" 97
Die revolutionäre Hochgrad-Freimaurerei in Frankreich 99
Die bayerischen Illuminaten und ihr jüdischer Hintergrund 101
Der Konvent zu Wilhelmsbad 103
Cagliostros Ägyptische Maurerei und die Halsbandaffäre 105
Die Illuminaten in Frankreich 108
Die Einberufung der Generalstände 114
Die Generalstände erklären sich auf Druck der Bürgerlichen zur Nationalversammlung 115
Paris bis zum Bastilllesturm 116
Die Provinz zieht nach 119
Warum schweigt die Loge zu ihrem Erfolg? 122
Der Hintergrund des Jakobinertums 123
Die Entmachtung des Königs 124
Der Beginn des „Terreurs" 124
Die Vertreibung der Girondisten 126

Der allgemeine Aufstand 128
Die Entchristianisierung Frankreichs 131
Das Ende der Revolution 135
Ein Resümee 136

Kap. 4,5: Von der mosaischen Hochgrad-Freimaurerei zur alljüdischen Sammlungsbewegung 139
Der Alte und Angenommene Schottische Ritus 139
Der freimaurerische B'nai B'rith 141
Die Alliance Israélite Universelle 144

Kap. 4,6: Die Palästina-Verheißung und die ideologische Begründung des Zionismus 149
Die erfolgreiche Emanzipation des hebräischen Volkes 149
Die Gefährdung des jüdischen Kultus 151
Die ideologische Begründung des Zionismus 152
Der biblische Hintergrund des Moses Hess 153
Das imperiale Wesen des religiösen Zionismus 155
Rußland zwischen biblischer Auserwähltheit und zaristischer Assimilierungspolitik 157
Zionistische Frühbesiedelung 160
Die Rothschilds 162
Pogrome als Steigbügelhalter des Zionismus 165
Zionistischer Antisemitismus in Europa 168
Zum Beispiel Deutschland 168
Zum Beispiel Österreich-Ungarn 171
Zum Beispiel Großbritannien 173
Zum Beispiel Frankreich 174

Kap. 4,7: Der exoterische Zionismus unter Theodor Herzl 179
Auf dem Weg zum ersten Weltkongreß 179
Die fehlgeschlagenen Verhandlungen der Jahre 1898-1902 181
Die britische Uganda-Offerte 183
„Eine Vision der Alten": Krieg in Sicht 186

Kap. 4,8: „Messiaswehen" – Der Plan zur Führung dreier Weltkriege 189
Der Kampf des Sinai gegen die weltliche Macht des Rom-Papstes 189
Frankreichs Schaukelpolitik 190

Die freimaurerische Einigung Italiens - ohne Frankreich 190
Der preußische Stellvertreterkrieg gegen Österreich 192
Das katholische Frankreich, die Loge und der Geheimvatikan 193
Der deutsch-französische Krieg und der Sturz Napoleon III. 195
Die Verurteilung Preußens durch die Loge 197
Der Sturz des Papsttums 198
Der „Kulturkampf" 199
Die territoriale Umgestaltung Deutschlands 200
Die Hochgradfreimaurerei plant drei Weltkriege 202
Deutschland aus jahwitischer Sicht 205

Kap. 4,9: Die Gleichschaltung der Hochgrad-Freimaurerei 209
Mazzinis Vorschlag an Pike 209
Der B´nai B´rith „heiratet" das Schottentum 210
Die Gründung einer freimaurerischen UNO 211

Kap. 4,10: Britannia - Alttestamentarischer Pfeiler in der ausserjüdischen Welt 213
Die Symbiose 213
D´Israeli und der Kauf des Suezkanals 215
Gladstone und die Eroberung Ägyptens 219
Rhodes, der „Round Table" und Rothschild 220

Kap. 4,11: Von der Kolonialpolitik zum europäischen Konfliktkurs 223
Die Haltung Englands zum deutsch-französischen Krieg und zur Reichsgründung 223
Die Konkurrenz zwischen Deutschland und England 225
„Der größte Kriegsfall, den die Welt je gesehen": Deutschland im Visier der Londoner Kampfpresse 228
Der Zionismus als treibende Kraft 230
Die Einbindung der Freimaurerei 232

Kap. 4,12: Der bibelfreimaurerische Einfluß auf die alliierte Politik 235
Die Übernahme des parlamentarischen Lebens 235
Die Eroberung des Militärs 239
Die Unterordnung der Presselandschaft 240
Ein gekaufter König und die „Einkreisung" 247

Kap. 4,13: Die Einkreisung 253
    Italien verabschiedet sich aus dem Dreibund 254
    „Herzliches Einvernehmen" zwischen England und Frankreich 254
    Die erste Marokkokrise 255
    Deutsche Friedens- gegen englische Kriegspolitik 255
    Die Entente Cordiale zwischen Großbritannien und Rußland 258
    Lord Fisher´s Kriegsplan 259

Kap. 4,14: Der Anlaß 263
    Österreich annektiert Bosnien-Herzegowina 263
    Die Reaktion Rußlands 263
    Die Reaktion der Freimaurerei 264

Kap. 4,15: Das freimaurerische Todesurteil 267

Kap. 4,16: Die Alliierten in den Startlöchern 271
    Frankreich kriegssicher 271
    Die Aufhetzung Rußlands 273
    Der Kauf der französischen Oppositionspresse 275
    Poincaré Präsident 277
    Br. Churchill datiert den Krieg 278
    Rußland instruiert Serbien 279
    Frankreichs dreijährige Kriegszeit 280
    Rußland schärft die Klingen 282
    Rüstungsstände 283
    England geht mit 285
    Rußland entschieden 286
    Der Mordplan 288
    In den Startlöchern 289

Kap. 4,17: Der Vollzug des blutigen Logenurteils 291
    Serbiens Militärgeheimdienstchef übernimmt die Ausführung 291
    Grand-Orient - Zwischenfälle in London 293
    Das Konto E 295
    Die Schüsse, die den Weltkrieg brachten 297
    Freimaurerische Vollstrecker 297
    Freimaurerische Hintermänner 299

Kap. 4,18: Die letzten Schritte in den Krieg 301
    St. Petersburg: 19-22.Juli 301
    Donnerstag, 23. Juli 302
    Freitag, 24. Juli 303

Samstag/Sonntag, 25./26. Juli 304
Montag, 27. Juli 305
Dienstag, 28. Juli 307
Mittwoch, 29. Juli 307
Donnerstag, 30. Juli, St. Petersburg 310
Donnerstag, 30. Juli, Paris 312
Freitag, 31. Juli 313
Samstag, 1. August 316
Sonntag, 2. August 318
Montag, 3. August 319

Anhänge

1: Das AlteTestament über die politische Sendung des Judentums 327

2: Kabbalistische Weltpolitik und das Mysterium Zaddik 353

3: Tikkun: Der Imperativ des Historischen Aktivismus 355

4: Kabbalistischer Satanismus: Verderbnis als Weg zur Erlösung 363

5: Großbritannien: „Reich des Bösen"? 367

6: Endzeitprojekt Aufklärung: Der Einfluß des okkulten Chassidentums 371

Epilog 375

Grafiken 377

Eine notwendige Vorbemerkung

Das vorliegende Buch behandelt geschichtliche Abläufe, die in engster Form an das Wirken radikal-orthodoxer Kreise innerhalb des Judentums gekoppelt zu sein scheinen.

Der Autor erachtet die Feststellung als grundlegend, daß im weiteren in keiner Form auf das Judentum als *Volk* und damit als Ganzes abgehoben wird. Im Betrachtungskern der Abhandlung steht vielmehr die *jahwitische Religion,* die sinnigerweise innerhalb Israels von dem überwiegenden Teil der jüdischen Bevölkerung abgelehnt wird. Und selbst hier ist eine weitere Einschränkung vorzunehmen, soll doch das religiöse Konstrukt des Judaismus ebenfalls nicht in seiner Gesamtheit in Frage gestellt werden. Unbestreitbar aber besitzt der theologische Überbau der Synagoge mit dem Auserwähltheitsgedanken und dem Messianismus fragwürdige Pfeiler, die eine Splittergruppe der mosaischen Gemeinde - der *Chassidismus* - wiederum zur Basis ihres Handelns erhebt. Die politischen Übergriffe dieser speziellen Sekte, in der sich vergangenheitsorientierter Fundamentalismus und endzeitlicher Okkultismus die Hand reichen, bilden die eigentliche Thematik des Buches.

Da es dem Chassidismus im Laufe der Jahrtausende offen oder durch verschiedenste Frontorganisationen versteckt gelungen ist, tief in weltliche und religiöse Belange des Judentums einzudringen, und dieses für eigene Zielsetzungen zu instrumentalisieren, ist eine klare Interessenstrennung innerhalb des hebräischen Volkes von Fall zu Fall nur sehr schwer möglich. Auch der Autor hatte mit dieser Problematik, in der „Identifizierung" und „Verallgemeinerung" eng beieinander liegen, zu kämpfen. Er meint dies - wo möglich - im besten Sinne gelöst zu haben. Letzlich und ganz maßgeblich auch im Interesse der Masse jener leidgeprüften Israeliten, die bis auf den heutigen Tag *Objekt* der Zeitgeschichte geblieben sind.

Es ist ein alter agadischer Satz, daß auch die größten weltbewegenden Ereignisse nur um Israel willen sich vollziehen.
Der jüdische Religionsphilosoph Dr. Joseph Wohlgemuth in seinem Buch „Der Weltkrieg im Lichte des Judentums"

Ich hege keinen Zweifel daran, dass der Mythos vom auserwählten Volk sowie der damit Hand in Hand gehende Messianismus der Schlüsselmythos der Geschichte ist und das wir darin eine fast vollständige Erklärung des weltweitern Irrsinns finden.
Francis Bacon. Zitiert nach Ben Weintraub, „The Holocaust Dogma of Judaism", Self Determination Committee, Washington D.C. 1995

Der Jude von heute ist brandneu - er glaubt daran, daß ihm Gott die Macht gegeben hat und daß diese Macht genutzt und eingesetzt werden muß ... Es wird keine Veränderungen geben, wenn wir die Geschichte nicht in unsere eigenen Hände nehmen.
Dr. Israel Singer, Generalsekretär des Jüdischen Weltkongreß', The Jewish Press, 20. 2. 1998

Im biblischen Judentum waltet nicht das Prinzip der individuellen, sondern das der generellen Vorsehung, einer göttlichen Vorsehung, die sich auf die Arten der Kreatur, auf Völker, Generationen und deren Führer erstreckt.
Simon Dubnow, „Geschichte des Chassidismus", Jüdischer Verlag im Athenäum-Verlag, Königstein/TS. 1982, 1. Band, Seite 19

Vorwort

Moskau 1937 - Im Scheinwerferlicht eines Hochverratsprozesses: Der angeklagte Sowjetfunktionär Karl Radek prognostiziert mitten im Frieden das sichere Herannahen eines dramatischen Konflikts. Dabei identifiziert er die Drahtzieher dieses zweiten mit den „wahren" Verantwortlichen des ersten Weltkrieges. Das Geheimnis um die verborgene Elite – so der Todgeweihte – das Lenin am Ende seiner Tage habe enthüllen wollen, und um das 1914 die Attentäter von Sarajewo wußten, bedeute gleichfalls eine Waffe gegen den kommenden Krieg. Der Rest ist Schweigen, denn hier greift die Zensur Stalins ein.

Moskau/Den Haag 1923 - Im Kreml und auf einem zwischenstaatlichen Symposium: Wenige Tage nach der Machtergreifung des Faschismus in Italien verbietet Lenin den geheimnisumwitterten Freimaurerorden, dem sich – so der Kommunistenführer – leitende Linksrevolutionäre kurz vor Beginn des Krieges angeschlossen haben. Im gleichen Atemzug befiehlt er in einer geheimen Direkte seinem Mitteleuropa-Experten Karl Radek, vor einer internationalen Friedenskonferenz in Den Haag eine bedeutende Rede zu halten. In dieser sollen bis heute unbekannte Hintergründe der Entstehung des Ersten Weltkrieges zur Sprache kommen. Auch hier erhält sich der Text nur in Fragmenten. Radek kommt seinem Auftrag nicht nach. Lenin wird praktisch in Stundenfrist durch eine mysteriöse Krankheit für immer zum Schweigen gebracht.

Paris 1914 – Hinter den Toren der Freimaurerloge „Grand Orient": Die künftigen Attentäter von Sarajewo treffen sich mit leitenden freimaurerischen Vertretern der russischen KP. In diesem Umfeld beschließen sie die Ermordung des österreichischen Thronfolgers, die planmäßig den Krieg auslösen soll. Der Coup gelingt und führt zum bis dahin blutigsten Völkergemetzel der Geschichte. An dessen Ende steht Englands Versprechen zur Errichtung eines jüdischen Staatswesens in Palästina und der Sieg der Roten Oktoberevolution im nachzaristischen Rußland. Beide Ereignisse, die in ein und derselben Woche über die Bühne gehen, werden aus dem Hintergrund heraus von Ordenskräften lanciert, die in einem hebräischen Bankhaus in New York ihr Lebenszentrum haben. Diese geheimnisvolle Geldmacht wird wenig später in Italien und Deutschland den Faschismus triumphieren lassen.

Was sind das für Kräfte, die es vermögen, derart massiv und konträr in die Belange der Weltpolitik einzugreifen? Wer sind die bestimmenden Männer und vor allem: Aus welchen Antrieben handeln sie?

Als ich vor Jahren meine Forschungen über eine Geschichte hinter der Geschichte aufnahm, ahnte ich nicht im entferntesten, in welcher in des Sprichworts wahrer Bedeutung „Teufels Küche" meine Wahrheitssuche schließlich enden würde. Ich ahnte nicht, welch komplizierte Wege die Recherche nehmen würde, nicht, wie oft

Opfer und Täter, Gut und Böse, Himmel und Hölle ihre bunten Kostümierungen wechseln sollten. Immer und immer wieder entpuppten sich die Bahnhöfe vermeintlicher Entschlüsselung lediglich als Durchgangsstation. Und so führte der Blick hinter die Kulissen des Weltgeschehens von den alltäglichen Komplotten einflußreicher Geheimdienste zu dem gleichgerichteten Treiben politisierender Geheimgesellschaften, um dann schließlich in der Welt der Religion, der Mystik zu enden.

Hier führt die Spur zu einer Sekte okkult-orthodoxer Israeliten, die es sich als selbsternannte Vertreter des mosaischen Glaubens zur Aufgabe gemacht hat, die Voraussagen der biblischen Überlieferungen bis ins Detail hinein in die Tat umzusetzen: Der Geheimvatikan. Es ist dies eine Kraft, der es durch die Infiltration bestimmter Freimaurergruppen früh gelungen ist, weite Teile des Establishment für seine Ziele einzuspannen und den Globus mit einem engmaschigen Netz zu umspinnen. Selbst im Dunkeln verharrend, beeinflußte die Kurie vom Sinai Revolutionen, sie schuf und zerstörte Staatswesen, hielt die Welt durch Skandale, Wirrnisse und bewaffnete Konflikte in Atem. Nach dem Zeitplan der israelischen „Propheten" stehen wir derzeit kurz vor einem letzten – apokalyptischen – Waffengang, der im Nahen Osten ein atomares Ende finden soll. In seinem globalen Schrecken sollen sich die Völker bereit finden, die Grenzen niederzureißen, um sich einem erdumgreifenden Gottesstaat auszuliefern.

Das vorliegende Buch thematisiert vor allem den Zeitabschnitt der Französischen Revolution bis hin zum Ausbruch des ersten Weltkrieges. Zwei weitere Bände – unter dem gleichen Titel erschienen und jeweils in sich abgeschlossen - behandeln nachfolgende Ereignisse. Zusammengenommen bildet das Gesamtwerk vermutlich jene Waffe, welche die eingeweihten Logenbrüder Lenin und Radek der Menschheit zum Kampf gegen den Krieg an die Hand geben wollten, bevor sie den Verrätertod starben.

> Denn ich bin der Herr. Was ich rede, das soll geschehen. *(Hes. 12.25, 591v.Chr.)*
>
> Und du, Daniel, verbirg diese Worte, und versiegle dies Buch bis auf die letzte Zeit *(Daniel 12.4. 536v.Chr.)*
>
> Darin besteht die Liebe zu Gott, daß wir seine Gebote halten; und seine Gebote sind nicht schwer, denn alles, was aus Gott geboren worden ist, besiegt die Welt. Und das ist die Siegesmacht, die die Welt besiegt hat: unser Glaube. *(1. Johannes 5:3, 4)*

Kapitel 1

Die Bibel-Prophetie Göttliche Fügung oder menschliche Verschwörung?

Der Bibel-Code

Im Jahre 1994 warteten die Jerusalemer Hochschulprofessoren Elijahu Rips, Doron Witzum und Yoav Rosenberg mit einer Sensation auf, die binnen kürzester Zeit wie ein Lauffeuer den Erdball umrunden sollte. Die hebräischen Wissenschaftler behaupteten, auf einen geheimnisumwitterten Nachrichtenschlüssel gestoßen zu sein, mit dem es möglich sein sollte, innerhalb der alttestamentarischen Überlieferung des Judentums, vor allem in den Fünf Büchern Moses (Thora), Botschaften zu entdecken, welche den nachfolgenden Geschichtsverlauf bis auf unsere Tage mit exakter Genauigkeit voraussagten. Die Amerikanische Revolution, der Sturm auf die Bastille, das Wirken Napoleons, die bolschewistische Revolution in Rußland, der Zweite Weltkrieg, der Holocaust, Hiroshima, Watergate, die Ermordung der Kennedys, eine Beschreibung von AIDS, Einzelheiten des Golfkrieges... - kaum eine der großen Umwälzungen, die die Menschheit nach Niederlegung der Bibel bewegen sollten, blieb unerwähnt. [1]

Die israelischen Code-Forscher untermauerten ihre sensationelle Enthüllung mit einer langen Beweiskette. So verglichen sie unter anderem am Computer das

---

[1] Siehe den Artikel von Rips, Witzum und Rosenberg in der Augustnummer 1994 des amerikanischen Wissenschaftsmagazins „Statistical Science". Abgedruckt in Michael Drosnin, „Der Bibel-Code", Wilhelm Heyne Verlag, München 1997, Seite 245ff.

Verhältnis von Voraussagen und aktueller Wirklichkeit zueinander. Ergebnis: Alle solcherart befragten Elektrogehirne waren sich einig, daß die Vielzahl der eingetroffenen Voraussage jede Zufallsgrenze sprengte. Anschließend wurde der Geheimschlüssel von einem der hervorragendsten Kryptoanalytiker des US-Verteidigungsministeriums auf Herz und Nieren abgeklopft - um für stimmig befunden zu werden. Er überstand eine dreifache Überprüfung durch ein führendes amerikanisches Mathematikmagazin. Und schließlich gaben sich gar die drei berühmtesten Mathematiker der Welt in Harvard, Yale und an der Hebräischen Universität von Jerusalem nach eingehender Prüfung mit dem Befund geschlagen, daß der in Frage stehende Thora-Code real sei und wirklich zukünftige Ereignisse beschreibe.[2]

Wer war hier am Werk?

Der Triumph des Codes war zugleich ein Sieg der im Zuge der Moderne immer mehr an den Rand des Lebens gedrängten Religion. Da die zur Diskussion stehenden ersten fünf Bücher der Bibel das Kernstück des Judaismus darstellen, sahen sich vor allem thoratreue Israelis in ihrem Glauben bestätigt: *Das ist der Beweis, daß Jahwe[3], unser nationaler Gott, Wirklichkeit ist*, jubilierten sie. *Sein Bund mit dem jüdischen Volk, den er mit Mose auf dem Berge Zion schloß, prägt die politischen Ereignisse bis auf den heutigen Tag - allein durch den Willen des Herrn.* War das die Wahrheit? Jene hebräischen Autoren, die den Bibel-Code außerhalb Israels bekannt machten, stimmten dem zu. „Wir waren bis auf den heutigen Tag nicht religiös", verkündeten sie unisono. „Wir werden uns aber wieder der Religion unserer Väter zuwenden, denn welche andere Möglichkeit gibt es, als anzunehmen, daß hier Gott jene unabänderliche Zukunft verkündet hat, die er für seine Gefolgschaft geplant hat?"

War und ist der Code tatsächlich gottgesetzt und somit schicksalhaft? Ebenso denkbar und nicht minder explosiv wäre auch eine andere Erklärung: Es ist dies die weniger mystische und eher den Gesetzen aufgeklärter Logik folgende These, daß der Code von höchst irdischen Gestalten erdacht und aufgesetzt wurde - um genau zu sein von exakt jenen Männern, die auch das Alte Testament niederschrieben. Wenn wir diese Theorie zu Ende denken, dann handelte es sich bei den „göttlichen Ausblicken" des Alten Testaments weniger um „Wunder" als um ein in die Bibel kodiertes politisches Langzeitprogramm, das die Jahrhunderte hindurch von mächtigen Eingeweihten gelesen und umgesetzt wurde - eine ebenso fesselnde wie beängstigende Vorstellung! Unsere Annahme bietet eine einleuchtende Erklärung für das eigentliche Bestehen des Codes: Da sich die geheimpolitischen Anweisungen mehr als nur in einem Fall gegen das Wohl der Völkerfamilie

---

[2] Michael Drosnin, „Der Bibel Code", Wilhelm Heyne Verlag, München 1997, Seite 13
[3] Seit dem Mittelalter wird der jüdische Gott von christlicher Seite mit dem Wort Jehova bezeichnet. Da diese Auslegung nicht unumstritten ist, wird in der Folge der Begriff Jahwe gewählt.

wandten, mußten sie vor der Außenwelt abgeschirmt werden, um den Plan als solchen nicht zu gefährden. So griffen die Verschwörer zur Verschlüsselung.

Ist der Weg vom „Gottesbeweis" des jüdischen Jahwe zum unterirdischen Wirken seiner Anhänger wirklich so kurz? Wir wissen zwar daß das *Christentum* ganz maßgeblich an der Gestaltung der Geschichte beteiligt war, indem es sich mit dem Vatikan eine organisatorische Zentrale und der Aufrichtung des Papsttums eine die Jahrtausende überdauernde[4] politische Führung gab. Von einem vergleichbaren Wirken des *Judentums* ist indes bis auf den heutigen Tag nichts bekannt geworden. Sind wir am Ende mit dem Bibelcode einer Art Geheimvatikan des „auserwählten Volkes" auf die Spur gekommen? Gibt es wider aller historischen Erkenntnis einen engumgrenzten Kreis fundamentalistischer Hebräer, der über die Jahrtausende hinweg hintergründig sein Werk tut, um die Geschicke der Welt nach den Plänen ihrer „Propheten" zu leiten? Abgesehen davon, daß ein Motiv vorliegt, da Jahwe bibelgemäß seinem Volk - und zwar einzig und allein diesem - für das „Ende der Tage" die gesamte Herrschaft über die Welt in Aussicht stellt, gibt es in der Tat eine ganze Reihe von Indizien, die einen Verdacht gegen fanatisierte Jünger „des Herrn" begründen.

Das Mittel: Kryptographie

Stellen wir uns also die ebenso grundlegende wie ketzerische Frage: Wer zeichnet für die Abfassung des Codes verantwortlich? „Gott und sonst niemand", antworten uns die findigen Autoren ebenso wie fromme Juden. Wenn sich nun tatsächlich nachweisen ließe, daß die Menschheit der biblischen Zeit noch keine Kenntnis der Geheimschrift besaß, dann sollte man sich der Logik nach dieser Meinung anschließen. Wenn aber das Wissen um Verschlüsselungssysteme in diesen frühen Tagen bereits irgendwelchen Menschen geläufig war, müssen wir auch diese Gruppe eingeweihter Sterblicher neben Jahwe auf die Liste „verdächtiger Codisten" setzen.

Tatsächlich ist die Kryptographie erst im Mittelalter in allgemeineren Gebrauch gekommen. *Vor Christi Geburt* wurde diese verschwörerische Kunst weltweit nur in einer einzigen Kultur gepflegt: Im Judentum, dem Volk der Bibel-Chronisten. Mehr noch, Jeffrey Satinover, jüdischer Autor des Buches „Die verborgene Botschaft der Bibel", zeigt, daß die frühen Hebräer dieses Wissen ausgerechnet bei der Abfassung der „Heiligen Schrift" anwandten. Wörtlich heißt es bei ihm: *„Der*

---

[4] Der Bischof von Rom wurde bereits im 3. Jahrhundert n. Chr. „Papst" genannt. Bereits im Jahre 325 wurde auf dem Kirchenkonzil zu Nikäa die Amtsgewalt des römischen Bischofs über die Bischöfe des lateinischen Westens (Italien, Gallien, Spanien, Illyricum, Afrika) anerkannt. Im Jahre 391 wurde das Christentum zur Staatsreligion im römischen Kaiserreich erhoben. Einer der ersten Bischöfe von Rom, die ihrer Macht Geltung verschafften, war Papst Leo I. (440-461 n. Chr.). Dieser eignete sich die vormals heidnische Ehrbezeichnung Pontifex maximus an, einen Titel, den noch heute die Päpste innehaben und der bis gegen Ende des 4. Jahrhunderts von den römischen Kaisern getragen wurde.

früheste ausdrückliche Gebrauch der zweiten Schicht einer Bedeutung, die auch absichtlich und willentlich in einen Text eingebettet wurde, der sich an der Oberfläche normal und sinnvoll liest (ein sogenannter 'Schlüsseltext'), kann vermutlich auf die alten Israeliten zurückverfolgt werden. Jedenfalls stammen die ältesten bekannten Texte dieser Art von ihnen. Sie kommen beispielsweise vor bei Jeremia (25,26 und 51,42), wo das eigenartige Wort 'Sheshech' (Sesach) offen für 'Babylon' substituiert ist: 'Wie ist Sesach so gewonnen und die Berühmte in der Welt so eingenommen! Wie ist Babel so zum Wunder geworden unter den Heiden!' Dies ist ein Beispiel eines Buchstaben-Substitutions-Codes, der 'Atbash' genannt wird; der erste Buchstabe des hebräischen Alphabets (im Hebräischen das A, der Verf.)... wird durch den letzten ersetzt (das T),... der zweite (das B)... durch den vorletzten (das Sh) und so fort. Kabbalistische Weise des Mittelalters bezeichneten diese Substitution als 'Permutation' von Buchstaben."[5]

Der Atbash-Code findet sich ferner in einigen der vorchristlichen Schriftrollen vom Toten Meer, die im israelischen Qumran von dem jüdisch-esoterischen Essener-Orden versteckt worden sind, um sie dem römischen Zugriff zu entziehen.

Fein, mag man an dieser Stelle einwenden, damit wäre also bewiesen, daß das orthodoxe Judentum als letzten Endes einzig Begünstigter des Thora-Plans als einziger auch ein Motiv zu dessen Tarnung und Umsetzung hatte. Wir wissen jetzt ebenfalls, daß die Kinder Mose zugleich auch als einzige die Möglichkeiten zur Verschlüsselung des von uns angenommenen Vorhabens hatten. Wir haben schließlich erfahren, daß Geheimschriften zum ersten Mal in der Geschichte in gerade diesen Kreisen auftauchten, und zwar bereits zu der Zeit, als „die Hand Gottes" angeblich den Bibel-Code gebar. Diese „Indizien" passen zusammen und ergänzen einander.

Wie aber soll die unbeschadete Bewahrung des Codes über Tausende von Jahren hinweg funktioniert haben? Bei jeder Neuschrift und Überarbeitung der Bibeltexte müssen doch im Laufe der Jahrtausende zwangsläufig Änderungen des ursprünglichen Textes aufgetreten sein. Setzen wir aber einen vor Christi Geburt durch jüdisch-fundamentalistische Schriftgelehrte in die Thora verschlüsselten Geheimplan voraus, so mußte dieser mit der kleinsten Satzumstellung und Sinnesdehnung im Originaltext unwiderruflich wieder abhanden kommen. Einer auf ein noch so geringfügig verändertes Dokument angelegten Verschlüsselungsschablone fehlen dann nämlich mit einem Schlag jene Eckpunkte, an der sich der Eingeweihte beim Lesen orientieren kann. Um die Bewahrung des

---

[5] Jeffrey Satinover, „Die verborgene Botschaft der Bibel - Der Code der Bibel entschlüsselt", Goldmann Verlag, München 1997, Seite 143. Satinover führt auf der folgenden Seite den bekannten Kryptologen David Kahn ins Feld. Dieser bestätigte demnach in seinem Buch „The Codebreakers: The Story of the Secret Writing" (New York 1967, Macmillian, Seite 79) die Originalität der jüdischen Schriftsysteme, indem er ausführte, daß die hebräischen Codes, speziell das Atbash, erst „die Mönche und Schreiber im Mittelalter auf die Idee der Buchstabensubstitution brachte. Von da an begann der Strom des modernen Chiffre-Gebrauchs... als Mittel geheimer Kommunikation."

ursprünglichen Schlüssels zu gewährleisten mußten unsere hebräischen Regisseure daher ein geradezu übermenschliches Augenmerk auf die Authentizität des Alten Testaments legten.

Buchstabentreue Thora

Vor eben diesem Hintergrund ist eine ebenso alte wie geheimnisvolle Tradition des Judentums zu sehen, die den Verschwörern prompt zu Hilfe kam: Es handelt sich um die Überlieferung, daß im Gegensatz zu allen anderen Büchern der Heiligen Schrift die Thora nicht nur von Gott inspiriert, sondern Moses von Gott *Buchstabe für Buchstabe diktiert* wurde. Da es den Rabbinern gelang, diese Behauptung zum Glaubensgrundsatz zu erheben, sahen sich die frommen Juden genötigt, ihre Bibeltexte mit geradezu geheimdienstlicher Genauigkeit auf die Urversion abzustimmen. Und jede Thorarolle in jeder einzelnen Synagoge der Welt wurde seither mit derselben Sorgfalt nach nie geänderten Regeln von Hand von einer vorangegangenen kopiert. An die Schreiber, die sich für diese Aufgabe einer ebenso strengen wie langen Schulung unterziehen mußten, gaben die Rabbis jahrhundertelang die bezeichnende Warnung weiter: „Solltest du zufällig auch nur einen Buchstaben der Thora auslassen oder hinzufügen, würdest du damit das gesamte Universum zerstören."[6] Angsteinflößenden Drohungen dieser Art finden sich in der jüdischen Exegese übrigens mannigfaltig wiederholt. So mahnt im Babylonischen Talmud der Schreiber Rabbi Yishmael seinen Sohn: „Sei achtsam in deiner Arbeit als Schreiber, denn es ist eine heilige Aufgabe. Vielleicht vergißt du einen einzigen Buchstaben oder fügst einen einzigen hinzu und zerstörst damit die ganze Welt."[7] Und Rabbi Solomon Yitzhaki (Rashi), der große Kommentator des 13. Jahrhunderts, warnte ebenfalls: „Der Herr dein Gott ist Emet, die wahre Wirklichkeit. Wenn du Emet ohne den ersten Buchstaben schreibst, so zerstörst du die Welt." Und Rashi sagte weiter: „Und Gott sprach (Singular). Wenn du jedoch schreibst: Und Gott sprach (Plural), so zerstörst du die Welt."[8] Dieser befremdlich anmutende Fundamentalismus hat sich bis auf den heutigen Tag im Judentum erhalten. Er war die Basis, auf der die Bewahrung und Überlieferung des Codes durch alle Wirren der Zeiten ruhte. Während sich das profane Volk an der bilderreichen Oberfläche des Gotteswortes berauschte, konnten die Eingeweihten des Sinai auf diese Weise - zu jeder Zeit und an jedem Ort der Welt - übereinstimmend Klartext lesen, in einer anderen, geheimen Bibel.

---

[6] Jeffrey Satinover, „Die verborgene Botschaft der Bibel - Der Code der Bibel entschlüsselt", Goldmann Verlag, München 1997, Seite 25
[7] Babylonischer Talmud, Eruwin 13b nach Jeffrey Satinover, „Die verborgene Botschaft der Bibel - Der Code der Bibel entschlüsselt", Goldmann Verlag, München 1997, Seite 84
[8] Jeffrey Satinover „Die verborgene Botschaft der Bibel - Der Code der Bibel entschlüsselt", Goldmann Verlag, München 1997, Seite 84f.

Tatkräftige Diener Gottes

Tatsächlich ist es von Alters her möglich, eine nahezu lückenlose Chronologie code-erfahrener „Bibel-Forscher" nachzuweisen, die die Jahrtausende bis auf unsere Tage überbrückt. Was dieser Entdeckung zusätzliches Gewicht verleiht: In ebendiesen Kreisen taucht von Anbeginn an das Bestreben auf, verschlüsselte oder offene „Prophezeiungen" in die Tat umzusetzen - ein Handeln, das der Annahme einer möglichen Verschwörung klar Rechnung trägt.

Der vielleicht älteste Beleg, daß im Judentum Glaube und „self-fulfilling prophecy" durchaus zwei Seiten derselben Medaille sein können, findet man in dem von Jeremia um 580v. Chr. verfaßten 1. Buch der Könige 2,27. Hier lesen wir: „So vertrieb Salomo Abjathar aus dem Priesterdienst Jahwes, um das Wort Jahwes zu erfüllen, das er gegen das Haus Elis in Silo geredet hatte." Der Geschichtsschreiber berichtet von der Erfüllung einer Prophetie. König Salomo hat Abjathar aus dem Priesterdienst entlassen, um so das Wort des Herrn bewußt zu erfüllen.

Ein weiteres frühes aber weit wichtigeres Beispiel vorauseilender Gottestreue ist der durch den Code „vorhergesagte" vorchristliche Makkabäeraufstand gegen das syrische Joch. Diese scheinbar patriotischen Zielen dienende Erhebung „ereignete sich" nicht einfach aus heiterem Himmel, sie wurde auch nicht wie zu erwarten wäre von weltlich-politischen Juden inszeniert. Im Gegenteil, alle Vorbereitungen des Coups lagen in der Hand eines - radikalreligiösen Geheimbundes. Die Mitglieder dieses elitären Zirkels, die man Chasidäer nannte, begriffen sich quasi als Werkzeug Gottes.

Sollten wir mit den frühen Chasidäern zugleich den Fix- und Angelpunkt jener von uns gesuchten, geheimnisvollen Hintergrundmacht gefunden haben? Sicher ist, daß diese Ultraorthodoxen für die Geschichte des Judentums von großer Bedeutung waren. Aus den Chasidäern gingen nach der Erhebung der Makkabäer um 150 v. Chr. zwei religiöse Gruppen hervor, die auf die Geschicke des Judentums auf lange Zeit einen wichtigen Einfluß ausüben sollten.

Zum einen war dies die überaus gesetzestreue Sekte der Pharisäer, die wiederum den Stand der Rabbiner gebar. Letztere schwangen sich schnell zur geistig-religiösen Oberleitung des Judentums auf, eine Position, die sie bis heute nicht aus der Hand gegeben haben.

Auf der anderen Seite brachten die Chasidäer die gleichfalls fest im Thoraglauben verwachsene, nach außen jedoch streng abgeschlossene Ordensgemeinschaft der Essener hervor. Diese der Freimaurerei in vielerlei Hinsicht nicht unähnliche esoterische Bewegung[9], die den Atbash-Code kannte, löste sich der offiziellen

---

[9] Wie die in Aufbau und Vorgehensweise der Scientology-Kirche vergleichbaren Freimaurer, kannten die Essener Gradeinteilungen, Paßwörter, langwährende Probezeiten, Verschwiegenheitseide, das Gesetz der Brüderlichkeit. Abzeichen des Ordens waren eine Schürze

Geschichtsschreibung zufolge mit der Vertreibung der Juden aus Palästina nach Christi Kreuzigung praktisch im Nichts auf - vielleicht tauchte die verschwiegene Bruderschaft aber ganz einfach nur in den Untergrund ab, um von dort um so effektiver auf das Judentum wirken zu können.

Auf jeden Fall machten Teile ihrer Geheimlehre, versetzt mit messianischen Endzeiterwartungen, späterhin immer wieder aufs Neue von sich reden. Der vielleicht wichtigste Ausstrahlungspunkt war Safed, eine der vier heiligen Städte des Judentums, seit dem 15. Jahrhundert Zentrum der jahwitischen Gemeinde im Orient. Inspiriert durch die jüdische Tradition, daß die messianische Ära - wenn der Messias kommen würde, um das Gesetz Gottes zu bringen - durch fürchterliche Katastrophen eingeleitet würde, richteten hier zwischen dem Berg Kanaan und dem See Genezareth einige aus Spanien vertriebene Rabbis eine Kommune ein, wo in Erwartung der neuen Morgenröte das Leben auf den Prinzipien der Frömmigkeit und mystischer Kontemplation geführt wurde. Um den Kern eines wiederbelebten Sanhedrin - eine alle Juden der Welt führende Regierung - zu bilden, wurde am gleichen Ort 1539 die alte Praxis der Priesterweihe wieder eingeführt. Manches Internum dieser Ordensgemeinschaft ist bis heute nicht bekannt, da die esoterische Ausbildung in absichtlich klein gehaltenen Gruppen stattfand, deren Mitglieder zur absoluten Verschwiegenheit verpflichtet waren.

Die endzeitliche Mystik von Safed beeinflußte gleichermaßen die Entstehung des Chassidismus und des Sabbataismus im Gebiet der Moldau. Die Sekte der Sabbatianer fußt auf den Lehren des jüdischen Schwärmers Sabbatai Zwi, der sich für den für 1648 erwarteten Messias ausgab. Er wurde verbannt, lebte dann in Jerusalem und Ägypten und kehrte von da in seine Heimat zurück, begleitet von dem angeblichen Propheten Nathan aus Gaza, der überall von den Wundern und der Herrlichkeit des neuen Messias predigte. In Smyrna empfing man Zwi 1666 mit Triumph. Immer mehr Thoragläubige wurden von dieser Bewegung ergriffen, bis die türkische Regierung den selbsternannten Verkünder festnahm und in das Dardanellenschloß Abydos einkerkern ließ. Um sein Leben zu retten, bekannte sich Sabbatai Zwi zum Islam und wurde später nach Dulcigno in Albanien verbannt, wo er starb. Noch 100 Jahre nach seinem Tod war der Glaube an den angeblichen Messias wach geblieben.

Er lebte besonders in Jakob Frank (1720-1791) wieder auf, der die Bewegung der Sabbatianer beerbte und deren religiöses Fundament mit einem gefährlichen politischen Gerüst versah. Johannes Maier schreibt in seiner "Geschichte der jüdischen Religion" über die nunmehr Frankisten benannte Gruppierung: "Sie radikalisierten sogar mehr bis hin zum ausgesprochenen Nihilismus und

---

und eine Hacke. Über ihre theoretischen Lehren ist wenig bekannt. Ihnen wurde Geheimwissen (so über die Engel und die menschliche Seele) zugesprochen, sie verehrten die Sonne (vor Aufgang der Sonne richteten sie ein Gebet an diese). Ihre Sonderlehren waren in Geheimbüchern aufgezeichnet. Im ganzen stellten sie ein mit mancherlei Außerjüdischem (Hellenistischem und Persischem) vermischtes Judentum dar. Andererseits charakterisierte sie ihre Auffassung vom Sabbat und vom Gesetz als strenggläubige Juden.

Anarchismus, paradoxerweise verbunden mit einer militaristischen Ideologie und mit phantastischen Weltherrschaftsplänen... Die Zerstörung der widerwärtigen Weltordnung betrieb man durch die `heilige Sünde'... bildlich: die Stadt wird auf dem Wege durch die Kloake erobert, also durch bewußte Durchbrechung und Perversion der geltenden Moral... In geheimen orgiastischen Veranstaltungen wurde die alte Sexualmoral nach dem Grundsatz, daß die Verbote zu Geboten werden, auf den Kopf gestellt... Äußerlich, gegenüber den Nichtgläubigen, wurde... eine Assimilation vorgetäuscht zum Zwecke der Unterwanderung des Weltestablishments." Den Einfluß dieser Gruppierung auf spätere Ereignisse bestätigt Maier... so "konnte sich der Trieb nach dem Neuen, Umstürzlerischen als Folge der sabbatianischen Ausrichtung auf den radikalen messianischen Wandel der Verhältnisse mit säkularen nichtjüdischen Strömungen verbinden. Weniger das "Wie" und "Was" des erhofften Neuen als vielmehr das "Daß" des Umsturzes überhaupt schien hier wichtig."[10]

Vor einem ähnlichen ideologischen Hintergrund und im selben territorialen Umfeld - im heutigen Moldaugebiet - entstand Mitte des 18. Jahrhunderts die mystische Sekte des Chassidismus (vom hebräischen chasid, „fromm"), die noch heute über große Macht innerhalb des Judentums verfügt. Begründet von Israel Baal Schem, genannt Israel ben Eliezer verband sie Thorastudium, Talmudismus, Pantheismus und archaische Geheimlehre vor dem Hintergrund kommender Heilserwartung. Eliezer, der als Heiliger verehrt wurde, nahm den Titel Zaddik („Frommer") an und erklärte sich für den Stellvertreter Gottes auf Erden. Seine Einweihung erhielt er in den transsylvanischen Karpaten. Der 1815 gestorbene Jacob Issac von Lublin, einer der angeblich hellsichtigen Führer des Chassidismus, verschärfte die messianischen Hoffnungen noch, indem er erklärte, die Napoleonischen Kriege seien das Vorspiel der anstehenden Gottes-Erlösung, die beschleunigt werden könne und müsse - unter anderem durch den Einsatz von Magie.

Wie der Sufismus im Islam so wurden auch dessen hebräischen „Verwandte" von den Chasidäern bis zu den Chassiden von der offiziellen Religion kaum mehr als geduldet. Je nach der Betonung eigenständigen Charakters reichte die Behandlung von der Zusammenarbeit bis hin zu Verfolgung und Exkommunizierung. Nicht zuletzt wegen des oft problematischen Verhältnisses zu Israels sichtbaren Statthaltern finden sich die vitalen Zentren heute vor allem in den USA, darunter die bekannten und überaus aktiven Lubawitscher. Trotzdem gab es eine ganze Reihe gläubiger Schüler, die ihren Einfluß auf das Heilige Land konzentrierten, darunter der Frühzionist Asher Ginzberg, Martin Buber und der Chefrabbi von Palästina Abraham Isaac Kook (1865-1935).

Die Anfangs gestellte Frage: *Sollten wir mit den frühen Chasidäern zugleich den Fix- und Angelpunkt jener von uns gesuchten, geheimnisvollen Hintergrundmacht gefunden haben?* dürfen wir allem Anschein nach mit „Ja" beantworten. Wenn es eine den breiten Schichten des Judentums unbekannte Führung gegeben hat, die

---

[10] Johannes Maier, Geschichte der jüdischen Religion, S. 503f.

über die Dekaden hinweg das Volk Jahwe und dessen Umwelt im Sinne der göttlichen „Vorhersehung" leitete, dann muß dieser Geheimvatikan ganz sicher zumindest in deren unmittelbaren Umfeld gesucht werden. Es ist nämlich nachweisbar, daß jedweder Anstoß zu bibelprophetischen Geschichtswirken aus dem Bereich des religiösen Judentums stammt und zugleich einem mystischen Wissen folgt, das die frühen Chasidäer mit ihren Nachfolgern teilten. Die Rede ist von der hebräischen Geheimlehre, die in der messianischen Gemeinde zu Safed ihr weltweites Zentrum hatte: der Kabbala.

Die „Kabbala" (hebr. "Überlieferung") stellt angeblich eine von Gott selbst überbrachte tiefere Erkenntnis der im Gesetz verborgenen Geheimnisse dar, die von Moses an durch auserlesene israelitische Geister als Tradition neben der Schrift weitergegeben worden sei. Fakt ist, daß sich diese ursprünglich nichtjüdische Geheimlehre[11] in vielen Bereichen der Buchstaben- und Zahlenspielerei verschrieben hat. Das innerste Kernstück dieses Weistums ist die Erkenntnis, daß es Codes in der Thora gibt, mit der sich der geheime Sinn der Bibel entschlüsseln ließe.

Kabbalisten als Träger und Wahrer der Geheimnisse

Davon wußte bereits Nechunya ben HaKanahs, der während des 1. Jahrhunderts nach der Zerstörung Jerusalems durch die Römer in Judäa lebte. Er war einer der herausragendsten Schüler des Simeon ben Yochai, des geheimnisumwitterten Verfassers des „Zohar", des Schmelzkerns der Kabbala.[12] Er war es, der in dem 42 Buchstaben langen Namen Gottes die Länge des Mondzyklus und das Alter des „Universums" entdeckt hatte. Ihm zufolge tat er dies mit Hilfe des Atbash, womit er gleichsam anklingen ließ, daß diese Methode komplexer sein muß als nur eine einfache Chiffrierung mit einer Buchstabenstellenverschiebung. Er gab nur teilweise preis, wie er dabei vorgegangen war. Nechunyas Geist wirkte noch lange nach und sein Buch „Sefer HaBahir" war eine der Hauptquellen für die mittelalterlichen Kabbalisten.

---

[11] Das hebräische Geheimwissen entwickelte sich ganz zweifellos vor einem fremdkultischen Hintergrund - während der ägyptischen und babylonischen Gefangenschaft, als jüdische Priester bei den damals fortgeschrittensten Völkern der Alten Welt studierten. Gerade Babylonien bildete seinerzeit den Sitz sanskritischer Literatur und brahmanischer Gelehrsamkeit. Hier bewahrten die Chaldäer mit dem geheimnisvollen „Buch der Zahlen" die Spitze esoterischen Wissens. Dieses erstaunliche Werk, welches mystische Riten, Anrufungen übernatürlicher Kräfte, die Wissenschaft der Zahlen, Astrologie und ähnliches mehr beinhaltet, machten die mosaischen Neueingeweihten nun zur Grundlage ihrer jüdischen Geheimlehre, eben der Kabbala. Das echte chaldäische „Buch der Zahlen" befindet sich - offiziell verschollen - heute im Besitz einiger persischer Sufis.
[12] Das Alter der Kabbala wird in moderner Zeit gerne jünger angegeben, als es wirklich ist. Das erste Werk dieser ganzen Schriftenreihe, das Sefer Jezira („Schöpfung") mag zwar in seiner bestehenden Form erst im 7. oder 8. Jahrhundert niedergelegt worden sein, tatsächlich geht sein Inhalt aber auf den 135 gestorbenen Mischnalehrer Akiba zurück. Und dieser wiederum schöpfte sein Wissen aus weit älteren Quellen.

Als Schüler Nechunyas ben HaKanah bezeichnete sich unter anderen der Thora-Kommentator Rabbenu Bachya Ben Asher, der im 13. Jahrhundert im spanischen Saragossa lebte. „Du solltest", leitet dieser Weise sein Hauptwerk ein, „eine Entkryptisierung (wörtlich Kabbala) von diesem zweiten Abschnitt der Genesis kennen, die uns, beginnend mit dem Vers 'Im Anfang schuf Gott Himmel und Erde..' bis zum Buchstaben beyt, dem 42. Buchstaben der Genesis, überliefert wurde. Er besteht aus 42 Buchstaben, die auf Gottes Tun vor der Schöpfung verweisen, allerdings nur mittels Umstellungen." Gleichsam, erklärte Bachya, enthielt dieser Bereich auch die nötigen Hinweise für die Findung jenes Schöpfungsdatums, „welches der echte Anfangspunkt aller Berechnungen der Astronomen ist". Dunkel fährt er fort: „... wenn die Augen deines Herzens zu leuchten beginnen, wirst du das in dem Text verborgene Datum erkennen, in der Weise, daß zwischen jedem seiner Ziffern 42 Buchstaben stehen. Der Kluge wird begreifen, daß dies kein Zufall ist, sondern ein deutlicher Hinweis auf die Geburt der Welt."[13]

Zur gleichen Zeit und im selben Land wie Bachya lebte Joseph ben Abraham Gikatilla. 1274 veröffentlichte dieser in Kastilien sein erstes Buch, eine Zusammenfassung der Methoden zum Aufspüren verborgener Einsichten in der Thora mittels der „Gematrie" (numerische Auswertung der Buchstaben), des „Notarikon" (Anfangsbuchstaben von Sätzen) und der „Temura" (Austausch von Buchstaben). Ein weiteres von ihm verfaßtes Werk, „Verse auf den Namen der 42 Buchstaben", verweist auf die von Bachya diskutierten einkodierten Informationen. Gikatilla bekannte, daß viele seiner Methoden den geheimen Aspekten der Lehren des Rabbi Moses Maimonides (1135-1204) entlehnt seien. Dieser bedeutendste jüdische Religionsphilosoph des Mittelalters hatte im 12. Jahrhundert in Spanien und Ägypten gewirkt und eine Vielzahl von Werken geschrieben.

Die bis zur Neuzeit führende Linie von Eingeweihten aus dem Hause Israel setzte sich im 16. Jahrhundert mit Rabbi Moses Codevaro fort. Auch sein Name hat in der jüdischen Gemeinde einen guten Klang, amtierte er doch zu Lebzeiten als Haupt des damals höchsten rabbinischen Gerichts der Welt. Codevaro befand: „Für die Anzahl der Dinge, die man in der Thora mit Hilfe bestimmter Methoden entdecken kann, gibt es keine Beschränkung; es sind unzählige. Dergleichen ist von enormer Macht und tief verborgen. Wegen der Art, wie sie verborgen sind, ist es nicht möglich, sie voll zu verstehen, sondern nur teilweise. Die Heilige Schrift sagt selbst dazu: Ihr Maß ist länger als die Erde und breiter als das Meer. Die Geheimnisse der Thora enthüllen sich in den Auslassungen der Buchstaben."[14]

Von diesen Möglichkeiten dürfte auch der weise Jude Michael Nostradamus gewußt haben, der als größter Seher aller Zeiten in die Geschichtsbücher eingegangen ist. Weltweit berühmt wurde er durch seine in Reimform abgefaßten Vorhersagen, die er im Jahre 1555 unter dem Titel „Centurien" herausgab. Da

---

[13] Jeffrey Satinover, „Die verborgene Botschaft der Bibel - Der Code der Bibel entschlüsselt", Goldmann Verlag, München 1997, Seite 113f.
[14] Jeffrey Satinover, a.a.O., Seite 81f.

Nostradamus praktisch sein gesamtes Werk zerstückelte und mittels eines unbekannten Schlüssels neu zusammensetzte ist es kaum möglich, das Beschriebene vor seinem Eintreffen zu deuten, was dazu führte daß der „Meister der Prophetie" immer wieder in Zweifel gezogen wurde.

Daß sich jedoch hinter der prosaischen Aneinanderkettung scheinbar unzusammenhängender Sätze mehr verbirgt als leere Luft, zeigen die von Nostradamus unverschlüsselt belassenen Vorworte, die den Centurien voranstehen. So schrieb er in seiner „Vorrede an Heinrich den Glücklichen" über das Schicksal Rußlands, von ihm das „Gebiet des Attila und Xerxes"[15] genannt: „Es folgen extreme Änderungen, vor allem die Umgestaltung der Königreiche. Die Erde wird gewaltig beben, zugleich aber wird mit der Vermehrung des neuen Babylons die elende Tochter emporwuchern durch die Greuel des ersten Brandopfers, doch wird sie nur 73 Jahre und 7 Monate bestehen." Es dürfte klar sein, von welchen Zusammenhängen hier die Rede ist. Die bebende Erde und das erste Brandopfer bezeichnen den ersten Weltkrieg, die Umgestaltung der Königreiche deuten die europäischen Revolutionen der Jahre 1917/18 an, die elende Tochter ist der Kommunismus, der im Oktober 1917 in Rußland die Macht ergriff und im Mai 1991 durch die Absetzung Gorbatschows sowie die Einführung des demokratischen Präsidialsystems aus allen Ämtern gejagt wurde - nach 73 Jahren und 7 Monaten.

Ein Wunder? Natürlich nicht! Die vermeintlich gottverliehene Befähigung des Nostradamus hatte einen durchaus weltlichen Hintergrund: Des Rätsels Lösung liegt in der Kabbalistik, die in der Familie des Meisters in hohem Ansehen stand. Wie Nostradamus selbst in einem den ersten sieben Centurien vorangesetzten Brief an seinen Sohn Cäsar kundtut, überfiel ihn beim Lesen okkulter Schriften, die er dem Feuer übergab, die erste Inspiration. Flammen des Geistes erhellten das ganze Haus; plötzlich hatte er die Fähigkeit, Ereignisse der Zukunft zu „erkennen" und niederzuschreiben.[16] In seiner Vorrede an Heinrich den Glücklichen schreibt der Seher ergänzend: „Auf astronomischem Wege und noch unter einem anderen Gesichtswinkel, nämlich dem der untrüglichen heiligen Schrift, könnte ich für jeden Vierzeiler die genaue Angabe der Zeit machen, wenn ich nur wollte."[17] Und er spricht im gleichen Atemzug „das heilige Volk Gottes, das das göttliche Gesetz bewahrt und hält"[18] an. Vor unserem Erkenntnisstand dürften diese Andeutungen klar genug sein.

---

[15] Persien, in dem einst der König Xerxes regierte, wurde zu Lebzeiten des Nostradamus von den Mongolen beherrscht. Daneben war Persien der einzige Gesamtstaat neben Rußland, der - wenn auch nur vorübergehend - unmittelbar nach der Oktoberrevolution an eine kommunistische Regierung fiel.
[16] „Die großen Weissagungen des Nostradamus - Prophetische Weltgeschichte bis zum Jahr 2050", übersetzt und gedeutet von N. Alexander Centurio, Turm Verlag, Bietigheim/Württ. 1977, Seite 13 und 16f.
[17] Ebenda, Seite 118
[18] Ebenda, Seite 121

Ebenso wie der bereits zu Lebzeiten legendäre Nostradamus gedachte sich auch der britisch-israelische Forscher Isaac Newton (1643-1727) das Tor zu Ruhm und Unsterblichkeit über das Studium offener und versteckter Weisheiten in der „Heiligen" Schrift zu öffnen. Deshalb lernte er Hebräisch und widmete sein halbes Leben der Suche nach dem verborgenen Bibel-Schlüssel, von dessen Existenz er fest überzeugt war. Schenkt man seinem Biographen, dem großen Wirtschaftswissenschaftler John Maynard Keynes Glauben, war der Entdecker der Schwerkraft von dieser Aufgabe so aus der Bahn geworfen, daß er jene Arbeiten, die ihn schließlich bekannt machen sollten, hintanstellte. Als Keynes Provst der Universität von Cambridge wurde, entdeckte er jene Unterlagen, die Newton in dem Jahr, als er als Provost in Ruhestand getreten war, der Universität überlassen hatte. Keynes war schockiert. Der Großteil von Newtons handschriftlichen Aufzeichnungen befaßte sich nicht mit Mathematik oder Astronomie, sondern mit esoterischer Theologie. Seine Notizen enthüllten, daß der große Physiker der Überzeugung war, die Bibel beinhalte quasi das „Drehbuch" der Menschheitsgeschichte. Keynes zufolge glaubte Newton daran, daß die Bibel ebenso wie das gesamte Universum ein Kryptogramm sei, dessen eingeplante Ereignisse der Vergangenheit und Zukunft er zu entschlüsseln versucht habe. Er widmete sich dieser Aufgabe bis zu seinem Tod.[19]

Der vorerst letzte prominente Name in einer langen Kette kabbalistischer Bibelforscher ist Rabbi Michael Dov Ber Weissmandl (Weissmandel), der wenige Jahre vor Ausbruch des Zweiten Weltkrieges auf den Code aufmerksam wurde. Dieser in Prag seinem Dienst nachgehende Schriftgelehrte war bereits in früher Jugend an einem Kommentar des eingangs erwähnten Rabbenu Bachya hängengeblieben, in dem auf die Verschlüsselung der Bibel Bezug genommen war. Bachyas Auslegung, daß aus der Thora durch Entnahme gleicher Buchstabenintervalle Informationen zu entschlüsseln wären, verfestigten sich bei Weissmandl zur Gewißheit, als er bemerkte, daß sich durch Überspringen von jeweils 50 Buchstaben zu Beginn der Genesis das Wort „Thora" ergab. Mit derselben Sequenz ließ sich dasselbe Wort auch im Buch Exodus, in den Numeri (4. Buch Mose) und im Deuteronomium (5. Buch Mose) finden. Im Zuge weitergehender Untersuchungen standen Weissmandl in Oxford etliche Abhandlungen Gikatillas in ihrer originalen Form zur Verfügung. Weissmandl, der wie Newton Zeit seines Lebens das Interesse am Bibel-Code bewahrte, schwieg sich vor der nichtjüdischen Öffentlichkeit über dieses Thema aus. Daß er sich mit dem Code befaßte wurde nur bekannt, weil die Studenten des Rabbi darauf am Rande einer Biographie hinweisen.[20]

---

[19] John Maynard Keynes, „Essays and Sketches in Biography", Meridian Books, 1956, Seite 280-290, Artikel „Newton, the Man". Michael Drosnin, „Der Bibel Code", Wilhelm Heyne Verlag, München 1997, Seite 20. Newton interessierte sich gleichsam für die oberflächlichen und unverschlüsselten Prophetien der Bibel. Aufschlußreich für sein Verhältnis zur Mystik in diesem Sinne ist das bereits 1733 erschienene Werk „Observations of the Prophecies of Daniel and the Apocalypse of Saint John"
[20] „Torath Hemed", Yeshiva Mr. Kisko, 1958

Soweit eine Auflistung der wichtigsten jüdischen Kryptologen, die seit der Zeitenwende bereit waren, die Öffentlichkeit zumindest oberflächlich an ihrem Wissen teilhaftig zu werden. Es kann kein Zweifel darüber bestehen, daß diese im Judentum nicht wenig prominenten Namen den modernen „Entdeckern" des Bibel-Code bekannt waren. Und es steht nach Meinung des Autors ebenfalls außer Frage, daß die neuzeitlichen Kabbalisten wie ihre Vorgänger nur zu gut wußten, daß sie sich bei den versteckten wie offenen Worten „Gottes" und der „Propheten" geradezu Regieanweisungen gegenübersahen, denen die Schäfchen Jahwe strikt Folge zu leisten hatten. [21]

Da damit die Frage nach dem Inhalt des Drehbuchs im Raum steht, empfiehlt es sich an dieser Stelle, näher auf die okkulte Seite der jüdischen Religion einzugehen...

Weiterführende Literatur
Zumeist nicht zitiert, inkl. konkurrierende bzw. gegenteilige Forschungsergebnisse

Bennett, R. „Wenn Tag und Nacht vergehen", CKV, Lübeck 1993   **Davis, George T. B.**, „Bible Prophecies Fulfilled Today", Million Testaments Campaign, Philadelphia 1955   **Eidelberg, F., et. al.**, „Codes in the Torah: A Discussion", Artikel in „B´Or Ha Torah", Nr. 9, 1995, Shamir, Jerusalem   **Fruchtenbaum, A. G.**, „Handbuch der biblischen Prophetie", Schulte & Gerth, Asslar 1991   **Glazerson, M./Haralick, R.**, „Torah Codes and Israel Today", Lev Eliyahu, Jerusalem 1996   **HaSofer, A. M.**, „Codes in the Torah", Artikel in „B´Or Ha Torah", Nr. SE, 1990, Shamir, Jerusalem   **Katz, M.**, „B´Otiyoteiha Nitna Torah" (hebräisch), Tel-Co, Jerusalem 1991   **Katz, M.**, „On hidden Codes in the Torah", Achdut, Jerusalem 1996   **Marrs, Texe**, „World Conspiracy and Bible Prophesy", VHS Video (1 Std.) *   **Michaelson, D.**, „Codes in the Torah", Artikel in „B´Or Ha Torah", Nr. 6, 1987, Seite 7ff., Shamir, Jerusalem   **Novick, N. A.**, „Fascinating Torah Prophecies Currently Unfolding", Natzach Yisrael Publications, Jerusalem 1997   **Petersen; Jens** (Übersetzer), „Der brennende Dornbusch. Mystik im Dienste jüdischer Weltherrschaft.", Welt-Dienst-Bücherei, Heft 9, U. Bodung-Verlag, Erfurt 1938   **Howard Vos**, „Fulfilled Prophecy in Isaiah, Jeremiah and Ezekiel", Dissertation, Dallas Theological Seminary, Dallas/Tex. 1950   **Weissmandel, H. M. D.**, „Torah Hemed" resp. „Toras Chemed" (hebräisch), Yeshivath Mount Kisco, Mount Kisco/N.Y. 1958   **Witzum, D.**, „HaMaimod Ha Nosaf" (hebräisch), Agudah L´Machkor Torani, Jeruslam 1989

Explizit negative Betrachtungen zu versteckten Nachrichten in der Bibel sind dem Autoren nicht bekannt. In den USA wird das Verschlüsselungs-Material von der jüdisch-religiösen Bildungseinrichtung „Aish Ha Torah/Discovery" verwaltet, herausgegeben und laufend ergänzt. Rabbi Daniel Mechanic, Dozent der Discovery-Seminare, führt das wohl weltweit umfangreichste Archiv über alle die Codes betreffenden Veröffentlichungen und Informationen.
Aish HaTorah/Discovery-Seminars, 805 Kings Highway, Brooklyn, N. Y. 11223

---

[21] Siehe zu diesem Zusammenhang den Abschnitt „Die messianische Sendung"

Zusätzliche Anmerkungen

Der Autor ist sich bewußt, daß der in diesem Kapitel vorgenommene Nachweis zur tatsächlichen Existenz von Bibelkodierungen sehr straff und überblicksartig geführt wurde. Dies begründet sich vor allem durch die Tatsache, daß die individuellen Beweisführungen zum Thema kaum noch zu überblicken sind und Schwerpunktsetzungen daher angeraten schienen. Der Leser möge sich an Hand der angeführten Literaturliste selbst ein Bild von den mannigfaltigen Ergebenheitsadressen verschiedenster Forscher und Wissenschaftler machen, die allesamt mit einer Vielzahl von Plädoyers aufwarten, warum ihre jeweiligen Entdeckungen nun zu akzeptieren sind.
Kapitelinhalt und Liste sollen jedoch auf gar keinen Fall implizieren, daß der Autor mit der Stimmigkeit der jeweiligen Argumente stets übereinstimmt. Er nimmt im Gegenteil an, daß bestimmte Beweisführungen (gerade jene der Krypto-Chassiden um Satinover und Drosnin, die durch ihren „Bibel-Code" eine übernatürliche Steuerung des irdischen Geschehens „belegen") nicht ohne suggestiven Charakter sind.
Nun wäre es aber wieder falsch, aus den Schwächen dieses möglicherweise bewußt kolportierten „Computer-Codes" einen spekulativen Charakter dieses Buchs ablesen zu wollen. Ist es doch eine überaus sichere und offen bekannte Tatsache, daß die Bibel über ein Sammelsurium verschiedenster Prophetien verfügt, welche - *ganz gleich ob „verschlüsselter", „allegorierter" oder „offener" Art* - stärkstens mit späteren Ereignissen korrespondieren. Dieser grundlegende Zusammenhang scheint dem Autoren der eigentlich bewegende. Die Frage der Vorhersage*form* bleibt dagegen durchaus sekundärer Natur.

Die messianische Legende schwelgt in ungezügelten Phantasien über die katastrophischen Aspekte der Erlösung... Mit Erlösung war eine Revolution in der Geschichte gemeint.
Es sei an diesem Punkt mit aller gebotenen Vorsicht erlaubt zu sagen, daß die jüdische Historiographie sich allgemein dazu entschlossen hat, die Tatsache zu ignorieren, daß das jüdische Volk einen sehr hohen Preis für die messianische Idee bezahlt hat.
(Gershom Scholem, „Sabbatai Zwi - Der mystische Messias", Jüdischer Verlag, Frankfurt am Main 1992, Seite 18 und 30f.)

Kapitel 2

Biblischer Messianismus
Historischer Determinismus
Politischer Aktivismus

Der Heiland der geschichtlichen Erfüllung

Es ist gemeinhin bekannt, daß sich mit dem Begriff des „Messias" im Judentum ein für die Endzeit erwarteter, von den Propheten geweissagter Gründer eines göttlichen Reiches auf Erden verbindet. Der Einfluß dieses Denkens prägte maßgeblich die frühe Verehrung Jesu von Nazareth, der es aber ablehnte, das entsprechende Erwartungsbild auf sich anzuwenden. Während ihn seine Anhänger bald Messias-Christos hießen, bezeichnete der Begründer des Christentums „sein Reich als nicht von dieser Welt". Trotzdem hielt es die Führung des Rabbinats für geboten, den populären Tribunen als Messiasbetrüger der römischen Besatzungsmacht ans Messer zu liefern. Soweit unser allgemeines, oberflächliches Erlöser-Verständnis...

Was außerhalb der Synagoge kaum jemand weiß und selbst nicht jedem Mosaen geläufig sein dürfte, ist die Tatsache, daß die Schöpfer der hebräischen Überlieferung zwei verschiedene Heilande typisierten: Und so treffen klassische jüdische Quellen eine Unterscheidung zwischen dem endzeitlichen Wirken des Messias ben Joseph und dem ihm nachfolgenden Messias ben David.[22]

---

[22] J. Liver, „The Doctrine of the Two Messiahs", „Harvard Theological Review" 52 (1959): 149-85; Joseph Heinemann, „Aggadot ve-toldotehen" (Jerusalem, 1974), Seite 131ff. Eine Vielzahl der in diesem Kapitel zur Darstellung kommenden Zusammenhänge - darunter praktisch sämtliche Quellen jüdischer Provenienz - erschließen sich aus dem Buch „Messianism, Zionism and Jewish Religious Radicalism", The University of Chicago Press, Chicago & London 1996.

Nach alter Überlieferung ist der Messias ben Joseph eine mit Spannung beladene Figur, die auf tragische Weise an seinen Davidischen Weggefährten gebunden ist. Ersterer symbolisiert nach der Quellenlage den letzten historischen Kampf, der zu Beginn des Erlösungs-Zeitalters anheben soll. Obwohl dieser sagenumwobene Steuermann die Menschen einer weltlichen Erfüllung entgegenführt, verkörpert er auch die Unausweichlichkeit von Krise und Niederlage, das Leiden, das die „Geburtswehen des Messias" begleiten soll, wenn die Erfüllung voranschreitet. Er ist verurteilt, in seinem Kampf umzukommen - womit er der Erscheinung des Messias ben David den Weg bereitet, der die schlußendliche Erlösung mit sich bringt.[23]

Die „Verwaltungszentrale" des Messias

Für die vorliegende Betrachtung ist nun die Erkenntnis herauszustellen, daß es zu allen Zeiten bibelfeste Gelehrte gab, welche die Erscheinung des Messias ben Joseph als gottgewollt annahmen und von einer durchaus greifbaren Tätigkeit irdischer Stellvertreter abhängig machten.

Der einflußreiche Rabbiner Judah Alkalai zum Beispiel - einer der aktivistischen Vorboten des Zionismus im 19. Jahrhundert - identifizierte den himmlischen Vollstrecker kaum versteckt mit einer Gesellschaft jüdischer Weiser bzw. mit deren Führung, die sich erheben müsse, um das auserwählte Volk der Erfüllung entgegenzuführen.[24]

Alkalais Bibelerklärung ist bemerkenswert, wenn man das Schicksal bedenkt, das die Überlieferung dem Messias ben Joseph in die Hände legt: Soll doch die Erlösung Israels durch Krieg und Tod bewerkstelligt werden.[25] Die Erfüllungsdynamik wird in den alten apokalyptischen Vorstellungen der endzeitlichen Kämpfer Gog und Magog und den Geburtswehen des Messias[26] derart blutig auf die Spitze getrieben, daß sich über den Heiland schließlich der

---

Der Autor Aviezer Ravitzky, Vorsitzender der Abteilung für Jüdisches Geistesleben an der Hebräischen Universität, verlegte sein Werk zuerst 1993 bei Am Oved Publishers Ltd, Tel Aviv/Israel. Überträge aus dieser Quelle sind im Fußnotenteil gesondert mit der Kennung: „Ravitzky, ´Messianism´, Seite... ausgewiesen. Der vorliegende Messias-Zusammenhang findet sich auf Seite 30.

[23] Abraham Isaak Kook, „The Eulogy in Jerusalem" (hebräisch), in „Ma´amrei ha- Reiyah", Seite 96-99. Für eine Zusammenfassung des Artikels siehe Zvi Yaron, „The Philosophy of Rabbi Kook", Jerusalem 1991, Seite 243f. Ravitzky, „Messianism", Seite 98

[24] Judah Alkalai, „Kitvei ha-Rav Yehuda Alkalai", ed. Yitzhak Werfel (Jerusalem, 1944), Seite 219-22; Jacob Katz, „Leumiyut Yehudit", Jerusalem 1983, Seite 317. Ravitzky, „Messianism", Seite 30

[25] Original Seite 240 FN 54. Fortgesetzt mit dem Hinweis: Siehe die Studie von Yehudah Liebes, „Jonah Sohn von Amittai als Messias ben Joseph" (in hebräisch), „Mehkerei Yerushalayim be-Mahshevet Yisrael" 3 (1984): 269-311, insbesondere Seite 303-306; idem, „The Messiah of the Zohar: On R. Simeon bar Yohhai as a Messianic Figure", in „Studies in the Zohar", Albany 1993, Seite 63-65. Ravitzy, Messianism", Seite 249 FN 54

[26] Die „Fußspuren" des Messias ben Joseph sind letzten Endes zugleich die „Geburtswehen" des Messias ben David. Abgesehen von der Bibel finden sich die entsprechenden Stationen in der Mischna am Ende des Traktats Sotah überliefert.

bezeichnende Talmudsatz „Laß ihn kommen, aber laß ihn mich nicht in meiner Lebensspanne erleben."[27] bildete.

Alkalai hatte mit seiner messianischen Weisen-Gesellschaft ein Konstrukt vor Augen, das dem zur Zeit des Exodus verschwundenen Sanhedrin ähnlich war. Ist es Zufall, daß sich nicht wenige Würdenträger des kabbalistischen Judentums seit jeher für die Restauration eines derartigen „Parallel-Vatikans" verwandten? Maimonides dozierte als Prominentester unter ihnen, daß die prophetische Vision, die sich in dem Vers „Ich werde deine Magistrate (Richter und Ratgeber) wiedereinsetzen, wie zu Beginn." (Jesaja 1:26) niederschlägt „*vor* der Ankunft des Messias" erfüllt werden müsse. Seine Lehre wurde später als direkte Einladung zu messianischem Aktivismus, in der Form der Wiedereinsetzung einer rabbinischen Priesterweihe, interpretiert.[28] Die esoterisch gebildeten Weisen des 16. Jahrhunderts in Safed leiteten gar praktische Folgerungen aus den Worten des Maimonides, während sie von den Jerusalemer Weisen, die als Vertreter des Establishments in der Messias-Frage eine passive Haltung vertraten, heftig angegriffen wurden.[29] Das Konstrukt eines endzeitlichen Überbaus lag seitdem beständig in der Luft, und wurde in unseren Tagen in Verbindung mit der nationalen Wiedergeburt des Judentums einmal mehr aktuell.[30]

Der himmlische Plan

Die Räder der Geschichte - so jedenfalls schreibt es der israelische Autor Aviezer Ravitzky, dem wir so viele Zusammenhänge des vorliegenden Kapitels entnehmen - drehen sich nach einem bedingungslosen „Kosmischen Plan", der im voraus festgelegt ist. Doch es liegt in der Macht des Menschen diesen Plan zu kennen - nicht allein von seiner bloßen Existenz zu wissen, sondern von seinen Inhalten und seinem zukünftigen Verlauf. Der fromme Jude brauche lediglich sorgfältig die ablaufenden dramatischen Ereignisse auf der einen und die Voraussagen der Propheten auf der anderen Seite zu studieren, um das Ganze zu erfassen.

„*'Wie könnt ihr so sicher sein, daß ihr den göttlichen Plan durchschaut?'*, werden wir gefragt", formuliert Eliezer Waldmann, Dekan der Yeshivah

---

[27] BT Sanhedrin 98a. Ravitzky, „Messianism", Seite 127
[28] Der kabbalistisch gebildete Bibelcode-Chronist Dr.Jeffrey Satinover nennt Maimonides den „vermutlich größten jüdischen Weisen der nachbiblischen Zeit. Im 12. Jahrhundert war Maimonides nicht nur der führende Rabbiner seiner Generation, sondern auch Astronom, Mathematiker, aristotelischer Philosoph, und er kodifizierte das gesamte jüdische Recht."(S. 23) Auf S. 124 spricht Satinover im Zusammenhang mit codierten Thorastellen, ohne genauer darauf einzugehen, von „den eher geheimen Aspekten der Lehren des Maimonides." (Jeffrey Satinover, Die verborgene Botschaft der Bibel, Goldmann-Verlag, München 1997)
[29] Siehe Jacob Katz, „Halakhah ve-Kabbalah", Jerusalem 1984, Seite 213-36. Ravitzky, „Messianism", Seite 91f.
[30] Siehe die Quellen bei Katz, „Halakhah ve-Kabbalah", Seite 214 n. 5; Judah Leib Maimon, „On the History of the Idea of Renewing the Sanhedrin in Judaism" (in hebräisch), „Ha-Tzofeh", 7, Dezember 1951; Geulah Bat-Yehudah, „The Vision of the Sate among Early Religious Zionists" (hebräisch), „Shragai", 3, 1989, Seite 24

(Talmudhochschule) Kiryat Arba den oft gehörten Einwand weltlicher Zweifler. Dann, so der Rabbi, antworten wir: „Wenn Ereignisse ihren Lauf nehmen und Gott vor unseren eigenen Augen handelt, dann muß man schon blind sein, um nicht zu sehen, was vor sich geht."[31] Und Rabbi Shlomo Aviner, Dekan der im muslimischen Teil Jerusalems gelegenen Yeshivah Ateret Kohanim wird noch deutlicher, wenn er verrät: „Ja, wir stehen in Nachrichtenaustausch (mit Gott). Die Propheten Israels (hatten) sogar einen die Zukunft betreffenden Austausch und sie händigten das Geheimnis dieser Verbindung an uns weiter."[32]

Der göttliche Imperativ der Bibel-Prophetie

Eine Frage, die sich hier automatisch stellt, ist, wie der vermeintliche Glaube an die historische Zwangsläufigkeit mit dem Aktivismus von Angehörigen des Erlösungslagers in Einklang gebracht werden kann. Wenn man den Glauben in die Unumgänglichkeit der historischen Entwicklung hat, warum hält man sich dann nicht passiv, und wartet auf das Kommen der Dinge?

Trotzdem zeigt die Geschichte der neuzeitlichen sozialen und politischen Bewegungen in Europa, daß derartige deterministische Überzeugungen - religiöse wie säkulare gleichermaßen - nicht Hand in Hand gehen mit einer passiven Haltung sondern vielmehr, ganz im Gegenteil, elektrisierend wirken, den Aktivismus anheizen und Hemmungen überwältigen. Jene, die meinen, die Zukunft zu kennen, wollen die ersten sein, die diese ankündigen... Sie wollen Teil des Flusses sein und diesem zu seinem vorbestimmten Ziel helfen. Egal welches soziale oder numerologische Gewicht ihnen zukommt, sie glauben, daß sie eine zentrale Rolle bei der Entfaltung der Ereignisse spielen..

Wir sollten daher den Glauben an historische Unumgänglichkeit nicht mit Fatalismus und Passivität identifizieren. Determinismus bedeutet, daß das Endresultat vorausgesehen wird, jedoch ist es genau dieses Vorwissen, daß den Gläubigen dazu motiviert, seinen Aktivismus zu intensivieren. Für denjenigen, der das Geheimnis entschlüsselt hat, birgt die erfüllende Richtung der Geschichte keine Bedenken mehr auf einen möglichen Fehlschlag. Man fühlt sich aufgerufen, in die Bresche zu springen, die Sache selbst in die Hand zu nehmen, vorwärtszudrängen, der Welle der Zukunft teilhaftig zu sein.

Es ist diese Mentalität, die den jüdischen-messianischen Aktivismus, der in unserer Generation zum Ausbruch gelangt ist, charakterisiert.

Vor diesem Hintergrund erklärt sich ein kabbalistisches Sektierertum, das seine Anhänger ein fürs andere Mal erfolgreich auf die Barrikaden des politischen Kampfes schickt. „Was wir wollen", heißt es in einem dieser Aufrufe, „sind Gläubige, die aus dem Glauben an Gott sich zur Tat erheben... Es ist dieser Glaube,

---

[31] Waldmann, „Al da' at ha-zeman veha-makom", Seite 108-110. Vergleiche außerdem das Kapitel „Erbauer des Dritten Tempels", in Amos Elon, „Habet ahorah be-vehala mesuyemet", Tel Aviv 1988. Ravitzky, „Messianism", Seite 128

[32] Shlomo Aviner, „Betreffs unserer Erlösung und die Gush Emunim" (hebräisch), „Amudim" 366 (1976): 276-77. Ravitzky, „Messianism", Seite 129

der ihn von dem Moment an, in dem er zu handeln beginnt, begleitet, der ihm die Kraft gibt, in historische und politische Ereignisse einzugreifen. Der Gläubige weiß, daß der Segen des Herrn auf jedem Schritt seines Wegs bei ihm ist."[33]

Genauso sah es mit Martin Buber der herausragendste Vertreter des Chassidismus. Nur daß er dabei noch bereit war, die Mahnung zum Aktivismus offen an die Mission des Messias zu binden. Diese Haltung kam in seinem Buch „Gog und Magog" deutlich zum Ausdruck, wo er einem seiner rabbinischen Helden folgende Aussage zuschrieb:

„Die Welt der Völker... ist in Aufruhr geraten, und wir können nicht wollen, daß es aufhöre, denn erst, wenn die Welt in Krämpfen aufbricht, beginnen die Wehen des Messias. Die Erlösung ist nicht ein fertiges Geschenk Gottes, das vom Himmel auf die Erde niedergelassen wird. In großen Schmerzen muß der Weltleib kreißen, an den Rand des Todes muß er kommen, ehe sie geboren werden kann. Um ihretwillen läßt Gott es zu, daß die irdischen Gewalten sich mehr und mehr gegen ihn auflehnen. Aber noch ist auf keiner Tafel im Himmel verschrieben, wann das Ringen zwischen Licht und Finsternis in den großen letzten Kampf übergeht. Da ist etwas, das Gott in die Macht seiner Zaddikim[34] gegeben hat, und das eben ist es, wovon es heißt: 'Der Zaddik beschließt und Gott erfüllt'. Warum aber ist es so? Weil Gott will, daß die Erlösung unsere eigene Erlösung sei. Selber müssen wir dahin wirken, daß das Ringen sich zu den Wehen des Messias steigere. Noch sind die Rauchwolken um den Berg der Völkerwelt klein und vergänglich. Größere, beharrlichere werden kommen. Wir müssen der Stunde harren, da uns das Zeichen gegeben wird, in der Tiefe des Geheimnisses, auf sie einzuwirken. Wir müssen die Kraft in uns wach halten, bis die Stunde erscheint, da das dunkle Feuer sich vermißt, das lichte herauszufordern. Nicht zu löschen ist uns dann aufgetragen, sondern anzufachen."[35]

„Buber", so Moshe Idel, „zog" einem kontemplativen-verinnerlichten Zugang zur göttlichen Prophetie, das Wirken „versteckter, vorbereitender, und leidender messianischer Figuren vor".[36] Anders als die maßgebende esoterische Schule um Gershom „Sholem, die sich an den Mystifizismus anlehnte und den Blick auf den apokalyptischen Heiland gebannt hielt, ließ Buber Raum für das, was

---

[33] Dan Tor, „Fortfahren, das Ende zu erzwingen" (hebräisch), „Nekudah" 96 (1986): 28. Ravitzky, „Messianism", Seite 130
[34] Chassidische Elite. Wörtlich „Gerechte". Der Talmud stellt fest, daß das fortdauernde Bestehen der Welt dem Verdienst von 36 Personen zuzuschreiben ist, deren jeder „vollkommen gerecht" (gamur tzaddiq) sei. Vergleiche in diesem Zusammenhang die später beschriebene Begegnung des Rebben von Munkács, Rabbi Shapira, mit dem „Heiligen Groß-Vater", Rabbi Alfandari im Jerusalem des Jahres 1930.
[35] Martin Buber, „Gog und Magog", Heidelberg 1949, Seite 141
[36] Moshe Idel, „Messianic Mystics", Yale University Press", New Haven & London 1998, Seite 19 mit Bezug auf FN 33 Seite 330: „Siehe insbesondere Bubers Novelle 'Gog und Magog'. Diese zeigt den Widerstreit zwischen dem magischen Versuch zur Aktivierung des Messias, der in dem Seher von Lublin Gestalt findet, und der mehr versteckten und vorbereitenden Wirksamkeit, die durch den Heiligen Juden verkörpert wird."

er 'messianische Individuen' nannte, eine Reihe erlösender Persönlichkeiten, die verschwiegen das Ende der Tage vorbereiten."[37]

Zu diesem erlauchten Kreis gehörten zweifelsohne jene Rabbiner, die als „Vorboten des Zionismus" die hebräische Nationalstaatsbewegung auf den Weg brachten und damit den Beginn des messianischen Zeitalters einläuteten; zeitgerecht und im Einklang mit dem Ordnungsschema der biblischen Voraussicht.

„In Ezekiel", verrät Rabbi Elhann Bunem Wassermann in seiner vielzitierten Abhandlung *Ikveta de-meshiha* (Die Fußspuren des Messias) „In Ezekiel ist prophezeit, daß die Juden in der Zeit der „Fußspuren des Messias" das Motto 'Laßt uns wie die anderen (Völker) sein' proklamieren werden..."[38] Ganz allgemein wurde hierunter die starke jüdische Assimilationstendenz verstanden, die sich Mitte des 19. Jahrhunderts international aus der erfolgreichen Emanzipation des Israelitentums ableitete.

Was darauf folgen bzw. einhergehen sollte, beschreibt der Dekan der Talmudakademie (Yeshivah) Kiryat Shmonah, Zefaniah Drori, wie folgt: „Der Weg der Weisen Israels durch die Menschenalter hindurch bestand darin, die jüdische Geschichte mit offenen Augen im Lichte der Thora zu betrachten, mit vollkommenem Glauben in die dirigierende Hand des Herrn. Allein vor diesem Hintergrund konnte Rabbi Abba im Talmud sagen, daß wir das Ende an zwei deutlichen Zeichen erkennen würden: Dem *Beginn des Einsammelns der Exilierten* und dem *Erblühen des Landes Israel*. Mit Gottes Hilfe ist uns dies direkt offenbart." Angesichts des Gleichklangs des Prophezeiten mit der politischen

---

[37] Moshe Idel, „„Messianic Mystics", Yale University Press", New Haven & London 1998, Seite 322. Das heißt natürlich nicht, daß Scholem nicht um die religiösen Wirkkräfte in der Geschichte wußte. Schreibt doch dieser neben Buber wichtigste Vertreter des jüdischen Mystizismus in seinem über 1000 Seiten starken Werk „Sabbatai Zwi": „Bei der Offenbarung der Thora am Berge Sinai war die Welt im Begriff, vollständig restituiert (wiederhergestellt, W.E.) zu werden, aber die Sünde des Goldenen Kalbs stürzte alles wieder ins Chaos. Danach erging das Gesetz, den 'Tikkun' (kabbalistischer Terminus des Erlösungsprozesses. Im engeren Sinne: Auslösung des Makels bzw. Wiederherstellung der Harmonie) mit Hilfe der Gebote vorzubereiten. Jedes der 613 Gebote des Gesetzes restituiert einen der 613 Teile des 'corpus mysticum' des Uradam... Der Jude hält den Schlüssel zum 'Tikkun' der Welt in Händen, indem er durch die Erfüllung der Gebote der Thora immer mehr das Gute vom Bösen trennt... Durch seine Werke heilte der Jude die Krankheit der Welt und fügte die zerstreuten Fragmente zusammen, ja nur er allein konnte diese Vereinigung zustande bringen... Für die Kabbalisten war es nicht die Aufgabe Israels, den Völkern ein Licht zu sein, sondern, ganz im Gegenteil, aus ihnen die letzten Funken der Heiligkeit und des Lebens herauszulösen. So hat der Prozeß des 'Tikkun', wenngleich seinem Wesen nach konstruktiv, auch destruktive Seiten durch jene Macht, die den 'Kelipoth' („Bösen") und den Nichtjuden als ihren historischen Repräsentanten zukommen... Israels Arbeiten am 'Tikkun' haben per definitionem messianischen Charakter... Der messianische König ruft keineswegs den 'Tikkun' hervor, sondern wird von ihm hervorgerufen: Er erscheint, wenn der 'Tikkun' vollendet ist." (Gershom Scholem, „Sabbatai Zwi- Der mystische Messias", Jüdischer Verlag, Frankfurt/Main 1992, Seite 61ff.)

[38] Elhanan Bunem Wasserman, „Ikveta di-meshiha", Jerusalem und Tel Aviv 1952, Seite 6ff. Diese Abhandlung wurde ebenfalls in „Kovetz ma'amarim", Seite 106ff., in zwei verschiedenen Versionen, veröffentlicht. Zu einem ähnlichen Zugang, der dem Rabbi Elijah - dem Goan von Vilna - zugeschrieben wird, siehe Arey Morgenstern, „Ge'ulah be-derekh ha-teva", Elkana 1989, Seite 54. Ravitzky, „Messianism", Seite 171

Wirklichkeit setzte der Rabbi seinen Satz fort: „Es kann keine Zweifel mehr geben oder Gründe, unsere Freude und Dank an den Erlöser Israels zurückzuhalten."[39]

Verharren wir an dieser Stelle einen Moment, um einen genaueren Blick auf die Taufpaten des Staates Israel und ihre Motive zu werfen:

Der biblische Erlösungs-Zionismus

Während des 19. Jahrhunderts begann eine Anzahl religiös-orthodoxer Ideologen innerhalb des Judentums eine mehr aktivistische, weltliche Vision der Erlösung zu artikulieren. Einige gingen dabei so weit, das jüdische Volk aufzurufen, die messianistische Initiative zu ergreifen und einen schrittweisen Prozeß der Einwanderung nach dem und der landwirtschaftlichen Besiedelung in dem Lande Israel in Gang zu setzen - als notwendigen und organischen Schritt hin in Richtung auf eine volle Erlösung. Um ihr Unternehmen voranzutreiben, suchten sie selbst, praktische - zum Teil sehr weitreichende - Programme zu entwickeln. Diesen Persönlichkeiten, darunter Rabbi Judah Alkalai (Serbien, starb 1878), Rabbi Zvi Hirsch Kalischer (Preußen, starb 1874), und andere „Liebhaber Zions", die die gleiche Sichtweisen einnahmen (wie z. B. Rabbi Eliyahu Golomb und Rabbi Nathan Friedland), gelang es, eine Gefolgschaft um sich zu sammeln. Sie wurden später als „Vorboten des Zionismus" bekannt.[40]

---

[39] Zefaniah Derori, „Ma´ariv", 18. Juli 1974. Original Seite 142 Es ist bemerkenswert, daß... in... sehr frühen Quellen, besonders in solchen die sich mit dem Namen des Goan von Vilna (18. Jahrhundert) verbinden, Andeutungen zu finden sind, die sich auf die Möglichkeit einer auf natürlichem (gemeint ist selbstgeführten) Wege bewerkstelligten Erlösung beziehen und verschiedene Hinweise binden diese Möglichkeit an eine konkrete Besiedelung Israels. (Aryeh Morgenstern, „Meshihiyut ve-yishuv Eretz Yisrael", Jerusalem 1985; idem „Ge´ulah be-derekh ha-teva" Elkana 1989; Menahem Mendel Kasher „Ha-tekuhfah ha-gedolah", Jerusalem 1967, Seite 411-539. Das Thema ist Gegenstand von Streitigkeiten unter Schülern. Siehe Yisrael Bartal, „Messianic Expectations"; idem, „Messianism and Historiography" (in hebräisch), „Zion" 52 (1982): 117-30; Mordecai Eliav, „Eretz Yisrael ve-yishuvah ba-me´ah ha-tesha-esre", Jerusalem 1978, Seite 85. Ravitzky, „Messianism", Seite 26) Jeffrey Satinover schreibt über den Goan: „Einer der bedeutendsten Lehrer und Denker der gesamten jüdischen Geschichte war im 18. Jahrhundert der litauische Rabbi Elijahu Solomon, ehrerbietig auch der ´Große von Wilna´ genannt - Vilna Goan.. Er stellte in einem seiner vielen brillianten Bücher in ungewohnt kryptischer Form folgende verblüffende Behauptung auf: ´Alles, was ist und bis zum Ende der Zeiten sein wird, ist in der Thora, den ersten fünf Büchern der Bibel, enthalten.´ Und das war nicht nur in jener überhöhten Form gemeint, wie sie in religiösen Schriften so verbreitet üblich ist. Sondern jener bedeutendste aller jüdischen Rationalisten meinte dies absolut wörtlich." (Jeffrey Satinover, Die verborgene Botschaft der Bibel, Goldmann-Verlag, München 1997, Seite 22 mit Bezug auf die die Einleitung zu „Sifra Ditzniut")

[40] Jacob Katz, „Leumiyut Yehudit", Jerusalem 1983, Seite 263-265; Shlomo Avineri, „The Making of Modern Zionism: The Intellectual Origins of the Jewish State", New York 1981. Ravitzky, „Messianism", Seite 26

Den „Vorboten des Zionismus" folgten auf religiöser Basis die Mizrachi-Bewegung (*1902) und die Agudat Israel (*1912). Während sich die Agudat Israel, geführt von dem hasidischen Rebben von Gur, bei ihrem palästinensischen Engagement (vgl. Original Seite 173) einer direkten Zusammenarbeit mit dem weltlichen Zionismus enthielt, war die Kooperation der Mizrachi-

Rabbi Hayyim David Hazzan, der sephardische Rabbi *(Hakham Bashi)* von Jerusalem unterstützte Rabbi Kalishers Initiative zur Wiederbesiedelung Palästinas enthusiastisch. „Wir werden die Güter von Gott im Verfolg sorgfältiger Vorbereitungen erhalten... durch Aktionen aus Fleisch und Blut... Wir werden mit Erfolg die Erfüllung ins Heilige Land bringen - durch Pflanzen und Reifen und indem wir die Gebote ausführen, die sich auf das Land beziehen. Die Rettung des Herrn wird auf diese Weise aus dem Land selbst hervorwachsen... Sie wird von den Segnungen des Lebens und der Nahrung für alle Bewohner aufsteigen. Möge Gott vom Himmel herab gleich nach der Erlösung des Landes die (letzte) Erfüllung bringen."[41]

Es ist nicht ganz leicht, den mehrschichtigen Umfang und Einfluß der „Vorboten" konkret einzuordnen. Nach Rabbi Hazzan opponierten „lediglich einige faule Ashkenazim"(Ostjuden) gegen die Aktivitäten der Kalisher-eigenen Gesellschaft zur Besiedelung des Landes Israel.[42] Damit mag er ebenso richtig liegen wie Aviezer Ravitzky, der sein zurückhaltendes Urteil auf einer ganz anderen Ebene ruhen läßt. „Die Doktrin der 'Vorboten' über die Erlösung", wertet er den ideologischen Antrieb, „hatte zu seiner Zeit einen sehr begrenzten Einfluß. Sie vermochte keine signifikante Unterstützung unter der rabbinischen Führung oder unter der Mehrheit des orthodoxen Judentums zu erreichen. Zwar konnten in den 1870er und 1880er Jahren immer noch messianische Obertöne aus den Reden und Schriften von Rabbis wie Shmuel Mohilever, Nathan Friedland und Mordechai-Gimpel Jaffe herausgehört werden, aber die messianische Begründung zur Besiedelung des Landes Israel ließ gradweise nach."[43]

Dieser letzteren Aussage steht indes Moshe Idels Erkenntnis entgegen, daß mit Theodor Herzl der „Gottvater" des politischen Zionismus höchstpersönlich zu Beginn seines Lebens messianische Träume und Sehnsüchte gepflogen habe[44], was ganz sicher das Faktum begünstigte, daß dieser „in dem religiös-zionistischen Lager seine loyalsten Anhänger hatte, Anhänger, die bereit waren ihm nahezu blind zu folgen."[45]

Letzterer Satz stammt wiederum von Ravitzky, der selbst an anderer Stelle eine logische Erklärung dafür gibt, wie es zu dem allmählichen Verebben der

---

Bewegung mit national-säkularen Kreisen sehr eng. (Siehe „Ha-ish u-foalo", Seite 44. Ravitzky, „Messianism", Seite 175)
[41] A. J. Slutzki, ed., „Shivat Tzion", pt. 2 (Warschau, 1900), Seite 54. Ravitzky, „Messianism", Seite 29
[42] Zevi Hirsch Kalisher, „Ha-ketavim ha-Tzioni'im shel ha-Rav Zvi Kalischer", ed. Y. Klausner, Jerusalem 1947, Seite 258. Ravitzky, „Messianism", Seite 239 FN 49
[43] Yosef Salmon, „Religious Zionism and Ist Opponents" (in hebräisch), „Zemanim", Tammuz 1984: Sedite 54-65; Ehud Luz, „Parallels Meet: Religion and Nationalism in the Early Zionist Movement, 1882-1904", Philadelphia 1988, Seite 216. Ravitzky, „Messianism", Seite 32
[44] Siehe einige Texte über Herzl, zusammengestellt von Raphael Patai, „The Messiah Texts", Wayne State University Press, Detroit 1979, Seite 266, 272f.
[45] Über Herzl's „messianische" Verkörperung in seiner eigenen Generation, siehe Theodor Herzl, „Tagebücher", Berlin 1923, 2: Seite 458, 3 Seite 551; Joseph Nedava, „Herzl and Messianism", „Herzl Year Book" 7 (1971): 9-26; Shmuel Almog, „Messianism as a Challenge to Zionism" (hebräisch), in Z. Baras (Hrsg.) „Meshihiyut ve-eskhatologiah", Jerusalem 1984, Seite 434-35. Ravitzky, „Messianism", Seite 100

messianischen Begründung bei der Besiedlung Israels wirklich kam. Nämlich durch eine Art unausgesprochenes Stillschweigeabkommen, eine Form der Selbstzensur, die nach diplomatischen sowie taktisch-strategischen Erwägungen die Erfordernisse des politischen Kampfes bediente:

Den Messias ben David erzwingen?

Die zionistischen Rabbiner kritisierten schon sehr früh jene „Redner oder Prediger die, während sie über Zion sprachen, gleichzeitig die Erfüllung und das Kommen des Messias ins Spiel brachten. Das heißt, sie wandten sich gegen eine Popularisierung bzw. Offenbarung der Idee der 'Vorboten'".[46] Vor diesem Hintergrund hatte der bekannte Schriftsteller Peretz Smolenskin seinen befreundeten „Liebhabern Zions" bereits 1881 warnend ins Stammbuch geschrieben: „Wenn Ihr danach strebt im Lande Israel Kolonien zu errichten, so mögt Ihr von Kraftquelle zu Kraftquelle schreiten!... Wenn Ihr aber sagt, daß es Eure Absicht ist, dies zu tun um dem Messias den Weg zu bereiten, dann werdet Ihr von beiden, den Gläubigen und den Aufgeklärten attackiert werden."[47] Die hohe Barriere, die die religiösen Zionisten daraufhin zwischen ihrem Zionismus und ihrem Messianismus errichteten, war daher auch maßgeblich darauf abgestellt, jedwede Behauptung, nach denen sie darauf abzielten, *das biblische Ende zu forcieren*, zurückzuweisen.

Für dieses Verhalten gab es innere wie äußere Gründe. Zum einen mußte die Erkenntnis, daß es innerhalb des Judentums machtpolitische Bestrebungen gab, die sich aus der Bibel herleiteten, verheerende Folgen in den Exilländern haben und die Durchführbarkeit derartiger Planungen von Grund auf in Frage stellen. Zum anderen war die Tendenz, Gott ins Handwerk zu pfuschen, selbst im mosaischen Lager keineswegs unumstritten. Eine überwältigende Mehrheit der Israeliten lehnte derartige Bestrebungen ab und nicht wenige schriftgelehrte Rabbiner führten religiöse Vorschriften ins Feld, die ein aktives Eingreifen zugunsten der Erfüllung ausdrücklich zu verbieten schienen. Die Rede ist hier von den drei Schwüren, die die Juden nach den hebräischen Bibelauslegungen Midrasch und Talmud einst am Vorabend des Exodus abzuleisten hatten: 1. „daß Israel nicht die Mauer (des Heiligen Landes aus dem Exil, W. E.) erklimmen solle", 2. „daß sie nicht gegen die Nationen der Welt rebellieren sollten" und 3. daß „sie nicht das Ende erzwingen" sollen.[48]

Diese an sich klaren Gebote führten dazu, daß das Wirken bibel-aktivistischer Gruppen stets auch im religiösen Lager auf Widerstand stieß - bis hinein in die Vorhöfe des kabbalistisch geprägten Geheimvatikans. Rabbi Shalom Dov Baer Schneersohn beispielsweise, der 5. Führer der mystischen Habad-

---

[46] Ravitzky, „Messianism", Seite 242 FN 82
[47] Eliezer Ben-Yehudah, „Yisrael le-artzo ve-lileshono", Jerusalem 1929, pt.I, Seite 221; Almog, „Zionism and History", Seite 58f. Ravitzky, „Messianism", Seite 36
[48] Cant. R. 2:7; BT Ketubbot 111a. Original Seite 22 Über den letzten Schwur gibt es eine weitere Lesart, die statt des Wortes „yidhaku" „yirhaku" setzt, wodurch aus „Nicht das Ende erzwingen"- „Nicht das Ende vertagen" wird. Siehe Ravitzky, „Messianism", Seite 22

Bewegung, verstand den Zionismus sehr wohl als anmaßenden Versuch „das Ende" herbeizuerzwingen und explizit messianische Ziele - vor allem die Sammlung der Exilierten - durch menschliche Mittel zu verwirklichen. Und deshalb erklärte er diesem den Krieg.[49] Eine verwandte und nicht minder thoratreue Gruppierung hat den Kampf gegen das bibelaktivistische Treiben gar frühzeitig zu ihrem ausdrücklichen Raison d'etre erklärt und sich mit dem Namen „Wächter der Mauer" Neturei Karta) ein entsprechend geistiges Aushängeschild gegeben.

In Wirklichkeit waren die drei Schwüre jedoch nie ein schwieriges Problem für die jüdische Geschichte gewesen, anders als dies die radikalen religiösen Gegner des Zionismus so gerne in Anspruch nehmen. Sie wurden hauptsächlich mehr als theologischer Leitfaden denn als formelles halachisches Verbot begriffen.

Einige Weise gingen sogar noch weiter, indem sie die zwingende Kraft der Schwüre herunterspielten. Rabbi Hayyim Vital zum Beispiel beschränkte das Edikt auf einen bestimmten Zeitrahmen, wenn er lehrte: „Der Schwur gilt nur für *Tausend Jahre*."[50] Dagegen begrenzte es Rabbi Pinehas ha-Levi Horowitz (der Autor des esoterischen „Sefer ha-hafla'ah") auf einen bestimmten Ort: ihm zufolge wurde das Volk gewarnt, die Mauer nicht *von Babylonien* aus zu erklimmen.[51] Aus den Worten des Gaon von Vilna wiederum ließ sich schließen, der Schwur verböte lediglich einen ganz speziellen, klar definierten Akt: "Sie haben geschworen", dozierte dieser hervorragende Kabbalist über seine Vorfahren „daß sie nicht selbst hinausgehen würden, *um den Tempel zu bauen*, die erhabene Rose, bis zur Ankunft des Messias."[52] Einige rabbinische Autoritäten argumentierten ihrerseits, daß das Volk von seinem Schwur just in dem Moment entbunden worden sei, da die Nationen der Welt gegen ihren eigenen Schwur „Israel nicht über Gebühr zu unterdrücken" verstießen.[53] Und es gab andere Rabbis, die eine spirituelle Interpretation der Schwüre ins Feld führten, wodurch diese ausdrücklich aus der politisch-historischen Arena hinausgetragen wurden.[54]

Eine interessante zeitliche Klammer, welche zugleich die vorrangige Motivierung der Rebellion auf den Punkt zu bringen scheint, bietet uns der israelische Wissenschaftler Israel Shahak. Nach diesem „Letzten der großen Propheten" (Gore Vidal) war es der 1270 verstorbene und uns bereits im Zusammenhang mit geheimen Codes in der Bibel bekannt gewordenen Moshe Nachmanides, welcher sich als erster prominenter Rabbiner als Fürsprecher einer jüdischen Emigration nach Israel betätigte. Dieser ging dabei so weit, daß er seinen Schäfchen gar die Eroberung des Heiligen Landes ans Herz legte. „In den 70er

---

[49] Ravitzky, „Messianism", Seite 194
[50] Hayim Vital, „Etz Hayyim", Warschau 1931, Einleitung. Ravitzky, „Messianism", Seite 233
[51] Pinhas Halevi Horowitz, „Sefer ha-Hafla'ah", Seite 1, Offenbach 1787, über BT Ketubbot 111a. Ravitzky, „Messianism", Seite 233
[52] Elijah, Goan von Wilna, „Siddur ha-Gera", Jerusalem 1891, pt.2, Seite 48a. Für weitere Quellen siehe Aviner, „Clarifications". Ravitzky, „Messianism", Seite 233
[53] Zum Bestehen eines derartigen Schwurs in der jüdischen Überlieferung siehe Ravitzky, „Messianism", Seite 22
[54] Ravitzky, „Messianism", Seite 293, FN 100

Jahren des 20. Jahrhunderts", fährt Shahak fort, „wurde Nachmanides der Schutzheilige der radikal-israelischen National-Religiösen-Partei NRP und der verwandten Siedlerbewegung „Gush Emunim". Rabbiner der NRP machten geltend, daß die drei Schwüre in der messianischen Zeit keine Gültigkeit mehr hätten und daß, obwohl der Messias noch nicht erschienen sei, ein kosmischer Prozeß begonnen habe, der als Beginn der Erlösung bezeichnet wird. In diesem Zeitraum sollten einige der früheren religiösen Gesetze angeblich nicht mehr beachtet werden; andere sollten geändert werden."[55]

Heiliger, Mystiker, Zionist
Rabbi Kook als Apologet des Geheimvatikans

„Wie kommt es, daß die Bewegung für eine konkrete Erlösung in unserer Zeit, einschließlich der Besiedlung und Eroberung des Landes (Israel) und die Beseitigung der Existenz im Exil, nicht der religiösen entsprang? Wie kommt es, daß einige religiöse Sprecher gar dem Zionismus und der Erlösungs-Bewegung ihre Unterstützung vorenthielten?... Sie versäumten die Erkenntnis, daß es nicht wir Sterblichen waren, die das Ende forcierten, sondern daß es vielmehr der Herr des Hauses, der Herr des Universums war, der unsere Hand führte; daß es nicht menschliche Stimmen waren, die die Mauern zerschlugen, die uns von unserem Land trennten, sondern die Stimme des lebenden Gottes, der uns aufforderte: 'Erklimmt Sie!'[56] Diese Deklaration stammt von Rabbi Zvi Yehudah Ha-Cohen Kook (1891-1981), dem wichtigsten Mentor des Lagers der religiös-zionistischen Erfüller.

Bis zum heutigen Tage, Dekaden nach seinem Tod, bleiben die Ideen des ehemaligen Chefrabbis von Palästina ein Leuchtfeuer für viele zionistische Talmudisten, und um so mehr für die Führung der thorapatriotischen „Gush Emunim" und der Bewegung für die jüdische Besiedlung von Judäa und Samaria. Die Besonderheit der nationalistischen Ideologie von Kook und seiner Gefolgschaft aber liegt darin, daß sie die Geschichte des Zionismus als einen unvermeidbaren und entschieden messianischen Prozeß beurteilt, der zur Realisation prophetischer Voraussagen führt: „Zum Staat Israel als Erfüllung der biblischen Vision der Erlösung."[57]

Es ist dies ein „Messianismus" ohne Messias, ein Erlösungs-Prozeß, der in Abwesenheit eines lebenden menschlichen Erlösers vonstatten geht. Trotzalledem aber befinden sich diese Eiferer in strikter Übereinstimmung mit der Vorstellung der 2 Messiasse. Ein physischer Messias - der Messias ben David -

---

[55] Israel Shahak/Norton Mezvinsky, „Jewish Fundamentalism in Israel", Pluto Press, London 1999, Seite 19
[56] Yosef Bramson, ed. „Ba-ma'arakhah ha-tzibburit", ed. Y. Bramson, Jerusalem 1986, Seite 24f. Ravitzky, „Messianism", Seite 79
[57] Zvi Yehudah Kook, „Le-netivot Yisrael", Jerusalem 1967, Seite 188. Ravitzky, „Messianism", Seite 79f.

wird ohne Zweifel kommen aber, im Gegensatz zur allgemeinen Konzeption unter den Ultra-Orthodoxen, ist es nicht er, der die historische Wende in Gang setzen wird, und genauso wenig wird er den Erlösungsprozeß mit seinen eigenen Händen in Gang setzen. Im Gegenteil, diese Wende und dieser Prozeß des Messias ben Joseph werden ihn gerade zur Geburt verhelfen. Der davidische Heiland ist nicht in die at-halta de-ge'lah, den Beginn der Erlösung, involviert; er ist nicht verantwortlich für das Setzen und Wachsen der Frucht, sondern vielmehr für dessen Heranreifen. Das konkrete, historische Beginnen, dessen Zeuge wir heute sind, ist nicht durch einen physischen Erlöser in Gang gesetzt worden, sondern durch die kollektive Aktivität seiner Kinder auf Erden.

Israel Shahak und Norton Mezvinsky greifen diesen Zusammenhang in ihrer Studie zum Jüdischen Fundamentalismus auf. „Ideologen der Gush Emunim, vor allem Rabbi Kook der Ältere", lesen wir dort, „gewannen ihre Ideen nicht nur zum großen Teil aus der jüdischen Überlieferung, sie waren auch innovativ."
Wie sie das Messiaskonzept auswerteten ist dabei anschaulich. Die Bibel sah nur einen *einzelnen* Messias voraus. Der jüdische Mystizismus erwartete *zwei*. Nach der Kabbala werden sich die beiden Messiasse in ihren Wesenszügen unterscheiden. Der erste Messias, eine kriegerische Figur unter dem Namen 'Sohn des Joseph', wird die materiellen Vorbedingungen der Erlösung schaffen. Der zweite Messias wird ein spiritueller 'Sohn des David' sein, der die Welt durch spektakuläre Wundertaten erlösen soll.
Rabbi Kook der Ältere modifizierte diese Idee, indem er voraussah und - bestimmte, daß der erste Messias ein kollektives Wesen sein müsse. Kook identifizierte seine Gruppe mit dem kollektiven 'Sohn des Joseph'. Führer der Gush Emunim, die den Lehren von Rabbi Kook d. Ä. folgen, sehen ihre Rabbis, und vielleicht die Gefolgschaft insgesamt, als die Gesamtinkarnation von wenigstens einem, vielleicht sogar von zwei prophetisch verordneten Heilanden. Mitglieder der Gush Emunim glauben zugleich, daß dieser Gedanke bis zu gegebener Zeit keinem Uneingeweihten eröffnet werden sollte. Sie glauben weiter, daß ihre Sekte ob der ihr eigenen unfehlbaren göttlichen Leitung nicht irren kann."[58]

Noch einmal: Wie wir bereits gesehen haben, ist dieser Zugang nicht gerade originär. Gab es doch immer kabbalistische Eingeweihte, die da lehrten, daß die ben Josephische messianische Erfüllung mit der kollektiven Verantwortung der Gemeinschaft oder der Gemeinde als Ganzem gleichzusetzen war.[59]

---

[58] Israel Shahak/Norton Mezvinsky, „Jewish Fundamentalism in Israel", London 1999, Seite 66
[59] Diese Idee ist bereits im „Sefer ha-Zohar" genannt. Siehe Yehudah Liebes,„The Messiah of the Zohar: On R. Simeon bar Yohhai as a Messianic Figure", in „Studies in the Zohar", Albany 1993. Ferner Gershom Scholem, „The Messianic Idea in Kabbalism", in „The Messianic Idea in Judaism and Other Essays", New York 1971, Seite 43-48; idem, „Sabbatai Sevi: The Mystical Messiah, 1626-1676", Princeton 1973, Seite 44-66; Isaiah Tishby, „Torat ha-ra veha-kelipah be-Kabbalat ha-Ar'i", Jerusalem 1965, Seite 143; Ronit Meroz, „Redemption in the Doctrine of Rabbi Isaac Luria" (in hebräisch), Doktor-Dissertation, Hebräische Universität, Jerusalem 1982, Seite 255-360; Yehudah Liebes, „'Trein urzilin de-ayalta'" (hebräisch), in „Kabbalat ha-Ar-i", a special issue of „Mehkerei Yerushalayim be-Mahshevet Yisrael" 10 (1992), Seite 113-69. Ravitzky, „Messianism", Seite 81

Anders als die *traditionellen* kabbalistischen Weisen, die die Erlösung ausschließlich an die *spirituelle* Ausrichtung und die Erfüllung einer mystischen, kosmischen Mission gebunden sahen, gibt diese aktivistische Schule jedoch der Perfektionierung der Welt und der Erreichung historisch-politischer Erfüllung offen den Vorrang. Für sie ist es das zionistische Unternehmen, in all seiner Konkretheit, das die erforderliche kollektive Ausrichtung verkörpert und wahrhaft die Antwort des jüdischen Volkes auf den göttlichen Aufruf reflektiert.[60]

Kaum verwunderlich also, daß Kook in dem Schaffensprozeß der hebräischen Nationalstaatsbewegung das Wirken des Messias ben Joseph sah. Als der Rabbi nach 1904 nach Palästina emigrierte und der Zionistenchef Theodor Herzl wenige Wochen später das Zeitliche segnete, da verfaßte Kook einen lobenden Nachruf, in dem er ausführlichen Gebrauch von diesem sonderbaren Motiv des verdammten Erlösers machte - mit feinen Unterscheidungen zu seinem davidianischen Weggefährten. Auf der einen Seite zögerte er nicht von Herzl und etwas allgemeiner von „der zionistischen Vision in unseren Tagen" in entschieden messianischen Wendungen zu sprechen: wir lesen da von Ausdrücken wie „den Fußspuren des Messias", „der messianischen Generation den Weg ebnen", und ähnlichem mehr. Auf der anderen Seite beschränkte Kook aber mit Bedacht den Gebrauch dieser Ausdrücke auf den „physischen" Messianismus, jener, der sich an den Messias ben Joseph und damit an die Wirkfelder von Krisen und Rückschlägen bindet: Deshalb, folgerte der dogmengläubige Talmudist, „wurde der (zionistische) Führer das Opfer von Ärger und Leiden." „Die Jagd nach körperlicher Stärke und die allgemeinen Zubehöre des nationalen Lebens", erklärte er ergänzend, „sind die Vorbereitungen des Messias ben Joseph, während die für die Spiritualität einstehenden Kräfte jene darstellen, die den Messias ben David vorbereiten."

„In unseren Tagen", fährt Kook fort, „erreicht uns wie die Schritte des Messias ben Joseph die zionistische Vision, die sich entschieden an die materielle Seite der Dinge lehnt. Da ihre Vorbereitungen (in Richtung auf die andere Dimension) mangelhaft ist, sind die Kräfte nicht vereint... bis der (zionistische) Führer (am Ende) der Herrschaft des Bösen und der Trauer zum Opfer fiel... Diesen Mann dürfen wir als den Künder des Messias ben Joseph betrachten, angesichts seiner Rolle, das große Ziel einer nationalen Widergeburt in einem generellen, materiellen Sinn erreicht zu haben.[61]

---

[60] Ravitzky, „Messianism", Seite 82 Siehe auch ebenda Seite 135 mit einem entsprechenden Zitat aus A. I. Kook, „Hazon ha-ge´ulah", Seite 134
[61] Abraham Isaac Kook, „The Eulogy in Jerusalem" (hebräisch), in „Ma´amrei ha- Reiyah", Seite 97. Für eine Zusammenfassung des Artikels siehe Zvi Yaron, „The Philosophy of Rabbi Kook", Jerusalem 1991, Seite 243f. Ravitzky, „Messianism", Seite 98f.

Ein Weltkrieg stellt die Errichtung des jüdischen Staatswesens in Aussicht

Die Bedeutung dieser Analyse durch einen der führenden Mystiker seiner Zeit kann gar nicht hoch genug veranschlagt werden. Wenn Kook in Herzls Wirken den Beginn des Schlußteils der Tage ausmachte, dann mußte das im okkulten Verständnis die allerschwersten Konsequenzen auf die nachfolgenden, noch ausstehenden Ereignisse haben. Hieß es doch in der Prophetie, daß der Messias ben Joseph im wahrsten Sinne des Wortes apokalyptische Folgeereignisse in Gang setzen müsse. Erst wenn die Menschheit durch ein Meer von Blut geführt worden sei, so hieß es, könne der finale Erlöser erscheinen. Und als Geburtshelfer, als Stellvertreter des vollstreckenden Messias, fiel dem Geheimvatikan (nach Kooks engerem Verständnis dem Zionismus) genau diese traurige Aufgabe zu.

Und so markierte der Tod des ausgleichsbereiten Theodor Herzl wohl nicht rein zufällig eine Wendung in der Politik des Zionismus hin zu einer stärkeren Betonung des konfliktbereiten Fundamentalismus. Herzl hatte die halbe Welt bereist, um dem Ziel eines jüdischen Staates im Nahen Osten nahezukommen. 1902, am Ende seines Weges, zeigte er sich gar geneigt, Landangebote in ganz und gar unbiblischer Umgebung als jüdische Heimstatt anzuerkennen. Mit seinem plötzlichen Ableben änderte sich jedoch die Verhandlungsführung des hebräischen Nationalismus von Grund auf. Jetzt, hieß es, sei nurmehr Palästina zu akzeptieren, mochten sich die türkischen Kolonialherren sperren, wie sie wollten.

Kook trug diesen Schwenk voll mit. Er, der sich so lange zukunftspositivistisch gegeben und wiederholt Zurückhaltung gepredigt hatte, gelangte nun mit einem Mal zu recht weitgreifenden Ansichten. In diesen Kontext gehört die kühne historiosophische Schlußfolgerung, daß „es Zeiten gibt, in denen die Gesetze der Thora überschritten werden müssen. Da es aber niemanden gibt, der den legitimen Weg dazu weisen kann, ist das Ziel durch ein Aufbrechen von Grenzen zu erreichen... Wenn die Prophetie blockiert ist", dozierte er zur Zeit des Stillstands in den zionistischen Palästinaverhandlungen, „wird eine Berichtigung durch eine stützende Bresche erreicht, die äußerlich beklagenswert sein mag, innerlich aber eine Quelle der Freunde darstellt!"[62] Viele Außenstehende werden ob der Bedeutung dieser Worte gerätselt haben. Auch als Kook wenige Jahre vor Ausbruch des Weltkrieges zunehmend betonte, daß „Vernichtung um des Aufbau willens selbst eine Art Aufbau sei,"[63] und daß „die Wehen der Schöpfung die Vernichtung ganzer Welten (erforderten)."[64]

„Es ist wert", schrieb er, „die Wehen der Erschütterung und die Krankheitssymptome der Zerstörung zu durchleiden, um die verbesserten Welten

---

[62] A. I. Kook, „Arpelei tohar" (ungebunden, Jerusalem 1934), Seite 13 und 15. Die Ausgabe, die sich gegenwärtig in Druck befindet, schwächt diesen Text nachträglich ab, um den Sichtweisen des Herausgebers und seiner Mentoren gerecht zu werden. Ravitzky, „Messianism", Seite 105
[63] A. I. Kook, „Iggerot ha-Reiyah", Jerusalem 1962, I: 85. Ravitzky, „Messianism", Seite 105
[64] A. I. Kook, „Orot ha-kodesh", Jerusalem 1963, I: 194. Ravitzky, „Messianism", Seite 105 Über den nachhaltigen Einfluß der Kabbala auf die Gegenwartssicht Kooks siehe Ravitzky Seite 105f. sowie Fußnoten 100-105, ebenda Seite 259f.

voranzubringen, die einen solchen Reichtum an Leben ihr eigen nennen, daß es ihre Aufnahmefähigkeit gar zu übertreffen schiene."[65] „Dasselbe gilt", kommentiert Chronist Aviezer Ravitzky mitdenkend, „für die historische ´Erschütterung´ im Leben der Nation, deren ´Krankheitssymptome der Vernichtung´ nun den zionistischen Aufbau begleiteten..."

Je mehr sich die Wolken am politischen Horizont Europas verdunkelten, desto mehr bewegte sich Kooks Gedankengebäude in diese Richtung. „Das Böse und Eherne der Spuren des Messias, die jedes Herz aus der Ruhe bringen", so der Rabbi „sind die dunklen Schritte, die zu einer verfeinerten, glücklichen Existenz führen.[66] Um einen neuen Weinberg im Hause Israel dergestalt zu bepflanzen, daß Israels Wesen im wahren Licht der Prophezeiung wiedererstehen kann, müssen herkömmliche Werte ebenfalls durch die Ehernheit der Spuren des Messias ausgelöscht werden. Von (Letzterem) soll ein neues Licht ausgehen, strahlend in seinem Glanz, rein wie die Himmel."[67]

In diesem Sinne erschienen ihm der Weltkrieg (1914-1918) und seine Schrecken nurmehr als Geburtswehen, Reinigung, Aufrütteln und Regenerierung zugleich, die zur Wiedergeburt führen. Wir stehen hier an der Grenze von Widersinn und Apokalypse[68], doch selbst dort sieht Kook im besonderen Akt der Zerstörung nichts als biblischen Aufbau: „´Die Zeit des Gesangs (zamir) ist gekommen´", zitierte er die heiligen Schriften, „die Zeit, die Tyrannen zu fällen (zamir). Die Gottlosen werden vernichtet und die Welt wird gereinigt; ´das Lied der Turteltauben erklingt in unserem Land´ (Vgl. Das Hohelied Salomos 2:12)... Das Sühneopfer muß kommen: eine allgemeine Beseitigung aller gegenwärtiger Zivilisationsfundamente, mit ihrer Verlogenheit und Falschheit, ihren üblen Verunreinigungen und zersetzenden Giften. Jegliche Kultur, die stolz ist auf den Klang seiner Lügen muß ausgelöscht werden, um durch ein Reich vortrefflicher Heiligkeit ersetzt zu werden. Das Licht Israels soll erscheinen und soll eine Welt errichten, zusammengesetzt aus Völkern, die von einem neuen Geist beseelt sind."[69]

Nahum Goldmann, der spätere Präsident des „Zionistischen Weltkongresses" schrieb 1915 mit geradezu identischen Folgerungen, ja

---

[65] A. I. Kook, „Orot ha-kodesh", 2: 526. Siehe ebenfalls Yehudah Gelman, „Das Böse und seine Rechtfertigung in den Anschauungen Rabbi Kooks" (hebräisch), „Da´at" 119 (1987): 147-55. Ravitzky, „Messianism", Seite 106
[66] A. I. Kook, „Orot", Jerusalem 1963, Seite 83; idem, „Hazon ha-ge´ulah", Seite 140-41 Der Einfluß dieses Sicht ist klar erkennbar in den Schriften des Rabbi Jacob Moses Harlap, eines Schülers von Rabbi Kook. Siehe „Mei marom", Jerusalem 1977, 3: 60-62
[67] A. I. Kook, Orot ha-kodesh", 1: 152 (korrigiert nach dem Manuskript, das bei Ish-Shalom, „Rav Kook", Seite 59, zitiert wird. Ravitzky, „Messianism", Seite 108
[68] Siehe S. B. Urbach „Religiöser Zionismus in messianischer Perspektive" (in hebräisch), in Y. Tirosh (Hrsg.) „Ha- Tzionut ha-dadit: Kovetz ma´amarim", Jerusalem 1974, Seite 169. Ravitzky, „Messianism", Seite 109
[69] A. I. Kook, „Orot", Seite 13-15. Vergleiche hierzu Oswald Spengler, „The Decline of the West", New York 1926

Wendungen, über „den Sinn und die historische Mission unserer Zeit". Wie der tiefreligiöse Kook sah auch der vorgeblich weltlich orientierte Goldmann in der Vernichtung einen Schaffensprozeß, den er begrüßte.[70]

Der Hintergrund für diese befremdliche Kriegsbegeisterung entschlüsselte sich dem aufmerksamen Talmudisten nur zwei Jahre später, als die britische Regierung auf dem Höhepunkt des Völkermordens die berühmte Balfour-Deklaration veröffentlichte, in der sie Eretz („das Land") Israel als jüdische Heimat anerkannte. Dieses vermeintliche „Geschenk des Himmels" ging auf eine geheimdiplomatische Sonderleistung des Zionismus zurück, die in der modernen Geschichte kaum ein gleiches haben dürfte.[71] Da das große Ereignis aber auf das Jahr genau in der Bibel angekündigt worden war[72], wurden in den Kreisen der religiösen Zionisten sofort messianische Gefühle laut[73]: Die Gemeinschaft der Gur-Chassiden, der die Leitung der talmudnationalistischen „Agudat Israel" oblag, definierte die Balfour-Deklaration als einen „Fingerzeig von göttlicher Herkunft".[74] Und Rabbi Israel Meir ha-Kohen (Hafetz Hayim), einer der führenden hebräischen Gelehrten seiner Zeit, sprach von einem göttlichen Eingriff zugunsten der Erlösung.[75] „Es besteht", legte er sich fest, „kein Zweifel darüber, daß unsere Zeit diejenige der Spuren des Messias ist."[76]

Etwas weniger mystisch schrieb der eingeweihte Moseljünger M. Gonzer 1919 nach der deutschen Niederlage über „das tausendfältige Glück, das die

---

[70] Vergleiche Nahum Goldmann, „Der Geist des Militarismus", Stuttgart/Berlin, Deutsche Verlagsanstalt, 1915. Insbesondere Seite 37f.
[71] Es gelang der Nationalstaatsbewegung in diesem Zusammenhang, die Kriegsparteien durch eine umfassende zersetzerische Tätigkeit an allen Fronten unter starken Druck zu setzen. England erklärte sich schließlich zur Zusammenarbeit bereit, weil sein überstaatlicher Verhandlungspartner den Kriegseintritt Amerikas versprach. Vergleiche hierzu die noch folgenden Ausführungen im Zusammenhang mit den Ereignissen des 1. Weltkrieges
[72] 1517 begann in Jerusalem die Herrschaft der Osmanen, die - gemäß dem Buch Daniel und dem kabbalistischen Werk Sohar - nach acht Jubeljahren, das sind 400 Jahre, enden sollte, was dann auch durch die Briten 1917 geschah. Vgl. Interview der Monatsschrift „Nachrichten aus Israel" (Verein für Bibelstudium in Israel Beth-Shalom, CH-8330 Pfäffikon ZH) mit dem israelischen Thora-Weisen Schabatai Schiloh vom August 1980. Der „Bericht aus Jerusalem" trägt den Titel „Der Messias kommt".
[73] Ravitzky, „Messianism", Seite 86
[74] Siehe die Ausführung von Rabbi Yitzhak Meir Levin in "Kol Yisrael", 16 Kislev 5693 (1933). Siehe ferner Yitzhak Alfasi, „Rabbi Abraham Mordecai Alter von Gur und seine Beziehung zur Besiedlung des Landes Israel" (hebräisch), „Bi-Shevilei ha-Tehiyah" 2 (1987): 121
[75] Aussage von Israel Meir ha-Kohens Sohn, in Shmuel Grainemann (Hrsg.), „Hafetz Hayim al ha-Torah", B´nai Berak o. D., Seite 101. Hinsichtlich der religiösen Erregung, die die Balfour-Erklärung unter den Juden des Ostens auslöste, siehe Yosef Yo´el Rivlin, „Fußspuren der Erlösung" (hebräisch), in „Minha le-Avraham (Almaliah Festschrift), Jerusalem 1959, Seite 40-48. Siehe ferner die Bemerkungen von Rabbi Moshe Khalfon von Djerba in seiner „Darkei Moshe", Djerba 1935, zitiert durch Joseph Tubi „Die Wurzeln der Haltung der orientalischen Juden zur zionistischen Bewegung" (hebräisch) in „Temurot ba-historyah ha-Yehudit ha-hadashah", Jerusalem 1988. Ravitzky, „Messianism", Seite 160
[76] Siehe Moshe Prager (Hrsg.), „Le-or ha-emunah", New York 1958, Seite 6, 12. Das Buch zitiert die Worte von zahllosen Weisen der vergangenen Generationen, die, in ihrer Zeit - in den Tiefen von Schlechtigkeit und Verzweifelung - die Zeichen der „Geburtswehen des Messias" entdeckten. Ravitzky, „Messianism", Seite 171

Frommen (Chassiden) dem Kriege beim besten Willen zuschreiben können, - im Hinblick auf all das, was man dem gegenwärtigen Krieg zu verdanken hat..." „Wir meinen damit", fährt er fort, „die Bürgschaft für die Menschenrechte der Juden in allen Ländern der Welt, die völkerrechtliche Haftung, die durch die Gründung eines jüdischen Staates in Palästina für das Leben des jüdischen Volkes überall dort gegeben wird, wo es Juden gibt." Und angesichts der aus zionistischer Sicht lahmen Haltung der soeben abgesetzten kaiserlichen Regierung schließt Gonzer: „In der Tat hat das Deutsche Volk durch den Krieg seine Reife bewiesen und hat sich sogar noch mehr genommen, als seine Versorger ihm geben wollten... Daraus folgt, daß es auch unter den Nationen solche gibt, die schwer von Begriff sind, die in irgendeiner Beziehung etwas nicht begreifen können, wenn sie nicht *vom Rebben, das heißt von der Weltgeschichte*, ein paar spürbare Schläge bekommen, die ihnen die Augen öffnen... aber davon wollen wir gar nicht reden."[77]

Messiaswehen gegen das jüdische Volk: Der Holocaust

Nun wäre es grundverkehrt aus diesem Triumph des hebräischen Nationalismus zu schließen, die Aufgabe des Messias ben Joseph bzw. seiner irdischen Stellvertreter erschöpfe sich darin, die Nationen der Welt zu quälen um das Judentum als einzig Begünstigten von dem blutigen Treiben auszunehmen. Auch gegen das eigene Fußvolk hatte der Geheimvatikan im Laufe der Jahrhunderte immer wieder stärksten Druck ausgeübt - und war es „nur" aus dem praktischen Grund, um den Zusammenhalt der blind Geführten zu gewährleisten.

Das israelische Autorenteam Shahak/Mezvinsky illustrieren dieses gerade aus jüdischer Sicht überaus heikle Thema durch „die Beziehung des ersten Messias zu ignorant-ungläubigen Juden, egal ob diese säkulare oder religiöse Hintergründe hatten. Rabbi Kook bezog dieses Konzept von der biblischen Prophezeiung, daß ´der die Erlösung bringende´ Messias ´auf einem Esel und auf einem Fohlen, dem Jungen eines Esels reiten ´werde. (Zacharias 9:9). Die Kabbala betrachtete dieses Vers als Hinweis auf zwei Messiasse: einer, welcher auf einem Esel reitet und ein anderer, welcher auf einem Fohlen daherkommt. Nun lautete hier die Frage: Wie konnte ein kollektiver, ein gemeinschaftlicher Messias auf einem einzigen Esel reiten? Kook beantwortete die Frage, indem er den Esel mit Juden identifizierte, denen er an Weisheit und rechten Glauben fehlt. Kook postulierte, daß der gemeinschaftliche Heiland auf diesen Juden reiten würde... Rabbiner der Gush Emunim gebrauchen die folgende Analogie des messianischen Esels: angesichts seines niedrigen Rangs in der Hierarchie der Geschöpfe, muß der Esel über das noble Vorhaben seines göttlich inspirierten Reiters im Unklaren sein. Es ist dies der

---

[77] Gonzer, M., „Der historische Moment" (hebr.), Verlag Itzkowski, Berlin 1919. Zitiert bei Erich und Mathilde Ludendorff, „Die Judenmacht. Ihr Wesen und Ende", Archiv Edition im Verlag für ganzheitliche Forschung, Viöl 1999, Seite 353/355

Fall obwohl der Esel den Reiter in Umfang und vollständiger Kraft übertrifft. In dieser Analogie führt der erhabene Reiter den Esel seiner eigenen Erlösung entgegen. Wegen seines noblen Ziels darf der Reiter den Esel im Verlauf der Reise treten, um sicherzustellen, daß der Esel von dem festgelegten Pfad nicht abirrt. In der gleichen Weise, bringen die Rabbis der Gush Emunim vor, müsse diese besondere messianische Sekte jene eselsgleichen Juden führen und handhaben, die durch die satanische Kultur des Westens mit den ihr eigenen Kräften des Rationalismus und der Demokratie korrumpiert worden seien und die sich weigerten ihrer viehischen Gewohnheiten zu entsagen und den wahren Glauben anzunehmen. Um den Prozeß voranzubringen, ist die Anwendung von Gewalt wann immer als nötig empfunden erlaubt."[78]

Dieser eher kalte und berechnende als väterlich-beschützende Bezug des Geheimvatikans zu „seinen" Schäfchen läßt den eingeweihten Kabbalaschüler nichts gutes ahnen, wenn er sich mit den Voraussagen der Propheten für das Ende der Zeit auseinandersetzt. Verhießen diese doch auch dem Volk Gottes derart schwarze Tage, daß - wie wir bereits an anderem Ort vermerkt haben - der fromme Talmudschüler seit jeher zu Gott betet, der erwartete Heiland möge nicht zu seinen Lebzeiten kommen, sodaß er seine Wehen miterleben müsse.[79]

Tatsächlich machte Rabbi Jacob Moses Harlap, einer der frühen und führenden Schüler Kooks, die letzte Erlösung explizit von einem weltweiten Ausbruch der Feindseligkeit gegen das jüdische Volk abhängig. „Wenn die Zeit der Erlösung dämmert", schrieb er, „werden die anderen Nation bereuen, den Juden geholfen zu haben; sie werden sich in Verfolger wandeln, und uns damit den Weg ebnen, das Licht der Erlösung zu sehen."[80] Und die besonders einflußreiche Betrachtung von Rabbi Elhanan Bunem Wasserman, *Ikveta de-meshiha* (Die Fußspuren des Messias), die dieser in den 30er Jahren am Vorabend des Holocausts verfaßte, stellt fest: „Bei Daniel steht geschrieben, daß der Kummer dieser Tage alles übertreffen soll, das Israel befallen hat, seit es ein Volk wurde, daß heißt, er wird sogar den Rahmen des Leides bei der Zerstörung des Tempels sprengen."[81]

Beide Prophetien sollten sich nun unheilvoll bewahrheiten. Zunächst lehnte es England gleich im Anschluß des Krieges ab, für sein Heimstatt-Versprechen einzugestehen, womit die Lösung der Palästinafrage erst einmal vertagt wurde. Als sich dann auch noch das mosaische Fußvolk im Exil den Emigrations- und Besiedlungsplänen des Zionismus verschloß stand das Projekt Israel mit einem Mal wieder am Nullpunkt.

---

[78] Israel Shahak/Norton Mezvinsky, „Jewish Fundamentalism in Israel", Pluto Press, London 1999, Seite 66-68
[79] BT Sanhedrin 98a. Ravitzky, „Messianism", Seite 127
[80] Harlap, „Ma´ayanei ha-yeshuah", Seite 29 sowie S. Aviner, „Am ke-lavi" 2:188. Ravitzky, „Messianism", Seite 134
[81] Elhanan Bunem Wasserman, „Ikveta di-meshiha", Jerusalem und Tel Aviv 1952, Seite 6ff. Diese Abhandlung wurde ebenfalls in „Kovetz ma´amarim", Seite 106ff., in zwei verschiedenen Versionen, veröffentlicht. Zu einem ähnlichen Zugang, der dem Rabbi Elijah - dem Goan von Vilna - zugeschrieben wird, siehe Arey Morgenstern, „Ge´ulah be-derekh ha-teva", Elkana 1989, Seite 54. Ravitzky, „Messianism", Seite 171

In dieser Situation äußerster Bedrohung entschlossen sich radikale Kräfte innerhalb der zweifach verlassenen Nationalstaatsbewegung zur Führung eines doppelten Krieges: Zum einen suchten sie London durch eine emanzipatorische Unterminierung des britischen Empire unter Verhandlungsdruck setzen. Für diese Aufgabe stand die weltrevolutionäre Kommunistische Internationale unter Leon Bronstein (Trotzki) in der Sowjetunion als natürlicher Bündnispartner Gewehr bei Fuß. Zum anderen sollte das nach zionistischem Empfinden „satt und selbstzufrieden" im Exil lebende Hebräertum seinen Assimilationstendenzen entrissen und der nationalen Bestimmung neu zugeführt werden. Als Prellbock bot sich in diesem Fall die antisemitische Bewegung in Deutschland an, die hinsichtlich der jüdischen Ausgrenzungspolitik die gleichen Ziele wie der Zionismus verfolgte. So kann es nicht verwundern, daß der Nationalsozialismus von Beginn seines Aufstiegs an von israelitischen Nationalisten begrüßt wurde und daß es auf beiden Seiten der völkischen Rechten immer Formen direkter Zusammenarbeit gab.[82]

Nicht wenige Juden, darunter gerade die aufgeklärt-liberalen Geister, haben später über das Doppelspiel des Zionismus bittere Klage geführt.[83] Dabei fällt jedoch die Tatsache ins Auge, daß sich in diesem Zusammenhang religiöse Nationalismus-Gegner desto auffälliger der Kritik enthielten, je näher sie den Pforten des Geheimvatikans standen. Wenn es warnende Stimmen gab, so waren dies gewöhnlich Einwürfe, denen man die Selbstzensur auf Schritt und Tritt anmerkt. Nichtsdestoweniger ist deren erkenntnistheoretische Bedeutung ob der zugrunde liegenden biblisch-messianischen Perspektive vielfach als herausragend zu werten ist.

Ein prominentes Beispiel liefert in diesem Sinne der größte hebräische Romancier der Moderne, Samuel Josef Agnon, welcher einer polnisch-rabbinischen Familie entstammte und später nach Palästina auswanderte: In „Ein ganzer Laib" („A Whole Loaf") - einer autobiographischen Geschichte im „Buch der Taten" (Book of Deeds) - stellt uns der spätere Nobelpreisträger zwei seiner ältesten und engsten Freunde vor. Der eine ist - unverkennbar Mose symbolisierend - Dr. Yekutiel Neeman, der Gläubige (ne´eman) aus dem Hause des Herrn; der andere, Mr. Gressler, erscheint als das genaue Abbild des Satan, die Verkörperung des bösen Antriebes und seiner Verführungen.[84] Der Erzähler erlebt nun viele persönliche Umschwünge, sieht sich beständig zwischen diesen beiden Antipoden hin- und hergerissen. Als jedoch Gressler, der dämonische Freund, dafür sorgt, daß sich das Heim des Chronisten mit all seinen Besitztümern in Rauch

---

[82] Zu den Einzelheiten siehe das entsprechende Kapitel. Es sollte an dieser Stelle noch erwähnt werden, daß die Nazis auch früh durch Engländer bezuschußt wurden, die ein militaristisches Deutschland gegen den sowjetischen Druck auf das Empire einzusetzen gedachten. Wie das Quellenmaterial der 20er Jahre belegt, hat Hitler diesen Kreuzzug bereits sehr früh als seine vordringlichste Aufgabe gesehen.
[83] Siehe exemplarisch das Buch des Vorsitzenden der Israelischen Liga für Menschenrechte, Israel Shahak, „Jüdische Geschichte, Jüdische Religion", Lühe-Verlag, Süderbrarup 1998 sowie die entsprechenden Vorworte.
[84] Baruch Kurzweil, „Masot al Sippurei Agnon", Jerusalem/Tel Aviv 1963, Seite 86-94. Bei Ravitzky, „Messianism" Seite 40f.

auflöst, entscheidet sich dieser den lockenden Teufeleien Gresslers ein Ende zu bereiten. Er kündigt die Freundschaft, „vergräbt sich in das Buch des Yekutiel Neeman" und packt schließlich den Rest seiner Habsligkeiten, um nach Eretz Israel (Palästina) abzureisen. „Sobald ich nach Eretz Israel abgereist war", fährt Agnon fort, „war es ausgerechnet Gressler, dem ich als Erstem begegnete, denn er reiste auf demselben Schiff, jedoch auf dem Oberdeck, das für die Reichen reserviert war, während ich auf dem Unterdeck bei den Armen mitfuhr." Auf diese Weise tragen die beiden Protagonisten ihren „Flirt" bis ins Heilige Land hinein, wo sich ihre Pfade auch weiterhin beständig kreuzen...

Agnon scheint hier auf seine eigene autobiographische Betrachtung[85] eine Parabel aus einer früheren Quelle zu pfropfen. Tatsächlich wurde nämlich dasselbe Motiv schon einmal von dem Rebben von Munkács, Rabbi Hayyim Eleazar Shapira (1872-1937), in einem Brief benutzt, den er seiner Gefolgschaft in Jerusalem im Anschluß an einen Israel-Besuches im Jahre 1930 sandte. Anders als Agnon spricht Shapira aber die eigentliche Bedeutung des Gleichnisses aus: Der Satan unserer Tage, der den Exiljuden quält und sich im Heiligen Land häuslich einrichtet, ist niemand anderer als die neue Zionistische Siedlungs-Bewegung.

Mit dem Besuch des Rebben von Munkács im Heiligen Land hat es nun eine ganz eigene, nämlich messianische, Bewandtnis. Der damals vielleicht prominenteste hasidische Führer des ungarischen Judentums vollbrachte damit einen Schritt, den er jahrelang „aus großen und geheimen Gründen"[86] von sich gewiesen hatte.

Aviezer Ravitzky schreibt wörtlich: „Seine gesamte mysteriöse Wallfahrt nach Eretz Israel, die von einer ansehnlichen Gefolgschaft begleitet wurde, zentrierte sich um die Person des sephardischen Rabbi Solomon Eliezer Alfandari, bekannt als der „Heilige Groß-Vater".[87] Shapira selbst unterstrich nachhaltig: *'Mein Hauptanliegen ist es, den Heiligen Großvater zu treffen und zu ehren... denn das Gebot im Heiligen Land Israel Wohnsitz zu nehmen ist für unseren Zeitabschnitt noch nicht anwendbar.'*[88] Allerdings schien es, als habe Shapira dennoch seine Hoffnungen auf eine schnelle Erlösung (verbunden mit der massiven Einwanderung des Judentums nach Israel, W. E.) auf die Person und mystischen Eigenschaften dieses besonderen Mannes projiziert.

---

[85] Das Haus der Familie Agnon in Hamburg brannte 1924 - inklusive der Bücherei und der Manuskripte des Chronisten - vollständig ab. Ravitzky, „Messianism", Seite 242 FN 2
[86] Berish Weinberger (Hrsg.), „Iggerot Shapirin", Brooklyn 1983, Seite 262 und Moshe Goldstein, „Mas´ot Yerushalayim", Munkács 1931, Seite 20. Den Gesamtzusammenhang der Reise bei Ravitzky, „Messianism", Seite 58-59
[87] Man beachte die Parallele zum „Heiligen Vater", dem christlichen Papst in Rom. Seite 248 FN 70: Rabbi Solomon Eliezer Alfandari, ein... kabbalistischer Weiser, unterrichtete in der Türkei, in Safed und in Jerusalem.
[88] Moshe Goldstein, „Mas´ot Yerushalayim", Munkács 1931, Seite 121. Shapira´s „Reise nach Jerusalem" im Jahre 1930, die in dem Buch mit ebendiesem Titels beschrieben wird, drehte sich um die charismatische Persönlichkeit Alfandaris. Auf der Grundlage des Segens und der ausdrücklichen Einladung des Letzteren unternahm er diese Fahrt und er beschrieb das Treffen mit Alfandari als den Höhepunkt der Reise. (Goldstein, a.a.O., Seite 20) Siehe ebenfalls Seite 24, wo über Alfandari als den führenden Heiligen seiner Generation geschrieben wird.

Es liegt ein authentischer Bericht aus der Gefolgschaft Shapiras vor, der uns die näheren Umstände des Treffens schildert. Wir lesen:

Indem er sich auf den rabbinischen Spruch stützte, daß 'was der Gerechte verfügt, der Heilige, gelobt sei er, das geht in Erfüllung,... flehte der Rebbe den Heiligen Großvater, als den führenden Heiligen seiner Generation an, er möge für den Ruhm der Shekhinah (der göttlichen Gegenwart) und dem Wohle All-Israels unwiderruflich verfügen, daß der Messias ben David schnell in unserer Zeit kommen möge, da wir unsere Lage nicht länger ertragen könnten... Und der Heilige Großvater sagte in seiner Demut 'Ich bin kein gerechter Mann'. Und unser Rebbe blieb und flehte ihn eine lange Zeit an.[89]...

Rabbi Shapira´s Schreiber fährt fort: *'Hinter den Vorhängen hörten wir sie über die Angelegenheit*[90] *unserer vollen Erlösung verhandeln, so wie es der Plan der heiligen Engel vorgesehen hatte. Wir, die wir draußen standen, waren von Grauen und Schrecken ergriffen, und bis heute zittert meine Feder, wenn ich an die große Furcht denke, die uns an diesem Tag gefangen nahm.'*[91]

Das ist alles, was wir über den Inhalt dieses für die Geschicke des Judentums scheinbar so wichtigen Gipfeltreffens erfahren. Außer diesen wenigen Andeutungen bietet Ravitzky dem Leser keine weiteren Ausführungen, die das Verständnis über die Aufgewühltheit der Atmosphäre erleichtern würden. Und dennoch gibt er dem aufmerksamen Beobachter des okkulten Mosaismus verschiedene Schlüssel an die Hand.

Rekapitulieren wir: 1930. Es ist das Jahr, in dem in Deutschland mit einem Schlag die antisemitische Pogrompartei des Nationalsozialismus zur zweiten Kraft im Lande aufsteigt. Europa ist beunruhigt. Vielleicht aus genau den gleichen Gründen ist dies auch der Führer der jüdischen Pietistenbewegung in Ungarn.

Auf jeden Fall entschließt sich Shapira ins Heilige Land zu fahren, um dort den als Heiligen verehrten Gelehrten Alfandari zu treffen. Diesen fleht er an, die blutigen Geburtswehen des Messias ben Joseph endlich zu beenden und den Messias ben David herbeizurufen. Er tut das in der festen Überzeugung, daß sein Gegenüber die Macht und die Fähigkeit zu einer derart universellen Entscheidung besitzt.

„*Was der Gerechte verfügt, der Heilige, gelobt sei er, das geht in Erfüllung.*" Das sind seine rätselhaften Worte, die vor dem Hintergrund eines schon einmal vorgestellten Vergleichstextes klarer werden. Hier schreibt der Mystiker Martin Buber: „*Da ist etwas, das Gott in die Macht seiner Zaddikim (wörtlich: Gerechten) gegeben hat, und das eben ist es, wovon es heißt: 'Der Zaddik beschließt und Gott erfüllt'. Warum aber ist es so? Weil Gott will, daß die Erlösung unsere eigene Erlösung sei. Selber müssen wir dahin wirken, daß das Ringen sich zu den Wehen des Messias steigere.*" Danach sind die chassidischen

---

[89] Goldstein, a.a.O., Seite 121
[90] Weniger zurückhaltend übersetzt man „issue" mit „den Blutfluß" oder „den Ausgang"/„die Konsequenz". Auch im Sinne von „in Gang setzen".
[91] Goldstein, a.a.O., Seite 121

„Gerechten" die Exekutive der Erfüllung, sprich der Prophetie.[92] Shapira identifiziert Alfandari also ganz offenkundig mit einem Teil des Geheimvatikans. Der Papstähnliche Titel des „Heiligen Groß-Vater" legt nahe, daß er damals sogar dem Führer des okkulten Judentums in die Augen blickte.

Und diesen bittet er, durch die vorzeitige Inthronisierung des Messias ben David den unerträglichen Spuk des Messias ben Joseph abzukürzen. Ging Alfandari auf das Ersuchen ein? Der Chronist Ravitzky legt diese Vermutung nahe. Unmittelbar an die Konferenzimpressionen des Shapira-Gefolges schließend, setzt er nämlich die folgenden Sätze:

„Einige Tage später wurde Alfandari von einer Krankheit befallen. Am Tag darauf wurde er in den Himmel berufen, während Shapira und seine Gefolgschaft an seinem Bett standen.[93]

Rufen wir uns eine erstaunliche Geschichte ins Gedächtnis, die Shapira seinen Schülern zu erzählen pflegte: *'Der Rebbe Menachem Mendel von Rymanow besuchte einstmals den Rabbi Jacob, 'den Seher' von Lublin, um mit diesem an der Beschleunigung der Erlösung zu arbeiten. Dabei überkamen sie die dämonischen 'Gegenkräfte'. Rebbe Menachem Mendel wurde krank, und 'er hatte nicht die Kraft zu bleiben, um die Widersacher zu bekämpfen, die ihn zum Gehen zwangen. Beide Männer verstanden das in dem Sinne, daß es sich hier um eine himmlische Verfügung handelte, die darauf abzielte, sie von weiteren derartigen Handlungen (zugunsten der Erlösung) abzuhalten.*[94]

Gewannen die Gegenkräfte", schließt Ravitzky diesen Exkurs, „auch die Oberhand über die Kräfte der Heiligkeit", die Shapira und Alfandari für kurze Zeit zu Gunsten der Menschheit durch okkulte Mitteln zwingen wollten?

Beschrieb Shapira, dürfen wir als Außenstehende fragen, in dem Gleichnis der spiritistischen Rebben sein eigenes Erleben in Jerusalem? Und war durch ihr Scheitern das blutige Schicksal der Welt - so wie es Shapira vor seiner Reise vor Augen gehabt haben mag - ein weiteres Mal besiegelt? Wie genau sah er als eingeweihter Kabbalist in diesem Moment in die Zukunft, als er nach seinem Besuch das Bild des Satans auf die zionistische Siedlungsbewegung übertrug? Ravitzkys Schweigen scheint an dieser Stelle wiederum sehr beredt. Auch weil der schreibgewandte Autor anstatt einer klaren Antwort wieder zu einer scheinbar prosaischen Geschichte greift:

---

[92] In einem nahverwandten Sinne schreibt der Talmud, daß das fortdauernde Bestehen der Welt dem Verdienst von 36 Personen zuzuschreiben ist, deren jeder „vollkommen gerecht" (gamur tzaddiq) sei.
[93] Goldstein, a.a.O., Seite 240
[94] H. E. Shapira, „Kuntres yemot ha-mashiah, Seite 33. Bei Ravitzky heißt es in der überliefernden Fußnote 78 Seite 249: „Shapira fährt fort, daß Rabbi Menahem Mendel unmittelbar nach seiner Heimkehr genas."

Im direkten Anschluß an das Lubliner Gleichnis, erzählt uns Ravitzky, daß „der Munkaczer Rebbe an der Seite der Seinen das Heilige Land verließ."[95] Um dann fortzufahren: „Als er nach Munkácz zurückkehrte, weigerte sich Shapira ein Begrüßungsfest zu besuchen, das zu seinen Ehren organisiert worden war, *'und er verbot seinen Schülern das Tanzen und Singen'*.[96] Jahre später sollen seine Anhänger den verborgenen Grund für das seltsame Verhalten des Rebben an diesem Tag, dem 2. Tag des Monats Sivan, entschlüsselt haben. *'Das Herz weiß um die Bitterkeit um jemandes Seele'* (Sprüche 14:10): Sie berechneten, daß genau sieben Jahre später, am 2. des Monats Sivan, der Munkaczer Rebbe sterben würde, indem seine Seele im Angesicht des neuen Zeitalters entschweben würde; genau sieben weitere Jahre darauf, an genau dem gleichen Tag, kam der Sensemann nach Munkacz und sandte dessen letzte Söhne nach Auschwitz."[97]

War die nationalsozialistische End-Lösung Teil einer übergeordneten himmlischen Er-Lösung? Handelt es sich bei der „Opferung" (so die Übersetzung des Begriffs „Holocaust") um einen Teil der messianischen Geburtswehen, der der Vorsehung gemäß passieren *mußte*? Lag hier der Grund für die Jerusalemer Fürbitte Shapiras zur vorzeitigen Geburtseinleitung des Messias ben David?

Wie wir sahen, scheiterte der Rabbiner, um als gebrochener Mann nach Ungarn zurückzukehren. Bis zu seinem Tod verblieb ihm gerade noch genug Zeit, um mitzuerleben, wie radikale Vertreter des Zionismus im benachbarten Deutschland dem Nationalsozialismus die Hand zur Zusammenarbeit reichten.

Als wenige Jahre später die schrecklichen Folgen des Holocausts öffentlich wurden, entschloß sich Shapiras „Dynastie" endgültig, mit dem Geheimvatikan zu brechen. In einem programmatischen Akt verließ der „Thronfolger" des Munkaczer Rebben das Heilige Land, um sich in New York dem Rebben von Satmar unterzuordnen. Und dieser aufrechte Mann Gottes stand im Zentrum jener Neturei Karta-Bewegung, welche als „Wächter der Mauer" die anstürmenden Heerscharen des Messias ben Joseph bekämpfte.

---

[95] Shapira verglich später die dreizehn Tage, die er im Lande Israel verbrachte mit den dreizehn Jahren, die - der esoterischen Überlieferung zufolge - Rabbi Simeon bar Yochai in einer Höhle zubrachte (Goldstein, „Tikkun olam", Seite 152) Er führte ebenfalls biblische Gründe für seine Entscheidung ins Feld, das Land Israel vor den Shavuot-Feierlichkeiten zu verlassen" und ebenfalls aus geheimen Gründen hielt ich mich während der Feierlichkeiten nicht in Israel auf." (Goldstein, „Mas'ot Yerushalayim", Seite 365)
[96] Goldstein, „Mas'ot Yerushalayim", Seite 358
[97] Ebenda

Judaistische Reaktionen auf den Holocaust: Wächter der Mauer vs. Erstürmer

Schon 1940 veröffentlichte die Neturei Karta eine Proklamation, in der sie einen Gutteil der Verantwortung für die Naziverfolgungen gegen die Juden an den Zionismus weiterreichte. Solche Anklagen vervielfältigten sich nach dem Holocaust. „An allem", schrieb ein Polemiker, „trägt die häretische, aufrührerische, verführerische und korrupte zionistische Führung die Schuld."[98] Erwähnung fand in derartigen Fällen stets das Argument, die Zionisten hätten Hitler vorsätzlich gereizt, indem sie ihm mehrfach offen den Krieg erklärten um so das ganze jüdische Volk zu seinem Feind zu stempeln. Selbst Rabbi Moshe Blau, einer der herausstehenden Führer der religiös-zionistischen Agudat Israel argumentierte auf dem Höhepunkt der Vernichtung ähnlich. Für seinen Teil erwähnte er zudem „den Wirtschaftskrieg, den die Zionisten öffentlich gegen Hitler erklärt hatten - zu Beginn von dessen Judenverfolgungen.[99]

Im diametralen - weil akzeptativen - Gegensatz hierzu standen die Deklarationen der Messias-Aktivisten. Blicken wir an dieser Stelle noch einmal kurz zurück: Wie wir gesehen haben betrachtete Rabbi Abraham Kook den *ersten* Weltkrieg in nahezu apokalyptischen Termini. Er interpretierte diesen Krieg mit all seinen Schrecknissen als messianische Geburtswehen, die zur nationalen Wiedergeburt führen. Rufen wir uns noch einmal seine Worte in Erinnerung: „Das Böse und Eherne der Spuren des Messias, die jedes Herz aus der Ruhe bringen", so der Rabbi damals „sind die dunklen Schritte, die zu einer verfeinerten, glücklichen Existenz führen. Um einen neuen Weinberg im Hause Israel dergestalt zu bepflanzen, daß Israels Wesen im wahren Licht der Prophezeiung wiedererstehen kann, müssen herkömmliche Werte ebenfalls durch die Ehernheit der Spuren des Messias ausgelöscht werden." Zuvor hatte er betont, daß „Vernichtung um des Aufbau willens selbst eine Art Aufbau sei," und daß „die Wehen der Schöpfung die Vernichtung ganzer Welten (erforderten)."

Nun, gerade eben 30 Jahre später, übernahm sein Sohn Zvi Jehudah dieses bibel-deterministische Muster, um den *zweiten* Weltkrieg und die Vernichtung der europäischen Juden zu erklären. Erstaunlich genug, interpretierte

---

[98] So im Neturei Karta-Organ „Ha-Homah" (Die Mauer) im Shevat 5706 (1946). Vgl. Ravitzky, „Messianism", Seite 251 FN 98

[99] Kitvei Rabbi Moshe Blau, Jerusalem 1983, Seite 250-51. Ravitzky, „Messianism", Seite 274, FN 14. Am 23. März 1933 wurde im Reichstag mit den Stimmen der bürgerlichen Parteien das Ermächtigungsgesetz verabschiedet, welches die Demokratie in Deutschland aufhob und Hitler für die Dauer von vier Jahren zum Diktator bestimmte. Am 24. März meldete die Londoner Tageszeitung „Daily Express", mit millionenfacher Auflage eine der einflußreichsten Tageszeitungen Großbritanniens, auf der Titelseite in maximaler Aufmachung, „das Judentum" habe Deutschland den Krieg erklärt. Der ausführliche Bericht beinhaltete die Ankündigung eines massiven weltweiten Warenboykotts, der Kündigung von Darlehen u.ä.m.. Eine Woche danach setzten mit dem Boykott jüdischer Geschäfte im Reich die ersten staatlich organisierten Repressalien gegen die im Lande lebenden Juden ein.

er die Schrecken des Holocaust als eine Art „himmlischer Chirurgie", ein „tiefes, verstecktes, göttliches Heilverfahren, das darauf abzielt uns von der Unreinheit des Exils zu befreien."[100] So wie beide Weltkriege sei „auch der Holocaust eine Erschütterung, die Vernichtung einer verfaulten Kultur (jener des Exils) im Dienste der nationalen Wiedergeburt und der Erfüllung der Vision des geoffenbarten Endes." Dieser Schicksalsschlag, schreibt Zvi Yehudah Kook, ist „der zornige Sturm von der Hand des Herrn, der darauf abzielt uns aus den Nationen und ihren wertlosen Kulturen zu entfernen!"[101]

„Das jüdische Volk ist hierher gebracht worden", ließ der Rabbi seine Stimme aus Palästina vernehmen, „getrennt von den Tiefen des Exils, um zum Staate Israel zu gelangen. Das Blut von 6 Millionen bedeutet eine beträchtliche Ausscheidung aus dem Körper der Nation. Unser ganzes Volk hat sich einer himmlischen Heilbehandlung unterziehen müssen durch die Hände der Zerstörer, mögen ihre Namen verlöschen. Gottes Volk hatte sich so entschlossen an die Unreinheit fremder Länder geklammert, daß es, als die Endzeit nahte, mit einem großen Blutverlust (von dort) herausgeschnitten werden mußte... Diese grausame operative Entfernung... offenbart unser wirkliches Leben, die Wiedergeburt der Nation und des Landes, die Wiedergeburt der Thora und all dessen was heilig ist. Diese himmlischen, kosmologischen, göttlichen Tatsachen müssen genau so gesehen werden. Sehen ist mehr als Verständnis; es ist das Zusammenprallen, die Begegnung mit dem Herrn des Universums."[102]

Mit anderen Worten: Die Vernichtung und das Leiden sind nicht durch klassische Kausalität, als Ergebnis von Sünde, zu erklären, sondern theologisch, als Mittel zum Zweck der Erlösung. Während der ältere Kook den ersten Weltkrieg als die Verpflanzung einer verdorbenen Fremdkultur deutet, erklärt der junge Kook den Holocaust als die Auswurzelung einer entwürdigten jüdischen Kultur, der Kultur des Exils. Die Katastrophe war, in seinen Worten, „ein zutiefst verborgener, interner, göttlicher Akt der Reinigung (um uns zu befreien) von der Unreinheit (des Exils)... ein grausam-göttlicher chirurgischer Eingriff mit dem Ziel (die Juden) gegen ihren Willen in das Land Israel zu bringen."[103]

Auf der anderen Seite gab es Erlösungszionisten, die den Holocaust als kollektive Bestrafung für eine kollektive Sünde sahen: nämlich die fortgesetzte jüdische Treulosigkeit gegenüber dem Lande Israel.[104] Rabbi Zvi Jehudah Kook und seine Schüler vermieden ihrerseits diese harte Position, aber auch sie führten den Holocaust theologisch auf die jüdische Ablehnung Zions zurück. Kook schreibt: „Wenn das Ende kommt und Israel es versäumt, dies zu erkennen, dann

---

[100] Shlomo Aviner (Hrsg.), „Sihot ha-Rav Zvi Yehudah", Keshet 1980, Seite 11. Ravitzky, „Messianism", Seite 109
[101] Ravitzky, „Messianism", Seite 109. FN 117 auf Seite 271 nicht einsehbar
[102] Zvi Jehudah Kook, „Yom ha-Shoah 5733 (1973)," in S. Aviner, „Sihot ha-RZY", Seite 11. Ravitzky, „Messianism", Seite 127
[103] Zvi Jehudah Kook, „Yom ha-Shoah 5727 (1967)," in S. Aviner, „Sihot ha-RZY", Seite 21. Ravitzky, „Messianism", Seite 127
[104] Rabbi Mordecai Atiyah war ein führender Vertreter dieses Gedankens. Siehe Mordecai Attia, „Mahshavot shalom", Jerusalem 1948, Seite 50; idem „Simhat olam", Mexiko City 1951, Seite 34

ereignet sich eine grausame göttliche Operation, die (das jüdische Volk) aus dem Exil beseitigt... infolge der Realität (die sich in dem Vers niederschlägt) 'Sie verachteten das begehrenswerte Land (und glaubten nicht an Seine Verheißung)' (Psalm 106:24).[105]

Am Ende des Krieges lag das jüdische „Exil" in dem ehedem von Hitler komplett überrannten Europa aus tausend Wunden blutend am Boden. Die Einwanderungszahlen nach Palästina, die vor der Machtergreifung des Nationalsozialismus rückläufig gewesen waren, hatten sich in den 30er Jahren sprunghaft vermehrt und ließen jetzt - da es hintergründigen Planern international gelang, anderweitige Emigrationsziele zu versperren[106] - alle Dämme brechen.

Obwohl die englische Kolonialmacht der Entwicklung entgegen zu wirken suchte, wechselte die Machtkontrolle im Heiligen Land auf kaltem Wege. Downing Street verlor, der Zionismus, der sich werbewirksam zum moralischen Interessenswalter des Judentums aufschwang, gewann täglich an Boden. Schließlich legalisierten die Supermächte das Fait accompli, indem sie 1948 Israel als jüdischen Staat anerkannten.

Der Staat Israel und seine messianische Bedeutung

Es versteht sich von selbst, daß das messianische Lager die erneute Verwirklichung der biblischen Prophetie erkannte und entsprechend würdigte. Rabbi Yitzhak Meir Levin beispielsweise, der politische Führer von Agudat Israel und Schwiegersohn des Rebben von Gur, Rabbi Levin, der über mehr als 4 Jahre als Minister in der israelischen Regierung amtierte, sprach öffentlich von dem „Staat Israel, welcher mit nicht zu leugnenden Wundertaten errichtet wurde", der „wunderbaren Vision des Beginns der Ernte der Exilierten", „dem Finger Gottes" der sich in der Gründung des Staates offenbare und „der Hand von göttlicher Herkunft, die die Schritte des Staates Israel dirigiere."[107]

---

[105] S. Aviner, „Sihot ha-RZY", Yom ha-Shoah 5727 (1967), Seite 21 Original Seite 128 *Der Psalm setzt sich wie fort folgt: Und sie fuhren fort, in ihren Zelten zu murren. Sie hörten nicht auf die Stimme Jehovas. So ging er daran, Seine Hand ihretwegen (zum Eid) zu erheben, daß er sie in der Wildnis fällen werde. Und daß er ihre Nachkommen unter den Nationen fällen werde.*
[106] Diese „Politik", bei der auf die Staatschefs verschiedener Länder stärkster Druck ausgeübt wurde, aus Europa fliehenden Juden die Einreise und damit die Fortsetzung des „Exils" an anderem Ort zu gestatten, bediente die Erfordernisse der Zionisten und der biblischen Prophetie gleichermaßen. Zvi Jehudah Kook sollte über diesen Zusammenhang schreiben: „Der göttliche historische Imperativ, der uns deutlich offenbart wurde, das Exil zu beenden, kann nicht verändert oder verzerrt werden. Weder durch die Gottlosigkeit und den halsstarrigen Widerstand der Nationen, noch durch unsere eigenen Fehler und unjüdischen Abweichungen. Die flüchtigen Verzögerungen, die all jene ins Rollen bringen, haben nicht die Kraft die Bewegung aufzuhalten, die mit höchster Sicherheit vorwärts und aufwärts schreitet." (Z. Y. Kook, „Le-netivot Yisrael" 1:125. Siehe ebenfalls Jacob Moses Harlap, „Ma'ayanei ha-yeshuah", Jerusalem 1963, Seite 227. Ravitzky, „Messianism", Seite 124)
[107] Yitzhak Meir Levin, „Neumim", Jerusalem 1952., Seite 27-28, 35, 42, 77, 93. Ravitzky, Ravitzky, „Messianism", Seite 158

Levin sprach von Wundern. Vielleicht sprach er so für die Öffentlichkeit, das Fußvolk der Gläubigen. Vielleicht wußte er aber auch tatsächlich nicht, daß hinter der himmlischen Beglückung höchst irdische Sachwalter standen. Und diese Bibelaktivisten sahen die Dinge in einem etwas anderen Licht. Rabbi Zvi Yehudah Kook, einer ihrer Aktivposten, war aber vorsichtig genug, sich den Ruhm nicht allzu augenfällig an die eigene Weste zu heften. Statt dessen betonte er kurz nach Gründung des Staates Israel immer wieder vielsagend die Kraft der „historischen Zwangsläufigkeit" und „kosmologischen Bestimmung", die die gegenwärtige Nationalbewegung „ohne Zaudern und Schwanken" ihrem Schicksal entgegenführe.[108]

Doch trotz aller Zurückhaltung im Detail zeigten sich der Rabbi und seine Anhängerschaft kühn genug, alle trennenden Barrieren zwischen dem Theologischen und Politischen fortzuräumen, indem sie der jüdischen Nation in all ihren Symbolen, Aktivitäten und Kämpfen eine messianische Qualität zuschrieben. „Der Staat Israel", unterstrich Kook, „hat nichts anderes zu sein als das Fundament von Gottes Anwesenheit in der Welt."[109]

Ein unverwundbarer Platzhalter Gottes?

Diese „Gott mit uns" Haltung sollte den religiösen Zionismus bis zum heutigen Tag in nahezu jeden inneren und äußeren Konflikt begleiten. Als die Israelis - nach eindringlichen Aufforderungen durch Kook - 1967 den Sechs-Tage-Krieg gegen ihre arabischen Nachbarn vom Zaun gebrochen hatten, erklärte selbst der einflußreiche Nationalismus-Kritiker Rabbi Menachem Mendel Schneersohn öffentlich, daß der Verdienst jener, die an dem Krieg teilnahmen, größer gewesen sei als der derjenigen, die die Thora studierten.[110]

Es war dieser punktgenau prophezeite Waffengang[111], welcher in ganz Israel die Flamme des Messianismus zum Flächenbrand ausweitete. Über alle Parteigrenzen hinweg bis hinein in das Lager der schärfsten Säkularisten schwappte ein nicht mehr für möglich gehaltener Feuersturm religiösen Eifertums, der erkennen ließ, wie stark sich Militär, Gesellschaft und die Politik des Heiligen Landes noch immer an der Bibel inspirierten. Rabbi Shlomo Goren, ein Renegat der nicht lange zuvor die Möglichkeit eines gesetzmäßigen jüdischen Staates vertreten hatte, der „sich nicht am den messianischen Prozeß beteiligt"[112] änderte

---

[108] Ravitzky, „Messianism", Seite 125
[109] Ebenda, Seite 5
[110] S. D. Volpe, „Shalom shalom", Seite 34. Ravitzky, „Messianism", Seite 174
[111] Es sei an dieser Stelle noch einmal an die Berechnungen des israelischen Thora-Weisen Schabatai Schiloh erinnert, der das Buch Daniel und den kabbalistischen Sohar als Quelle anführt. „1517", so Schiloh, „begann in Jerusalem die Herrschaft der Osmanen, die nach acht Jubeljahren, das sind 400 Jahre, enden sollte, was dann auch durch die Briten 1917 geschah. Dem sollte ein weiteres Jubeljahr (50) Niemandszeit folgen und danach sollte Jerusalem wieder dem Volk Israel zufallen, siehe 1967." Vgl. Die Monatsschrift „Nachrichten aus Israel", herausgegeben durch den Verein für Bibelstudium in Israel Beth-Shalom, CH-8330 Pfäffikon ZH, August 1980.
[112] „Torat ha-mo'adim, Tel Aviv 1964, Seite 563. Ravitzky, „Messianism", Seite 266

jetzt seine Meinung, indem er feststellte daß „die erste Stufe der messianischen Vision vor unseren Augen Gestalt annimmt." Nach dem fehlgeschlagenen arabischen Yom Kippur Krieg (1973) erklärte er bestimmt: „Alles entwickelt sich nach dem himmlischen Plan. Wir brauchen keine einzige Person zu fürchten, wir können zuversichtlich sein, daß wir am Ende die dritte Erfüllung in die Tat umsetzen."[113]

Wenig später, am 27. Geburtstag der Unabhängigkeit Israels (1974), führte Rabbi Zvi Jehudah Kook in seiner Yeshivah einer mehrhundertköpfigen Zuhörerschaft die Größe der Stunde und die religiöse Bedeutung der jüdisch-nationalen Wiederherstellung vor Augen. „Da gibt es Menschen, die von 'dem Beginn der Erlösung' in unserer jetzigen Zeit sprechen", sagte er, indem er den Ausdruck wählte, der von vielen religiösen Zionisten akzeptiert wird. Aber „wir müssen klar erkennen, daß wir uns bereits in der Mitte der Erlösung befinden.[114] Wir befinden uns bereits im Zimmer des Throns, nicht erst im Vorzimmer. Der 'Beginn' fand vor mehr als einem Jahrhundert statt, als die jüdische Niederlassung im Lande Israel erneuert wurde."[115]

Die Forcierung von Armageddon am Tempelberg

Dem zeitlichen Aspekt der Erfüllung kommt in der Tat eine herausragende Bedeutung zu. Klärt sich doch mit dem Umstand, an welchem Punkt diese angelangt ist zugleich die Frage nach der Länge der Frist, die uns, der Menschheit, bis auf den vielzitierten „letzten Tag" noch gegeben ist. Denn am Ende der biblischen Prophetie, das ist unstrittig, steht das Armageddon, der katastrophalste aller bisher gekannten Kriege.

Bis zu diesem schicksalsschweren Punkt, der sich mit dem „Jüngsten Gericht" und dem Erscheinen des Messias ben David verbindet, kann es nicht mehr ferne sein. Die kabbalistischen Auguren verweisen immer wieder auf die bisherigen Geschichtsabläufe und ihre Datierungen, wenn sie von den unmittelbar vor uns liegenden Jahren als dem erwarteten Zeitrahmen sprechen.

Manche Weise bemühen sich, das gegenwärtige Erscheinungsbild des Staates Israel mit den Prophezeiungen der Endzeit abzugleichen. In einer in diesem Zusammenhang gern zitierten Mishnah-Passage (Traktat Sotah) heißt es über das Gelobte Land vor der Erlösung: „Galiläa (Nordisrael) wird zerstört werden... der Golan wird verwüstet sein".[116] Jeder Besucher des Nahen Ostens mag sich heute

---

[113] „Ha-Tzofeh", 14 Shevat 5735 (1975). Ravitzky, „Messianism", Seite 266
[114] Hinsichtlich der „Mitte der Erlösung" siehe Z. Y. Kook, „Le-netivot Yisrael", Seite 196-98; idem, „Ba-ma'arakhah ha-tzibburit", Seite 11, 28; Shmuel Federbush, „Torat ha-melukhan", Jerusalem 1971, Seite 102; Menachem Friedman, „Der Staat Israel als ein religiöses Dilemma" (hebräisch), „Alpayyim" 3, 1991: 65
[115] S. Aviner (Hrsg.), „Sihot ha-RZY", Seite 1. Ravitzky, „Messianism", Seite 136
[116] Ravitzky, „Messianism", Seite 170

davon überzeugen, daß dieses vermeintliche Zukunftsbild bereits jetzt weiträumig zur politischen Realität geworden ist.

Andere Erlösungsaktivisten blicken derweil mit Hochspannung auf die alttestamentarischen Stätten Jerusalems. Bevor der apokalyptische Kampf der Supermächte Gog und Magog anhebt, erwarten sie hier die Umsetzung einer letzten Erfüllung: Die Errichtung des dritten Tempels an vermeintlich historischer Stätte, auf dem Tempelberg - dort, wo heute Heiligtümer des Islam ihren Platz haben. Daß sich in den Kreisen des Geheimvatikans gegenwärtig der Aktivismus verstärkt, auch in dieser endzeitlichen Umgebung Hand an „Gottes" Geschichtswerk zu legen, illustriert einmal mehr, wie behende sich die Welt ihrem „Jüngsten Tag" nähert.

Auf jeden Fall begannen vor nicht allzu langer Zeit einige selbsternannte Handlanger des Herrn, ganz konkret Pläne zur Zerstörung der auf dem Tempelberg gelegenen Al Aqsa Moschee auszuhecken. Im gewissen Sinne war das ein politischer Schachzug, der das Abkommen von Camp David sabotieren sollte. Aber in einem anderen Sinn war es ein mystischer Versuch, die ´Kräfte der Unreinheit´ stillzulegen, „die Schale Ishmaels", von der Quelle ihrer Lebenskraft auf dem heiligen Berg abzuschneiden. Für einige, indessen, war es zugleich ein apokalyptischer Schritt, eine historische Wende in Gang zu setzen, durch das Heraufbeschwören eines katastrophalen Krieges die Hand des „Messias" zu bewegen.[117]

Wir sehen hier ein logisches, organisches Ergebnis der Lehren von Rabbi Zvi Jehudah Kook. Das deterministische Element in dieser Entwicklung ist unübersehbar. Und tatsächlich waren einige der Aktivisten als extremistische Siedler ganz klar dem Kook´schen Ideenstrang des Geheimvatikans zuzuordnen. Israel Shahak erklärt diese gefährlich weit in die Neuzeit reichende Zündschnur wie folgt: „Die Rabbis, die seine Yeshivat in Jerusalem - Merkaz Harav - absolviert hatten und hingebungsvolle Anhänger seiner Lehren geblieben waren, begründeten eine jüdische Sekte mit einem scharf umrissenen politischen Plan. Anfang 1974, praktisch unmittelbar nach dem Schock des Krieges vom Oktober 1973 und eine kurze Zeit bevor der Waffenstillstands-Vertrag mit Syrien unterzeichnet wurde, gründeten Rabbi Kook´s Anhänger mit dem Segen und unter der geistigen Anleitung ihres Führers die Gush Emunim, den ´Block der Getreuen´. Die Ziele der Gush Emunim waren es, in den besetzten Gebieten neue jüdische Siedlungen zu initiieren und bereits bestehende jüdische Siedlungen auszubauen... Nach dem Tod des jüngeren Kook ging die spirituelle Führung der Gush Emunim auf einen halbgeheimen rabbinischen Rat über, der über ein mysteriöses Auswahlverfahren aus dem Kreis der hervorragendsten Kook-Schüler zusammengestellt wird. Diese Rabbis haben fortfahrend politische Beschlüsse getroffen, die sie von... ihrer sehr eigenen Auslegung der jüdischen Mystik - allgemein als Kabbala bekannt - ableiten. Die Schriften von Rabbi Kook dem Älteren dienen als die heiligen Texte

---

[117] Siehe Rudick, „Eretz ge´ulah", Seite 185; D. C. Rapoport, „Messianism and Terror", „Center Magazine" 19 (1986): 30-39. Ravitzky, „Messianism", Seite 134

und sind vielleicht absichtlich noch verdunkelter als andere kabbalistische Schriften. Gründliche Kenntnis der talmudischen und kabbalistischen Literatur, einschließlich moderner Auslegungen beider, und eine spezielle Ausbildung sind Voraussetzung zum Verständnis der Kook'schen Schriften."[118]

Diese politisch sehr einflußreiche Hintergrundmacht[119] versorgt nun bis heute den aktivistischen Fundamentalismus im Heiligen Land und anderenorts mit einem nicht versiegenden Reservoir an frischen Kämpfern. Eine Handvoll Gush-Hitzköpfe „bereicherte" auch das Lager jener Kommandos, die ausgezogen waren die Al-Aqsa Moschee auf dem Tempelberg in die Luft zu jagen. Allerdings gingen diesmal einige der führenden Figuren im Erlösungslager - durch die möglicherweise zu früh anberaumte Verschwörung alarmiert - in die Offensive und beeilten sich, diese als Perversion zu verdammen „Wir haben es hier mit einer messianischen Sekte zu tun, die danach trachtet die Erlösung des jüdischen Volkes durch die Macht der Waffen zu verwirklichen," wetterte Rabbi Zvi Tau. „Sie vertreten die offensichtlich götzendienerische Idee, daß sie durch die Sprengung der Moscheen den Herrn des Universums zwingen können, Israel zu erlösen. Es ist dies das Denken engstirniger, oberflächlicher Studenten der Kabbala, die mit all ihren Beschränkungen durch Neugierde in einen heiligen Bereich gelangen und große Zerstörung verursachen."[120] Dieser Standpunkt Taus gibt eindeutig die im Judentum vorherrschende Meinung zum Thema wieder.

Doch ebenso klar ist, daß es eben diese Fraktion aktivistischer Kabbalisten tatsächlich gibt, und daß sie seit langem genau das betreiben, was Tau angreift: Sie versuchen, die „Erlösung" des jüdischen Volkes respektive die Erfüllung biblischer Prophetie durch die Macht der - wenn nötig: bewaffneten - Aktion zu erreichen.

„Was wir wollen", lesen wir in einem Aufruf aus dem messianistischen Umfeld, „sind Gläubige, die aus dem Glauben an Gott sich zur Tat erheben... Es ist

---

[118] Israel Shahak/Norton Mezvinsky, „Jewish Fundamentalism in Israel", Pluto Press, London 1999, Seite 55 und 57

[119] Shahak und Mezvinsky schreiben: „Gush Emunim's influence upon all Israeli governments and political leaders of varying political persuasions has been significant." („Jewish Fundamentalism...", a.a.O., Seite 72) „Die Bedeutung ist am eindrucksvollsten, wenn man die breite Unterstützung - sowohl direkter als auch indirekter Art - für die Gush Emunim bedenkt. Etwa die Hälfte von Israels jüdischer Bevölkerung unterstützt die Gush Emunim. Die - vor allem finanzielle - Unterstützung von Diaspora-Juden ist ebenfalls von großer Wichtigkeit. Viele Orthodoxe und andere Juden werden in New York und woanders durch das, was sie in Amerikas größter jüdischer Wochenzeitung, der 'Jewish Press' lesen, dazu ermuntert, die Gush Emunim zu unterstützen. Die in Brooklyn in Umlauf gebrachte 'Jewish Press' war und ist weiterhin ein redaktioneller Advokat der Gush Emunim, die häufig Leitartikel präsentiert, die von führenden Sprechern der Gush Emunim geschrieben wurden. Politiker der Stadt und des Staates New York suchen regelmäßig während des Wahlkampfes die Unterstützung der 'Jewish Press'. Leitartikler der 'Jewish Press' haben nicht nur eine messianische Ideologie vertreten; sie haben auch Bewunderung für Yigal Amir, den Mörder von Yitzhak Rabin, bekundet." („Jewish Fundamentalism...", a.a.O., Seite 159)

[120] Segal, „Ahim yekarim", Seite 216. Ravitzky, „Messianism", Seite 134

dieser Glaube, der ihn von dem Moment, in dem er zu handeln beginnt, begleitet, der ihm die Kraft gibt, in historische und politische Ereignisse einzugreifen. Der Gläubige weiß, daß der Segen des Herrn auf jedem Schritt seines Wegs bei ihm ist."[121] Das ist deutlich. Und ebenso unverstellt wie die Worte von Rabbi Ya'akov Filber, Kopf der - Kook'schen - Merkaz ha-Rav Junior Yeshivah: „Über und neben unserem Schaffen ist eine göttliche Macht, die über allem schwebt und uns zum Vorantreiben zwingt, in Übereinstimmung mit dem göttlichen Plan, der vollen Erfüllung entgegen."[122]

Die Frage nach der Durchsetzbarkeit des Bibelplans

Nicht wenige Leser werden sich nun zu Recht fragen, wie es einer abspalterischen Sekte aus den Wüsten des Sinai gelungen sein soll, über Dekaden hinweg große Stationen der Zeitgeschichte zu bestimmen. Wie kann eine solche endzeitlich geprägte Fraktion über das Judentum hinaus ihre Wirksamkeit entfalten? Wie mag sie es schaffen, die engen Grenzen Israels, in denen den religiösen Parteien schon immer ein starkes Wort zukam, zu überschreiten und auf das jüdische wie nichtjüdische Exil im Sinne der Bibelprophetie dauerhaften Einfluß zu nehmen?

Des Rätsels Lösung wird um vieles klarer, wenn man sich an dieser Stelle im direkten Vergleich den Werdegang der katholischen Kirche vor Augen führt. Stammte nicht das Christentum ebenfalls aus dem heiligen Land? War es nicht Anfangs ebenfalls eine vom Judentum abgespaltene Sekte? Und trotzdem - niemand wird das abstreiten wollen - gelang es dieser verschworenen Gemeinschaft über die Jahrhunderte hinweg, bedeutenden Einfluß auf das politische Geschehen des Abendlandes zu nehmen.

Grundlegend für diesen Erfolgsweg war die zeitige Etablierung einer unantastbaren Führung, die ihren weltlichen Machtanspruch direkt aus der Bibel ableitete. Schon bald bildete so der Vatikan zu Rom das international anerkannte Zentrum, von dem aus die Päpste als Stellvertreter des Fischer-Apostel Petrus ihre Netze zur Missionierung der Menschheit auslegten. Um auf die Schaltstellen der Macht einwirken zu können, setzte der Klerus dabei flankierend sogenannte „Orden" ein. Das waren geistlich-religiös inspirierte Gemeinschaften, die als vorgelagerte, exekutive Organe des Vatikans bald starken Einfluß auf die wirtschaftlichen, politischen, ja militärischen Belange der Alten und Neuen Welt ausübten.

Vor dem Niedergang des katholischen Einflusses im diesseitigen Leben galt der *Jesuitenorden* als die rührigste Schaltzentrale Roms. 1534 gegründet wurde

---

[121] Dan Tor, „Fortfahren, das Ende zu erzwingen" (hebräisch), „Nekudah" 96 (1986): 28. Ravitzky, „Messianism", Seite 130
[122] Yaakov Filber, „Unsere Zeit, wie sie in den Quellen dargestellt ist" (hebräisch), „Morashah" I (1971): Seite 31, 37, 70. Ravitzky, „Messianism", Seite 132

die Vereinigung von seinen Gegnern immer als politische Phalanx, mitunter sogar als Geheimdienst des Papsttums verstanden. Das Ziel der Jesuiten war weitreichend: Die Eroberung der Welt für Gott - nach dem Wahlspruch „Omnia ad majorem Dei gloriam" („Alles zur größeren Ehre Gottes"). Daher arbeitete die Gemeinschaft auch immer überstaatlich und bekämpfte das dem Einheitsgedanken entgegenstehende nationale Prinzip.

Was den Jesuitenorden aber vor allem aus dem Sammelsurium geistlicher Bruderschaften heraushob, war seine oftmals wenig moralische Einbindung in politische Händel. Der Zweck, an allen Orten den geistlichen Menschen erstehen zu lassen, bedeutete diesen Kämpfern Gottes viel, wenn nicht alles. Er heiligte - hierher stammt das bekannte Wort - in der Tat nahezu alle Mittel.[123] Diese Überzeugung machte lange Zeit die Macht der Gemeinschaft aus, sie brach ihr aber auch am Ende das Genick. Am 21. 7. 1773 hob Papst Clemens XIV. durch das Breve „Dominus ac Redemptor" den Jesuitenorden für die ganze römisch-katholische Kirche auf - wegen „Einmischung in die Politik" und „Störung des Friedens unter den Staaten", wie es in der Verfügung wörtlich hieß.

Wer nun aber meint, damit wäre das weltrevolutionäre „Schwert" vom Sinai endgültig zerbrochen gewesen, der irrt grundlegend. Denn jetzt übernahm der in Aufbau, Wirkungsweise und Einfluß wesensähnliche Freimaurerorden den Staffelstab im Wettlauf der biblischen Erlösungssysteme. Während die Jesuiten den vorvergangenen 250 Jahre ihren Stempel aufgedrückt hatten, sollten die Freimaurer das jetzt folgende Vierteljahrhundert maßgeblich prägen. Doch ihr Lebenszentrum war nicht der Vatikan in Rom. Es war *der kabbalistisch-messianische Sanhedrin in Safed.*.

---

[123] Die Entsendung von Einflußagenten in die Zweigstellen der Macht war oft der Schlüssel zur erfolgreichen Umsetzung geheimdiplomatischer Ränke. Die Tatsache, daß aus dem Schoß des Jesuitenordens die These von der Erlaubtheit des Tyrannenmordes geboren wurde (vgl. die Argumentation bei Juan Mariana oder Pedro de Ribadeneira), weist indes darauf hin, daß im Sinne des himmlischen Kreuzzuges bei Hofe auch mit härteren Bandagen gekämpft werden durfte.

> Derjenige muß in der Tat blind sein, der nicht sehen kann, daß hier auf Erden ein großes Vorhaben, ein großer Plan ausgeführt wird, an dessen Verwirklichung wir als treue Knechte mitwirken dürfen. *(Winston Churchill, freimaurerischer Staatsmann)*

Kapitel 3

Die Freimaurerei als verlängerter Arm des Geheimvatikans

Ein Aufstand mit Folgen

Eine in unseren Sinne höchst aufschlußreiche Betrachtung über den Freimaurerorden sorgte erst vor wenigen Jahren im benachbarten Ausland für ein nicht unbeträchtliches Aufsehen. Der besondere Wert der Dokumentation, die unter dem Titel „Das Reich von Nietzsche" erschien, liegt - neben den dargebotenen brisanten Informationen - in der Person des ungarisch-französischen Autors Aron Monus. Ist dieser doch durch seine jüdische Herkunft und ein speziell gelagertes Interesse mit den okkulten wie messianischen Seitenlinien „seiner" Religion wohl vertraut. Und da er bei Abfassung seines Berichts zudem noch „Logenbruder", also Freimaurer, gewesen war wird ihm niemand vorwerfen können, vorschnell und spekulativ über seinen Untersuchungsgegenstand geurteilt zu haben. Im Gegenteil: Hier liegt einer der äußerst raren Fälle eines Insiderberichtes aus den verschwiegenen Kreisen der vielleicht mächtigsten Geheimgesellschaft unserer Tage vor.

   Aron Monus nennt eine ganze Reihe von Gründen, die zu seiner Abrechnung mit der Freimaurerei führten. Vor allem die Einmischung in die Politik und der Griff zu - wie der Autor schreibt - kriminellen Praktiken, habe ihn dazu ermutigt, mahnend an die Öffentlichkeit zu treten. Dieser Schritt zog bald weiterreichende Folgen nach sich: Als nämlich die ersten Anklagen des Abtrünnigen in Paris publik wurden, kam es in der Französischen Nationalen Großloge (Grande Loge Nationale Francaise) zu einer Revolte, in deren Folge Arthur Wellesley Barnett - hoher Freimaurer und Leiter des gegen den eigenen Großmeister gerichteten Aufstandes - dem Chronisten mehrere hundert Seiten die Freimaurerei entlarvende Akten überließ. Und eben diese Geheimdokumente stellen nun wieder einen bedeutenden Teil jenes lesenswerten Enthüllungswerkes, aus dem in der Folge mehrfach zitiert werden soll...

Das religiöse Selbstverständnis und das Zukunftsbild der Freimaurerei

Es ist klar, daß eine auf strengste Abschirmung und Verschwiegenheit bedachte Gesellschaft wie die der Freimaurerei ihre endgültigen Zielvorstellungen nicht laut in die Welt hinausposaunt. Selbst die unmittelbarsten Mitglieder erfassen meist erst am Ende eines langen Prüfungs- und Einweihungsweges das tatsächliche, unmythologische Wesen jenes Konstrukts, dem sie so lange in Treue verbunden waren. Trotzdem gibt es aber immer wieder Momente, in denen eben diese Wissenden im Überschwang des Augenblicks vor Publikum „Tacheles" reden. Sie glauben dies ungefährdet tun zu können, da sie unter ihresgleichen sind und nicht im Traum daran denken, daß einer ihrer „Brüder" das Gesagte nach außen tragen könnte.

Es ist das besondere Verdienst des vorerwähnten Freimaurers Aron Monus, daß er der Außenwelt einen solch aufschlußreichen Augenblick der Offenheit überliefert. Der „verbotene" Blick hinter die Kulissen datiert auf den 15. Dezember 1984. Damals hielt der „Erlauchte Bruder" Henri L. Baranger, 33. Grad, Souveräner Großkommandeur des französischen Obersten Rates[124] anläßlich eines großen Logenjubiläums vor einem ausgesuchten Kreis hochrangiger Mitstreiter eine Festansprache. Im Zuge seiner Laudatio in eigener Sache bemerkte Baranger:

„Als ich vorhin sagte, daß unsere Jurisdiktion ihr 180jähriges Bestehen feierte, und auf einen langen Werdegang hinwies, meinte ich nur den rein menschlichen und zeitlichen Aspekt des Ritus als Organisation. In Wirklichkeit macht dieser fast zwei Jahrhunderte lange Abschnitt nur eine kurze Episode innerhalb einer ununterbrochenen Suche aus, die auf den Anfang der denkenden Menschheit zurückgeht, und deren Endzweck, den wir uns zu eigen gemacht haben, eschatologischer Natur ist."

„Letzterer Begriff", kommentiert Aron Monus, „gehört zur Theologie. Der geläufigen Begriffsbestimmung gemäß handelt die Eschatologie ´vom Weltende, von den letzten Dingen, vom Tode und der Auferstehung.´"

Aber zurück zur Rede Barangers. Der französische Souveräne Großkommandeur fährt fort:

„Diesen Endzweck nennen wir die Verwirklichung des Heiligen Reiches, an dem wir mit Gottes Hilfe mit aller Kraft wirken: unser Orden ist bekanntlich nicht kontemplativ (beschaulich), sondern hauptsächlich aktiv, und die zweite Komponente seines Wahlspruchs „Deus meumque Jus" macht ihn zu einem Mitarbeiter der Göttlichkeit. Und für die Ordnung, die wir anstreben, bildet das Heilige Reich tatsächlich eine Vision und ein Modell zugleich; diese Ordnung, die unsere Kräfte beansprucht und auf jenes Himmlische Jerusalem hindeutet, das

---

[124] Aron Monus „Verschwörung - Das Reich von Nietzsche", Interseas Editions, Isle of Man + Ungarn 1994, Seite 103-106 sowie 122-127

dem geistigen Schutzpatron des Ritus, dem von Patmos inspirierten Greis, offenbart wurde... Wir können uns den Plan unserer Vorgänger zu eigen machen und dessen bewußt werden, daß dieses 'Heilige Reich', an dessen Verwirklichung bzw. Aufbau wir arbeiten, eines Tages die Bemühungen des Ritus krönen wird. Seien wir, meine Brüder, eines solchen Projekts würdig."

'Unser' hebräischer Chronist erklärt hierzu: „Es sei bemerkt, daß der Ausdruck 'der von Patmos inspirierte Greis' sich auf den Evangelisten Johannes bezieht. Patmos ist eine der südlichen Sporaden, wo er das letzte Buch des Neuen Testaments geschrieben haben soll, die 'Offenbarung'. Der Leser muß außerdem erfahren, daß der Apostel Johannes Jude war. Die Freimaurerei, die dem christlichen Europa seit zweihundert Jahren schwere Schläge versetzte, strebt die Gründung nicht etwa eines christlichen Weltreiches an, sondern eines jüdischen. Dazu zerstörte die Sekte sämtliche christlichen Reiche. Die Juden, die der Sekte beitreten, täuschen sich nicht darüber. Sie treten bei, ohne daß die Souveränen Großkommandeure die jüdische Herkunft der Vereinigung ausdrücklich betonen.

Alle Könige und Kaiser werden noch vor der Krönung des jüdischen Monarchen (also des Messias, W. E.) verschwinden müssen... Diese Rechte wird ausschließlich der jüdische Kaiser bei seiner Thronbesteigung erhalten. Die Freimaurerei zielt eindeutig darauf hin, eine jüdische Dynastie zur ewigen Weltherrschaft zu gründen. Es geht um die Wiederauferstehung Israels durch den Sturz der anderen, vor allem europäischen Völker... Die Harmonie und der weltweite Friede sind trügerische Versprechungen: die Welt wird sie erhalten für ihre unwiderrufliche Unterordnung unter die jüdische Freimaurerei. Sie wird sie allerdings erst nach der Gründung des 'Heiligen Reichs' genießen können, das mit Feuer und Schwert aufrechterhalten werden soll."

Die Ingangsetzung einer Verschwörung

Kaum überraschend also, daß Monus ausgehend von seinen persönlichen Erfahrungen und den ihm zur Verfügung stehenden Dokumenten auch die Gründungsgeschichte der Freimaurerei auf einen messianischen Nenner bringt. Angelpunkt seiner Ausführungen ist dabei die undurchsichtige Gestalt des jüdischen Schwärmers Sabbatai Zevi (1626-1676). Dieser mystische Kabbalist gab sich derart überzeugend für den 1648 erwarteten Messias aus, daß damals fast die ganze Judenschaft Europas von der Bewegung ergriffen wurde. Am Ende wurde Zevi von den türkischen Behörden ergriffen und ins Gefängnis gesteckt, wo der selbsternannte „Heiland" zum Islam übertrat. Seine Gedanken aber dauerten in der Sekte der Sabbatianer fort.

„Diejenigen, die die Aufregung um Sabbatai Zevi genau beobachtet hatten,", schlägt Monus den historischen Bogen, *„kamen zu der Auffassung, daß die auf dem jüdischen Messianismus gründende Ideologie die beste war, um die Welt unter ihre Botmäßigkeit zu bringen."* (Sie entschlossen sich) *„dazu, selber in die Geschichte einzugreifen, um die Welt so zu verändern, daß das Endstadium in*

etwa der jüdisch-messianischen Ära gleiche. An der Spitze der Welt würde ein jüdischer Potentat stehen, im Namen dessen 'die Mitarbeiter der Gottheit' die ganze Menschheit beherrschen würden. So entstand die Freimaurerei, und so wurde 1717 in London die Großloge von England gegründet."

„Mit den Kathedralenbauern des Mittelalters" widerspricht Monus der offiziösen Logengeschichtsschreibung, *„haben die Freimaurer nichts zu tun, obwohl die Logensymbolik scheinbar auf das Gegenteil schließen läßt. Da es sich von Anfang an um ein Komplott gegen die christlichen Staaten und den Papst handelte, haben die freimaurerischen Verschwörer in Wirklichkeit einen Gaunerjargon entwickelt, um sich zu schützen, falls man ihnen auf die Spur käme. Statt zu sagen, daß sie ein Weltreich mit Jerusalem als Hauptstadt gründen wollen, sagen sie, daß sie 'den Tempel Salomos' erbauen. Für den Thron des künftigen jüdisch-maurerischen Kaisers gebrauchen sie den Begriff 'Thron von Salomo'."*[125]

„Die 'freimaurerische Spiritualität', die die Sekte allen Menschen, 'welcher Rasse oder Religion auch immer', aufdrängen will, ist eigentlich nichts anderes als das Wahnbild vom Eintreffen der messianischen Zeiten und, auf der praktischen Ebene, die Einführung ihres Weltreiches. Zu diesem doppelten, spirituellen und praktischen, Zweck hatte die Sekte Revolutionen - unter anderem die blutige Französische Revolution und die nicht weniger blutige bolschewistische Revolution - sowie Kriege seit zwei Jahrhunderten angezettelt."[126]

Der Schaffensprozeß - im Namen Gottes

Damit sind wir hier genau bei dem Thema angelangt, das uns bei der Betrachtung des Geheimvatikans so lange begleitete: Dem Einfluß des religiösen Messianismus über den politischen Aktivismus auf die Geschichte. Und da kommt der „Verschwiegenen Gesellschaft" - wir erinnern uns des Logenjubiläums - eine überaus zentrale Rolle zu. *„Die Freimaurerei"*, schreibt Insider Monus wörtlich, *„die 'Mitarbeiterin der Göttlichkeit', hat sich die Aufgabe gestellt, die biblischen Prophezeiungen, vor allem aber die Grauen erregenden Vorstellungen, zu erfüllen."*[127]

Die Stationen dieses Wirkens heben wie erwähnt mit der Französischen Revolution an. Als nächstem Schritt widmet sich unser Chronist mit Sorgfalt der Instrumentalisierung der hebräischen Nationalstaatsbewegung, die er aus einer Neturei-Karta-typischen Perspektive betrachtet. „Der Zionismus ist", demnach „den Schein ausgenommen, der (wahren) jüdischen Religion fremd, derzufolge die Rückkehr der Juden nach Zion erst nach Ankunft des *von Gott selbst* geschickten

---

[125] Aron Monus, a.a.O., Seite 203f.
[126] Aron Monus, a.a.O., Seite 214f.
[127] Aron Monus „Verschwörung - Das Reich von Nietzsche", Interseas Editions, Isle of Man + Ungarn 1994, Seite 216

Messias erfolgen wird."[128] Im nahen Zusammenhang streift Monus die Einflußnahmen der Freimaurerei auf den ersten Weltkrieg, um dann wieder ausführlicher auf die Rolle der Loge beim blutigsten Abschnitt der jüngeren Geschichte, dem Holocaust, einzugehen.

„Die Freimaurerei wollte den Krieg und den Holocaust als 'Göttliche, die Ankunft des Messias ankündigende Wunder',"[129] schreibt er, um dann anzufügen: "Hitler war das Werkzeug dazu."[130] Und noch einmal ganz deutlich: „Die Freimaurerei hat in Deutschland den großen Feind der Juden, oder vielmehr der Kleinjuden, an die Macht gebracht."[131] Es ist klar, daß derartige Formeln dazu angetan sind, Neulinge auf dem okkulten Terrain zunächst einmal zu verunsichern, ja vor den Kopf zu stoßen. Arbeitet man sich jedoch in die Materie ein, dann erscheint das Bedenkliche nicht so sehr die vermeintliche Gewagtheit der Theorie, sondern deren Beweisbarkeit. Tatsächlich durchzieht die entsprechende Indizienkette praktisch das gesamte Buch. Allein der Finanzierung Hitlers durch jüdische Freimaurer widmet unser Ankläger ein komplettes Kapitel.[132]

Aber wir wollen hier nicht vorgreifen, sollen doch die entsprechenden Zusammenhänge - auch von anderen Autoren oder Kronzeugen beleuchtet - dem Leser an späterer Stelle eingehend vorgestellt werden. Auf jeden Fall endet die historische Spurensuche des „Reichs von Nietzsche" im Jetzt, in unseren Tagen. Das letzte behandelte geschichtliche Großereignis, dem sich der Autor zuwendet, ist der Krieg der „zivilisierten" Welt gegen Saddam Hussein, die Krisenlage im Nahen Osten. Dieses Thema leitet Monus mit der Ausgabe der 'Tribune de Genève' vom 30. August 1990 ein, wo es heißt:

„*'Für viele strenggläubige Juden Israels (rund 20 Prozent der Bevölkerung) besteht darüber kein Zweifel. Die Krise am Persischen Golf und die Gefahren, die sie für Israel bedeutet, sind das tragische Vorspiel zur Ankunft des Messias, auf die die gläubigen Juden hoffen, um das 'Königreich Israel' wiederherzustellen. Der Rabbiner Menahem Schneersohn, der geistige Führer der strenggläubigen Pietistenbewegung 'Habad', hat in den letzten Tagen von New York aus, wo er lebt, eine dramatische Botschaft an seine Getreuen in der ganzen Welt gerichtet. In dieser Botschaft bezeichnet er die Ereignisse am Golf als 'Vorbote der Ankunft des Messias'.*
Würde der Rabbiner Schneersohn*"*, lesen wir in der dem Zeitungsbericht anschließenden Analyse, „*um die Ereignisse der Neuzeit zu deuten, mich zu Rate ziehen, anstatt im Talmud nachzuschlagen, wüßte er, daß es sich um eine riesige Inszenierung durch die geheimen Führer der Freimaurerei handelt, die einen Riesenspaß daran haben, daß die frommen Juden sie mit Gott verwechseln...*"

---

[128] Aron Monus, a.a.O., Seite 189f.
[129] Aron Monus, a.a.O., Seite 95
[130] Aron Monus, a.a.O., Seite 46
[131] Aron Monus, a.a.O., Seite 234
[132] Aron Monus, a.a.O., Seite 37-53 (Kapitel II)

Zurück in die Zukunft: Armageddon

Das Problem ist nun, daß wir mit der nicht enden wollenden Kriegssituation auf der arabischen Halbinsel - wo die internationale „Staatengemeinschaft" das irakische Volk in seiner Gesamtheit seit nunmehr einer vollen Dekade in Isolationshaft hält - im Zentrum des Geschehens, am Brennpunkt der biblischen Prophetie für die letzten Tage, angelangt sind. Folgen wir den letzten Betrachtungen im „Reich von Nietzsche" - ohne Kommentar...

„In der prophetischen Schrift Apokalypse ist von Babylon (der heutige Irak, W. E.) viel die Rede."[133] „Es fragt sich, ob die Machenschaften um den Persischen Golf schon darauf hinauslaufen, daß die Juden und die Welt einen Antichristen, einen jüdischen Betrüger als Messias, König von Israel und Kaiser des jüdisch-maurerischen heiligen Reichs anerkennen.

Wir schließen nicht aus, daß die 'weisesten' unter den Weisen... - die obersten Führer der Weltfreimaurerei - die Ausrottung von einigen Hundertmillionen Menschen, größtenteils Arabern, noch vor dem messianischen Regierungsantritt für notwendig halten."[134] (Sie) werden, wenn es ihnen gut erscheint, entscheiden können, mit einem allgemeinen Atomkrieg das Weltende herbeizuführen."[135]

„Dann wird die Freimaurerei... ihren Patron rechtfertigen, um sich selbst zu rechtfertigen. Die kriminelle Sekte wird die Vision des erleuchteten Greises von Patmos verwirklichen. Die Freimaurerei wird die Katastrophe der Apokalypse hervorrufen, um der Welt, also auch der christlichen Welt, glaubhaft zu machen, daß nun ihr Reich dank Gottes Gnade gekommen sei."[136]

„Der 9 Av (1. August) - der Tag, der die Zerstörung des ersten und des zweiten Tempels wieder ins Gedächtnis ruft - muß in der eschatologischen Perspektive in einen Tag der Freude umgewandelt werden und soll bei der Erlösung ein wichtiges Datum sein. Man nimmt allgemein an, daß der Messias an einem 9 Av auf die Welt kommen und seine entscheidende Schlacht auch an einem 9 Av liefern wird."[137]

Offen bleibt dann aber, inwieweit dieses den Kniefall der Menschheit erheischende Bühnenbild in der Tat von göttlicher Hand dirigiert wurde. Denn, wie Monus selbst sein Kapitel überschreibt: „Der Messias kann auch ein Galgenvogel sein..."

---

[133] Aron Monus „Verschwörung - Das Reich von Nietzsche", Interseas Editions, Isle of Man + Ungarn 1994, Seite 235
[134] Aron Monus. a.a.O., Seite 217 f.
[135] Aron Monus, a.a.O., Seite 103
[136] Aron Monus, a.a.O., Seite 235
[137] Aron Monus, a.a.O., Seite 202

Wie Israels Geheimvatikan Geschichte machte

Kapitel 4

> Das Zepter wird nicht von Juda weichen noch der Befehlshaberstab zwischen seinen Füßen hinweg, bis Schilo (der Messias) kommt; und ihm wird der Gehorsam der Völker gehören. *(1. Mose 49:9, 10)*
>
> Der Ausspruch Jahwes an meinen Herrn ist: 'Setze dich zu meiner Rechten, bis ich deine Feinde als Schemel für deine Füße hinlege.' Den Stab deiner Macht wird Jahwe aus Zion senden, indem er spricht: 'Schreite zur Unterwerfung inmitten deiner Feinde.' Dein Volk wird sich willig darbieten am Tag deiner Streitmacht. *(Psalm 110, 1-3, von David)*

Kapitel 4.1

Der Puritanismus als Speerspitze des Geheimvatikans

Die ersten „außenpolitisch" bedeutsamen Aktivitäten des Geheimvatikans scheinen sich im Zusammenhang mit den abendländischen Kreuzzügen entfaltet zu haben. Kurz vor Aufnahme dieser Kämpfe tauchte den britischen Historikern Lincoln/Baigent/Leigh zufolge unter dem Namen „Prieuré de Sion" bzw. „Bruderschaft vom heiligen Gral" eine ebenso mysteriöse wie höchst rührige jüdische Geheimorganisation auf.[138] Den Ausführungen der Autoren nach kann kein Zweifel darüber bestehen, daß diese Gesellschaft mit dem Kern des Geheimvatikan identisch ist, zumal Lincoln & Co. die Messiasidee zum Leitfaden, zur „Raison d´etre" ihrer „Prieuré" erklären.[139]

Über das Wirken der Organisation lesen wir im Einzelnen: „Trotz zeitweiliger interner Streitigkeiten und Flügelkämpfe übte sie ihre Funktion jahrhundertelang weiter aus. Als die große Unbekannte hinter den Kulissen nahm sie entscheidenden Einfluß auf gewisse kritische Entwicklungen in der westeuropäischen Geschichte... Als wir diese Ereignisse und Entwicklungen untersuchten, fanden wir unwiderlegbare Beweise, daß eine einheitliche Organisation, manchmal als andere Vereinigung getarnt, hinter den Kulissen gearbeitet hatte. Die Organisation wurde nicht namentlich genannt, aber alles deutete darauf hin, daß es sich um die Prieuré

---

[138] Siehe Lincoln/Baigent/Leigh, „Das Vermächtnis des Messias. Auftrag und geheimes Wirken der Bruderschaft vom Heiligen Gral", Gustav Lübbe Verlag, Bergisch Gladbach 1987 sowie Lincoln/Baigent/Leigh, „Der Heilige Gral und seine Erben", Bastei Lübbe, Bergisch Gladbach 1991.
[139] Siehe Lincoln/Baigent/Leigh, „Das Vermächtnis des Messias...", Gustav Lübbe Verlag, Bergisch Gladbach 1987, Seite 14ff.

de Sion handelte... (Sie ist) eine außerordentlich raffinierte, erfinderische, gut organisierte und disziplinierte Vereinigung, die sich auf politisches Manövrieren ausgezeichnet versteht. Soweit wir ermitteln konnten, waren weder die Prieuré noch ihre Großmeister je vor dem Makel politischer Macht zurückgeschreckt. Im Gegenteil, sowohl der Orden wie die Spitze seiner Hierarchie scheinen die Jahrhunderte hindurch ständig in Intrigen verwickelt gewesen zu sein. Zum Beispiel während der Religionskriege im 16. und während des als Fronde bekannten Aufstandes im 17. Jahrhundert (1648-53, der Verf.) hatte die Prieuré sich anscheinend alle Mittel, alle Gepflogenheiten des Zeitalters zunutze gemacht... (Auch) eine Verbindung zu den geheimnisvollen und schwer faßbaren deutschen Rosenkreuzern des frühen 17. Jahrhunderts ließ sich herstellen... Die Prieuré de Sion stand - im Gegensatz zum loyalen Malteserorden - dem Vatikan und der katholischen Kirche traditionell feindlich gegenüber, sie scheint sogar ein heimliches, alternatives Papsttum errichtet zu haben... Die Prieuré de Sion existiert noch immer, und der Bereich der Politik ist eines ihrer wichtigsten Betätigungsfelder. An der Ausgestaltung internationaler Beziehungen ist sie auf höchster Ebene ebenso beteiligt, wie sie sich auch in die inneren Angelegenheiten verschiedener europäischer Staaten einschaltet."[140]

Tatsächlich scheint sich die Macht des jüdischen Vatikans anfänglich vor allem gegen seinen katholischen Widerpart in Rom gerichtet zu haben.[141] Fakt ist: Die bestimmenden geschichtlichen Ereignisse des Mittelalters waren durch die Spaltung des Christentums geprägt, welche das Papsttum nachhaltig schwächte. Gleichzeitig tauchte in diesen religiösen Kämpfen immer wieder vorder- und hintergründig das Gesicht des Judentums auf.

Wie stark die romfeindliche Kirchenspaltungsbewegung mit jüdischem Geisteswesen Hand in Hand ging zeigt das Beispiel Englands. Hier standen allen voran die „Puritaner" (Presbyterianer) dem Vatikan in Rom feindlich gegenüber. In ihrer fundamentalistischen Opposition gingen sie dabei so weit, daß sie sogar den Protestantismus ihrer Heimat, welcher sich in der Anglikanischen Kirche formiert hatte, bekämpften. Als die zum Katholizismus neigenden Stuarts den britischen Thron bestiegen, sahen sich infolge der sich bald verschärfenden Unterdrückung viele Puritaner gezwungen, das Land zu verlassen. Die Abwanderer, die seit 1620 vor allem nach Amerika emigrierten wurden dort unter dem Namen „Pilgerväter" bekannt. Jene Kräfte, die zurück blieben, verbündeten sich mit der evangelischen Staatskirche und dem Parlament, um den Regenten zu stürzen.

---

[140] Lincoln/Baigent/Leigh, *Der Heilige Gral und seine Erben*, Bastei Lübbe, Bergisch Gladbach 1991, Seite 99 sowie dieselben „Das Vermächtnis des Messias. Auftrag und geheimes Wirken der Bruderschaft vom Heiligen Gral", Gustav Lübbe Verlag, Bergisch Gladbach 1987, Seite 385, 388f., 340f.
[141] Der jüdische Schriftsteller James Darmesteter bestätigt wörtlich in seinem Buch „Coup d´Oeil sur l´Histoire du Peuple Juif": „Die heimliche nationale Vereinigung der Juden ist die Quelle aller religiösen Streitigkeiten, die Jahrhunderte hindurch Uneinigkeit im Christentum stifteten."

Der Kampf begann damit, daß die presbyterianischen Schotten 1640 in England einmarschierten und das englische Parlament seinem um Geldbewilligung bemühten Regenten in den Rücken fiel, indem es die außenpolitische Bedrängnis zu innenpolitischem Kampf nutzte. In seiner Not bewilligte Karl den Parlamentariern und den Schotten ihre wichtigsten Forderungen. Doch das Parlament wollte die Notsituation des Königs ausnutzen und forderte im November 1641 eine völlige Umgestaltung der Verfassung. Ein Versuch Karls, sich am 4. Januar 1642 der Führer der Opposition zu bemächtigen, mißlang, worauf der Hof London verließ. Das Parlament legte sich nun die gesetzgebende Autorität in Staat und Kirche allein bei und sammelte ein ansehnliches Heer zu seinem Schutz. Nachdem der König die „Propositionen" des Parlaments, welche seine Macht zu einem Schatten herabdrückten, abgelehnt hatte, begann der Bürgerkrieg im August 1642 mit einem vergeblichen Abgriff der Royalisten auf Hull.

Derweil bildete der puritanische Parlamentarier Cromwell aus seinen Anhängern, den Independenten („Unabhängige", Radikaldemokraten, eine radikale Fraktion der Presbyterianer), eine Reiterei, die, von politisch-religiösem Enthusiasmus erfüllt, am 2. Juli 1644 den ersten entscheidenden Sieg über die Königstreuen erfocht. Letztlich blieben die sich im Lauf des Krieges immer weiter radikalisierenden Aufständischen siegreich. Im Januar 1649 beschloß das puritanische Rumpfparlament die Anklage Karls wegen Hochverrats. Am 30. Januar wurde Karl nach kurzem Prozeß zum Tode verurteilt und trotz Vermittlung ausländischer Mächte vor seinem Schloß in London hingerichtet. Das Rumpfparlament erklärte jetzt England zur Republik ohne König und Oberhaus und übertrug die ausübende Regierungsgewalt einem jährlich zu erneuernden Staatsrat, der jedoch kaum reale Macht besaß. Der eigentliche Diktator war Cromwell.

Die Herausstellung dieses Mannes geschah nicht ohne Grund, denn zweifelsohne war es hauptsächlich die puritanische Gruppe unter den Republikanern, denen die Revolution ihren siegreichen Ausgang verdankte. Mit welchen Mitteln es Cromwell letztlich gelungen war, den langen Bürgerkrieg durchzustehen ist auch heute nicht völlig klar. Mehr oder weniger ist er wohl von jüdischem Kapital abhängig gewesen. Nach Ansicht des Hebräers Wolf besteht kaum ein Zweifel, daß Cromwell bzw. der parlamentarischen Regierung seitens mosaischer Lobbyisten Geld zur Verfügung gestellt wurde. So führt er aus, daß bereits um das Jahr 1643 fremde Juden von Amsterdam in London festgestellt worden seien, die wahrscheinlich durch die finanziellen Schwierigkeiten der damaligen Regierung angelockt waren.[142] An anderer Stelle bringt Wolf seine Meinung klarer zum Ausdruck. Er bezieht sich hierbei ebenfalls auf ein Schreiben, wonach Israeliten den Republikanern erhebliche Summen Geldes zur Durchsetzung ihrer Ziele

---

[142] L. Wolf, „The Re-Settlement of the Jews in England", 1887, Seite 4

angeboten haben.[143] Auch andere Schriftsteller, die aber Gegner Cromwells waren behaupten, daß er Zuwendungen von Jahwe-Jüngern erhielt.[144]

Diese Unterstützung lag nicht zuletzt in der starken Verwandtschaft von Judentum und Puritanismus begründet. Ein großer Teil der puritanischen Lehre war im Alten Testament verankert, und so verglichen ihre Anhänger Cromwell mit Gideon, der zuerst nur widerstrebend der Stimme Gottes gehorchte, oder mit Judas Maccabäus, der eine Handvoll von Märtyrern in eine siegreiche Armee verwandelte.[145] An Stelle der ursprünglich englischen Namen traten jüdische aus dem Alten Testament, und der Löwe von Juda wurde auf die siegreichen Fahnen der Puritaner gesetzt. Die Zeit unter der Herrschaft der Stuarts wurde als ägyptische Gefangenschaft bezeichnet.[146] Ferner schlug man vor, an Stelle des Sonntags den Sonnabend als regelrechten Sabbat treten zu lassen. Schließlich berief Cromwell gar ein aus erlesenen „Heiligen" zusammengesetztes Parlament (das sog. „Barebone Parliament"), welches sich ernstlich mit dem Vorschlag auseinandersetzte, den Staatsrat in Anlehnung an den jüdische Sanhedrin aus 70 Mitgliedern bestehen zu lassen. Zur gleichen Zeit bereisten Engländer den Kontinent, um gelehrte Gespräche mit Rabbinern zu führen, ja es gab sogar Puritaner, die den jüdischen Glauben annahmen.[147]

„Wenn die Mitglieder des Parlaments jüdisch gesprochen hätten, hätte man sich vorstellen können, man wäre in Judäa", ergänzt der mosaische Historiker Graetz.[148] Und der Jude Heinrich Heine fragte verwirrt: "Sind die protestantischen Schotten Hebräer? Sind nicht ihre Namen allesamt biblisch? Ist da nicht ein Jerusalem-Pharisäischer Widerhall in ihrer Sprache, ist ihre Religion nicht schlichter Judaismus mit der Erlaubnis, Schweinefleisch zu essen?"[149] Die geistige Nähe von Puritanern und Judentum zeigt sich bis in wirtschaftliche Belange. Bei beiden

---

[143] L. Wolf, „Menasseh Ben Israel's Mission to Oliver Cromwell", 1901, Seite 18f.
[144] W. Romaine, „An Answer to a Pamphlet", 1753, Seite 5 sowie W. Prynne, „....Narrative...", Seite 49. Beide Zitate nach Peter Aldag, „Der Jahwismus erobert England", Archiv-Edition, Verlag für ganzheitliche Forschung und Kultur, Struckum 1989
[145] H. Graetz, „Geschichte der Juden" in 11 Bänden, 1900 sowie ders. „Popular History of the Jews" in 6 Bänden, 1930.
[146] A.M. Hyamson, „A History of the Jews in England", 1928, Seite 129f.
[147] A.M. Hyamson, „British Projects for the Restoration of the Jews", 1917, Seite 1 ff.
"Die Puritaner waren judaisierende Fanatiker, sie umgaben sich mit den Lehren und Anwendungen des Alten Testaments, das für sie zur einzigen Quelle ihres religiösen, bürgerlichen und politischen Lebens wurde", schreibt Macaulay, " sie tauften ihre Kinder auf die Namen der Patriarchen und Krieger der Juden. Den wöchentlichen Feiertag, der von der Kirche dem Gedanken an die Auferstehung Christi geweiht war, verwandelten sie in einen jüdischen Schabbes. Sie schöpften die Grundlagen ihrer Rechtspflege aus dem Gesetz Mosis und richteten sich in ihrer täglichen Lebensweise nach den Büchern der Richter und Könige. Die Kleidung, der Gang, die Redeweise, die Beschäftigungen, die Vergnügungen der finsteren Sekte waren durch Regeln festgelegt, ähnlich denen der Pharisäer..." (Macauley, "History of England from Accession of James II", Kapitel I.)
[148] Graetz, „Geschichte der Juden", Band V, Seite 164f.
[149] Werner Sombart, „Die Juden und das Wirtschaftsleben", Seite 293. Zitiert nach Denis Fahey, „The Mystical Body of Christ in the Modern World", Reprint der dritten Edition (1939), Omni Publications, Hawthorne/Ca. 1987, Seite 18

Seiten finden wir engste Verbindung zwischen Geschäft und Religion und die Rationalisierung des Lebens. Beide huldigen dem Grundsatz, daß alles, was für ein gutes Geschäft notwendig ist, auch moralisch gerechtfertigt ist. So ist der Ökonom Sombart zu der These gekommen, daß Puritanismus gleich Judentum ist.[150]

Angesichts dieser Verwandtschaft ist es nicht verwunderlich daß man in Kreisen der Puritaner lebhaftes Interesse für die in England seit 1260 verbannten Juden zeigte. Diese Fühler lagen stark im Interesse des Geheimvatikans, denn mehr als mit nahezu jedem anderen Fleck der Erde verband der jüdische Fundamentalismus mit der britischen Insel prophetische Hoffnungen. Eine zentrale biblischer Zukunftserwartung war jene, daß Israels Name geändert würde, daß seine Söhne im Norden wohnen würden, daß sie den göttlichen Namen 'in the isles of the sea' (Isaiah) preisen würden, und daß einer ihrer Stämme, Manasseh, eine unabhängige Macht werden würde, wie es das Beispiel der Vereinigten Staaten zeigen sollte.[151] Diese Theorie stimmt mit vielen Prophezeiungen der hebräischen Schriften überein. Sie ging in den Tagen Cromwells als „Anglo-Israelismus" in die Gedankenwelt vieler Puritaner ein.

Besonderes Interesse verdienen in diesem Zusammenhang die Ausführungen des Gelehrten und Politikers John Sadler, der ein persönlicher Freund Cromwells war. In seinem Bemühen, die Juden entgegen allen Widerständen des Volkes und der Geschäftswelt im Lande wieder seßhaft zu machen, dürfte Sadler wohl als einer der ersten 1649 die Behauptung aufgestellt haben, die Engländer stammten von den Israeliten ab.[152] Als Beweis dafür führte er seinen Landsleuten unter anderem eine Reihe von Übereinstimmungen zwischen den englischen und israelitischen Gesetzen und Gewohnheiten an.[153] Es ist eigenartig, daß in England diese Lehre über die Abstammung der Briten durchaus nicht ohne weiteres als Legende abgelehnt wird. Vielmehr beschäftigten sich Gelehrte wie Rogers und Milner, Burt, Shirley Smith - um einige zu nennen - mit diesem Thema. Man geht sogar so weit mit der Behauptung, daß das gegenwärtige Königshaus von dem Geschlecht Davids abstamme.[154]

Diese hebräische Ideologie sollte nun unter den Puritanern Englands allmählich den Boden für die jüdischen Bestrebungen vorbereiten. Zwar zog sich die endgültige

---

[150] Werner Sombart, „The Jews and modern Capitalism", 1913, Seite 249
[151] Siehe das offizielle Organ des US-amerikanischen Höchsten Rates des Alten und Angenommenen Schottischen Ritus der Freimaurerei „The New Age", Washington D.C., Ausgabe Oktober 1952, Artikel des Freimaurers vom 32 Grad, H. Sol. Clark, „The Ten Lost tribes - Facts and Fiction"
[152] Danach waren die Briten vor Einwanderung der Angeln und Sachsen Nachkommen der sogenannten verlorenen zehn Stämme Israels, die von den Assyrern in die Gefangenschaft geführt wurden.
[153] J. Sadler, „Rights of the Kingdom", 1649, Seite 8ff. Selbst das Wort "Britannien" soll nach Ansicht kabbalistischer Juden semitischen Ursprungs sein. Herodot habe die englischen Inseln als "Cassiterides" bezeichnet, was soviel wie Zinn-Inseln bedeutet. Das später in der griechischen Sprache gebauchte Wort "Britannike" sei lediglich eine Verstümmelung des hebräischen Wortes Barat-Anach gewesen und müsse ebenfalls mit Zinn-Inseln übersetzt werden.
[154] J. Sadler, a.a.O., Seite 47ff.

Seßhaftmachung der Kinder Mose auf der britannischen Insel noch einige Jahrzehnte hin, die Basis zu diesem Erfolg aber war zweifellos im siegreichen Bürgerkrieg der Jahre 1642-1648 gelegt worden. In ebendieser Zeit taucht in England eine weitere Organisation auf, die wie der Puritanismus in engstem Verhältnis zum Judentum und der romfeindlichen Kirchenrebellion stand: Es war dies die 1646 erstmals durch den Juden Ashmole namhaft gemachte Geheimgesellschaft der „Freimaurer".

Und hier gab es eine interessante Konstanz: Denn in dieser vermeintlich neuen philosophischen Umgebung betätigten sich exakt dieselben Kräfte, die gerade erst als „Protestanten" den religiösen Kampf gegen den päpstlichen Vatikan gewonnen hatten. „Fast alle großen Namen im französischen Wappenbuch" enthüllt der romzugewandte Pater Berteloot in seiner Arbeit "La Franc-Maconnerie et l'Eglise catholique", „die im 18. Jahrhundert an der Spitze der Logen standen, waren genau jene, die auch an der Spitze der protestantischen Bewegung des 16. Jahrhunderts gestanden hatten."[155]

Weiterführende Literatur
Zumeist nicht zitiert, inkl. konkurrierende bzw. gegenteilige Forschungsergebnisse

Anonymous (Helen Peters), „Union Jack" * **Col. Fleischhauer**, „Freemasonry as a Secret Political Weapon of Jewish-English Imperialism", 1940 * **Hopkins, Joseph**, „The Armstrong empire; a look at the worldwide church of god, Eerdmans, Grand Rapids/Mich.(USA) 1974" * **Lasell, Helen P.**, „What Is British Israel?: British Israel World Federation", New York * **Tuit, John**, „The Truth Shall Make You Free. Herbert Armstrong's Empire Exposed", The Truth Foundation, Freehold Township/N.J. (USA)1981 * **Yates, Dame Frances A.**, „The Occult Philosophy in the Elizabethan Age", Ron Hedge & K. Paul, London/Boston 1979 *

---

[155] Berteloot, J., *La franc-maconnerie et l'Eglise catholique*, motifs de condamnation, Seite 44

Kapitel 4.2

Die Freimaurerei und ihr Wesen

Anklage und Verteidigung

Über die Freimaurerei ist trotz ihrer geschichtlichen Bedeutung bis heute wenig an die Öffentlichkeit gedrungen. Zu allen Zeiten hat es der mysteriöse Orden verstanden, seine Interna vor der Außenwelt abzuschirmen. Seriöse Autoren berichten, die überaus strenge Schweigepflicht werde so ernst genommen, daß es in der Vergangenheit in Fällen von „Verrat" wiederholt zu Fällen blutiger Selbstjustiz gekommen sei.[156] Gerade diese bewußte Zurückgezogenheit war es aber auch, die den Bund immer wieder zum Gegenstand von Spekulationen machte. Warum, wurde mit Recht gefragt, diese Geheimniskrämerei? Werden hier Vorhaben gehütet, die das Licht der Öffentlichkeit zu scheuen haben?

Die Mitglieder des Bundes, die sich „Brüder" nennen, streiten das natürlich heftig ab. Es seien, so die stereotype Verteidigung, allein honorige Ziele wie Gewissensfreiheit, Toleranz und Pazifismus, die in den freimaurerischen "Tempeln der Humanität" gepflogen würden. Deren Anliegen erschöpfe sich am Dienst für Humanismus und Wohltätigkeit.
Dabei wird nicht selten auf den Philanthropen und Gründer des Roten Kreuzes Henri Dunant verwiesen, welcher maßgeblich aus freimaurerischem Antrieb gehandelt habe. In der Tat leisten nicht wenige Freimaurer - vor allem in den niedrigen Graden der Johannismaurerei - heute vorbildliche karitative und soziale Arbeit. Im kommunalen, staatlichen und überstaatlichen Bereich. Das wird allgemein anerkannt. Doch ist damit die Funktion der Loge keineswegs erschöpft. Sie hat viele Gesichter. Und nicht wenige Schönheitsfehler trüben den Anspruch dieser nach außen hin gemeinnützigen Familienbande.

---

[156] In diesem Zusammenhang führt der jüdisch-ungarische Freimaurer Aron Monus als echter Insider in seinem Buch „Verschwörung: Das Reich von Nietzsche" (Interseas Editions, National House, Santon/Isle of Man 1994) eine ganze Kette von Mordfällen an. Die hier gegebenen - zum Teil hochpolitischen - Beispiele reichen bis in die aktuelle Gegenwart. Ganz allgemein öffnet sich eine Klammer, die von dem mysteriösen Ableben Mozarts bis hin zum Mord an dem Vatikan-Bankier Calvi reicht.

Eine undemokratische Struktur

Einer der umstrittensten Wesenszüge des Ordens - wir kehren hier noch einmal an den Beginn der Betrachtung zurück - liegt in seinem fundamentalen Selbstverständnis als Geheimbund. Geheimbünde sind nämlich grundsätzlich nicht freiheitlich-demokratisch organisiert. Statt Durchlässigkeit und Offenheit regiert hier fast immer das Prinzip von Befehl und Gehorsam. Und so ist auch der innere Aufbau der heute einflußreichen Mehr- und Hochgrad-Freimaurerei schlicht als autokratisch zu bezeichnen. Er gleicht den oligarchischen Bewegungen der 20er und 30er Jahre ebenso wie dem Organisationsprinzip der umstrittenen Scientology-Kirche, deren Begründer viele strukturelle Ideen der Freimaurerei entlehnt hat.[157]

Die Struktur einer Loge muß man sich als Pyramide vorstellen, in der ein Stufensystem besteht, das sich teilweise über 99 Ebenen (sogenannte „Grade") erstreckt. Jeder Neueinsteiger beginnt seine Laufbahn auf der untersten Leitersprosse. Dort wird der Adept darauf vorbereitet, daß er auf seinem Weg nach oben beständig in Geheimnisse eingeweiht wird, die dem Normalsterblichen nie enthüllt werden. Um aber bis in den höchsten Weihegrad aufsteigen zu können, muß nun jeder "Bruder" verschiedene philosophische Prüfungen bestehen - und sich jeweils in den Beobachtungen der Eingeweihteren und somit höher gestellten Brüder als nützlich erweisen. Das hört sich zunächst recht harmlos an, und mag es in vielen Fällen auch sein. Wie jedoch die Geschichte beweist, hat es eine wesentliche Fraktion des Logentums von Anfang an verstanden, an diese Prinzipien eine nachgerade verschwörerische Einflußpolitik zu binden. Dieser „revolutionären Freimaurerei" kam dabei vor allem die sozial-elitäre Struktur des Ordens zugute.

Die (un)kontrollierte Gesellschaft

Handelt es sich doch in erster Linie um aufstrebende Unternehmer, Akademiker, Beamte und Politiker, denen die Loge meist durch Werbung ihre Pforten öffnet. Diesen Neumitgliedern, denen es in den unteren Graden kaum zu Bewußtsein kommt, daß sie als Schachfiguren in einem großen politischen Spiel mißbraucht werden können, ist bei entsprechendem Wohlverhalten mitunter ein steiler Karriereweg garantiert. Solche, offen jeder Demokratie hohnsprechende, „Vetternwirtschaft" ist ein wichtiges Funktionsprinzip der Loge, das mit der Verpflichtung zur „Brüderlichkeit" umschrieben wird. Im Klartext heißt das: Wer der Freimaurerei hilft, dem hilft der Gesamtorganismus, in welchem sich die Creme des staatlichen Establishments konzentriert. Daß dies zu Konflikten mit dem

---

[157] Ron L. Hubbard war, bevor er Scientology begründete, Mitglied des freimaurerischen Ordo Templi Orientis (O.T.O.), von dem später noch am Rande die Rede sein wird. Er war 1945 in Kontakt zu dem Führer des US-Zweiges, D. Jack Parsons, getreten und schaute späterhin von diesem Freimaurerorden nahezu alles für seine eigene "Religion" ab. Die Scientology wird heute wohl allein deswegen von der Freimaurerei angegriffen, da sie durch ihr allzu offenes Wirken die wesensidente "reguläre" Maurerei in Mißkredit zu bringen droht.

jeweilig "privaten" Berufsethos führen kann, versteht sich von selbst. Gerät beispielsweise ein logentreuer Bruder Politiker einmal mit dem Gesetz in Konflikt, so mögen seine Brüder Chefreporter, Verleger, Polizeipräsidenten oder Richter sich gehalten sehen, den traurigen Vorfall niedrig zu hängen bzw. völlig zu unterschlagen. Bedenkliche Fälle dieser Art sind selbstverständlich auch in umgekehrter Konstellation vorstellbar, denn in der politischen Freimaurerei gilt ferner der Satz: Wer dem Orden schadet, dem wird dieser die Luft zum Atmen nehmen. So hat ein bekennender Gegner der Loge in einem von der Freimaurerei unterminierten und gleichgeschalteten System kaum eine Chance eine breitere Öffentlichkeit zu erreichen.[158]

Diese Zusammenhänge mögen erklären, wie es dem revolutionärem Logentum[159] gelungen ist, seine ursprünglichen Ziele bis heute fast vollständig in die Tat umzusetzen. Diese seit über zweihundert Jahren verfolgten Vorhaben sind: Abschaffung der Monarchien und Aufrichtung von Republiken. Beseitigung der Nationalstaaten[160] durch supranationale Staatenbünde (USA, Europa, UdSSR) und ebensolche Organisationen (Völkerbund, UNO, Weltbank, Internationaler Währungsfonds/IWF). Förderung der Völkervermischung zur Erzielung eines Einheitsmenschen. Entmachtung der Weltreligionen und Förderung einer Einheitskirche (Weltkirchenrat). Am Ende dieser Entwicklung soll den Planungen zufolge die Aufrichtung eines Weltstaates stehen, der von einer einzigen Regierung mit Sitz in Jerusalem zentral gelenkt wird. Daß der Geheimvatikan dieselbe biblische Vision anvisiert, ist kein Zufall...

Der jüdische Ursprung der Freimaurerei:
Von Ashmole...

Es gibt mehr als nur ein Indiz dafür, daß die Freimaurerei von Anfang an durch die Leitung des esoterischen Judentums kontrolliert, zumindest aber doch maßgeblich beeinflußt wurde. Schon Lincoln/Baigent & Leigh haben gemutmaßt, „ihre" Prieuré de Sion, also „unser" Geheimvatikan, hätte nicht nur die romfeindliche Kirchenspaltung losgeschlagen, sondern auch beständig ihre Finger in dem hintergründigen Treiben der Loge gehabt. Möglicherweise aus übergeordneten

---

[158] Die Macht der Politischen Maurerei im Medienbereich ist heute unbegrenzt. Laut Spiegel TV kontrolliert die P2-Loge die gesamte italienische Presselandschaft. Dort gibt es nicht eine einzige namhafte Zeitung außerhalb der Kontrolle der verschworenen Bruderschaft. Daß vor diesem Hintergrund „Wahlen" zu einer Schmierenkomödie degradiert werden, liegt natürlich auf der Hand.
[159] Und von diesem (nicht von der viel weniger politischen und weit mehr karikativen Johannisfreimaurerei) ist hier die Rede.
[160] Die staatsfeindliche Zielrichtung der Freimaurerei erhellt zur Genüge das Prüfungsschema des französischen Großorients zur Aufnahme in den Gesellengrad: Auf die Frage des Meisters nach den Pflichten des Freimaurers gegen seine eigene Person und seine Mitmenschen, folgt die Frage gegenüber seinem Geburtsland. Die Antwort: "Keine!" Man kann sich die daraus ergebenden Konsequenzen vorstellen, wenn ein Politiker diesen Eid ablegt.

Schweigegründen führen die britischen Autoren für diese Sichtweise keine näheren Beweise ins Feld. Da der Verfasser an keine Gelübde gebunden ist, soll dieses Versäumnis an dieser Stelle ausgeräumt werden. Es gibt nämlich nur wenig was noch leichter fiele als der Nachweis, daß es Kinder Israels waren, die die Freimaurerei aus der Taufe hoben.[161]

Obwohl England, das Mutterland der Freimaurerei, seit Jahrhunderten die Hebräer von seinem Territorium verbannt hatte, war es ausgerechnet ein Jude, der als erstes Mitglied einer britischen Loge namentlich bekannt ist. Die bis heute verwandten Logenbegriffe tauchten jedenfalls just in dem Moment auf, als der mosaische Alchimist, Kabbalist und Geheimwissenschaftler Elias Ashmole behauptete, im schottischen Liverpool auf die geheime Gesellschaft „gestoßen" zu sein. Ob er den Orden nun als fertige Gründung tatsächlich „entdeckte" oder ob er selbst der Gründer gewesen war, ist nun berechtigterweise in Frage zu stellen.

Letztes scheint dabei wahrscheinlicher, denn der glückliche Finder hatte sich schon vorher des öfteren als Stifter okkulter Zirkel betätigt. Nur ein Jahr zurückliegend - 1645 - stand der gleiche Ashmole in Oxford als Pate am Taufbecken des freimaurerähnlichen „Unsichtbaren Kollegiums" („Invisible College"). Enge Beziehungen verbanden ihn zu einer pansophischen Rosenkreuzergilde, die sich 1646 in Londons „Mason Hall" in der Masons Alley Basinghallstreet zum „Wiederaufbau des Tempels Salomonis" zusammenfand.[162]

Ob nun Vater oder „lediglich" Motor, Fakt ist, daß 1.) Ashmole am 16. Oktober 1646 in der Feldloge zu Warrington, in die Maurerei aufgenommen wurde, 2.) damals bereits laut seiner Tagebucheintrag die Begriffe "Lodge" (Loge) und "Free Mason" (Freier Maurer) gebräuchlich waren[163] und 3.) der umtriebige Kabbalist nachhaltigst die gesamte Frühgeschichte der sogenannten Geistesmaurerei beeinflußte.

... zur ersten Großloge und dem Gang in die Öffentlichkeit

Die formal-offizielle Geburt der modernen Freimaurerei erfolgte ebenfalls in England, jedoch mit dem Jahr 1717 rund siebzig Jahre später. Wie aus freimaurerischen Quellen selbst einwandfrei hervorgeht, handelte es sich hierbei nur um eine bündelnde Reorganisation bereits unterirdisch bestehender

---

[161] Daß diese dabei nicht spontan sondern vielmehr im Auftrag des Geheimvatikans handelten, wird hier vorausgesetzt.
[162] Felix Franz Egon Lützeler, „Hinter den Kulissen der Weltgeschichte. Beiträge zur Geschichte der Geheimbünde aller Zeiten und Völker", Archiv-Edition im Verlag für ganzheitliche Forschung und Kultur, Struckum 1986, II. Band, Seite 870
[163] Br. Allen Oslo, „Freimaurer", Umschau-Verlag, Frankfurt a. M. 1988, Seite 146, 154. Der am 20. Mai 1641 in Newcastle in eine Loge aufgenommene schottische Generalquartiermeister Robert Graf von Murray wurde dagegen als „Gentlemen Mason" bezeichnet. (Oslo, Seite 143)

Geheimbünde. Mit den Logen „Zur Krone", „Zum Römer und zur Weintraube", „Zur Gans und zum Roste" und „Zum Apfelbaum", waren es vier Londoner Brüderschaften, die sich am 24. Juni zu einem Dachverband zusammenschlossen. Der erste förmliche Beschluß dieser jungen „Großloge von England" bestand darin, daß keine fernerhin sich auftuende Loge auf der ganzen Welt ohne ihre, der Mutterloge, ausdrückliche Bestätigung zu Recht bestehe. Das puritanische Britannien hatte sich damit global zum Lenker des Logentums bestimmt, eine Position, die die englische Maurerei über Jahrhunderte zu verteidigen wußte.

Der hebräische Einfluß innerhalb der Freimaurerei ist von diesem Zeitpunkt an in äußerlichen und inhaltlichen Merkmalen unverkennbar. Daß das esoterische Judentum die Freimaurerei von Anfang an für sich entdeckt hatte, wird bereits in den äußeren Symbolen des Bundes deutlich. So schreibt der mosaische Historiker Lucian Wolf über das Aushängeschild der Großloge von England: „Dieses Wappenschild ist gänzlich aus jüdischen Symbolen zusammengesetzt und gilt als ein Versuch, uns heraldisch die verschiedenen Erscheinungsformen des Cherubins darzustellen, die uns in der zweiten Vision des Esekiel geschildert sind: einen Stier - einen Mann - einen Löwen und einen Adler. Dieses Wappen gehört somit den höchsten mystischen Bereichen des hebräischen Symbolismus an."[164] Zufall wird dabei kaum im Spiel gewesen sein, denn das noch heute benutzte Wappen der englischen Großloge der Freimaurer wurde in der Tat von einem Juden entworfen.[165]

Indes blieb die israelitische Verbindung nicht auf reine Äußerlichkeiten beschränkt. Die Großloge war von Anfang an bestrebt, dem in Britannien ansonsten keineswegs assimilierten Judentum eine Heimstatt in der Maurerei zu bieten. So stellte der Orden bereits 1722 fest: „Die Maurerei ist ein Menschheitsbund zur Verbreitung toleranter und humaner Grundsätze, an welchen Ordensbestrebungen der Jude und der Türke ebensoviel Anteil nehmen kann, wie der Christ."[166] Diese Einladung wurde nur zu gerne angenommen. F. A. Six[167] schreibt unter Berufung auf das „Internationale Freimaurer-Lexikon: *Die bereits während der Gründungsjahre in den Logenlisten von 1723 und 1725 auftauchenden jüdischen Namen geben ein Bild von dem Umfang und der Schnelligkeit der jüdischen Überflutung der Logen.* (1732 verlegte man sogar die Logenarbeit in Cheapside im Wirtshaus „Zur Rose" auf den Sonntag, um den jüdischen Logenbrüdern die Teilnahme zu ermöglichen. Dabei amtierte der jüdische Schnupftabakhändler Daniel Delvalle als Meister...) *Neben einfachen Mitgliedern wie Delvalle, Bett, Stainer, Meyer Schamberg, Issac Schamberg, Benjamin Da Costa... wird 1732*

---

[164] N. Webster, „Secret Societies and subversive movements", Hawthorne, Calif. 1967, Seite 123
[165] Peter Aldag, „Der Jahwismus erobert England", 1940, Archiv-Edition im Verlag für ganzheitliche Forschung und Kultur, Struckum 1989, Seite 175 mit Bezug auf D.B. De Mesquita, „The Historical Associatins", in : Trans. Jew. Hist. Soc., Bd. X, Seite 225ff. (1924), Seite 239
[166] Lémann, „L'Entreé des Israélites dans la société francaise", Seite 353
[167] Franz Alfred Six, „Studien zur Geistesgeschichte der Freimaurerei", 2. Auflage, Hamburg 1942, Seite 91f.

Salomon Mendez bereits als höherer Logenbeamter, und war als Großschaffner vermerkt."

Die mosaische Mission der Loge

Die starke jüdische Präsenz innerhalb der Loge schlug sich von Anfang an auch in der inhaltlichen Ausrichtung der Freimaurerei nieder. Bereits 1723 faßte eines der wichtigsten Gründungsmitglieder, Reverend Dr. James Anderson, die Selbstbestimmung des Ordens in seinem Konstitutionsbuch zusammen. Dieses Werk, im Original „The Constitutions of the Free Masons", bildet mit seinen Gesetzmäßigkeiten das offizielle Fundament des Logentums. Es enthält in der Hauptsache die Pflichten des Freimaurers, die Regeln für sein Verhalten gegenüber Familie, Gemeinde, Staat und Gesellschaft.

In den Anderson-Konstitutionen gibt es viele eigenartige Punkte, besonders aber jene Passage, die die „Alten Pflichten der Freyen und angenommenen Maurer" umreißt und wo es heißt, daß jeder Logenbruder gehalten ist, *"das Moralgesetz als ein wahrer Noachide zu beobachten, denn alle Menschen kommen in den drei großen Artikeln Noes überein, welches genug ist, die Verbindung zu der Loge zu bewahren"*.

Was soll das Wort "Noachide" hier bedeuten? "Die Artikel Noes, auf die man sich hier bezieht, sind nicht biblisch", bemerkt sehr richtig ein gut informierter Mitarbeiter der "Pensée catholique" in Nr. 104, 1966. Man kennt sie nur aus der rabbinischen Tradition. Der Talmud und jüdische Theologen und Philosophen wie Maimonides (1135-1204) sind die einzigen, die sich damit befassen.[168] Daraus ergibt sich jedenfalls, daß die maurerische Verpflichtung, an Gott zu glauben, in den Anderson-Konstitutionen auf ungewöhnliche Weise formuliert wurde.

"Im christlichen Geist, welcher Konfession auch immer", so das katholische Blatt weiter, „hätte eine solche Formulierung nicht spontan entstehen können. - Gewiß war die Existenz der Noeschen Gebote im 18. Jahrhundert den christlichen Gelehrten und Hebraisten bekannt, einem Basnage, einem Richard Simon, einem Jurieu. Abwegig jedoch ist die Idee, Menschen des 18. Jahrhunderts die Religion Noes als 'gültige' Religion aufzuerlegen, wo sie doch für jeden Christen nur die Religion des ersten Bundes, die durch Abraham und Moses und schließlich durch das Christentum abgelöst wurde, bedeuten kann. Vom Standpunkt des Judaismus dagegen ist der Noachismus die einzige Religion, die für die ganze nichtjüdische Menschheit allzeit in Kraft geblieben ist, während die Juden die Funktion des 'Priesters' über die Menschheit ausüben und zu diesem Zweck den

---

[168] Die sieben noachidischen Gebote sind Gesetze, die nach Auffassung des Talmuds an die Nichtjuden gerichtet sind. Wer sie befolgt und akzeptiert ist vom Judentum auf halbem Wege als Glaubensbruder zu sehen. (I. Shahak, „Jüdische Geschichte",a.a.O., S.166, 203/2)

Priestertumsvorschriften unterworfen sind, die allein sie betreffen, also dem mosaischen Gesetz."

Elie Benamozagh, ein berühmter Rabbiner des 19. Jahrhunderts, lehrte ebenfalls: "Die Menschheitsreligion ist nichts anderes als der Noachismus... Das ist die Religion, die Israel bewahrt hat, um sie den Heiden zu übermitteln... Der Noachide befindet sich im Schoß der einzigen wahrhaft universalen Kirche als *Gläubiger* dieser Religion, worin der Jude der *Priester* ist und den Auftrag hat - vergeßt das nicht! - die Menschheit in ihrer Laienreligion zu unterrichten, während er selbst die Religion des Priesters auszuüben hat."[169]

Somit wären also die Freimaurer nur die *Laien* Israels! Wem dies alles noch nicht deutlich genug ist: Das erste Noachitische Gebot lautet „Der jüdischen Obrigkeit gehorsam sein".[170] Demnach ist ein „wahrer Noachide", der mit den „drey Articuln des Noah übereinstimmt" ein der jüdischen Obrigkeit gehorsamer Mensch, also ein künstlicher Jude. Jeder Freimaurer dürfte damit an sich darüber informiert sein, daß er lediglich für die Interessen des Jahwismus eingespannt ist.

Nun wird jeder Leser verstehen, was es bedeutet, wenn der nichtjüdische Br. Hermann Gloede, Hochgradfreimaurer der Großen Landesloge der Freimaurer von Deutschland in seinen „Instruktionen" für die Johannislehrlinge 1901 schreibt: „Da wir unsere Brauchtümer auch direkt an das jüdische Priestertum anschließen, so kann man unsere Gewohnheit, das Haupt zu bedecken[171], als ein Zeichen deuten, daß wir eine heilige priesterliche Gemeinde zu bilden haben." Diesen Gedanken entwickelt Br. Gloede weiter. Er spricht davon, daß eine „Zionsgemeinde von heiligen Priestern" durch die Freimaurer hergestellt werden soll, er spricht vom „ausgewählten Geschlecht, von einem heiligen Stamm, vom Volk des Eigentums" und sagt auf Seite 88 ebengenannter „Instruktionen für die Johannisgesellen der Großen Landesloge der Freimaurerei von Deutschland"[172]: „'Ich bin Jahwe, Euer Gott: erweist Euch denn heilig und seid heilig (3. Mose 11, 44)'. Das aber, was der Rezipient (der Neuzugänger) verspricht, hat in der Tat keinen anderen Inhalt, wenn wir auch gewohnt sind, das mit anderen Ausdrücken zu bezeichnen. Zum Verständnis unseres Brauchtums muß man aber noch ein anderes Wort Jahwes an Mose heranziehen, einen Auftrag und ein Gebot, den Mitgliedern der Volksgemeinde zu überbringen: Ihr sollt mir werden ein Königreich von Priestern und ein heilig Volk." (2. Mose 19,6) Weiter schreibt Gloede in seinem 2. Band der „Instruktionen für den Johannis-Gesellen": „Zur Bildung einer solchen Theokratie

---

[169] *La Pensée catholique*, 104, 1966. Diesen zur Sprache gebrachten Zusammenhang überliefert Jacques Ploncard d'Assac in seinem Buch „Das Geheimnis der Freimaurer", Priesterbruderschaft St. Pius X., Stuttgart 1990, Seite 13f.
[170] Dr. Jakob Ecker (Privatdozent an der Königlichen Akademie in Münster), „Der Judenspiegel im Lichte der Wahrheit", Paderborn 1884, Seite 35f.
[171] Die Freimaurer behalten in der Loge - wie die Juden in der Synagoge - den Hut auf dem Kopf
[172] „Gedruckt als Handschrift mit großmeisterlicher Genehmigung für die Brr. Lehrlinge von der Königlichen Buchhandlung Ernst Siegfried Mittler und Sohn"

will uns der Orden leiten."[173] Kürzer und prägnanter formulierte ein amerikanischer Bruder: „Die Freimaurer errichten einen Bau, in dem der Gott Israels immer wohnen soll."[174]

Diese offenen Eingeständnisse werden von der bevorteilten jüdischen Seite nicht dementiert. Bereits 1831 schrieb die „Vérité israélite", daß "der Geist der Freimaurerei der Geist des Judaismus in seinen grundlegendsten Glaubensüberzeugungen ist, seine Vorstellungen, seine Sprache, ja fast seine Organisation."[175] Wenige Jahre später ergänzte der mosaische Führer des freimaurerischen B'nai B'rith-Ordens in Cincinnati, Landesrabbiner Dr. Isaac M. Wise[176] : „Die Maurerei ist eine jüdische Einrichtung, deren Geschichte, Grade, Pflichten, Paßworte und Erklärungen von Anfang bis zu Ende jüdisch sind, und zwar mit einer einzigen Ausnahme eines Nebengrades und einiger Worte der Eidesformel."[177]

Politische Enthaltsamkeit als Lebenslüge

Nun bräuchte uns all dies nicht anzufechten, all dieser mystische Mummenschanz nicht zu interessieren, wenn sich die Freimaurerei auf sich selbst beschränkte, oder, wie sie behauptet, auf den „Dienst der Barmherzigkeit". Allein der Hang zu wirtschaftlichen Komplotten und politischen Ränkeschmieden ist es, der einen Geheimorden tatsächlich gefährlich werden läßt und deshalb ist der Vorwurf, die Freimaurerei betreibe hintergründig Politik, der am heftigsten von den Brüdern bestrittene. Zu Unrecht.

---

[173] Beide Gloede-Zitate zuerst durch Friedrich Hasselbacher, „Entlarvte Freimaurerei", Band I., Verlag Richard Geller, 1934, Archiv-Edition im Verlag für ganzheitliche Forschung und Kultur, Viöl 1992, Seite 15f.
[174] Im Original: „Masons are erecting a structure, in which the God of Israel shall dwell for ever". Abgedruckt im „The General Ahriman Rezon and Freemason's Guide", Daniel Sickels, New York 1901, Seite 71. Hasselbacher, der in Band I seiner Trilogie „Entlarvte Freimaurerei" (a.a.O., Seite 17) dieses Zitat überliefert, bedient seine Leser darüber hinaus mit einer hebräischen Übersetzung des Titels, wonach Ahriman Rezon zu deutsch „Brüder des (mosaischen?) Gesetzes" heißt.
[175] *Vérité israélite*, 1931, Bd. V, Seite 74
[176] Wise (1819-1900), Gründer der "Union of American Hebrew Congregation" und des "Hebrew Union College" in Cincinnati" gilt als Vorkämpfer der jüdischen Reformbewegung des jüdisch-religiösen Liberalismus in den USA.
[177] Siehe den „Israelite of America" vom 3. August 1866. Die Publications of the American Jewish Historical Society, Philadelphia 1910, Band 19 berufen sich auf „The Israelite" vom 3. *August 1855* und schreiben im Originaltext wie folgt: „Masonry is a Jewish institution whose history, degrees, charges, passwords and explanations are Jewish from beginning to end, with the exception of only one by-degree and a few words in the obligation." Zitat unter anderem nach Poncins, Léon de, *Hinter den Kulissen der Revolution I. Das Freimaurertum*, Schlieffen-Verlag, Berlin 1929, Seite 159 sowie Friedrich Hasselbacher, „Entlarvte Freimaurerei", Band 1, Verlag Richard Geller, 1934, Archiv-Edition im Verlag für ganzheitliche Forschung und Kultur, Viöl 1992, Seite 15 sowie Huber, E., *Freimaurerei*, o. J. (1934?), Seite 148 sowie Freund, W., *B'nai B'rith-Judentum und Weltpolitik*, 1990, Seite 145

Hören wir, wie entwaffnend deutlich ein römischer Logenredner bereits im 19. Jahrhundert in einer öffentlichen Festversammlung in Anwesenheit des Großmeisters und der übrigen Großlogenbeamten sprechen durfte, ohne zur Ordnung gerufen zu werden: „Die kleine Loge", so der Bruder über die unteren „blauen" Johannisgrade, „ist notwendig als Vorstufe der Hochgrade. Auch ist sie gut zur Ausübung von Werken der Barmherzigkeit. Das ist aber alles und man darf nicht zuviel Zeit und Geld daran wenden. Der Schwerpunkt unserer Arbeit liegt in den Hochgraden. Dort machen wir den Fortschritt, die Politik und die Weltgeschichte. Darum ungeschmälerte Aufrechterhaltung des Schottentums (also der Hochgrade, *der Verf.*)! In ihm haben unsere Väter ihre glorreichen Taten vollbracht, die Tyrannen gestürzt, die Fremden verjagt usw... Was soll uns Johannes (der namengebende „Schutzpatron" der symbolischen blauen Logen, *der Verf.*)? Nichts anderes, als uns seinen friedsamen Namen leihen, damit wir unsere Feinde überrumpeln. Was soll uns das Symbol? Es soll uns Schild und Schirm sein am Tage des Kampfes. Nichts weiter."[178]

Diese Worte sollte jeder Historiker stellvertretend für eine ganze Reihe weiterer Entgleisungen aus dem Gedächtnis abrufen, wann immer seine Forschungen die Wege der Freimaurerei kreuzen. Gelegenheiten dazu bestehen dazu - wie das vorliegende Buch zeigen wird - mehr als genug.

Gerade einmal 50 Jahre nach der Taufhebung der Großloge zu London hub die „brüderliche Gesellschaft" zu dem ersten revolutionär-politischen Coup an, den sie auf ihre Fahnen schreiben konnte: Die Rede ist von der großen Amerikanischen Revolution, die durch die Loge nahezu im Alleingang lanciert und zum Sieg geführt wurde. In einer nur für Freimaurer bestimmten Studie unter dem Titel „Die nordamerikanische Freimaurerei"[179] streicht der Freimaurer vom 33. Grad, Eugen Lennhoff, völlig wahrheitsgemäß die bedeutende Rolle heraus, welche die Loge bei der Gründung der Vereinigten Staaten von Nordamerika spielte. Voller Stolz legt er dar, daß die amerikanischen Freimaurerlogen die „Keimzelle der Vereinigten Staaten" waren, daß "der überwiegende Teil der Männer, die in dieser Zeit dem Lande so unvergängliche Dienste leisteten", den Freimaurerschurz getragen haben.

Nun war Lennhoff Jude und in seine triumphierenden Worte mag sich nicht zu Unrecht Stolz auf die eigene Herkunft gemischt haben. Wie bei fast allen

---

[178] „Freimaurerzeitung", 27. Jahrgang, Leipzig 1876, Seite 150 sowie ebenda vom 9. Mai 1874. In die gleiche Kerbe hieb der maurerische französische Sozialpolitiker Louis Blanc, als er schrieb: „Allein es gab innerhalb der drei Grade des niedrigsten Freimaurertums eine Menge Leute, die nach ihren Verhältnissen und ihrer Überzeugung jedem Plan einer allgemeinen Umwälzung abhold waren; da wurden die geheimen Logen gegründet (Arrière Logen), die nur für die ausgesuchten ´feurigen´ Geister bestimmt waren; ebenso waren die höchsten Grade festgelegt, zu denen der Adept lediglich nach langen Prüfungen gelangte, welche so berechnet waren, daß man sich von der Gründlichkeit seiner revolutionären Erziehung überzeugen, die Beständigkeit seiner Überzeugung kontrollieren und die geheimsten Winkel seines Herzens erschließen konnte." (Louis Blanc, „Geschichte der Revolution", Kapitel „Die mystischen Revolutionäre", Band III)
[179] Basel 1930 (Schriften der Allgemeinen Freimaurerliga, Nr. 5d)

unterirdischen Projekten der Freimaurerei war der Begünstigte nämlich auch bei dieser Unternehmung die jüdische „Prophetie". Die Abspaltung Amerikas vom englischen Mutterland geht nämlich nach maurerischen Quellen auf eine hebräische Weissagung zurück, laut der ein biblischer Stamm - Manasseh - im Amerika unserer Tage eine unabhängige Macht werden würde.[180] Es kann daher kaum verwundern, daß sich die Geburt der Vereinigten Staaten in dem eingangs dieses Werkes vorgestellten „Bibel-Code" verschlüsselt wiederfindet - bis hin zur Jahreszahl der „glorreichen" Unabhängigkeitserklärung.[181]

Zusätzliche Anmerkungen

Der Autor räumt an dieser Stelle ausdrücklich ein, daß es zwischen der blau-humanitären Johannis- und der rot-revolutionären Schottenmaurerei Unterschiede in der internen Arbeit und in dem nach außen getragenen Selbstverständnis geben mag. (Siehe hierzu vor allem die freimaurerische Sicht durch Br. Allen Oslo, „Freimaurer", Umschau-Verlag, Frankfurt a. M. 1988. Als Nachschlagewerk im gleichen Geist: Eugen Lennhoff/ Oskar Posner, „Internationales Freimaurer-Lexikon", München/Zürich/Wien/Graz 1932)

Nichtsdestoweniger kann schwerlich in Abrede gestellt werden, daß es den politisierenden Hochgradlogen durch ihr Aufnahme-, Führungs- und Rekrutierungssystem hervorragend gelungen ist, sich als eine Art Führungsetage der Freimaurerei zu etablieren. Und somit sind die ersten Stockwerke der brüderlichen Nächstenliebe tatsächlich nur die Basis für eine Chefetage, die das Fußvolk nach ihrem Gutdünken einzusetzen versteht. Auch ohne dessen Billigung oder Wissen und auch in Zusammenhängen, die nur wenig mit karikativen Anliegen zu tun haben.

---

[180] Siehe das offizielle Organ des US-amerikanischen Höchsten Rates des Alten und Angenommenen Schottischen Ritus der Freimaurerei „The New Age", Washington D.C., Ausgabe Oktober 1952, Artikel des Freimaurers vom 32 Grad H. Sol. Clark, „The Ten Lost tribes - Facts and Fiction"
[181] Michael Drosnin, „Der Bibel Code", Wilhelm Heyne Verlag, München 1997, Seite 49

Kapitel 4.3

Die Begründung der „Vereinigten Staaten von Amerika"

Vom europäischen Krieg um Amerika zum Paktschluß Frankreichs mit der Loge

Die Konsolidierung der europäischen Kolonien in Nordamerika vollzog sich gerade am Anfang unter häufigen und blutigen Kriegen gegen die indianische Urbevölkerung.[182] Bald aber wurde der Kontinent zusätzlich in Machtkämpfe einbezogen, die die verschiedenen Erobererstaaten - England, Frankreich, Spanien und Holland - unter sich austrugen.

Die Lage eskalierte schließlich, als die Franzosen nach Kanada auch das Mississippital und Louisiana erschlossen. Da sich diese Konkurrenten Britanniens mit den Florida kontrollierenden Spaniern verbündeten, drohte den angelsächsischen Kolonien die Umklammerung. Nach wiederholten Scharmützeln arteten 1754 am oberen Ohio gegensätzliche Pelzhandelsinteressen zu Grenzkämpfen aus, die den von 1756 bis 1763 andauernden entscheidenden englisch-französischen „Siebenjährigen Krieg" um den Besitz Nordamerikas auslösten.

Wie bei jedem Waffengang der modernen Geschichte suchten auch diesmal beide Parteien nicht allein auf dem Schlachtfeld die Entscheidung. Jeder noch so verschlungene Kriegspfad wurde auf seine Gangbarkeit überprüft, und so muß sich die Freimaurerei ihrem ganzen konspirativen Wesen nach sowohl dem Buckingham Palast wie auch Versailles als Verbündeter geradezu aufgedrängt haben.

Als Vermittler zwischen Staat und Loge dürfte damals bereits dem Judentum eine Schlüsselstellung zugekommen sein. So schreibt die „Encyclopedia Judaica"[183] unter der Überschrift „Freemasons": „In den USA erscheinen jüdische Namen

---

[182] Dabei taten sich - anders als die Franzosen - vor allem die Engländer besonders rücksichtslos hervor. Bis etwa 1759 waren die amerikanischen Ureinwohner bis an die Alleghanies heran ausgerottet oder verdrängt.
[183] Encyclopaedia Judaica, 17 Bände, Jerusalem 1972ff.

unter den Gründern der Freimaurerei in Kolonial-Amerika und tatsächlich ist es wahrscheinlich, daß Juden die ersten waren, die die Bewegung ins Land brachten."

Im Besonderen ist sichergestellt, daß die politisch so gefährliche *Hochgrad-Freimaurerei* durch Hebräer in die englischen Kolonien nach Amerika verpflanzt wurde. Ein hilfreiches Zurseitestehen des vor Ort mit London konkurrierenden französischen Geheimdienstes ist dabei ebenso unerforscht wie naheliegend. Auf jeden Fall beginnt die Geschichte der „amerikanischen" Hochgradfreimaurerei in Frankreich, genauer gesagt: In der atlantischen Hafenmetropole Bordeaux. Hier rief auf dem Höhepunkt des englisch-französischen Kolonialkrieges im Jahre 1760 der jahwitische Kabbalist Martinez Paschalis[184] den freimaurerischen „Orden der Auserwählten Priester" (Elus Cohens) ins Leben. Als Adept der jüdischen Kabbala behauptete Paschalis, die Wissenschaft von den göttlichen Dingen gefunden zu haben und direkt mit Gott in Verbindung zu stehen. Die sogenannten Geheimlehren des neun Grade umfassenden Ritus setzten sich vornehmlich aus einem Gemengsel von Gnostizismus und kabbalistischem Judentum zusammen.

Es dürfte dieses Umfeld gewesen sein, in dem ein weiterer Kopf der biblisch-politischen Maurerei groß wurde: Die Rede ist von dem israelitische Kaufmann Etienne Stephan Morin, der wie Paschalis in Bordeaux lebte. Dieser erhielt am 27. August 1761 von Vertretern des Schottenritus eine Vollmacht, worin er als „Grand Elu parfait et ancien Maitre sublime" (dt.: Großer Auserwählter, vollkommener und erhabener Meister, Fürst aller Orden) bezeichnet und zugleich beauftragt wurde, die Hochgradfreimaurerei des „Rite de Perfection" in Amerika einzuführen.[185] Morin kam seinem Auftrag nach und brachte die schottische Lehrart nach San Domingo, Jamaika und Charleston (South Carolina). Auf diese Weise waren bereits 1762 die freien und angenommenen Maurer des Staates Maine mit einer unabhängigen Großloge versorgt.[186]

Die jetzt einsetzende Expansion des „Schottentums" in Amerika kam indes zu spät, um den Franzosen gegen die britische Konkurrenz noch von direktem Nutzen zu sein. 1763 mußte das in der Auseinandersetzung mit England unterlegene Frankreich im „Pariser Frieden" alle seine nordamerikanischen Besitzungen, inklusive Kanada, an London abtreten. Die scheinbare Symbiose zwischen Thron und Loge war damit aber vorerst noch nicht ganz erschöpft. Um den Sieger doch noch seines kolonialen Hinterlandes zu berauben fuhr der auf Revanche bedachte

---

[184] Häufig findet sich auch die Namensschreibweise Pasqually oder Pasqualis. Es ist denkbar, daß von den verschiedenen Autoren eine portugiesische, eine französische und eine lateinisierte Form desselben Stamms benutzt wird.

[185] Br. J. G. Findel, *Geschichte der Freimaurerei*, S. 320 ff. sowie „Allgemeines Handbuch der Freimaurerei", 3. Auflage, von Lennings Enzyklopädie der Freimaurerei, Leipzig 1900/1901. Findel nennt als Auftraggeber Morins die „Ritter des Ostens und Westens", das Allgemeine Handbuch nennt den Großorient von Paris. Möglich oder gar wahrscheinlich, daß hier eine Übereinstimmung vorliegt, da die Pariser Zentralmaurerei 1754 den Schottenritus angenommen hatte.

[186] Allgemeines Handbuch der Freimaurerei, 3. Auflage, von Lennings Encyclopaedie der Freimaurerei, Leipzig 1900-1901, Bd. II

König zu Versailles nämlich noch eine ganze Weile fort, die unterirdische Wühlarbeit der Loge zu unterstützen. Dabei profitierte - diese Tatsache ist für die vorliegende Untersuchung vor dem Hintergrund des mosaischen Geheimvatikans wichtig - vor allem die jüdische Konspiration, die in Amerika 1768 mit dem Morin-Intimus Moses Michael Hayes bereits den Deputierten General-Inspektor der Maurerei von Nordamerika stellte.[187] Kurze Zeit später setzte dann jener Prozeß ein, den wir noch heute in jedem Geschichtsbuch unter dem Schlagwort „Amerikanische Revolution" nachschlagen können.

Das Massaker vom 5. März 1770

Wie bei allen Aufständen wählten sich die Verschwörer nach gründlicher Unterminierung der wichtigsten Machtinstanzen zunächst eine administrativ wichtige Stadt, von der sie die „Revolution" aufzurollen planten. Im Falle Frankreichs sollte dies später Paris sein und die Bolschewisten um Lenin kontrollierten in unserem Jahrhundert über Wochen zunächst nur St. Petersburg, bis es ihnen über die Jahre hinweg schließlich gelang, den Rest des Landes zu „befrieden". In Amerika spielten sich die wichtigsten Phasen der „Unabhängigkeits-Revolte" in der Hauptstadt Neuenglands, in Boston ab, welches bis Mitte des 18. Jahrhunderts die größte Metropole der 13 englischen Kolonien war.

Hier kam es am 5. März 1770 zu einem gewalttätigen Zwischenfall, der heute gewöhnlich als erster Akt der Amerikanischen Revolution betrachtet wird: Der englische Hauptmann Thomas Preston und neun seiner Soldaten wurden durch einen möglicherweise gekauften Mob von 60 Krawallbrüdern tätlich angegriffen. Die Soldaten eröffneten in Notwehr das Feuer und töteten 5 Personen. Begleitet von einem nicht enden wollenden Presserummel diente das „Boston-Massaker" seitdem dazu, in allen Kolonien die Stimmung gegen die Briten aufzubringen. Am Ort des Geschehens selbst richtete die Loge eine breite Propaganda gegen die Quartierung englischer Militärs ein. Als Vorsitzender des Komitees, das von einer Bostoner Stadtversammlung unmittelbar nach dem Zwischenfall mit dem Auftrag gebildet worden war, den Abzug britischer Truppen aus der Stadt zu fordern, amtierte John Hancock, der 1762 in Quebec/Kanada in die „Merchants Lodge" aufgenommen worden war. In Boston hatte er sich der „St. Andrews Lodge" angeschlossen.

Während professionelle Aufrührer die Gemüter erhitzten, sammelte die Freimaurerei in ihren Reihen die Creme der Gesellschaft. Es handelte sich dabei um Männer, die in den wichtigsten Bereichen des öffentlichen Lebens Schlüsselstellungen bekleideten und auf die man vor dem Hintergrund eines allgemeinen Aufstands zählen mußte: Einflußgewaltige Politiker jeder Couleur, reiche Bankiers, leitende Beamte, kampferprobte Generäle... Sie alle warb man für

---

[187] Encyclopaedia Judaica, 17 Bände, Jerusalem 1972ff. Stichwort „Freemasons".

den Tag X bis zu dem sie im Sinne der Loge ihre Karrieren, ihre Kontakte pflegen sollten, ohne sich als Opponenten zu sehr zu verbrauchen. Wie Viren mehrten sich diese revolutionären Zellen im Körper des Gegners, um - lediglich auf ein verabredetes Zeichen wartend - den Verurteilten mit einem Schlag kollabieren zu lassen. Es sollte nicht lange dauern, bis dieses Signal gegeben wurde...

Die „Bostoner Tee-Party"

Als Anlaß zum Bruch mit dem Mutterland hatte sich die Freimaurerei in der Steuerfrage ein bis heute populäres Thema gewählt. Um einen Teil der zur Verwaltung und Verteidigung der Kolonien aufgewendeten Gelder wieder hereinzuholen, legten die britischen Verwalter den Siedlern Abgaben auf. Gegen diese Besteuerungen machte die Loge allerdings so erfolgreich Front, daß die englische Regierung ihre Zölle zurücknahm - um das Gesicht zu wahren und des Grundsatzes wegen aber die Eingangszoll auf Tee bestehen ließ. Nun hätten es die Kolonisten bei diesem Sieg belassen können, doch die hinter ihnen stehenden Maurer wollten weiter. Also mußte das britische Volksgetränk zum Hauptgegenstand eines bierernst geführten Kleinkrieges erhoben werden. Englischer Tee wurde boykottiert, sogenannte Korrespondenzausschüsse bereiteten die Einheitlichkeit der Abwehr vor. Da sich London diesem Treiben gegenüber taub stellte sannen die inzwischen kriegsbereiten „Brüder" auf eine Provokation, an der sich der landesweite Aufstand entzünden sollte.

Die erwartete Initialzündung fand am 16. Dezember 1773 als ein Happening statt, das heute unter der Überschrift „Boston Tea Party" bekannt ist. Im Zuge dieser Aktion überfielen mehrere Dutzend als Mohawk-Indianer verkleidete Männer drei in Boston festgemachte britische Schiffe und warfen 340 Kisten Tee in das Hafenbecken. Die Aktion wurde voll und ganz unter Regie der Loge durchgeführt. Dies gibt die Freimaurerei auch selbst unumwunden zu - im Kreis der Logenbrüder, versteht sich. So schreibt das Informationsblatt der Großloge von Texas: „Die Tea Party war ein so würdiges freimaurerisches Ereignis wie es die Grundsteinlegung eines Hauses ist - die Anführer der 'Patrioten' waren fast alle Maurer".[188] Um der Genauigkeit gerecht zu werden, sollte man hinzufügen daß die verkleideten Aufrührer Mitglieder der Bostoner *„St. Andrews's und St. John's Lodge"* waren. Ausbaldowert und beschlossen wurde der Aufstand in der „Green Dragon"-Taverne, dem Sitz der Bostoner Loge *„St. Andrew's Lodge I".*[189]

---

[188] „Texas Grand Lodge Magazine", Band X/2, Januar 1940
[189] Walter Freund, „B'nai-Brith-Judentum und Weltpolitik", Archiv-Edition im Verlag für ganzheitliche Forschung und Kultur, Struckum 1990, Seite 39 sowie Anthony T. Browder, „Nile Valley Contributions To Civilization", The Institute of Karmic Guidance, Washington DC 1995, Seite 198. Nach letzterer Quelle bezeichnete Daniel Webster den Grünen Dragoner als das „Hauptquartier der Revolution". Der Freimaurer John Johnson schrieb selbst, daß die Taverne jener Ort war, „wo wir uns trafen um die Versenkung einiger Schiffsladungen Tees für den 16. Dezember 1773 zu planen."

Als die Aufforderung Londons zur Überstellung der Täter auf herausfordernde Ablehnung stieß, verfügte das englische Parlament die Sperrung des Bostoner Hafens und die Aufhebung der Verfassung der Kolonie Massachusetts. Beide Seiten begannen vernehmlich mit den Säbeln zu rasseln: Großbritannien verstärkte seine Besatzung, die amerikanische Heimwehr übte sich in immer umfangreicheren Truppenkörpern.

Zur gleichen Zeit wirkte in den Städten des Nordostens die Propaganda des Wortes und der Tat, von einer verschwindend kleinen Minderheit zäh und rücksichtslos vorgetragen, auf die zaudernden Anhänger Englands oder die Gleichmütigen. In Boston warf der Freimaurer[190] Samuel Adams das - von Deutschen in Neumecklenburg zuerst gebrachte - Wort „Unabhängigkeit" in die Massen. Der am Ort des Aufstandes gebürtige Bruder[191] Josiah Quincy griff schriftstellerisch in die Revolte ein; seine 1774 erschienen „Observations" kamen einem Aufruf zum bewaffneten Widerstandes gegen die britische Herrschaft gleich.

Die separatistischen Kontinentalkongresse

Am 5. September 1774 trat in Philadelphia der „Erste Kontinentalkongreß" unter dem Vorsitz seines maurerischen [192] Präsidenten Peyton Randolph zusammen. Durch diese Körperschaft traten - mit Ausnahme Georgias - die 13 amerikanischen Kolonien erstmals gemeinsam nach außen auf. Sie setzte sich aus Delegierten zusammen, die am Volk vorbei von irregulär zusammengetretenen Versammlungen und Kongressen „gewählt" worden waren. Obwohl ohne jeden legalen Status, proklamierte der Kongreß die Interessen der vereinten Kolonien zu vertreten und verbreitete eine Deklaration von Rechten und Beschwerden.

Am Rande des Kongresses wurden in Erwartung der kommenden Ereignisse Waffen und Munition gesammelt. Kaum verhüllt rüstete man zum Kampf. Die Heimwehren umlagerten das durch englische Truppen besetzte Boston und richteten Waffenlager ein. Ein Versuch des englischen Generals Gage, Waffenvorräte des Provinzialkongresses von Massachusetts fortzunehmen, führte am 19. April 1775 zu den ersten blutigen Zusammenstößen mit den rasch einberufenen Kolonialmilizen. Dies gab das Signal zum allgemeinen Revolutionskrieg gegen England.

Seit dem 10. Mai 1775 traten führende Männer der 13 Kolonien in Philadelphia zum zweiten Mal zu einem „Kontinentalkongreß" zusammen, vor allem um die militärische Lage zu beraten. Anfangs führte wiederum Bruder Randolph als „Präsident" den Vorsitz. Als er starb setzte der Freimaurer John Hancock die

---

[190] Walter Freund, „B´nai B´rith-Judentum...", Seite 39 und 40
[191] Walter Freund, a.a.O., Seite 39
[192] Der damalige Kongreßabgeordnete des Staates New York, Sol Bloom, im April 1939 im Großlogenblatt des Staates New York, „Masonic Outlook".

Präsidentschaft für die nächsten beiden Jahre fort.[193] Diesmal faßte der Kongreß bereits weitgehende Beschlüsse: Die ausführende Gewalt wurde einem Zwölferausschuß übertragen; eine neue Währung eingeführt, brüderlich gedruckt[194] und - obwohl zunächst mehrere Jahre lang hinter dieser Währung keine Bank oder dergleichen stand - im ganzen Lande in Zahlung genommen. Der Bund der Kolonien wurde als gegründet festgestellt und ausschließlich dem Kongreß das Recht zur Kriegserklärung und zum Friedensschluß vorbehalten.

Die vor Boston versammelten Freiwilligen erklärte der Kongreß zur Kontinentalarmee. John Adams aus Massachusetts schlug vor, einem Mann aus den Südstaaten zum Oberbefehlshaber zu ernennen, um auf diese Weise die Südstaaten stärker für die gemeinsame Sache zu verpflichten. Währenddessen traf von dort Br. George Washington ein. Er war der Einzige, der nicht in Zivilkleidern, sondern in seiner Uniform - als Oberst - erschien. Mit zwangsläufiger Folgerichtigkeit wurde Washington in geheimer Wahl am 15. Juni 1775 einstimmig zum Oberkommandierenden aller amerikanischer Truppen gewählt. Selbstverständlich war auch Washington Freimaurer.[195]

Die erste Schlacht fand am 17. Juni 1775 vor Boston statt. Am 17. März 1776 schließlich hatte sich die militärische Lage derart zugunsten der Amerikaner entwickelt, daß die Briten zur Räumung Bostons gezwungen waren. Damit war der Boden der 13 Kolonien von englischen Truppen befreit.

Die Unabhängigkeitserklärung

Aber immer noch war keine nominelle Unabhängigkeitserklärung erfolgt. Mit Hilfe des Volkes war ein solcher Schritt auch schwer vorstellbar. Lediglich ein Drittel der weißen Bevölkerung mochte diesem Gedanken zur selben Zeit angehangen haben, der Rest war König- bzw. Englandtreu oder gleichgültig. Doch die Loge wollte den Weissagungen der Bibel getreu unbedingt ein eigenständigen Staatswesen schaffen.

So fuhr zu Beginn des Jahres 1776 Br. Washington nach Philadelphia, wo der praktisch in Permanenz tagende Kongreß nun einen Beschluß verabschiedete, der das Band zwischen England und Amerika endgültig zerschneiden sollte: Die „Declaration of Independence", die Unabhängigkeitserklärung. Dieses von den

---

[193] Br. Allen Oslo, „Freimaurer", Umschau-Verlag, Frankfurt a. M. 1988, Seite 393ff.
[194] Es war der führende Kopf der Boston Tea Party, Paul Revere - welcher die Laterne an der Nordkirche entzündet hatte - der 1775 das erste Kontinental-Geld druckte. Revere war Freimaurer. Siehe Walter Freund, „B´nai-Brith-Judentum und Weltpolitik", Archiv-Edition im Verlag für ganzheitliche Forschung und Kultur, Struckum 1990, Seite 39
[195] George Washington war am 4. August 1752 der „Fredericksburg Loge 4" und der „Alexandria Loge 22" in Virginia beigetreten. Seit 1753 führte er den Titel eines Logen-„Meister". Angaben nach: The New York „Masonic Outlook", - das Organ der Großloge New Yorks - New York, April 1939 sowie Allen Oslo, „Freimaurer", Umschau Verlag, Frankfurt a. M. 1988, Seite 393ff.

beiden Freimaurern Adams[196] und Benjamin Franklin[197] ausgearbeitete Papier wurde jetzt durch den Hochgradfreimaurer Thomas Jefferson[198] dem Kongreß vorgelegt und am 2. Juli 1776 von einem durch und durch maurerischen Kontinentalkongreß brüderlich angenommen. Unter den 56 Unterzeichnern der amerikanischen Unabhängigkeits-Erklärung waren sage und schreibe 50 Freimaurer, umgerechnet also 90%.[199]

Die am 4. Juli, dem heutigen Nationalfeiertag der USA, öffentlich angeschlagene Unabhängigkeitserklärung trug an ihrer Spitze eine „Erklärung der Menschenrechte", deren Aufnahme in die Verfassung der Vereinigten Staaten wiederum Br. Jefferson durchgesetzt hatte. Sie war zugleich der erste nachhaltige Triumph jüdischer Emanzipationsbestrebungen, da die vollkommene Gewissens- und Religionsfreiheit in „Gottes eigenem Land" auch den Konkurrenten des Christentums gleiche Möglichkeiten bieten sollte.[200] Möglicherweise war dies für die hintergründigen Drahtzieher der „amerikanischen" Revolution die wichtigste Folge der blutigen Umwälzungen.

Die brüderliche Verteilung der Ämter

Man könnte die Reihe jener amerikanisch-revolutionären Ereignisse, in denen Freimaurer die ausschlaggebende Rollen spielten, noch lange fortsetzen. Da der

---

[196] Walter Freund, „B´nai B´rith-Judentum und Weltpolitik", Archiv-Edition im Verlag für ganzheitliche Forschung und Kultur, Struckum 1990, Seite 39 und 40
[197] „Es ist fraglich", schrieb die New Yorker Großlogenzeitung „Masonic Outlook" in ihrem Januarheft 1939, „ob irgendein anderer Mann gleichen Ruhmes und in gleicher Staatsstellung von so wichtiger Bedeutung für unsere Nation sich derart im Laufe so vieler Jahre der Freimaurerei gewidmet hat, wie er." Franklin war seit 1731 Mitglied in der Loge „Zum heiligen Johannes von Jerusalem" sowie der Loge „Neuf Soers" in Paris. Er avancierte bereits am 21. Februar 1735 zum Provinzial-Großmeister des Staates Pennsylvania. 1749 stieg er zum Provinzial-Großmeister des Logentums im Bundesstaat Massachusetts auf. Zum Zeitpunkt der Unabhängigkeitserklärung stand er darüber hinaus als Provinzial-Großmeister der Freimaurerei in Virginia vor. Daneben betätigte sich Franklin noch als einer der fanatischsten Mitarbeiter der Pariser Revolutionsloge „Les Neuf Soeurs", wo er Stuhlmeister wurde. Quellen: Walter Freund „B´nai B´rith-Judentum und Weltpolitik", Seite 40 sowie das Organ der Großloge New Yorks, The New York „Masonic Outlook vom Februar 1939 sowie „Masonic Craftsman", Boston, März 1939 und folgende. Historische Forschungen des Br. MacGregor sowie der seinerzeitige Kongreßabgeordnete des Staates New York, Sol Bloom, im April 1939 im Großlogenblatt des Staates New York, „Masonic Outlook" sowie Lennhoff/Posner, „Internationales Freimaurer-Lexikon", nach Friedrich Hasselbacher, „Entlarvte Freimaurerei", Bd. III, Verlag Paul Hochmuth, Berlin 1941, Seite 69
[198] (The New York) „Masonic Outlook" - das Organ der Großloge New Yorks - New York, April 1939
[199] Das Freimaurerblatt Die Bruderschaft, Nr. 1, 1961, S. 23 sowie Anthony T. Browder, „Nile Valley Contributions To Civilization", The Institute of Karmic Guidance, Washington DC 1995, Seite 199. Der Freimaurer Lennhoff spricht in seiner 1930 in Basel herausgegebenen Schrift „Die nordamerikanische Freimaurerei" von 56 Unterzeichnern der Unabhängigkeitserklärung, von denen 53 dem Freimaurerbund angehörten.
[200] 1788 wurde die jüdische Emanzipation sogar in die nordamerikanische Bundesverfassung eingeschlossen.

Platz dieses Buches begrenzt ist und noch weitere Zusammenhänge die politische Machtvollkommenheit der Loge belegen sollen, ist der Autor geneigt, an dieser Stelle einzuhalten und den Leser nach einem letzten Blick auf die Gewinner der ersten namhaften Revolution der Geschichte an andere Gefilde zu leiten.

Für das Staatskapitol in der Stadt Washington legte Großmeister Louis Hart den Grundstein; dieses ward fortan fast nur noch von freimaurerischen Präsidenten betreten.[201] Erster in dieser glorreichen Reihe war Br. Washington, der am 6. April 1789 einstimmig zum ersten Präsidenten der Vereinigten Staaten von Amerika gewählt wurde. Das Freimaurerblatt „Die Bruderschaft" sagt zu Br. Washingtons Karriere vielsagend, er „wurde vom Stuhl des Meisters der Loge 22 in Alexandria auf den Stuhl des Präsidenten der USA berufen."[202] Auf eine von der Großloge New Yorks entliehenen Bibel, legte der Großkommandeur aller amerikanischen Logen, Bruder George Washington, am 30. April 1789 seinen Amtseid als Präsident der USA nieder, wobei die Feierlichkeiten vom späteren Großmeister der Großloge New Yorks, General Br. Morgan Lewis geleitet wurden, während der gerade amtierende Großmeister Robert R. Livingston, Kanzler des Staates New York und späterer Außenminister, die Vereidigung vollzog.[203]

Doch die Loge beließ es nicht dabei, ihre Macht stellvertretend durch den Präsidenten vertreten zu lassen. Praktisch alle Schlüsselstellen der Macht wurden durch Brüder besetzt. Br. Thomas Jefferson, der später selbst auf den Präsidententhron gehievt wurde und die politische Macht der Maurerei dadurch verewigte, indem er die Partei der „Demokraten" gründete, erhielt das Amt des Außenministers zugesprochen. Währenddessen ordnete Br. Alexander Hamilton als Finanzminister den Haushalt der neugeschaffenen Union. Bei der illuminierten Betreuung des Staatsschatzes stand ihm der 1763 im deutschen Walldorf geborene und 1783 mittellos in die USA ausgewanderte John Jacob Astor zur Seite, der -

---

[201] Masonic Craftsman, Boston, September 1939. Kurz bevor John F. Kennedy Präsident der erste katholische US-Präsident wurde, waren zwei Drittel des Senats, weit über die Hälfte des Repräsentantenhauses und nahezu sämtliche Gouverneur der 49 US-Staaten Freimaurer. (*Die Bruderschaft*, Juli 1959) Unter den ermordeten US-Präsidenten ist der Logen-Mitgliedssatz übrigens überproportional gering. So waren weder Lincoln noch Kennedy Freimaurer, was in beiden Fällen zu entsprechenden Spekulationen geführt hat. J. Edgar Hoover, der als FBI-Chef im Fall Kennedy die Untersuchungen fortgesetzt behinderte und die Ermittlungsakten bis über das Jahr 2000 hinaus unter Verschluß nehmen ließ, war Hochgradfreimaurer. Die schottische Freimaurerei errichtete ihm in ihrem Washingtoner Tempel einen eigenen Gedenkraum.
[202] „Die Bruderschaft", Nr. 1, 1961, Seite 23. Washingtons Maurerschürze wie auch eine von den Freimaurern als Andenken erbetene Haarlocke des ersten amerikanischen Präsidenten werden heute in Alexandria/Virginia ausgestellt und als „Heiligtümer" verehrt. Zur Erinnerung an Washington wurde in dieser Stadt auch das „Washington Memorial" als Treffpunkt aller Freimaurer Amerikas errichtet. (Texas Grand Lodge Magazin, 1938, Seite 77)
[203] The New York „Masonic Outlook", - das Organ der Großloge New Yorks - New York, April 1939 sowie Walter Freund, „B´nai-Brith-Judentum und Weltpolitik", Archiv-Edition im Verlag für ganzheitliche Forschung und Kultur, Struckum 1990, Seite 39f. Allen Oslo schreibt in „Freimaurer" (Umschau Verlag, Frankfurt a. M. 1988, Seite 393ff.), die fragliche Bibel sei aus der New Yorker „St. John´s Lodge No. 1" entliehen worden. Auf die Logenbibel legen noch heute die amerikanischen Präsidenten ihren Amtseid ab, was das Freimaurerblatt „Die Bruderschaft" in seiner Ausgabe Nr. 1, 1961, Seite 23 bestätigt.

nachdem er 1790 in New York der „Holland Lodge No. 8" beigetreten war - zum Direktor der Bank der Vereinigten Staaten gekrönt wurde.[204]

Die wichtigsten Gesandtschaftsposten fielen ebenfalls in die Hand des allerheiligsten Tempels. Während der erste Botschafter, der Amerika in England vertreten sollte, Rufus King, Mitglied der „Phoenix Loge 8" in Fayetteville, N.C., wurde[205], entsandte Washington seinen Hauptbeauftragten für Logenpolitik, Br. Franklin, zunächst nach Preußen zu Br. Friedrich dem Großen[206] und anschließend nach Frankreich, wo er neuerlich freimaurerische Fäden anzuknüpfen verstand. Sein Hauptaufgabengebiet bestand darin, die (nicht zuletzt aus Bordeaux gestiftete) „amerikanische" Revolution nach Frankreich zu exportieren, wobei Franklin der amerikanische Generalstabschef in spe, Br. Lafayette, attachiert wurde. Als Dank für diese brüderliche Hilfe übersandte die Grande Nation später die Freiheitsstatue in die Vereinigten Staaten, wo ihr - im Hafen von New York aufgestellt - noch heute als Nationalheiligtum gehuldigt wird. Entworfen hatte das den maurerischen Lichtträger, Luzifer, verherrlichende Kunstwerk natürlich ein Freimaurer, der französische Bildhauer Frédéric Auguste Bartholdi, Mitglied der Loge „Alsace-Lorraine".[207]

---

[204] Allan Oslo, „Freimaurer", Umschau Verlag", Frankfurt am Main 1988, Seite 394
[205] Walter Freund, „B´nai B´rith-Judentum und Weltpolitik", Archiv-Edition im Verlag für ganzheitliche Forschung und Kultur, Walter Freund, „B´nai-Brith-Judentum Struckum 1990, Seite 40
[206] Franklin und Friedrich „der Große" teilten mehr als nur das brüderliche Bekenntnis zur Freimaurerei. Die Geschichte dieses Geheimnisses beginnt damit, daß der amerikanische Botschafter eng mit dem Hell-Fire-Club liiert war, einer sexualmagischen Gesellschaft, die sich im Untergrund tätig der Zerstörung der katholischen Kirche verschrieben hatte. Ihre Mitgliederliste bot einen Auszug aus dem „Who is Who" der britischen Gesellschaft: Der Premierminister, der Schatzkanzler, der erste Lord der Admiralität, der Prinz of Wales und der Lordmajor von London waren allesamt Mitglieder des ominösen Ordens. Franklin stand besonders dem Gründer des Clubs, Sir Francis Dashwood, nahe, an dessen Seite er ein Gebetsbuch verfaßte, das die Basis zu der Liturgie der englischen Hochkirche legte, jenem Buch also, das in vielen US-protestantischen Kirchen benutzt wird. Da Sir Francis Dashwood gemeinhin unter dem Namen Lord DeSpencer bekannt war, nannte man sein Gebetsbuch in England das „Franklin-DeSpencer Gebetsbuch". In den Vereinigen Staaten lautete der Titel dagegen „Franklin-Gebetsbuch". Verfaßt wurde es in Dashwoods Landhaus in West Wycombe, wo die Anhänger des „Höllenfeuers" unzählige sexualmagische Riten abhielten. Und so schufen Franklin und Dashwood ihr „göttliches" Werk tatsächlich zwischen ihren orgiastisch-sodomistischen Hexerei-Sitzungen. Im Zentrum dieses bunten Miteinanders stand dabei meist „Miss Chudleigh", eine jüdische Prostituierte, die sich später durch Franklins Vermittlung zur Geliebten König Friedrichs II aufschwang. Angaben nach: Jim Keith (Ed.), „Secret And Supressed", Feral House, Portland/Oreg. 1993, Artikel „Sorcery, Sex, Assassination And The Science Of Symbolism" von James Shelby Downard, Seite 61 f.
[207] Allan Oslo, „Freimaurer...", a.a.O., Seite 395

Es besteht eine starke Ähnlichkeit zwischen den bislang an die Öffentlichkeit gekommenen Maximen der Illuminaten und denen der frühen Jacobiner und ich bin überzeugt, daß die Ursprünge vieler dieser überspannten wenn nicht diabolischen Lehren, die sich hier in Frankreich mit einer solchen unvergleichbaren Üppigkeit verbreiten, aus Deutschland eingeschleppt wurden. *(Quintin Craufurd, ein Freund Marie Antoinettes, 1794 an den britischen Premierminister William Pitt)*

Zweifellos bestehen Organisationen, die zur Vernichtung aller Throne und Altäre in Europa gebildet sind. Die Sekte, die dieses anstrebt, scheint sich in letzter Zeit der Juden zu bedienen, vor denen man sich sehr in acht nehmen muß. *(Der französische Schriftsteller-Philosoph Graf de Maistre an Kaiser Alexander I.)*

Kapitel 4.4

Das Geheimnis hinter der Französischen Revolution

Die „Aufklärung"

Von Frankreich hatte die radikal-revolutionäre "schottische" Maurerei ihren Ausgang genommen.
Hier planten die hinter ihr stehenden Verantwortlichen nach den USA ihr zweites Unternehmen.[208] Vorbereitet wurde der Umsturz ähnlich wie in England durch eine Umwertungskampagne, die sich gegen das Autoritätsgebäude der Kirche richtete. Während sich der Angriff in Britannien noch (als Puritanismus) in einem religiösen Gewand gezeigt hatte, arbeitete er in Frankreich bereits im Rahmen einer die

---

[208] Zeitzeugen-Literatur über das freimaurerische Wirken hinter der „glorreichen" Revolution von 1789 bieten folgende Werke: *Vor der Revolution*: Abbé Larudan, „Enthüllungen über den Freimaurerorden (1745) sowie derselbe, „Die Vernichtung der Freimaurer" (Amsterdam 1766) sowie A. Francois, „Originalschriften des Ordens und Bundes ´der Erleuchteten´" (München 1781) sowie Marquis de Luchet, „Abhandlung über den Bund der Illuminaten" (Paris 1789).
Während der Revolution: Abbé Lefranc, „Die Lüftung des Schleiers für alle Neugierigen oder das mit Hilfe der Freimaurer offenbar gewordene Geheimnis der französischen Revolution" (Paris 1791) sowie derselbe, „Die Verschwörung gegen die katholische Religion und die Fürsten" (Paris 1792). *Nach der Revolution*: Louis d´Estampes/Claudio Janet, „La Franc-Maconnerie et la Revolution" sowie Sourdat, „Die wahren Anstifter der Revolution" (1797) sowie Abbé Barruel, „Memoires pour servir à l´histoire de Jacobinisme" (Paris 1798). Der Abbé Lefranc wurde übrigens zur Strafe für seine Enthüllungen 1792 hingerichtet.

Person Gottes mehr oder weniger negierenden „Naturwissenschaft". Um zu demonstrieren, wie nötig es war, die Menschheit aus ihrer mystischen Glaubenshaltung in einen materiellen Wissensstand zu transformieren gaben die Betreiber ihrem Erziehungsprojekt den Namen „Aufklärung".

In Holland und England wuchs diese Bewegung schon sehr früh und ziemlich unmittelbar aus dem Humanismus hervor, dort vorwiegend religiös, hier vorwiegend politisch. In Frankreich entwickelte sich eine wesentlich gesellschaftlich-moralische Aufklärung seit Mitte des 17. Jahrhunderts. Ihre Hauptvertreter Voltaire, die Enzyklopädisten d´Alembert, Diderot und Montesquieu waren vor allem von England her beeinflußt. Das Vorherrschen des naturwissenschaftlichen Interesses führte hier - vor allem bei Lamettrie und Holbach - zur Entwicklung von materialistischen und atheistischen Tendenzen. Unter dem Einfluß von Rousseau und Montesquieu kam es bald zur politischen Kritik, die mit zur französischen Revolution hinleitete.

Interessant - aber für den Leser kaum verwunderlich - dürfte in diesem Zusammenhang die Tatsache sein, daß die genannten Geister, wie praktisch alle wichtigen Enzyklopädisten überhaupt, Freimaurer waren. Von dieser Adresse wurden sie bewußt und überlegt eingesetzt, um über die Philosophie hinaus zu wirken. Von einem Ausnutzen kann dabei jedoch nicht gesprochen werden, denn das Bewußtsein, das der Weg allein nicht Ziel sein könne, war auch den Enzyklopädisten nicht fremd. Wie ihre Mäzene und Auftraggeber wußten auch sie, daß am Ende ihres Wirkens weniger die Erkenntnis als vielmehr der Aufstand stehen sollte.

Der erleuchtete Bruder Voltaire hatte schon im Jahre 1761 den Wunsch geäußert, daß die vorgeblichen Philosophen unter sich eine geheime Gesellschaft wie diejenige der Freimaurer errichten und sie in der engsten und in der verborgensten Verbindung zur Ausführung ihrer großen Pläne wirken möchten. „Oh, meine Philosophen", schrieb er an d´Alembert, „ man muß mit geschlossenen Gliedern gegen den Feind angehen, wie die mazedonische Phalanx, die nur dann erst überwunden ward, wenn man die Glieder trennen konnte. Möchten doch die wahren Philosophen eine Brüderschaft wie diejenige der Freimaurer stiften!"[209] Um diesem Wunsch Rechnung zu tragen wurde zwei Jahre später, 1763, von Voltaire, Diderot, Turgot und d´Alambert die geheime „Literarischen Akademie" gegründet, die sich zu regelmäßigen Tagungen konspirativ im Hause des Barons d´Holbach traf.

„Das Freimaurertum" wiederum, befindet Copin Albancelli in seiner *Conjuration Juive*, „richtete besondere Organisationen ein, durch die die Werke der

---

[209] Johann August Starck, „Das Komplott der Philosophen". Aus: „Der Triumph der Philosophie im 18. Jahrhundert", 1803, abgedruckt in: „Kursbuch", Heft 124, Juni 1996, Rowohlt, Berlin, hrsg. von Karl Markus Michel und Tilman Spengler, Seite 29

Philosophen unentgeltlich über ganz Frankreich und das Ausland verbreitet wurden."

Außer diesen wissenschaftlichen Ausführungen, die meist auf die gebildeten Stände zielten, wurden in den geheimen freimaurerischen Druckereien auf den Geschmack des gemeinen Volkes abgestimmte Schmähschriften, Flugblätter, Epigramme und Anekdoten gedruckt, die entweder anonym oder unter dem Namen verstorbener Schriftsteller herausgegeben wurden.

„Der größte Teil der Bücher", erfahren wir aus dem Munde eines Freimaurers, „die zu der Zeit gegen die Religion, Sittlichkeit oder die bestehenden Regierungen vorgingen, wurde durch uns herausgebracht; sie waren entweder von den eigenen Mitgliedern der Gemeinschaft geschrieben oder auf unsere Bestellung; vor der Drucklegung wurden sie von uns korrigiert, erweitert oder verkürzt, je nachdem, wie die gegebenen Verhältnisse es verlangten, dann wurden die Titel erdacht und der Name des Autors, um den wahren Ursprung des Buches zu verdecken: das, was man für die letzten Werke von Fréret, Boulanger u.a. hielt, z. B. *Le Christianisme Dévoile* (Das entschleierte Christentum) und ähnliche Schriften – alles das hatte seinen Ursprung in unserer Gemeinschaft. Das verbesserte Buch wurde erst auf gutem Papier gedruckt, um die Kosten der Herausgabe zu decken, dann wurde eine ungeheure Menge davon auf ganz billigem Papier herausgegeben, die wir an die Buchhändler und Straßenhändler verschickten. Letztere erhielten sie umsonst und mußten sich verpflichten, die Bücher zu möglichst niedrigen Preisen unter dem Volk zu verbreiten."[210]

Der seinerzeit selbst um die Revolutionierung seines Landes besorgte Bruder Voltaire war über diese Vorgänge bestens im Bilde. "Alles um mich her", sagte er am 1. März 1764 zum Marquis de Chauvelin, "sehe ich Samen für eine Revolution ausstreuen, die unfehlbar kommen wird, deren Zeuge zu sein ich aber leider nicht die Ehre haben werde. Die Franzosen kommen in allem zu spät, aber schließlich kommen sie doch. Das Licht hat sich allmählich so verbreitet, daß es bei der ersten Gelegenheit hervorbrechen wird; das wird ein schönes Schauspiel sein. Die jungen Leute haben Glück, sie werden schöne Dinge erleben!"[211]

Die revolutionäre Hochgrad-Freimaurerei in Frankreich

Zur gleichen Zeit, da Voltaire die freimaurerischen Philosophen in einer eigenen Loge versammelte und von rosigeren Zeiten schwärmte, begann sich die französische Freimaurerei eine ebenso effektvolle wie faschistische Organisationsstruktur zuzulegen. Wir hatten von diesem Zusammenhang bereits im „amerikanischen" Kapitel gehört, zum besseren Verständnis soll er hier aber noch einmal aufgegriffen werden:

---

[210] Max. Doumic, „Le Secret de la Franc Maconnerie", Seite 148
[211] Lantoine, Albert, *Histoire de la franc-maconnerie francaise*, Seite 142

Ursprünglich gab es in der Freimaurerei nur drei Grade, die auf die Steinmetzenüberlieferung von Meister, Geselle und Lehrling zurückgingen. Bald wurde aber hier und da diese einfache Form durch Hinzufügung höherer Erkenntnisstufen erweitert. Dies führte allmählich zur Herausbildung von politisch-revolutionären Hochgradsystemen, die sich vor allem in Frankreich zur größten Blüte entwickelten. Wie bereits erwähnt, waren es Jahwe-Jünger, die diesen Prozeß in Gang setzten. „Sie drangen", so der mosaische Freimaurer Bernard Lazare über den Einfluß seiner Glaubensbrüder im Logentum, „hauptsächlich in den der Französischen Revolution vorangehenden Jahrzehnten zahlreich in den Obersten Rat des Bundes ein und gründeten selbst die Hochgradmaurerbünde."[212]

Es ist dem Leser nun bekannt, daß der israelitische Kabbalist Martinez Paschalis im Jahre 1760 den neun Grade umfassenden freimaurerischen „Orden der Auserwählten Priester" (Elus Cohens) ins Leben rief. Es wurde ferner erwähnt, daß der mosaische Kaufmann Etienne Stephan Morin am 27. August 1761 von Vertretern des Schottenritus eine Vollmacht erhielt, worin er als „Großer Auserwählter, vollkommener und erhabener Meister, Fürst aller Orden" bezeichnet und zugleich beauftragt wurde, die Hochgradfreimaurerei des „Rite de Perfection" in Amerika einzuführen. Die Folgen dieses Exports sind ebenfalls besprochen worden.

Bisher *nicht* erwähnt wurde hingegen die Tatsache, daß eine innerfranzösische Verbreitung dieses Hochgradsystems im gleichen Jahr von Paris und der Atlantikprovinz aus erfolgte. Im ersten Fall war eine jüdische Gruppe der Motor, die - exakt wie die Scientologysekte - mit dem Verkauf der Einweihungsstufen Geschäfte machte und infolgedessen die Zahl der Grade außerordentlich steigerte. Währenddessen gesellte sich in Bordeaux der umtriebige Paschalis zur Loge "La Francaise" und begann damit, seine Lehre unter den Freimaurern zu verbreiten. Sein Orden wurde schließlich von der Großloge anerkannt, doch beunruhigt über die Rivalität der "Elus Cohens" löste sie schließlich den Vertrag wieder auf. Paschalis ging daraufhin nach Paris, wo er mit dem Beistand einiger Brüder am 21. März 1767 den konkurrierenden Dachverband "Tribunal Souverain" gründete. Ob es der Ordensmeister der „Auserwählten Priester" nur bei dieser aufbauenden Tätigkeit beließ, steht dahin. Auf jeden Fall flog noch im selben Jahr die „Großloge von Frankreich" infolge innerer Zersetzung auf.

Nicht zuletzt auch auf deren Überresten baute sich dann 1773 der „Grand Orient" (Großorient) von Frankreich auf, der als „schottischer" Dachverband bald in ein ausschließlich radikal-revolutionäres Fahrwasser glitt.[213] Als Galionsfigur fungierte aus einer Seitenlinie des Königshauses der Herzog von Orléans und Chartres, Louis

---

[212] Bernard Lazare, „L´Antisémitisme", 1895 nach W. Freund, *B'nai B'rith-Judentum und Weltpolitik*, 1990 und E. Huber, *Freimaurerei*, o.J. (1934?), Seite 149 Lazare war Mitglied des hebräischen B´nai B´rith-Ordens und Funktionär der alljüdischen Dachgesellschaft „Alliance Israélite Universelle".
[213] An den Großorient wurde der „Oberste Rat" des schottischen Hochgradsystems, der Supreme Conseil angeschlossen.

Joseph Philippe, welcher kurz zuvor noch der Großloge von Frankreich als Großmeister vorgestanden war. Aus diesem okkulten Umfeld sollte die französische Revolution wenig später entscheidende Impulse erhalten.

Allerdings wurde der Putsch, der Frankreich mit den Vorzügen der Demokratie beglücken sollte, nicht allein im Heimatland organisiert. Er nahm auch einen nicht unwichtigen Umweg, der über das damals scheinbar so verschlafene Deutschland führte...

Die bayerischen Illuminaten und ihr jüdischer Hintergrund

Die seltsame Geschichte der bayerischen Illuminaten beginnt in einem Hinterzimmer der Universität Ingolstadt: Hier versammelte der freimaurerische[214] Professor für kanonisches Recht Adam Weishaupt am 1. Mai 1776 zum ersten Male einige ausgesuchte Schüler seines persönlichen Lehrkreises zur förmlichen Begründung einer eigenen Geheimloge. Zunächst taufte sich der Kreis „Bund der Perfectibilisten", um dann 1778 den stolzen Namen „Orden der Illuminaten" (der Erleuchteten) anzunehmen. Es sollte nur wenige Jahre dauern, bis der erlauchte Klub weit über die Grenzen Deutschlands als Exponent revolutionärer Bestrebungen innerhalb der Maurerei ebenso bekannt wie gefürchtet war.

Neben der durchdachten Taktik verblüfft noch heute die Radikalität jenes Mannes, den der französische Sozialist Louis Blanc als „einen der größten Verschwörer, der je existierte" beschrieb.[215] Viele Ziele, die die Freimaurerei noch heute nicht erreicht hat, und die sie sich - vermeintlich - erst im Laufe der Zeit aneignete, hatte der Führer der Illuminaten damals schon den seinen aufs Panier geschrieben: Die Aufrichtung eines republikanischen Weltstaates, die Vernichtung des Christentums, die egalisierende Abschaffung des Eigentums durch sozialistische Maßnahmen des Staates - dies alles erschien Weishaupt sogar vor dem Hintergrund seiner monarchistisch-vielgeteilten Heimat einfach umsetzbar, wenn man dabei nur die richtige Strategie anlegte. Das erste Gebot lautete dabei, daß angesichts des Zieles moralische wie legitimistische Vorstellungen veraltet seien. Alles war erlaubt, wenn es die Gemeinschaft nur weiterbrachte. „Der Zweck rechtfertigt die Mittel" lautete der Grundsatz, den Weishaupt bei den Jesuiten gelernt hatte. Bar jeden Glaubens war er jedoch bereit, in der Praxis wesentlich weiter zu gehen als seine frommen Lehrmeister.

---

[214] Weishaupt war Mitglied der Münchner „Loge Karl Theodor zum guten Rat". Felix Franz Egon Lützeler, der diesen Zusammenhang durchaus richtig darstellt, liegt mit dem Aufnahmedatum 1777 ein Jahr zu spät. Siehe Lützeler, „Hinter den Kulissen der Weltgeschichte. Beiträge zur Geschichte der Geheimbünde aller Zeiten und Völker", Archiv-Edition im Verlag für ganzheitliche Forschung und Kultur, Struckum 1986, Band II, Seite 910
[215] Blanc, Louis, Histoire de la Révolution, Seite 84f.

Bleibt die Frage: Kann die Rücksichtslosigkeit der Illuminaten allein deren scheinbar explosionsartig vonstatten gehenden und nicht zu bremsenden Erfolgszug erklären? Oder gab es da wohlorganisierte Mentoren, die Weishaupt praktisch als Marionette vorschickten, um selbst im Dunkeln bleiben zu können? Diese Annahme erscheint mehr als naheliegend, wenn man bedenkt, daß die Illuminaten praktisch das gesamte Programm des hebräischen Geheimvatikans in Reinkultur feilboten. Israeliten als Hintermänner Weishaupts?

Der prominenteste Vertreter dieser Theorie dürfte der mehrfache sowjetische Sonderbotschafter und Minister Christian Rakowski sein. Dieser hochrangige Freimaurer nannte während der Moskauer Prozesse in den dreißiger Jahren als versteckte Auftraggeber Weishaupts den großen Philosophen Mendelssohn, um im gleichen Atemzug zu behaupten, die Illuminaten hätten geheime Beziehungen zu dem ersten Rothschild unterhalten.[216] Rakowskis Angabe deckt sich vollständig mit einer Aussage des kanadischen Marine-Nachrichtenoffiziers Commander William Guy Carr, der - möglicherweise auf geheime Dossiers des amerikanischen Außenministeriums fußend - berichtete, daß der Begründer des Hauses Rothschild die Pläne zur Gründung der Illuminaten entworfen und anschließend Adam Weishaupt mit deren Aufbau und Weiterentwicklung beauftragt habe.[217]

Der Verdacht, Israeliten hätten den Ingolstädter Hochgradmaurern auf die Sprünge geholfen, wurde in der Vergangenheit selbst von Juden offen angesprochen. Rabbi Marvin S. Antelman zeigte in seinen Buch „To Eliminate the Opiate" (New York, 1974), daß es klare Verbindungslinien zwischen den chassidischen Frankisten und den Illuminaten gab. Und der mosaische Freimaurer Bernard Lazare schrieb: "Es gab Juden um Weishaupt, die er gar nicht als Juden erkannte, wie Martinez de Pasquale, ein Jude portugiesischer Herkunft, der in Frankreich die ganze Organisation des Illuminatenordens gründete."[218] Nun ist uns Pasquale-Paschalis wohlbekannt. Da er bis einschließlich 1778 recht aktiv in Frankreichs Logenkreisen wirkte, ist ein mögliches Zusammentreffen mit Weishaupt - wiewohl an keinem anderen Ort überliefert - nicht von der Hand zu weisen.

Man bedenke darüber hinaus, daß der Paschalis-Jünger Morin, welcher wie sein Meister in Bordeaux lebte, 1761 den Auftrag erhielt, den „Rite de Perfection" in Amerika einzuführen, was er auch umgehend tat. Wer will ausschließen, daß dieser Ritus auch in andere Länder verschleppt wurde und so auch Bayern erreichte? Man erinnere sich, daß die Illuminaten ursprünglich unter dem Namen „Bund der Perfectibilisten" firmierten!

---

[216] Josef Landowsky „Rakowskij-Protokoll. Über die Vernehmung des Sowjetbotschafters Kristjan Jurjewitsch Rakowskij durch den Beamten der GPU Gabriel G. Kuzmin am 26. Januar 1938 in Moskau", Faksimile-Verlag, Bremen 1987, Seite 33
[217] Des Griffin, „Wer regiert die Welt?", Leonberg 1986, Seite 75
[218] Bernard Lazare, „L´Antisémitisme", 1895 nach W. Freund, *B'nai B'rith-Judentum und Weltpolitik*, 1990 und E. Huber, *Freimaurerei*, o.J. (1934?), Seite 149 Lazare war Mitglied des hebräischen B´nai B´rith-Ordens und Funktionär der alljüdischen Dachgesellschaft „Alliance Israelite Universelle".

Außerdem verfolgten der Orden der Auserwählten Priester und die Bayerischen Illuminaten ähnliche Ziele, wobei ihre Taktiken so dicht beieinander liegen, daß sie geradezu zu verschwimmen scheinen.

Und: Wie im Falle Weishaupts so blieb auch die Organisation des Paschalis über den Tod des Stifters hinaus bedeutsam. Noch 1822 nahm der Hochgradfreimaurer Graf Haugwitz auf dem Fürstenkongreß zu Verona auf letztere Bezug, indem er - man behalte auch hier die Existenz eines Geheimvatikans im Blickfeld - den Paschalis-Nachfolger St. Martin als einen „der Koryphäen des Kapitels zu Sion *(Zion)*" bezeichnete. Über den von St. Martin ererbten Orden fuhr er rückblickend auf die Zeit der französischen Revolution fort: „Dort hingen die...(freimaurerischen) Fäden zu einem Gewebe zusammen."[219]

Der Konvent von Wilhelmsbad

Es waren unter anderem zwei grundsätzliche Strategien, die das Weishauptsche System der restlichen Freimaurerei im wahrsten Sinne des Wortes nach über-legen machte. Zum einen nahm der Illuminatenorden gewöhnliche Freimaurer und gar diejenigen im Schottenritus lediglich in seiner mittleren Etage auf, womit er sich von Anfang an über alle damals bekannten Geheimorden setzte. Darüber hinaus führte Weishaupt seine Adepten nach der Aufnahme in den Grad des Illuminatus maior in die freimaurerischen Logen ein, wo ihre einzige Aufgabe in der Spionage lag. Hauptsächlich hatten sie unter den Freimaurern jene ausfindig zu machen, die sie für das Illuminatentum gewinnen konnten, womit sich dieses einmal mehr verstärken konnte.

1780 wurde der damals in Frankfurt am Main lebende Journalist und Schriftsteller Adolf Freiherr von Knigge als Bruder „Philo" feierlich in den Illuminatenorden aufgenommen. Die Werbung dieses namhaften Freimaurers[220] lag ganz auf der Linie der seit 1778 sichtbaren Illuminatenpolitik, Einfluß auf die anderen Geheimorden zu gewinnen. Mit Knigge hatte sich Weishaupt einen Mann verpflichtet, der in den kommenden Jahren quasi als „Außenminister" der Illuminaten amtieren sollte. Er fungierte dabei als Kontaktstelle zu verschiedenen Freimaurerlogen innerhalb derer man bald einflußreiche Positionen gewann.[221]

Wie stark die Illuminaten dadurch wurden zeigte sich bereits am 16. Juli 1782 auf dem maurerischen Konvent von Wilhelmsbad bei Hanau. Dieser erste offizielle Weltkongreß der Schottischen Freimaurerei wurde auf Vorschlag des Herzogs von Braunschweig von Freimaurern aus aller Herren Länder beschickt. Einer der rührigsten Vertreter des hier in Deutschland zusammengekommenen bunten

---

[219] Zitat durch Friedrich Hasselbacher, „Entlarvte Freimaurerei", Band III, Verlag Paul Hochmuth, 1941, Archiv-Edition im Verlag für ganzheitliche Forschung und Kultur, Viöl 1992, Seite 299ff.
[220] Er gehörte seit 1772 der Loge „Zum gekrönten Löwen" in Kassel an. Siehe: Jean Baylot, „La voie substituée", Lüttich 1968, Seite 46
[221] The Encyclopedia Britannica, 1966, Vol II, „Helicar-Impala", Seite 1094

Haufens war - Adam Weishaupt. Seine Delegierten konnten sich auf dem Konvent als Führungsmacht innerhalb der schottischen Maurerei präsentieren.

Über das, was 1782 hinter verschlossenen Türen besprochen wurde, bewahrten die Brüder vereinbarungsgemäß Stillschweigen. Nur Einzelne durchbrachen die Mauer des Schweigens. Bournand schreibt als Außenstehender in seiner „Geschichte des Freimaurertums", Seite 174, daß in Wilhelmsbad der Untergang aller Monarchien beschlossen worden sei. Die Freimaurer hätten bestimmt, mit Frankreich anzufangen und sich gegenseitig den Tod Ludwigs XVI. und des schwedischen Königs Gustav III. geschworen. Das würde erklären, warum der aufrichtige Freimaurer, der Compte (Graf) de Virieu, der den Kongreß von Wilhelmsbad als Vertreter der martinistischen Loge „Zu den Rittern der Wohltätigkeit" zu Lyon besuchte, bei seiner Rückkehr nach Paris auf die Frage nach den Resultaten des Kongresses dem Baron de Gillier antwortete: „Ich will Ihnen nichts von den Geheimnissen erzählen, die ich in mir trage, aber das eine kann ich Ihnen sagen: Es wird eine so fein gesponnene und weitverzweigte Verschwörung angezettelt, daß Religion und Regierung kaum dem Untergang entgehen können."[222] Seit diesem Tag, so der Biograph M. Costa de Beauregard, konnte der Compte de Virieu vom Freimaurertum nur noch mit Schrecken sprechen. Die weiteren Ereignisse sollten zeigen, daß er seine Gründe hatte.

Wie eng gestrickt und in die Zukunft blickend diese Verschwörung behandelt wurde, zeigt das Geständnis, das der Pater Abel im Jahre 1898 in einer Konferenz in Wien machte. Der Großvater Abels war einer der führenden Männer auf dem Kongreß von Wilhelmsbad gewesen. Abels Enkel führte nun aus: „Im Jahre 1784 berief die 'Große eklektische Loge' in Frankfurt eine außerordentliche Versammlung. In ihr brachte ein Mitglied das Todesurteil Ludwigs XVI, Königs von Frankreich und Gustavs, des Königs von Schweden, zur Abstimmung. Dieser Mann hieß Abel und war mein Großvater... Auf seinem Sterbebett hat mir mein Vater als seinen letzten Willen ausdrücklich hinterlassen, daß ich mich bemühen solle, die Schmach, die ihm und unserer Familie angetan worden wäre, wieder gutzumachen. Wenn ich diese testamentarische Bestimmung meines Vaters, datiert vom 31. Juli 1870, nicht verpflichtet wäre, auszuführen, hätte ich auch nicht so gesprochen, wie ich es getan habe."[223]

---

[222] Friedrich Hasselbacher, „Entlarvte Freimaurerei", Band I., Verlag Richard Geller, 1934, Archiv-Edition im Verlag für ganzheitliche Forschung und Kultur, Viöl 1992, Seite 143. Hasselbacher beruft sich bei diesem Zitat auf das Buch Léon de Poncins, „Hinter den Kulissen der Revolution, Bd. 1 Das Freimaurertum", Schlieffen-Verlag, Berlin 1929. Anderenorts wird der Name des Grafen mit Viriez wiedergegeben, dessen Aussage in Bezug zu einem 1785 zu Frankfurt am Main abgehaltenen Illuminatenkongreß gesetzt und etwas modifiziert wie folgt übersetzt: „Die Verschwörung, die sich vorbereitet, ist so gut erdacht, daß es weder für die Monarchie noch für die Kirche eine Rettung gibt."
[223] Friedrich Hasselbacher, a.a.O, Seite 142f. Verweis wie oben auf Poncins.

Cagliostros Ägyptische Maurerei und die Halsbandaffäre

Während in Deutschland rätselhafte Kongresse noch rätselhaftere Beschlüsse faßten, begann in Frankreich die Verschwörung in eine aktive Phase zu treten. Maßgeblich geschah dies zunächst unter der Ägide eines "Alessandro Graf von Cagliostro", welcher eigentlich Giuseppe Balsamo hieß. Vielfach wird behauptet der jüdische Abenteurer habe schon an der Seite des Herzogs von Orléans bei der Gründung des Groß-Orients mitgewirkt. Sicher ist, daß er sich umgehend daran machte, diesem an sich schon exponierten Dachverband eine weitere Chefetage aufzupfropfen. Es bleibt dabei völlig im Dunkeln, ob Cagliostro zu dieser Zeit bereits als ausführendes Organ der Illuminaten des Herrn Weishaupt bzw. von Monsieur Paschalis handelte.

Cagliostro behauptet nun seinerseits, im September 1780 in einer künstlichen Grotte bei Straßburg im Elsaß in einen „Geheimbund der Illuminaten" aufgenommen worden zu sein, der nach seinen Satzungen der gewaltsamen Ausrottung aller Monarchen auf Erden diente und dabei eindeutig auf den Sturz des bourbonischen Königshauses in Frankreich abzielte. Dieser mächtige Bund habe reiche Bankkonten in Amsterdam, Rotterdam, London und Genua besessen, wohl an die 180.000 eingeschworene Mitglieder in etwa 200 Logen Europas und Amerikas gezählt und überall, zumal an den Fürstenhöfen, auch beim Heiligen Stuhl, seine unsichtbaren Vertrauensleute und Sendboten gehabt. Diese Angaben klingen ganz nach dem Orden Weishaupts.

In der Tat gibt es glaubhafte Hinweise auf eine Aufnahme Cagliostros in die Reihen der Illuminaten. Nach den gut recherchierten „Beiträgen zur Geschichte der Geheimbünde" lernte Cagliostro etwa zur Zeit seines geschilderten Erlebnisberichts bei dem Freimaurer, Rosenkreuzer und Illuminaten (Br.„Anacharsis") Baron Peter von Leonhardi auf Schloß Groß-Karben bei Frankfurt am Main den rührigen Freiherr Adolf von Knigge kennen, der den Franzosen dann in den Illuminatenorden aufnahm.[224]

Sehr wahrscheinlich erst *nach* diesem Beitritt[225] und möglicherweise auf höhere Weisung schuf Cagliostro dann in Straßburg die „Ägyptische Freimaurerei", aus der der „Ritus von Memphis-Misraim" hervorging, eine Art Super-Pyramide, die die Zahl der Hochgrade auf 90 erhöhte. Wie bei Weishaupt in Deutschland mußten die Adepten vor ihrer Einweihung nachweisen, daß sie alle Grade der als

---

[224] Felix Franz Egon Lützeler, „Hinter den Kulissen der Weltgeschichte. Beiträge zur Geschichte der Geheimbünde aller Zeiten und Völker", Archiv-Edition im Verlag für ganzheitliche Forschung und Kultur, Struckum 1986, Band II, Seite 949
[225] Die zeitlichen Angaben zur Taufhebung des Cagliostro-Systems variieren in der Literatur. Meist werden die Jahre 1775/76, 1782 und 1785 genannt, wobei der Mittelwert hier als richtig angenommen wird. Die Außerachtlassung der frühen Zeitangaben trägt u.a. dem Umstand Rechnung, daß Cagliostro erst während seines Englandaufenthalts Kontakt zur Freimaurerei gefunden zu haben scheint. Br. Allan Oslo schreibt über den Großbetrüger, er sei 1777 in die Londoner Loge „L´Espérance" aufgenommen worden." (Siehe Oslo, „Freimaurer...", Seite 397)

untergeordnet angesehenen offiziellen Freimaurerei bereits durchschritten hatten. Sie mußten außerdem dem Großen Gründer, den die Seinen als modernen Moses verehrten, einen strengen Gehorsamseid leisten." [226] Es ist zu einfach zu sagen: „Das waren Narren, Schwachköpfe". Goethe empfing Cagliostro, und wenn er sich auch im „Großkophta"[227] über die Schwärmerei des Volkes für diesen fabelhaften Scharlatan lustig machte, gehörte er dennoch zu seinen Adepten, und vielleicht finden wir in den magischen Teilen des „Faust" ebenso wie in der „Grünen Schlange" seinen Einfluß. Mozart gehörte ebenfalls dem Misraim an, und die „Zauberflöte" legt Zeugnis davon ab, zumal die Freimaurerei sich heute noch bei ihren Zeremonien des „Marsches der Osirispriester" bedient.

Daß Cagliostro jedoch weit mehr an politischen Winkelzügen als an der Verpflichtung prominenter Künstler gelegen war, wurde spürbar als er in die französische Hauptstadt zog. Kaum war der Großkophta nämlich in Paris angelangt, da hatte er nichts eiligeres zu tun, als durch wohlgesponnene Kampagnen das Ansehen des Hofes publikumswirksam in den Schmutz zu ziehen. Seine Meisterleistung stellte dabei die Inszenierung der sogenannten „Halsbandaffäre" dar, die sowohl in Goethes Großkophta als auch in Alexandre Dumas' „Le collier de la reine" hintergründig abgehandelt wird. Dabei ging es um folgendes:

Der Kardinal v. Rohan, Fürstbischof von Straßburg, aus einer der ersten Familien Frankreichs gebürtig, trotz seines geistlichen Standes von durchaus weltlichem Lebenswandel, war wegen Klatschereien bei Hof in Ungnade gefallen und von seinem Posten als Gesandter in Wien abberufen worden. Sein ganzes Streben ging nun dahin, die verlorene Gunst des Königpaares wieder zu erringen. Dies benutzte 1784 eine raffinierte Schwindlerin, die sogenannte Gräfin Lamothe-Valois. Sie versprach dem blindgläubigen Kardinal, ihm die Gunst, ja die Liebe Marie Antoinettes zu verschaffen, händigte ihm gefälschte Briefe der Königin aus und lieh von ihm in deren Namen Geld im Betrag von 120.000 Livre. Als die Juweliere Böhmer und Bassenge damals Marie Antoinette ein kostbares Diamanthalsband für 1.600.000 Livres anboten, diese aber den zu teuren Kauf zurückwies, redeten die Lamothe und ihre Helfershelfer dem Kardinal ein, daß er das Herz der Königin endgültig erobern werde, wenn er ihr zur Erwerbung des Schmuckes verhelfe, und brachten es durch ein Billet mit der gefälschten Unterschrift derselben dahin, daß der Kardinal sich den Juwelieren für die Zahlung der Summe verbürgte, welche die Königin angeblich terminweise von ihren Ersparnissen abzutragen versprach. Als der Kardinal am 1. Februar 1785 das Halsband erhielt, lieferte er es der Lamothe aus, welche sofort die Diamanten ausbrach und durch ihren Mann in England verkaufen ließ. Rohan fiel es indes auf, daß die Königin das Halsband niemals trug und ihn auch mit der früheren Kälte behandelte. Auf seine Klage darüber erhielt er von der Lamothe gefälschte zärtliche Briefe, und endlich wurde eine der Königin

---

[226] Zitat nach Jacques Ploncard d'Assac, *Das Geheimnis der Freimaurer*, Priesterbruderschaft St. Pius X., Stuttgart 1990, Seite 77ff.
[227] „Großkophta" lautete der Titel des Vorsitzenden der Ägyptischen Maurerei.

an Gestalt ähnliche Dirne, Marie Leguay d'Oliva, herausgeputzt und hatte mit dem Kardinal ein nächtliches Rendevous. Da aber die Zahlungen nicht an den versprochenen Terminen erfolgten, wendeten sich die Juweliere an die Königin und den König selbst. So wurde der Betrug entdeckt und Rohan am 15. August 1785 verhaftet und dem Parlament zur Verurteilung überwiesen, das ihn jedoch am 31. Mai 1786 freisprach und damit unter dem Beifall des organisierten Pariser Pöbels die ungünstigen Gerüchte über die Königin bestätigte. Es bedurfte nur eines gewissen Ausmaßes klug angewandter Propaganda, bis daß die gegen den Hof aufgestachelte, leichtgläubigen Menge Marie Antoinette allgemein für schuldig hielt, versucht zu haben, sich durch eine Liebschaft mit Rohan das Halsband zu verschaffen.

Der Skandal kompromittierte den französischen Hof auf das äußerste und infolge der dadurch gesteigerten feindseligen Stimmung des Volkes gegen das Königtum wurde die Autorität desselben schwer untergraben. Nach dem Urteil Napoleons war die Halsbandaffäre eine der drei Ursachen der Revolution.

Was heute selten erwähnt wird - aber nichtsdestotrotz durchaus der Wahrheit entspricht - ist die Tatsache, daß hinter der ganzen Affäre der Hochgradbruder Cagliostro gestanden hatte. Während der Herzog von Chartres - der zukünftige Philippe Egalité - Cagliostro in die Logen um Orléans einführte und in den Loireschlössern für seinen Gast feierliche Bankette arrangierte[228], zog der vornehme Partylöwe (und durch ihn die Loge[229]) in der Rufmordkampagne gegen den König hinter *beiden* Seiten die Fäden. Zum einen kontrollierte er von Anfang an die intriganten Ränke der Gräfin Lamothe. Zum anderen hatte er sich schon während seiner Zeit im Elsaß in das Vertrauen Rohans eingeschlichen, der - damals noch als Fürstbischof von Straßburg - den bunten Sonderling in seiner Nähe wohnen ließ und ihn großartig unterhielt.[230] Im Gegenzug weihte der Großmeister der ägyptischen Maurerei seinen Gastgeber in die Geheimnisse der magischen Medizin ein.

Als der fleischgeprüfte Kirchenmann schließlich von den französischen Behörden verhaftet wurde, geschah dies übrigens im Zuge einer abendlichen Geistersitzung in der Wohnung Cagliostros, welcher gleich mit abgeführt wurde. In die Bastille gesperrt wurde der Großkophta durch Endurteil vom 8. Mai 1786 zwar straffrei gesprochen, aber für immer aus Frankreich verbannt. Cagliostro ging nach London, von wo aus er nun eine ganze Flut von Pamphleten gegen seine Gegner in Paris losließ. Er hetzte mit aufpeitschenden Broschüren und Flugschriften das französische Volk offen zur Revolution, zum Bastillesturm und anderen

---

[228] Jacques Ploncard d'Assac, *Das Geheimnis der Freimaurer*, Priesterbruderschaft St. Pius X., Stuttgart 1990, Seite 77ff.
[229] Bord schreibt in „La Conspiration Maconnique en 1789", daß die Halsbandaffäre durch das Freimaurersystem der Strikten Observanz in der Loge der „Vereinigten Freunde" organisiert und im Hause Boulinvillier in Passy ausgearbeitet wurde.
[230] Zitat nach Jacques Ploncard d'Assac, a. a. O., Seite 77ff.

Gewalttätigkeiten auf, wobei er seine Hetzschriften noch in die Form besonders auf den Pöbel einwirkender düsterer Prophezeiungen und Offenbarungen kleidete.[231]

Cagliostro sollte mit seinen Voraussagen bis in Details hinein Recht behalten...

Die Illuminaten in Frankreich

Sieht man einmal von Cagliostros Einweihungsgeschichte ab, die im deutsch-französischen Grenzgebiet spielt, ist über eine so frühe Verbreitung der Illuminaten in das westliche Nachbarland wenig bekannt. Halboffiziellen Quellen zufolge[232] hatte der Orden erst 1782 im Zuge des Wilhelmsbader Kongresses den Gedanken erwogen, den Ordensaufbau generalstabsmäßig auch auf das Ausland auszudehnen. Das erste Ziel war dabei das benachbarte Österreich.

Bis zum Jahre 1782 hatte es in Wien überhaupt kaum oder doch nur sehr wenige Ordensmitglieder gegeben. Dann aber nahmen der Graf Kobenzl („Arrianus") und Knigge („Philo") die Sache dort einmal schärfer in die Hand und glaubten sogar zeitweilig schon hoffen zu dürfen, den freigeistigen Kaiser Joseph II. für den Orden erwärmen zu können. 1782 beauftragte Knigge den Grafen Kolowrat („Numenius") mit der Leitung der österreichischen Brüder, die alsbald in die Hände der Brüder Geheimrat von Sonnenfels („Fabius") und Freiherr von Schreckenstein („Mahomet") überging. Und doch entsprach die Gesamtentwicklung des Ordens in Österreich in keiner Weise den Erwartungen Weishaupts, da man sich von Anfang an viel zu sehr in politische Umtriebe zersplitterte und schließlich gar ein eigenes, von Ingolstadt unabhängiges Ordensgebilde aufzustellen trachtete.[233] Als weit ergiebiger erwiesen sich die Fäden, welche die Illuminaten - nunmehr vielleicht schon ein zweites Mal - zu französischen Kreisen anknüpften.

Ins Blickfeld rückte dabei zunächst der französische Staatsmann Mirabeau. Dieser hatte sich nämlich 1786 und 1787 im Auftrag der Minister Vergennes (Äußeres) und Calonne (Finanzen) nach Berlin begeben, um als geheimer Agent der französischen Regierung den preußischen Hof auszuspionieren.[234] Tatsächlich

---
[231] Lützeler, Band I, Seite 520. Nach seinem recht kurzen Englandaufenthalt wandte sich Cagliostro über die Schweiz und Norditalien nach Rom, wo er in der Villa Malta eine Freimaurerloge nach ägyptischem Ritus einrichtete. Am 27. 12. 1789 wurde er an seiner neuen Wirkungsstätte von der Inquisition verhaftet und nach langem Prozeß wegen Häresie, Zauberei und Freimaurerei zum Tode verurteilt. Pius VI. wandelte das Urteil 1791 in lebenslange Haft um. Cagliostro starb 1795 in Gefangenschaft in San Leone bei Urbino.
[232] Es ist hier die Rede von den im Zuge der Polizeiaktionen sichergestellten Ordensunterlagen sowie von Analysen des bayerischen Staatsschutzes. Siehe Literaturliste.
[233] Felix Franz Egon Lützeler, „Hinter den Kulissen der Weltgeschichte. Beiträge zur Geschichte der Geheimbünde aller Zeiten und Völker", Archiv-Edition im Verlag für ganzheitliche Forschung und Kultur, Struckum 1986, Band II, Seite 950
[234] Siehe zum Berliner Aufenthalt Mirabeaus dessen „Histoire secrète de la cour de Berlin" (Geheimgeschichte des Berliner Hofes). Im Zusammenhang mit den Illuminaten unter anderem zitiert durch Jean Baylot, „La voie substituée", Lüttich 1968, Seite 50

drang der in Paris ob seiner scharfen Feder gefürchtete Publizist bis in höchste Kreise vor. Daß er über die Bankette die versteckten Antriebskräfte der hohen Politik stets im Blickfeld behielt, bezeichnet ihn nicht nur als guten Beobachter sondern auch als klarsehenden Freimaurer. Über den aufgeklärten „Bruder" Friedrich II („der Großen"), der ihn ebenfalls empfing, schrieb Mirabeau scharfsinnig: „Es ist schade, daß Friedrich II. seinen Eifer nicht so weit trieb, um Großmeister aller Deutschen oder wenigstens aller Preußischen Logen zu werden; seine Macht hätte hierdurch einen beträchtlichen Zuwachs gewonnen... und viele seiner Unternehmungen hätten einen ganz anderen Verlauf genommen, wenn er sich niemals mit den Häuptern dieser Verbände überworfen hätte."[235]

Natürlich hatte die Anwesenheit des hohen französischen Gastes in Berlin sofort die Aufmerksamkeit von Weishaupt und Knigge erregt. Man suchte den Kontakt und fand ihn im jüdischen Salon Mendelssohn. [236]Hier überzeugte Jakob Mauvillon[237], Schüler des wegen der mißlungenen bayerisch-österreichischen Geheimdiplomatie offiziell auf Tauchstation gegangenen Knigge, Mirabeau dem Illuminaten-Orden beizutreten.[238] So empfing der Graf de Mirabeau, der unter allen Historikern als der bedeutendste Politiker in den Anfängen der Französischen Revolution gilt, in Berlin als Bruder „Leonidas" die Ordensweihe und stand seitdem mit Knigge (Bruder „Philo") in ständiger Verbindung.

Zurück in Paris machte sich Mirabeau dann noch im Jahre 1787 daran, die französischen Freimaurerlogen nach dem Vorbild des Illuminatenordens zu reformieren oder gänzlich dem von Knigge geplanten Ordensneubau einzugliedern. In diesem Sinne verhandelte er auch mehrfach mit dem späteren Herzog von Talleyrand-Périgord und dem bekannten Freiheitskämpfer Marquis de Lafayette - beides hochrangige Freimaurer[239] - die er für seine Gedankengänge gewinnen konnte.

---

[235] Mirabeau, „De la Monarchie prussienne sous Frédéric le Grand", Band III, nach Friedrich Hasselbacher, „Entlarvte Freimaurerei", Band I., Verlag Richard Geller, 1934, Archiv-Edition im Verlag für ganzheitliche Forschung und Kultur, Viöl 1992, Seite 172. Über Friedrich des Großen´s Eintritt in die Freimaurerei herrscht im allgemeinen Klarheit. Sie erfolgte im Jahre 1738 gegen den Willen seines königlichen Vaters.
[236] Graetz, „Geschichte der Juden", Band V, Seite 162
[237] Mauvillon, entgegen seines Namens tatsächlich ein deutscher Major und Nationalökonom, schrieb in diesen Tagen mit Mirabeau das Werk „De la monarchie prussienne sous Frédéric le Grand", das 1788 in London veröffentlicht wurde.
[238] Siehe zum Berliner Aufenthalt Mirabeaus dessen „Histoire secrète de la cour de Berlin" (Geheimgeschichte des Berliner Hofes). Im Zusammenhang mit den Illuminaten unter anderem zitiert durch Jean Baylot, „La voie substituée", Lüttich 1968, Seite 50. Mirabeaus Einweihung, seine Mission in Frankreich und die Paris-Reise der deutschen Illuminaten berichtet Felix Franz Egon Lützeler, „Hinter den Kulissen der Weltgeschichte. Beiträge zur Geschichte der Geheimbünde aller Zeiten und Völker", Archiv-Edition im Verlag für ganzheitliche Forschung und Kultur, Struckum 1986, Band II, Seite 947 Lützeler überliefert als Chronist die vorgestellten Zusammenhänge aus größerer Distanz. Siehe auch Friedrich Hasselbacher, „Entlarvte Freimaurerei", Band I., Verlag Richard Geller, 1934, Archiv-Edition im Verlag für ganzheitliche Forschung und Kultur, Viöl 1992, Seite 141f.
[239] Nach dem Freimaurer Allan Oslo war Talleyrand Mitglied der Pariser Loge „Les Francs Chevalier"

Schon bald darauf reisten auf Mirabeaus Wunsch die beiden Ordensbeauftragten Bode (Br. „Aemilius") und von dem Busche (Br. „Bayard") eigens nach Paris, um dem französischen Meister mit ihren Erfahrungen organisatorisch anhand zu gehen. Diese nahmen denn auch mit der Pariser Loge „Les amis réunis" engere Fühlung und brachten auf Schloß Erméneville einen vorbereiteten Reformausschuß der „Vereinigten Freunde" zusammen, dem auch der berühmte Graf von Saint Germain[240] angehörte. Auf diese Weise wurden die französischen „Illuminés" begründet, so wurde schließlich der Grundstein zu dem berüchtigten „Klub der Jakobiner" gelegt und es entstand somit der eigentliche Brandherd der großen Revolution, der unter der trügerischen Losung „Freiheit! Gleichheit! Brüderlichkeit!" seine verheerenden Flammen und Giftschwaden in alle Welt hinausspeien sollte.

In seiner „Geschichte des Geheimordens der Illuminaten-Freimaurer oder deutschen Jakobiner" schrieb Br. Dr. Johann Georg Zimmermann bereits 1793 zum gleichen Zusammenhang: „1788 begaben sich auf Befehl ihrer Oberen zwei Illuminaten von hohem Rang, der fürstliche Rat Bode und Baron Busch aus hannöverschem Adel, nach Paris... Baron Busch wurde zu dieser Reise, deren Zweck er überhaupt nicht erfuhr, lediglich beordert, um für seinen Ordensbruder und Reisegefährten zu bezahlen. Denn diese Philosophen, diese gänzlich uninteressierten Reformatoren, waren immer bereit, noch einen Ordensbruder mitzunehmen, der sie dann unterwegs bei den störenden Ausgaben freihalten mußte. Bode allein war der geheime Zweck der Reise mitgeteilt. Er hatte die Instruktionen erhalten. Dieser gerissene, listige Bode war seit Jahren mit allen Geheimverbindungen Deutschlands auf das Beste vertraut... Man reiste unter dem Vorwand, es geschehe zum Studium des Magnetismus. Aber sobald sie dann in Paris waren, begab sich Bode unverzüglich in die Freimaurerloge der „amis réunis" und verhandelte dort. Er erreichte es, daß diese Loge und die von ihr abhängigen Logen sich bereit erklärten, in den Illuminatenorden aufzugehen. Sie begannen dann mit der praktischen Revolutionsarbeit."[241]
Johann August Starck schrieb 1803 in seiner Abhandlung „Das Komplott der Philosophen"[242]:

„Auf Mirabeaus Verlangen, daß zwei vollkommen unterrichtete und angesehene Illuminaten nach Frankreich geschickt werden möchten, und auf Mauvillons

---

[240] Der selbsternannte Graf von Saint-Germain, der Sohn eines portugiesischen Juden aus Bordeaux, unterhielt vor Ausbruch der Französischen Revolutionen beste Kontakte zu allen maßgeblichen europäischen Herrscherhäusern sowie politische Clubs, in denen es lebhaft zuging. Viele Zeitgenossen hielten ihn für einen englischen Spion. So erklärte Voltaire in einem Brief an Friedrich II. vom 5. April 1758 mit Bestimmtheit, der weltgewandte Hochstapler stehe im Sold fremder Regierungen. (Charles Mackay, „Zeichen und Wunder. Aus den Annalen des Wahns", Eichborn Verlag, Frankfurt am Main 1992, Seite 143)
[241] Zitat nach Friedrich Hasselbacher, „Entlarvte Freimaurerei", Band I., Verlag Richard Geller, 1934, Archiv-Edition im Verlag für ganzheitliche Forschung und Kultur, Viöl 1992, Seite 141f.
[242] Johann August Starck, „Das Komplott der Philosophen". Aus: „Der Triumph der Philosophie im 18. Jahrhundert", 1803, abgedruckt in „Kursbuch", Heft 124, Juni 1996, Rowohlt, Berlin, hrsg. von Karl Markus Michel und Tilman Spengler, Seite 32ff.

Betrieb wurden denn im Jahre 1787 (der Verleger Johann, d. Verf.) Bode (Aemilius) und (Baron Wilhelm, der Verf.) von dem Bussche (Bayard) nach Paris abgeschickt. Ihre Sendung ward in Deutschland sehr geheim gehalten, und wo man sie erfuhr, hieß es, daß sie Erkundigungen über den Magnetismus, und ob und inwieweit die Jesuiten Einfluß auf die geheimen Gesellschaften hätten, einziehen sollten... Ein ganz neues und erwartetes Eingeständnis findet man... in der 'Gothaischen gelehrten Zeitung' (24. 10. 1801)... Hier wird nun eingestanden, daß Bode mit noch einem andern im Jahre 1787 zu einem Maurer-Kongresse nach Paris gereist und daselbst in der Loge ein Mémoire übergeben habe...

Der Illuminatismus ward von nun an der französischen Freimaurerei eingeimpft, und ihre Logen wurden in Verschwörungsspelunken gegen Thron und Altäre umgeschafft; aber die Franzosen gingen dabei ihren eigenen Gang. Sie ließen die bei ihnen einmal eingeführte Maurerei, wie sie war und mit dem Charakter der Nation übereinstimmte, unangetastet stehen und ordneten statt der illuminatischen 'Mysterienklasse' in den Logen sogenannte *Comités secrets, régulateurs et politiques* an, welches auf Orléans (gemeint ist Philippe Égalité, der Verf.) Veranstaltung auch in allen beträchtlichen, ihm unterworfenen Logen geschah. 'Haß dem Gottesdienste! Haß dem Königtume! Freiheit und Gleichheit! Die Fürsten und Pfaffen als die Bösen von der Erde verschwinden zu machen' und eine 'allgemeine Republik' und eine 'Vernunftreligion' einzuführen, dies große Geheimnis der illuminatischen Mysterienklasse war auch das Geheimnis dieser *Comités secrets*, und die Mittel, es auszuführen, der Gegenstand ihrer Beratschlagungen...[243]

An den in den Logen errichteten Komitees hatte man indessen nicht genug. Man sah wohl ein, daß man zur tätigen Ausführung des 'Grand Oeuvre' derbe Pöbelfäuste gebrauchte, und nicht vergebens hatte Spartacus (Weihaupt, der Verf.) den Adepten empfohlen, sich durch die Menge zu verstärken. Das Mittel dazu war bei der Hand - und dies waren die seit der bei den Franzosen eingerissenen Anglomanie schon eingeführten *Clubs*, die, wie ein Schriftsteller sagt, 'anfangs zum Lesen der öffentlichen Blätter bestimmt waren, aber bald der Schauplatz der heftigsten Diskussionen gegen die Regierung wurden.'... Man ermangelte also nicht, an allen Orten, wo nur illuminierte Logen, Comités secrets oder Adepten sich befanden, welche die Leitung übernehmen konnten, solche Clubs zu errichten, welche die Pflanzschule zu künftigen Revolutionshelden und die Vorhöfe des Allerheiligsten (des geheimen Komitees) waren und nach den Grundsätzen und Absichten dieser letzteren sowohl bei den Wahlen der Deputierten zur Nationalversammlung als auch nachher auf diese Versammlung selbst wirkten. Hierdurch erhielten die eigentlichen Verschwörungshöhlen eine fürchterliche

---

[243] Der englische Intellektuelle John Robison, der selbst als Freimaurer von den Illuminaten geworben wurde stellt in seinem 1798 verfaßten Buch „Proof of a Conspiracy" (deutsch u.d.T. „Über geheime Gesellschaften und deren Gefährlichkeit für Staat und Religion" 1800 in Königslutter bei B. Eulemann) ganz dezidiert fest, daß es die deutschen Illuminaten waren, die die frühen Führer der französischen Revolution in die Kunst einweihten, wie man zum Zwecke des Umsturzes politische Komitees bildet.

Gewalt und ungeheuerliche Ausbreitung, und man sieht hier die Komplotte, von welchen Lally-Tolendal[244] sagt, 'daß sie im ganzen Reiche stattgehabt, untereinander zusammengehangen und fast alle an einem und demselben Tage losgebrochen' wären, und man entdeckt die Quelle der 'vorhergegangenen Abredungen' und die verborgene Hand, welche die Auftritte 'gelenkt', von welchen Montjoye redet.

Unter allen diesen Clubs war der wichtigste der sogenannte *Club Breton*, der 1789 gestiftet wurde, ganz unter der Leitung des Areopags der illuminierten Pariser Logen stand und mit allen übrigen im Reiche zusammenhing... Endlich sprang am 14. Juli 1789 die schreckliche Revolutionsmine: und nun ward dieser Club - welcher durch die glücklichen Operationen der von ihm ausgespieenen 'Cassecous'(etwa: Draufgänger), wie man sie nannte, Bouche, Lacoste, die Lameths und Desmoulins, immer kühner geworden war und immer mehr Zulauf erhielt - nach Paris in das Dominikanerkloster in der Straße St. Jaques verlegt, und von diesem Versammlungsorte erhielten die Glieder dieses Clubs den Namen *Jakobiner*. Von dieser Zeit an war das große Geheimnis der illuminierten Logen und ihrer Comités secrets kein Geheimnis mehr: die Tore des Allerheiligsten waren aufgetan; die Logen hörten auf und verwandelten sich in Clubs, deren Glieder nach dem Beispiele des Haupt-Mutter-Clubs zu Paris sich Jakobiner nannten und teils in Kirchen und große öffentlichen Gebäuden, teils in den nun jedem geöffneten Logen ihre Zusammenkünfte hielten."

Daß dies keine Auswürfe eines im Verfolgungswahn lebenden Reaktionärs sind, kann jeder halbwegs beschlagene Historiker selbst herausfinden - wenn er nur will bzw.: Wenn es ihm seine Brötchengeber gestatten. Die Freimaurer jedenfalls nehmen - glauben sie unter sich zu sein - die französische Revolution ganz offen als eigenes Werk in Anspruch. So stellte der Hochgradfreimaurer Felix Portal fest, daß „von der Arbeit der Loge die französische Revolution ihren Ausgang" nahm und der Groß-Orient von Frankreich pries in seinen Einladungsschreiben zur Internationalen Freimaurertagung, die am 16./17. Juli 1889, also zur 100jährigen Wiederkehr der Revolution, in Paris stattfand, „die Freimaurerei, die die Revolution von 1789 vorbereitete" und durchführte.[245]

Bereits vorher, am 24. Dezember 1864 hatte die "Deutsche Freimaurerzeitung" in gleichsam entwaffnender Offenheit geschrieben, daß die Französische Revolution "nur ein Werk der Freimaurer war, denn alle hervorragenden Männer jener Zeit waren Freimaurer". Dieser Satz ist mit jedem Wort richtig. Es reicht sogar allein

---

[244] Trophime Gérard Marquis v. L.-T., Mitglied der Nationalversammlung. Für demokratische Reformen und den 3. Stand eintretend zog er sich schon bald von der Revolution angewidert zurück und ging mit dem Tod bedroht in die Emigration.
[245] Beide Zitate durch Friedrich Hasselbacher, „Entlarvte Freimaurerei", Band I, Verlag Richard Geller, 1934, Archiv-Edition im Verlag für ganzheitliche Forschung und Kultur, Viöl 1992, Seite 139. Als Quelle für die Auslassung des Grand-Orient führt Hasselbacher die amtliche Freimaurerzeitung „Chaine d'Union", 1889, Seite 134 an. Sie findet sich zur gleichen Zeit ebenfalls in der im französischen Großorient herausgegebenen „Histoire de la Révolution francaise".

die prominentesten Eingeweihten von nur zwei Pariser Logen aufzuzählen, um ein würdiges „Who is Who" der französischen Revolution zu erhalten.

Beginnen wir mit der Loge „Les Neuf Soeurs"[246]: Hier trafen sich im Schutze der Dunkelheit eine ganze Reihe leitender Enzyklopädisten, um sich als geistige Wegbereiter der Revolution in die Geschichtsbücher einzutragen. Darunter wären zu nennen Jean Lerond d´Alembert, der spätere Girondistenführer Marie Jean Antoine Condorcet, der „De l´Esprit"- Verfasser Claude Adrien Helvetius und nicht zuletzt Francois Marie Arouet, besser bekannt unter seinem Künstlernamen „Voltaire". Neben Intellektuellen bot die „Neuf Soeurs" aber auch etlichen Männern der Tat ein Forum, auf dem diese brüderlich vereint den Umsturz vorbereiten konnten. Die vielleicht bekanntesten unter ihnen waren Jean Sylvain Bailly, 1789 Präsident der Nationalversammlung und Bürgermeister von Paris, Jaques Pierre Brissot, genannt de Warville, der Jakobinerführer, der 1789 die Schlüssel der kapitulierenden Bastille entgegen nahm, 1791-1793 Leiter der auswärtigen Angelegenheiten, George Jaques Danton, Jakobinischer Justizminister, Leiter des Revolutionstribunals, das die Septembermorde veranlaßte, Benoit Camille Desmoulins, Führer des Bastillesturms, Cordelier, Joseph Ignace Guillotin, Abgeordneter und Erfinder der Guillotine, Francois Alexandre/Frédéric Duc de LaRochefoucauld, Girondist, Mitglied der Nationalversammlung, übersetzte die amerikanische Verfassung ins französische, Emmanuel Joseph Siéyès, katholischer Geistlicher, „Denker der Revolution", Charles Maurice Talleyrand-Périgord, Bischof von Autun, 1790 Präsident der Nationalversammlung, Außenminister des Direktoriums.

Kaum weniger illuster besetzt war die Loge „Les Amis Réunis" [247], die sich bekanntlich als erste Loge Frankreichs in das System der Illuminaten einbeziehen ließ. Hier tummelten sich die Enzyklopädisten Marie Jean Antoine Condorcet, Diderot, Montesquieu, Jean Jaques Rousseau und Voltaire. Unter den Politikern stechen heraus: Jean Sylvain Bailly, der kommunistische Verleger und Dauerverschwörer Francois Noel Babeuf alias „Gajus Gracchus", George Jaques Danton, Pierre Samuel Dupont, Nationalökonom, Verleger verschiedener Zeitungen, 1786 zum Staatsrat ernannt, wurde während der ersten Jahre der französischen Revolution zum Präsidenten der Konstituierenden Versammlung ernannt, bekleidete mehrfach hohe Staatsämter, Führer der Jakobiner, Joseph Fouché, begann als Girondist, also als Sozialdemokrat, mordete 1792 mit Collot

---

[246] Nach Friedrich Hasselbacher, „Entlarvte Freimaurerei", Band III, Archiv-Edition im Verlag für ganzheitliche Forschung und Kultur, Viöl 1992, Seite 64ff. Hasselbacher beruft sich bei diesen Angaben auf das „Internationale Freimaurer-Lexikon" der Brüder Lennhoff und Posner. In „Entlarvte Freimaurerei", Band 1, Seite 138, führt Hasselbacher die führenden Mitglieder der Neuf Soeurs unter Berufung auf das Buch des Freimaurers Louis Aimable, „Les Neuf Soeurs" auf. Siehe ferner Br. Allan Oslo in „Freimaurer...", Seite 393ff.
[247] Nach Friedrich Hasselbacher, a. a. O., Seite 64ff. Verweis wie oben auf Lennhoff und Posner. Siehe ferner Br. Wilhelm Ohr in seinem Buch „Der französische Geist und die Freimaurerei" (Verlag K.F.Koehler, Leizig 1916) sowie Felix Franz Egon Lützeler, „Hinter den Kulissen der Weltgeschichte", Band 1, Verlag für ganzheitliche Forschung und Kultur, Struckum 1986, Seite 517

d'Herbois tausende unschuldiger Menschen in Lyon, wurde 1793 Jacobiner und Kommunist, stimmte 1793 für die Hinrichtung des Königs, stürzte dann Robbespierre und brachte ihn auf das Schafott, stürzte selbst, kam wieder zur Zeit des Direktoriums, wo er Polizeiminister wurde, Jacques René Hébert, Verleger, Führer der linksradikalen Parlamentsfraktion, Stellvertretender Generalprokurator der Kommune, Alexandre Lameth, 1789 Führer des dritten Standes in der Nationalversammlung und der Jakobiner, Jean Paul Marat, Zeitungsverleger, Cordelier, dann fanatischer Jakobiner, einer der Haupturheber der Septembermorde, „Bluthund von Paris", Honoré Gabriel Victor Riquetti Graf von Mirabeau, Maximilien Marie Isidore de Robespierre, Führer der Jakobiner, Emmanuel Joseph Siéyès, der Herzog von Orléans und Chartres, Louis Joseph Philippe alias Philippe Egalité.

Dies sind, wie gesagt, lediglich die prominentesten Persönlichkeiten zweier Pariser Logen. Wer den einen oder anderen geschichtlichen Namen vermißt, ist gehalten in den Logenverzeichnissen der restlichen hundert Verschwörerzirkel nachzuschlagen, die die Grande Nation damals mit ihren „humanitären" Taten beglückten.

Wenden wir uns nun den Hauptstationen zu, durch die es den „Brüdern des Schattens" gelang, das Ende der französischen Monarchie einzuläuten. Hierzu ist ein kurzer Blick in die Vergangenheit empfehlenswert:

Die Einberufung der Generalstände

Ludwig XV. starb 1774. Im letzte Jahr seiner Regierung hatte es schon einer bedeutenden Polizeimacht bedurft, um das ständig in Aufhetzungskampagnen begriffene Paris in Ruhe zu halten; er vermied es, die Hauptstadt zu besuchen. Heftige Flugschriften freimaurerischer Herkunft sprachen bereits von einer Revolution, ja von einer „Verurteilung" des Monarchen.

Der neue König, Ludwig XVI., ein junger, wohlwollender, aber schwacher Mann, stellte das Parlament wieder her. Durch Kriege und eine verbrecherische Mißwirtschaft (deren Vorsätzlichkeit ob ihrer geballten Linearität immer wieder vermutet worden ist) waren die Staatsfinanzen in solche Unordnung geraten, daß der Bankrott drohte, wenn nicht die privilegierten Stände Adel und Geistlichkeit auf ihre Steuerfreiheit verzichteten. Um diese dazu bewegen, berief der König im Januar 1787 eine Versammlung. Aber die Privilegierten waren nicht gewillt, ihre Vorrechte zu opfern, und verbargen ihren selbstsüchtigen Widerwillen hinter der Opposition des tatsächlich ruinös-unfähigen Finanzministers Colonne. Als dieser im April 1787 entlassen wurde brachten die führenden Stände eine neue Ausrede ins Spiel: Die seit 1614 nicht mehr zusammengetretenen Generalstände, in welchen der Adels, die Geistlichkeit und der Bürgerstand vertreten waren, müßten entscheiden. Nun wollten der König und der neue Finanzminister Loménie de

Brienne die Steuerreform selbständig durchführen, stießen dabei aber auf den Widerstand des damals bereits maurerisch beeinflußten Pariser Parlaments, das sich trotz halbherzig durchgeführter königlicher Druckmittel verweigerte und seinerseits im Mai 1788 auf die Generalstände verwies. Angesichts des nicht mehr zu verhüllenden Haushaltsmisere wagte der König nun nicht mehr, sich der Berufung der Generalstände zu widersetzen und ernannte im August 1788 den liberalen Bankier Jacques Necker zum leitenden Minister, um dieselbe auf den 1. Mai 1789 vorzunehmen. Sie erfolgte mit der Bestimmung, daß der dritte (bürgerliche) Stand 600 der Adel und die Geistlichkeit je 300 Vertreter wählen sollten. Die Wahlen gingen unter allgemeinster Beteiligung, doch in Ruhe vor sich.

Was damals kaum jemand auch nur im entferntesten ahnte, ist die Tatsache, daß der König mit der Einberufung der Generalstände sein eigenes Ende eingeleitet hatte. Sicher tat er tat dies völlig unbewußt, denn der Hof und selbst die meisten „Parlamentarier" dachten damals, der Akt diese einzig dem Zweck, einige Mißbräuche abzuschaffen und die Staatsfinanzen in Ordnung zu bringen. Indes hatten die eigentlichen Strippenzieher im Hintergrund „ihrem Konvent" eine ganz andere, nämlich viel weiter gesteckte Rolle zugedacht. „Das geheime, aber wirkliche Ziel der Berufung der Generalstände", erkennt der zeitgenössische Beobachter Boutiller de Saint-André („Memoiren eines Vaters für seine Jinder", Seite 26-29) ungeschminkt, „war die Absetzung des herrschenden Regimes in Frankreich. Die Adepten allein, die Häupter der Freimaurer, waren in dieses Geheimnis eingeweiht."

Die Generalstände erklären sich auf Druck der Bürgerlichen zur Nationalversammlung

Diese Zielvorgabe ließ sich im Vorgehen leitender maurerischer Delegierter klar ablesen. Am 5. Mai 1789 traten die Generalstände in Versailles zusammen. Mitte Juni wurde durch das Wahlverhalten in den einzelnen Klassen klar, daß die Radikalreformer innerhalb des Bürgertums auf minderprivilegierte und dadurch unsichere Kantonisten bei der Geistlichkeit rechnen konnten. Dadurch ermutigt forderte der dritte Stand nun umgehend, daß nach Köpfen und nicht nach Ständen abgestimmt werde, und da Adel und Geistlichkeit hierauf nicht eingingen, konstituierte er sich am 17. Juni auf Antrag Sieyès allein als Nationalversammlung, die zur Beratung einer Verfassung berufen sei. Der niedere Klerus beschloß am 19. Juni, sich dem dritten Stand anzuschließen. Als der König darauf - durch den Adelsstand ermutigt - den Versammlungsort der Stände schloß, begab sich der dritte Stand ins sogenannte Ballhaus. Dort schwuren die Delegierten unter der Führung des Astronomen Jean-Sylvain Bailly am 20. Juni nicht eher auseinanderzugehen, bis sie eine neue Verfassung für Frankreich verabschiedet hätten.

Am 22. war das Ballhaus verschlossen; man begab sich in die Kirche von St. Louis. Dorthin, zur selbsternannten „Nationalversammlung" hatte sich selbst die Mehrheit des Klerus begeben. Auch einige freimaurerische Vertreter des Adels stellten sich ein. Am 23. versuchte der König noch einmal den Widerstand zu brechen, indem er befahl, daß jeder Stand in den ihm bestimmten Saal zurückkehren solle; der größere Teil des Adels und des Klerus folgte dieser Aufforderung, andere aber blieben unbeweglich sitzen. Zugleich bietet Ludwig XVI. dem dritten Stand, für den Fall, daß er auseinandergeht und seinen Widerstand aufgibt, ein Reformprogramm an. Graf Mirabeau, dieser geniale Intrigant und ewig verschuldete Aristokrat, erfaßte intuitiv die Bedeutung des Augenblicks. Er rief: „Wir werden nur der Macht der Bajonette weichen." Auf seinen Antrag hin beschloß der dritte Stand, bei seiner Haltung zu bleiben. Da er König ihn gewähren ließ, traten jetzt immer mehr Geistliche und Adelige der „Nationalversammlung" bei. Tatsächlich wich Ludwig XVI. zwischen dem 23. und 27. Juni ganz offensichtlich dem Widerstand der Nationalversammlung. Am 27. Juni erkannte er diese schließlich de facto an, indem er den ersten und zweiten Stand aufforderte, mit dem dritten gemeinsam zu tagen. Am 9. Juli erklärte sich die Nationalversammlung zur verfassunggebenden Körperschaft.

Bis zu diesem Zeitpunkt ist die „Revolution" in friedlichen Bahnen verlaufen. Nirgendwo war Blut geflossen, und nach der Lage der Dinge hätte auch die Konstituante trotz aller Reformen an der Monarchie in Frankreich wenig gerüttelt. Sicher schien allein zu diesem Zeitpunkt, daß die Herrlichkeit der Stände dahin war. Wie weit die Privilegien des Adels und des höheren Klerus fallen würden, stand dahin. Derartige Fragen konnten sich erst entscheiden, wenn sich herauskristallisierte, welchen Stellenwert die Nationalversammlung unter dem immer noch fortbestehenden Königtum einnehmen sollte. Rein formell war der Monarch nämlich noch immer der nahezu unbeschränkte Führer des Reiches und es war tatsächlich nicht auszuschließen, daß er diese Position gegenüber den Forderungen der Konstituante zu halten imstande war...

Paris bis zum Bastillesturm

Vermutlich wäre es Ludwig XVI. auch gelungen, seine starke Position noch lange zu halten. Aber der schlecht beratene Monarch begeht einen Fehler: Er richtet sich sowohl zu früh als auch zu offen auf die Restaurierung der alten Verhältnisse ein. Ständig werden fremde Regimenter, neue Truppen um Versailles zusammengezogen. Die Nationalversammlung überreicht dem König darauf eine Adresse - der Verfasser ist Mirabeau - und beschwört ihn, die Truppen zu entfernen. Der König lehnt ab. Als dann am 12. Juli die Entlassung Neckers und die Berufung eines „reaktionären" Ministeriums ruchbar wird, beginnt der zweite - nunmehr gewaltsame - Akt der Revolution. Der „Neuf Soeurs"-Dichter Desmoulins wirft die Losung „Zu den Waffen!" in die Volksmenge...

Wieder ist es nach dem Illuminaten Mirabeau ein Mann der herrschenden Schicht[248], der bei den folgenden Ereignissen in verhängnisvoller Weise seine Hände im Spiel hat: der Herzog Philipp von Orléans, durch seine Positionierung im Grand Orient nominell erster Freimaurer Frankreichs und - Vetter des Königs. Ihm ist jedes Mittel recht. Er ist auch bereit, mit hohen Geldsummen professionelle Provokateure und Unruhestifter zu organisieren. Sein Palais ist eine einzige Verschwörerzentrale.[249] Hauptsächlich von hier werden die Männer entsandt, die die Hauptstadt während der nächsten 48 Stunden in Atem halten werden. Als der Augenzeuge Graf Lally-Tolendale (Tollendal), Mitglied der Partei der Royalistischen Demokraten, später erstaunt beschreibt, wie es in Paris von geheimnisvollen Agitatoren wimmelte, die mit Geld um sich warfen, um die

---

[248] Die schnellen Erfolge des Freimaurertums in Europa führten dazu, daß bereits im Jahre 1747, den Angaben der „Défense Apologétique des Franc-Macons" gemäß, bereits Kaiser Franz I., Prinz Karl von Lothringen, der Bruder des Kaisers, der Preußenkönig Friedrich II, der Prinz von Wales und fast alle deutschen Fürsten zu den Freimaurern zählten; Henri Bourbon, Graf von Clairmont, war Großmeister des französischen Freimaurertums mit Einverständnis des Königs Louis XV; ebenso waren alle höchsten Würdenträger Frankreichs Freimaurer. Nach den Ausführungen derselben „Défense Apologétique de Franc-Macons" gab es „in ganz Frankreich keine einzige bedeutende Stadt, in der nicht die Freimaurer ihren „Tempel" hatten, und die Bruderschaft sich nicht aus den hervorragendsten Leuten, Parlamentsmitgliedern, Richtern, Adligen, Klerus und sogar Jesuiten zusammensetzte." Auf welche Weise die Fürstlichkeiten und vornehmen Persönlichkeiten in das Freimaurertum hineingelockt wurden, erfährt man aus den Bekenntnissen des italo-hebräischen Freimaurers Piccolo Tigre. In einem im Jahre 1822 abgefangenen Brief dieses höchstgradigen Bruders und Begründers der Carbonariloge von Turin stand geschrieben: *„Hoch-Venta (Logendachverband) wünscht, daß Ihr unter dem oder jenem Vorwand soviel wie möglich Prinzen und reiche Leute in die Freimaurerlogen einführt. Jeder Prinz, der keine gesetzliche Aussicht hat, mit Gottes Hilfe einen Thron zu bekommen, ist bestrebt, ihn mit Hilfe der Revolution zu erreichen. Einige unter ihnen haben sogar ihren Thron verloren und sind verbannt. Ihr müßt ihrer Popularitätssucht schmeicheln und sie für das Freimaurertum vorbereiten. Die Hoch-Venta wird in der Folge schon sehen, wozu man sie im Namen des Fortschritts verwenden kann. Jeder Fürst ohne Fürstentum ist für uns ein guter Fund; die Loge wird ihn zum Carbonarismus führen. Sie sollen als Köder dienen für Dumme, Intriganten, abgeschmackte Kleinbürger und alle möglichen Amtspersonen. Sie werden unser Werk vollenden und denken, sie handelten im eigenen Interesse."*
[249] Meyers Konversations-Lexikon, 5. Auflage, 13. Band, Leipzig und Wien 1896, Bibliographisches Institut. Seite 244. Bei der Finanzierung der Revolution scheint der Herzog von Orléans auch auf ausländische Gelder Zugriff gehabt haben. Bereits seinerzeit wurde gemutmaßt, daß die englische Regierung unter dem Freimaurer Pitt einen nicht unbeträchtlichen Obolus zum Gelingen der Unternehmung entrichtet habe. Deshalb wurde die Erhebung vielfach auch „La Revolution de l'Or de Pitt" genannt - „Die Revolution des Pittschen Goldes". (Friedrich Hasselbacher, „Entlarvte Freimaurerei", Band I, Verlag Richard Geller, 1934, Archiv-Edition im Verlag für ganzheitliche Forschung und Kultur, Viöl 1992, Seite 137f.) Einen Einblick in die enormen Tresore der Loge gab zur gleichen Zeit der 1798 gestorbene Abenteurer Casanova, welcher über einen Aufenthalt in Amsterdam schrieb: *„Einige kurze Anspielungen in den Memoiren Casanovas geben eine Idee von dieser freimaurerischen Internationale. Casanova ist in Amsterdam. "Herr d'O. lud mich zum Souper in die Loge der Bourgmestres ein, eine besondere Gunst, denn gegen alle Regeln der Freimaurerei ließ man dort sonst niemals mehr als vierundzwanzig Mitglieder zu, aus denen sie sich zusammensetzt, und diese vierundzwanzig Freimaurer waren die reichsten Millionäre der Börse... Herr d'O. sagte mir, daß ich mit einer Gesellschaft gespeist hätte, die über ein Kapital von 300 Millionen verfüge."* (Casanova, Mèmoires, Ed. Livre de poche, Bd. 3, Seite 656). Der jüdische Historiker Graetz wiederum führt die Verzeichnisse von großen Summen an, die von Juden zugunsten der Revolution gezeichnet wurden. (Graetz, « Geschichte der Juden », Bd. V., Seite 178f.)

Massen zur Meuterei aufzustacheln, so meint er dieselben Gestalten. Viele von ihnen scheinen von langer Hand an den Ort des Geschehens verbracht worden zu sein. Denn schon „seit Anfang Mai" fällt dem Historiker Taine („Die Revolution", Band I) auf, „daß das allgemeine Gesicht der Pariser Menge sich verändert hat; zu ihr sind eine große Zahl Ausländer aus aller Herren Ländern gestoßen, in Lumpen, mit dicken Keulen in den Fäusten; schon das äußere Aussehen ließ erkennen, was von ihnen zu erwarten war."

Ihre Stunde ist jetzt gekommen. Und so flammen die ersten Kämpfe auf. Zollhäuser werden in Brand gesteckt, Waffengeschäfte geplündert; am Vendomeplatz werden berittene Soldaten von einer tobenden Menge zurückgeschlagen. Die Stadt, wo verschlagene Drahtzieher gerade die Versorgungslage auf den Kopf stellen, beginnt dem Chaos entgegenzutreiben. Am 13. Juli ist in Paris von der unumschränkten Macht des französischen Königs nicht mehr viel zu merken. Überall sind Plünderungen im Gange; Magazine, Geschäfte, Kaufläden werden von regelrechten Räuberbanden überfallen und ausgeplündert; die von der Loge durch und durch unterwanderten Truppe ist zurückgezogen worden, weil kein Verlaß auf sie ist[250] - anstelle dessen bilden die Aufständischen eine „Nationalgarde".

Die Männer des Terrors wittern Morgenluft. Im Invalidenhotel erbeutet die plündernde Volksmenge 20 Kanonen und 28.000 Gewehre. Plötzlich genügt es den Putschisten nicht mehr zu plündern. Der 14. Juli bringt den ersten entschlossenen Angriff, an ihm stürmen die „Revolutionäre" die Bastille, dieses im Osten der Stadt befindliche Staatsgefängnis, das die revolutionären Propaganda zuvor mit dem schlechtesten Ruf als grausige Folterkammer ausgestattet hat. Nichts davon ist wahr, dort befinden sich nur einige wenige harmlose Gefangene, und es geht ihnen keineswegs unerträglich schlecht. Mit den erbeuteten Waffen aus dem Invalidenhotel wird der Sturm auf die Bastille eröffnet.

Der Okkultist Dr. Encausse, in der okkulten Welt als Papus bekannt, schrieb in seiner Abhandlung "Traité élémentaire d'occultisme" über die tieferen Hintergründe dieses historischen Ereignisses: "Es gibt naive Menschen, die ein Geschichtsbuch aufschlagen und darin das schöne Bild eines heftig gestikulierenden Mannes finden, der 'A la Bastille!' schreit. Sie stellen sich vor, daß der Sturm auf die Bastille ganz einfach infolge der Volkswut geschah, die der Volkstribun mit seiner Heldentat hervorrief. Ich bedaure ihnen sagen zu müssen,

---

[250] Praktisch die ganze Armee war zu diesem Zeitpunkt bereits von freimaurerischen Elementen durchsetzt. Das „Internationale Freimaurer-Lexikon" erzählt nach Friedrich Hasselbacher, „Entlarvte Freimaurerei"/Band III, Verlag Paul Hochmuth, Berlin 1941, darüber: „Eine große Rolle spielten Militärlogen in der zweiten Hälfte des 18. Jahrhunderts in Frankreich; sie existierten bei fast allen Regimentern. In der Hauptsache bestanden sie zunächst aus Offizieren, so daß sich um 1785 auch Unteroffizierslogen zu bilden begannen... Die Logenliste des Grand Orient de France von 1789 verzeichnete 69 Militärlogen... Der freimaurerische Schriftsteller Gaston Martin hat in den Listen von 43 dieser Logen, die heute noch existieren, feststellen können, daß von 1.385 Brüdern 1.032 Offiziere waren." (Gaston Martin, „Manuel d'histoire de la Franc-Maconnerie Francaise", Les Presses Universitaires de France, Paris 1934)

daß sie sich sehr täuschen, und daß es bis zu dem Schrei Camille Desmoulins' 42 Jahre gebraucht hat. Um auf die Bastille losgehen zu können, mußte man vorher alle Offiziere, die an diesem Tage in Versailles Wache halten sollten, zum Eintritt in den Freimaurerorden bewegen. Man mußte sich der - geheimen oder eingestandenen - Komplizenschaft der ersten Diener des Königs versichern. Man mußte das Volk von Paris mit Waffen versehen; zu diesem Zweck wurden die Kanonen für die Einnahme der Bastille 14 Tage vorher durch vertrauenswürdige Männer zu den 'Invaliden' transportiert. Schließlich mußte man eine Revolte anstiften und die Pariser zum Angriff auf die Staatsfestung bringen."[251]

Als der König sich am 15. Juli selbst nach Paris begibt wird dort gerade zwischen den Barrikaden der Präsident der Nationalversammlung, Bruder Bailly, zum Bürgermeister und Bruder Lafayette[252] zum Befehlshaber der Nationalgarden ernannt. Dem Monarchen bleibt nur noch die traurige Rolle eines Testamentsvollstreckers in eigener Sache. Er entläßt die als „Reaktionäre" verschrieenen Minister, ruft Necker zurück und erklärt sich vor der Nationalversammlung bereit, die Truppen um Paris entfernen zu lassen. Einen stilvollen Abschluß fand die französische Revolution als der nurmehr geduldete Regent am 17. Juli abermals in der logeneigenen Konstituante[253] erschien, um aus der Hand des Freimaurers Bailly die Trikolore entgegenzunehmen. Der Fahnenwechsel sollte jedermann deutlich machen, daß in Frankreich ein neues Zeitalter begonnen hatte. Dieses war für jeden Eingeweihten in den Farben Blau, Weiß und Rot symbolisiert, die für die freimaurerischen Forderungen nach „Freiheit", „Gleichheit" und „Brüderlichkeit" stehen.

Die Provinz zieht nach

Der erfolgreiche Sturm auf die Bastille war in der Tat kein Heldenstück, darüber hinaus noch befleckt durch die Massakrierung des hilflosen greisen Kommandanten und anderer - nichtsdestoweniger setzte der Fall und die Zerstörung dieser Festung des Feudalismus ein Zeichen. Es war eine Art Startsignal. Denn jetzt brechen im ganzen Land bis in die entferntesten Regionen hinein Revolten gegen die in Paris nur noch pro forma im Amt befindliche Obrigkeit aus.

Fast alle zeitgenössischen Historiker und Schriftsteller geben ihrem Erstaunen Ausdruck über die die "unerklärliche Einheitlichkeit", mit der sich die verschiedenen französischen Städte und Provinzen wie "auf ein geheimes Zeichen

---

[251] Jacques Ploncard d'Assac, *Das Geheimnis der Freimaurer*, Priesterbruderschaft St. Pius X., Stuttgart 1990, Seite 47
[252] Marie Joseph Marquis de Lafayette, der Kommandant der Bürgergarde und der Nationalgarde war nach Hasselbacher, Band III, Seite 68, Mitglied der Loge „Contract Social".
[253] Nach Friedrich Hasselbacher, „Entlarvte Freimaurerei" (Band I., Verlag Richard Geller, 1934, Archiv-Edition im Verlag für ganzheitliche Forschung und Kultur, Viöl 1992, Seite 137f.) waren von den 605 Mitgliedern der Nationalversammlung 477 Freimaurer. Das ist ein Anteil von 79%

hin" gegen die Staatsgewalt erhoben. Wirklich erstaunt aber können nur jene Beobachter sein, die nichts von der Rolle der Freimaurerei ahnen. Der Eingeweihte hingegen weiß, daß das revolutionäre Logenwesen wie ein Krake mittlerweile das ganze Land überzogen und alle wichtigen Staatspositionen durchsetzt hat. Nur angesichts der geballten Einheitlichkeit der unterirdischen Aktion ist verständlich, wie die tausendjährige Monarchie der Grande Nation ohne spürbare Gegenwehr in sich zusammen bricht, der Verwaltungsapparat zu funktionieren aufhört.

„Wir müssen bemerken", verweist vor diesem Hintergrund der maurerische Schriftleiter Jouaust auf ein wichtiges Beispiel, „daß die bis dahin unerklärliche Einigkeit, mit der die Städte der Bretagne sich in demselben Augenblick und mit demselben Ziel erhoben, sich erklären läßt durch die ununterbrochene Verbindung der Freimaurerlogen unter sich, die in dieser Provinz so zahlreich waren."[254]

„Diese ungewöhnliche Bewegung", fährt der Zeitgenosse Boutiller de Saint André fort, „diese unerwartete Erschütterung wurde im voraus gewissenhaft und geheim vorbereitet und ebenso geheim im voraus den Freimaurern jeder Provinz mitgeteilt... Der Ausbruch erfolgte am 22. Juli 1789... Ich werde in meinem ganzen Leben diesen schicksalsschweren Tag nicht vergessen, als alle Franzosen sich gleichzeitig erhoben und bewaffneten, gehorsam der revolutionären Hetze, um als Werkzeug einer von langer Hand ausgearbeiteten aufrührerischen Verschwörung zu dienen."[255]

„Das ist", resümiert daher Taine ganz richtig, „keine teilweise, abgetrennte Empörung; hier besteht überall eine Verbindung, und alles wird gleichmäßig geleitet; ein und dieselben Irrtümer werden in alle Köpfe hineingepaukt... man belehrt die Leute darüber, daß der König angeblich selbst die allgemeine Gleichheit wünscht und keine Höflinge: Bischöfe, Ränge, Zehnte, Vorrechte usw. will... und die verdummten Menschen denken, daß sie das Recht haben, so zu handeln, weil das der Wille des Königs sein soll."[256]

Die letzten Worte Taines sind besonders hervorzuheben, denn sie weisen auf den recht eigentümlichen Umstand hin, daß es gerade in der Provinz einen „antimonarchistischen Aufstand von unten" gar nicht gab. Weil die Verschwörer im Hintergrund wußten, daß ihre weitgreifenden Pläne keine Breitenwirkung finden konnten, bedienten sie sich der List, der Bestechung, der Lüge.

Ein Deputierter des Adels, der auf die Seite des dritten Standes übergegangen war, der Graf Lally-Tolendale, bezeugt: „Schon längst war Paris voll von geheimnisvollen Agitatoren, die mit Geld nach rechts und links um sich warfen. Irgendwoher kam die Nachricht, daß die Pariser Unruhen nicht nur in den

---

[254] „Le Monde Maconnique", 1859, Seite 479
[255] Boutiller de Saint-André, „Memoiren eines Vaters für seine Kinder", Seite 26-29
[256] Taine, „Die Revolution", Band I., Seite 23f.

umliegenden Städten Widerhall gefunden hatten, sondern auch in den entfernten Provinzen... Die Agenten, zweifellos von einer Zentralstelle ausgesandt, schwärmten auf den Straßen, in den Städten und Dörfern umher, hielten sich nirgends lange auf, läuteten Sturm, sprachen einmal vom Einfall fremder Truppen, einmal vom Auftauchen von Räuberbanden und riefen alles zu den Waffen. Es wurde Geld verteilt: Diese Agitatoren hinterließen furchtbare Spuren: man begann das Brot zu stehlen, steckte Häuser an und erschlug die Besitzer."[257]

Ein anderer Augenzeuge schreibt: „Ich sah, wie irgendwelche Leute an uns vorbeiritten und schrien, daß die Husaren (königliche) das Getreide verbrennten und plünderten, daß dieses Dorf brenne und jenes in Blut schwimme. In Wirklichkeit war nichts dergleichen passiert, doch das Volk wurde aus Angst und Entsetzen kopflos, und das war es ja, was man brauchte."[258] „Im Elsaß", weist eine weitere Quelle aus, „wurde ein königliches Dekret vorgelegt, in dem geschrieben stand, daß jeder selbständig Gericht halten und bestrafen darf; im Sundgau gibt sich ein Weber, angetan mit einem blauen Band, für einen Prinzen aus, den zweiten Sohn des Königs; dasselbe geschieht in der Dauphinée."[259] In Burgund wurde gleichsam als unbedingter Befehl folgendes gedruckt und angeschlagen: „Auf Befehl des Königs ist es vom 1. August bis zum 1. November erlaubt, alle Schlösser anzuzünden und jeden aufzuhängen, der irgend etwas dagegen sagt." In Brignomme plünderte man die Kasse des Steuereinnehmers mit den Rufen: „Es lebe der König!"[260] Am 28. Juli verbreitete sich der Terror über den ganzen Bezirk (Saint Angèle-Limousaine); mittags, am 29. wurde von allen Kirchen Sturm geläutet und zu den Waffen gerufen; es wurden die Trommeln geschlagen; die Männer versammelten sich zur Verteidigung ihrer Wohnsitze, die Frauen beeilten sich, ihre Sachen zu verbergen, und flohen mit den Kindern in die Wälder." „In Limoges entfachten sechs Mann, als Kapuziner verkleidet, eine ebensolche Panik."[261]

Man kann den Grund für all diesen brüderlichen Mummenschanz gar nicht vehement genug herausstreichen: „Ein Aufruf zum Aufstand gegen den König", so Xavier Rou, „hätte gar keinen Erfolg gehabt; es wäre nicht einmal gelungen, das Volk gegen die königliche Regierung aufzuhetzen, so unpopulär sie auch sein mochte... Die Führer erreichten ihre Absicht durch Betrug. Sie erdachten und führten einen ungemein verwegenen Plan aus, der in folgendem bestand: Erhebung des Volkes im Namen des Königs gegen die besitzende Klasse; wenn die Besitzer vernichtet sein werden, wollte man über den geschwächten Thron herfallen und ihn vernichten."[262]

---

[257] „Mittels der Freimaurer", weist ein weiterer Zeitgenosse auf die Initiatoren im Hintergrund, „verbreiteten sich im Juli 1789 an ein und demselben Tag zu ein und derselben Stunde über das ganze Reich Gerüchte von angeblichen Räuberbanden." (Sourdat, „Die wahren Urheber der Revolution", 1897, Seite 452)
[258] Marmontel, „Erinnerungen", II, Seite 383
[259] Guerier, „Die französische Revolution von 1789-1795", Seite 95f.
[260] Guerier, „Die französische Revolution von 1789-1795", Seite 75
[261] Xavier Rou, „Memoiren", Seite III, IV
[262] Xavier Rou, „Memoiren", Seite III, IV

Um vollkommen das tatsächliche Verhältnis der Revolutionäre zur Masse der Franzosen aufzuklären, sollen abschließend die nach den Ausführungen des Freimaurerschriftstellers Marmontel authentischen Worte des Freimaurerrevolutionärs Mirabeau angeführt sein. Mußte dieser doch seinen Mitstreitern mehr als nur einmal die Angst nehmen, der von den Illuminaten so oft beschworene Volkswille könnte ihre hochverräterischen Plänen am Ende zunichte machen.

„Brauchen wir denn überhaupt", sagte Bruder Mirabeau wörtlich, „die Ablehnung eines großen Teils der Bevölkerung zu befürchten, die unsere wahren Ziele gar nicht kennt und gar nicht geneigt ist, uns zu Hilfe zu kommen? Die meisten Einwohner und Stubenhocker werden hinter ihrem Ofen, in ihren Zimmern, in ihren Geschäften und Werkstätten sitzen und werden vielleicht unsere Pläne etwas zu kühn finden, weil sie ihre Ruhe und ihre Interessen stören könnten. Doch selbst, wenn sie uns auch tadeln werden, so werden sie das ängstlich tun, ohne Lärm tun."
„Kann denn außerdem eine Nation selbst wissen, was sie wünscht? Man wird ihr den Wunsch aufzwingen und wird sie veranlassen, das auszusprechen, woran sie nicht einmal gedacht hat. Die Nation – ist eine große Herde, die nur am Weiden Interesse hat; die Hirten führen sie mit Hilfe treuer Hunde dorthin, wohin sie wollen."[263]

Das gelang mit Bravour, denn zwei Wochen später war Frankreich Republik.

Warum schweigt die Loge zu ihrem Erfolg?

Es kann kein Zweifel darüber bestehen, daß die Freimaurerei jener zentrale Machtfaktor war, der hinter der erfolgreichen Auslösung der Französischen Revolution stand. Warum - wird sich der Leser jetzt fragen - warum bekennt sich die Loge dann nicht zu dieser Leistung? Hat sie denn keinen Grund, wahrhaft stolz zu sein, der Menschheit die Vorzüge wahrer Demokratie gebracht zu haben?

Die Antwort lautet ja und nein zugleich. Einen wirklich demokratischen Charakter hat die französische Revolution nämlich nur am Anfang getragen. Wie bei vielen noch folgenden „Volksumstürzen" wurde die freiheitlich-liberale Komponente hingegen sehr bald von einer sozial-kollektivistischen erstickt.[264] Anstatt die Gesetze zu lockern und das Individuum in ein Mehr an Freiheit zu entlassen fanden die neuen Machthaber immer neue Regeln. Sie sollten am Beginn dem Einzelnen, in der zweiten Phase der sogenannten „Gemeinschaft" und am Ende nur noch der Staat gewordenen „Idee" dienen, die sich in den Augen kritischer Geister vor ihren eigenen „Bürgern" schützen mußte. Die Freimaurerei sah und sieht dies indes anders. Sie wertet diese Reformation absolutistischer Strukturen, als deren schärfste

---

[263] A. Seljaninow, „Die geheime Macht des Freimaurertums", Seite 63
[264] Eine angenehme Ausnahme bildet die amerikanische Revolution, die das Individuum und seine Rechte *bis heute* in den Mittelpunkt des staatlichen Interesses stellt.

Ausformung bereits damals der Kommunismus an der Erdoberfläche auftauchte, bis heute als fleischgewordenen Erfolg. Verständlich, denn Loge und jüdischer Geheimvatikan verfolgen beide als Endziel den materialistisch-zentralisierten Weltstaat, der seine ebenso gleichgeschalteten wie künstlich egalisierten Bürger von der Wiege bis zur Bahre „betreut" und „fernsteuert".

Daß in einem solchen Staatswesen aber für die Opposition kein Platz ist, das zeigte eben der Gang der französischen Revolution, bei der auf die Verkündung der Menschenrechte die Aufrichtung der Guillotine folgte. Man hat hier deutlich das Bild einer maßlos gescheiterten Gesellschaft vor Augen. Trotzdem hält die Maurerei - getrieben von den Forderungen des Geheimvatikans - dogmatisch an ihrem Zukunftsstaat fest. Und es ist dieses Mißverhältnis, das es den „Brüdern" schwer macht, zu ihren historischen und intellektuellen Verfehlungen zu stehen.

Der Hintergrund des Jakobinertums

Auffallend ist, daß die radikal-jakobinischen Elemente der französischen Revolution, darunter die Begründer des *système de la terreur* nahezu alle Mitglied der Amis Réunis waren, die sich - wir erinnern uns - im Zuge der Mirabeau-Mission als erste Loge Frankreichs den Illuminaten untergeordnet hatte. Aus diesem Umfeld stammten praktisch alle Persönlichkeiten, die in der Zeit des Konvents (1792-1794) als leitende Figuren des radikalen Jakobinerklubs die revolutionäre „Schreckensherrschaft" ausübten. Nach dem Vorbild des altertumsbesessenen „Spartacus" Weishaupt benutzten auch seine jakobinischen Jünger als wahre Illuminaten Pseudonyme. Chaumette nannte sich „Anaxagoras", Clootz betitelte sich „Anarcharsis", Danton wählte „Horaz", Lacroix „Publicola" und Ronsin „Scaevola".

Der maurerische Hintergrund der Jakobiner kann kaum bestritten werden. Selbst das Logenblatt "Acacia" schrieb einmal in einer Stunde der Ehrlichkeit: "Es waren freimaurerische Mitglieder der Nationalversammlung, welche zuerst den *Bretonischen Klub,* dann die *Gesellschaft der Freunde der Konstitution* und später den *Jakobinerklub* gründeten. Sie taten es nach dem Muster der Freimaurerei, und während der ganzen Zeit ihres Bestehens hielt die berühmte Gesellschaft, die sich durch ihre Filialen über ganz Frankreich ausbreitete, öffentliche und geheime Sitzungen ab. Zu diesen letzteren wurden nur solche zugelassen, die das Licht erhalten hatten."[265] Tatsächlich waren die fanatischen Jakobinerklubs nach einem Bericht, der am 13. April 1883 der Loge von Nantes vorgelegt wurde - nichts anderes als Freimaurerlogen, die man in aktive politische Klubs umgewandelt hatte,

---

[265] *Acacia*, Mai 1908, Nr. 65, S. 334, 336. Das Licht erhalten haben, bedeutet in der Logendiktion, die freimaurerischen Weihen erhalten zu haben.

was allein schon daran ersichtlich ist, daß diese Klubs die Titel von Logen beibehielten.[266]

Die Entmachtung des Königs

Bevor das Jakobinertum jedoch schließlich nach Gutdünken schalten und walten konnte, hatte die Partei der linksgemäßigten Republikaner das Gesicht der französischen Revolution bestimmt. Im März 1792 drängte diese als „Girondisten" bekannte Partei dank ihrem parlamentarischen Übergewicht dem König das Ministerium Roland auf, setzte im April die Kriegserklärung an Österreich und Preußen durch und revolutionierte das Land durch eine Reihe scharfer Dekrete. Sie vornehmlich waren es, welche die Verbannung aller eidverweigernden Priester sowie die Bildung eines Lagers von 20.000 Mann Milizen aus allen Departements in der Nähe von Paris beantragten. Daß der König die Bestätigung dieser Beschlüsse verweigerte und das girondistische Kabinett entließ, hatte den Aufstand vom 20. Juni 1792 zur Folge. Obwohl ein Teil der Girondisten denselben heimlich gefördert hatte, sahen ihre Führer doch endlich ein, daß durch fortgesetzte Aufreizung der unteren Schichten des Volkes nicht nur eine gesetzliche Ordnung, sondern auch ihr eigener Einfluß gefährdet sei. Schon waren sie mit dem Hof in Unterhandlungen getreten und hatten dem König unter der Bedingung, daß er fernerhin nach ihrem Belieben regieren würde, ihre Unterstützung in Aussicht gestellt, als ein blutiger Aufstand der königlichen Gewalt ein Ende machte.

Am 10. August 1792 stürmten unter geheimer Begünstigung des Pariser Bürgermeisters zahllose gekaufte Pöbelhaufen gegen die Tuilerien. Die Nationalgarden verweigerten die Verteidigung, die brave Schweizergarde wurde von den Berufsagitateuren größtenteils niedergemetzelt. Der König und seine Familie sahen keinen anderen Weg, als die Flucht zu ergreifen. Er begab sich in die Nationalversammlung, welche den Monarchen zum Dank suspendierte und ihn im Temple gefangensetzen ließ. Die ganze Aktion war von Anfang bis zum Ende von freimaurerischen Jakobinern und "Cordeliers"[267] organisiert worden. Doch ging den Radikalen dieser Putsch noch nicht weit genug. Br. Marat, Br. Danton und andere Heißsporne verlangten nach einer „zweiten Revolution", die mit Blut geschrieben werden sollte.

Der Beginn des „Terreurs"

Am 2. September 1792 drangen Revolutionäre in die Gefängnisse von Paris ein und schlachteten drei Tage lang - bis zum 6. September - wahllos dort inhaftierte

---

[266] Adler, Manfred, *Die Antichristliche Revolution der Freimaurerei*, Miriam Verlag, Jestetten 1989, 4. Auflage, Seite 43f.
[267] Ein 1790 in Paris gegründeter Klub, in dem sich die Linke um Marat, Danton, Chaumette, Hébert und Roux sammelte.

"Konterrevolutionäre und Verdächtige". Etwa 2.000 Menschen, darunter mehr als 200 Priester und drei Bischöfe, blieben nach dem Abzug der Mörder tot in ihren Zellen zurück. Es war dies die erste größere Terrorwelle der Revolution, die die Zeit der sogenannten "Schreckensherrschaft" einläutete, welche bis zum Oktober 1795 dauerte. Unter dem Druck der Verfolgung verließen etwa 30.000 - 40.000 Priester das Land.

Dieser Blutrausch hatte gezeigt, daß es in Frankreich zwei Regierungen gab: Die offizielle, welche von den Girondisten gestellt wurde, und die einen großen Teil des Volkes hinter sich wußte und die inoffizielle der Jakobiner, die sich auf den bewaffneten Pariser Untergrund stützte. Die Girondisten verurteilten die Ausschreitungen heftig. Wohl nicht zuletzt aus diesem Grund erhielten sie bei den Wahlen zu dem am 21. September 1792 zusammengetretenen Nationalkonvent noch einmal einen Stimmenzuwachs.

Der Konvent (1792-1795) eröffnete seine Tätigkeit am 22. September 1792 mit der endgültigen Abschaffung des Königtums und der Verkündung der Republik. Damit hatte auch die Gironde eines ihrer vordringlichen Ziele erreicht und wenn es nach ihr gegangen wäre, so wäre die Revolution gestoppt und in ein pragmatischeres Fahrwasser übergeleitet worden. Nach den politischen Machtverhältnissen stand diesem Weg im Grunde nichts entgegen. Dennoch blieb die Lage gespannt, trotzdem sollten sich die Ereignisse weiter überschlagen, weil die gemäßigten Machthaber geradezu sträflich ihre staatliche Aufsichtspflicht über den Radikalismus ad acta legten. Wie vermeintlich „monarchistische" (letztlich wohl aber freimaurerische) Kräfte am Vorabend der „demokratischen Revolution" dieselbe tatkräftig gefördert hatten, so unterließen es die damaligen Profiteure jetzt, die linksradikalen Elemente um den kleinen Jakobinerklub an der Machtübernahme zu hindern.

Die Zuordnung des Jakobinerklubs in das linke Parteienspektrum ist keinesfalls eine willkürliche. Sie entspricht sowohl dessen inhaltlicher Ausrichtung als auch äußerlichen Übereinstimmungen. So war der revolutionäre Pariser Gemeinderat auch unter dem Namen „Commune" bekannt, eine Begrifflichkeit, die ca. 50 Jahre später in das Schlagwort „Kommunismus" mündete. Marx und Co. waren also nie wirklich originär, sie griffen bloß jakobinische - also illuminatische - Ideen auf, denen sie einen „wissenschaftlichen" Überbau verpaßten. Dabei war 1792 sogar schon die rote Fahne als Erkennungszeichen revolutionärer Gesinnung im Umlauf gewesen.

Was noch mehr erstaunt: Alle Ereignisse der französischen „Befreiung" liefen derart parallel zu den Vorkommnissen der russischen Oktoberrevolution, daß von Zufall kaum gesprochen werden kann.[268] Der radikale Freimaurer Lenin, der durch

---

[268] Vielleicht fußt diese Duplizität auf einem kabbalistischen Hintergrund. Die freimaurerische Erhebung in Frankreich datiert auf das (christliche) Jahr 1- 7-8-9. Das kaum weniger okkult geleitete Unternehmen in Rußland fand im (jüdischen) Jahre 5-6-7-8 statt. Die gleichermaßen

das höchstwahrscheinlich völlig freiwillige „Versagen" seines girondistisch-sozialdemokratischen „Bruders" Kerensky zur Machtergreifung geführt wurde empfand diese Synchronizität ebenso[269] wie die ihn begleitenden Bolschewiki. Alles schien sich zu überlappen, bis hin zur Ermordung der monarchischen Familien...

Anders als ihre russischen Nachfolger empfanden es ihre Vorgänger allerdings noch für nötig, über das Schicksal des Königs eine Abstimmung abzuhalten. Schenkt man der brüderlichen Geschichtsschreibung Glauben, dann wurde der sich mit Würde verteidigende Ludwig XVI. am 17. Januar 1793 im freimaurerischen Konvent wegen Verschwörung gegen die Sicherheit der Nation mit exakt 361 : 360 Stimmen zum Tode verurteilt. Die vier Tage später unter kriegsrechtsähnlichen Sicherheitsvorkehrungen[270] durchgeführte Enthauptung ertrug er standhaft. Als Scharfrichter fungierte bezeichnenderweise ein Jude mit dem Namen Samson. Jeder bibelkundige wird wissen, daß Samson (Simson) der Name eines israelischen Nationalhelden ist, der im Alten Testament als einer der sogenannten Richter Israels auftritt.

Papst Pius VI., den die Hinrichtung Ludwigs XVI. tief erschüttert hatte, spielte vielleicht gerade auf diesen Zusammenhang an, als er im Juni 1793 im Zuge einer Rede klagte: *"Noch einmal, o Frankreich, das du, wie du sagst, einen katholischen König haben mußtest, weil es so das Grundgesetz des Königreiches verlangt: Du hast diesen katholischen Monarchen gehabt, und nur deshalb, weil er katholisch war, hast du ihn gemordet."*[271]

Die Vertreibung der Girondisten

Die Girondisten hatten größtenteils für den Tod des Königs gestimmt. Viele fällten ihr Urteil dabei aber nicht aus ehrlicher Überzeugung. Es war vor allem der Druck des wieder einmal von radikaler Seite in Gang gesetzten Pariser Pöbels, dem man glaubte Rechnung tragen zu müssen. Doch zog die Regierungspartei aus der mißlichen Lage des ständigen Getriebenwerdens keinerlei Konsequenzen. Trotz

---

ansteigenden Datenketten dürfte kaum einen chassidischer Zahlenmystiker dieser Epochen kalt gelassen haben.
[269] Zu Lenins Bewunderung der Jakobiner siehe: Oelsner, Konrad Engelbert, *Luzifer - oder Gereinigte Beiträge zur Geschichte der Französischen Revolution*, Fischer Taschenbuch Verlag, Leipzig 1987, Seite 297
[270] „Mit solchen Mitteln", zitiert der Historiker Lenotre das Mitglied der 'Insurrektionellen Kommission' Horé, „erreichte man die am 21. Januar erfolgte Hinrichtung des Königs, unter dem Schutz einer bis zu dem Tage noch nie gesehenen Zusammenziehung von Truppen -, in einer Stadt, in der von den 80. 000 ständigen Bewohnern sich kaum 2.000 gefunden hätten, die den Tod des Monarchen wünschten, in der es dagegen aber auch Menschen gab, die seit mehr als 30 Jahren in den Logen die symbolische Hinrichtung Philipps des Schönen an einer Puppe vollzogen." (A. Schmakow, „Freiheit und Juden", Seite 166)
[271] Jacques Ploncard d'Assac, *Das Geheimnis der Freimaurer*, Priesterbruderschaft St. Pius X., Stuttgart 1990, Seite 163

eindeutiger Majorität wagte sie nicht, die ständig im Dunkeln agitierenden Jakobiner mit einer klaren Politik ein für allemal in die Schranken zu weisen.

Im Gegenteil: Die Girondisten ließen sich auch weiter das Heft des Handelns aus der Hand nehmen. Sie schauten weiter zu, wie die Radikalen Machtposition auf Machtposition anhäuften. Ja, sie halfen diesen sogar dabei. Am 11. März 1793 wurde auf Robespierres Antrag in Paris unter dem Namen „Revolutionstribunal" ein außerordentlicher Gerichtshof zur Erforschung und Aburteilung aller politischer Gegner eingerichtet. Dieser Vorgänger des Freislerschen Volksgerichtshofes fand - zumindest rein äußerlich - die Billigung der sogenannten Gemäßigten. Als wenige Tage später die für Befürworter des Ackergesetzes (d. h. für Leute, die die Einkommensstrukturen auf dem Lande verändern wollten) und des Königtums die Todesstrafe festgelegt wurde, geschah dies mit Zustimmung der Girondisten.

Erst als am 6. April aus der Mitte des Konvents unter dem Namen „Wohlfahrtsausschuß" um Robespierre und Danton eine revolutionäre Regierung eingerichtet wurde, schien bei einigen der Groschen zu fallen. Jetzt, erst jetzt, wurde erster Widerstand spürbar. Um die Macht der ihnen völlig entglittenen Pariser Straße zu brechen, dachten einige Girondisten nun halblaut über die Gründung einer Föderativrepublik nach. Aber schon das Gerücht davon reizte die hellwachen Jakobiner auf, so daß auf deren Betrieb die Kommune am 15. April 1793 die Ausschließung von 22 Girondisten beantragte. Als Robespierre auch noch den girondistischen Versuch abwehren mußte, seinen ständig intrigierenden Bluthund Marat juristisch kaltzustellen[272], hatte die Stunde der „zweiten" Revolution endgültig geschlagen.

Dabei ging der Putsch eindeutig vom Pariser Gemeinderat aus. Es waren Männer aus seinen Reihen, die am 29./30. Mai im Pariser Bischofspalais ein revolutionäres Zentralkomitee zur Leitung des Aufstandes einrichteten. Es war die Kommune, die am 31. Mai den ihr ergebenen Schwerverbrecher Henriot zum interimistischen Befehlshaber der hauptstädtischen Nationalgarde bestellte. Und es war ebenfalls die Kommune, die Henriot mit dem Auftrag versah, im Konvent für „Ordnung und klare Verhältnisse" zu sorgen. Henriot begab sich noch am Tag seiner Ernennung zu der Tagungsstätte des Konvents und verlangte die Auslieferung von 32 Girondeführern. Um seiner Forderung Nachdruck zu verleihen, hatte er die Tuilerien von Truppen umstellen lassen. Nach zwei Tagen gab sich der von außen und - durch die Radikalen - von innen Parlament weichgeklopfte Konvent geschlagen. Am 2. Juni wurden die girondistischen Abgeordneten aus dem Konvent ausgeschlossen und geächtet. Sie wurden den Putschisten überstellt und von diesen direkt in die Gefangenschaft abgeführt.

Von diesem Zeitpunkt an kontrollierten allein die radikalen Jakobiner die Regierungsgeschäfte. Nahezu ausnahmslos waren ihre Führer Brüder der „Amis

---

[272] Der auf Antrag der Gironde angeklagte Marat wurde am 24. April vom Revolutionstribunal freigesprochen.

Reunis". In kaum verhüllter Anspielung auf diesen Hintergrund schreibt der Zeitgenosse Lombard de Langres „von der höchst geheimen Versammlung die nach dem 31. Mai alle Fäden in der Hand hielt, eine okkulte und furchtbare Macht, der der andere Kongreß zum Skalen wurde, und die sich aus den führenden Eingeweihten des Illuminismus zusammensetzte. Diese Macht stand über Robespierre an den Komitees der Regierung... es war diese okkulte Macht, die sich die Schätze der Nation aneignete und diese an jene Brüder und Freunde weiterleitete, die ihnen bei dieser großen Arbeit geholfen hatten."[273]

Der allgemeine Aufstand

Die Mehrzahl der girondistischen Funktionäre hatte sich den Verhaftungswellen in Paris durch die Flucht in die Provinz entziehen können. Hier agitierten sie nun viel zu spät gegen die Versklavung der Heimat, die sie selbst mit bewerkstelligt hatten. Im Grunde bedurfte Frankreich aber nicht dieses Aufrufs zur Tat, da es im Land schon seit langem gärte. Den Beginn der Erhebung machte der Nordwesten Frankreichs, die sogenannte Vendée.

Die Bevölkerung dieses Küstenstrichs, der den größeren Teil des alten Poitou und einen Teil von Anjou und der Bretagne ausmachte, hatte der Revolution von 1789 von Anfang an nur geringe Sympathien entgegengebracht: anders als in Paris gab es hier kein städtisches „Proletariat" und die ansässigen Bauern waren meist Pächter, denen die neuen Gesetze eher Rechte nahmen als neue Sicherheit gaben. Aufreizend wirkten bei diesen frommen Menschen vor allem die antikirchlichen Maßnahmen des neuen Regimes. Schon 1791 kam es zu vereinzelten Empörungen. Der Sturz des Königtums und die Hinrichtung Ludwigs XVI. steigerten die Erbitterung, und als am 10. März 1793 eine große Rekrutenaushebung stattfinden sollte, brach am 11. März der allgemeine Aufstand aus.

Bald wurden in allen Gegenden Befreiungskolonnen vereinigte, welche die vereinzelten Regierungskorps siegreich bekämpften. Die mangelnde Kriegsübung ersetzten die Bauern durch eine genaue Kenntnis des Landes. Als der Adel sich dem Aufstand anschloß, erlangten die Bauern in ihm, besonders in dem heldenmütigen Henri de Larochejacquelein, befähigte Führer. Larochejacquelein erfocht am 25. Mai 1793 einen glänzenden Sieg bei Fontenay-le-Compte und erobert am 10. Juni Saumur. Um sich mehr Hilfsquellen zu eröffnen, unternahm die Armee der Vendéer, zu deren Befehlshaber der ehemalige Fuhrmann Cathelineau erwählt wurde, am 29. Juni 1793 einen Angriff auf Nantes, der aber scheiterte und fast die Auflösung des Insurgentenheeres zur Folge hatte. Bei diesen Kämpfen zeigte sich einmal mehr die Brutalität der Jakobiner. Denn es war auf deren Anweisung, daß Konventskommissar Carrier die Gefangenen der Gegenseite massenweise niederkartätschen oder ertränken ließ.

---

[273] Douglas Reed, „The Controversy of Zion", Veritas, Bullsbrook/Australien 1985, Seite 151

Unterdessen beschloß der Konvent, zwei große Armeen bei La Rochelle und bei Brest zusammenzuziehen und so die Küste zu umschlingen.. Gleichzeitig dekretierte er, daß die Wälder und die Weiler der Vendée durch Feuer zerstört, die Mobilien, das Vieh, die Frauen und Kinder ergriffen und ins innere von Frankreich verschleppt, die Güter der Freiheitskämpfer enteignet und in den benachbarten Provinzen die Landmilizen aufgeboten werden sollten...

Seit Herbst 1793 schienen alle politischen Ziele in einem wilden Streben nach Zerstörung zu enden; die Szenen des Schreckens, die sich an allen Orten ereigneten schienen keinem geregelten Zweck zu folgen, sondern eher dem verwirrten Haupt eines Verrückten entsprungen zu sein. Trotzdem, wenn man die Bewegung sorgsam beobachtet, so findet man nichtsdestoweniger eine Methode im Wahnsinn; durch diese furchtbare Periode des Terrors bewegte sich ein System, das auf den gleichen politischen Doktrinen fußte, welche auch die Massaker des Septembers 1792 in Gang setzten. Die Massaker in den Gefängnissen bildeten einfach das Präludium eines größer angelegten Vernichtungsplans. Zu diesem früheren Zeitpunkt, war das Ziel der Führer, das gebrandete Glied, welches von der Aristokratie und der Kirche gestellt wurde, zu amputieren; nachdem diese beiden Kategorien praktisch zerstört waren, mußte dieselbe Operation an anderen Teilen des Körpers, die ebenfalls von Brand befallen waren, wiederholt werden. Als erstes auf dieser Liste tauchte die besitzende Bourgeoisie auf, das spezielle Objekt des Hasses von Marat - einem Haß den dieser an Robespierre und Hébert weitergegeben hatte, die nach dem Tode Marats die Kampagne gegen die verhaßte Klasse weitertrugen. So schrieb Robespierre: „Innere Gefahren stammen vom Bourgeois; um den Bourgeois zu überwinden, müssen wir die Volksmassen anstacheln, wir müssen ihnen Waffen beschaffen und sie wütend machen."[274] Hébert ging weiter: „Die Wirksamkeit der heiligen Guillotine", schrieb er, „wird schrittweise die Republik von den Reichen, den Bourgeoisen, den Spionen, den fetten Bauern und den vermögenden Kaufleuten wie von den Priestern und den Aristokraten befreien. Sie alle sind Zerstörer der Menschen."[275]

Diese Kampagne gegen den Handel war wieder eine direkte Anleihe bei den Illuminaten, denn es war Weishaupt, der als erster den „Kaufmannsstamm" als befähigt beschrieben hatte, „die furchtbarste aller Gewaltherrschaften"[276] auszuüben. So wurde der Krieg jetzt mit besonderer Heftigkeit gegen die Industriestädte geführt. Im August umzingelten die Revolutionstruppen Lyon, das sich im Frühsommer gegen die Schreckensherrschaft aufgelehnt und die jakobinische Stadtobrigkeit vertrieben hatte. Hierauf wurde die Metropole am 12. Juli vom Konvent geächtet und am 7. August durch Revolutionstruppen umzingelt. Die Belagerung dauerte bis zum 9. Oktober 1793, als sich die durch Hungersnot

---

[274] „Papiers trouvés chez Robespierre", Seite 15 nach Webster, Nesta H., The French Revolution, The Noontide Press, Costa Mesa/Cal. 1992, Seite 410. (Erstveröffentlichung 1919)
[275] Webster, Nesta H., The French Revolution, The Noontide Press, Costa Mesa/Cal. 1992, Seite 410f.
[276] Louis Blanc, „Histoire de la Révolution", Seite 91 nach Webster, Nesta H., The French Revolution, The Noontide Press, Costa Mesa/Cal. 1992, Seite 411

dezimierte Bevölkerung ergeben mußte. Der Konvent sprach über die Stadt die Vernichtung aus und übertrug deren Vollziehung Collot d'Herbois, Fouché und „Scaevola" Ronsin. Gegen 6,000 Menschen wurden mit Kartätschen erschossen und der größte Teil der Stadt demoliert. Die Güter der Reichen teilte sich der Pöbel; alle Kirchenschätze der Stadt wurden nach Paris geschafft. Es wurde ferner entschieden, daß diese großartige Stadt, einst der Stolz Frankreichs, dem Erdboden gleichzumachen sei. „Der Name Lyon", schrie Barère auf einer Versammlung „darf nicht länger bestehen, wir werden es Ville-Affranchie nennen." Auf den Ruinen versprach er ein Denkmal zu errichten „Lyon erklärte der Freiheit den Krieg; Lyon ist nicht mehr." Darauf verabschiedete die Versammlung ein Dekret: „Die Stadt Lyon ist zu zerstören; jeder Teil, der von Reichen bewohnt wird, soll gesprengt werden, nur die Bleiben der Armen sollen übrigbleiben." Boten wurden ausgesandt, um die Aufgabe durchzuführen; der paralytische Couthon, der auf einer Sänfte durch die Stadt getragen wurde, schlug mit einem silbernen Hammer gegen jene Gebäude, die dem Abriß geweiht waren, während er sagte: „Im Namen des Gesetzes reiße ich dich nieder" - woraufhin umgehend Maurer ihre Arbeit in diesem Sinne aufnahmen.[277]

Dieses Drama ereignete sich auch in Toulon, wo sich die Bevölkerung im Juli 1793 gegen den Konvent erhoben hatte. Sie übergab - nachdem der Konvent die Stadt geächtet und ein republikanisches Heer sie eingeschlossen hatte - im Einverständnis mit der Besatzung die Stadt am 29. August an die vereinigte englisch-spanische Flotte unter Admiral Hood. Darauf wurde sie tapfer verteidigt, indes gelang es den Republikanern, die Engländer und Spanier am 19. Dezember 1793 zum Abzug zu zwingen. Hierauf rückten die Konventstruppen ein und die Konventskommissare riefen ein furchtbares Strafgericht aus. 3.000 Menschen wurde hingewürgt; die Einwohnerzahl der Stadt sank von 28.000 auf 7.000 herab.

Am schlimmsten aber wüteten die Kommissare im Nordwesten, wo es Bauern und Adel so lange gelungen war, den Regierungstruppen Paroli zu bieten. Erst im Dezember gelang es Paris, den Gegner in zwei Schlachten an die Wand zu drücken. Anfang 1794 drangen die Konventstruppen in die Vendée ein, und suchten nach einem grausamen Vernichtungskrieg das Land zu veröden. Im Vorfeld der Zweihundertjahrfeier der Französischen Revolution löste die Arbeit Reynald Sechers über das Wüten des jakobinischen Terrors in der Vendée, dem mehr als 200.000 Menschen zum Opfer fielen, eine heftige Kontroverse aus: Demzufolge ereignete sich zwischen 1793 und 1795 in den westlichen Departements ein „innerfranzösischer Genozid", der in bezug auf die ideologische Rechtfertigung (Ausrottung eines „Verrätervolks") und die Methoden (auf den Einsatz von giftigen Gasen wurde nur aus Gründen der Praktikabilität verzichtet) keinen qualitativen Unterschied zu den Massenmorden des 20. Jahrhunderts aufwies.

---

[277] Webster, Nesta H., The French Revolution, The Noontide Press, Costa Mesa/Cal. 1992, Seite 411

Die Entchristianisierung Frankreichs

Jetzt erst unterwarfen sich zitternd die Provinzen, wo nun meist eine kommunistische Pöbelherrschaft mit systematischer Beraubung der Besitzenden hergestellt wurde. Das vornehmliche Opfer der Revolutionäre aber war - so kurios dies zunächst auch scheinen mag - die christliche Kirche. Bereits die geistigen Väter der staatlichen Verirrung hatten hierzu den Boden bereitet.[278] Unter denen, die das Signal zum Sturm auf die Kirche gaben und damit eine Art antichristlicher Weltrevolution einleiteten, befand sich der "Freigeist" Voltaire. Sein fanatischer Haß gegen Kirche und Christentum ist in die Geschichte eingegangen unter der Parole "Ecraséz l'infame!" - "Rottet sie aus, die Verruchte!", womit er die Kirche meinte. Von Diderot (1713-1784), einem der Herausgeber der großen französischen Enzyklopädie, der den Unglauben als eine Station auf dem Weg zur Freiheit pries, stammt das Wort: "Die Welt wird nicht eher glücklich, bis der letzte König mit den Gedärmen des letzten Priesters erwürgt ist!" Der Baron Holbach, welcher Gott nur für eine Hypothese hielt, bezeichnet in seinem "System der Natur", dem Hauptwerk des französischen Materialismus, die Religion als Hauptursache des menschlichen Elends. Montesquieu (1689-1755) zeichnete in seinen sozialkritischen "Persischen Briefen" (1721) ein Zerrbild der Kirche und spottete über den "Zauberer, der die Leute glauben machte, daß drei eins, und das Brot, das man verspeise dennoch kein Brot und Wein, den man trinke, dennoch kein Wein sei." Rousseau (1712-1778), der die Erbsünde leugnete, warf dem Christentum vor, es gebe den "Menschen zwei Gesetzgebungen, welche ihnen Pflichten auferlegen, die miteinander in Widerspruch stehen und es den Menschen unmöglich machen, zu gleicher Zeit fromm und gute Bürger zu sein."[279]

So hatte sich die Revolution bereits früh gegen den Katholizismus gewandt: In den Jahren 1789-1791 war die Verstaatlichung des Kirchenguts verfügt worden. Die Klöster wurden aufgehoben, dem Klerus eine Zivilverfassung aufgezwungen. Doch all dies waren formelle Kleinigkeiten gegen den Haß, der dem Christentum mit der Machtübernahme der illuminierten Jakobiner entgegenschlug. Die zweite Revolution kehrte dem Formalismus endgültig den Rücken und erklärte die Kirche praktisch für vogelfrei.

Der Vordenker dieser Bewegung stammte aus Deutschland: Es war der preußisch-jüdische Baron Jean Baptiste von Cloots (Clotz), der sich den Illuminatennamen „Anacharsis" zugelegt hatte, ein ebenso reicher wie enger Freund des Kommunisten Hébert. 1776 war er nach Paris gegangen, wo er an der Zusammenstellung von Diderot's Encyclopédie teilnahm. Er verließ Frankreich 1784, bereiste Europa, und kehrte bei Ausbruch der Revolution als frischgebackener Jakobiner nach Paris zurück. Sein Ideal war die Vereinigung aller

---

[278] Der folgende Absatz folgt den Ausführungen Manfred Adlers, *Die Antichristliche Revolution der Freimaurerei*, Miriam Verlag, Jestetten 1989, 4. Auflage, Seite 22f.
[279] Seppelt-Löffler, *Papstgeschichte*, München 1940, Seite 275

Völker einer Art Super-Sowjetunion, die er „Welt-Republik" nannte.[280] An der Spitze einer Delegation von 36 Ausländern, die er als „Vertreter aller Völker der menschlichen Rasse" bezeichnete, überreichte er am 17. Juni 1791 der Nationalversammlung eine Dankadresse für die Erhebung gegen die Tyrannen und bat um Aufnahme aller in Paris befindlichen Fremden in die französische Gemeinschaft.

Clootz dürfte der erste Verfechter des „Internationalismus" gewesen sein, der sein krudes Ideengebäude mit der Aussicht auf den Weltfrieden begründete. „Die 'Republik der menschlichen Rasse'", führte er vor dem Konvent aus, „kann niemals in einen Disput mit einer anderen Macht treten, da es zwischen den Planeten keine Kommunikation gebe."[281] Was für ein frommes Ziel, mit dem dieser Apostel der Menschlichkeit genau den Geschmack seiner Zeit traf. Tatsächlich war der Wunsch der Menschen nach einem friedlichen Miteinander gerade damals groß. Kaum verwunderlich, lag doch Frankreich damals praktisch mit halb Europa im Krieg. Was der kleine Bürger auf der Straße jedoch nicht wußte (weil er es nicht gesagt bekam), ist die Tatsache, daß Clootz selbst an leitender Stelle dieses blutige Chaos mitgeschürt hatte - wohl nicht zuletzt aus dem Grund, um dann darauf sein Süppchen kochen zu können. „Europa muß an allen vier Ecken brennen", hatte illuminatische Jakobinerführer Brissot bereits 1789 verkündet, „darin ruht unser Heil."[282] Nach diesem Motto und mit tätiger Hilfe der auswärtigen Freimaurerlogen reichte Clootz die Brandfackel der Revolution in die Nachbarlande weiter, die er in einem Kreuzzug zu „befreien" trachtete. Doch wer fragt schon nach Verantwortung oder Einzelheiten, wenn er schlecht informiert ist?

So zerbrach sich die breite Masse auch nie den Kopf darüber, was das für ein Staatswesen sein würde, das Clootz hier im Auftrag der Loge so in den Himmel hob. Angesichts der moralischen Verkommenheit des Protagonisten ist jedoch eine gehörige Portion kritischer Distanz angebracht. In diesen Zusammenhang fällt die interessante Tatsache, daß der Baron, der im September 1792 als naturalisierter Franzose in den Nationalkonvent gewählt wurde als Erfinder des blutigen Begriffs „septemberieren" gilt. Er stellte nämlich angesichts des Anfang September 1792 vollzogenen Massenmordes an inhaftierten Regimegegnern fest, man habe noch nicht genügend „septemberiert".[283] Als Plattform christlicher Nächstenliebe scheint sich Clootz seine Weltrepublik also kaum gedacht zu haben - womit sich der Kreis zu unserer theologischen Thematik wieder schließt.

---

[280] Friedrich Hasselbacher, „Entlarvte Freimaurerei", Band III, Archiv-Edition im Verlag für ganzheitliche Forschung und Kultur, Viöl 1992, Seite 74. Siehe zu Clootz Welt-Republiksgedanken dessen Buch „La République Universelle"
[281] Ansprache von Clootz an den Konvent vom 26. April 1793. Zu Clootz siehe weiterhin die 1795 erschienenen „Letters of Helen Maria Williams", Seite 140. Angaben nach Webster, Seite 432
[282] Ludendorff, E., *Kriegshetze und Völkermorden*, 1937, Seite 78
[283] Webster, Nesta H., The French Revolution, The Noontide Press, Costa Mesa/Cal. 1992, Seite 340

Es war nämlich ausgerechnet Clootz, der sich durch seinen Haß auf die Kirche aus der revolutionären Bewegung hervorhob. „Religion", schrieb er in „La République Universelle", „ist eine soziale Krankheit, die nicht schnell genug geheilt gehört. Ein religiöser Mensch ist ein sittenloses Tier; er erinnert an jene Bestien, die lediglich gehalten werden, um geschoren und zum Vorteil von Händlern und Fleischern gebraten zu werden." Vor allem das Christentum füllte den gebürtigen Juden Clootz mit einem geradezu unmenschlichen Haß. Im November 1792 offenbarte er sich vor dem Konvent als "der persönliche Feind Jesu Christi"[284], um fortzufahren: "Das Volk ist souveräner Herrscher und Gott der Welt... nur Narren glauben an einen anderen Gott, an ein höheres Wesen."[285] Der Diskurs ward beendet, indem „Anacharsis" die Versammlung mit der schriftlichen Kopie einer Abhandlung zum Thema beehrte. Der Konvent verabschiedete daraufhin eine Erklärung, in der es hieß: „Anacharsis Clootz, Deputierter des Konvents, ist gehuldigt durch eines seiner Werke unter dem Titel 'Die unbestreitbaren Beweise des Mohammedanismus´, eine Arbeit, die die Nichtigkeit aller Religionen ans Licht bringt. - Die Versammlung akzeptiert diese Huldigung, billigt ihr Ehrenhaftigkeit zu und ordnet ihre Veröffentlichung im Bulletin an, sowie ihre Verschickung an alle französischen Departements."[286]

Nachdem die Jakobiner im Juni 1793 die Macht an sich an sich gerissen hatten, wurden derartige Hirngespinste gefährlich, weil die neue Riege ein offenes Ohr für sie hatte. Deshalb tauchten jetzt auch immer mehr verquere Geister auf, die bereit waren, ihre Marotten in die Öffentlichkeit zu tragen. Einer dieser Wirrköpfe war der bekannte Marquis de Sade, der von der Revolution aus der Bastille befreite Moral-Maniac, dem wir das Adjektiv „sadistisch" verdanken.[287] Sade war ein Anhänger Marats und ein Mitglied der „Section des Piquets" zu der auch Robespierre gehörte. Eine von de Sade selbst entworfene Eingabe dieser Organisation verlangte, daß in allen Kirchen die Anbetung des „jüdischen Sklaven" und „der ehebrecherischen Frau, des Freudenmädchen Galiläas" durch den Kult

---

[284] Meyers Konversations-Lexikon, 5. Auflage, 4. Band, Bibliographisches Institut, Leipzig/Wien 1895, Seite 228f.
[285] Der Konvent veröffentlichte ein Dekret, in welchem "die Nichtigkeit aller Religionen" verkündet wurde. Dies und die Clootz-Auslassungen überliefert Richard Wurmbrand in *Das andere Gesicht des Karl Marx*, (Stephanus Edition, Seewis/Schweiz 1987, S. 82). Die o. g. Ausführungen hätten auch der Feder des jüdischen Freimaurers Karl Mordechai entstammen können, welcher später unter dem adoptierten Namen Marx zu Weltruhm gelangen sollte. Der sich als "größter Satanist aller Zeiten" und "Antichrist" bezeichnende britische Hochgradfreimaurer Aleister Crowley machte Clootz' Ausspruch Anfangs des 20 Jahrhunderts unter dem Slogan "Es gibt keinen Gott außer dem Menschen" populär.
[286] Webster, Seite 430 ff.
[287] Als erklärter Atheist sah de Sade die Werte von Gut und Böse als vom Menschen geschaffene Kriterien angesichts einer völlig gleichgültigen Natur an. Die Satanisten Baudelaire und Flaubert bewunderten ihn wegen seiner Konsequenz, der menschlichen Schlechtigkeit bis in die letzten Abgründe nachzuspüren. Von de Sade stammt das Wort: „Ich hasse die Natur. Ich möchte diesen Planeten zerteilen, seine Bahn unterbrechen, die Sternenkreise anhalten, die Weltkugeln im All umstürzen, zerstören, was Natur ist, schützen, was sie verletzt - mit einem Wort, ich möchte sie in meinen Werken schmähen... Vielleicht können wir einmal die Sonne angreifen, sie dem Universum entreißen oder sie benutzen, um die Welt in Flammen zu setzen. Das wären echte Verbrechen."

von Vernunft und Tugend abgelöst werden sollte. Diese Petition wurde dem Konvent vorgelegt, von diesem als „ehrenwerte Erwähnung" akzeptiert und an das „Committee of Public Instruction" weitergeleitet.[288] Dort gebilligt eröffnete die neugebildete Revolutionsregierung im Oktober 1793 eine "Entchristianisierungskampagne", zu deren Beauftragten bezeichnenderweise der jüdischgläubige Fouché ernannt wurde. Die erste Maßnahme war die Annahme eines republikanischen Kalenders, der rückwirkend vom 22. September 1792 gültig sein sollte.

Als nächstes begaben sich Hébert, Chaumette und Momoro in der Nacht vom 6. auf den 7. November 1793 zum konstitutionellen Bischof von Paris, Gobel, und befahlen diesem, öffentlich dem Katholizismus abzuschwören. „Sie werden dies tun - oder tot sein", drohten sie ihm.[289] Am nächsten Tag begab sich Gobel zum Konvent und erklärte, daß „der Wille des souveränen Volks" jetzt „sein oberstes Gesetz" geworden sei, und da es der Souverän so wolle, solle es keine Anbetung mehr geben, als die „der Freiheit und heiligen Gleichheit". Mit diesen Worten ließ er sein Kreuz, seinen Ring und andere Insignien auf dem Tisch des Präsidenten und setzte sich die rote Mütze der Freiheit auf. Einige der Vikare folgten dem Beispiel des Bischofs.[290] Zwei Tage darauf wurde das Christentum per Dekret offiziell abgeschafft. Dieser groteske Beschluß gab das Signal für die Entweihung von Kirchen in Paris und der Provinz.

Am 10. November 1793 wurde der ehrwürdige Dom von Notre Dame in höchstem Auftrag geschändet. Man hatte sich das weltbekannte Gotteshaus ausgesucht, um an diesem Ort den neuen staatlichen Feiertag, das "Fest der Freiheit und der Vernunft" abzuhalten. Als Höhepunkt der Veranstaltung führten Revolutionäre die uneheliche Hure und Schmieren-Schauspielerin Madame Maillard in bewußt gotteslästerlicher Prozession zur altehrwürdigen Kirche und setzten sie mitten auf den Hochaltar, genau dorthin, wo früher der Tabernakel stand. Hier empfing sie - gekleidet in einen blauen Mantel, auf dem Kopf die rote Mütze der Freiheit - als "Göttin der Vernunft" die Huldigung der Republik. Der Revolutionsfanatiker Chaumette betete sie sogar an. Das Bild der Heiligen Jungfrau Maria war vom Altar entfernt und durch die "Statue der Freiheit" ersetzt worden.[291]

---

[288] Webster, Nesta H., „The French Revolution", The Noontide Press, Costa Mesa/Cal. 1992, Seite 431
[289] Webster, Nesta H., a.a.O., Seite 430 mit Bezug auf Paul d´ Estrée, „Le Père Duchesne", Seite 345
[290] Webster, Seite 430 ff.
[291] Weiß, J. B., *Weltgeschichte*, Graz und Leipzig 1895, Bd. 18, Seite 99 sowie Webster, Seite 431. Max. Doumic stellt in „Die Geheimnisse des Freimaurertums" (Seite 98/111) eine Verbindung des Vernunftkultus zum Illuminatismus her. Demnach wurde der ganze revolutionäre Feiertag zu Ehren der Göttin der Vernunft nach dem Freimaurerritual gefeiert. Das Gewand des „Operpriesters", den Robbespierre darstellte, soll die Kleidung eines „Priesters" der Illuminaten gewesen sein.. Doumic weist am gleichen Ort ferner darauf hin, daß das Aufsetzen des roten Jakobiner-Käppchens ebenfalls der Weihe zum „Priester" (Erorte) bei den Illuminaten entstamme.

In der Kirche von St. Sulpice bestieg, im Verlauf einer ähnlichen Zeremonie, der Organisator des September-Massakers im Convent des Carmes, Joachim Ceyrat, die Kirchenkanzel und rief aus: „Hier stehe ich auf dieser Kanzel, von der so lange Zeit Lügen an das souveräne Volk verbreitet worden sind, indem man ihnen glaubhaft machte, es existiere ein Gott, der alle ihre Taten sieht. Wenn dieser Gott existiert, dann laß ihn donnern, und soll einer seiner Donnerschläge mich treffen." Dann schloß er, indem er zum Himmel empor sah,: „Er donnert nicht, also ist seine Existenz ein Hirngespinst!"[292]

Nun setzte in ganz Frankreich eine zentral gesteuerte Orgie der Blasphemie ein. An geweihten Orten wurden bacchische Feste gehalten, während Triumphwagen durch die Straßen fuhren, auf denen Straßendirnen in Meßgewändern standen. Allenthalben sah man Esel, die mit heiligen Reliquien beladen und mit kirchlicher Ornamentik geschmückt waren. Und an mehr als nur einem Ort wurden Kreuze und fromme Schriften öffentlich dem Feuer übergeben, begleitet von den Rufen „Vernichte für immer das Andenken an die Priester! Vernichte für immer den christlichen Aberglauben! Es lebe die Religion der Natur!"[293]

Stefan Zweig beschreibt in seiner Biographie von Fouché eine schwarze Messe, die etwa zu dieser Zeit in Lyon abgehalten wurde. Die geschmacklose Feierlichkeit wurde zu Ehren eines getöteten Revolutionärs namens Chalier begangen. An jenem Tag wurden die Kruzifixe von allen Altären gerissen und Priestergewänder beschlagnahmt. Ein riesige Menge von Männern, welche eine Büste des Revolutionäres trugen, begab sich zum Marktplatz, wo drei Prokonsuln auf sie warteten, um Chalier, "den Heiland, der für das Volk starb", zu ehren. Die Menge führte Kelche, Heiligenbilder und Meßgeräte mit sich. Ein Esel mit einer Bischofsmitra auf dem Kopf kam hinterher. An seinem Schwanz hatte man ein Kruzifix und eine Bibel gebunden. Zum Abschluß wurde das Evangelium zusammen mit den Meß- und Gebetsbüchern und den Ikonen ins Feuer geworfen, währenddessen der Esel aus dem Taufbecken getränkt wurde. Die Büste von Chalier wurde anstelle des zertrümmerten Bildes Christi auf einen Altar gestellt. Zum Andenken an dieses Ereignis wurde eine Medaille ausgegeben.[294]

Das Ende der Revolution

Doch es war nicht das Volk, das diese üblen Schauspiele veranstaltete, sondern deren Diktatoren. Das Volk lehnte die Vorkommnisse vehement ab.[295] Die Schließung der Stadtkirchen verursachte eine derartige Ablehnung, daß der Konvent eine Revolte befürchtete, während in Paris die Marktfrauen Sturm liefen

---

[292] Webster, Nesta H., The French Revolution, The Noontide Press, Costa Mesa/Cal. 1992, Seite 431 mit Bezug auf „Journal des Lois", du 14 Prairial, An III
[293] Kropotkin, „The Great French Revolution", Seite 523 sowie Webster, Seite 430ff.
[294] Richard Wurmbrand, a.a.O., S. 99f.
[295] Buchez et Roux, XXX, Seite 42f.

und einen Verteidiger des neuen Götzentums - wie dieser der „Gesellschaft der Freunde der Revolution" berichtete - gar mit Mist bewarfen und nahe daran waren, ihn zu erwürgen.[296] Als auf Anordnung Chaumettes der Reliquienschrein der Sainte-Geneviève auf dem Place de Grève dem Feuer übergeben wurde, war die Stimmung tatsächlich am Siedepunkt.

Robespierre, welcher schließlich einsah, daß sich mit derart radikalen Bilderstürmern kaum regieren ließe, bewirkte im Frühjahr 1794 die Verhaftung und Hinrichtung dieser sogenannten Wütenden (Enragés). Als erstes betraten am 24. März die radikalen „Hébertisten" das Schafott, gefolgt von den Dantonisten (5. April) sowie Chaumette und Gobel (13. April). Zum Abschluß wurde die Pariser Kommune einer Säuberung unterzogen (10. Mai). Damit wurde die Revolution rein äußerlich in ein ruhigeres Fahrwasser gebracht, an den Inhalten aber änderte sich nur wenig. Um die Schreckensherrschaft endlich zu beenden, den am Boden liegenden Staat auch wirtschaftlich wieder auf die Beine zu bringen und nicht zuletzt auch, weil er sich selbst bedroht fühlte, raffte sich der Nationalkonvent am 9. Thermidor (27. Juli) endlich zum Sturz Robespierres auf. Der Diktator und seine Spießgesellen wurden hingerichtet, die vertriebenen Oppositionellen rückberufen, das Revolutionstribunal aufgehoben. Der Spuk der so vielen Menschen das Leben zur Hölle gemacht hatte war endlich zu Ende, und bald schon legte sich Frankreich wieder eine Monarchie zu.

Ein Resümee

Bleibt die Frage: Warum wurde die Revolution durchgeführt, wenn man sie schließlich doch ihrem Schicksal überließ? Die Antwort ist einfach. Erstens, weil es die biblische Prophetie (oder „der göttliche Plan") so verlangte. Zweitens waren ja nicht alle „Errungenschaften" der Erhebung mit dem Ende der Revolution wieder zunichte gemacht. Einige wenige Neuerungen überlebten auch das „Direktorium" und die Regentschaft Napoleon Bonapartes, ja sie wurden durch den Imperialismus des letzteren sogar über ganz Europa verbreitet. Hier wäre die flächendeckende Emanzipation der europäischen Juden zu nennen, welche vermutlich das praktische Ziel des Geheimvatikans schlechthin während der Revolutionswirren war.

Betrachtet man die geschilderten Zusammenhänge vor diesem Hintergrund, dann fällt sofort ins Auge, daß die französischen Hebräer als einzig nichtleidende sondern vielmehr begünstigte Volksgruppe oder Religion aus dem Rahmen fällt. Sie erlebten ihre soziale, rituelle, bürgerliche Gleichstellung. Nicht umsonst nannte Heinrich Heine, selbst Jude und Freimaurer, die Französische Revolution "das Eintrittsbillet für die Juden in die europäische Kultur."

Allen voran der ständig verschuldete Graf Mirabeau war es, der sich an der Seite Gleichgesinnter gegen ein Verdrängen der jüdischen Belange von der

---

[296] Buchez et Roux, XXX, Seite 182

Tagesordnung wehrte; ging es nach ihnen, sollte der Beschluß erwirkt und bekräftigt werden, daß die Erklärung der Menschen- und Bürgerrechte vom 26. August 1789 auch für die Juden galt. Gegen diese Forderungen stand nicht nur das Volk, hinderlich waren auch die Privilegien einzelner Stände mit ihren geldlichen Forderungen an die Juden. Und die Gegner wünschten keinesfalls den Zugang der bisher nicht Gleichberechtigten zu allen Berufen. Die kirchlich gebundenen wollten den Gedanken an die Vorherrschaft des Neuen vor dem Alten Testament nicht missen. Diese Widerstände konnten - so Rudolf Hirsch und Rosemarie Schuder - „erst nach monatelangen Ringen in der Nationalversammlung und auf den Straße niedergekämpft werden."[297]

Am 3. August 1790 übergab die Nationalversammlung den Juden ganz Frankreichs die volle Staatsbürgerschaft und die daraus erwachsenden Rechte.[298] Vermutlich spielte der israelitische Historiker Heinrich Graetz auf diesen Triumph an, als er schrieb: „Die Revolution ist der Stern Judas, welcher das Dunkel über Israels Häuptern gelichtet hat - und noch mehr lichten wird."

Der letzte Teil des Satzes stimmt indes nachdenklich, scheint er doch darauf hinzudeuten, daß mit der Emanzipation nicht das letzte Wort über den Weg Ahashvers gesprochen sein sollte. Hielt der Geheimvatikan für seine Schäfchen noch weitere Aufgaben parat? Die Orthodoxie jedenfalls war davon fest überzeugt und so kommentierte der französische Rabbi Isaac Bloch am hundertsten Jahrestag des Bastillesturms in Nancy zurückblickend: "Der Geist der Revolution und der Geist der jüdischen Religion sind ein und dasselbe und in letzter Betrachtung erwächst der eine aus dem anderen. Die Revolution hatte den von der Vorsehung beschlossenen Effekt, den Judaismus auf jenen Pfad zurückzubringen, den er durchschreiten muß, um seine Mission auszuführen... Israel ist gleich einem riesigen Sämann, der durch die ständig sich verbreiternde Allee der Jahrhunderte wandert indem er einen Widerschein des Sinai auf seiner strahlenbekränzten Stirn trägt. Der Sämann der Bibel ist noch weit vom Ende des ihm zugewiesenen Auftrags entfernt, doch mit jedem Schritt, den er nimmt, umgibt ihn mehr Licht, mehr Friede, ständig wachsende Harmonie und Einklang."[299]

---

[297] Rudolf Hirsch/Rosemarie Schuder, „Der Gelbe Fleck. Wurzeln und Wirkungen des Judenhasses in der deutschen Geschichte", Verlag Rütten und Loening, Berlin (Ost), 1987, Seite 662
[298] Der vom Judentum zum Katholizismus konvertierte Abbé Lémann schreibt, daß jene Deputierten, die in der Nationalversammlung für die jüdische Emanzipation votierten, durchwegs Freimaurer waren. (Abbé Lémann, „L´Entrée des Juifs dans la Société Francaise", Seite 356)
[299] „Predigten", Paris 1898, Seite 136f. Angeführt von G. Goyau, „L´Idée de Patrie et l´Humanitarisme". Zitiert nach Denis Fahey, „The Mystical Body of Christ and the Reorganization of Society", Regine Publications LTD., Dublin/Irl. 1984, Reprint aus dem Jahre

Nicht zitierte weiterführende Literatur

Grundsätzliches

Bohlinger, Roland, „Ist die Freimaurerei eine nach Art. 9 II GG verbotene Vereinigung?", Verlag für ganzheitliche Forschung, Viöl (Aktuelle Sicht gegen die Freimaurerei), 1996   **Verein deutscher Freimaurer**, „Die Vernichtung der Unwahrheiten über die Freimaurerei" (Klassiker der Verteidigungsschriften)

Über die Illuminaten (Zeitgenössisches, zeitliches geordnet)

„Originalschriften des Ordens und Bundes 'der Erleuchteten'" (Illuminaten), München 1781, **A. Francois**   „Apologie der Illuminaten", **Adam Weishaupt**, Frankfurt/Leipzig/Nürnberg 1786   „Einige Originalschriften des Illuminaten-Ordens, welche bei Zwack durch vorgenommene Hausvisitation zu Landshut den 11. und 12. Oct. 1786 vorgefunden worden". **Auf höchsten Befehl seiner Churfürstlichen Durchlaucht zum Druck befördert**, München 1786/1787   „Nachtrag von weitern Originalschriften, welche die Illuminatensekte überhaupt, sonderbar aber den Stifter Adam Weishaupt betreffen, und bey der auf dem Baron Bassusischen Schloß zu Sandersdorf, einem bekannten Illuminatenneste, vorgenommenen Visitation entdeckt, sofort **auf Churfürstlichen höchsten Befehl gedruckt** und zum geheimen Archiv genommen worden sind, um solche jedermann auf Verlangen zur Einsicht vorlegen zu lassen", München 1787   „Der ächte Illuminat oder die wahren unverbesserten Rituale der Illuminaten", **Joh. Heinr. Faber** (Hrsg.), Frankfurt/Main 1788   „Philo´s endliche Erklärung und Antwort, auf verschiedene Anforderungen und Fragen, die an ihn ergangen, seine Verbindung mit dem Orden der Illuminaten betreffend", Hannover 1788   „Abhandlung über den Bund der Illuminaten", **Marquis de Luchet**, Paris 1789   „Pythagoras oder Betrachtungen über geheime Welt- und Regierungskunst", **Adam Weishaupt**, Frankfurt/Leipzig 1790   „Die neuesten Arbeiten des Spartacus und Philo in dem Illuminatenorden", **Ludwig Adolf Christian von Grolmann** (Hrsg.), Frankfurt/Main 1793/1794   „Fragmente zur Biographie des verstorbenen Geheimen Raths Bode in Weimar", *A. Hoffmann*, Wien 1795

Über die Freimaurerarbeit von 1789

Albancelli, Copin, „Die geheime, gegen Frankreich gerichtete Macht"   **Barruel, Abbé Augustin**, „Mémoires pour servir à l´histoire du Jacobinisme", London und Paris 1797/98   **Delassus, Mgr.**, „La conjuration antichrétienne" (Band 1 und 2)   **d´Estampes, Louis/Janet, Claudio**, „La Franc-Maconnerie et la Revolution"   **Lefranc, Abbé**, „Die Lüftung des Schleiers für alle Neugierigen oder das mit Hilfe der Freimaurer offenbar gewordene Geheimnis der französischen Revolution", Paris, Verlag Le Petit, 1791   **Lefranc, Abbé**, „Die Verschwörung gegen die katholische Religion und die Fürsten", 1792   **Molleville, Bertrand de**, „L´Histoire de la Revolution"   **Poncins, Vicomte Leon de**, „Secret Powers Behind Revolution: Freemasonry and Judaism" *   **Robison, John**, „Proofs of a Conspiracy", Edinburg/London 1797/1798 *   **Sourdat**, „Die wahren Anstifter der Revolution", 1797   **Webster, Nesta**, „French Revolution", 1919

Kapitel 4.5

Von der mosaischen Hochgrad-Freimaurerei zur alljüdischen Sammlungsbewegung

Der Alte und Angenommene Schottische Ritus

Der Illuminat Br. Freiherr von Knigge schrieb am Ende seiner Tage rückblickend: „Die Juden sahen sein, daß die K. K. (Königliche Kunst, also Maurerei, der Verf.) ein Mittel sei, ihr geheimes esoterisches Reich zu begründen."[300] Die Leistungsfähigkeit dieses Systems haben wir gesehen. Vor dem Hintergrund eines weltweiten Plans zeigten die Revolutionierungen der USA und Frankreichs aber auch Schwachstellen auf. Beide Entwicklungen konnten erst in Gang gesetzt werden, nachdem die jeweiligen Maurerbünde vom Ausland her (Frankreich resp. Bayern) „befruchtet" bzw. infiziert worden waren. Dieser Schritt schien geboten, weil die Logen in allen Teilen der Erde nach gewisser Zeit dazu tendierten, einen gewissen „Lokalkolorit" anzunehmen und somit, wenn auch nur marginal, übergeordnete Weisungen eigenen Belangen unterzuordnen.

Da beide Faktoren der globalen Strategie des Geheimvatikans entgegenstanden, mußte diesem dringend an einer möglichst perfekten Durchdringung des gesamten Freimaurerwesens gelegen sein. „Kontrolle ohne kontrolliert (gesehen) zu werden" wurde dabei - wie gesehen - zuerst durch das anonymisierte Hochgradwesen der „Schottischen Maurerei" erreicht. Es fällt dabei auf, daß diese besonders effektive Richtung des Logentums von Anfang an unter jüdischer Leitung stand. In diesem Zusammenhang haben wir von dem französisch-mosaischen Kaufmann Etienne Stephan Morin gehört, der im Jahre 1761 beauftragt wurde die Hochgradfreimaurerei in Amerika einzuführen.[301] Hier befreundete sich Morin rasch mit seinem Glaubensbruder Moses Michael Hayes, „der um 1768 zum Deputierten General-Inspektor der Maurerei von Nordamerika bestellt" wurde.[302] Beiden Männern blieb es vorbehalten, in den USA das brüderliche „Schottentum"

---

[300] Erich und Mathilde Ludendorff, „Die Judenmacht - Ihr Wesen und Ende", Ludendorffs Verlag GmbH, München 1939, Seite 61 Das Buch bezieht sich auf ein Zitat des Hochgradbruders Didler - Mitglied der Großen Landesloge von Deutschland.
[301] Br. J. G. Findel, *Geschichte der Freimaurerei*, S. 320 ff. sowie „Allgemeines Handbuch der Freimaurerei", 3. Auflage, von Lennings Encyklopädie der Freimaurerei, Leipzig 1900/1901.
[302] Encyclopaedia Judaica, 17 Bände, Jerusalem 1972ff. Stichwort „Freemasons".

zu einer wahren Weltmacht zu erheben, indem sie die Einheitlichkeit dieser Logen auf eine neue Stufe stellten.

Solange es möglich war, daß in jedem Kleinststaat ein Hochgradsystem nach eigenen Regeln funktionierte, solange hier dieser und da jener Großmeister das Sagen hatte und solange die verschiedenen Organisationen untereinander gar konkurrierten, war das Schottentum für den Geheimvatikan lediglich national verwendbar. Da das Papstwesen Jahwes aber globalen Zielen zusteuert, mußte ihm daran gelegen sein, die Maurerei weltweit zu vereinheitlichen um sie schließlich von einem Punkt aus zentral beherrschen und damit steuern zu können. Zu diesem Zweck wurde unmittelbar nach dem Niedergang der Französischen Revolution in den USA eine weltweit operierende und von äußeren Grenzen völlig unabhängige Loge auf die Beine gestellt.

Ausgangspunkt dieses ehrgeizigen Projekts war die Oberste Loge des Morinschen Perfektions-Ritus, deren Grundstein im Jahre 1783 von dem Hebräer Isaac da Costa gelegt wurde. Aus dieser Geheimgesellschaft hervorgehend und am gleichen Ort - in Charleston/South Carolina - wurde am 31. Mai 1801 die „Südliche Jurisdiktion" des Schottischen Ritus aus dem Kindbett gehoben. Als Vater des Gebildes gilt gemeinhin der bereits gestreifte Zionsjünger Moses Michael Hayes[303], welcher bereits 1797/1798 zu Philadelphia das Große Kapitel der "Royal Arch Maurerei" errichtet hatte. Letzten Endes standen aber eine ganze Reihe weiterer Maurer Hayes bei dem Akt zur Seite, der erst begonnen wurde, nachdem man sich mit Br. Stephan Morin beraten hatte.[304]

Auch unter den restlichen Taufpaten - in erster Linie werden hier immer wieder die Namen von Abraham Alexander, T. B. Bowen, Frederick Dalcho, Israel De Lieben, Emanuel DeLaMotta und John Mitchell genannt - war der hebräische Anteil überragend. Die „American Historical Society" berichtet in ihrem Band 19, daß die Volkszugehörigkeit von Mitchell, Dalcho und Alexander bisher nicht aufgeklärt werden konnte, setzt aber bedächtig hinzu, „obwohl der Verdacht oftmals ausgesprochen wurde, daß diese drei Juden gewesen wären." Im genannten Werk findet sich eine Liste von Persönlichkeiten, die dem „Grand Conseil" angehörten und aus der zu ersehen ist, daß praktisch alle führenden Männer dieses neuen Großrates Hebräer waren. Abraham Alexander war der Großsekretär dieses Rates im 33. Grad, Isaac Cantor und Emanuel DeLaMotta im 33. Grad wurden Großschatzmeister, Jacob Deleon, Israel De Lieben wurden Generalinspekteure, Morris Goldsmith, Salomon Harby, Moses Michael Hayes (Großmeister von Massachusetts), David Labat, Moses C. Levy, Samuel Myers und Abraham Sasporte gehörten ebenfalls diesem „Sanhedrin" an. Cantor, Deleon, Goldsmith, Levy, Labat und Sasporta gehörten alle zusammen der Beth Elohim-Synagoge an. Als weitere prominente Gründungsväter israelitischer Herkunft wären noch Moses

---

[303] Encyclopaedia Judaica, 17 Bände, Jerusalem 1972ff. Stichwort „Freemasons".
[304] Publications of the American Jewish Historical Society, Bd. 19, published by the Society, 1910.

Cohen, Dr. Isaac Held, Moses Levi, Moses Peixotto und - last but not least - „Perfektions"-Guru Isaac DaCostoa zu nennen.[305]

Da Morin „sein" Hochgradsystem zuerst unter den Juden in der Südsee installiert hatte, kann es nicht überraschen, daß der Gründungskreis des A&A Schottischen Ritus immer wieder dorthin zurückgeführt wird. So schreiben amerikanischer Bürgerrechtler gar nicht zu Unrecht, daß dieser „Kabbalismus aus dem jüdischen Viertel von Curacao" in die Staaten gelangt sei. Er erfuhr danach laufend durch mosaische Karibik-Abwanderer Verstärkung. Diese illuminierten Israeliten - erfahren wir weiter - waren zu einem hohen Anteil Sklavenhändler und -halter.[306]

Ebenfalls Sklavenhalter war der geadelte Kelte Alexandre de Grasse, der vor seiner Flucht in die USA auf Haiti die französischen Farmer in ihrem Unterdrückungskrieg gegen die aufbegehrenden Schwarzen angeführt hatte. 1801 setzte er sich nach Charleston ab, wo er an der Gründung der Schottischen Mutter-Weltloge teilhatte.[307] Grasse war einer jener Pilgerväter, die durch Gründung ausländischer Tochterlogen das A&A-Virus in die Welt trugen. Auf jeden Fall zeichnete er für die Errichtung Oberster Räte in Jamaika (1803), Frankreich (1804) und Italien (1805) verantwortlich. In erster Linie aber sorgten esoterisch bzw. maurerisch interessierte Juden für die Verbreitung des Ordens. Und da bereits damals in praktisch allen Teilen der Erde israelitische Gemeinden bestanden, war bald der gesamte Globus mit einem engmaschigen Schottenmuster überzogen: Ein Netz, das die selbst von seinen Sekundanten nicht immer durchschaute Spinne Geheimvatikan nutzen konnte, um die Menschheit ihrer alttestamentarischen Bestimmung entgegenzuführen...

Der freimaurerische B`nai B´rith

Am 13. Oktober 1843 hatten sich im Sinsheimer Café, in der düsteren Essexstreet im Wallstreetviertel New Yorks, eine Anzahl Emigranten versammelt, um zu einer Ordensbegründung der ganz besonderen Art zu schreiten. Die Männer waren ausnahmslos deutsche Juden, darunter ein Fernverwandter der Rothschilds, Morton Cohen. Ihr Ziel war es, eine Loge der Auslese zu gründen. So entstand der "United Order of B'nai B'rith" (U.O.B.B.), zu deutsch der „B'nai B'rith - Orden". Dem Vorbild des Alten und Angenommenen Schottischen Ritus folgend umspannte er bald den ganzen Erdball, den er der einfachen Verwaltung halber in 17 „Distrikte" aufteilte hatte.

---

[305] Executive Intelligence Review, „The Ugly Truth about the ADL", Executive Intelligence Review, Washington D.C. 1992, Seite 11
[306] „The New Federalist" (Hrsg.), „Bring Down The Pike Statue Now", Leesburg/VA, April 1993, Seite 18
[307] „The New Federalist" (Hrsg.), „Bring Down The Pike Statue Now", Leesburg/VA, April 1993, Seite 18

Es würde hier zu weit führen, alle Prominenten namentlich aufzuzählen, die fortan Brüder dieses erhabenen Freimaurerzirkels waren. Im B´nai B´rith vereinigten sich staatenübergreifend führende Medienzaren, Bankiers, Politiker, Diplomaten, Verleger, Zeitungsmagnaten, einfach jedermann von Rang und Einfluß. Kommunisten wie millionenschwere „Kapitalisten", Gewerkschaftsführer wie Arbeitgeber reichten sich hier die Hand zum Bunde.

Nun ist die Maurerei bekanntlich ganz allgemein bestrebt, die Creme der Gesellschaft in ihren Reihen zu vereinen. Deshalb liegt die Besonderheit des B´nai B´rith auf einem anderen Gebiet: Dieser Ritus widersprach von Anbeginn seines Bestehens an eklatant gegen den freimaurerischen Grundsatz der Gleichheit von Völkern, Nationen, Konfessionen innerhalb der "einen Bruderkette". All diese frommen Forderungen der Loge haben im U.O.B.B. keinerlei Geltung. In diesen heiligen Hallen wird nämlich einzig und allein Juden Zutritt gewährt. Die allgemeine Gleichstellung, die den Juden durch das Eintreten christlicher Maurer in Orden und Gesellschaft zuteil geworden war, verweigerten sie hier ihrerseits ihren Gönnern...

Dieses religiös-ethnische Ausnahmegesetz schafft dem B´nai B´rith natürlich einen unschätzbaren Vorteil gegenüber der "normalen" Freimaurerei. Durch Doppelmitgliedschaften seiner hebräischen Brüder erfährt er in jedem Grad, was sich in anderen Freimaurerlogen ereignet oder besprochen wird - der Informationsfluß bewegt sich aber nicht zurück.[308] Und so ist über die Arbeiten des B'nai B'rith außer dem, was der Orden selbst in seinen offiziellen Kundgebungen darüber zu sagen beliebt, kaum etwas nach außen gedrungen.

Da der Logenaufbau jedoch hier wie dort identisch ist und die gemeinsame Geschichte einander gewissermaßen verbindet, darf man dem Urteil manch unbeschnittenen Bruders wohl Glauben schenken. In der „Freimaurer-Zeitung" vom 3. Juli 1897 sagte Br. Paul Richter: "Gerade wie in der Freimaurerei ist die praktische Wohltätigkeit nicht das Hauptziel des Ordens. Die wahren Ziele sind ganz anderer Natur." Und die freimaurerische Latomia berichtet in ihrer Ausgabe vom Mai 1929 auf Seite 60, daß der B.B. „rein jüdischen Zwecken dient."[309] Welche aber sind das?

Ein deutlich auf die Absichten des Geheimvatikans hindeutendes Indiz liegt bereits im Namen der Gemeinschaft enthalten. B'nai B'rith, jiddisch "Bne Briss", sephardisch "Beni Berith" ist als "Söhne des Bundes" zu übersetzen, wodurch sich

---

[308] Nach dem gleichen Organisationsprinzip verfährt die 1846 ebenfalls in New York gegründete mosaische Tochtergesellschaft „United Order of True Sisters". Hier werden die hebräischen Ehefrauen prominenter und einflußreicher Persönlichkeiten beständig an ihre Verpflichtungen gegenüber dem Judentum erinnert.
[309] Friedrich Hasselbacher, „Entlarvte Freimaurerei", Band I., Verlag Richard Geller, 1934, Archiv-Edition im Verlag für ganzheitliche Forschung und Kultur, Viöl 1992, Seite 84

der Orden direkt auf den althebräischen „Bund" mit Gott Jahwe beruft.[310] Ganz in diesem Sinne referierte der U.O.B.B. selbst in der Festschrift zum 50jährigen Bestehen in Deutschland: „Das Wort B´nai B´rith erinnert an jenen erhabenen Moment, da unsere Ahnen am Fuße des Berges Horeb standen und die Botschaft vernahmen: Ihr sollt mir ein Reich von Priestern, ein heiliges Volk sein!" Und nach dem „American Yewish Yearbook" „besitzt der B'nai B'rith... eine lange Tradition der Verbundenheit und Förderung der Synagoge."[311]

Tatsächlich sitzen in dieser Organisation nicht wenige religiös-fundamentalistische Juden. Was indes interessant ist: Hier reichen orthodoxe Rabbiner ihre Bruderhand nationalgesinnten Zionisten, internationalen Weltbürgern, ja sogar „selbstvergessenen" Assimilierten. - In der profanen Welt wäre ein solcher Schritt undenkbar. Die in der Öffentlichkeit auftretenden Gegensätze, ob echt oder nur gespielt, haben hingegen hinter den undurchschaubaren Tempelmauern des B´nai B´rith für leitende Funktionäre keine Bedeutung mehr. Einzig und allein die gemeinsame Besinnung auf ein vor Urzeiten überkommenes Erbe ist es, die hier zählt. Während der Geheimvatikan in der übrigen Menschheit durch die Weltmaurerei nationale und kulturelle Gebundenheiten zu sprengen, religiöse und staatliche Autorität zu unterminieren und die Völker durch Mischung zu atomisieren sucht, führt er über die jüdischen Logen das Hebräertum wieder zur Bluts- und religiösen Geschlossenheit zurück...

Untersuchen wir vor diesem Hintergrund das unterirdische Wirken des B´nai B´rith von seiner Entstehung bis heute, dann tritt dessen Aufgabenstellungen recht klar zutage: Der Orden versteht sich als ebenso verdeckt wie international operierende Schaltzentrale des Judentums, welche die wichtigsten Unternehmungen des Geheimvatikans innerhalb der mosaischen Gemeinde koordiniert und nach außen rechtfertigt.[312] Plastisch wird diese Zielsetzung in den Worten des Logenbruders Magnin, der frecherweise im halböffentlichen „B´nai B´rith magazine" schrieb: „Die B'nai B'rith sind nur ein Notbehelf. Überall dort, wo die Freimaurerei ohne Gefahr zugeben kann, daß sie der Natur wie dem Zweck nach jüdisch ist, reichen die gewöhnlichen Logen für die Arbeit aus."[313] Die B´nai B´rith-Führung handelt dabei ganz konkret und sehr wahrscheinlich auch bewußt nach den Vorgaben des Geheimvatikans.

Bald wurde ihr eine zweite mächtige Organisation an die Seite gestellt, die nicht ohne Zutun des U.O.B.B. ins Leben trat...

---

[310] Nach der in den 20er Jahren in England erschienene Jewish Encyclopaedia, Artikel ´B´nai B´rith. Zu Einzelheiten siehe den „Bund" Jahwes mit Abraham und Isaac sowie Mose, unter anderem 1. Mose 17 bzw. 2. Mose 24.
[311] Bernard Postal, American Yewish Yearbook, Nr. 45, 1943/44, Seite 111
[312] Die letztere Position wird dabei vor allem durch die dem U.O.B.B. angeschlossene „Anti-Defamation-League" wahrgenommen, welche erst vor kurzem in den USA wegen Spionage für Israel in die Schlagzeilen geriet.
[313] „B´nai B´rith Magazine", Bd. XLIII, Seite 8. Zitiert nach Jacques Ploncard d'Assac, *Rätsel und Geheimnisse: die B'nai B'rith*, In: *Kyrie eleison*, Nr. 4/1987, Seit 63

Die Alliance Israélite Universelle

Im Jahre 1860 wurde in Paris die erste öffentliche und weltumspannende politische Organisation des verstreut lebenden Judentums aus der Taufe gehoben: Die "Alliance Israélite Universelle" (AIU).

Am Taufbecken dieser Gemeinschaft befanden sich drei Gruppen von Männern. Zunächst einmal wären der Rabbi von Thorn (Russland) Hirsch Kalisher und Moses Hess, der ideologische Ziehvater von Karl Marx, zu nennen. Dieses sehr zurückgezogen agierende Zweigestirn gilt als eigentlicher Inspirator und Strippenzieher der Alliance. Abgesetzt davon und im Rampenlicht stehend finden wir die offiziellen Funktionäre der ersten Stunde, deren Namen man getrost gleich wieder vergessen kann: Aristide Astruc, Isidor Cahen, Jules Carvalho, Narcisse Leven, Eugene Manuel und Charles Netter. Und dann gab es schließlich noch zwei Männer, die das weitere Schicksal der Alliance über Jahre prägen und bestimmen sollten: Zum einen Sir Moses Montefiore, seines Zeichens Hochgradfreimaurer der Londoner Loge "Mount Moriah" (Tempelberg) [314], Schwager des einflußreichen Bankiers Nathan Mayer Rothschild und Führer des britischen Judentums, zum anderen Isaac Adolphe Crémieux, französischer Justizminister des Revolutionsjahres 1848, Höchstgradmaurer[315] und von 1860 bis zu seinem Tod Großmeister des französischen Großorients - somit also Leiter des schottischen Freimaurertums der Grande Nation.[316]

Es war schon mit den Persönlichkeiten der Gründer der Alliance gegeben, daß diese alljüdische Weltorganisation in England, Frankreich, Belgien, Spanien, Portugal, Italien und Polen sowie in den Staaten Südamerikas in Organisationsgemeinschaft mit der Hochgradfreimaurerei des Großorients zusammengeschlossen wurde. Zwischen der obersten Leitung der Alliance und der des Großorients bestand fortan im weitestem Umfang Personalunion. Die Verbindung zwischen Freimaurertum und der "Israelischen Allianz", die anfangs durch Cremieux hergestellt war, wurde mit der Zeit so eng, daß alle Freimaurer, die den 18. Grad des Großorients erreicht hatten, damit auch Mitglieder der Allianz werden konnten. Noch Jahrzehnte später konnte der christdemokratische deutsche Finanzminister und Vizekanzler Matthias Erzberger schreiben: "Wenn der

---

[314] Allan Oslo sowie Eugen Lennhoff/Oskar Posner (Hrsg.), „Internationales Freimaurer-Lexikon", München/Zürich/Wien/Graz 1932. Bereits 1855 hatte sich Montefiore in Palästina einen umfangreichen Grundbesitz gesichert.
[315] 1832 wurde Cremieux durch den Großkommandeur des (Cagliostro'schen) Misraim-Ritus, den Hebräer Marc Bédarride, in den 81. Grad, der höchsten kabbalistischen Stufe dieses Ordens aufgenommen. (Siehe *De L'Ordre Maconnique de Misraim* von Marc Bédarride, Band II, 1845, Paris, Imprimerie de Bénard et Comp., Passage de Caire 2, S. 269 ff.)
[316] Verein deutscher Freimaurer (Hrsg.), „Allgemeines Handbuch der Freimaurerei", Max Hesse's Verlag, Leipzig 1900, Band I, Seite 164. Hier wird Crémieux' Titel in maurerischer Sprache wie folgt wiedergegeben: "Souveräner Großkommandeur des Obersten Rates (Supreme Conseil) des französischen Großorients". Die „Encyclopaedia Judaica" (17 Bände, Jerusalem 1972ff., Artikel „Freemasons") behauptet, daß Crémieux erst seit 1869 über den Schottischen Ritus in Frankreich präsidiert habe, was zu spät angesetzt ist.

freimaurerische Großorient von Paris zusammentritt, so ist das fast gleichbedeutend mit einer Versammlung des Hauptvorstandes der ´Alliance Israélite´".[317]

Offiziell stellte sich die AIU den Aufgaben, "1. allerwärts die Emanzipation und den moralischen Fortschritt der Juden zu fördern und 2. allen denen, die um deswillen, weil sie Juden sind, Verfolgungen erdulden, tatkräftigen Beistand zu leisten."[318] Diese hehren Ziele entbehrten aber im Grunde keines speziellen Beistandes mehr, da zu dieser Zeit allerorten die noch verbliebene Judengesetzgebung fiel und sich vor allem das durch die Person D´Israeli jüdisch geleitete England in aller Welt erfolgreich zum Fürsprecher des Auserwählten Volkes machte. Es ist daher vielfach vermutet worden, die Gründung dieses israelischen Weltbundes habe anderen, weniger bescheidenen Zielen gedient. Tatsächlich gibt es Beweise dafür, daß die Ziele der AIU viel weiter gesteckt sind, daß sie getreu der messianischen Verheißung für die globalen Aspirationen des Geheimvatikans arbeitet und dafür die Kraft aller Juden der Welt mobilisieren will.

Das Manifest, das als bestimmende Figur der nachmalige Präsident[319] Adolphe Isaac Crémieux zur Gründung der Weltallianz 1860 an die "Juden des Universums" verschickte, ist in dieser Hinsicht aufschlußreich, da es erstmalig die Ziele der Gemeinschaft offenbart. In diesem Programm, das auf dem Kopf die Tafeln Mosis, etwas tiefer zwei sich berührende, ausgestreckte Hände und darunter den Globus zeigte schreibt Crémieux[320]:

"Die Union, die wir gründen wollen, soll keine französische, englische, irische oder deutsche, sondern eine jüdische Weltunion sein. Andere Völker und Rassen sind in Nationalitäten geteilt. Wir allein haben keine Staatsbürger, sondern nur Glaubensgenossen unter uns. Nicht eher wird ein Jude der Freund eines Christen oder Moslem sein, bevor nicht der Augenblick kommt, in dem das Licht des Judenglaubens über die ganze Erde erstrahlen wird. Unsere Nationalität ist die Religion unserer Väter, und keine andere Nationalität erkennen wir an. Wir bewohnen fremde Länder, und wir brauchen uns nicht um die wechselnden Interessen von Ländern zu kümmern, die uns völlig fremd gegenüberstehen. Die jüdische Lehre muß die ganze Erde überziehen. Israeliten! Egal wohin das Schicksal führt - obwohl über die ganze Welt zerstreut, müßt Ihr Euch doch immer vergegenwärtigen einer auserwählten Rasse anzugehören. Wenn ihr erkennt, daß der Glaube Eurer Ahnen eure einzige Vaterlandsliebe ist, wenn ihr erkennt, daß ihr unter Ausschaltung der Nationalitäten, die ihr bekennt, immer und überall eine einzige Nation bleiben und bilden werdet, wenn ihr daran glaubt, daß das Judentum allein die einzige religiöse und politische Wahrheit ist, dann, ihr Juden des Weltalls, kommt und hört unseren Ruf und gebt uns eure Zustimmung. Unsere Sache ist groß

---

[317] Friedrich Hasselbacher, „Entlarvte Freimaurerei", Band I., Verlag Richard Geller, 1934, Archiv-Edition im Verlag für ganzheitliche Forschung und Kultur, Viöl 1992, Seite 159
[318] Dubnow, „Die älteste Geschichte des jüdischen Volkes", Band IX, Seite 458
[319] Von 1863 bis 1867 und nochmals von 1868 bis zu seinem Tod 1880. Vor Cremieux war Königswarter kurzzeitig das Haupt der Alliance.
[320] Nach „Morning Post" vom 6. September 1920

und heilig, und ihr Erfolg ist garantiert. Das Christentum, unser Feind von jeher, von gestern und heute, liegt im Staube, tödlich aufs Haupt geschlagen. Das Netz, das Israel über den Erdball wirft, nimmt täglich an Ausdehnung und Größe zu, und die bedeutungsvollen Weissagungen unserer heiligen Bücher gehen ihrer Erfüllung entgegen. Die Zeit ist nahe, wo Jerusalem das Bethaus für alle Nationen und Völker wird und das Banner des jüdischen Monotheismus entrollt und an den fernsten Gestaden gehißt wird.[321] Nutzen wir die Gelegenheit! Laßt uns von allen Umständen Gebrauch machen. Unsere Macht ist unermeßlich, lernen wir, sie für unsere Sache einzusetzen. Wovor müßt Ihr Euch noch fürchten? Der Tag ist nicht mehr fern, wo alle Reichtümer, alle Schätze der Erde das Eigentum der Kinder Israels geworden sind."[322]

Wenig später würdigte Cremieux in den von ihm selbst herausgegebenen Archives Israélites[323] noch einmal die bedeutende Gründung, abermals den Hinweis auf das kommende Weltreich unter jüdischer Führung nicht ausklammernd: "Ein Messianismus der neuen Zeit(en) muß anbrechen und sich entwickeln/entfalten, ein Jerusalem einer neuen Ordnung, heilig gegründet zwischen dem Morgen- und Abendland, muß sich an die Stelle der Doppelreiche der Kaiser und Päpste setzen. Ich verberge es mir nicht, im Laufe einer langen Reihe von Jahren habe ich keinem anderen Gedanken als diesem Werk nachgehangen... Die Alliance Israélite Universelle hat ihre Wirksamkeit kaum begonnen, und schon läßt sich ihr Einfluß in der Ferne spüren. Sie beschränkt sich nicht nur auf unseren Kultus, sie wendet sich an alle, sie will in alle Religionen eindringen, wie sie in alle Länder gedrungen ist. Die Nationen sollen verschwinden! Die Religionen sollen vergehen! Israel aber wird nicht aufhören! Denn dieses kleine Völkchen ist das auserwählte Gottes!"

---

[321] Bezug auf Jesaja 56, 6-7: "Die Ausländer, die sich Jehova angeschlossen haben, um ihm zu dienen (... und) ihm zu Knechten zu werden... will ich zu meinem heiligen Berg bringen... Denn mein eigenes Haus wird ein Haus des Gebets für alle Völker genannt werden.
[322] Bezug auf Psalm 2, 8-9 "Erbitte von mir, so gebe ich dir die Nationen zum Erbe und die Enden der Erde zum Besitz. Du wirst sie mit eisernem Zepter zerbrechen, wie ein Töpfergefäß wirst du sie zerschmettern" sowie Jesaja 60, 2: "Denn siehe, Finsternis, sie wird die Erde bedecken und dichtes Dunkel die Völker; aber über dir wird Jehova aufleuchten..." 60, 3: "Und Nationen werden zu deinem Licht gehen und Könige zum Glanz deines Aufleuchtens" 60, 5: "Zu jener Zeit (wird) der Reichtum des Meeres sich dir zuwenden; ja das Vermögen der Nationen wird zu dir kommen" 60, 10: "Und Ausländer werden deine Mauern bauen, und ihre eigenen Könige werden dir dienen..." 60, 11: "... das Vermögen der Nationen (bringt man) zu dir, und ihre Könige werden die Leitung übernehmen" 60, 12: "Denn irgendeine Nation und irgendein Königreich, die dir nicht dienen werden, werden zugrunde gehen; und die Nationen selbst werden der Verwüstung anheimfallen" 60, 14: "Und zu dir sollen, sich verbeugend, die Söhne derer gehen, die dich niederdrückten; und alle, die dich respektlos behandelten, sollen sich direkt zu deinen Fußsohlen niederbeugen, und sie werden dich die Stadt Jehovas, Zion des Heiligen Israels, nennen müssen." 60, 16: "Und du wirst die Milch der Nationen saugen, und an der Brust von Königen wirst du saugen..." 60, 17: "...und ich will den Frieden zu deinen Aufsehern einsetzen und die Gerechtigkeit zu deinen Arbeitszuteilern."
[323] „Archives Israélites", Heft/Band 25, Seite 514f., 15. Juni 1861 und gl. Dat. 1864 - u. a. nach „Revue Internationale des Sociétés secrètes" von 1922, Seite 213 sowie Huber, E., „Freimaurerei", o.J. (1934?), Seite 160. Die „Revue internationale des Sociétés secrètes" erschien vom 1. Januar 1912 bis zum Ausbruch des Zweiten Weltkrieges. Als Herausgeber fungierte bis zu seinem Tod 1932 der Apostolische Protonotar Abbé Ernest Jouin.

Soweit eine Selbstbeschreibung der ersten international-öffentlichen Vertretung des Judentums, die auf viele Jahrzehnte hinaus den stärksten Einfluß auf das Schicksal der Israeliten ausüben sollte. Es ist kaum daran zu zweifeln, daß Crémieux jedes seiner Worte ernst meinte und daß wir hier den eigentlichen - talmudistischen - Zielen der Alliance Israelite Universelle gegenüberstehen.

Die fundamentalistische Geistlichkeit jedenfalls scheint an dem eigentlichen Wesen der nur scheinbar weltlichen Alliance nie gezweifelt zu haben. Wie sonst soll man erklären, daß kein geringerer als der Oberrabbiner von Frankreich im Jahre 1868 unwidersprochen dozieren durfte: "Der Messias, ob Mensch oder Idee, den der Jude erwartet, dieser gloriose Feind des Christenheilandes, ist noch nicht gekommen, aber sein Tag naht. Schon fangen die Völker an, geführt von den Gesellschaften der Regeneration, des Fortschritts und der Erleuchtung[324], sich vor Israel zu neigen. Möge die ganze Menschheit, fügsam der Philosophie der Alliance Israelite Universelle, dem Juden Folge leisten, ihm, der die Intelligenz der vorgeschrittenen Völker beherrscht. Die Menschheit wende ihr Antlitz zur Hauptstadt der erneuerten Welt; dies ist nicht London, nicht Paris, nicht Rom, sondern das aus den Ruinen entstandene Jerusalem, welches zugleich die Stadt der Vergangenheit und der Zukunft ist."[325]

---

[324] d. i. die Freimaurerei
[325] *Archives Israel*, XI, S. 495

Soziale Einrichtungen und Vorstellungen sind ebenso wie die Religion typische, ursprüngliche Schöpfungen der Rasse. Das Rassenproblem liegt hinter allen Problemen der Nationalität und Freiheit verborgen. Die ganze Vergangenheit war ein einziger Kampf unter den Klassen und Rassen. Der Rassenkampf ist erstrangig, der Klassenkampf zweitrangig. *(Moses Hess, „Rome and Jerusalem", 1862, Neuauflage New York 1958, Seite 10)*

Es war niemals Ziel des Zionismus, die Juden dort zu retten, wo sie lebten, oder vor Ort ihre Lebensbedingungen zu verbessern. Das Ziel der Staatsgründung und die Existenz eines eigenen Staates hatten Vorrang gegenüber allen anderen Überlegungen. Aus diesem Grund versuchte die zionistische Bewegung, Pläne zur Rettung von Juden innerhalb Europas zu vereiteln, oder vermied es, sich in den Ländern, in denen sie lebten, dem Kampf um demokratische Rechte anzuschließen. Allein das spricht dem Zionismus das Recht ab, sich als nationale Befreiungsbewegung zu bezeichnen - das heißt, als eine Bewegung, die gegen Unterdrückung kämpft. *(Die jüdisch-israelische Soziologin Tikva Honig-Parnass)*[326]

Kapitel 4.6

Die Palästina-Verheissung und die ideologische Begründung des Zionismus

Die erfolgreiche Emanzipation des hebräischen Volkes

Mit ihrem mehr offiziellen Anliegen, das Judentum aus seiner mittelalterlichen Knechtschaft zu erlösen, kam die Alliance in der Tat ein wenig spät... Die politische, soziale wie wirtschaftliche Situation der Israeliten zeigte sich nämlich Mitte des 19. Jahrhunderts glänzend wie nie zuvor. Seit den Revolutionen in Amerika und Frankreich machte die Emanzipation des auserwählten Volkes in der ganzen Welt Fortschritte. Über die bloße Gleichberechtigung hinaus, nahmen Hebräer in den maßgeblichen Machtstaaten eine Stellung ein, die zu ihrem

---

[326] Verein „Gegentagung zum Herzl-Jubiläum" (Hrsg.), „Hundert Jahre Zionismus - Befreiung oder Unterdrückung?", ISP-Verlag, Köln 1998, Seite 121

Bevölkerungsanteil geradezu in krassem Widerspruch stand. Mochten mancherorts noch letzte Restbestände von maßregelnden Sonderbestimmungen für Juden bestehen, so waren diese im Ganzen gesehen dennoch in der Alten wie der Neuen Welt ein (mit)bestimmender Machtfaktor. Hier wie dort kontrollierten sie den Handel, die Börsen und Banken, das Zeitungswesen. Bereits hatten sie ihre ersten Vertreter in die Parlamente entsandt, wo sie einen starken Einfluß auf die Parteienlandschaft und damit die Legislative gewinnen konnten.

Ein anschauliches Beispiel für den parlamentarischen Aufstieg der einstmals Ausgestoßenen Europas bietet die politische Landschaft in Deutschland, die - von ganz links bis ganz rechts - durch hebräische Entscheidungsträger geprägt war. Der revolutionäre Sozialismus nebst der überstaatlich organisierten Arbeiterinternationale waren ureigene Schöpfungen des "Kommunistenrabbi" Moses Hess und seines Schützlings Karl Mordechai-Marx. Die reformatorischen Sozialdemokraten waren von Ferdinand Lassalle gegründet worden, und wurden von demselben auch geleitet. Die Linksliberalen ("Freisinnige") wurden maßgeblich von Ludwig Bamberger, ehemals Leiter des großen Bankhauses von Bischoffsheim und Goldschmidt in Paris, gegründet. Die Rechts- ("National")liberalen hob an führender Position Eduard Lasker aus der Taufe. Lasker entwickelte sich - neben Bennigsen - zum zweitwichtigsten Persönlichkeit der Partei, einen Rang, den ihm allenfalls Friedrich Julius Stahl streitig machen konnte. Stahl, der ebenfalls Gründungsmitglied der Nationalliberalen gewesen war übte auf König Friedrich Wilhelm IV den größten Einfluß aus. Von diesem zum lebenslänglichen Mitglied der damaligen Ersten Kammer (des späteren Herrenhauses) ernannt, entwickelte sich Stahl hier bald zum Führer der auf der äußersten Rechten stehenden Hochkonservativen ("Fraktion Stahl").

Den wichtigsten Schritt aber machte das Volk Jahwe, als es vermittels der Zuarbeit des mächtigen Bankhauses Rothschild im Jahre 1858 gelang, die letzten antijüdischen Gesetzeshürden in der damals führenden Weltmacht, in Großbritannien, niederzureißen. Praktisch nur Momente darauf meldete sich im Parlament die Stimme Israels deutlich zu Wort. Seit diesem Zeitpunkt war eine Symbiose israelitischer und englischer Interessen unübersehbar. Allen anderen Staaten voran nahm sich Britannien nunmehr der Juden in aller Welt an. So wurde das britische Außenamt durch seine Gesandten bereits in den Jahren 1860/1862 erfolgreich wegen noch bestehender Gesetzeslücken zuungunsten des Judentums oder innenpolitischen Streitfällen bei den Regierungen der Wallachei, Korfu und Tripolis vorstellig.[327] Unnötig zu erwähnen, daß diese Einmischungspolitik dem Ansehen Englands in den betreffenden Staaten nicht eben zuträglich war. Indes war die Position Londons viel zu stark, als daß es den solcherart brüskierten Ländern ratsam erschien, einfach die Ohren zu verschließen.

---

[327] Charles Emanuel, „A Century and a Half of Jewish History", 1910. Nach Peter Aldag, „Der Jahwismus beherrscht England", 1940, Archiv-Edition im Verlag für ganzheitliche Forschung und Kultur, Struckum 1989, Seite 145-149

Die im Alten Testament dem Stammesgott Jahwe zugeschriebene Prophezeiung, den exilierten Kindern Israels werde eines Tages die Führerschaft der nichtjüdischen Staaten zufallen, schien langsam seiner Erfüllung entgegenzustreben. Als Präsident der Alliance Israelite Universelle kommentierte Isaak Crémieux diese rosigen Aussichten 1864 mit den seherischen Worten: "Israel wird über die ganze Welt herrschen. Alle Völker und Nationen, die bestehen oder sich bilden werden, werden zerfallen und vergehen; so viel Religionen auch immer bestehen mögen oder aus anderen hervorgehen, sie werden alle verschwinden. Aber Israel wird niemals enden! Dieses kleine Volk ist die Größe Gottes! Die Religion Israels wird nicht untergehen! Diese Religion ist die Einigkeit Gottes! Wer Israel sagt, drückt die Universalität aus. Schreiten wir also fest und entschlossen auf dem Wege, der uns bereitet ist."[328]

Die Gefährdung des jüdischen Kultus

Die zunehmende Öffnung der so lange in altem Kastendenken verharrten Gesellschaften kam nicht allein der ohnehin schon seit langer Zeit begüterten jüdischen Oberschicht zugute. Sie betraf jetzt endlich auch die Masse des Volkes an sich. Immer mehr Juden konnten heiraten, wen sie wollten, wohnen, wo es ihnen gefiel, Berufe ergreifen, die ihren persönlichen Anlagen und Wünschen entsprangen. Eine vollständiges Aufgehen der so lange abseits Gehaltenen unter den Gastländern schien von daher nur eine Frage der Zeit, und dieser Assimilierungsprozeß mußte auf kurz oder lang unausweichlich an den Grundfesten des jüdischen Volkes selbst rütteln.

Es war nur zu klar, daß der einmal in Gang gesetzte ethnische wie kulturelle Angleichungsprozeß am Ende - wenn überhaupt - allein die Religion, nicht aber den anthropologischen Rahmen des Judentums übriglassen würde. Ein Auflösungsprozeß völkerkundlicher Werte aber mußte, gerade vor dem Hintergrund des beide Begriffe gleichsetzenden Alten Testaments, zugleich die Überlieferung der Propheten in Frage stellen. Die Hebräer wären in diesem Falle als überreife Früchte jener Religion zugefallen, die am deutlichsten mit den Grundzügen einer emanzipatorischen Gesellschaft korrespondierte: dem Christentum.

Deshalb - schlicht und ergreifend aber auch weil es ihnen die „Vorsehung" so vorgeschrieben hatte - hatte der Geheimvatikan der bewußt geförderten Emanzipation zugleich einen Ausgleichprozeß attachiert. Demnach sollte ein eigenes jüdisches Staatswesen geschaffen werden, in dem - quasi wie in der Arche Noah - die Juden als Volk, als Religionsgemeinschaft sowie als Kulturträger erhalten und durch die Stürme der Zeit gesteuert werden konnte. Denn erst wenn die Kinder Mose nach Palästina zurückgekehrt und die Welt unter einer

---

[328] *Zeitschrift für Politik*, 1940, Seite 332 (Ballensiefen)

Zentralregierung geeinigt war, sollte sich der Thora zufolge die Bestimmung des Geheimvatikans erfüllt haben.

So tauchte ausgerechnet jetzt auf dem Höhepunkt von Prosperität, Gleichberechtigung und Angleichung eine Bewegung unter den Juden auf, die sich die biblische Prophezeiung zum Ziel setzte, eine große Anzahl ihrer Genossen aus der gastfreundlich gewandelten Heimat zu entfernen, um diese nach fast 2000 Jahren in die längst vergessene, inzwischen türkisch regierte Wüste Sinai zurück zu verpflanzen.

Die ideologische Begründung des Zionismus

Daß dieser Gedanke Jahrtausende alten Endzeitvorgaben des religiösen Judentums entspricht, wurde bereits erwähnt. Das sieht auch Jacob Katz, wenn er schreibt: „Die ideologischen Erklärungen der frühen Zionisten, in denen sie ihrer Überzeugung Ausdruck gaben, ihr Kampf um eine gerechte jüdische Gesellschaft führe das Erbe der alten hebräischen Propheten fort, enthielten oft deutliche messianische Untertöne."[329]

„Rabbi Zvi Hirsch Kalischer und (der Sozialist) Moses Hess", präzisiert Katz, „entwarfen eine proto-zionistische Vision, Hess eine von weltlicher, Kalischer eine von religiöser Färbung, und beide betrachteten sich als legitime Interpreten der messianischen Tradition. Als moderner Denker war Hess natürlich nicht von dogmatischen Rücksichtnahmen behindert und fühlte sich frei, aus der messianischen Tradition dasjenige auszuwählen, was mit seinen Vorstellungen übereinstimmte. Kalischer mußte sich mit den fundamentalistischen Auffassungen auseinandersetzen, und das Ergebnis war ein bemerkenswerter Kompromiß. Er hielt am Dogma eines Personenhaften Messias fest, verlegte jedoch das Datum seiner Ankunft auf einen späteren Zeitpunkt im Erlösungsprozeß, während die unmittelbar zu unternehmenden Schritte - nämlich die Sammlung des Volkes in seinem Heimatland - von ihm als eine menschliche Aufgabe verstanden wurden."[330]

Beschäftigen wir uns an dieser Stelle etwas näher mit Hess, der den Zionismus populärwissenschaftlich auf die breite - auch nichtjüdische - Masse ausrichtete: Bereits 1841 hatte dieses illuminierte Multitalent mit seinem Entwurf einer "Europäischen Tetrarchie" den Gedanken der europäischen Staatenunion vorweggenommen. Auf der anderen Seite gilt er aber auch als maßgeblicher Schöpfer der sozialistischen Ideologie und war der Spiritus Rector, der Marx wie

---

[329] Jacob Katz, „Zwischen Messianismus und Zionismus", Jüdischer Verlag, Frankfurt am Main 1993, Seite 31f.
[330] Jacob Katz, „Zwischen Messianismus und Zionismus", Jüdischer Verlag, Frankfurt am Main 1993, Seite 32f.

Engels auf den Weg gebracht und sie das Verächtlichmachen aller Religionen gelehrt hatte.

In seinem programmatischen Werk "Rom und Jerusalem. Die letzte Nationalitätenfrage" forderte der "Kommunistenrabbi" 1862 einen eigenen Staat für die Juden, womit er zum ideologischen Begründer des Zionismus wurde.[331] Ein Mann, der alle Völker zu Weltbürgern degradieren wollte, der alle nichtjüdische Nationalisten der Engstirnigkeit zieh - man darf nicht vergessen, daß der Nationalismus zu dieser Zeit demokratische Züge trug - predigte den Kindern Israels dagegen: "Wer immer den jüdischen Nationalismus ablehnt, ist nicht nur ein Verräter seines Volkes und seiner Angehörigen. Sollte es sich erweisen, daß die Emanzipation der Juden nicht mit dem jüdischen Nationalismus vereinbar ist, dann müssen die Juden die Emanzipation opfern... Jeder Jude muß an erster Stelle jüdischer Patriot sein."[332]

Mit Recht sieht der Chasside Martin Buber in Heß den "Begründer des modernen zionistischen Gedankenbaus" und betont, "daß es innerhalb dieses Baus nicht ein einziges Prinzip gibt, das nicht bereits in Hessens ´Rom und Jerusalem´ entworfen wäre."[333] Es darf daher nicht verwundern, daß dieser große „Visionär" nicht im Land seiner Geburt und seines Wirkens, in Deutschland, sondern in Israel begraben liegt.

Der biblische Hintergrund des Moses Hess

Hess hatte als Vater des Kommunismus und der sozialistischen Internationale stets die Zerstörung aller „Vaterländer" im Auge gehabt, was auch in seiner Anwaltschaft für den Europagedanken deutlich zum Ausdruck kommt. Gleichzeitig setzte er dem Zionismus das Ziel, die verstreut in der Welt lebenden Juden zu sammeln und ihnen eine Nation zu schenken. Hess hatte seine Schüler Marx und Engels auf die Vernichtung der Religionen eingeschworen. Gleichzeitig war er selbst ein gläubiger Jahwejünger.

Tatsächlich lag in der Religion die eigentliche Antriebskraft dieses naiven Geistern vielleicht mysteriös anmutenden Mannes. Sein erstes Buch trug den Titel "Die heilige Geschichte der Menschheit". Hess behauptete, daß es "ein Werk des Heiligen Geistes der Wahrheit"[334] sei und sagte weiter: "Ich bin gerufen, für das Licht zu zeugen, wie Johannes der Täufer."[335]

---

[331] Auch das Philo „Lexikon, Handbuch des jüdischen Wissens" (Philo-Verlag, Berlin 1937, Seite 291) weist darauf hin, daß Hess als Vordenker des Zionismus zu gelten habe.
[332] Moses Hess, *Ausgewählte Schriften*, Melzer Verlag, Köln 1962, S. 236f.
[333] M. Buber, Israel und Palästina, Zürich 1950, Seite 140
[334] Silberner, Edmund, *Moses Hess*, Brill, Leiden 1966, S. 31
[335] Silberner, Edmund, a.a.O., S. 32. Fragt sich, wer der von Hess ins Feld geführte "Heilige Geist der Wahrheit" nun ist. "Das Licht" bedeutet esoterisch und im Vokabular der Loge "Wissen" und wurde der Gnostik zufolge von Luzifer zur Erleuchtung (Illumination) des Menschen gebracht.

Hess dachte gern in den Formen des Rassismus, so auch in religiösen Fragen. So spöttelte er, daß "die christliche Welt Jesus für einen jüdischen Heiligen hält, der Nichtjude wurde."[336] Hess, für den Jesus "ein Jude (war), den die Heiden als ihren Erlöser vergöttern"[337], meinte, es sei "indogermanisch", wenn ein Mensch persönliche Heilung suche. Ihm zufolge sei aber dazu ein Heiland nicht nötig, wie es das jüdische Volk bewiesen habe. In diesem Sinne schrieb er: "Jeder Jude hat die Veranlagung zu einem Messias, jede Jüdin die zu einer Mater dolorosa."[338] Diese Überhöhung des Judentums, ob in religiöser, kultureller oder gar rassistischer Hinsicht findet sich bei Hess fortlaufend, wenn auch oft versteckt. Das Ziel der Juden muß, laut Heß, ein "messianischer Zustand" sein, "der die Welt nach dem göttlichen Plan gestaltet."[339] "Wir sehnen uns heute nach einer viel umfassenderen Erlösung, als sie das Christentum uns bietet."[340] Während Hess alle Religionen in Grund und Boden verdammte, schrieb er in seinem Buch "Rom und Jerusalem" über "unsere heiligen Schriften", die "heilige Sprache unserer Väter" und "unseren Kult".[341] Und auch die folgenden Worte stammen aus der Feder von Hess: "Unsere (jüdische) Religion hat die Begeisterung einer Rasse zum Ausgangspunkt, die vom ersten Auftritt auf der Geschichtsbühne an das endgültige Ziel der Menschheit voraussah und die eine Vorahnung der messianischen Zeit hatte, in der der Geist der Humanität erfüllt wird, nicht nur in diesem oder jenem Individuum oder auch nur teilweise, sondern den sozialen Einrichtungen der ganzen Menschheit."[342] Und für sich selbst bekennt der sonst so kirchenfeindliche "Kommunistenrabbi", der vorgab, die Religion für das Opium des Volkes zu halten: "Ich wurde stets durch hebräische Gebete aufgerichtet."[343]

In seinem theokratischen "Schlüssel zur Weltgeschichte" schreibt er: "Wir Juden haben seit dem Anfange der Geschichte den Glauben an die messianische Weltepoche stets mit uns herumgetragen. Er ist in unserem Geschichtscultus durch die Sabbathfeier ausgesprochen. In der Sabbathfeier ist der Gedanke verkörpert, der uns stets beseelte, der Gedanke, daß die Zukunft uns ebenso gewiß einen Geschichtssabbath bringen werde, wie die Vergangenheit uns den Natursabbath (d. i. die Ruhe nach der göttlichen Weltschöpfung) gebracht, daß die Geschichte wie die Natur ihre Epoche der harmonischen Vollendung haben werde. Die biblische Schöpfungsgeschichte ist nur wegen des Sabbaths gegeben worden. Sie sagt uns: Als die Schöpfung der natürlichen Welt mit jener des höchst organischen Wesens der Erde, mit dem Menschen vollendet war und der Schöpfer seinen Natursabbath feierte, da erst fingen die Werktage der Geschichte an, da erst begann die Schöpfungsgeschichte der sozialen Welt, welche ihren Sabbath nach der

---

Der "Licht"-Begriff wird als Allegorie häufig von der Freimaurerei verwandt. Daß selbige Brüder Johannes den Täufer als einen der ihren feiern, ist bekannt.
[336] Moses Hess, *Ausgewählte Schriften*, Melzer Verlag, Köln 1962, S. 308
[337] Moses Hess, a.a.O., S. 229
[338] Moses Hess, *Rome and Jerusalem*, Philosophical Library, New York 1958, S. 15
[339] Moses Hess, a.a.O., S. 18
[340] Moses Hess, *Ausgewählte Schriften,* Melzer Verlag, Köln 1962, S. 243
[341] Silberner, Edmund, *Moses Hess*, a.a.O., S. 421
[342] Moses Hess, *Ausgewählte Schriften*, Melzer Verlag, Köln 1962, S. 324
[343] Moses Hess, *Rome and Jerusalem*, Philosophical Library, New York 1958, S. 27

Vollendung der ganzen weltgeschichtlichen Arbeit, in der messianischen Weltepoche feiern wird. Hier haben Sie die hohe Bedeutung der mosaischen Genesis[344], in welcher borniete Supernaturalisten Naturwissenschaft studieren. Wie Sie sehen... gibt uns schon das Sabbathgesetz die Gewißheit von dem in der Natur und Geschichte waltenden, einmüthigen und ewigen Gottesgesetz...

Dieses Weltalter beginnt nach unserer Geschichtsreligion mit der Messiaszeit. Es ist die Zeit, in welcher die jüdische Nation und alle geschichtlichen Völker wieder zu neuem Leben auferstehen, die Zeit der 'Auferstehung der Toten', die 'Wiederkunft des Herrn', des 'neuen Jerusalems´, und wie die verschiedenen symbolischen Bezeichnungen, deren Bedeutung nicht mehr mißverstanden werden kann, sonst noch heißen mögen. Die Messiaszeit ist das gegenwärtige Weltalter, welches mit Spinoza zu keimen begonnen hat und mit der großen französischen Revolution ins weltgeschichtliche Dasein getreten ist...

Das jüdische Volk ist bis zur französischen Revolution das einzige Volk der Welt gewesen, welches zugleich einen nationalen und humanitären Cultus hatte. Durch das Judentum ist die Geschichte der Menschheit eine heilige Geschichte geworden, ich meine ein einheitlicher, organisierter Entwicklungsprozeß, der, mit der Familienliebe beginnend, nicht eher vollendet ist, bis die ganze Menschheit eine einzige Familie sein wird, deren Glieder ebenso solidarisch durch den heiligen Geist, den schöpferischen Genius der Geschichte, verbunden sein werden, wie die verschiedenen Organe eines lebendigen Körpers es mittels einer ebenso heiligen schöpferischen Naturkraft sind."[345]

Das imperiale Wesen des religiösen Zionismus

Wie die Person des Mose Heß so ist auch der von diesem populär gemachte jüdische Reichsgedanke nur vor dem Hintergrund der jahwitischen Religion zu verstehen. Hierin liegt ein zentrales Unterscheidungsmerkmal zu den rein politischen Nationalbewegungen der anderen Völker.

Der religiösisraelitische Zionismus ist die politische Bewegung, auf welcher das Gottesreich auf Erden seiner Verwirklichung entgegengetragen werden soll. Der Judenstaat Israel ist dabei nur ein bzw. das erste Teilstück der Verwirklichung der alttestamentarischen Prophezeiungen. Die Gesamtheit des Gottesreiches umfaßt das Land Kanaan, auf das die Juden Anspruch erheben. Kanaan ist aber nicht einfach die Heimstätte in Palästina; es ist ganz einfach das irdische Paradies, welches alles bebaute Land auf Erden umfaßt, wie es in wörtlicher Übersetzung in dem Bunde genannt wird, den Jahwe, der Gott der Juden, mit ihrem Stammvater Abraham abgeschlossen hat.

---

[344] Bereschit, 1. Buch Mose, von der Weltschöpfung bis Josefs Tod.
[345] Heß, M., *Rom und Jerusalem*, Seite 66 und 70

In diesem Sinne ist das staatliche Domizil, welches ein weltbeherrschendes Bankhaus inmitten der größten Finanznation der Welt erstreben mag, auch nichts anderes als was der Verkünder des sogenannten Kulturzionismus Achad Haam (Dr. Asher Ginzberg) später unter der öffentlich rechtlichen Heimstätte der Juden verstand, das Zentrum. Es handelt sich um die Mitte, an die sich die übrige Welt anlehnt und diese Mitte ist die Kraftquelle, welche ihre Lebensströme bis in die letzten Winkel des Landes Kanaan, also alle „bebauten" Länder der Erde senden wird. Palästina soll als eine Art chassidischer „Vatikanstaat" den Tempel beherbergen, der die gesetzgeberische Macht aufnimmt, aus der eine allgemein gültige Vernunft in alle Diaspora-Gemeinden des Judentums hinausfließt. Daß dieser Zivilisationszentrale alle Macht unterstellt ist, die in irgendeinem Lande der Erde von Juden beherrscht, gelenkt oder beeinflußt ist, gehört zur Konzeption des Reiches, welches wie kein zweites auf Erden, dem Gotte Jehova geweiht ist und die Erfüllung aller Versprechungen seiner Propheten darstellt.

Es ist unbestritten, daß es in den Kindestagen des Zionismus verschiedene, einander zum Teil offen befehdende Strömungen gab. Eine sehr große Anzahl Juden sah in der Etablierung eines eigenen Staatswesens den idealen Fluchtpunkt für ein immer wieder bedrängtes und in Frage gestelltes Volk. In vielen Führern - darunter auch dem großen Theodor Herzl - mag ganz ehrlich der idealistische Wunsch eines Unerlösten lebendig geworden, auf eigener Scholle eine Lebenspyramide der „jüdischen Nation" zu erbauen. Die Orthodoxen dagegen vertraten das wirkliche jüdische Wesen, wenn sie diese Seite des Zionismus als Nachahmung der Lebensauffassung des Abendlandes scharf ablehnten und eine „Weltmission" in Anspruch nahmen, den Versuch aus „Israel" eine Nation wie jede andere zu machen, bewußt als einen „Niedergang" bekämpften.

Auf dem Zionistenkongreß im August 1929 in Zürich begründete der Hess-Bewunderer Martin Buber die verschiedenen Ansichten. Es gebe drei Grundanschauungen von der jüdischen Nation: eine, die besage, Israel sei weniger als eine Nation. Eine zweite, die Israel an die Seite der modernen Nationen stelle. Und schließlich eine dritte, die auch die Ansicht Bubers sei, die Israel über den Nationen zeige. Dazu bemerkte das Frankfurter Zentralblatt der Orthodoxie, „Der Israelit", Nr. 33 vom 15. August 1929: „Das ist es ja, was wir seit Jahr und Tag sagen und womit wir unsere ablehnende Stellung zum modernen Zionismus begründen, daß er nicht Israel über die Nationen stellt, sondern Israel mit und gleich den Nationen lehrt. Wäre die zionistische Ideologie von dem Gedanken der Auserwählten Israels, mit prophetischer Mission führend an der Spitze der Völker zu marschieren, befruchtet, würde Buber, der erfolgreiche Vermittler des biblischen Wortes und Gedankens, die übernationale Aufgabe Israels so verstehen, wie er sie von den Propheten gelernt haben müßte, und rückten dann diese Worte, so verstanden, als Programmpunkte ins Zentrum des zionistischen Denkens und Geschehens, wir hätten kaum noch einen Grund, im Zionismus eine gegensätzliche

Auffassung der jüdischen Nation, ihrer Welthoffnung und Weltaufgabe zu sehen und zu bekämpfen."[346]

Fatalerweise sollte sich der religiöse Nationalstaatsgedanke gegen seine weltlichen Alternativen schließlich durchsetzen.[347]

Rußland zwischen biblischer Auserwähltheit und zaristischer Assimilierungspolitik

Bald schon ging der Geheimvatikan daran, seine Schäfchen auf die Landnahme in Palästina vorzubereiten. Das zentrale Problem lag nun darin, daß das Judentum praktisch an keinem Punkt der Erde ausreichend mit handwerklicher oder bäuerlicher Arbeit - einer Vorbedingung zur Erschließung von Kolonialgrund - vertraut war. Und so mußte die Nationalstaatsbewegung auf das weltweit einzige Land zielen, in dem Glaubensgenossen lebten, die landwirtschaftliche Erfahrungen besaßen: Rußland.

Dem zum Gegensatz aber war die russische Regierung eindringlich bemüht, durch Fortnahme der seit langem bestehenden Ausnahmegesetze aus den im Lande Geknechteten patriotische Bürger zu formen. Motor dieser Politik der ausgestreckten Hand war Alexander II.[348] Diesem Zaren wurde in der Geschichte der Beiname „der Befreier" gegeben, denn er war es, der 1861 das Landvolk in weitgehendem Maße von den drückenden Fesseln des Großgrundbesitzes befreite und die Leibeigenschaft aufhob.[349] Noch im gleichen Jahr erlaubte der Monarch israelitischen Universitätsabgängern das Siedeln und die Übernahme von Regierungsämtern in ganz Rußland. Es ist heute völlig unstrittig, daß Alexander bemüht war, ganz allgemein die Lage seiner jüdischen Untertanen zu verbessern.[350] Konsequenterweise vereinigten sich dagegen in erbitterter Opposition jüdische Orthodoxie und Zionisten, die beide gleichermaßen auf ein ethno-anthropologisch „reines", assimilierungsunwilliges Volk pochten.

Der aufgeklärte Zar aber ließ sich nicht beirren und ging seinen Weg der Liberalisierung beharrlich weiter. Als er 1864 die damals modernste

---

[346] Alfred Rosenberg, „Der Mythus des 20. Jahrhunderts", Hoheneichen-Verlag, München 1943, Seite 464f.
[347] Als die UNO-Vollversammlung Ende 1975 vor dem Hintergrund israelischer Apartheidgesetze mit 72 gegen 35 Staatenstimmen den Zionismus als „eine Form der Rassendiskriminierung" verurteilte, erklärte der israelische UN-Botschafter Chaim Herzog, die Resolution sei ein eindeutiger Akt des Antisemitismus, „der erste organisierte Angriff auf die jüdische Religion (!) seit dem Mittelalter." („San Jose News" vom 17. Oktober 1975)
[348] Meyers Konversations-Lexikon, 5. Auflage, 9. Band, Bibliographisches Institut, Leipzig/Wien 1896, Seite 648
[349] Die USA hoben übrigens die Sklaverei in ihrem Land erst Jahre später auf.
[350] Meyers Konversations-Lexikon, 5. Auflage, 9. Band, Bibliographisches Institut, Leipzig/Wien 1896, Seite 648

Gerichtsordnung der Welt schuf, mußte der Geheimvatikan gewahr geworden sein, daß seinem ewiggestrigen Gedankengut das letzte Stündlein geschlagen hatte, wenn es ihm nicht gelänge, der Werbung um das Judentum Einhalt zu gebieten.

Diese Aufgabe übernahm seit 1866 - wie auf Bestellung - der in Rußland beheimatete Rabbi Jacob Brafmann, Professor für Hebräik am Seminar zu Minsk. Zum Christentum „bekehrt" widmete der „Insider" sein Schaffen fortan der Anprangerung des Judentums, wobei ihm eigenen Angaben zufolge einige „erleuchtete Juden" zur Seiten standen.[351] In seinen Büchern „Das Buch vom Kahal"[352] und „Die jüdischen Brüderschaften"[353] stellte Brafmann über tausend Akten des Minsker Kahal (Zivile Administration des Judentums) und der Beth-Dins (Talmudistische Gerichte) dar, aus denen er die Macht und Verworfenheit der Hebräer im Zarenreich abzuleiten suchte. Um seinen Feldzug zu krönen, hatte er die aufreizendsten Dokumente dem Generalgouverneur von Kaufmann zugespielt. Dieser schenkte dem studierten Absender aufgrund dessen exponierter Stellung Glauben und beauftragte eine Untersuchungskommission mit der Prüfung der Unterlagen, was dazu führte, daß der offizielle jüdische Kahal durch das Rundschreiben vom August 1867 unterdrückt wurde.[354] Eine Kooperation des weltlichen Judentums mit der russischen Regierung war damit unmöglich gemacht. Die „altehrwürdige" Geistlichkeit und der im Keimen begriffene Zionismus konnten als einzig Begünstigte die Provokation als klaren Erfolg verbuchen.

Möglicherweise ahnte Alexander II., daß an diesem plötzlichen Kesseltreiben etwas faul war. Vielleicht sah er tatsächlich die eigentlichen Nutznießer - sein Handeln jedenfalls läßt darauf schließen, denn er beharrte auf dem Standpunkt, daß Führung und Volk nicht ein und dasselbe seien. Nach wie vor zeigte er sich entschlossen, dem „kleinen" Juden unter die Arme zu greifen, so wie er es mit dem russischen Bauern getan hatte. Diese Weisheit wurde dem Zaren schließlich zum Verhängnis. Denn es war allem Anschein nach der Geheimvatikan, der kurze Zeit später das Todesurteil über den „Herrscher aller Reußen" sprach.

Der russische Historiker Iwanow hat sich in den 20er Jahren das Verdienst erworben, die bislang fast unbekannten Hintergründe des Zarenmordes aufzuklären. Er schreibt in seinem Werk „Von Peter I. bis zu unserer Zeit", Seite 396ff:: „Die Ermordung Kaiser Alexanders II. wurde im Jahre 1876 von dem Revolutionskomitee in London, das sich aus Freimaurern und jüdischen Revolutionären zusammensetzte, beschlossen. Der Mordplan wurde von den Mitgliedern des Komitees Liebermann, Goldenberg und Zuckermann

---

[351] Vilna Gazette, 1866, 169, „Views of an individual Jew"
[352] Erste Ausgabe Vilna 1869, unter genanntem Titel deutsche Übersetzung in zwei Bänden durch Siegfried Passarge (Hammer Verlag, Leipzig 1928), zweibändige Ausgabe in französisch durch Mgr. Jouin, „Les Sources de l'imperialisme juif": Le Quahal, Paris 1925
[353] Vilna 1868
[354] Jacob Brafmann, „Das Buch vom Kahal", Vilna 1869, Vorwort. Siehe auch Derselbe, „Das Buch vom Kahal", Herausgegeben von Dr. S. Passarge, Zwei Bände, Hammer-Verlag, Leipzig 1928

ausgearbeitet. Der Jude Goldenberg stellte sich dabei als erster zur Verfügung, um die Mordtat auszuführen, was jedoch abgelehnt wurde unter dem Hinweis darauf, daß dies der Sache nur schaden würde, da ein von einem Juden vollbrachtes Attentat in den Augen des Volkes nicht die gebührende Wirkung haben würde."

Zur gleichen Zeit trat eine geheimnisvolle „Volkspartei" aus dem Untergrund an die Öffentlichkeit, der es einzig und allein um die Destabilisierung Rußlands zu gehen schien. Sie zeigte sich als Advokat eines rücksichtslosen Draufgängertums und wurde zwei Jahre nach dem ersten Todesspruch über den Monarchen 1878 zur Wiege der noch mehr gefürchteten „Schreckenspartei", deren blutrünstiges Kampforgan sich „Der Volkswille" betitelte. Aus diesem Umfeld wurde seither ein Terroranschlag nach dem nächsten gesteuert.

Im Januar 1878 traf die Revolverkugel der kaum sechsundzwanzigjährigen Wera Sassulitsch auf offener Straße den Polizeigewaltigen und Stadthauptmann von Petersburg, General Trepow. Trepow selbst kam freilich bei diesem Attentat mit einer schweren Verwundung davon und wurde von dem entrüsteten Zaren wegen seiner unerschrockenen Pflichttreue besonders ausgezeichnet; die Attentäterin aber wurde von dem Geschworenengericht - freigesprochen! In Kiew wurde der Gendarmerieoberst Baron von Heyking, in Charkow der Fürst Alexej Krapotkin, dann der General von Drentelen von unbekannter Hand ermordet. Am 16. August 1878 fiel der Leiter der „Abteilung III", der kaiserliche General Mesenzew, unter den Schüssen zweier unbekannter entkommener Nihilisten.

Der Zar tat im Gegenzug das einzig richtige, indem er weiter auf die breite Masse des Judentums zuging. Und so erlaubte er - nur Monate nach Ende der ersten Attentatsserie - jüdischen Apothekern, Krankenschwestern, Hebammen, Zahnärzten, Branntweinbrennern und ausgebildeten Handwerkern die Arbeits- und Wohnungsnahme im gesamten russischen Reich.

Daß der mutige Monarch mit dieser Politik die Gefährdung seiner Person nicht minderte sondern im Gegenteil stark erhöhte, zeigte sich als das Vollzugsgericht des unsichtbaren Schreckensbundes zu Beginn des Jahres 1879 in feierlicher Sitzung das Todesurteil über Alexander II. aussprach. Es war dies nun schon das zweite „Verfahren" gegen den Zaren, jetzt aber war die Höchststrafe „formal" und in Rußland selbst ausgesprochen worden. Mit der unverzüglichen Vollstreckung des Beschlusses wurden gleichzeitig zwei Freiwillige, der russische Student A. K. Solowjew und der polnische Israelit Goldenberg betraut.

Am 2. April 1879 feuerte Solowjew fünf Revolverschüsse auf den ahnungslos spazierengehenden Kaiser ab, ohne ihn jedoch in seiner überreizten Nervenanspannung zu treffen. Er wurde auf der Stelle überwältigt und festgenommen, um zwei Monate später am Galgen zu enden. Die Gefahr war damit aber nicht im mindesten gebannt. Als Alexander II. am 1. Dezember 1879 von seinem Sommeraufenthalt in Livadja nach Petersburg zurückkehrte, wäre er um Haaresbreite samt seinem ganzen kaiserlichen Hofzug durch unterirdische Minen zwischen den Gleisen in die Luft gesprengt worden. Nur ein glücklicher Zufall lenkte das Unheil noch einmal auf den dem kaiserlichen Sonderzug folgenden Gepäckzug ab, der zum Teil völlig zertrümmert, zum Teil zum Entgleisen gebracht und umgestürzt wurde. Die feigen Attentäter selbst wurden niemals entdeckt.

Im Januar 1880 ließen sie die Öffentlichkeit durch ein nächtens angeschlagenes „Programm" wissen, daß „der Zar sterben müsse". Und bereits am 17. Februar 1880 zeigte ein offenbar von langer Hand vorbereitetes Dynamitattentat auf den kaiserlichen Winterpalast in Petersburg, daß es den „Unsichtbaren" mit ihren Drohungen bitterer Ernst war.

Als im Frühjahr 1881 bekannt wurde, daß Alexander II. kurz vor der Verabschiedung einer großangelegten demokratischen Verfassungsreform stand, mobilisierte das unterirdische Terrorregiment noch einmal alle Kräfte, um sein Todesurteil am Ende doch noch rechtzeitig vollstrecken zu können. Zu seiner Durchführung wurden nicht weniger als 47 Freiwillige ausgehoben. Die Leitung der Aktion übernahm der Hebräer Scheljabow. Zwar konnte dieser von der Polizei dingfest gemacht werden, doch der Zugriff kam zu spät...

Am 13. März 1881 fuhr Kaiser Alexander II. zu einer großen Truppenschau auf dem Marsfeld bei Petersburg. Bei seiner Rückkehr zum Winterpalast schleuderte zuerst der Nihilist Ryssakow eine Bombe auf den kaiserlichen Wagen, die jedoch ihr Ziel verfehlte und „nur" einen kleinen Jungen aus dem Volk zu Boden streckte. Als der menschenfreundliche Zar halten ließ, um sich nach dem Ergehen des Opfers zu erkundigen, schlug eine Bombe aus der Hand des Mordbuben Grinewitzki mitten in den Wagen hinein und riß denselben in tausend Stücke. Unter den zahlreichen Toten und Verwundeten, die nach dieser Schreckenstat das Straßenpflaster ringsum säumten, befanden sich der blutige Mörder selbst und - der zu Tode getroffene Zar. Sämtliche an der aberwitzigen Mordtat Beteiligten, mit alleiniger Ausnahme der hochschwangeren Jüdin Jessy Helfmann, wurden gehenkt.[355]

Zionistische Frühbesiedelung

An dieser Stelle wollen wir am Ort des Geschehens verbleiben, jedoch unseren Blickwinkel auf den Zionismus verstärken. Bekanntlich benötigte die Nationalstaatsbewegung zur Erschließung des kargen Palästina zuallererst Bauern. Wir haben ferner gehört, daß jüdische Landwirte - wenn überhaupt - nur in Rußland zu finden waren. Deshalb, auch dies ein Wort, das dem vorangegangenen Textabschnitt voransteht, konzentrierte sich der Zionismus auch von Anfang an auf

---

[355] Felix Franz Egon Lützeler, „Hinter den Kulissen der Weltgeschichte. Beiträge zur Geschichte der Geheimbünde aller Zeiten und Völker", 3. Band, Verlag für ganzheitliche Forschung und Kultur, Struckum 1986, Seite 1349f.

das Zarenreich.[356] Und so schlossen sich hier seit 1870 die Anhänger der frühzionistischen „Chowewe-Zion" (Freunde Zions) - Bewegung zusammen, um ihre Umgebung auf eine „Rückkehr" ins Gelobte Land einzustimmen.[357] Bereits 1878 wurde in der Nähe von Jaffa die erste zionistische Kolonie in Palästina errichtet.[358]

Es war indes alles andere als leicht, Freiwillige für die Besiedlung des heiligen Landes zu gewinnen. Die mühsam und mittelst finanzieller Hilfe zur Einwanderung überredeten Juden sahen eine trostlose Wüste vor sich, deren Kultivierung sie sich nicht vorzustellen vermochten. Viele von ihnen verließen die ihnen zugewiesenen Ländereien und mischten sich wieder unter die Völker. Das große Unternehmen schien sich zu einem einzigartigen Rohrkrepierer zu entwickeln. Es war in der Tat nicht einsehbar, wie es dem Zionismus doch noch gelingen sollte, die Israeliten in aller Welt in größerer Zahl davon zu überzeugen, ihre seit Generationen angestammten Heimatländer in der „1. Welt" mit der Wüste von Palästina zu vertauschen.

Erstaunlicherweise ließen sich die Drahtzieher der Rückwanderung von derartigen Problemen kaum beeindrucken. Bereits 1880 gründeten einflußreiche Häupter Jahwes in St. Petersburg den „*Ort Reconstruction Fund*", der das prä-zionistischen Ziel verfolgte „die Juden Osteuropas in Zusammenarbeit mit den verschiedenen nationalen Regierungen" auf Farmen anzusiedeln.[359] Unter den Präsidenten dieser Organisation findet sich später der B´nai B´rith Bruder Paul Felix Warburg[360], Sprößling einer reichen Bankierdynastie, die man sich merken sollte, da sie die Geschicke des Judentums maßgeblich bestimmte. Ebenfalls seit 1880 ließ der Pariser Bankier Baron Edmond de Rothschild im Verein mit Menachem Ussischkin in weiser „Voraussicht" späterer Entwicklungen in aller Heimlichkeit palästinensischen, also damals türkischen Boden aufkaufen[361]. Damit waren zwei wichtige Voraussetzungen zur Landnahme Israels getroffen: Zum einen der Besitz von Boden, zum anderen der Aufbau von Ausbildungstätten für künftige Siedler.

---

[356] Selbstverständlich spielten auch andere Argumente eine Rolle, daß Rußland „erste Wahl" war. Dazu gehört sicher die vorausschauende Berechnung, daß es weit leichter sei die stärker im mosaischen Glauben bewahrten osteuropäischen Juden einer biblischen Mission zuzuführen, als die vermögenden und großenteils kulturell wie religiös der Orthodoxie entfremdeten Juden des Westens.
[357] Die wichtige zeitliche Einordnung nach „Der Große Brockhaus", 15. Auflage, Verlag F. A. Brockhaus, Leipzig 1928 - 1935, Stichwort „Zionismus"
[358] Verein „Gegentagung zum Herzl-Jubiläum" (Hrsg.), „Hundert Jahre Zionismus - Befreiung oder Unterdrückung?", ISP-Verlag, Köln 1998, Klappenbild und Seite 4
[359] Walter Freund, „B´nai B´rith Judentum und Weltpolitik", Archiv-Edition im Verlag für ganzheitliche Forschung und Kultur, Struckum 1990, Seite 96
[360] Nach E. Huber, „Freimaurerei", o. J. (1934?), Seite 161f. nennt der 1. Aufseher der Johannisloge „Scharnhorst zum Deutschen Glauben", Hensel, Paul Warburg in Robert F. Eskaus Buch „Die Freimaurerei am Scheidewege" als Mitglied des U.O.B.B.
[361] Walter Freund, „B´nai B´rith Judentum und Weltpolitik", Archiv-Edition im Verlag für ganzheitliche Forschung und Kultur, Struckum 1990, Seite 167 mit Bezug auf „The Jewish Encyclopaedia", New York 1901-1906

Bleibt die berechtigte Frage: Wie gedachten die hohen Herren, die selbst nicht im Traum erwogen, mit ihren manikürten Händen die Steppen des Sinai zu pflügen, ihre bereitgestellten Schulen zu füllen? Denn diese waren ja nichts anderes als Durchgangslager nach Palästina. Und da ließ sich bekanntlich niemand hinbewegen.

Es hieße, die „diplomatischen" Fähigkeiten bzw. Möglichkeiten des Geheimvatikans grob unterschätzen, wenn man ihm die Überwindung dieser Hürde nicht zutraute...

Die Rothschilds

Unter den frühesten Unterstützern des Zionismus befand sich eine Familie, deren Geschicke schon immer besonders eng an das Wirken des Geheimvatikans angelehnt waren: Es handelt sich um das Bankhaus Rothschild, das uns bereits im Zusammenhang mit den Illuminati begegnet ist.

Der mehrfache sowjetische Sonderbotschafter und Minister Christian Rakowski enthüllte als hochrangiger Freimaurer in den 30er Jahren: „Was man nicht kennt, das ist die Verbindung von Weishaupt und seinen Anhängern zu dem ersten Rothschild. Das Geheimnis des ersten Ursprunges von dem Vermögen dieser berühmtesten Bankiers läßt sich damit erklären, daß sie die Schatzmeister der ersten Komintern waren. Es bestehen Anzeichen dafür, daß, als jene fünf Brüder sich in fünf Provinzen des Finanzreiches von Europa teilten, eine geheimnisvolle Macht ihnen half, dieses sagenhafte Vermögen anzusammeln. Es könnten jene ersten Kommunisten aus den Katakomben von Bayern gewesen sein, die über ganz Europa verstreut waren. Andere aber sagen, ich glaube mit größerem Recht, daß die Rothschild nicht die Schatzmeister, sondern die Führer jenes ersten geheimen Kommunisten waren."[362] Ob Rakowskis Aussage hundertprozentig den Tatsachen entspricht, steht dahin. Auf jeden Fall waren die Häupter der verschiedenen Länderfilialen bereits zu Beginn des 19. Jahrhunderts samt und sonders Freimaurer.

Vielleicht durch brüderliche Hilfe der Logen, sicher aber mit Zuarbeit des Geheimvatikans, schwangen sich die Rothschilds über Staatsanleihen und die Finanzierung von Kriegen bald an die Spitze des Bankenwesens auf. Schließlich wurden sie als reichste Individuen des ganzen Erdballs angesehen.

Der jüdische Literat Heinrich Heine alias Chaim Bückeberg - im übrigen ein enger Freund des Kommunisten Karl Marx - schrieb über James Rothschild in Paris: „Ich besuche ihn am liebsten in den Bureaus seines Kontors, wo ich als Philosoph beobachten kann, wie sich das Volk und nicht bloß das Volk Gottes, sondern auch alle anderen Völker vor ihm beugen und bücken. Das ist ein Krümmen und Winden des Rückgrats, wie es selbst dem besten Akrobaten schwer fiele. Ich sah Leute, die,

---

[362] Josef Landowsky, „Rakowskij-Protokoll", Faksimile-Verlag, Bremen 1987

wenn sie dem Baron nahten, zusammenzuckten, als berührten sie eine voltaische Säule. Schon vor der Türe ergreift viele ein Schauer der Ehrfurcht, wie ihn einst Moses auf dem Horeb empfunden, als er merkte, daß er auf heiligem Boden stand. Ganz so, wie Moses einst seine Schuhe auszog, so würde gewiß mancher Mäkler oder Agent de Change, der das Privatkabinett des Herrn von Rothschild zu betreten wagt, vorher seine Stiefel ausziehen, wenn er nicht fürchtete, daß alsdann seine Füße noch übler riechen und den Herrn Baron dieser Mistduft inkommodieren dürfte. Jenes Privatkabinett ist in der Tat ein merkwürdiger Ort, welcher erhabene Gedanken und Gefühle erregt, wie der Anblick des Weltmeeres oder des gestirnten Himmels. Wir sehen, wie klein der Mensch und wie groß Gott ist! Denn das Geld ist der Gott unserer Zeit und Rothschild ist sein Prophet."[363]

Bald gab es kaum noch eine Regierung, die völlig ohne finanzielle Anleihen bei dem mächtigen Kreditunternehmen auskam. Glaubt man dem Wirtschaftsprofessor Stuart Crane, dann war die Rückzahlung der dabei zur Verfügung gestellten Summen immer sichergestellt. „Wenn sie", doziert Crane, „auf die Kriege des 19. Jahrhunderts in Europa zurückblicken, werden sie feststellen, daß diese immerzu in einer Etablierung der Kräfte geendet haben. Nach jeder Umbildung gab es um das Haus Rothschild in England, Frankreich oder Österreich ausgeglichene Machtverhältnisse in neuer Gruppierung. Sie gruppierten die Nationen so, daß für jeden von der Linie abweichenden König ein Krieg ausbrach, der durch den Weg, den die Finanzierung nahm, entschieden wurde. Das Erforschen des Schuldenstandes der jeweiligen Nation indizierte gewöhnlich den, der zu bestrafen war."[364]

Vielleicht spielte die Mutter der fünf Brüder Rothschild auch auf dieses Eintreibungssystem an, als sie einmal durchaus zutreffen sagte: "Wenn meine Söhne es nicht wollen, so gibt es keinen Krieg!"[365] Das heißt sie waren über Jahrzehnte Schiedsrichter und Herren über Krieg und Frieden, nicht die Kaiser. „Sie haben", schreibt der Biograph Frederic Norton über die Rothschilds des 19. Jahrhunderts „die Welt vollständiger, listiger und viel, viel dauerhafter erobert, als alle Cäsaren vor und alle Hitler nach ihnen."[366]

Der Feldzug des Bankhauses hatte allerdings keine rein finanziellen oder geschäftlichen Hintergründe. Den Rothschilds ging es als folgsamen Erfüllungsgehilfen des Geheimvatikans stets auch um „übergeordnetere" Interessen, die von übergeordneten - religiösen - Instanzen bestimmt wurden. Als mit dem angesammelten Vermögen der Einfluß der Familie stieg, nutzte sie diese Möglichkeiten ganz bewußt, indem sie bald dazu überging, Anleihen an politische Bedingungen zu knüpfen.

---

[363] „Jüdisches Manifest", New York 1946, Seite 157
[364] Nach Gary Allen, Seite 50f.
[365] Das Zitat von Gudula Rothschild, der Witwe Mayer Amschels, findet sich in dem Aufsatz „Der Aufstieg der Rothschilds" von Dr. Bertha Badt-Strauß in der Monatsschrift „Menorah", Wien, Nr. 5, Mai 1928
[366] Frederic Norton, „The Rothschilds", Seite 21

Besonders deutlich wird dieses Vorgehen in der Person des britischen Bankchefs, des Barons Lionel Rothschild. Am Anfang seines Wirkens widmete sich dieser noch ganz der jüdischen Emanzipation. Am besten dürften die dabei angewandten Methoden in dem Buch eines sehr judenfreundlichen Schriftstellers zusammengefaßt sein, wenn er ausführt, daß „Rothschild mehr für die Emanzipation der Juden getan hat als Mr. O´Connell für die Katholiken. Durch die magische Macht seines Reichtums hat er die hartnäckigsten Feinde zu seinen Hörigen gemacht, während er die Abneigung der Aristokraten durch die reizvolle Verführung gastronomischer und musikalischer Unterhaltung vollkommen besiegte. Und wenn die ganze Kirche von England den Besuchern des Herrenhauses dieses wohlhabenden Finanzmannes den Kirchenbann androhte, sie würden -ungeachtet dessen- die fleischlichen Genüsse sicherlich den geistigen vorziehen. Jene, die wissen, eine wie unwiderstehliche Anziehungskraft ein glänzendes Mahl auf den Adel besitzt, werden mir recht geben."[367] Doch überliefert derselbe Autor, daß Rotschild neben seinem Zuckerbrot auch die Peitsche auspacken konnte, hören wir doch an gleicher Stelle, daß er Gegner rücksichtslos zu ruinieren verstand oder sie beim Nachgeben unter sein Joch zwang.[368] Dieser mächtigen Kämpfernatur war es zu verdanken, daß bis 1858 in Großbritannien die letzten jüdischen Ausnahmegesetze zu Fall gebracht waren.

Allerdings taktierte der Leiter des Londoner Bankhauses auch mit verdeckten Mitteln, die zweifelsohne eher in den Bereich der Schmutzarbeit staatlicher Geheimdiensten passen würden. Dieses zweite Gesicht des Baron Lionel Rothschild hinterließ uns der schriftstellernde englisch-jüdische Premierminister Disraeli in der Romangestalt des Sidonia, des Mannes, der als Multimillionär unzählige Spione, Carbonari, Freimaurer, Zigeuner, Revolutionäre usw. kannte und befehligte. Das erscheint alles phantastisch, aber es ist erwiesen, daß der Politiker den Finanzier sehr gut kannte und daß Sidonia das idealisierte Bild des Sohnes vom alten Nathan Rothschild darstellt...

Als nächstes spielten die Rothschilds wiederum eine Schlüsselrolle in der Zionismuskampagne, die mit dem „Erwachen" des Mose Hess eingesetzt hatte. Sehr wahrscheinlich schon vor diesem Hintergrund war es der umtriebige Lionel Rothschild, welcher im Jahre 1875 Disraeli die umfangreichen Mittel zum Kauf des Suezkanals auslegte. Ein ganz wichtiges Tor nach Palästina war damit der unmittelbaren arabischen Kontrolle entglitten. Etwa zur gleichen Zeit schlossen sich die ersten Besiedelungsversuche an, die in einem fürchterlichen Fiasko endeten. Die Lage schien aussichtslos, als Lionel Rothschild im Jahre 1879 starb. Trotz alledem wurde das zionistische Erbe weitergeführt. 1880 fiel auf, daß der französische Familienzweig in aller Stille für nicht vorhandene israelitische Siedler palästinensischen Boden aufkaufen ließ. Bar jeder jüdischen Migrationsbereitschaft waren die kolonialistischen Vorbereitungen in diesem Jahr auffallend rege.

---

[367] P. Anichini, „A few Remarks on the Expedience and Justice of Emancipating the Jews", 1829, Seite 9f. Fußnote
[368] P. Anichini, a.a.O., Seite 9

Wie erklärt sich nun dieser scheinbar sinnlos verpuffende Aufwand? Hatten die Rothschilds Trumpfkarten im Ärmel, von denen ihre Umgebung nichts ahnte? Wußten die Erbauer der Massenumsiedlungslager 1880 bereits, daß das seit mehreren Jahren still tröpfelnde Rinnsal landsuchender Emigranten in wenigen Monaten zu einem breiten Strom anschwellen würde? Und hatten die einflußreichen Zionisten Mittel an der Hand, mit denen sie die so lange erfolglos Umworbenen am Ende doch umstimmen konnten?

Der intime Rothschild-Kenner Benjamin Disraeli sagte im Zuge einer Ansprache zu Aylesbury am 20. September 1879 vieldeutig: „Die Staatsmänner dieses Jahrhunderts haben es nicht allein mit Regierungen, Kammern, Kaisern, Königen und Ministern zu tun, sondern auch mit den geheimen Gesellschaften, Elementen, denen man Rechnung tragen muß. Diese Gesellschaften können schließlich alle politischen Arrangements zunichte machen. Sie haben überall Agenten, skrupellose Agenten, welche Morde schüren, und sie können ein Blutbad herbeiführen, wenn sie es für zweckmäßig halten.[369]

Was der Hochgradfreimaurer und Premierminister in einer Person mit diesen mahnenden Worten möglicherweise gemeint haben mag, offenbarte sich weniger als zwei Jahre später in Rußland...

Pogrome als Steigbügelhalter des Zionismus

1881 war, wir erinnern uns, das Jahr des tödlichen Attentats auf Zar Alexander II. Dieser maßgeblich und kaum verhüllt unter mosaischer Beteiligung abgelaufene Terrorangriff wurde von interessierten Elementen sofort genutzt, um gegen die im Lande lebenden Juden Stimmung zu machen. Es gab kaum eine Zeitung, die diese Kampagne nicht aufgegriffen hätte - obwohl das Verlags- und Pressewesen schon damals fest in hebräischer Hand lag. Kaum ein Landstrich des Zarenreiches wurde nicht von „antisemitischen" Agitatoren durchzogen - obwohl manch verwirrter Russe sich gefragt haben mag, warum es oftmals ausgerechnet Israeliten waren, die diese Hetztiraden ins Volk trugen. Warum waren derart viele Juden so unvorsichtig, die gegen sie erhobenen Vorwürfe zu unterstreichen, indem sie in aller Öffentlichkeit den Mördern des Zaren Applaus spendeten? Nachdenklichen Zweiflern hätten schon damals die vor Glück strahlenden Gesichter zahlloser Zionisten zu denken geben müssen. Diesen ganz alleine kam nämlich die Hatz auf ihre eigenen Religions- und Volksgenossen zugute. Und sie waren es auch, die den Stamm der Aufrührer stellten, die allerorten mit gezielten Provokationen Öl ins Feuer gossen.[370]

---

[369] Zeitschrift *Mensch und Maß*, 23. 6. 1964, S. 549
[370] Ein prominentes Beispiel religiös-zionistischen „Antisemitismus" ist die Person von Ilja Gurland. Dieser jüdische Chefredakteur des russischen Regierungsorgans „Rossija", der größten Zeitung des Zarenreiches, übte als bevorzugter Berater den stärksten Einfluß auf Alexander II. aus. Er spielte, wie der mosaische Geheimsekretär Rasputins Simanowitsch später schrieb, „eine merkwürdige Rolle. Seiner Geburt nach Jude, Sohn eines Rabbiners in Odessa, trat er erst als

Leider aber ging niemandem ein Licht auf und bald schon kam es in Russisch-Polen und Südrußland zu den ersten hintergründig organisierten Judenverfolgungen - sogenannten „Pogromen". Damit hielt im Jahre 1881 der moderne Antisemitismus im Zarenreich Einzug.[371] Auch jetzt merkten nur wenige, daß sich der ganze Schwung der Aggression fast ausschließlich gegen den 3. Stand der Israeliten richtete. Während der reichen Oberschicht, den Fabrikanten, Ärzten, den „Hofjuden" und Kaufleuten kein Haar gekrümmt wurde, mußten hunderttausende mosaischer Handwerker und Ackerbauern förmlich um ihr Leben laufen. Die bedauernswerten Opfer, deren Hab und Gut sich oft über Nacht in Feuer und Rauch auflöste, entsprachen exakt dem Profil jener Kolonisatoren, die der Zionismus zur Besiedelung Palästinas benötigte.

Damit aber nicht genug. Wie um den Rückkehrern die Sinnlosigkeit eines Neuanfangs plastisch vor Augen zu führen, ging bald ein Hagelschauer der so lange vergessen geglaubten Sondergesetze hernieder. Sollte schon die Angst vor weiteren Pogromen kein überzeugendes Abwanderungsargument gewesen sein - die seit Mai 1882 inszenierten Beschränkungen der Freizügigkeit, des Ackerbaubetriebes und des Studiums („Mai-Gesetze") halfen entsprechend nach. Wer aufgrund dieser Ausnahmebestimmungen nicht zwangsweise abgeschoben wurde, sah sich bald aufgrund des aus ihnen resultierenden Ruins zum Kofferpacken gezwungen. Ein Exodus zehntausender Juden aus Rußland stand unmittelbar bevor. Wohin ihre Reise gehen würde, war den meisten Flüchtlingen aber völlig unklar.

Dem religiös geprägten Zionismus freilich stellte sich die Frage nicht einen Augenblick lang. Seine Aufgabe war biblisch wie sein Ziel, das nur im Heiligen Land liegen konnte, in Israel. Angesichts der innenpolitischen Verhältnisse schien diese Mission jetzt in greifbare Nähe gerückt. Wie Pilze schossen Plattformen aus dem Boden, welche auf die Bildung eines jüdischen Nationalstaates hinwirkten. „Wir brauchen ein Land für uns!", forderte der orthodox geschulte Autor Moshe Lilienblum. Gleiches vernahm man von dem kurz zuvor aus Odessa emigrierten Arzt Leo Pinsker, dessen in Berlin erschienenes Buch „Autoemanzipation -

---

Erwachsener zum Christentum über. Er wurde zum schärfsten Judenhasser... Gerade zu jener Zeit war er Chefredakteur des Regierungsblattes 'Rossija'. Er unterstützte offen die Partei des alten Hofes und agitierte gegen den jungen Hof. Trotzdem hatte er in der Judenfrage großen Einfluß auf den Zaren. Ich habe sogar den Verdacht, daß Gurland der eigentliche Anstifter des (antisemitischen) Beilis-Prozesses gewesen ist. In jedem Falle war er der inoffizielle Leiter der aus diesem Anlaß ins Werk gesetzten antisemitischen Propaganda. Die Beratungen über die Frage, wie dieser Ritualmordprozeß gegen die Juden im allgemeinen auszuschlachten sei, fanden in seiner Wohnung statt."*(Aron Simanowitsch, „Der Zar, der Zauberer und die Juden", Archiv-Edition im Verlag für ganzheitliche Forschung, Viöl 1994, 152ff)* Nach Keller-Andersen spielte Gurland, der sich gar zum Leiter des russischen Presseamtes aufschwang, nach seiner „Bekehrung" zum Christentum sogar die Rolle eines jüdischen Provokateurs innerhalb der judengegnerischen Regierungskreise und der öffentlichen Meinung. Welche Gefahren sich hier für das Judentum selber ergaben, ist zuweilen erkannt worden, vgl. den jüdisch-amerikanischen Roman von Richmond B. Barrett „Die Tore der Feinde", Berlin 1930, herausgegeben von Thomas Mann

[371] Der Große Brockhaus, 15. Auflage, 1. Band, Verlag Brockhaus, Leipzig 1928, Seite 531

Warnung eines russischen Juden an seine Rasse" zum Frühprogramm der „Heim-Nach-Israel"- Bewegung wurde.

Allerdings fiel es den Organisatoren der russischen Pogrome schwerer als gedacht, die reiche Ernte tatsächlich auch in die eigene Scheune einzufahren - obwohl sie für diesen Zweck lauthals die Trommeln rührten. Ein Beispiel: Zur Zeit des schlimmsten Terrors gründeten westrussische - also polnische - Juden sowie Studenten Vereinigungen mit dem Ziel, sich in kleinen Gruppen in Palästina anzusiedeln und dort das Land zu bebauen. „Bilu", die aktivste unter ihnen, konnte sage und schreibe nicht mehr als einige Dutzend russische Juden für die Auswanderung nach Palästina gewinnen. Von den 20.000 Juden, die Rußland in den Jahren 1881 und 1882 verließen, wanderten nur einige Hundert nach Palästina aus.[372] Der große Rest schickte sich an, in allen Teilen der Welt eine neue Heimat zu finden. Es war diese Kräfteverzettelung und die Gefahr, daß sich die Bauern und Handwerker bald neuen Berufen zuwenden würden, die in den Hauptquartieren des Zionismus die Alarmglocken schrillen ließen.

Umgehend wurde ein Notprogramm auf den Weg gebracht. Es sollte auf der einen Seite durch entsprechende Verschönerungsmaßnahmen jenes unwirtliche Gesicht Palästinas, das so viele Rußlandabwanderer schreckte, etwas „liften". Bis zum Zeitpunkt entsprechender Besserungen sollte die bereits in Gang gesetzte Flüchtlingswelle, die sich aus wertvollstem Siedlermaterial zusammensetzte, durch entsprechende Unterbringung auch außerhalb des Heiligen Landes „über die Zeit gerettet" werden. Wo bäuerliches Judentum nicht zu finden war, sollte es gebildet werden. Sponsoren waren schnell bei der Hand.

Einer der freigiebigsten unter ihnen war der Münchner Baron Moritz von Hirsch (1831-1896). Als Eigentümer einer Privatbank waren seine Mittel kaum begrenzt. Nicht zuletzt die Alliance Israélite Universelle erhielt immer wieder Zuwendungen aus dieser Quelle. Große Beträge stellte der Baron auch für das jüdische Erziehungswesen in Europa und Amerika zur Verfügung. 1891 gründete er in Großbritannien die „Jewish Colonization Association" (JCA), eine 10 Millionen britische Pfund Kapital fassende Aktiengesellschaft, die Landkäufe in Palästina durchführte, Religionsschulen und Landwirtschaftsschulen für die jüdischen Auswanderer errichtete und sie durch große Kredite unterstützte. Die JCA finanzierte große jüdische Bauernkolonien in Argentinien (30.000 Farmer), den Vereinigten Staaten (75.000 Farmer), Kanada, Südafrika, Rußland (über 500 Siedlungen mit mehr als 100.000 jüdischen Bauern). Hirsch organisierte eine regelrechte Massenauswanderung nach Argentinien, wo sich Tausende junger russischer Juden niederließen und in der Pampa der Viehzucht widmeten.

Ein weiterer Freund des Zionismus war David Lubin (1849-1920), ein Hebräer aus dem polnischen Kresy, der bereits 1884 in den Vereinigten Staaten ein solches Vermögen angesammelt hatte, daß er sich fortan zur Ruhe setzen konnte, um sein

---

[372] Verein „Gegentagung zum Herzl-Jubiläum" (Hrsg.), „Hundert Jahre Zionismus - Befreiung oder Unterdrückung?", ISP-Verlag, Köln 1998, Seite 29

Geld den radikalen jüdischen Anliegen zu widmen. Lubin, der im Russischen Kaiserreich geboren war, besuchte sowohl sein Herkunftsland wie das arabische Palästina. Im ersteren unterstützte er die jüdisch-terroristische Kramola-Kampagne gegen das Zarentum, im letzteren knüpfte er Beziehungen zu den türkischen Landesherren an und kaufte zur Unterstützung des Rothschild-Programms arabisches Land für die jüdische Besiedlung. Als 1893 die USA von einer neuen wirtschaftlichen Depression heimgesucht wurden, kaufte Lubin weite Flächen kalifornischen Farmlands zu niedrigsten Preisen auf, damit seine großstädtischen Glaubensbrüder in Landwirtschaft unterrichtet werden konnten - in weiser Vorahnung der Eroberung Palästinas.[373]

Zionistischer Antisemitismus in Europa

Die genannten Vorhaben waren wie gesagt nachträgliche Makulaturen und notgedrungen von der Problematik abgeleitet, daß sich das russische Judentum nicht direkt nach Palästina kanalisieren ließ.

Man darf davon ausgehen, daß die Notwendigkeit von Nachbesserungen die aktivistische Fraktion des Zionismus maßlos überrascht haben wird, hatte sie sich doch sehr sorgsam auf ihre Mission vorbereitet. Dabei waren die unterirdischen Ränke keineswegs allein auf Rußland beschränkt geblieben. Sie liefen im Gegenteil wohlkoordiniert in allen Ländern der Alten Welt ab. Auf diese Weise war früh gegen die Aussicht vorgebaut worden, daß die das Weite suchenden Israeliten der Idee verfielen, im erstbesten Transitland ihre Zelte aufzuschlagen. In den fortgeschrittenen Staaten Westeuropas war das Judentum zumeist schon seit längerer Zeit in großer Form bestaatsrechtet, akzeptiert und in die höchsten Spitzen von Gesellschaft, Wirtschaft und Politik eingebunden. Und doch fanden sich auch hier plötzlich, wie auf Bestellung, Argumentationsplattformen, auf denen der Zionismus Politik betreiben konnte. Auch hier tauchte jetzt das Schreckgespenst des „Antisemitismus" auf.[374]

Zum Beispiel Deutschland

In Deutschland kam der Antisemitismus als Name 1878 auf. Literarisch vorbereitet wurde er vor allem durch die Schriften von Wilhelm Marr[375], einem deutschen Juden. 1819 wurde dieser als Sohn des Schauspielers und Regisseurs Heinrich

---

[373] W. Rathenau, „Die neue Gesellschaft", Berlin 1920, Seite 100f.
[374] Meyers Lexikon, 8. Auflage, 1. Band, Bibliographisches Institut, Leipzig 1936, Seite 436. Ältere Lexika sind sich ganz im Allgemeinen darin einig, daß der „Antisemitismus" eine neuzeitliche Erscheinung ist, deren „Geburt" meist mit dem Jahre 1881 (vgl. die russischen Pogrome des Jahres) angesetzt wird.
[375] „Der Ausdruck Antisemitismus entstand im Herbst 1879 unter der Hand von Wilhelm Marr, schreibt Jacob Katz in seinem Buch „Zwischen Messnianismus und Zionismus", Jüdischer Verlag, Frankfurt am Main 1993, Seite 135

Marr[376] geboren. Er hatte eine herausragende Rolle in der Vorbereitung der Revolution von 1848 gespielt hatte, und war Mitglied verschiedener Geheimgesellschaften. Sein Haß gegen das Christentum übertraf sogar den Nietzsches. Er schrieb: "Wir müssen den Menschen zeigen, wie unwürdig jene Lage ist, die sie akzeptieren. Wir müssen ihnen zeigen, daß die Prinzipien und Fundamente ihres gegenwärtigen sozialen Lebens falsch sind... du edler deutscher Jugendlicher, der du über den Lehren deiner Ammen und deiner Priester sinnst, der du deiner Kraft und Courage erlaubst, durch das Phantom einer göttlichen Vorsehung geschwächt zu werden... glaube, daß du diese ganze gesellschaftliche Ordnung ändern kannst und daß du dieses erlogene Rüstzeug unserer modernen Gesellschaft zerstören kannst. Und Ihr, Ihr Armen und Leidenden, Ihr, die Proletarier, die Ihr im Unglück versinkt, warum Euer ewiges Zögern, Eure ewigen Klagen, Eure Gebete und Eure Hoffnungen? Wie kommt es, daß Euch noch nie der Gedanke gekommen ist, daß, sobald Ihr es begehrt, Ihr die Herrschenden sein könnt, Ihr, die Ihr die Mehrheit, die Masse des Volkes ausmacht? Die Zusammenfassung der menschlichen Degradierung, jene besondere Herabwürdigung der Menschlichkeit, ist die sogenannte Religion, die uns als Christentum bekannt ist."[377]

Schließlich „reifte" Wilhelm Marr zum vermutlich ersten Propagandisten des extremen Antisemitismus in Deutschland. In seinem Buch „Der Sieg des Judentums über das Germanentum" schrieb er rückblickend auf die Revolution 1848: „Im Lande der Denker und Philosophen datiert die Judenemanzipation seit 1848... Von dem Augenblick der Emanzipation an ward für uns Germanen das Judentum als ein zu berühren verbotenes Objekt erklärt... Wir Deutschen haben mit dem Jahre 1848 unsere offizielle Abdankung zu Gunsten des Judentums vollzogen. Fragt Euch selbst: in allen Branchen des Lebens geht der Weg zum Ziel durch die jüdische Vermittlung. Es ist überhaupt kein ´Kampf ums Dasein´ mehr möglich, ohne daß das Judentum seine Provision davon zieht... Das ist das Resultat des dreißigjährigen Krieges, den das Judentum seit 1848 offiziell mit uns geführt hat." Nicht ein Wort, daß er selbst die 48er Revolution mitbestimmt hatte. Keine Silbe davon, daß er selbst Hebräer war. Nein im Gegenteil. Im Namen seiner Gegner polemisierte er gegen seine eigenen Leute.

Früher und deutlicher als alle anderen hetzte Marr: „Die Judenfrage ist keine Religionsfrage, sondern eine Rassenfrage". Die Juden, polterte der von Rabbinern Getaufte[378], seien im ganzen Morgenland ein verhaßter Semitenstamm gewesen; seit sie aus dem Boden Palästinas losgerissen, wollte sie Europa versklaven. Seit

---

[376] Heinrich Marr wirkte lange Zeit am Wiener Burgtheater bevor er in den Jahren 1852-56 zum Direktor des Weimarer Hoftheaters avancierte.
[377] A. Netchvolodow, „L´Empéreur Nicolas II et les Juifs", Etienne Chiron Éditeur, Paris 1924, Seite 382. Zitiert durch Denis Fahey, „The Mystical Body of Christ in the Modern World", Reprint der dritten Edition (1939), Omni Publications, Hawthorne/Ca. 1987, Seite 179
[378] Rudolf Hirsch/Rosemarie Schuder, „Der gelbe Fleck. Wurzeln und Wirkungen des Judenhasses in der deutschen Geschichte", Verlag Rütten & Loening, Berlin (Ost) 1989, Seite 500f.

1880 gab Marr im Dienste seines Kreuzzuges „Zwanglose antisemitische Hefte" heraus. In Berlin gründete er eine Antisemiten-Liga, deren Ziel darin bestand, das Vaterland „vor der vollständigen Verjudung"[379] zu retten.

Auch der 1883 verstorbene Richard Wagner gab sich lange Zeit als überzeugter Antisemit. In einem Aufsatz über „Das Judentum in der Musik", den er unter einem Pseudonym, Karl Freigedank veröffentlichte, hob er die Schwäche und Unfähigkeit der nachbeethovenschen Periode der deutschen Musikproduktion hervor. Die Schuld gab Wagner den Juden, hauptsächlich Meyerbeer und Mendelssohn-Bartholdy. Ihre, wie er es nannte, Einmischung in die deutsche Musik bezeichnete er als gestaltlose, seichte Erscheinung. Er behauptete, eine allgemein künstlerische Impotenz zeichne die „jüdische Rasse" aus, und stellte fest: „Das ganze Judentum hat nur durch die Benutzung der Schwächen und Fehlerhaftigkeit unserer Zustände Wurzeln unter uns fassen können."[380] Doch der Schöpfer des Nordischen Mythos lag selbst im Hebräertum verankert. Dem Philosophen Nietzsche hatte er einst auf einem Spaziergang offenbart, daß er nicht der angenommene, sondern der *leibliche* Sohn seines „Stiefvaters", des jüdischen Schauspielers Ludwig Geyer war.[381] Verständlich, daß er das vor dem Hintergrund einer zionistischen Mission nicht in aller Öffentlichkeit hinausposaunen konnte. Kaum einer hätte ihm in diesem Fall seine Hetztiraden abgekauft. Tatsächlich war Wagner nie in seinem Leben Antisemit gewesen. Bei der Uraufführung seines Bühnen-Weihspiels „Parsifal", diesem letzten seiner großen Werke, wo er als Mitglied des Illuminatenordens[382] seinem esoterischen Hintergrundwissen noch einmal richtig die Sporen gab, überließ Wagner die musikalische Leitung dem Münchner Generalmusikdirektor Hermann Levy, einem bedeutenden Musiker jüdischer Herkunft. Blut ist schließlich doch dicker als Wasser...

Und schließlich war da noch der Nestor des deutschen Antisemitismus, der diese Bewegung bis in die Zeit des 3. Reiches hinein bestimmen sollte: Theodor Fritsch. 1880 gründete er den Hammer-Verlag, der lange Zeit der Sammelpunkt aller teutonischen Judengegner war. Publikumswirksam wurde dieser Mann genau 33 mal durch Israeliten angeklagt - um dann immer wieder unter dem Gejohle der Tagespresse freigesprochen zu werden. General Ludendorff, der sich nach dem

---

[379] Ebenda
[380] Rudolf Hirsch/Rosemarie Schuder, „Der gelbe Fleck. Wurzeln und Wirkungen des Judenhasses in der deutschen Geschichte", Verlag Rütten & Loening, Berlin (Ost) 1989, Seite 496f.
[381] Hennecke Kardel, „Adolf Hitler - Begründer Israels", Marva-Verlag, Genf 1974, Seite 32. Laut Kardel, Fußnote 11, Seite 260 wird Wagners jüdische Abstammung ferner durch Leon Stein in „The Racial Thinking of Richard Wagner", New York 1950 sowie Arnold Zweig in „Bilanz der deutschen Judenheit", Köln 1961 hervorgehoben. Wagner war mit Nietzsche von 1868-1878 befreundet. Beide Männer wurden durch Hitler zu Vorbildern des Dritten Reichs. Obwohl Nietzsches heroische (Ideal des Übermenschen), antidemokratische wie antiliberalistische Philosophie starke Bezüge zum nationalsozialistischen Selbstverständnis zeigt und obwohl sein ganzes Werk einen direkten Angriff auf die christlich-jüdische Religions-, Lebens- und Staatsauffassung darstellt, lehnte Nietzsche im Gegensatz zu Wagner den Antisemitismus stets auch privat ab.
[382] Siehe *Magick, Liber Aleph* und *Book of Toth* von Aleister Crowley.

ersten Weltkrieg wie kein zweiter gegen die Machtbestrebungen überstaatlicher Machtgruppen wandte, schreibt über Fritsch vielsagend: „Später hörte ich, daß er Großmeister eines Geheimordens war, den ich heute als neubuddhistisch bezeichnen würde. Als solcher kämpfte er gegen die Juden erfolgreich. Als ich aber 1927 das Wesen der Freimaurerei enthüllte, da erlebte ich, daß er völlig versagte."[383]

Max Liebermann „von Sonnenberg", der aus dem deutsch-polnischen Grenzstädtchen Bielscastruga stammte, leitete die rechte, mehr konservative Richtung des deutschen Antisemitismus. Bis 1880 hatte der mosaischstämmige Liebermann als Offizier seinen Mann gestanden, als er sich plötzlich zum Volkstribunen berufen fühlte. Um seinem kruden Gedankengut größere Popularität zu verleihen, gründete er zunächst 1881 die von ihm herausgegebene und geleitete „Deutsche Volkszeitung", Mitte der 80er Jahre folgten die "Deutschsozialen Blätter" (zugleich antisemitische Korrespondenz). 1889 hob der umtriebige Liebermann in Bochum mit der "Deutschsozialen Partei" die erste rein antisemitische Partei aus der Taufe. Das Parteiprogramm gipfelte in den Forderungen, die Judenemanzipation aufzuheben und statt dessen die im Reich lebenden Hebräer unter Fremdengesetze zu stellen. Durch entsprechende Öffentlichkeitsarbeit begünstigt schickte die "Deutsch Soziale Partei" schließlich 16 Abgeordnete in den Reichstag.

Zum Beispiel Österreich-Ungarn

In der österreichischen K+K-Monarchie, welche wie das deutsche Reich unmittelbar an die russischen Pogromgebiete grenzte, lagen die Dinge kaum anders. Auch hier hatten Zionisten sehr früh leitende Positionen in der Judenfeindlichen Bewegung übernommen oder diese als stille Förderer - z. B. über Finanzierungen - überhaupt erst möglich gemacht.

In dem Alpenstaat entwickelte sich der Antisemitismus seit 1880 sowohl aus der streng nationalen Bewegung (Schönerer) als auch aus der christlichsozialen Bewegung (Lueger), die sich heftig bekämpften. Aus jener entstand die alldeutsche, aus dieser die christlichsoziale Partei.
Der Unterschied zwischen Schönerer mit seiner „Alldeutschen Vereinigung" und dem vom Kaiser abgelehnten, von den Wienern jedoch gewählten Oberbürgermeister Dr. Lueger mit seiner „Christlich-Sozialen Partei" (heute ÖVP) war der, daß Schönerer im rassistischen Sinne behauptete: „Jud bleibt Jud" und daß Lueger dem entgegenhielt: „Ein getaufter Jude ist Christ". Kein Unterschied bestand darin, daß diese beiden österreichischen Häupter der Judengegnerschaft trotzdem engste Mitarbeiter aus dem bekämpften Kahal rekrutierten. Bei Schönerer standen in vorderster Linie der einflußreiche galizische Zeitungsverleger Karl Emil

---

[383] General Ludendorff, „Auf dem Weg zur Feldherrnhalle", Archiv-Edition im Verlag für ganzheitliche Forschung", Viöl 1996, Seite 56

Franzos[384], der spätere Sozialdemokrat Viktor Adler und der Mitverfasser der Linzer Großdeutschen Programms („Ein Volk, ein Reich!") Heinrich Friedjung aus Mähren, ebenfalls Jude. Und Luegers Stellvertreter war Wiens zweiter Bürgermeister, der Halbjude Porzer. Das später oft wiederholte Wort: „Wer a Jud is, bestimm i", stammt von Dr. Lueger. Aus beider Arbeit ging Jahre vor Gründung der NSDAP in München die sudetenländische „Deutsche National-Sozialistische Arbeiter-Partei" hervor und Parteigründer war Schönerers früherer mosaischer Parlamentarier Karl Wolff.[385]

Auch in dem etwas später entstandenen rassistischen „Orden vom Neuen Tempel" (ONT), in dem sich auch der junge Hitler umgetan haben soll, war durchaus Platz für Mitglieder jüdischer Abstammung. Unter den bekanntesten Namen firmiert der Herausgeber der Wiener Zeitschrift 'Die Fackel', Karl Kraus, den der Vereinsgründer Lanz von Liebenfels als Arioheroiker einstufte. Der Ordenskonvent tagte jeweils auf der Burgruine Werfenstein im Strudengau an der Donau (wo 1907 erstmals eine Hakenkreuzfahne wehte). Kurioserweise feierte hier auch die Wiener jüdische Gemeinde ihr Laubhüttenfest. Die Verbindung zwischen Liebenfels und der jüdischen Gemeinde Wiens stellte der Rabbinatskandidat Moritz Altschüler her, ein Freund des Ordensmeisters und Mitarbeiter der „Monumenta judaica", an denen bemerkenswerterweise Lanz von Liebenfels selbst mitschuf.[386]

In Ungarn entstand der moderne Antisemitismus zur gleichen Zeit wie in Deutschland und Österreich. 1880 wurden die ersten judenfeindlichen Vereine von den Abgeordneten Istozy, Onony und Limony gegründet. Die Initiative lag dabei bei Limony, der selbst einer jüdischen Familie entstammte. Diesem Trio Infernale blieb es in den nächsten Jahren vorbehalten, die parlamentarische Opposition gegen die im Lande befindlichen Israeliten zu führen. Daß die Volksstimmung entsprechend angeheizt wurde war dabei Sache der Zeitungen, die sich zu großen Teilen fest in jüdischen Händen befanden. 1882 kam es in Tisza Eszlar zu einem Mordprozeß gegen einen jüdischen Schlachtmeister, den der Zionismus an der Seite der Antisemiten zu einem Ritualmordprozeß stilisierte. Die Presse kochte den Vorfall hoch, und in der sich ständig erhitzenden Atmosphäre kam es Ende September in Preßburg zu einem Pogrom. Als die örtliche Polizei nicht einschritt, sah sich der Monarch Höchstselbst dazu gezwungen, zuverlässigere Truppen heranzuziehen. Der Prozeß war noch nicht über die Bühne gegangen, da erschien unter dem Titel "Der Judenspiegel oder hundert neue entdeckte noch geltende Gesetze über das Verhältnis der Juden zu den Christen" eine antisemitische Hetzschrift, die alle Vorurteile des Gerichtsverfahrens bestätigte. Geschrieben hatte sie ein gelehrter Katholik. Er hieß Aaron Brimann, ein geborener Jude, der erst kurz zuvor als Rabbiner zum Katholizismus "gefunden" hatte...

---

[384] Franzos, der in den Jahren 1872-77 ausgedehnte Reisen durch Europa, Kleinasien und Ägypten unternahm leitete 1882-86 in Wien die „Neue Illustrierte Zeitung".
[385] Hennecke Kardel, „Adolf Hitler - Begründer Israels", Verlag Marva, Genf 1974, Seite 39f.
[386] Daim, Seite 67f., Seite 80f.; Bronder, Seite 235

Zum Beispiel Großbritannien

Mehr als eine andere Macht in Europa hatte England sich stets der Interessen des israelitischen Volkes angenommen. 1865 intervenierten britische Botschaften oder Generalkonsulate in Serbien und Persien.[387] Als man im Jahre 1867 die Juden in Rumänien als Vagabunden erklärte, wurde der britische Vertreter angewiesen, in einer Unterredung mit dem regierenden Prinzen die unverzügliche Bestrafung der in Frage kommenden Beamten zu verlangen. Mit Erfolg, denn im folgenden Jahr wurde von der Bukarester Regierung ein allgemeiner Schutz für die im Lande lebenden Hebräer garantiert.[388]. Als dann 1869 Serbien den Interessensvertretern des Judentums Kummer bereitete, ließ die britische Regierung - mittlerweile geführt von dem Mose-Jünger Benjamin D´Israeli - keinen Zweifel darüber, daß Belgrad nur die Unterstützung Englands gegenüber der verhaßten Türkei fände, wenn es nichts mehr gegen die Juden unternehmen würde.[389]

Diese eindeutig projüdische Fürsprachepolitik Londons im Ausland läßt sich bis ins Jahr 1881 weiterverfolgen. Dann aber trat plötzlich eine abrupte Wandlung ein. Als im Jahre 1884 jüdische Funktionäre der Ansicht waren, Rumänien habe die auf der Berliner Konferenz unter Druck Disraelis zustandegekommenen Gleichstellungsgesetze zu ihrem Nachteil verletzt, intervenierten sie zum ersten Mal erfolglos bei der britischen Regierung. Dasselbe Schicksal erfuhren sie im nächsten Jahr. Lord Salisbury erklärte ihnen, daß dies eine innerpolitische Angelegenheit Rumäniens sei, in die man sich nicht einmischen könne. Dies entsprach in der Tat den Tatsachen, doch hatte sich London nachweislich seit Dekaden niemals um dieses Problem bekümmert, wenn jüdische Interessen bedroht waren. Hatte sich also ein neues „jüdisches" Interesse ergeben? Diese Vermutung scheint nahezuliegen, denn Rumänien war kein Einzelfall. Als im Jahre 1890 die Rechte der Juden in Rußland erneut beschränkt wurden, hielt sich die britische Regierung erneut für außerstande, sich einzumischen, da es "eine innerpolitische Angelegenheit" sei.

London änderte seine zionistische Politik erst wieder, nachdem klar geworden war, daß die Pogromstrategie viel zu wenige Flüchtlinge in das fremdverwaltete Palästina bringen würde, um dort vermittels einer „wilden" Israelisierung ein Fait Accompli zu schaffen.

---

[387] Charles Emanuel, „A Century and a Half of Jewish History", 1910. Nach Peter Aldag, „Der Jahwismus beherrscht England", 1940, Archiv-Edition im Verlag für ganzheitliche Forschung und Kultur, Struckum 1989, Seite 145-149
[388] Charles Emanuel, a.a.O., Seite 145-149
[389] Charles Emanuel, a.a.O., Seite 145-149

Zum Beispiel Frankreich

In Frankreich, wo die ansässigen Juden seit der „Großen Revolution" gleichberechtigt mit den Franzosen zusammenlebten, wurde der Antisemitismus durch Edouard Drumont geweckt, der sich bei der Hauszeitung des hebräischen Bankiers Pereire „La Liberté" als gern gelesener Chroniqueur und Theaterkritiker verdingte. Durch den antisemitischen Feldzug, zu dem er 1885/1886 mit seinem Buch „La France Juive" den Anstoß gab, ward Drumont mit einem Schlag eine weltbekannte Persönlichkeit. Die Explosion dieser Bombe wäre vermutlich wirkungslos verpufft, hätte sich der jüdische Leiter des "Gaulois", Arthur Mayer, nicht in dem Buche beleidigt gefühlt. Er forderte ein Duell und bekam es. Während die Zeitungen diesen Skandal groß aufmachten und somit für die entsprechende Popularität Drumonts sorgten, wurde das in erster Instanz zur Beschlagnahme verurteilte Werk von dem Appellhof publikumswirksam wieder freigegeben und fand riesenhafte Verbreitung. Bald darauf gründete Drumont die antisemitische Tageszeitung "La Libre Parole", die Parlament und Demokratie scharf angriff und den Anstoß zur Aufrollung zweier wichtiger Politaffären gab, die Frankreich in diesen Tagen tief erschütterten. Den Anfang machte dabei der sogenannte „Panamaskandal". Mit diesem Wort verbindet sich die vermutlich größte Bestechungsaffäre der französischen Republik.

Anfang 1889 brach die von Ferdinand Lesseps geleitete Aktiengesellschaft zum Bau des Panamakanals mit einer ungeheuren Schuldenlast zusammen, wobei die Anleger 1 ½ Milliarden Francs verloren. Aufgrund von Recherchen der „Libre Parole" erhoben die Nationalisten (Boulangisten) Ende 1892 gegen eine große Zahl Republikanischer Abgeordneter Anklage, daß sie sich von Lesseps und dessen Sohn Karl mit Kanalaktien zur Genehmigung der letzten Panamaanleihen hätten bestechen lassen. Als die Leiter der Panamagesellschaft, die Lesseps, der Ingenieur Eiffel und andere, Anfang 1893 wegen Betrugs verurteilt waren, wurde bald gegen sie ein zweiter Prozeß wegen Bestechung geführt, in den über 500 Parlamentarier verwickelt wurden. Bei den Kammerwahlen im August 1893 wurde daher die Hälfte von diesen nicht wiedergewählt; führende Politiker wie Floquet, Roche, Freycinet, Rouvier, Clemenceau mußten sich für einige Zeit aus dem parlamentarischen Leben zurückziehen. 1894 wurde die weitere Verfolgung des Bestechungsprozesses auf Regierungsbefehl eingestellt.

Etwa zum selben Zeitpunkt, da die ins Kreuzfeuer der Kritik geratenen Staatsführer bemüht waren, so viel wie nur irgend möglich unter den Teppich zu kehren, näherte sich neues Ungemach. Alles begann damit, daß dem französischen Spionagebüro von der Reinemachefrau der deutschen Botschaft ein zerrissenes Dokument übergeben wurde, das ein Angebot über eine Reihe militärischer Geheimnisse enthielt. Das Kriegsministerium glaubte nun endlich die frische Fährte eines seit längerer Zeit gesuchten Verräters entdeckt zu haben. Der Inhalt des Schreibens, deutete darauf hin, daß sein Verfasser im Generalstab sitzen müsse, um alle diese Geheimnisse zu kennen. Als man die Liste der Generalstabsoffiziere durchging, hielt man bei dem Namen des im deutschsprachigen Elsaß gebürtigen

Artilleriehauptmanns Alfred Dreyfus, den jedermann als ersten der Tat verdächtigte. Tatsächlich ergab ein Schriftvergleich durch den besten französischen Graphologen die völlige Übereinstimmung der Handschriften. Der Kriegsminister stellte den Verhaftungsbefehl aus.[390]

Im Grunde war nicht einzusehen, warum der unter Ausschluß der Öffentlichkeit abgehandelte Fall größere Beachtung verdient haben sollte. Vor und nach dieser Provinzposse, die lediglich einen einzigen Mann betraf, waren in verschiedenen „zivilisierten" Plätzen der Welt tausende von Menschen ganz ohne Urteil aufs Schafott geführt worden, ohne daß sich eine Hand gerührt hätte. Unglücklicherweise aber war Dreyfus Jude und bedeutende Teile des Zionismus dringend daran interessiert, noch einmal die Wellen des Antisemitismus hochschlagen zu lassen. Und das änderte die ganze Situation von Grund auf.

Forsch suchte der Großrabbiner von Frankreich, Zadock-Kahn, den Polizeipräfekten auf. Ohne die Sachlage näher zu kennen, stieß er die Drohung aus: "Sie wissen, was vorgeht. Man will einen von unseren Leuten vor den Kriegsrat stellen. Wenn Sie einen Einfluß auf die Regierung haben, so ist der Augenblick da, ihn zu zeigen. Käme es zu etwas Derartigem, so würden Sie die Verantwortung tragen für das, was ich Ihnen ankündige: Das Land wird in zwei Hälften zerrissen werden, alle meine Glaubensgenossen würden sich erheben und der Krieg würde losbrechen zwischen den beiden Lagern. Was die Mittel angeht, um den Krieg zu führen, so können Sie sich auf uns verlassen!"[391]

Tatsächlich entstand im Generalstab der Eindruck, als wolle das Kriegsministerium den Fall ersticken. Um nicht um seinen vermeintlichen Ermittlungserfolg gebracht zu werden, gab man einige informatorische Hinweise der "Libre Parole". Dort wurde die Dreyfus-Affäre sofort aufgegriffen und zugleich darauf hingewiesen, daß der um Dreyfus bemühte Parlamentarier Joseph Reinach, Nahverwandter des aus dem Panama-Skandal bekannten Juden Jaques Reinach, noch belastendes Material aus der Panama-Affäre besitze, mittels dessen er den Kriegsminister zum Schweigen bringen werde. Damit war die Regierung gezwungen, die Untersuchung öffentlich zu machen. Im Dezember 1894 sprach das Kriegsgericht Dreyfus des schweren Landesverrats schuldig und verurteilte ihn zu lebenslänglicher Deportation.

Noch heute kann man in der Rückschau resümieren: Nicht der Prozeß an sich war beunruhigend, sondern die Begleitumstände, die sich mit ihm verbanden. Das ganze Verfahren fand in einer sich immer stärker aufheizenden Atmosphäre statt, bei der es bald nicht mehr um den Hintergrund der Tat sondern nur noch um die religiöse Herkunft des Angeklagten ging. Wieder einmal ward dem Zionismus das unheilige Feuer geliefert, auf dem er sein Süppchen kochen konnte. Daß dieses

---

[390] Heinz Ballensiefen, „Juden in Frankreich", Archiv-Edition im Verlag für ganzheitliche Forschung
[391] Louis Lépine, „Expréfet de Police. Mes souvenirs", Paris 1929

Geschenk nicht vom Himmel fiel und gottgegeben war, versteht sich von selbst. Wie in allen anderen Ländern und Fällen zuvor, legte sich die jüdische Nationalstaatsbewegung auch in Frankreich höchstselbst gehörig ins Zeug, damit Bindungen zerstört, Vorurteile bestätigt und letztlich ein ganzes Volk nicht ohne Erfolg kriminalisiert werden konnte.

So schrieb der jüdische Schriftsteller Bernard Lazare, Mitglied des U.O.B.B. wie der Alliance Israélite Universelle, 1895 in seinem Buch "L´Antisémitisme" über den angeblichen Einfluß des Talmud auf die Mentalität seines Volkes: "Ohne das Gesetz, ohne das es bewahrende Israel, würde die Welt zu bestehen aufhören, Gott würde aufhören, diese zu erhalten. Die Welt wird Glück nur kennen, wenn es diesem Gesetz unterworfen ist, das heißt, dem Gesetz der Juden. Konsequenterweise ist das jüdische Volk jenes Volk, das von Gott erwählt wurde, Treuhänder seiner Wünsche und Begehren zu sein. Das jüdische Volk ist das einzige, mit dem die Gottheit einen Pakt geschlossen hat. Der Jude ist der Auserwählte des Herrn. Als die Schlange Eva in Versuchung führte, sagt der Talmud, infizierte sie diese mit ihrem Gift. Als Israel am Sinai die Verkündung erhielt, wurde die jüdische Rasse von dieser Infizierung befreit: die anderen Nationen aber blieben dieser erlegen... Israel ist der auserwählte geliebte Sohn des Allerhöchsten, das Volk, welches allein das Recht hat, an seiner Liebe, seiner Güte, seinem einzigartigen Schutz teilzuhaben. Die Menschen der anderen Nationen stehen in seinen Augen auf einer niedrigeren Stufe als die Hebräer. Es ist nur eine Konzession, daß die an der göttlichen Freigibigkeit Anteil nehmen dürfen, da nur die Seelen der Juden vom ersten Menschen abstammen. Die Besitztümer, die den anderen Nationen unterstellt sind, gehören in Wahrheit Israel... Dieser Glaube an ihre Bestimmung, an das Faktum, daß sie Gegenstand einer speziellen Ausgenommenheit sind, führte zum Aufkommen eines gewaltigen Stolzes bei den Juden. Das Ergebnis davon war, daß sie auf Nichtjuden mit Verachtung herabsahen... Die Juden mischten sich so als Eroberer und nicht als Gäste unter die modernen Nationen. Sie waren wie eine Herde oder ein Rudel, das seit langem eingepfercht war. Als mit einem Schlag die Hindernisse niedergebrochen wurden, enteilten sie in das Feld, das ihnen geöffnet war. Nun waren sie keine Krieger, und abgesehen davon war der Zeitpunkt zur Führung eines Feldzugs für eine relativ kleine Streitmacht nicht günstig, aber es gelang ihnen eine Unterwerfung, für die sie wirklich ausgerüstet waren, die wirtschaftliche Unterwerfung, für die sie sich seit Jahren vorbereitet hatten."[392]

Der ebenso breit wie gezielt lancierten Volksverhetzung blieb der Erfolg schließlich nicht versagt. Mit einem Mal brachen selbst in dem modernen, republikanischen Frankreich, Emotionen und Haßgefühle gegen die Juden auf. Plötzlich wurde ihnen auch hier die Gleichberechtigung und nationale Zugehörigkeit abgesprochen.

---

[392] Bernard Lazare, „L´Antisémitisme", Seite 9 und 223. Zitiert nach Denis Fahey, „The Mystical Body of Christ in the Modern World", Reprint der dritten Editon (1939), Omni Publications, Hawthorne/Ca. 1987, Seite 281f.

Nicht zitierte weiterführende Literatur

Fry, L., „Achad Cham (Ascher Ginzberg). Der geheime Führer der Juden", Herausgegeben von Th. v. Winberg, München 1923 Zusätzlich (positiv bis kontrovers) wird der Frühzionismus in jenen speziell markierten (x) Büchern betrachtet, die dem folgenden Kapitel nachgestellt sind.

Am Abend des 29. August 1897 machte Herzl mir und einigen Freunden eine bemerkenswerte Erklärung. Die bulgarischen Juden, so sagte er, hätten lange geglaubt, der Messias werde am 1. Elul geboren werden. Sie hätten Recht gehabt, fuhr er fort, heute, auf dem Zionistenkongreß sei der Messias geboren worden. Und er fuhr fort: 'Dieser Messias wird heranwachsen!' Herzl war frei von Aberglauben, aber er hatte ein starkes religiöses Empfinden. *(Nahum Sokolow auf dem 16. Zionistenkongreß in Zürich)*[393]

Die Antisemiten werden unsere verläßlichsten Freunde, die antisemitischen Länder unsere Verbündeten. *(Theodor Herzl, „Tagebücher", Berlin 1934, Seite93/209f.)*

Der Zionismus ist eine satanische Erfindung. *(Rabbi Teitelbaum nach „National Journal". Volkmar Kurz. Webfocus@usa.net)*

Kapitel 4.7

Der exoterische Zionismus unter Theodor Herzl

Auf dem Weg zum ersten Weltkongreß

Die aufgewühlten Tage des Skandal-Prozesses prägten vor allem die assimilierten Juden - unter ihnen einen Österreicher, der sich trotz seiner hebräischen Abkunft stets als patriotischer Bürger seines Landes verstanden hatte. Es handelte sich um Dr. Theodor Herzl, der von der Wiener „Neuen Freien Presse" zur Dreyfus-Berichterstattung in die französische Hauptstadt entsandt worden war. Hier fand er nun angesichts des nicht enden wollenden Kesseltreibens gegen die Glaubensgenossen zu seinen Wurzeln zurück. Resignierend erkannte er, daß der Antisemitismus durch die Emanzipation nicht zu beseitigen war. Davon ableitend trat er in seiner Schrift „Der Judenstaat" (1896) für die Gründung eines jüdischen Staatswesens ein. Um der Idee die praktische Basis zu verschaffen rief Herzl im Jahre 1897 gemeinsam mit Max Nordau eine international beschickte Zionistentagung ins Leben. Auf diesem Wege sollte *die erste offizielle*

---

[393] Laut „*Jüdische Preßzentrale*", Zürich, 12. Jahrgang, Nr. 556, vom 2. August 1929

Dachorganisation der jüdischen Nationalbewegung aus der Taufe gehoben werden.

Im März 1897 wurden Juden der ganzen Welt eingeladen, im August Vertreter zu einem „zionistischen Kongreß" nach München zu senden. Um jedoch das Wirken der jüdischen Nationalbewegung von den europäischen Mächtekonstellationen unabhängig zu halten erhoben die Rabbis von Deutschland Protest und auch der vorausschauende B´nai B´rith beeilte sich, sein Veto einzulegen. So schreibt Dr. A. Goldschmidt in „Der Deutsche Distrikt des Ordens Bne Briß", Verlag der Großloge Berlin auf Seite 66-68: „Es wurde ferner ein vermittelnder privater Weg gewählt, indem seitens der Loge Expräsident Br. Dr. Merzbacher nach Wien gesandt wurde, um auf Dr. Herzl persönlich einzuwirken. Dies hatte die Wirkung, daß München als Kongreßort aufgegeben und Basel gewählt wurde."

Am 28. Juli 1897 wurde zu Karlsbad auf einer „Vorkonferenz" die eigentliche Tagung in der Schweiz vorbereitet. Sicher nicht zu Unrecht betrachtete der Zionismus bestimmte Interna als derart explosiv, daß er hier die ersten Geheimhaltungsdekrete auszugeben glauben mußte. Beispielsweise sprach der Prager Vertreter Dr. A. Kaminka ausdrücklichst die Bitte aus, „Rücksicht auf die Interessen der Odessaer Gesellschaft und der russischen Judenheit zu nehmen". Ferner solle der Wunsch des Barons Edmund de Rothschild dem Kongreßpräsidenten vorgetragen werden, „nach Möglichkeit den Namen Rothschilds und Rußlands in den offiziellen Reden nicht zu nennen."[394] Es hat demnach den Anschein, daß man - bis heute nicht bekannte - Geheimvorträge ins Auge faßte. Im gleichen Sinne hatte Herzl schon Wochen vorher eingeräumt, daß neben dem öffentlichen ein vertraulicher Kongreß tagen werde, zu dem die Presse keinen Zutritt habe.[395]

Folgt man den offiziellen Verlautbarungen, dann stimmten sich die verschiedenen zionistischen Gruppen zu Basel zunächst auf eine tragfähige Plattform ab. Danach wurde eine „Zionistische Weltorganisation" geschaffen, die Herzl zu ihrer Leitfigur wählte und eine sichere Heimat für das Judentum als ihr Ziel proklamierte. Angesichts der in seiner Organisation gebündelten Macht erklärte der frischgebackene Präsident forsch: „Der jüdische Staat existiert bereits". Mit welchen Druckmitteln er die Erreichung seiner Träume bewerkstelligen wollte, ließ Herzl bereits in seiner Eröffnungsrede anklingen. „Die Vorteile, die ein ganzes Volk als Gegenleistung zu bieten vermag", hören wir da, „sind so bedeutend, daß die Unterhandlungen von vornherein mit genügendem Ernst ausgestattet sind... In manchen Ländern ist der Judenstreit zur Kalamität für die Regierung geworden. Ergreift man für die Juden Partei, so hat man die aufgewühlten Massen gegen sich. Ergreift man gegen die Juden Partei, so hat dies bei dem eigentümlichen Einfluß der Juden auf den Weltverkehr oft schwere wirtschaftliche Folgen. Verhält sich die

---

[394] Walter Freund, B´nai B´rith Judentum und Weltpolitik, Archiv-Edition im Verlag für ganzheitliche Forschung und Kultur, Struckum 1990, Seite 141f. und 536
[395] Theodor Herzl, „Tagebücher", Berlin 1983, Bd. I, Seite 595, 10. März 1897

Regierung neutral, so sehen sich die Juden ohne Schutz in der bestehenden Ordnung und flüchten in den Umsturz."[396]

Die hier zutage tretende Taktik, den Mächten Europas wechselseitig Zuckerbrot oder Peitsche anzubieten, verfolgte der Zionistenpräsident bis zu seinem Tod. Schon vor Eröffnung des Kongresses hatte er mit diesen Mitteln gearbeitet. Sollten beispielsweise die Briten einen zionistischen Staat unterstützen, vertraute Herzl seinem Tagebuch an, so hätten sie „auf einen Schlag... zehn Millionen geheime, aber loyale Untertanen, aktiv in allen Lebensbereichen, auf der ganzen Welt... Da sich diese alle auf ein Zeichen hin in den Dienst der hochherzigen Nation stellen werden, die ihre lange ersehnte Hilfe bringt,... wird England zehn Millionen Agenten für seine Größe und seinen Einfluß bekommen."[397] Und in einem Brief an den Großherzog von Baden vom schrieb Herzl am 26. April 1896 in Bezug auf die zionistische Organisation: „Worauf ich die Aufmerksamkeit Eurer Königl. Hoheit besonders hinzulenken wage, sind zwei Wirkungen unserer Bewegung. Wir schwächten die Umsturzparteien und brachen die internationale Finanzmacht..."[398]

Die fehlgeschlagenen Verhandlungen der Jahre 1898-1902

Während der Antisemitismus in Europa mit einem Schlag wie ein Spuk von der Bildfläche verschwand[399], bestimmte der zweite Weltkongreß der Zionistischen Internationalen 1898, daß mit der praktischen Arbeit erst zu beginnen sei, wenn man von der Türkei einen Freibrief (Charter) zur Besiedelung Palästinas erhalten habe. Doch stieß der Zionismus mit diesem Begehren auf ein scheinbar unüberwindliches Hindernis: Istanbul verweigerte den Charter, weil dieser nichts anderes bedeutete, als die freiwillige Abtretung eines Reichsgebietes. Bei der Ablehnung mag neben schlichten Souveränitätsgedanken auch die Befürchtung mitgespielt haben, eine jüdische Besiedelung Palästinas würde die arabisch besiedelten Besitzungen der Türkei in Aufruhr stürzen und die eigene Vorherrschaft in diesem Raum unterminieren, wenn nicht gar auf kurz oder lang völlig beseitigen. Die Weigerung mußte jedem klar denkenden Staatsmann einleuchten...

---

[396] Nach der deutschen *Jüdische Rundschau*, Nr. 66 vom 22. August 1922. Bericht unter dem Titel "vor 25 Jahren".
[397] „Neue Solidarität" vom 28. Januar 1998, Seite 7
[398] Theodor Herzl, „Tagebücher", Berlin 1983, Bd. II., Seite 327. Diese und die im vorliegenden Abschnitt folgenden Angaben auch nach Douglas Reed, „The Controversy of Zion", Seite 203
[399] Der erste Reichsjustizminister der Weimarer Republik Otto Landsberg (SPD) sagte später: „Ich habe solche antisemitischen Strömungen persönlich wiederholt kommen und gehen sehen. In den achtziger Jahren waren sie in meiner Heimatstadt Ostrowo stark und mein Bruder hatte im Gymnasium unter ihnen zu leiden. Als ich wenige Jahre später das gleiche Gymnasium besuchte, war davon nichts mehr zu spüren." (Hennecke Kardel, „Adolf Hitler - Begründer Israels", Verlag Marva, Genf 1974, Seite 125)

Vielleicht lag hier ein Grund, warum Herzl und Co. jetzt einen zusätzlichen Geschäftsweg beschritten, indem sie dazu übergingen, ihre Verhandlungspartner „zu kaufen". Sichtbar wird diese Strategie in den Statuten der 1898 durch den Logenbruder[400] Ferdinand Rothschild und die „Anglo-Jewish Association" begründeten „Zionistenbank" („Jewish Colonial Trust").[401] Als deren näherer Arbeitszweck wurde nämlich unter Punkt 7 angegeben: „Entweder in bar oder an Werten an solche Personen oder Gesellschaften solche Schenkungen für solche Zwecke und in solchen Fällen zu machen, wie das dem Aufsichtsrat direkt oder indirekt zur Erreichung irgend eines Zweckes geeignet oder voraussichtlich für die Interessen des jüdischen Volkes an irgend einem Ort oder in irgend einem Lande förderlich erscheinen mag." Dieser Paragraph besagte im Grunde nichts weiter, als daß der Zionismus seine neugeschaffene Bank als Zentrale für politische Bestechungen verwenden wollte. Genauso sah es auch der orthodoxe Religionszionist Achaad Haam, der schärfsten Widerspruch dagegen erhob, daß dieser heikle Punkt öffentlich behandelt worden war. Der „Prophet Israels" wetterte, man müsse „über die zionistischen ´Diplomaten´ staunen, die gar nicht besorgt waren, in diesen Statuten, besonders im 7. Paragraphen, unsern Feinden jene Waffe in die Hand zu geben, die ihnen bis jetzt gefehlt hat..."[402]

Herzl bekümmerte dies herzlich wenig. Wie seine Tagebücher ausweisen ging der Führer des Zionismus frohen Mutes daran, die höchsten Politiker zu schmieren, was das Zeug hält.[403] Bei einflußreichen und von Haus aus vermögenden Potentaten wurde selbstverständlich wieder nach anderen Prinzipien verfahren. Als Wilhelm II. am 31. Oktober 1898 das „Heilige Land" besuchte, näherte sich ihm Herzl zunächst bücklings - ganz so, wie es sich für einen gehorsamen Untertanen gebührte. In der Tat wurde er an den Toren Jerusalems vom deutschen Kaiser empfangen. Der Monarch erklärte sich auch bereit, dem osmanischen Sultan Herzls Wunsch nach einer konzessionierten zionistischen Gesellschaft in Palästina unter deutschem Schutz zu übermitteln. Als aus diesem Versuch nichts heraussprang,

---

[400] Ferdinand de Rothschild war Mitbegründer der nach ihm benannten „Ferdinand Rothschild Lodge Nr. 2420" in Wadesdon/Buckinghamshire. Siehe Br. Allan Oslo, „Freimaurer. Humanisten? Häretiker? Hochverräter?", Umschau-Verlag, Frankfurt am Main 1988, Seite 408. Nach Karl Heise gab es eine Loge „Ferdinand von Rothschild" in Aylesburg (Buckshire) und im Distrikt Bedshire. Beide wurden bereits 1892 gegründet. Siehe Karl Heise, „Entente-Freimaurerei und Weltkrieg", 1920 (3. Auflage), Archiv Edition im Verlag für ganzheitliche Forschung und Kultur, Struckum 1991, Seite 118
[401] Die Bank umfaßte ein Kapital von 50 Millionen Franken. Aus ihr ging „als Tochterbank die ´Anglo Palestine Company´ hervor. Diese letztere wurde nach der Besetzung Palästinas durch Großbritannien von der englischen Regierung beauftragt, die finanziellen Operationen Englands und die der Militärbehörden in Palästina zu übernehmen." Laut „Times" vom 4. Februar 1918 nach Dr. phil. Lazar Felix Pinkus, „Von der Gründung des Judenstaates", Zürich 1918. Zitiert bei: Karl Heise, „Entente-Freimaurerei und Weltkrieg", 1920 (3. Auflage), Archiv Edition im Verlag für ganzheitliche Forschung und Kultur, Struckum 1991, Seite 126
[402] Robert F. Eskau, „Die Freimaurerei am Scheidewege", I., Seite 101
[403] Unter dem Datum 16. 2. 1903 lesen wir da: „Ich ging auf all dies leicht ein, weil ich die Verpflichtung erst nach Unterzeichnung des Charters habe. Auch finde ich D....s Ministerpreise im Verhältnis zu den Konstantinoplern billig. D... sprach sogar nur von 1.000 bis 1.500 L. per Minister, offenbar, weil er mir als Dichterkollegen kameradschaftliche Preise berechnen wollte." (Theodor Herzls Tagebücher, 1922, Jüdischer Verlag Berlin, Band 3, Seite 217)

zeigte Herzl sein zweites Gesicht, indem er mit der Revolution drohte: „Wenn unsere Arbeit fehlschlägt", orakelte er dunkel, „werden hunderttausende unserer Anhänger auf einen Schlag den revolutionären Parteien beitreten." Ähnliche Argumente fand der Zionistenführer, als er im Jahr darauf durch den Zaren persönlich empfangen wurde.[404]

In den ersten Jahren dieses Jahrhunderts bemühte sich Herzl weiterhin darum, allen europäischen Regierungen seine Aufwartung zu machen.[405] 1901 traf er den Sultan Abdul Hamid, dem er im Gegenzug für die Überlassung eines Autonomen Gebietes in Palästina 1,6 Millionen Pfund anbot. Das einzige, was er erreichen konnte, war eine Zusage auf ein kleines Gebiet in Mesopotamien (Persien) - das den Bibel-Fundamentalisten im Zionismus nicht einmal näherer Verhandlungen wert erschien.

Als Wilhelm II. im Jahre 1902 abermals Palästina besuchte (wieder einmal folgte ihm Herzl in das von ihm begehrte Land), schien es fast so, als habe die deutsche Politik endlich die Dringlichkeit einer aktiven Nahostpolitik begriffen. Ein Ergebnis der Reise bestand nämlich darin, daß 1903 der Baubeginn der Bahn in Angriff genommen wurde, die Berlin mit Bagdad verbinden sollte. Das vordringliche Ziel der Unternehmung bestand darin, den deutschen Einfluß in der Region zu stärken. Und der Pragmatiker Herzl war ganz offen bereit, dabei zu kooperieren. Der Vorschlag, beiderseits der Bahnlinie zionistische Siedlungen zu errichten, um diese vor Angriffen der einheimischen Bevölkerung zu schützen, mag dies zur Genüge illustrieren. Allerdings kam das deutsch-israelische Bündnis, welches die gesamte Weltgeschichte von Grund auf in ein anderes Fahrwasser gebracht hätte, nicht zustande. Der Grund hierfür lag in der russisch-fundamentalistischen Opposition innerhalb der Zionistischen Weltorganisation und in dem starken Wunsch Englands, das Reich noch auf der Ziellinie abzufangen.

Die britische Uganda-Offerte

Eigentlich schien England geradezu prädestiniert dafür, den Zionisten als Bündnispartner beizustehen. Schließlich verdankte die britische Krone einen Gutteil ihrer weltweiten Besitzungen jüdischer Zuarbeit, wobei die Namen Disraeli und Rothschild an prominentester Stelle prangen. Diesen Umstand mag Herzl auch im Hinterkopf gehabt haben, als er am 13. August 1900 auf dem 4. Zionistenkongreß prophezeite: *„England, das mächtige, freie England, das mit seinem Blick die Welt umspannt, wird uns und unsere Aspirationen verstehen. Mit England als Ausgangspunkt können wir sicher sein, daß die zionistische Idee mächtiger und höher steigen wird als jemals zuvor."*[406]

---

[404] Douglas Reed, „The Controversy of Zion", Seite 203
[405] Dies und das folgende bei Douglas Reed, „The Controversy of Zion", Seite 203
[406] Dr. phil. Lazar Felix Pinkus, „Von der Gründung des Judenstaates", Zürich 1918 sowie Erich und Mathilde Ludendorff, „Die Judenmacht - Ihr Wesen und Ende", Ludendorffs Verlag GmbH, München 1939, Seite 346

Die englische Regierung verstand sehr schnell und bot wenige Monate später den Zionisten als Ersatz für Palästina El Arish an, einen Teil des sogenannten ägyptischen Palästina, das auf dem Sinai lag.[407] Man sandte eine gemeinsame Kommission aus, um die Siedlungsmöglichkeiten zu prüfen. Der von ihr 1902 gefertigte Bericht wurde jedoch nicht veröffentlicht, und das Projekt vermutlich stillschweigend fallengelassen...

Als nächstes sprang Kolonialminister Joseph Chamberlain, der seine Karriere israelitischer Unterstützung verdankte und wohl selbst mosaischer Abstammung war[408], für die Juden der Welt in die Bresche. Chamberlain meinte auf einer Reise in die englischen Kolonien Afrikas in einem Teil von Uganda wertvolles Land und einen für das Judentum passenden Platz gefunden zu haben. Dieses gedachte er den Hebräern zu schenken, was großzügig war zu einer Zeit, da christlich-britische Siedler dort kein Freiland erhielten und eine Pfandsumme hinterlegen mußten, ehe sie überhaupt in das Gebiet einreisen konnten. Er teilte seine Entdeckung sofort Außenminister Lord Lansdowne und Unterstaatssekretär Lord Percy mit, die ebenfalls von diesem Plan begeistert waren. In einem Brief des Auswärtigen Amtes an Herzl verkündete Lord Lansdowne 1903, daß er "die Frage mit solchem Interesse studiert hätte, wie es die Regierung Seiner Majestät jedem wohlüberlegten Plan hinsichtlich Verbesserung der Lage der jüdischen Rasse gegenüber stets aufbringen müsse". Man übermittelte dann im einzelnen die Vorschläge der Regierung. Den Juden war eine Selbstverwaltung eines Gebietes von der Größe des Libanon im Verbund der britischen Hoheitsrechte über Uganda als Gesamtstaat eingeräumt worden. Herzl behielt sich die Entscheidung über dieses Angebot nach Rücksprache mit führenden Zionisten in allen Teilen der Welt vor. Der Präsident selbst war indes als Pragmatiker geneigt, das Angebot zumindest als Übergangslösung anzunehmen.

1903 besuchte Herzl Rußland, wo er von den dort lebenden Juden wie ein Messias gefeiert wurde. Bei dieser Gelegenheit suchte er die Zarenregierung noch einmal dahin zu bringen, Druck auf den Sultan auszuüben, damit dieser eine Einwanderungs-Gesellschaft in Palästina zulasse. Dem russischen Innenminister Plehve sagte er, er spreche im Sinne „aller Juden in Rußland". Plehve versprach Herzl, sich beim Sultan für seine Anliegen einzusetzen und stellte ihm sogar die Möglichkeit in Aussicht, in Rußland eine Niederlassung der zionistischen Kolonialbank zu eröffnen.[409] Vermutlich, um seine Position gegenüber Plehve, dem gegenüber er sicher das „Zionismus-oder-Revolutions-Argument" gebraucht haben dürfte, zu festigen, drängte er die oppositionellen Juden auf Zurückstellung

---

[407] Dies und das folgende bei Douglas Reed, „The Controversy of Zion", Seite 203
[408] Zumindest Joseph Chamberlains Tante war israelitischer Herkunft (Andrade). Wesentlich weiter wird der Staatsmann durch den Mosaen André Spire für das Judentum eingenommen. Vgl. dessen Abhandlung „Quelques juifs", Mercure de France, 1913.
[409] Dies und das folgende bei Douglas Reed, „The Controversy of Zion", Seite 205-207

ihrer revolutionären Aktivitäten[410] und diskutierte die „Gleichstellung" seines Volkes mit den russischen Autoritäten.

Damit aber unterschrieb er sein eigenes Testament. Er hatte sich nämlich in den Augen der religiösen Talmudisten eindeutig der Häresie schuldig gemacht. Sie waren es gewesen, die in der Geschichte stets darauf geachtet hatten, daß sich die osteuropäischen Mosejünger abseits der jeweiligen Aufnahmevölker hielt. Gerade die orthodoxen Rabbiner in Rußland, die ihrem gläubigen Gefolge stets das Bild des verfolgten Judentums warnend vor Augen hielten, kämpften zur gleichen Zeit in erster Frontreihe gegen die Gleichstellung ihrer Schäfchen.[411] In deren erfolgreicher Emanzipation sahen sie nicht ohne Grund die Gefahr, die Gewalt über die Gemeinde zu verlieren. Hätten Herzls Unterhandlungen mit der russischen Regierung zu einem Ergebnis geführt, dann hätte sich das Judentum binnen kürzester Zeit verweltlicht und die linksrevolutionären Bestrebung im Zarenreich hätten einem demokratisch-evolutionären Weg Platz gemacht. Das aber widersprach - man lese dies noch einmal bei Nostradamus nach - den biblischen Voraussagen, also dem göttlichen Auftrag.

Als Herzl nach Europa zurückkehrte, um sich an den 6. zionistischen Weltkongreß zu wenden, traten ihm die Abgesandten des russischen Judentums wie ein Mann entgegen - diesmal bejubelten sie ihn nicht, sondern Herzl war Gegenstand der übelsten Beschimpfungen. In diesem Moment äußersten Druckes spielte Herzl eine Karte aus, die er für einen Trumpf hielt: Das Uganda-Angebot der britischen Regierung. Um seine Verbundenheit zu dem honorigen Britannien unter Beweis zu stellen, ersuchte Herzl vom Kongreß die Annahme von Uganda. Um Kritikern von vornherein den Wind aus den Segeln zu nehmen war er dabei durchaus bereit, dieses Siedlungsgebiet als Zwischenlösung zu betrachten - bis sich hinsichtlich Palästinas eine evolutionäre Lösung finden ließe. 295 Delegierte stimmten dafür, das Angebot anzunehmen, 175 votierten dagegen. Vor aller Welt war damit klargestellt, daß Herzl nicht - wie er zu Plehve gesagt hatte - für alle Juden sprach. Ganz klar zeigte die Abstimmung, daß es zwischen den weltlichen West- und dem religiös-orthodoxen Ostjudentum einen Bruch gegeben hatte. Man konnte darüber hinaus sagen, daß die organisatorisch ungebundene Masse des Judentums klar auf Seiten Herzls stand, mochte sie nun in Amerika oder Rußland leben.

---

[410] Da die russische Linke fast eine alleinige Sache des Judentums war und Herzls Wort bei diesem Gewicht hatte, sollten die ersten Ergebnisse nicht lange auf sich warten lassen. So zerfiel durch die Fraktionsbildung hebräischer Genossen noch 1903 die im Ausland residierende russische Linkspartei (SDAPR) in vier ebenso geschwächte wie zerstrittene Lager: die Bolschewiki (unter Lenin), die Trotzkisten (unter Bronstein), die Menschewiki (unter Zederbaum und Axelrod) und die rein jüdischen Bundisten.

[411] Eindrucksvoll kam diese Doppelgesichtigkeit vor allem bei den konsequentesten Vertretern des Geheimvatikans, den Chassiden, zum Ausdruck. Sneur Zalman beispielsweise, der Begründer der kabbalistisch-messianischen Habad-Bewegung, kämpfte an der Seite des Zaren gegen das revolutionäre Frankreich Bonapartes - allein, um die „drohende" Demokratisierung des Landes und damit die Emanzipation des Judentums abzuwenden. In Galizien, wo der K+K-Herrscher Joseph II. durch Toleranzedikte das Judentum in den Staatsverband zu integrieren suchte, belegten etwa zur selben Zeit (1816) orthodoxe Rabbiner die den Ausgleich suchende Haskala-Bewegung mit einem Bannfluch.

Selbst die aktivistischsten aller Zionisten, die bereits im Heiligen Land befindlichen Siedler[412], begrüßten das englische Angebot wärmstens. Später, viel später, am Vorabend der Staatswerdung Israels, war die Zionistische Organisation in Tel Aviv bereit, dies zuzugeben. „Es war", so lautet das bedeutsame Statement, „eine entehrende und schmerzliche Aussicht, all jene Menschen zu sehen, die... unter den ersten waren, die in diesen Tagen das Jüdische Palästina aufbauten, die öffentlich ihre eigene Vergangenheit verleugneten und verwarfen... Die Vorliebe für Uganda verband sich mit einem tödlichen Haß auf Palästina... In den Gemeinschaftszentren der ersten jüdischen Kolonien würdigten junge Männer, die in den Alliance Israelite-Schulen erzogen worden waren, Palästina als „ein Land von Leichen und Gräbern" herab, ein Land von Malaria und Augenkrankheiten, ein Land, das seine Einwohner zerstört. Es war dies keine Meinung einiger weniger. Im Gegenteil gab es nur ein paar Individuen hier und da... die loyal blieben... Ganz Palästina befand sich im Zustand der Gärung... Alle Opposition gegen Uganda kam von außerhalb Palästinas. In Zion selbst waren alle gegen Zion."[413]

Einzig und allein die Thora-Fundamentalisten wandten sich mit all der ihnen zur Verfügung stehenden Macht gegen Herzl, dem sie einen Verrat an den Prophezeiungen der Bibel vorwarfen. Den Emissären des Rabbinats, denen Herzl einen sicheren Platz verschaffen wollte, ging es gar nicht um einen Schutzplatz an sich für das Judentum. Sie nannten den Mann des Ausgleichs, den Weltlichen, einen „Betrüger". Kein anderer Platz als das verheißene Palästina durfte akzeptiert werden. Die Annahme des Uganda-Plans hätte für das talmudische Judentum den Jüngsten Tag bedeutet. Einer der Hauptopponenten, Weizmann, beschreibt Herzls letzte Demütigung. Nach der Abstimmung begab sich der Präsident in das Sitzungszimmer der russischen Juden, die sich von ihm abgewandt hatten. „Er kam herein und sah übernächtigt und erschöpft aus. Er wurde in tödlicher Stille empfangen. Niemand erhob sich von seinem Platz um ihn zu begrüßen, niemand applaudierte ihm, als er geendet hatte... Es war vermutlich das erste Mal, daß Herzl so auf einer zionistischen Versammlung begegnet wurde: er, das Idol aller Zionisten."

„Vision der Alten": Krieg in Sicht

Bleibt die Frage: Konnte sich der Zionismus diese „Alles-oder-Nichts Position" überhaupt erlauben? Wie war es den Hardlinern möglich, derart kaltschnäuzig eine generöse und möglicherweise einmalige Gelegenheit vorbeiziehen zu lassen? Konnte man sich doch problemlos der Herzlschen Variante anschließen, Uganda einfach als Sammelstation und Durchgangslager zu betrachten, bis daß bessere Zeiten einen Weiterzug nach Palästina ermöglichten. Diese Tage mochten in einigen Generationen da sein, im Moment aber waren sie es offensichtlich nicht.

---

[412] Entgegen aller Schwierigkeiten und Widerstände hatte Leo Pinsker mit seinem Komitee des Chibbat Zion (Liebe zu Zion) von 1882 bis 1894 rund 25.000 Juden nach Palästina gebracht.
[413] Douglas Reed, „The Controversy of Zion", etwa Seite 227

Die Türkei sperrte sich aus wohlbegründeten Motiven mit Händen und Füßen, auch nur einen Fußbreit ihres Territoriums freiwillig herauszugeben. Eine Änderung dieser Position war auf lange Zeit kaum abzusehen.

Die einzige Möglichkeit, Istanbul doch noch in kurzer Frist zu „beerben" war ein Krieg, in dem eine europäische Macht als Stellvertreter der jahwitischen Nationalstaatsbewegung die Türkei niederrang. Gedachten die religiösen Zionisten etwa auf diesem Wege, ihren Wünschen näherzukommen? Waren sie am Ende doch nicht von politischer Blindheit geschlagen? Sahen sie gar früher und besser in die Zukunft als ihre gesamte Umwelt? Angesichts der „himmlischen" Verpflichtung des Geheimvatikans sollten uns eine entsprechende prophetische Begabung nicht weiter verwundern. Und in der Tat liegt der Verdacht, daß sich die jüdische Nationalbewegung einer wahrhaft diabolischen Taktik zur Erreichung ihrer Ziele bediente, näher als man glauben mag...

Kehren wir also an dieser Stelle noch einmal zu den Protagonisten des Uganda-Streits zurück. Werfen wir noch einmal ein Schlaglicht auf die Positionen und Ergebnisse der Unterhandlungen. Gestatten wir uns einen kurzen Blick hinter die Kulissen. Es ist Samstag, der 29. August 1903, der Tag nach Schließung des 6. Zionistenkongresses in Basel. Der Reporter der American Jewish News, Litman Rosenthal, der Herzl in seinem Baseler Hotel besucht hatte befindet sich in Paris, wo er zionistische Freunde besuchen will. Er ist davon informiert worden, daß der Organisations-Vizepräsident Max Nordau[414] angekündigt sei, um in der französischen Hauptstadt über den abgelaufenen Kongreß zu sprechen. Ihn will Rosenthal hören. Auf der Versammlung hört er Nordau sagen:

„Nach Kishneff[415] bot die große, fortschrittliche Macht England, in Sympathie für unser Volk, der jüdischen Nation durch den zionistischen Kongreß, eine autonome Kolonie in Uganda an. Uganda ist nicht Palästina, doch nichts ist so wertvoll wie freundschaftliche Beziehungen mit einer solchen Macht wie England. Deshalb akzeptiert dieses Angebot, um einen Präzedenzfall in unserem Sinne zu schaffen. Früher oder später wird die orientalische Frage, wo Englands Interessen liegen, gelöst werden müssen, und die orientalische Frage bedeutet, selbstverständlich, ebenso die Frage Palästinas... Herzl wußte, daß wir am Vorabend einer schrecklichen Krise stehen, welche die ganze Welt befallen würde. Bald vielleicht würde eine Art Weltkongreß zusammentreten und das große, freie, mächtige England würde dann das Werk fortsetzen, das es mit seinem edlen Angebot begonnen hat. Und wenn Sie mich jetzt fragen sollten, was Israel in Uganda tun sollte, so lassen Sie mich die folgenden Worte so sagen, als wenn ich Ihnen die Sprossen einer immer weiter aufwärts führenden Leiter beschriebe: Herzl, die

---

[414] Max Nordau wurde 1849 in Budapest unter dem Namen Simon Südfeld beschnitten. Auf dem ersten Zionistenkongreß, der 1897 in Basel stattfand, wurde Herzl zum Präsidenten und Nordau zum Vizepräsidenten gewählt.
[415] Kischinew, Hauptstadt des rumänischen Landesteils Bessarabien. Angespielt wird hier auf einen kurz zurückliegenden Pogrom an den jüdischen Einwohnern der Metropole, die damals etwa die Hälfte der Bewohner stellten.

zionistische Konferenz, der kommende Weltkrieg, die Friedenskonferenz, auf der mit Hilfe Englands ein neues freies Palästina geschaffen werden wird."[416]

Rosenthal fügt diesen Worten Nordaus hinzu: „Wie ein mächtiger Donner erreichten uns diese letzten Worte und wir alle waren erzittert und vor Schreck wie gelähmt, als ob wir eine Vision der Alten gesehen hätten."

Nicht zitierte weiterführende Literatur

Arendt, Hannah, „Israel, Palästina und der Antisemitismus", Wagenbach, Berlin 1991 **Bunzl, John**, „Überlegungen zu Antisemitismus und Antizionismus", Manuskript 1980 (zit. bei Taut) **Schoenman, Ralph**, „The hidden history of Zionism", Veritas Press, Santa Barbara/Calif. 1988 **Taut, Jakob**, „Judenfrage und Zionismus", isp-Verlag, Frankfurt/Main 1986 **Taut, Jakob/Warshawski, Michel**, „Aufstieg und Niedergang des Zionismus, isp-Verlag, Frankfurt/Main 1982 **Weinstock, „Le Sionisme contre Israél**, Paris 1969 **Weinstock, Nathan/Mandel, Ernest**, „Zur jüdischen Frage - Beiträge zu Abraham Leon", isp-Verlag, Frankfurt/Main 1977

---

[416] Das Zitat entstammt der jüdischen Zeitung *American Jewish News* vom 19. September 1919. Der englische Originaltext lautet: "Herzl knew that we were on the eve of a terrible crisis, which would affect the whole world. Perhaps soon some kind of World Congress would meet, and the great, free, mighty England would then continue the work which she had started with her generous offer. And if you should now ask me what Israel should do in Uganda, so let me say the following words just if I were showing you the steps of a higher and still higher ladder: Herzl, the Zionist Conference, the future World War, the peace conference at which a new free Palestine will be created with the help of England."

> Die politische Verkörperung der Gemeinde Israels soll sich uns offenbaren wie die Leiter Jacobs, die auf der Erde steht während ihre Spitze in die Himmel ragt.
> *(Israels Chefrabbi Kook nach Aviezer Ravitzky, „Messianism, Zionism and Jewish Religious Radicalism", The University of Chicago Press, Chicago 1996, Seite 5)*

> Die Geschichtsforschung wird lehren, welche Rolle das internationale Illuminatentum, die Freimaurer-Weltloge, unter Ausschluß der ahnungslosen Deutschen natürlich, bei der geistigen Vorbereitung und wirklichen Entfesselung des Weltkrieges, des Krieges der „Zivilisation" gegen Deutschland, gespielt hat. *(Thomas Mann,"Betrachtungen eines Unpolitischen",1918)*

Kapitel 4.8

„Messiaswehen": Der Plan zur Führung dreier Weltkriege

Der Kampf des Sinai gegen die weltliche Macht des Rom-Papstes

Wollen wir die Hintergründe des ersten Weltkrieges und die dabei zutage tretenden Machtkonstellationen halbwegs erschöpfend begreifen, so müssen wir das Rad der Zeit noch einmal um einige Dekaden zurückdrehen. Die späteren Gegner in diesem ersten globalen Gemetzel der Menschheitsgeschichte nahmen nämlich schon Jahrzehnte vorher die ihnen zugedachten Positionen ein - im Zuge der Zerstörung des italienischen Kirchenstaates.

Mit diesem Ereignis gilt es anzusetzen, denn es spielt im Denken des Geheimvatikans eine sehr zentrale Rolle. Erst wenn Rom (das Papsttum) gefallen, der Katholizismus zerstört und in Jerusalem der salomonische Tempel neu erstanden sei, so lauteten die Verheißungen Jahwes, erst dann würde der ersehnte Messias kommen. Die ganze Zuarbeit seiner Jünger mußte also auf Italien zielen, um so den Beginn der messianischen Zeit einzuläuten

Wie darf man sich nun die damalige Ausgangssituation auf der Landkarte vorstellen? Italien war in Fürstentümer geteilt, die großenteils durch die Familienpolitik des Hauses Habsburg unter der Kontrolle Wiens standen. Nach Richtlinien, die der Fürst Metternich einmal gab, und die man in Wien strikt befolgte, war Italien zu einem rein geographischen Begriff herabgedrückt worden. Österreich, das sich damals weit in die norditalienischen Provinzen hinein erstreckte, übernahm ferner den Schutz der absolutistischen Herrschaften in Italien. Dieser Zustand kam nicht zuletzt dem Vatikan zugute, weil jede nationale Einigung Italiens notwendigerweise die Grenzen und schließlich die Existenz des Kirchenstaates - der damals ganz Mittelitalien umfaßte - gefährden mußte.

Frankreichs Schaukelpolitik

Dagegen trat nun der aufgeklärte sardinische (piemontesische) König Viktor Emmanuel II. auf, der sich, verbunden mit eigenen Machtinteressen, als Vorkämpfer der italienischen Einigungsbewegung verstand. Um sein Ziel in die Tat umzusetzen, schmiedete er im Juli 1858 bei einer Zusammenkunft mit dem französischen König Napoleon III. ein Komplott. Dabei vereinbarten die Partner, gemeinsam Wien in einen Krieg zu verwickeln um sich anschließend dessen romanisches Erbe zu teilen. Oberitalien sollte an Sardinien fallen, Savoyen und Nizza an Frankreich. Am 1. Januar 1859 richtete Napoleon verschiedene Forderungen an Österreich, die klar auf einen Konflikt ausgerichtet waren. Die K+K Monarchie griff den Fehdehandschuh auf und marschierte wenig später in Sardinien ein, welches von frisch angelandeten französischen Truppen verteidigt wurde. Als sich die Österreicher schließlich auf breiter Front zurückziehen mußten und gar die Lombardei verloren gaben, schien alles wie geplant zu laufen.

Da schloß Napoleon überraschend im Juli 1859 ohne Vorwissen seiner Alliierten den Waffenstillstand und Vorfrieden von Villafranca ab - im Hinblick auf seine großen Verluste, die Gefahr eines preußischen Angriffs am Rhein und die Abneigung der französischen Klerikalen gegen die Rompolitik der Nationalbewegten. Durch die Bestimmungen des Friedens, der endgültig am 10. November im Zürich abgeschlossen wurde, erhielt Piemont nur die Lombardei, während Venetien bei Österreich blieb. Italien war somit immer noch kein Nationalstaat geworden. Die Frage Mittelitaliens blieb offen, Rom von den Franzosen besetzt und der Papst mithin verteidigt.

Die freimaurerische Einigung Italiens - ohne Frankreich

Während sich die Franzosen aus dem aktiven Kriegsgeschehen zurückzogen, wurden die Herrscher der Toskana, Parma und Modena aus ihren Ländern vertrieben. Überall bildeten sich provisorische Regierungen, die für die Vereinigung mit Piemont eintraten. Durch den Frieden von Zürich an militärischen

Einverleibungsmöglichkeiten gehindert, setzte Piemont im März 1860 Volksabstimmungen durch, die den staatlichen Zusammenschluß zum Ziel haben sollten. Auf diesem Weg - andere Gebiete wurden in der Tat mit Gewalt an die Leine gelegt - kam der italienische Einigungsprozeß in Gang.

Die Freimaurerei unterstützte natürlich aus Leibeskräften diese nationale Erhebung, die sich sowohl gegen das reine Königtum, als auch gegen den Vatikan richtete. Praktisch alle „Freiheitshelden" waren Mitglied einer brüderlichen Vereinigung. Als Primus inter pares kann man hierbei Giuseppe Garibaldi ansehen, der - bereits 1844 der französischen Loge "Amis de la Patrie" in Montevideo beigetreten - als gemeinsamer Großmeister den Großlogen von Neapel und Palermo vorstand.

Sehr hilfreich war auch die Unterstützung, die den italienischen Freimaurern aus dem Ausland zuteil wurde. Hierzu schreibt A. Cowan in "The X Rays in Freemasonry": „Nach Demenico Margiotta, Sovereign Grand Inspector General des Alten und Angenommenen Schottischen Ritus hielt sich zu dieser Zeit ein Internationaler Freimaurerischer Kongreß in London bereit, darunter Mazzini, Kossuth, Felix Pyat, Lemmi und Lord Palmerston (damals britischer Außenminister und „Papst" der Maurerei, der Verf.). Diese standen in enger Verbindung zu Cavour, Rattazzi, Crispi und Garibaldi in Italien. Ihr Hauptziel war die Einigung Italiens und die Vernichtung der weltlichen Herrschaft des Papstes. 1860 stürmte Garibaldi, der Grand Master General des Ritus von Memphis und Misraim mit Tausenden freimaurerischen Gefolgsleuten das Königreich Neapel, das sie besetzten. Ein englischer Gentleman, der damals als Protestant und Freimaurer in der Freiwilligenbrigade Dienst tat, war von einem Offizier seines Korps ersucht worden, sich zur Unterstützung Garibaldis bei der Englischen Legion einzuschreiben. Er wurde davon unterrichtet, daß die Legion von Freimaurern versorgt und unterstützt werde. Später eröffnete ihm ein Freimaurer, der den höchsten Posten in einer der Logen von Essex innehatte, daß die englische Freimaurerei in Verbindung zu Mazzini gestanden habe und diesen für seine Aufgaben mit Geld ausstatte.[417]

Palmerston (im Volksmund wegen seiner das Ausland destabilisierenden Politik auch "Lord Firebrand" genannt) war - wie der hintergründige Historiker Deschamps überliefert - die Seele des freimaurerischen Verschwörung der Herren Cavour, Mazzini und Garibaldi, Sir James Hudson, der englische Botschafter in Turin, war einer der wichtigsten Mitarbeiter Palmerstons in diesem Spiel. Seine Residenz war Zufluchtsort, Versteck und Basis der Verschwörer. Einer der Botschaftssekretäre beschrieb den Alltag in der Gesandtschaft mit folgenden Worten: "Ich habe gerade mit Sir James zu Mittag gegessen. Insgesamt waren wir zu zwölft. Abgesehen von Sir James und meiner Person setzten sich die

---

[417] A. Cowan, „The X- Rays in Freemasonry", Seite 81f. nach Denis Fahey, „The Mystical Body of Christ and the Reorganization of Society", Regine Publications LTD., Dublin/Irl. 1984, Reprint aus dem Jahre 1945, Seite 227f.

Dinierenden ausschließlich aus Zuchthäuslern und Mördern zusammen. Sie waren genug, um mir das Blut in den Adern gefrieren zu lassen."[418]

Bei all dieser brüderlichen Hilfe konnte die erleuchtete Unternehmung gar nicht fehlgehen. Und so versammelte sich schließlich nach entsprechenden Vorarbeiten am 18. 2. 1861 in Turin das erste italienische Parlament um die Einigung des Vaterlandes und die Krönung Viktor Emmanuels zum König zu proklamieren.

Der preußische Stellvertreterkrieg gegen Österreich

Trotz des Jubels dieser stolzen Tage blieben Fragen weiter offen. So hatte das Parlament Rom zur Hauptstadt erklärt, was ein Wunschtraum bleiben mußte, solange der Heilige Vater alles andere als geneigt war, seine Regentschaft über die Ewige Stadt niederzulegen. Außerdem hielt Österreich nach wie vor die nördlichen Provinzen Istrien und Venetien. Alle drei Zankäpfel wurden von den Nationalisten ebenso stürmisch eingefordert, wie sie die Kurie und das katholische Österreich verteidigten. Nur eine bewaffnete Auseinandersetzung konnte die Fronten klären...

Da Italien für sich alleine genommen zu schwach war, um dem nördlichen Nachbarn alleine entgegenzutreten, verhandelte Viktor Emmanuel in aller Stille mit dem protestantischen Preußen und versprach Waffenhilfe, wenn Preußen binnen drei Monaten an Österreich den Krieg erkläre. Dafür sollte Italien mit Venetien belohnt werden. Am 8. April 1866 wurden sich beide Seiten handelseinig. Nach der eigenmächtigen Besetzung des österreichischen Holsteins durch preußische Truppen (7. Juni) beantragte Wien am 11. Juni in Frankfurt die Mobilmachung des Bundesheeres gegen Preußen; die Annahme dieses Antrages in der Bundestagssitzung vom 14. Juni bedeutete den Bruch. Am 17. Juni erließ der Kaiser von Österreich, am 18. Juni der König von Preußen ein Kriegsmanifest. Am 20. Juni erklärte Italien den Krieg. Bereits am 3. Juli fiel in der Schlacht von Königgrätz die Entscheidung zugunsten der Preußen. Österreich mußte Venetien an Italien abtreten.

Daß der deutsche Bruderkrieg entgegen allen Erwartungen von so extrem kurzer Dauer war, verdankte der Sieger nicht zuletzt seinem Geheimdienst - und dessen Beliebtheit im Feindesland. In dem Memoiren eines deutschen Armeeoffiziers findet sich folgende interessante Betrachtung über den preußischen Versuch, mittels Spionage Österreich im Krieg zu schwächen: "Im Krieg gegen Österreich 1866... kamen die Juden in Scharen, um uns für wenig Geld Informationen über alle Bewegungen der kaiserlichen Armee zu geben. Diese Juden waren

---

[418] Deschamps, „Les Sociétes Secrètes et la Société", Band II, Seite 340 nach Denis Fahey, „The Mystical Body of Christ and the Reorganization of Society", Regine Publications LTD., Dublin/Irl. 1984, Reprint aus dem Jahre 1945, Seite 299

österreichische Staatsbürger und daher freiwillige Spione."[419] Wenn man nun weiß, daß das Israelitentum schon damals bis in höchste Staatspositionen der K+K-Monarchie vorgedrungen war, kann man vielleicht ermessen, wie wichtig diese geheime Unterstützung gewesen ist.

Fehlt noch der Hinweis, warum sich derart viele Hebräer dem Gegner in die Arme warfen. Sie taten dies ja nicht einfach, weil sie als Juden zum Verrat prädestiniert gewesen wären. Im umgekehrten Fall - man mag da ganze Bibliotheken von zeitgenössischen Berichten vergebens durchforsten - „bedienten" preußische Juden die Österreicher nicht. Des Rätsels Lösung für dieses Mißverhältnis liegt, wie sollte es anders sein, in der Religion. Mochte sich die Regierung in Wien noch so aufgeklärt geben - sie blieb dennoch ein *katholisches* Regime, das dem seit jeher verhaßten päpstlichen Vatikan zuarbeitete. Das war der kleine aber wichtige Unterschied, den die Stellvertreter Jahwes und ihre weltlichen Vertreter vor Ort bei vielen mosaisch erzogenen Österreichern instrumentalisieren konnten. Es gelang ihnen in diesem speziellen Fall wie auch wenig später, im Zuge des preußischen Stellvertreterkrieges gegen Frankreich.

Das katholische Frankreich, die Loge und der Geheimvatikan

Napoleon III. von Frankreich bestach gewiß durch mancherlei persönliche Eigenschaften. Nur wirklich Böswillige werden ihm ferner unterstellen, sein Volk nicht geliebt zu haben und nicht bemüht gewesen zu sein, dem Land ein guter Führer zu sein. Trotzdem wies der Monarch drei Nachteile auf, die ihm ein wirklich erfolgreiches Regieren erschwerten:

Erstens war er nicht bereit, sich den Wünschen der Freimaurerei unterzuordnen. Als ehrgeiziger Mann hatte sich Napoleon nur darum in die Maurerei einweihen lassen, um sie gemäß der Tradition seines Onkels Napoleon I. für seine Zwecke auszunützen. In diesem Sinne nötigte er der Loge durch Dekret vom 11. Januar 1862 seinen Mann, den Marschall Magnan, als Großmeister des Großorients von Frankreich auf.

Zweitens begann der Regent bald stark im katholischen Fahrwasser zu schwimmen, wobei er es sich mit den Freimaurern und Juden gleichermaßen vertat. Letztere nahmen Napoleon vor allem dessen Wunsch übel, das Volk Gottes möge sich doch eines Tages wieder zum Gottessohn Christus bekennen. 1865 trat der oberste Freimaurer Frankreichs, der uns bereits bekannte Jahwejünger Cremieux, gegen Napoleon III. auf, der in seinem Buch 'Das Leben Julius Cäsars' von Völkern

---

[419] Artikel der „Civilta Cattolica", Rom, vom 4. Oktober 1890 mit Bezug auf die Berliner „Kreuzzeitung" vom Juli des Jahres. Zitiert bei: Denis Fahey, „The Mystical Body of Christ and the Reorganization of Society", Regine Publications LTD., Dublin/Irl. 1984, Reprint aus dem Jahre 1945, Seite 180

sprach, die das Genie behinderten, und sie mit den Juden verglich, die ihren Retter kreuzigten. Cremieux setzte umgehend eine Pressekampagne in Gang und seine Entgegnungen wurden von den Zeitungen der ganzen Welt abgedruckt; angesichts der offenkundigen Machtstrukturen sah sich Napoleon genötigt, diesen Ausspruch zurückzunehmen. Cremieux hingegen wurde 1869 in die gesetzgebende Körperschaft von Paris gewählt, wo er seinen Platz in einer Gruppe von Republikanern einnahm und einen energischen Kampf gegen die kaiserliche Regierung führte.

Der *dritte* Punkt, der den Herrscher aller Franzosen den Stellvertretern Jahwes auf Erden unbeliebt machte, war vielleicht der entscheidende. Es war des Monarchen Einstehen für den Heiligen Stuhl in Rom. Zugegeben: Bereits 1864 hatten die französischen Schutztruppen den Kirchenstaat verlassen, während sofort carbonaristische Freischaren[420] auf ihren Spuren nachrückten und sich Stück für Stück des ihnen preisgegebenen Landes bemächtigten. Nur die Stadt Rom und die lebenswichtigen Plätze Comarca und Civitavecchia blieben vorläufig noch der weltlichen Herrschaft des Papstes vorbehalten. Diese Plätze aber sollten Napoleons Wunsch gemäß sakrosankt sein. Die Italiener gestanden ihm dies auch zu. Als sich dann Garibaldi 1867 über die vertraglichen Bindungen hinweg durch einen Handstreich auch Roms zu bemächtigen versuchte, waren deshalb sofort wieder französische Landungstruppen bei der Hand, die jetzt den allzu ungestümen Condottieri Halt geboten und ihnen in der Schlacht bei Mentana eine empfindliche Schlappe beibrachten. Um den Heiligen Vater fernerhin vor ähnlichen unliebsamen Überraschungen zu schützen, richtete sich der französische General Failly mit seinen Mannen in Rom häuslich ein. Er befolgte dabei eine Weisung seines obersten Feldherrn, den diese Entscheidung die Krone kosten sollte.

Wie anders - und aus Sicht des Geheimvatikans, erfreulich - lagen doch die Dinge zur gleichen Zeit im benachbarten Preußen. 1867, nur Monate, nachdem sich der französische Kaiser von Adolphe Cremieux in die Schranken hatte weisen lassen müssen, Monate nachdem Preußen mit israelitischer Hilfe den Krieg gegen Österreich gewonnen hatte, wurde auf der anderen Seite des Rheins der getaufte Jude Eduard von Simson nominell zum ersten Politiker des Landes ausgerufen. Sowohl der konstituierende als auch der erste ordentliche Reichstag des Norddeutschen Bundes und das Zollparlament wählten jenen Mann, der bereits 1848 als Präsident der Frankfurter Nationalversammlung König Wilhelm IV von Preußen die Kaiserkrone angeboten hatte, zu ihrem Präsidenten. Und als ob es darum ging, den Staat der Dichter und Denker zum gelobten Land zu entwickeln, verkündete der Norddeutsche Bund am 3. Juli 1869 die Aufhebung "aller noch bestehenden Beschränkungen der bürgerlichen und staatsbürgerlichen Rechte" der Juden.

---

[420] Die Carbonari waren ein von französischen und italienischen Freimaurern ins Leben gerufener Geheimbund, der republikanisch-revolutionäre Ziele verfolgte.

Sollte jemals in Frage gestanden haben, welche Macht sich als Festlandsdegen zur Unterdrückung des Katholizismus in Frankreich und Italien am Besten eigne, so tat die Protestantische Vormacht Preußen alles, um darüber jeden Zweifel zu zerstreuen...

Der deutsch-französische Krieg und der Sturz Napoleons III.

1869 - zur gleichen Zeit also - wurde in Rom die „Associazone democratica romana" gegründet. Ihr offizieller Stempel war ein Totenkopf mit zwei gekreuzten Knochen. Abt.1 ihrer Sitzung bestimmte als Programm: „Sturz der Gewalt der Päpste und Einigung Italiens." Abt. 7 bedrohte Verräter und Denunzianten mit dem Tod. Als Papst Pius IX wenig später für den 8. Dezember 1869 das ökumenische Konzil einberufen hatte, wurde in Neapel ein „ökumenisches Antikonzil" veranstaltet. Riboli, das Oberhaupt der Turiner Freimaurerei, entsandte als seinen Vertreter G. Valeriani, und verfaßte eine Botschaft, in der zu lesen stand: „Die römisch-katholische Religion ist eine Lüge. Ihre Herrschaft ist ein Verbrechen." All dies waren Vorwehen einer Entscheidung, die jetzt langsam aber sicher heranreifte. Das einzige Problem, das der Lösung im Wege stand, war die Bereitschaft des französischen Königs, Rom unter allen Umständen zu verteidigen. Diesen Stolperstein aus dem Weg zu Räumen blieb dem evangelischen Preußen vorbehalten...

Daß es überhaupt zu einem Waffengang zwischen Berlin und Paris kam, war dabei aber eher die Schuld Napoleons III., der schon seit längerem auf eine Gelegenheit wartete, den entstehenden deutschen Einheitsstaat zu zerschlagen. Den äußeren Anlaß bot ihm der Umstand, daß anstelle eines Franzosen dem Erbprinzen Leopold von Hohenzollern der spanische Thron angeboten wurde und der preußische König Wilhelm es ablehnte, ihn zum Verzicht zu zwingen. Obwohl der Erbprinz am 12. Juli 1870 freiwillig der Krone entsagte, sah sich Napoleon III. durch die preußische Regierung beleidigt und erklärte am 19. Juli den Krieg.

Dem Nachbarn kam die vermeintliche Bedrohung indes alles andere als ungelegen; im Gegenteil hatte Bismarck auf nichts anderes als diese Entscheidung gehofft. Dem eisernen Kanzler war nämlich bekannt, daß sich der für ihn nur diffus wahrnehmbare Geheimvatikan mitsamt der wesentlich absehbarer agierenden Freimaurerei auf eine Niederlage Frankreichs verständigt hatte. Und so mußte Napoleon neben den offenen Gegnern auf dem Schlachtfeld noch einen geheimen Feind in den eigenen Reihen bekämpfen, den er vermutlich überhaupt nicht wahrnahm und dessen Hiebe damit um so gefährlicher waren.

Hierzu überliefert der russische Geschichtsforscher Boris Brasol in seinem Buch "Die Welt auf dem Kreuzweg" folgendes höchst aufschlußreiche Erlebnis des ehemaligen russischen Außenministers Nikolai Karwowitsch Girs, das der Politiker

1872 wie folgt referierte: "Ich war in dieser Zeit (1870) Botschafter in Bern. In dieser Stadt befand sich eine vortrefflich organisierte Agentur, die Nachrichten über französische Truppen, ihre Verteilung, Bewegungen, Reserven, Proviant usw. sammelte. Diese Nachrichten kamen aus französischen Freimaurerlogen, die sie von freimaurerischen französischen Offizieren erhielten und mit ungewöhnlicher Schnelligkeit in chiffrierten Depeschen an die preußische freimaurerische Agentur in Bern übermittelten. Damals studierte ich diese freimaurerischen Organisationen gründlich und machte darüber einen Rechenschaftsbericht. Wie sich herausstellte, war Frankreich von vornherein von der internationalen Hochgradfreimaurerei verurteilt und keine militärische Strategie und keine Tapferkeit der Truppen konnte es vor der Niederlage retten. Es war ein Krieg der Blinden gegen die Sehenden."[421]

So addierte sich in diesem Krieg eine französische Niederlage zur nächsten. Und selbstverständlich versäumte es die gallische Loge dabei nicht, die vermeintliche „Katastrophe" in einen Gewinn umzumünzen. Die erste anstehende Entscheidung betraf die Absetzung des verhaßten Monarchen. Schon als die Kunde der Niederlagen von Weißenburg (4. August), Wörth (6. August) und Spichern (6. August) nach Paris drang, hatte man das zur Schürung von Unruhen (9. August) genutzt. Aber noch einmal gelang es dem Hof, die Reluzzer zu bändigen. Als dann aber am 2. September Mac Mahon in Sedan kapitulierte und der französische Kaiser an der Seite von 83.000 Landsleuten Gefangener der Deutschen wurde, rissen alle Bande. Am 4. September, nachmittags, stürmte ein von gekauften Agitatoren angeführter Volkshaufen den Sitzungssaal der gesetzgebenden Körperschaft. Die Kaiserin flüchtete nach England, der Senat löste sich auf und der freimaurerische[422] Israelit Léon Gambetta proklamierte die „Volksregierung".

Diese, nunmehr dritte französische Republik war wie die neue Regierung eine rein freimaurerische Institution. Das Außenministerium übernahm der Freimaurer Jules Favre[423], Innenminister wurde der freimaurerische Jude Léon Gambetta[424], zum Unterrichtsminister bestimmte man den erleuchteten Hebräer Jules Francois Simon.[425] Alle Brüder überstrahlte jedoch der Glanz eines alten Bekannten: Issak Adolphe Crémieux, Gründer der „Alliance Israélite Universelle", Großmeister des A+A Schottischen Ritus von Frankreich[426] und schärfster Gegenspieler Napoleons

---

[421] Überliefert durch Friedrich Hasselbacher in „Entlarvte Freimaurerei", Band III, Archiv-Edition im Verlag für ganzheitliche Forschung und Kultur, Viöl 1992, Seite 98
[422] Léon Gambetta (1838-1882) war seit 1869 Mitglied der Loge „La Réforme" in Marseille und trat später zudem der „Clémente Amité" in Paris bei. (Allan Oslo)
[423] Nach Friedrich Hasselbacher, „Entlarvte Freimaurerei", Band III, Archiv-Edition im Verlag für ganzheitliche Forschung und Kultur, Viöl 1992, Seite 105
[424] Nach Friedrich Hasselbacher, a.a.O., Seite 105, war Gambetta seit 1869 Mitglied der Loge „La Réforme" in Marseille und dann auch der Loge „Clémente Amitié" in Paris. Gambetta stieg 1881 zum Ministerpräsidenten auf.
[425] Nach Friedrich Hasselbacher, a.a.O., Seite 105, war Simon Mitglied der Loge „Le Réveil Maconnique" in Boulogne.
[426] Nach Friedrich Hasselbacher, a.a.O., Seite 105 war Crémieux' Matrikelnummer im Schottischen Ritus die 18.340.

III in Personalunion wurde Mitglied der Provisorischen Regierung und erhielt das Amt des Justizministers.

Die Verurteilung Preußens durch die Loge

Jetzt, *nach* dem Sturz des Kaisers Napoleon, der Proklamation der Republik und der Entblößung des Vatikan (die französischen Schutztruppen waren stückweise seit August zur Verteidigung des eigenen Vaterlandes abgezogen worden) nahm die „französische" Freimaurerei plötzlich einen völligen Kurswechsel vor. Der Zweck des Krieges war für sie erfüllt. Jetzt hätte Preußen Frieden schließen müssen, damit die Loge die Früchte ihrer verräterischen Arbeit in Ruhe einheimsen konnte. Die deutschen Heere aber zogen weiter und erschienen am 16. September vor dem mittlerweile republikanischen Paris. Da traten die Freimaurer zusammen und erließen ein großes Manifest.

Das illuminierte Bayreuther Bundesblatt schreibt: „Einen Tag nach dem Eintreffen der deutschen Heere vor Paris traten in Paris zehn Freimaurerlogen[427] zusammen, um einen, in erster Linie an die deutschen Freimaurer, weiter aber auch an alle Freimaurer der Erde gerichteten Aufruf zu beschließen. Dieser Aufruf wurde dann... an alle Großlogen der Erde versandt. Ein Exemplar, mit der Adresse versehen: A Sa Majesté, Guilleaume Iier, Roi de Prusse, wurde der Post in Paris zur Beförderung übergeben. Auch an den Kronprinzen Friedrich Wilhelm soll ein Exemplar abgesandt worden sein... Der Aufruf trägt die Überschrift „Manifest des Loges" und das Datum Paris, 16. September 1870... Er lautet in deutscher Übersetzung wie folgt:

'Brüder! Der brudermörderische Kampf ist entbrannt... Der König Wilhelm (I. von Preußen, der Verf.) und sein Sohn sind unsere Brüder... Der Kronprinz (späterer Kaiser Friedrich III., der Verf.), Großmeister der preußischen Freimaurerei, nennt sich Protektor der gesamten Freimaurerei... Sie sind es, welche drohen, Paris in Brand zu stecken, diese Hauptstadt der Zivilisation; sie sind es, welche ohne Rücksicht auf die Jahrhunderte alten Archive der Geschichte und des Fortschritts, repräsentiert durch ihre Denkmäler, ihre Bibliotheken, ihre Museen - drohen, alles zu zerstören, um ihren unsinnigen und unersättlichen Ehrgeiz zu befriedigen. Diese Ehrgeizigen haben ihre Eide gebrochen, sie sind unwürdig und meineidig, sie haben ihre Ehre verwirkt. Wir schließen sie für immer aus und weisen jede Gemeinschaft mit diesen Ungeheuern in Menschengestalt zurück... Die beiden Brüder, welche wir ausstoßen, sind nicht unbekannt mit unsern Prinzipien, mit unsern Bestrebungen, mit unserm Endziel. Sie haben die Freimaurer Deutschlands

---

[427] Das „Bayreuther Bundesblatt" weist im gleichen Bericht darauf hin, daß jene Logen dem Groß-Orient von Frankreich unterstanden.

davon abgewandt und lassen sie der Erfüllung ihrer ehrgeizigen Pläne dienen.'"[428]

Die „Geschichte der Großen National-Mutterloge gen. 'zu den drei Weltkugeln'", die hervorhob, daß der Bannfluch der zehn Pariser Logen von pro-semitischen Auslassungen gegen die Berliner Großloge verbunden waren[429] setzt in ihrer Auflage 1875, Seite 251ff. fort: „Gleichzeitig erließ die Loge 'de St. Génies' zu Rouen unter ausdrücklicher Genehmigung des interimistischen Großmeisters des Groß-Orients Baband Laribière... die Einladung zu einer freimaurerischen Generalversammlung sämtlicher Logen des Groß-Orients von Frankreich auf den 27. November 1870 nach Bordeaux zu dem Zwecke: *'Eine Kommission zu wählen und abzuordnen, welche dem Br. Wilhelm und dessen Sohn, die unvergänglichen Grundsätze der Freimaurerei und die feierliche Verpflichtung in das Gedächtnis zurückrufen sollte, welche dieselben beim Eintritte in den Orden übernommen haben und ferner für den Fall, daß dieselben von dem unverantwortlichen Menschenmorden nicht abstehen sollten, denselben im Namen der französischen Freimaurerei zu eröffnen, daß sie gänzlich aus dem Orden der Freimaurerei ausgestoßen und dem unwiderruflichen Fluche sämtlicher Brr. preisgegeben seien.'"*

Der Sturz des Papsttums

Als die „französischen" Verrats-Logen zu geifern begannen, hatte auch den Papst das ihm vom „Schicksal" bzw. vom Geheimvatikan zugedachte Schicksal eingeholt. Im Grunde hatte seine letzte Stunde bereits geschlagen, als klar wurde, mit welcher Überlegenheit die Preußen in Frankreich vormarschierten. Nur einen kurzen Moment lang stand die ganze jahwitisch-masonische Unternehmung in Frage, als Viktor Emanuel II. des alten Verbündeten gedenkend Napoleon III militärisch zu Hilfe kommen wollte. Doch die Gefahr ward sehr schnell gebannt, indem die Freimaurerei dem italienischen König für diesen Fall mit einem Umsturz drohte.[430]

Der preußische Vormarsch band dann die Kraft des französischen Heeres dergestalt, daß noch unter dem König die ersten Truppenkontingente aus Mittel-Italien zurückgezogen wurden. Dem illuminiert-republikanischen Frankreich fiel es um so leichter, nach dem Putsch vom 4. September nunmehr sämtliche Reserven aus Rom abzuziehen und Garibaldi und Co. grünes Licht zum Sturm auf den

---

[428] „Bayreuther Bundesblatt", Freimaurerische Zeitschrift der Großloge „Zur Sonne", Nr. 8, XV. Jahrgang, Bayreuth, Mai 1915, Seite 271ff. Ein Abdruck des Wortlauts findet sich ferner in dem (bei Hasselbacher, Band I., Seite 175 angeführten) „Allgemeinen Handbuch der Freimaurerei", Verlag Max Hesse, 1. Band, Seite 312 sowie in der freimaurerischen Zeitschrift „Die Bauhütte" vom 26. Juni 1915
[429] Siehe Hasselbacher, Band I., Seite 176
[430] Hasselbacher, Band III, Seite 225

Vatikan zu geben.[431] Am 8. September 1870 rückten die italienischen Truppen in den entblößten Kirchenstaat und am 20. September in das auf Befehl des Papstes verteidigte Rom ein. Die ewige Stadt wurde fortan die königliche Hauptstadt des „Jungen Italiens". Die weltliche Macht des Papstes war damit am Ende.

Einen Tag vor der Eroberung Roms beendeten deutsche Truppen die Einschließung von Paris. Während die Metropole zwar belagert aber unangetastet blieb, „befriedeten" die siegreichen Invasoren in aller Ruhe den Rest des Landes. Der letzte Widerstand war gebrochen, als sich am 28. 1. 1871 die Hauptstadt ergab und die letzte französische Armee auf Schweizer Gebiet übertrat. Zeit für ein Resümee. Was hatte der von den Logen ferngesteuerte Waffengang gebracht?

Der „Kulturkampf"

An ganz vorderer Stelle wäre festzuhalten, daß der Krieg vor allem ein wohlgesteuerter Angriff auf die Macht des Katholizismus dargestellt hatte. In diesen Bereich gehört die Eliminierung des päpstlichen Kirchenstaates in Italien ebenso wie die Absetzung des unbeliebten - weil katholisierenden - Königs in Frankreich durch eine jüdisch wie freimaurerisch bestimmte Regierung.

Mit Ende des Krieges war dieser Kreuzzug noch lange nicht abgeschlossen. Im Gegenteil: Als ob er seinen einflußreichen Gönnern einen weiteren Schuldendienst zu leisten hätte, nahm Bismarck den Kampf gegen die römisch-katholische Kirche jetzt erst richtig auf.

Am 16. November 1871 schrieb der Kanzler dem damaligen deutschen Botschafter in Paris, Graf von Arnim: „Ich stehe im Begriff eine Kampagne gegen die katholische Kirche zu führen, die lang und vielleicht furchtbar sein wird... Es ist dies notwendig, um die Unterwerfung Frankreichs zu komplettieren und unsere religiöse wie diplomatische Überlegenheit zu etablieren, so wie wir das bislang mit der militärischen Überlegenheit vermocht haben. Nun, ich wiederhole es, bei dieser Aufgabe werden uns die französischen Republikaner unterstützen: diese spielen unser Spiel. Was ich angreife um meine politischen Pläne zu fördern, das werden sie ob ihres antireligiösen Fanatismus angreifen. Wir können auf ihre Hilfe zählen."[432]

---

[431] Mit diesem Moment war auch in den Logen Italiens ein Meinungsumschwung zugunsten Frankreichs zu verzeichnen. Freimaurer stellten selbst fest: Nach Sedan „änderte sich (auch) die Haltung der italienischen Freimaurerei, sie ward günstig für das republikanische Frankreich, und man begann die glorreichen Waffentaten der deutschen Armeen zu verkleinern und zu verunglimpfen. Garibaldi organisierte eine Freiwilligenlegion, um Frankreichs Dienste von 1859 zu belohnen." (Br. Leopold Wolfgang in der freimaurerischen Zeitschrift „Der unsichtbare Tempel", Jahrg. 1, 1916, Heft 7, Seite 311, Artikel „Regierung und Freimaurerei in Italien")
[432] Fahey II, Seite 418

Angesichts der immer weiter fortschreitenden Verweltlichung der Kirchen war Bismarcks Argumentation („religiöse Überlegenheit" etc.) natürlich an den Haaren herbeigezogen. Auf die Mithilfe der französischen Putschregierung rechnete er - keinen Leser wird dies verwundern - nichtsdestotrotz völlig zu recht. Als einer der eifrigsten Komplizen des deutschen Reichsgründers entpuppte sich dabei der halbjüdische Freimaurer Gambetta. In Übereinstimmung mit Bismarck organisierte Gambetta den furchtbarsten aller Bürgerkriege, den Religionskrieg, der alle Bestrebungen der französischen Nation um Wiederaufstieg paralysierte. Während der „große Freiheitskämpfer" den französischen Patriotismus durch seine hitzigen Reden anfeuerte, dinierte er jede Woche in der Residenz der Mosain Paiva mit Bismarcks Emissär Henckel, mit dem er die Termina einer „Entente Cordiale" mit Deutschland auf der Basis einer Allianz gegen die katholische Kirche besprach.

Selbstverständlich verabsäumte es der deutsche Kanzler nicht, auch seine eigene Heimat mit den Vorzügen dieser hehren Politik bekanntzumachen. Im Juli 1871 wurde die Katholische Abteilung im preußischen Kultusministerium aufgehoben und im Dezember als Zusatz zum § 130 des Strafgesetzbuches der sogenannte "Kanzelparagraph" erlassen, der die Forderung stellte, daß die Kanzel oder die Predigt nicht für die Behandlung von politischen Dingen in einer die Ruhe des Staates störenden Weise mißbraucht werden dürfen. Das 1872 veranlaßte Schulaufsichtsgesetz, stellte die Schulaufsicht, die bisher von Geistlichen ausgeübt wurde, unter die Behörden des Staates. Das Jahr 1873 brachte die ersten vier sogenannten "Mai-Gesetze", nach denen der Besuch staatlicher höherer Schulen für Geistliche festgeschrieben wurde. Ferner wurde die Kirchen-Gerichtsbarkeit des Papstes aufgehoben und Kirchenaustritte dem bürgerlichen Recht untergeordnet. Die Gesetze über die Zivilehe und das Verbot des Jesuitenordens schlossen 1874 den sogenannten „Kulturkampf"[433] erfolgreich ab.

Die territoriale Umgestaltung Deutschlands

Das zweite große Ergebnis des Krieges von 1870/71 betraf die Ablösung der teutonischen Kleinstaaterei durch einen größeren Organismus - das deutsche Reich. Schon die großen Triumphe der unterschiedlichen deutschen Heere hatten als unmittelbarstes Erlebnis von Einheit und Verbundenheit viele Widerstände des Partikularismus in Süddeutschland zurückgedrängt. Immer entschiedener wurde neben der Rückgabe Elsaß-Lothringens die Einigung des ganzen Vaterlandes im deutschen Volk als Preis für so viel vergossenes Blut gefordert. Obwohl König Wilhelm und Bismarck jede Pression auf die süddeutschen Staaten ablehnten, nachdem dieselben so loyal ihren Vertragspflichten nachgekommen waren, konnten doch Bayern und Württemberg dem Einfluß der Stimmung in Heer und Volk sich nicht entziehen und gaben den Wunsch nach Verhandlungen über eine festere Einigung mit dem Norddeutschen Bund zu erkennen, während Baden und Hessen

---

[433] Der Ausdruck stammte von Virchow, der 1873 in einer Wahlrede in liberalem Sinne von einem „Kampf für die Kultur" gegen den Dogmatismus der Kirche sprach.

sich zu sofortigem Eintritt bereit erklärten. Indes stellte Bayern anfangs, bei einem Besuch Delbrücks, des Präsidenten des Bundeskanzleramtes, in München, solche Forderungen, daß eine Verständigung unmöglich schien. Erst in Versailles kamen die Dinge in besseren Fluß, und nachdem Baden und Hessen durch Vertrag vom 15. November in den Norddeutschen Bund eingetreten waren, schlossen auch Bayern (23. November) und Württemberg (25. November) hierüber Verträge. Beiden Königreichen wurden allerdings erhebliche Sonderrechte zugestanden. Der Reichstag nahm am 9. Dezember die Verträge an und änderte den Namen des neuen Bundes in „Deutsches Reich" um.

Daraufhin begab sich eine von dem jüdischen Täufling Eduard von Simson geführte Deputation des Reichstages in das deutsche Kriegshauptquartier nach Versailles und bat dort König Wilhelm von Preußen am 18. Dezember „vereint mit den Fürsten Deutschlands", durch Annahme der deutschen Kaiserkrone das Einigungswerk zu weihen. Der Monarch nahm die Krone an. Nachdem die formelle Zustimmung der Fürsten und Städte erfolgt war, erließ er am 17. Januar 1871 eine Proklamation an das deutsche Volk, die diese Annahme verkündete und mit den schönen Worten schloß: „Uns aber und Unsern Nachfolgern an der Kaiserkrone wolle Gott verleihen allezeit Mehrer des Reiches zu sein, nicht an kriegerischen Eroberungen, sondern an den Gütern und Gaben des Friedens auf dem Gebiet nationaler Wohlfahrt, Freiheit und Gesittung." Am 18. Januar 1871 schließlich geschah im Spiegelsaal zu Versailles, in Gegenwart einer glänzenden Versammlung von Fürsten, Prinzen und Kriegshelden die öffentliche Verkündigung des deutschen Kaiserreiches. Die Krone erhielt Wilhelm I aus den Händen Eduard von Simsons.

Der Kaiserproklamation folgte unmittelbar die Kapitulation von Paris und damit das Ende des ungleichen Krieges. Die Versailler Friedenspräliminarien gaben Deutschland das Elsaß sowie Deutsch-Lothringen mit Metz zurück und verschafften ihm eine Kriegsentschädigung von 5 Milliarden Franc. Gerade der Territorialverlust geriet in Frankreich zu einem traumatischen Erlebnis. Völlig ungerechtfertigterweise[434] diente er seither gewissenlosen Chauvinisten als Grundlage zur Aufstachelung gegen das siegreiche Nachbarland.

---

[434] Deutschland konnte aus verschiedenen Gründen berechtigte Forderungen auf Elsaß-Lothringen erheben. Zum einen handelte es sich um alte Reichslande. Die Daily News schrieb zutreffend am 20. August 1870: "Vor beinahe 200 Jahren hat Ludwig XIV. das Elsaß den Deutschen gestohlen. Verjährung mag den Diebstahl decken, aber er deckt nicht die Berechtigung der Wiedereroberung...". Die Zeitung fährt mit dem zweiten deutschen Hauptargument fort "... Die Bevölkerung des Elsaß ist deutsch!" Tatsächlich sprach die Bevölkerung im Gesamtgebiet Elsaß-Lothringen 1910 zu 87,2% deutsch und nur zu 10,9 % französisch. Nach der Schweizer Zeitung „Der Bieler" vom Januar 1963 setzte sich die Bevölkerung von Elsaß-Lothringen vor dem 1. Weltkrieg wie folgt zusammen: Elsaß 95% Deutsche gegenüber 5% Franzosen, Lothringen 75% Deutsche gegenüber 25% Franzosen.

Die Hochgradfreimaurerei plant drei Weltkriege

Wir haben bereits gesehen, daß die „französische" Freimaurerei, die so lange so erfolgreich mit den deutschen Invasoren kooperiert hatte, letzten Endes den Bannfluch über ihren Komplizen aussprach. Folgt man dem Wortlaut der verspäteten Verwünschungen, dann liegt die Annahme nahe, daß sich die preußischen Vertragspartei in ihrem Siegestaumel schließlich nicht an bestimmte Abmachungen gebunden fühlte. Daher - nehmen wir an - das Zerwürfnis. In welchem Punkt Berlin über das Ziel hinausschoß steht dahin und ist hier nicht weiter von Belang. Auf jeden Fall wurde - wie gesehen - kräftig geflucht.

Indes scheint es die brüderliche Vereinigung keinesfalls bei den genannten Flüchen belassen zu haben. Im November 1870 nämlich erließ die Loge Henri IV. in Paris ein feierliches Rundschreiben an die gesamte Freimaurerwelt, in dem sie auf den 15. März 1871 einen allgemeinen Freimaurerkongreß nach Lausanne zur brüderlich-öffentlichen Aburteilung der „abtrünnigen Brüder", König Wilhelm und Kronprinz Friedrich Wilhelm von Preußen einberief.[435]
Die Delegierten der Logen R.R.C. und R. R. I. (im Grand Orient) aber verkündeten, wie Moritz Busch in seinem Buch „Bismarck und seine Leute" nachweist, schon in ihrer Gerichtssitzung vom 26. November 1870 folgendes „in contumaciam", also in Abwesenheit der Angeklagten, gefälltes Urteil: "Wilhelm, König von Preußen, und seine beiden Genossen Bismarck und Moltke, Geißeln der Menschheit, und durch ihren unersättlichen Ehrgeiz Ursache so vieler Mordtaten, Brandstiftungen und Plünderungen, stehen außerhalb des Gesetzes, wie drei tolle Hunde. Allen unseren Brüdern in Deutschland und in der Welt ist die Vollstreckung des gegenwärtigen Urteils zur Pflicht gemacht. Für jede dieser drei Bestien ist eine Million Franken bewilligt, zahlbar an die Urteilsvollstrecker oder an ihre Erben durch die sieben Zentrallogen."[436]

Tatsächlich wurden in den folgenden sieben Jahren drei Attentate auf Bismarck und Wilhelm I. unternommen. Da die Täter in allen Fällen völlig ungedeckt vorgingen ist davon auszugehen, daß sie die hohe Dotierung ihrer erleuchteten Brüder gelockt hatte. Um so interessanter wäre es zu erfahren, was nun im März 1871 in der

---

[435] Siehe das „Allgemeine Handbuch der Freimaurerei", Verlag Max Hesse, 1. Band, S. 312 nach Friedrich Hasselbacher, „Entlarvte Freimaurerei", Band I, Hochmuth, Berlin 1941, S. 175
[436] Busch, M., *Graf Bismarck und seine Leute*, Volksausgabe, 1. Auflage, S. 462. Das „Urteil wurde seinerzeit im „Courrier de Lyon" veröffentlicht. E. Huber schreibt auf Seite 223 seines Buches *Freimaurerei* (ca. 1934) unter Berufung auf die 1875 erschienene *Geschichte der Großen National-Mutterloge zu den 3 Weltkugeln*, daß Crémieux hinter der Aussetzung des Kopfgeldes gesteckt habe und daß das Todesurteil zuvor im Grand Orient des Paris gefällt worden sei. Das Urteil vom 26. November überliefert ferner Friedrich Hasselbacher („Entlarvte Freimaurerei", Band I, Seite 175f.), der an gleicher Stelle anführt, daß der damalige Großmeister des Großorients von Frankreich, Issac Cremieux, über das Urteil hinaus „seinerseits eine weitere Million Franken auf den Kopf König Wilhelms aus(setzte). Seine Genossen waren die Großmeister Bankier Allégri und Bernard Wellhof."

Freimaurermetropole Lausanne[437] beschlossen wurde. Leider machten die Logen gerade aus diesem Kongreß eine Art Staatsgeheimnis, weshalb bis heute nichts über die entsprechenden Interna an die Öffentlichkeit gedrungen ist.

Bekanntlich gilt als ehernes Grundprinzip der Maurerei, nichts über die Vorgänge in ihren Tempeln an die Öffentlichkeit dringen zu lassen. Andererseits ist kaum ein Fall bekannt, in dem es nicht in der einen oder anderen Form gelungen wäre, ein wenig Licht in das Dunkel einer brüderlichen Verschwörung zu bringen. Der allgemeine Freimaurerkongreß zu Lausanne fällt da aus dem Rahmen. Warum? Wurden hier Beschlüsse gefaßt, die besonders geheimhaltungsbedürftig waren? Und wenn ja - welche waren das?

Nun, wir wissen es nicht. Allerdings tauchte ein freimaurerisches Dokument aus derselben Zeit auf, das - ohne einen direkten Bezug zu der Schweizer Versammlung - viel, wenn nicht alles erklären könnte. Es handelt sich um den erst spät bekannt gewordenen Briefwechsel zwischen den Führern der italienischen und der amerikanischen Hochgradfreimaurerei: Giuseppe Mazzini[438] und Albert Pike. Beide Männer waren höchstrangige Eingeweihte des „Schottischen Ritus", den sie gemeinsam in Lateinamerika verbreiteten.[439] Beide waren politisch ebenso einflußreich wie aktiv, beide wußten wohl sehr genau, daß ihr Wirken zugunsten des Freimaurertums ganz anderen Zielen diente, als es selbst ihre nächste Umgebung zu glauben bereit war.[440]

Am 15. August 1871 nun schrieb der souveräne Großmeister des Altertümlichen und Anerkannten Schottischen Ritus der Freimaurerei in Amerika Albert Pike einen Brief an seinen Logenbruder, den italienischen Freiheitskämpfer Giuseppe Mazzini, in welchem er einen Plan zur Welteroberung durch die Loge niederlegte. Das Schreiben[441] enthielt einen Stufenplan, welcher über drei Weltkriege führte. Der erste Weltkrieg sollte zur Zerstörung des zaristischen Rußland führen und das Land der unmittelbaren Kontrolle der Illuminaten ausliefern. Der zweite Weltkrieg sollte durch geschürte Interessensgegensätze zwischen den deutschen Nationalisten und dem Zionismus lanciert werden. Als Ergebnisse wurde die Ausdehnung des

---

[437] Der Schweizer Ort Lausanne war vielleicht die wichtigste Zentrale der europäischen Freimaurerei. Siehe seine Erwähnung auf einer der folgenden Seiten.
[438] Mazzini wurde 1861 Freimaurer und schuf die Propaganda Loge (P1), die - wie die P2 heute - Italien über mehrere Jahrzehnte beherrschte. Nach dem deutschen Bruder Dr. Leopold Wolfgang besaß er das Patent des 33. Grades des „schottischen Ritus". („Der unsichtbare Tempel", 1916, Seite 308)
[439] „The New Federalist" (Hrsg.), „Bring Down The Pike Statue Now", Leesburg/VA, April 1993, Seite 20
[440] In einem Brief an Pike schrieb Mazzini: „Die Einheit Italiens wurde von uns niemals als ein Ziel, sondern immer bloß als ein Mittel betrachtet."
[441] Es war bis in die 70er Jahre hinein in der Bibliothek des Britischen Museums in London ausgestellt und gilt heute als "verschollen". Der US-amerikanische Schriftsteller Des Griffin, der das Papier noch selbst zu Gesicht bekommen hatte, veröffentlichte den folgenden Textauszug. Griffin, Des, *Die Absteiger - Planet der Sklaven?*, Verlag für Außergewöhnliche Publikationen, Wiesbaden 1981, Seite 56f. „The New Federalist", „Bring Down The Pike Staue Now", Leesburg/VA, April 1993 referiert dieses Schreiben in seinem Grundgehalt auf Seite 17.

russischen Einflußbereiches und die Gründung des Staates Israel anvisiert. Der dritte Weltkrieg sollte durch produzierte Meinungsverschiedenheiten zwischen den Zionisten und den Arabern hervorgerufen werden. Wie der Brief weiter sagt, planten die Illuminati im Schlußszenario, "die Nihilisten und Atheisten los(zu)lassen; wir werden einen gewaltigen gesellschaftlichen Zusammenbruch provozieren, der in seinem ganzen Schrecken den Nationen die Auswirkung von absolutem Atheismus, dem Ursprung der Grausamkeit und der blutigsten Unruhen, deutlich vor Augen führen wird. Dann werden die Bürger - gezwungen, sich gegen die Minderheit der Revolutionäre zu verteidigen - jene Zerstörer der Zivilisation ausrotten, und die Mehrheit der Menschen wird, gottgläubig wie sie sind, nach der Enttäuschung durch das Christentum und daher ohne Führung, besorgt nach einem neuen Ideal Ausschau halten, ohne jedoch zu wissen, wen oder was sie anbeten sollen. Dann sind sie reif, das reine Licht durch die weltweite Verkündung der wahren Lehre Luzifers zu empfangen, die endlich ins Licht der Öffentlichkeit gebracht werden kann. Eine Manifestation, die ein Ergebnis der allgemeinen reaktionären Bewegung sein wird, die auf die Vernichtung des Christentums und Atheismus folgen wird."

Birgt dieses seherische Dokument die Essenz des Lausanner Freimaurerkongresses, der knapp ein halbes Jahr zuvor stattgefunden hatte? Oder handelt es sich um einen eigenständigen Plan des Geheimvatikans, der in der Schweiz gar nicht oder nur am Rande zur Sprache kam?

Erinnern wir uns gerade vor dem Hintergrund der Erwähnung Rußlands, daß nur wenig später im Land des Zaren die aktivistische Phase des Zionismus ansetzte. Erinnern wir uns, daß der Brief in jenen Tagen verfaßt wurde, da Alexander II. geradezu verzweifelt bemüht war, durch eine Assimilierungspolitik seine jüdischen Untertanen als patriotische Bürger einzubinden. Erinnern wir uns, daß Jacob Brafmann, Professor für Hebraistik am Seminar zu Minsk, an der Seite einiger hebräischer Spießgesellen dieses Unternehmen unterlief, daß bald Anschläge und der Terror der Volkspartei das ganze Land in Aufruhr brachten. Das schlußendliche Schicksal Rußlands ist bekannt. Es liegt ganz auf der Linie des Pike´schen Planes.

Wen würde es angesichts der Vorkommnisse des Bismarck´schen Frankreichfeldzuges überraschen, wenn damals - quasi im „gleichen Aufwasch" - auch Deutschland als Hauptgegner festgelegt wurde. Diese Annahme gewinnt eine zusätzliche Bedeutung, als bereits hinlänglich bekannt ist, daß der Schottische Ritus von Anbeginn seines Bestehens an israelitische Züge trug, ja gar als ganz bewußt eingesetzter Stellvertreter des B´nai B´rith außerhalb des Judentums gelten kann. Und damit wären wir wieder beim Wirken des Geheimvatikans angelangt, welcher Deutschland möglicherweise aus Gründen der Bibeldogmatik schon immer als Antipoden betrachtete.

Deutschland aus jahwitischer Sicht

Der bedeutende Thoragelehrte Rabbi David Kimschi jedenfalls befand bereits vor Hunderten von Jahren mit Blick auf das biblisch-judengegnerische Volk der Kanaaniter: „Es wird durch die Tradition (also die Esoterik/Kabbala, der Verf.) oder mündliche Lehre gesagt/ daß die Einwohner von Teutschland/ Canaaniter seyen: dann als die Canaaniter vor dem Josua (aus Furcht getödtet zu werden) sich weg begaben/ wie wir über das Buch Josua geschrieben haben/ gingen sie in das Land Alemannia, welches Teutschland gennenet wird: und werden dieselben (nemlich die Teutschen) noch heutigen Tages Canaaniter geheißen."[442] Zugegeben, dies ist lediglich eine Bibelauslegung. Aber sie findet bis heute Akzeptanz.[443]

Und sie steht in einer Chronologie weiterer Erklärungen, die für sich gemein haben, daß Deutschland stets als Antipode des auserwählten Volkes begriffen wird. Dies gilt für die Kanaaniter, die Amalekiter[444] und auch für Esau/Edom, über die der Prophet Maleachi in Kapitel 1, Vers 2-4 schreibt: "Ich habe euch (die Juden, der Verf.) lieb, spricht der Herr... und hasse Esau und habe sein Gebirge öde gemacht und sein Erbe den Schakalen zur Wüste. Und wenn Edom sprechen würde: 'Wir sind verderbt, aber wir wollen das Wüste wieder erbauen', so entgegnete der Herr Zebaoth: 'Werden sie bauen, so will ich abbrechen' - was heißen soll... ein Volk über das der Herr zürnet ewiglich."

Der kabbalakundige Autor des Buches „Die verborgene Botschaft der Bibel" Jeffrey Satinover identifiziert Esau/Edom noch in diesen Tagen mit Deutschland. Warum sonst sollte er ausgerechnet jenes Kapitel seines Bibel-Code-Werkes, das sich dem biblischen Hintergrund der Feinde des Judentums und dem Naziregime widmet, mit folgenden beiden Talmudstellen überschreiben?[445]

---

[442] Rabbi David Kimschi, Auslegung Obad 1 V. 20, zitiert nach Eisenmenger, „Entdecktes Judentum" (1711), Band 2, Seite 202. Siehe Harm Menkens, „Wer will den dritten Weltkrieg?", Lühe-Verlag, Süderbrarup 1987, Seite 43

[443] Wer den weithin bekannten Film „Holocaust" aufmerksam verfolgt, wird feststellen, daß die Juden, die im Warschauer Ghetto von oben auf die deutschen Soldaten in der Straße schossen, dabei riefen: „Tod den Kanaanitern!"

[444] Auch die Amalekiter werden heutzutage mit dem deutschen Volk gleichgesetzt, wie eine neuere Aussage eines orthodoxen Geistlichen in Israel beweist. Die „Jerusalem Post" vom 6. Mai 1986 berichtete darüber wie folgt: „Der Geistliche meinte 'Vernichtung von Deutschen, nicht Arabern'. - Maßgebliche militärische Quellen schienen gestern geneigt zu sein, nichts gegen einen Geistlichen zu unternehmen, der ein Papier an Truppen auf der West Bank austeilte, das zur völligen Ausrottung von 'Amalek' aufrief. Die nachsichtige Haltung erfolgte gegenüber dem Geistlichen Rav Seren Rabbi Shmuel Derlich, weil dieser darauf bestand, daß er den biblischen Namen 'Amalek' für das deutsche Volk und nicht für die Araber verwendete. Derlich verteilte sein Flugblatt im vergangenen März... Derlich schrieb, es sei die Pflicht 'eines Königs in Israel... Amalek auszurotten, ohne irgendwelche Spuren bestehen zu lassen.' Er nahm Bezug auf den Propheten Samuel, als er sagte, daß man kein Mitlied für irgendein Geschöpf aus dem Volke von Amalek - Mann, Frau, Kind oder sogar Kuh - zeigen dürfe." (Vgl. Harm Menkens, „Wer will den 3. Weltkrieg?", Lühe-Verlag, Süderbrarup 1987, Seite 72f.)

[445] Siehe Jeffrey Satinover „Die verborgene Botschaft der Bibel - Der Code der Bibel entschlüsselt", Goldmann Verlag, München 1997, Seite 269

Jakob, unser Vorvater, sagte zu Gott: „Gewähre diesem bösen Menschen seine Wünsche nicht." Dies bezieht sich auf Esau. „Und lasse ihn nicht seine Bosheit ausleben." Dies bezieht sich auf Germamia von Edom, denn würden sie damit fortfahren, zerstörten sie die ganze Welt.
Rabbi Yitzhak bar Acha - ca 1. Jahrhundert - Babylonischer Talmud, Megilla 6b

Germamia: der Name eines Alleinherrschers aus dem Königreich Edom (Esau).
Rabbi Schlomo Yitzhaki - Rashi- 1040-1105

Edom wurde in der chassidisch-kabbalistischen Bibelauslegung bis in die Neuzeit hinein immer wieder mit real existierenden Mächten identifiziert. Sein Untergang ist Teil fundamentalistischer Endzeiterwartung und eine der letzten Vorbedingungen für das Erscheinen des Messias...[446]

Auf diese Weise mögen die rätselhaften Ausführungen des nachmaligen deutschen Außenministers Walter Rathenau verständlich werden, der als Jude im Anschluß an den ersten Weltkrieg schrieb:

„Prometheus Deutschland! Auch wenn du niemals von deinem Felsen dich entkettest, wenn dein dem Gotte verschuldetes Blut in Schmach und Schmerzen über die Erde strömt, leide, leide den großen Segen, der den Wenigen, den Starken erteilt wird. Ringe nicht mehr um Glück, denn dir ist anderes beschieden. Nicht Rache, nicht Einrichtungen, nicht Macht und nicht Wohlstand kaufen dich los. Sei, was du warst, was du sein sollst, was zu sein du niemals vergessen durftest. Sei gehaßt und hasse nicht, sei verhöhnt und verteidige dich nicht.
Simson Deutschland! Dein Auge ist blind, deine Stirn ist kahl. Wende deinen Blick in dich, wende deine titanische Kraft gegen dich selbst. Du wirst die Säulen der Erde nicht zerbrechen. Das Gericht ist nicht dein. Drehe die Mühle der Philister und singe das Lied Gottes.
Ahasver Deutschland! Du hast nicht Macht zu sterben. Deutsche Füße werden über die Erde ziehen und Heimat suchen. Du wirst ein bitteres Brot essen, und deine Heimat wird nicht deine Heimat sein. Von fremden Türen werden sie dich jagen wegen des Abglanzes in deinen müden Augen.
O du Deutschland! Geliebt in deinem törichten Wahn, zehnfach geliebt in deinem gottvergessenen Irren und Laster, zehntausendfach geliebt in deinem schmachvollen Leiden, was weißt du von deinem Schicksal?...
Du bist verhaftet und verfallen, und wenn die Hände der Menschen dich loslassen, so fällst du in die Hände Gottes."[447]

---

[446] „Wissenswertes über das Judentum. Kabbala, Messianismus, Chassidismus, Talmud", Verlag Sinai, Tel Aviv 1982, Seite 41
[447] Walter Rathenau, „Kritik der dreifachen Revolution", Seite 67 und 77. Nach Harm Menkens, „Wer will den 3. Weltkrieg?", Lühe-Verlag, Süderbrarup 1987, Seite 296f.

Nicht zitierte weiterführende Literatur

"C. M. W.", BA, DIP ED, MA, „Assyrians in the Modern World: Rewriting World History History Research Projects", 1990 * "C. M. W.", BA, DIP ED, MA, „True Origins of the Peoples of Easter Europa", 1990 * **Davidy, Yair**, „The Tribes: The Israelite Origins of Western Peoples" * **Stern, Fritz**, „Gold and Iron: Bismarck, Bleichröder, and the Building of the German Empire", Knopf, New York 1977 **White, Craig**, „Who Are the Germans?: Their Ancient Roots and Future Might", 1993

Kapitel 4.9

Die Gleichschaltung der Hochgradfreimaurerei

Mazzinis Vorschlag an Pike

Der „schottisch-jüdische" Plan zur Führung von Weltkriegen wurde von sichtbaren Versuchen selbiger Kreise begleitet, weltweit das Logentum nach Nazimanier gleichzuschalten. Dabei sollten die seit dem Bestehen der Hochgradmaurerei und des B´nai B´rith sowieso schon unterwanderten Geheimgesellschaften endgültig unter das feste Zepter des Geheimvatikans gestellt werden.

Natürlich arbeiteten auch hier die Top-Illuminaten Pike und Mazzini eng zusammen. Dabei präsentierte der Italiener seinem Freund einen Plan, der ebenso genial wie einfach war. Er verdeckte die Arbeit der Maurerei noch mehr und legte die Grundlage zu einer zentralen Koordinierungsstelle der Maurerei, ohne daß diese selbst zwangsweise davon erfuhr. In einem Brief an Pike schrieb er am 22. Januar 1870: „Wir müssen allen Verbänden gestatten, wie bisher weiter zu existieren, mit ihren Systemen, ihren zentralen Organisationen und den verschiedenen Arten der Korrespondenz zwischen hohen Graden derselben Riten, in ihren gegenwärtigen Organisationsformen. Aber wir müssen einen Super-Ritus schaffen, der geheim gehalten werden soll, und in den jene Hochgradmaurer gerufen werden sollen, die wir aussuchen. Gegenüber den anderen Brüdern der Freimaurerei müssen wir vollständige Geheimhaltung anmahnen. Durch diesen höchsten Ritus werden wir die Freimaurerei beherrschen und damit ein internationales Zentrum schaffen, welches um so mächtiger ist, da seine Führung unbekannt sein wird."

Der Freimaurer-Kritiker Domenico Margiotta schrieb, daß diese Über-Freimaurerei mit Direktorien in Nordamerika, Uruguay, Neapel und Calcutta tatsächlich installiert wurde.[448] Nach anderer Quelle formte Pike diese ultrageheime Freimaurerloge unter dem Namen „Der neue und reformierte palladische Ritus" mit drei obersten Räten in Charleston/South Carolina, Rom und Berlin. Der Historiker D. Bataille schreibt: „Dieser Super-Ritus freimaurerisch-luziferischen Spiritismus´

---

[448] „The New Federalist" (Hrsg.), „Bring Down The Pike Staue Now", Leesburg/VA, April 1993, Seite 17

darf nicht mit dem Räderwerk des Hochmaurertums verwechselt werden. Palladismus ist der Kult des Satans in den inneren Schreinen eines Ritus, der allen anderen Riten übergeordnet ist. Er ist ein Kult, eine Religion."

Der B´nai B´rith „heiratet" das Schottentum

Wo und unter welchem Namen nun der rührige Pike seine Netze auslegte ist nicht weiter von Belang. Festzuhalten bleibt aber, daß es dem Alten und Angenommenen Schotten-Ritus innerhalb kurzer Zeit gelang, zum stärksten Glied der freimaurerischen Kette aufzusteigen. Früher oder später - das war absehbar - würde er das ganze Logensystem überlagert haben.

In diesem Sinne waren die „Schotten" dem rein jüdischen B´nai B´rith nicht unähnlich und es gibt nicht wenige Forscher, die mutmaßen, daß beide Organisationen von jeher ihr Vorgehen aufeinander abstimmten. In welcher Form das geschah ist aber unbekannt, da wie im Falle der Lausanner Maurerkonferenz des Jahres 1871 kaum aussagekräftige Dokumente vorliegen.

Eine Ausnahme bildet hier das am 12. September 1874 zwischen dem B´nai B´rith und dem Schottische Ritus geschlossenen "Konkordat", das die zukünftige Zusammenarbeit der bis dahin mächtigsten Freimaurerteile sichern sollte. Der Vertrag wurde für die jeweilige Seite unterzeichnet von Albert Pike und Armand Levy, letzterer lebenslanges Mitglied des B´nai B´rith - Bundeskonsistorium für Deutschland, Vertreter der deutschen, amerikanischen und britischen B. B.-Logen.[449]

Das Papier, welches dem B'nai B'rith zur Bestätigung des „Staatsaktes" übergeben wurde hat folgenden Wortlaut:

"Wir, der Großmeister, der Konservator des heiligen Palladiums, der Oberste Patriarch des Allgemeinen Freimaurertums - Mit Begutachtung durch das Erlauchte Hohe Kollegium der verdienstvollen Freimaurer - In Erfüllung des Aktes des Konkordats, das zwischen uns und den drei Obersten Föderalen Konsistorien des B'nai B'rith von Amerika, England und Deutschland abgeschlossen wurde und heute von uns unterzeichnet wurde - haben festgelegt und verfügen:

---

[449] Folgende Autoren behandeln den Vertrag: Aldag, P., in: *Die Judenfrage* vom 10. Dezember 1941, Seite 228 (Laut Arnold Cronberg, Weltpolitik vom Sinai im 20. Jahrhundert, Verlag Hohe Warte/Franz von Bebenburg KG, Pähl 1991, Seite 45 Fußnote) sowie Markow, Nikolaus (ehemaliger Abgeordneter der russischen Reichsduma), *Der Kampf der dunklen Mächte*, Welt-Dienst-Verlag, Frankfurt a.M., S. 50f. sowie Dominico Margiotta (Hochgradfreimaurer) in seinem Buch „Adriano Lemmi, Chef Supreme des Franc-Macons" (nach Norbert Homuth, „Dokumente der Unterwanderung. Christen unter falscher Flagge", Selbstverlag, Nürnberg o.J. - 1985 oder später -, Seite 46)

Einziger Abschnitt - die Generalkonföderation der Geheimen Israelitischen Logen ist vom heutigen Tage an auf den Grundlagen eingerichtet, wie sie in der Akte des Konkordats festgelegt wurden.

Gegeben in den geheiligten Räumen, im Höchsten Orient zu Charlestown, im lieblichen Teil des göttlichen Meisters am 1. Tage des Mondes Tischri^{450}, am 12. Tage des 7. Monats des Jahres 00847 des wahrhaften Lichts."

Unterschrift: Limmud Ensof (Freimaurername von Albert Pike)^{451}

Im eigentlichen "Konkordat" dieser Elefantenhochzeit lesen wir: *"Das Oberste Dogmatische Direktorat der Universellen Freimaurerei anerkennt die Jüdischen Logen, so wie sie derzeit in den wichtigsten Ländern bestehen. Das zentrale Hauptquartier des B'nai B'rith wird sich in Hamburg befinden und die souveräne Körperschaft wird den Titel einer Obersten Patriarchalischen Versammlung führen. Das Geheimnis des bestehenden Bündnisses wird strengstens von jenen Mitgliedern der Hochgradfreimaurerei, denen gegenüber das Oberste Dogmatische Direktorium es für angebracht hält, es zu eröffnen, gewahrt werden... Weder die Oberste Patriarchalische Versammlung zu Hamburg noch irgendeine Loge, die ihm untersteht, wird in den jährlichen Berichten des Souveränen Verwaltungsdirektorium aufgeführt werden; jedoch wird die Oberste Patriarchalische Versammlung direkt an das Oberste Dogmatische Direktorat einen Beitrag senden, der 10 % der persönlichen Beiträge der Mitglieder der Jüdischen Logen umfaßt... Kein Bruder Freimaurer der offizielle Riten, der kein Jude ist, hat Anspruch auf Mitgliedschaft in einer Jüdische Loge, gleichwelchen Ranges er auch ist."*

Zu deutsch heißt das: Gegenseitige Anerkennung und Zusammenarbeit bei gleichzeitiger maximaler Verschleierung. Zu welchen Zielen und Zwecken? Darüber sagen die an die Öffentlichkeit gedrungenen Aufzeichnungen verdächtig wenig.

Die Gründung einer freimaurerischen UNO

Ein Jahr später, am 26. September 1875 fand in Lausanne ein Kongreß statt, auf welchem sich die Obersten Räte des internationalen Schottentums zu der *Lausanner Konföderation* zusammenschlossen. Hatte es bis dahin zwischen den Brüdern der Länder nur Absprachen in mündlicher Form gegeben, so verkehrten die Hochgradlogen Englands, Frankreichs und Italiens von nun an auf vertraglicher

---

[450] Der 1. Tischri (Oktober) ist der Beginn des bürgerlich-jüdischen Jahres.
[451] Die pseudonyme Unterschrift Pikes bürgt für dessen hohen Einweihungsgrad. Ensof ist nämlich nichts anderes als die Lautschrift des hebräischen Begriffs EnSoph, der wiederum den Äther, das Urgeheimnis des Judentums und der Freimaurerei bezeichnet.

Basis auch organisatorisch miteinander. Neben internationalen Fragen wurde auch eine Straffung der nationalen Organisationen verwirklicht. So durfte jeder selbständige Staat künftig nur noch einen Obersten Rat haben. Der Alte und Angenommene schottische Ritus wurde durch die in der Lausanner Konföderation zusammengeschlossene Vereinigung der Obersten Räte zu einem universalen Weltritus.[452]

Der Freimaurer Dr. Lerich schreibt über dieses Ereignis: "Im Jahre 1875 begründeten sämtliche damals bestehenden 'Obersten Räte', die maurerischen Großmächte der Hochgrade, eine Gesamtvereinigung in der Schweiz, die sogenannte Lausanner Konföderation. In der Verfassung dieses Weltverbandes sind alle jene Grundsätze niedergelegt, die eine straffe administrative Organisation, einen einheitlichen geistigen Zusammenhalt, ein konkretes Zusammengehen in allen wichtigen Belangen und Aktionen gewährleisteten: Mit der Lausanner Konföderation wurde wirklich jene Weltfreimaurerei ins Leben gerufen, die von den Gegnern der Loge immer wieder behauptet, von den Brüdern selbst jedoch stets, entweder wissentlich oder unwissentlich, abgeleugnet wird."[453]

Damit war der Fusionierungsprozeß auf die Spitze getrieben: Die nationalen Freimaurerverbände aber konnten endlich mit Hilfe der ihnen angeschlossenen Würdenträger beginnen, die Weltpolitik auf die Ziele des Geheimvatikans auszurichten.[454] Am spürbarsten wurde das in dem Land, das traditionell am stärksten dem Einfluß von Judentum und Loge ergeben war: In England.

---

[452] Als Hitler in Deutschland die Macht ergriff, waren mittlerweile sämtliche Obersten Räte des schottischen Ritus in der Lausanner Konföderation vereinigt. Diese ist damit die am straffsten organisierte internationale Bruderkette der Freimaurerei.
[453] Lerich, Br. Dr. Konrad, Der Tempel der Freimaurer, U. Bodung-Verlag, Erfurt 1937, S. 29
[454] Diese werden nach wie vor tief den Geist des französischen Revanchegedankens geatmet haben. H. J. Evert schreibt in „Verschwiegene Zeitgeschichte", Seite 39, der „Grand Orient de France" habe noch 1875 die Vernichtung des deutschen Volkes als eines seiner Hauptziele für die Zukunft bezeichnet.

> Ich behaupte, daß wir die erste Rasse in der Welt sind und daß es um so besser für die menschliche Rasse ist, je mehr von der Welt wir bewohnen. *(Der englische Kolonial-Pionier C. F. Rhodes 1877)*[455]

Kapitel 4.10

Britannia: Alttestamentarischer Pfeiler in der außerjüdischen Welt

Die Symbiose

England hatte sich seit Cromwell den Anliegen der jüdischen Führung geöffnet. Dieser Schritt basierte auf praktischen Überlegungen.

Blicken wir zurück auf jene Tage, da sich das puritanische Sendungsbewußtsein in einem aggressiven kolonialen Imperialismus äußerte, da sich Großbritannien begann nach außen zu wenden. Am 9. Oktober 1651 wurde die Navigationsakte verkündet. Diese bestimmte, daß die Einfuhr nach England von Übersee nur auf englischen Schiffen und die Einfuhr aus Europa bei den wichtigsten Waren, sowie bei allen Gütern aus der Türkei und Rußland nur auf englischen oder auf Schiffen des Ursprungslandes erfolgen dürfe. Der Hauptzweck war, für die nächsten Jahre den holländischen Handel dadurch zu zerstören und somit die englische Schiffahrt zu heben. Die Navigationsakte versetzte vor allem dem holländischen Seehandel einen vernichtenden Schlag und begründete das englische Kolonialsystem.

Bei all dem war ein überraschend hoher Prozentsatz des damals aus England verbannten und in Holland zur Blüte gelangten Judentums behilflich - zunächst wohl noch allein um seine Möglichkeiten bei einer Wiedereingliederung unter Beweis zu stellen. Die Zusammenarbeit lief so hervorragend, daß Cromwell sich öffentlich immer wieder für seine heimlichen Koalitionäre in die Bresche warf. Der englische Parlamentarier Thomas Burton berichtet in seinem 1828 erschienenem „Parliamentary Diary" gar: „Cromwell gewährte den Juden, jenen tüchtigen und allgemein verwandten Spionen, deren Verbindungen mit dem Kontinent er sich außerordentlich gut zunutze gemacht hatte, eine angemessene Gnade zu Händen

---

[455] Nach Edwin Hennig, „Zeitgeschichtliche Aufdeckung", München 1964, Seite 121

ihres Hauptagenten in England." Welcher Art von Gnade den Juden erwiesen wurde, läßt sich nicht mehr feststellen. Nicht wenige Autoren vertreten die Ansicht, diese „Gnade" habe darin bestanden, daß ihnen Cromwell vor versammeltem Parlament die Zusicherung für eine Ansiedlung in England gab.

Sicher ist, daß das Hebräertum bereits wenig später wieder auf der britischen Insel ansässig wurde, und daß die Symbiose seitdem unter maßgeblicher Mithilfe der Freimaurerei durch alle Regierungssysteme fortgetragen wurde. Nun mögen Gründe maßgeblich gewesen sein, die sich direkt aus Voraussagen der Bibel ableiten. Wir haben hierzu bereits gelesen, daß der jüdische Fundamentalismus mehr als mit nahezu jedem anderen Fleck der Erde mit der britischen Insel prophetische Hoffnungen verband. Wir haben gehört, daß eine zentrale biblische Zukunftserwartung jene war, daß Israels Name geändert, daß seine Söhne im Norden wohnen, daß sie den göttlichen Namen 'in the isles of the sea' (Isaiah) preisen würden - womit England gemeint war.[456] Wir wissen, daß diese Theorie in den Tagen Cromwells als „Anglo-Israelismus" in die bis heute fortdauernde Gedankenwelt vieler Puritaner Einzug hielt.

Die Zuarbeit des Geheimvatikans zugunsten Londons wurde über sehr sehr lange Zeit aufrechterhalten. Über den uns aktuell interessierenden Zeitbereich schreibt der bekannte Chronist Hillaire Belloc: „Die jüdischen Nachrichten-Agenturen im 19. Jahrhundert haben England überall in politischer wie in wirtschaftlicher Hinsicht begünstigt. Die Juden haben sich immer den Rivalen und Feinden Englands entgegengestellt. Im Fernen Osten stellten sie ihre Erfahrungen ganz besonders zur Verfügung der Engländer. Auch bei der internationalen Durchdringung der übrigen europäischen Regierungen fungierten die Juden als ihre Informationsquelle. Man muß sie fast als die englischen Agenten auf dem europäischen Kontinent bezeichnen."[457]

Nun ist Belloc ein philosemitischer Historiker und deshalb beißt er sich auch auf die Zunge, wenn er von manchen Hintergründen dieser einmaligen Freundschaft sprechen sollte. Natürlich sahen die hilfreichen Hebräer ihre Taten nicht als reinen Selbstzweck. Selbstverständlich forderten auch sie hier und da ihren Preis. So wird ein einigermaßen kritischer Student der Geschichte recht schnell eruieren können, welcher Art die jüdischen „Erfahrungen" Mitte des 19. Jahrhunderts im Fernen Osten wirklich waren. Ganz ohne Zweifel wird hier nämlich auf die einflußreiche israelitische Familie Sassoon angespielt, die durch skrupellose Ausbeutung in Asien reich geworden war. Unter Lord Palmerston betrieb sie den Opiumhandel im großen Stil. David Sassoon, Stammvater der „asiatischen Rothschilds" hatte für dieses schmutzige Geschäft ein Monopol bis nach Japan. Als sich China wegen der schädlichen Folgen des Drogenmißbrauchs gegen eine fortgesetzte Einfuhr des

---

[456] Siehe das offizielle Organ des US-amerikanischen Höchsten Rates des Alten und Angenommenen Schottischen Ritus der Freimaurerei „The New Age", Washington D.C., Ausgabe Oktober 1952, Artikel des Freimaurers vom 32 Grad H. Sol. Clark, „The Ten Lost tribes - Facts and Fiction"
[457] Hillaire Belloc, „The Jews", 1922, Seite 222

Suchtmittels wehrte, veranlaßte Sassoon die englische Regierung zum Opiumkrieg. Das Kaiserreich wurde dadurch zur Aufhebung seines Einfuhrverbots gezwungen. Und während die Nachkommen des Drogenbosses in Großbritannien Karriere machten[458], verstärkte der britische Imperialismus im Fernen Osten seinen Einfluß. Ähnlich lagen die Dinge, als sich weite Teilen des jüdischen Establishments 1871 wie ein Mann hinter London zu stellen schienen, da sich dieses zur Eroberung Südafrikas anschickte. Die Erklärung für die Englandbegeisterung lag hier in dem Billionen-$-Geschäft des Diamantenhandels, der nach Besetzung der einträglichen Felder von Kimberley an die Kinder Mose[459] übertragen wurde...

Selbstverständlich konnte es vor dem Hintergrund der zionistischen Interessen nicht ausbleiben, daß sich die britische Politik auch für die weitere Umgebung Palästinas interessieren würde. Traditionell hatten hier jedoch - sieht man einmal von den Türken ab - seit den Tagen der Kreuzzüge die großen kolonialen Konkurrenten Englands, die Franzosen, ihren Fuß in der Türe. Und von diesen, genauer gesagt von dem geheimnisvollen „Père E.", kam auch der erste Anstoß zu europäischen Aktivitäten im Nahen Osten.

D´Israeli und der Kauf des Suezkanals

Barthélemy Prosper Enfantin wurde 1796 als Sohn eines Bankiers in Paris geboren. Nach Studien an der angesehenen Ecole Polytechnique unternahm er weite Reisen, um sich schließlich dem Beruf seines Vaters zuzuwenden. Enfantins Leben erhielt eine neue Wendung, als er durch Geheimgesellschaften in der französischen Hauptstadt mit den Lehren des Freimaurers Saint-Simon in Kontakt kam.

Claude Henri de Saint-Simon (1760-1825) hatte bereits im amerikanischen Unabhängigkeitskrieg gekämpft und erwarb zu Beginn der französischen Revolution ein Vermögen durch Spekulation mit Nationalgütern. Der von der offiziellen Geschichtsschreibung wiederholt zum "Vater des Sozialismus"[460] geküerte Philosoph war gleichsam der offizielle Begründer der Idee eines vereinigten Europas. Auch andere freimaurerische Ziele hatte er formuliert: Als eigentliche Voraussetzung für eine Gesundung der Gesellschaft sah er den allgemeinen Frieden an: Nur wenn die Zwiste der Völker durch Schiedsgerichte gemäß allgemein anerkanntem Völkerrecht im Rahmen eines Völkerbundes geschlichtet würden, könne der neue Typus des Zeitalters, der Industrielle, seine

---

[458] Sir Albert Abdullah David Sassoon wurde als Opiumhändler 1872 zum englischen Ritter, 1890 zum Baronet befördert. Sir Edward Sassoon verheiratete sich mit einer Rothschild, wurde Busenfreund des ewig abgebrannten Königs Eduard VII und verdingte sich als Parlamentarier. Beide „Herren" war nach Karl Heise (Seite 118) Freimaurer
[459] Vergleiche an diesem Ort die Familiengeschichten der Lewis, Beith und Lewisohn
[460] Tatsächlich sind die meisten der späteren Sozialisten von Saint-Simon stark beeinflußt worden. Der französische Graf hatte nach dem Urteil von Friedrich Engels "eine geniale Weite des Blicks, vermöge deren fast alle nicht streng ökonomischen Gedanken der späteren Sozialisten bei ihm im Keime enthalten sind."

große Arbeit verrichten. Und hier gilt es aufhorchen. Ähnlich wie vor ihm Weishaupt richtete sich Saint-Simon gegen die Herrscherhäuser und das monarchische Staatsgefüge, ließ aber - unverständlich für einen "Sozialisten" - die kapitalistische Ausbeuterschicht schlechthin, darunter die Hochfinanz, ungeschoren. Mehr noch: Dieser "arbeitenden Elite" ("les grand industriels"), besonders den Bankiers, sollte nach Saint-Simon die Führung der Gesellschaft übertragen werden.

Mit dem seltsamen Grafen bekannt gemacht, warf sich Enfantin mit Begeisterung auf Studium, Weiterbildung und Propaganda seiner Lehren. Nach und nach bildete sich um ihn und St. Armand Bazard ein Kreis von Anhängern, der nach dem Tod des Meisters die Gestalt eines maurerisch-marxistischen Geheimbundes anzunehmen begann. Hochziel des Simonistenbundes war dabei eine allgemeine Verbrüderung der Menschheit, über Farbe und Religion hinweg und die grundsätzliche Beseitigung jeglichen Erbrechts, was allmählich allen Besitz in Staatseigentum umwandeln sollte. Der „Simonistenorden" kannte in seiner organischen Stufung drei Wissensgrade, deren dritter Vollgrad die eigentliche „Familie" der Wissenden bildete und von den „Priestern" eines vierten Hochgrades beschattet wurde.[461] In dem Collège, der Vereinigung der Eingeweihten, wurden die Führer Enfantin und Bazard schließlich zu „hohen Vätern" (pères supremes) geweiht.

Während Bazard die philosophisch-politische Seite des Saint-Simonismus ausbildete, verfolgte Enfantin die philosophisch-soziale Richtung, indem er dieselbe in ein phantastisch-religiöses Gewand hüllte. Beide Richtungen brachen 1831 an inhaltlichen und organisatorischen Fragen auseinander. Der politische Teil der Sekte mit Bazard trennte sich von dem „Mann des Fleisches", während Enfantin, der von nun an „Le Père" hieß und sich von seinen Predigern für das „lebendige Gesetz", eine Art Messias, erklären ließ, sich mit einigen 40 ihm treu gebliebenen Anhängern auf seine Besitzungen zurückzog und dort eine patriarchalisch-sozialistische Gesellschaft nach seinen Lehren organisierte.

Die Staatsgewalt sah in der Verbindung eine Verletzung des Vereinsgesetzes, zugleich auch der guten Sitten und stellte Enfantin mit seinen Genossen vor Gericht. Enfantin wurde im August 1832 zu Gefängnis und Geldstrafe verurteilt. Als er nach einigen Monaten entlassen wurde ging Enfantin an der Seite einiger Anhänger nach Ägypten. Angeblich bestand der Sinn der Reise darin, in Afrika die „hohe Mutter" (mère supreme) zu finden. Tatsächlich aber ließ sich der selbsternannte Messias als Ingenieur des Paschas an den Nildämmen beschäftigten, wo er und seine Gruppe sich umgehend an die Ausarbeitung eines epochalen Bauwerkes begaben: Sie planten das Mittelmeer und das Rote Meer durch einen Kanal zu verbinden. Da das Projekt scheiterte kamen indes 1837 wieder nach Paris

---

[461] Felix Franz Egon Lützeler, „Hinter den Kulissen der Weltgeschichte. Beiträge zur Geschichte der Geheimbünde aller Zeiten und Völker", 3. Band, Verlag für ganzheitliche Forschung und Kultur, Struckum 1986, Seite 1100

zurück, wo Enfantin an Hand von Entwürfen weiter für den Bau seines - vielleicht wurde er auch von anderer Seite „inspiriert" - Suezkanals wirkte.

Der Gedanke des Durchstichs der Meerenge von Sues wurde jetzt vom Vicomte Ferdinand de Lesseps aufgegriffen, der als 20jähriger dem Kreis der Saint-Simonisten angehört hatte. Der Graf - im Zivilberuf Diplomat - erhielt auch tatsächlich am 5. Januar 1856 vom ägyptischen Vizekönig Sa´id Pascha die Bau- und Nutzungsgenehmigung auf 99 Jahre. Im Gegenzug stellte Lesseps eine französische Aktiengesellschaft auf, die die anfallenden Konstruktionskosten zu übernehmen hatte. Alles ging glatt. Am 25. April 1859 wurden die Arbeiten aufgenommen, begleitet vom Applaus des uns bereits bekannten Zionisten Moses Hess.

Der gehörte einst wie sein Ziehkind Karl Marx den gleichen linksfreimaurerischen Geheimgesellschaften an, die Enfantin und Bazard einst auf den Weg gebracht hatten; ein Grund mehr, die Hintermänner des Suezprojektes woanders zu suchen. Gut, Moses Hess pries nun 1862 in seinem Buch „Rom und Jerusalem. Die letzte Nationalitätenfrage" die Vorboten einer imperialistischen Durchdringung des Nahen Ostens, wie den Bau des Suez-Kanals durch Frankreich. Damit, begeisterte sich der „Kommunistenrabbi", werde der „Zivilisation der Weg gebahnt". Angesichts solch salbungsvoller Franzosenfreundlichkeit fragt man sich unwillkürlich, ob hier nicht mehr im Spiel war. Tatsächlich ging es dem Vater des Zionismus um weit mehr als das Wohl der „Grande Nation". Angesichts der Nähe des Suezkanals zu Palästina sah er das Land seiner Begehrlichkeit in geradezu greifbare Nähe gerückt. Und so zeigte sich Hess ganz offiziell überzeugt davon, daß Frankreich als eines der wichtigsten kolonialistischen Länder die Bemühungen um die „Wiederherstellung" des jüdischen Staates unterstützen würde. Ein solcher Staat, meinte er vielsagend, müsse vom politischen Standpunkt her völlig im Interesse Frankreichs liegen.[462]

Es ist dies eine der wenigen Gelegenheiten, bei denen sich Moses Hess wirklich irrte. Denn als die Kanalarbeiten im März 1869 abgeschlossen wurden und am 17. November 1869 die feierliche Eröffnung stattfand, waren die französischen Tage in Ägypten bereits mehr oder weniger gezählt. In Großbritannien schritt nämlich das jüdisch-englische Begünstigungsverhältnis seinem Höhepunkt entgegen, als der Israelit Benjamin D´Israeli im Jahre 1874 zum Premierminister ernannt wurde. Gestützt auf eine große konservative Mehrheit im Parlament wandte sich der neue Mann, der bereits häufig als Vater des englischen Imperialismus betitelt worden ist, schnell der Außenpolitik zu.

Wie Hess wird auch D´Israeli mitsamt seiner näheren Umgebung klar erkannt haben, daß dem Suezprojekt neben einer wirtschaftlichen eine große politische Bedeutung zukam, die auch die Fragen des Zionismus tangierte. Es kann daher

---

[462] Nach Arthur Hertzberg (Hg.), „The Zionist Idea: a Historical Analysis and Reader", New York 1959, Seite 133

nicht verwundern, daß jenes Manöver, das den Kanal in britischen Besitz brachte, eine rein jüdische Angelegenheit war.

Das Vorgehen war dabei denkbar einfach. Die Kosten der Bauarbeiten entlang der Sinaihalbinsel hatten sich auf 640 Mill. Fr. belaufen, von denen nur ein Teil durch Aktionäre aufgebracht wurde. Sicher hielt die französische Gesellschaft ein so großes Paket, daß ihr Einfluß den aller anderen Europäer bei weitem überwog. Aber: Die Mehrheit der Papiere lag immer noch bei dem türkisch-ägyptischen Regenten Ismail. Ganz sicher gab es Absprachen, die eine Massenübertragung an Dritte unmöglich machen sollte - möglich, daß der Quai d´Orsay seine Finger auf diesen Anteilen hielt. Selbst einsteigen konnte Paris jedoch auf längere Sicht nicht, da sich der Staat durch den unglücklichen Ausgang des deutsch-französischen Krieges übernommen und an das Bankhaus Rothschild verschuldet hatte. Zur gleichen Zeit war der wegen Anleihen selbst verschuldete Khedive von Ägypten nur zu gern bereit ein Maximum seiner Aktien zu veräußern.

Vor diesem Hintergrund nutzte die Regierung D´Israeli nach dem deutsch-französischen Krieg den Schock und die Verschüchterung des französischen Parlaments aus, um durch einen geschickten Finanz-Coup die Mehrheit der Suez-Kanal-Aktien in englischen Besitz zu bringen. Im Herbst 1875 übergab Lionel Rothschild, der Londoner Chef der zionistischen Bankdynastie, dem britischen Premierminister Disraeli jene 4 Millionen Pfund, die es der Regierung ermöglichten, Hauptaktionär und damit Eigner der Suezkanalcompany zu werden.

Wie die Stricke im Einzelnen liefen, überliefert der deutsche Historiker Aldag wie folgt: „Der Gedanke des Ankaufs der Aktien stammte nun nicht, wie allgemein angenommen wird, von Disraeli, sondern von einem gewissen Mr. F. Greenwood, dem Herausgeber der ´Pall Mall Gazette´. Dieser hatte darüber anläßlich eines Dinners mit Mr. Oppenheim, einem Juden, gesprochen, der diesen Vorschlag unverzüglich Disraeli unterbreitete. Letzterer hatte sofort zugestimmt und sich zwecks Vermittlung des Ankaufs mit Rothschild in Verbindung gesetzt. Auch letzterer soll bereits Disraeli auf die Möglichkeit des Erwerbs aufmerksam gemacht haben. Man einigte sich dahin, daß Rothschild die obengenannte *(4 Millionen Pfund, der Verf.)* Summe an den Verkäufer, den Khediven von Ägypten, entrichtete."[463]

England war damit der entscheidende Einfluß auf diese wirtschaftlich wie politisch bedeutsame Region gesichert. Doch Disraeli hatte noch einen Schachzug im Auge: Auf dem Berliner Kongreß setzte er sich 1878 nicht nur für die Emanzipationspolitik der Juden in Rumänien ein, sondern erreichte auch die türkische Abtretung Zyperns an England, womit London abermals ein wichtiges Tor zum Nahen Osten gesichert war.

---

[463] Peter Aldag, „Der Jahwismus beherrscht England", 1940, Archiv-Edition im Verlag für ganzheitliche Forschung und Kultur, Struckum 1989, Seite 124

Durch D´Israeli wurde der Imperialismus, der sich über Großbritannien hinaus zielbewußt auf das Britische Weltreich einstellte, zum Leitgedanken der englischen Politik. Die Eroberung großer afrikanischer Gebiete und Pakistans sowie die Proklamierung Victorias zur Kaiserin von Indien sind allesamt auf das persönlich Konto des Premierministers zu buchen. Doch wurden die kolonialen Kriege bald allzusehr als finanzielle Bürde empfunden. Die Finanzlage des Staates war nicht gut, und die Kosten der Rüstungen hatten 1878 nur durch Aufnahme einer schwebenden Schuld gedeckt werden können. Unter den Folgen der allgemeinen Geschäftskrisis litten Ackerbau, Handel und Industrie, welche auch durch große Arbeitseinstellungen geschädigt wurden. Im Volke machte sich eine starke Unterströmung bemerkbar, welche vor allem Ruhe für die bessere Entwicklung von Landwirtschaft, Industrie und Handel wünschte. So verschafften die im Jahre 1880 abgehaltenen Neuwahlen den Liberalen über 350 Sitze und ließen den Konservativen nur etwa 230. D´Israeli trat am 19. April zurück, und Gladstone wurde zum Premierminister ernannt.

Gladstone und die Eroberung Ägyptens

Der neue Mann war mit einem Programm der entschiedenen Opposition gegen den Imperialismus D´Israelis zur Macht gekommen. In der Tat war der Liberalenführer William Ewart Gladstone aus zutiefst empfundenen religiösen Gründen ein Gegner rücksichtsloser Machtpolitik, militärischer Maßnahmen und Rüstungen. Er verfaßte in diesem Sinne eine ganze Reihe humanistischer Schriften.

Das Gladstonesche Ministerium zeigte in der Außenpolitik wieder einen friedfertigen und passiven Geist. Es hatte zunächst als Erbschaft der vorigen Regierung mehrere auswärtige Verwicklungen zu lösen, wobei es stets bemüht schien, die eingegangenen Verbindlichkeiten los zu werden. So beeilte es sich, einen bisherigen Schützling Rußlands als Emir von Afghanistan anzuerkennen und das Land zu räumen. Im gleichen Sinne gab London nach einem siegreichen Aufstand der Transvaalburen diesen 1881 die Unabhängigkeit zurück. Irland wollte der Premier eine größere Unabhängigkeit zugestehen. Im Gespräch war ein eigenes Parlament, außerdem sollte durch ein Landkaufgesetz der englische Grundbesitz auf der Insel enteignet werden. Der Plan führte schließlich zur Spaltung des Liberalismus und dem Sturz Gladstones.

In jeder Form ausnehmend zeigte sich die britische Außenpolitik dagegen in Ägypten, wo sie das Erbe des konservativen Imperialismus antrat. Auf eine nationalistische Parlamentsbewegung antwortete England hier 1882 mit der Beschießung der Stadt Alexandria und der militärischen Besetzung des Landes. Der britische Historiker Brailsford schreibt hierzu: „Mr. Gladstone war nach der Midlothian-Kampagne mit einem Programm der entschiedenen Opposition gegen den Imperialismus zur Macht gekommen. Die Haupttat seiner Regierung auf dem Gebiet der Außenpolitik war die Okkupation Ägyptens. Von da an barg der

Liberalismus eine Lüge in seiner Brust."[464] Im Grunde ist an dieser Aussage kein unwahres Wort. Trotzdem kam der Gewaltstreich gegen die Absicht des Ministerpräsidenten zustande. Daß sich der mächtigste Politiker Britanniens trotzdem beugen mußte, lag an der Stärke des Haupt-Interventionisten, gegen den selbst er nichts auszurichten vermochte. Klipp und klar sagt nämlich Brailsford: „Es war der Rothschildsche Einfluß, der zur Okkupation Ägyptens führte."[465] Zum Dank erhoben parteiübergreifend sämtliche Imperialisten Englands Nathaniel Meyer Rothschild zum Peer, wodurch dieser fortan höchstpersönlich seine Stimme im House of Lords vernehmen lassen durfte.

Rhodes, der „Round Table" und Rothschild

Im Grunde hieße es den persönlichen Einsatz Nathaniel Meyer Rothschilds gering schätzen, wenn man ihm allein die Eroberung Ägyptens mitsamt des palästinensischen Sinais zurechnen würde. Der nationaljüdische Bankier bildete in persona die Nahtstelle der israelitisch-britischen Kooperation. Sein Partner in diesem Unternehmen war Cecil John Rhodes, den man am Ende seiner Tage als „Erbauer des britischen Weltreiches" feierte.

Als einer der ersten unter den britischen Kolonialpolitikern hatte Rhodes, der im Diamantengeschäft Südafrikas reich geworden war und 1884 zum Finanzminister, 1890 gar zum Präsidenten der Kapkolonie aufstieg, ganz bewußt auf die Macht des Judentums gesetzt. Schon bei seinen Afrikaeroberungen (1884 Beschuanaland, 1888-1895 Rhodesien) arbeitete er mit Unterstützung der Rothschilds.[466]

Wirklich weltweiten und bis heute fortdauernden Einfluß sicherte Rhodes seiner Heimat aber durch die Taufhebung einer Geheimgesellschaft: Der im Jahre 1891 von ihm im Londoner Chatham-House (anfangs noch unter anderem Namen) gegründeten „Round-Table-Gesellschaft". Die Ziele dieses freimaurerähnlichen Konstrukts[467] waren erstens die Erweiterung des britischen Empire, zweitens dessen Konstituierung als „Commonwealth" und drittens eine starke Einbindung der Vereinigten Staaten zugunsten britischer Interessen.[468] Auf diese Weise sollte

---

[464] Henry Noel Brailsford, „The War of Steel and Gold", London 1914, Seite 103f.
[465] Henry Noel Brailsford, a.a.O., Seite 105
[466] E.C. Knuth, „The Empire of the City. The Jekyll/Hyde Nature of the British Government", The Noontide Press, USA 1983, Seite 79
[467] Der international und überparteilich organisierte „Round Table" kannte kaum Transparenz nach außen, wohl aber einen dubiosen „Kreis von Eingeweihten". Rhodes war übrigens selbst Logenbruder. Er wurde 1877 in Oxford (England) in die Apollo University Lodge No. 357 aufgenommen. Nachfolger Rhodes´ wurde 1902 Lord Alfred Milner, der ebenfalls Freimaurer war.
[468] Als sich die Londoner Round-Table-Gruppe nach dem ersten Weltkrieg in „The Royal Institute of International Affairs" umbenannte, wurde auch die amerikanische Tochterorganisation „National Civic Federation" (NCF) neuformiert und nannte sich seitdem „Council on Foreign Relations" (CFR). Dieser „Rat für auswärtige Beziehungen" machte es sich zur Aufgabe, die US-Regierung von ihrer seit Präsident Washington festgelegten Politik der

schließlich eine zentralisierte Welt gebildet werden, nach Dr. Quigley beherrscht von den „English-Speaking Peoples", die Ideologen wie H. W. Armstrong mit den „elf verlorenen Stämmen Israels" identifizieren.[469]

Angesichts dieser biblischen Zukunftsvision kann es nicht überraschen, daß der Chef des Londoner Bankhauses Nathaniel Rothschild dem Round Table persönlich angehörte.[470] Der „Ägyptenveteran" warf sich dort dermaßen ins Zeug, daß ihn Rhodes am Ende seiner Tage zum Alleinvollstrecker seines hochdotierten Testaments bestimmte. Noch auf dem Höhepunkt des ersten Weltkrieges gedachte die britische Regierung ihrem teuren Komplizen, als sie die vielbeachtete Israel-Erklärung an Nathaniel Rothschild richtete.

Unbesehen der bis zu diesem Punkt bereits abgehandelten Imperialismustrophäen des Hauses Rothschild waren es Rothschildsche Gelder und Beziehungen, die das ihre dazu beitrugen, daß unter der konservativen Regierung Salisbury der Imperialismus immer tiefer in das englische Nationalbewußtsein eindrang. Es waren Rothschildsche Familienbande, die dafür sorgten, daß unter der Regierung Lord Roseberys der säbelrasselnde Weltherrschaftswahn auch in der liberalen

---

„Nichteinmischung in ausländische Händel" auf eine „positive" Außenpolitik zugunsten „einer Weltgemeinschaft" zu bringen. Heute ist die ganze Welt mit CFR-Ablegern überzogen, seine Hauptrolle spielt er aber in den Vereinigten Staaten, wo er einen überragenden Einfluß genießt. Fast jeder amerikanische Präsident seit Gründung des CFR war dessen Mitglied..." *Der Council on Foreign Relations*", schreibt Robert Camman, *„stellt sich als eine amerikanische Studiengruppe dar, die in sich Spezialisten in der Diplomatie, der Finanz, der Industrie, der Wissenschaft, der Information vereint, die fähig sind, in der amerikanischen Öffentlichkeit eine internationale Mentalität zu erzeugen und die Initiativen in diese Richtung zu koordinieren. Gegenwärtig gehören dem CFR 1.400 Mitglieder an, die die wichtigsten Posten in der US-Regierung, der Politik, der Wirtschaft, den Massenmedien, im CIA, ja sogar in der Religion innehaben. Mit großzügiger Unterstützung der Ford-, Carnegie- und Rockefeller-Stiftungen ebenso wie der großen, international maßgebenden Konzerne wie IBM, ITT, Standard Oil in New Yersey übt der CFR einen übermächtigen Einfluß auf die Regierung der Vereinigten Staaten, auf den Kongreß und auf die beiden bestimmenden politischen Parteien, die Demokraten und die Republikaner, aus. Die Mitglieder des 'Council on Foreign Relations' sind Amerikaner, denen ihre internationalen Beziehungen die Ausübung einer engen Kontrolle über die Staaten der westlichen Welt erlauben, sei es direkt, sei es mittelbar durch gleichartige oder angegliederte Gesellschaften oder durch internationale Organisationen wie die Weltbank, in denen sie den Vorsitz führen."* (Robert Camman, „Les véritables maitres du monde", Villefranche-deLauragais, Selbstverlag, 1985, Seite 3 f.) Peter Blackwood stimmt dieser Beurteilung mit folgenden Worten zu: *„Offizielles Organ (des CFR) ist die Vierteljahreszeitschrift 'Foreign Affairs', die die Strategie der US-Außenpolitik vorschreibt. Durch die Mitgliedschaft der größten Verleger und Leitartikler überregionaler Zeitschriften und Zeitungen sowie von Vorstandsmitgliedern der Fernsehketten hat der CFR entscheidend Anteil an der Meinungsbildung in den USA."*. (Peter Blackwood, „Die Netzwerke der Insider", Leonberg 1986, Seite 54)

[469] Der ehemalige Führer der sephardischen Gemeinschaft der USA, Henry Pereira Mendes enthüllte diesen Plan in seinem 1898 erschienenen Buch „England and America, the Dream of Peace".

[470] Peter Blackwood, „Die Netzwerke der Insider", Leonberg 1986, Seite 279 sowie Gary Allen, „Die Insider", Verlag für Angewandte Philosophie, Wiesbaden 1974, Seite 98

Partei Einzug hielt.[471] Und es waren nicht zuletzt Rothschildsche Kanäle, durch die der britische Imperialismus seit 1895 seinem Höhepunkt entgegenbrandete - die Rede ist von jener „glorreichen" Epoche, in der der Zionist Joseph Chamberlain als Kolonialminister den Ausspruch tat: „Die Vorsehung hat uns zu einer großen regierenden Macht bestimmt - zum Erobern, ja zum Erobern."[472]

Im Jahre 1896 hatte sich England bereits weltweit 28 Millionen Quadratkilometer Kolonialbesitz gesichert - ein Gebiet, in das das Mutterland achtundachtzig Mal hineinpaßte - mit einer Bevölkerung von 378 Millionen Menschen. Die zweitplazierte Imperialmacht Frankreich brachte es gerade einmal auf 4 Millionen Quadratkilometer mit 40 Millionen Menschen.[473] Im Zusammenhang mit den erwähnten jüdischen Hilfsdiensten wird Theodor Herzl gerade diese Zahlen im Kopf gehabt haben, als er um die gleiche Zeit auf einem Zionistenkongreß prophezeite: *„England, das mächtige, freie England, das mit seinem Blick die Welt umspannt, wird uns und unsere Aspirationen verstehen. Mit England als Ausgangspunkt können wir sicher sein, daß die zionistische Idee mächtiger und höher steigen wird als jemals zuvor."*[474]

Tatsächlich war London bereit, seinem Kompagnon im Spiel der Macht jede nur erdenkliche Hilfe angedeihen zu lassen. Das schloß die Teilabtretung Ugandas ein, eines Staates, der übrigens von einem Mitglied der Familie Rothschild (Lord Rosebery) erobert worden war. Trotzdem verhielt sich die Nationalbewegung des Judentums ablehnend, was laut Nordau darauf zurückzuführen war, daß der Geheimvatikan auf einen Weltkrieg spekulierte. Diese Erwartungshaltung schlug sich bald auch auf die England-Politik des zionistischen Bankhauses Rothschild nieder. Und so stellte um die Jahrhundertwende Großbritannien seine Weltpolitik abrupt ein, um sich der „Vorsehung" gemäß in Europa gegen Deutschland zu stellen.

---

[471] Archibald Philip Primrose (Earl of Rosebery) bekam durch die Heirat mit der Erbtochter des Barons Meyer Rothschild, Hannah, 1878 ein großes Vermögen. Seitdem datiert sein geradezu kometenhafter Aufstieg am politischen Firmament Englands. Rosebery zeichnete im Winter 1879/1880 für die erfolgreiche Wahlkampagne des liberalen Gladstone verantwortlich, in dessen Regierungszeit wenig später die Annexion Ägyptens fiel. Da sich der mehrfache Premierminister in Rüstungsfragen zu zurückhaltend zeigte löste ihn Rosebery im Jahre 1894 ab.
[472] Nach Edwin Hennig, „Zeitgeschichtliche Aufdeckung", München 1964, Seite 121
[473] „Meyers Konversations-Lexikon, 5. Auflage, 10. Band, Stichwort „Kolonie", Bibliographisches Institut, Leipzig/Wien 1896,
[474] Dr. phil. Lazar Felix Pinkus, „Von der Gründung des Judenstaates", Zürich 1918 sowie Erich und Mathilde Ludendorff, „Die Judenmacht - Ihr Wesen und Ende", Ludendorffs Verlag GmbH, München 1939, Seite 346

Kapitel 4.11

Von der Kolonialpolitik zum europäischen Konfliktkurs

Die Haltung Englands zum deutsch-französischen Krieg und zur Reichsgründung

Der preußische Stellvertreterkrieg gegen Napoleon III., in dessen Verlauf die französische Monarchie wie der italienische Kirchenstaat gestürzt wurden, wurde in England ganz allgemein mit prodeutschen Gefühlen begleitet.

Am 20. August 1870 schrieb die "Daily News": "Vor beinahe 200 Jahren hat Ludwig XIV. das Elsaß gestohlen. Verjährung mag den Diebstahl decken, aber er deckt nicht die Berechtigung der Wiedereroberung. Die Bevölkerung des Elsaß ist deutsch durch ihre Abstammung, Sprache und Lebensweise. Von den Bewohnern der übrigen Provinzen Frankreichs werden sie kaum als Franzosen angesehen." Nachdem der deutsche Sieg durch die Schlacht von Sedan und die Gefangennahme des französischen Königs Napoleon III. absehbar war, schrieb das gleiche Blatt am 5. September: "Frankreich begann diesen Krieg mit der ausgesprochenen Absicht, zwei weitere deutsche Provinzen (nach den bereits annektierten Elsaß und Lothringen nun das Saar- und das Rheinland) als Siegespreis zu nehmen. Jetzt, wo es unterliegt, kann es nicht mit Folgerichtigkeit gegen die natürlichen Ergebnisse der Niederlage protestieren. Und Deutschland kann mit Recht eine Grenzregulierung fordern, die beitragen würde, für die Folge neue Angriffe abzuwehren." Drei Tage darauf, am 8. September, stand in der "Daily Mail" zu lesen: "Die Deutschen haben das Recht, ihre eigenen Bedingungen zu stellen. Sie wollen nur im Frieden leben und von den neidischen Nachbarn weder belästigt noch geteilt werden. Frankreich hat sich ständig in die Angelegenheiten Deutschlands gemischt. Diese Einmischung war nicht etwa die Tat dieser oder jener Regierung, sondern die des ganzen französischen Volkes...Das deutsche Volk fühlt natürlich und notwendig, daß jetzt, wo der Feind bei einem Angriffskrieg geschlagen worden ist, der Moment gekommen ist, sichere Garantien für die Folgezeit zu nehmen. Es hat das Recht auf solche Garantien erworben." Und noch am 10. September textete die „Saturday Review": „Wir glauben, daß die unzweifelhaft von der englischen Regierung gehegte Ansicht, daß nämlich, soweit wir in Betracht kommen, die Deutschen volle Freiheit haben, so viel französisches

Gebiet zu nehmen, als sie eben verlangen können und als ihre Ratgeber zu ihrer militärischen Sicherheit zuträglich halten, die einzig richtige Ansicht ist."[475]

Diese Worte gaben die vorherrschende Meinung der englischen Presse recht genau wieder. Und wie in Britannien üblich demonstrierten sie damit zugleich - inoffiziell versteht sich - die Sichtweise des Parlaments bzw. der Regierung.

Indes zeigte sich London alles andere als begeistert, als wenig später die bislang selbständig regierten deutschen Staaten zu einer zentral geführten Reichseinheit verschmolzen. Durch diesen Einigungsprozeß, der 1848 versäumt worden war, entstand im Herzen Europas eine neue Macht von der Größe Frankreichs, deren Aufstieg dem ständig zu eigenen Gunsten die Konflikte auf dem Kontinent schürenden England nicht gleichgültig sein konnte.

Sehr früh erkannte das Benjamin Disraeli, der britische Führer der Konservativen Partei und spätere Premierminister. Bereits am 9. Februar 1871 verkündete er im Unterhaus: *„Dieser Krieg bedeutet die deutsche Revolution, ein größeres politisches Ereignis als die französische Revolution des vergangenen Jahrhunderts... Nicht ein einziger der Grundsätze in der Handhabung unserer auswärtigen Angelegenheiten, welche noch vor einem halben Jahr von allen Politikern als selbstverständliche Richtlinien anerkannt wurden, steht heute noch in Geltung. Es gibt keine überkommene Auffassung der Diplomatie, welche nicht fortgeschwemmt wäre. Wir stehen vor einer neuen Welt... das Gleichgewicht der Macht ist völlig zerstört.*[476]

Nun muß man wissen, daß es sich die englische Politik seit langem zum Prinzip gemacht hatte, die Machtverhältnisse auf dem Kontinent in der Waage zu halten. Diese „Balance of Power" sollte das Heranwachsen eines potentiellen Gegners von Anfang an unmöglich machen. Immer dann, wenn sich ein europäischer Staat zu wahrer Größe emporschwang, war aus dieser Sicht zugleich die Stärke Britanniens bedroht und der unglückliche Nebenbuhler mußte gewahr sein, daß sich England gerade mit seinen Nachbarn verständigte, um ihm in einem Koalitionskrieg die Federn zu stutzen. Fälle dieser Art hatte es in der jüngeren Geschichte zu Hauf gegeben.[477] Disraelis Worte waren demgemäß mehr als eine reine Bestandsaufnahme der machtpolitischen Gegebenheiten. Sie waren eine kaum verhüllte Kriegsankündigung.

---

[475] Pressezitate nach Friedrich Hasselbacher, „Entlarvte Freimaurerei", Band III, Verlag Paul Hochmuth, 1941, Archiv-Edition im Verlag für ganzheitliche Forschung und Kultur, Viöl 1992, Seite 272f. sowie Oncken, Hermann, *Nation und Geschichte*, S. 160)
[476] Demmler, Georg, *Der Kampf um die Weltherrschaft im XX. Jahrhundert*, Hamburg 1970, S. 7
[477] Ein Fall, der dabei besonders heraussticht, weil England sich diesmal ganz allein die Finger schmutzig machte, datiert auf das Jahr 1807. Damals störte Dänemark den „Britischen Frieden", indem es sich anmaßte, in seinem eigenen Hoheitsgebiet Hoheitsrechte auszuüben, nämlich die Einfahrt in die Ostsee zu beherrschen und eine starke Flotte zu unterhalten. Im September 1807 erschien daraufhin die englische Flotte plötzlich vor Kopenhagen, schoß - ohne jede Kriegserklärung - Stadt und Hafen zusammen und führte 18 dänische Linienschiffe, 15 Fregatten usw., also die ganze dänische Kriegsflotte, als Beute nach England.

Es ist nicht auszuschließen, daß eine derartige „Flurbereinigung" damals von bestimmten britischen Politikern erwogen wurde. Möglich auch, daß derartige Planungen (falls sie denn bestanden) mit adäquaten Logen-Vorhaben verquickt wurden. Man erinnere sich jenes allgemeinen Freimaurerkongresses, den eine französische Loge nach Lausanne einberufen hatte, um dort die „abtrünnigen Brüder" König Wilhelm und Kronprinz Friedrich Wilhelm von Preußen abzuurteilen. Die Versammlung sollte am 15. März 1871 stattfinden - gerade einmal fünf Wochen nach D'Israelis vernichtender Bestandsaufnahme - und nur wenige Monate vor Bekanntwerden des Pike'schen Kriegsplans.

Die Konkurrenz zwischen Deutschland und England

Wie dem auch sei. Mochte geplant werden, was wollte. Nach außen hin wurde - zunächst noch - nichts spürbar. Dem Deutschen Reich waren 30 friedvolle Jahre beschieden, in denen es die Proklamation Wilhelms von Preußen in die Tat umsetzen konnte, die dieser am Vorabend der Kaiserkrönung zu Versailles an sein Volk gerichtet hatte. Sie hatte mit den Worten geendet: „Uns aber und Unsern Nachfolgern an der Kaiserkrone wolle Gott verleihen allezeit Mehrer des Reiches zu sein, nicht an kriegerischen Eroberungen, sondern an den Gütern und Gaben des Friedens auf dem Gebiet nationaler Wohlfahrt, Freiheit und Gesittung."

Tatsächlich wurde in Deutschland das Staatsinteresse künftig von der Außen- auf die Innenpolitik verlegt. Und als ob es allein darum gegangen wäre, die Ineffizienz des britischen Blut-und-Boden-Imperialismus unter Beweis zu stellen, schickte sich das neue Reich bar jeden Kolonialbesitzes wirtschaftlich an, die Weltmacht Nummer eins links zu überholen.[478]

Geblendet von seinem wachsenden Empire legte England nach 1873 keinen besonderen Wert auf den technologischen Fortschritt. Dagegen zielte die deutsche Wirtschaftspolitik genau in diese Richtung. Beispielsweise bestand eine tragende Säule des ersten deutschen Wirtschaftswunders im Ausbau eines flächendeckenden Eisenbahnnetzes. Mit staatlichen Geldern wurde die Länge des Streckennetzes zwischen 1870 bis 1913 verdoppelt. Auf diese Weise konnte der Transport der rasch wachsenden Menge industrieller Güter leicht und kostengünstig bewältigt werden.

Außerdem entstanden in Deutschland nach dem Vorbild der französischen Ecole Polytechnique zahlreiche technische Hochschulen und Lehranstalten zur Ausbildung qualifizierter Wissenschaftler und Ingenieure für die Industrie. Die

---

[478] Folgende Angaben nach F. William Engdahl, „Mit der Ölwaffe zur Weltmacht", Dr. Böttiger Verlags-GmbH, Wiesbaden 1993, Seite 28ff. Engdahl benennt als Quellen Karl Erich Born, „Wirtschafts- und Sozialgeschichte des Deutschen Kaiserreiches", Steiner, Stuttgart 1985 sowie Knut Borchardt, „German Economy, 1870 to the Present", Weidenfeld & Nicholson, London 1967

Industrie- und Handelskammern regten zudem die Einrichtung von Handelshochschulen an, in denen qualifizierte Unternehmer herangebildet werden sollten. An den deutschen Universitäten fand der naturwissenschaftliche Unterricht immer mehr das Interesse neuer Studentengenerationen. Das deutsche Ingenierwesen und die Naturwissenschaften blühten auf.

Die Beiträge vieler großer Forscher sorgten für einen Aufschwung der deutschen chemischen Industrie, die ihre französische und englische Konkurrenz bald überrundete. Nachdem Justus Liebig und andere die wissenschaftliche Grundlage für die Agrochemie gelegt hatten, stieg in der deutschen Landwirtschaft die Produktivität steil an. Parallel dazu leistete die Mechanisierung der bäuerlichen Betriebe ihren Beitrag zum Boom der Branche. So lag die Anzahl der eingesetzten Erntemaschinen im Jahre 1882 bei 20.000 - im Jahre 1907 aber waren es bereits etwa 300.000.

Bald schon sprachen klare Ergebnisse für den Erfolg des deutschen Weges. Zum Beispiel: Während die deutsche Elektroindustrie noch 1895 nur 26.000 Personen beschäftigt hatte, stammte 1913 bereits die Hälfte aller auf dem Weltmarkt gehandelten Elektroerzeugnisse aus Deutschland. Oder: Von 1850 bis zum Vorabend des Ersten Weltkrieges 1913 hatte sich das deutsche Inlandsprodukt verfünffacht. Die Produktionsleistung pro Kopf wuchs in der gleichen Zeit um 250 Prozent. Dazu kam der Aufschwung des deutschen Lebensstandards, nicht zuletzt der des deutschen Arbeiters, der vor dem Ersten Weltkrieg den höchsten Stand in Europa erreicht hatte. Das Realeinkommen der Industriearbeiter verdoppelte sich in der Zeit von 1871 bis 1913.

Hier lag ein weiterer für das Ausland schier unbegreiflicher Baustein des deutschen Wirtschaftswunders. Der sprunghafte Aufstieg war nicht auf dem Rücken der Arbeiterschaft erzielt worden. Anders als z. B. in England profitierte der deutsche Durchschnittsbürger von den Errungenschaften seiner Produktivität - und das nicht nur finanziell. Eine revolutionäre Neuerung im Rahmen der kaiserlichen Politik bestand ferner in der Schaffung eines sozialen Netzes für die Arbeiterklasse.[479] So wurden die Arbeiter in den 80er Jahren durch eine Arbeitsunfähigkeits- und Krankenversicherung, eine Renten(Alters)versicherung und eine vom Arbeitgeber finanzierte Unfallversicherung sozial abgesichert. Damit aber nicht genug. Anfang der 90er Jahre entwickelte sich unter Wilhelm II. die deutschen Arbeiterschutzgesetze zu einem von keinem anderen Lande der Erde erreichten

---

[479] Es wäre ein Trugschluß anzunehmen, daß die soziale Abfederung der Marktwirtschaft in Deutschland ein Verdienst der Demokratie oder gar der Arbeiterparteien gewesen sei. Das Gegenteil ist der Fall. Die SPD stimmte in Deutschland 1880 gegen das erste Wuchergesetz; 1881 gegen die Einführung der Börsensteuer; 1883 gegen die Krankenversicherung; 1884 gegen die Unfallversicherung; 1889 gegen die Invaliden- und Altersversicherung; 1890 gegen das Gesetz betreffend die Einführung der Gewerbegerichte; 1891 gegen das Arbeiterschutzgesetz, welches enthielt den Schutz der Jugendlichen, der Arbeiterinnen, der Sonntagsruhe, des Arbeitsvertrages, Einschränkung der Arbeitszeit und andere die Lage des Arbeiters verbessernde Bestimmungen; 1897 gegen das Handwerkerschutzgesetz; 1902 gegen die Novelle zum Krankenkassengesetz etc.

Niveau. Sie regelten den Schutz der Jugendlichen, der Arbeiterinnen, der Sonntagsruhe, des Arbeitsvertrages, die Einschränkung der Arbeitszeit und andere die Lage des Arbeiters verbessernde Bestimmungen. Ähnliche Gesetze wurden bald darauf auch für das Handwerk erlassen. Über die Einhaltung der Errungenschaften wachten Gewerbegerichte, die zur Entscheidung von Rechtsstreitigkeiten zwischen Arbeitgebern und ihren Arbeitern herangezogen werden konnten.

Daß die kaiserliche Sozialpolitik kaum hoch genug bewertet werden kann, zeigt der Vergleich. Während Deutschland allein für die Versicherung gegen Krankheit im Jahre 1912 463 Millionen Mark aufbrachte, kannte beispielsweise England zur gleichen Zeit ein Werk der sozialen Fürsorge (Kranken-, Invaliden- und Altersversicherung) - überhaupt nicht.

Als England am Ende das deutsche Modell kopierte, war die britische Wirtschaft bereits auf vielen Gebieten gegenüber dem boomenden Reich ins Hintertreffen geraten. Hören wir, wie der berühmte schwedische Historiker und Geopolitiker Rudolf Kjellén die deutsche Vorkriegs-Situation charakterisierte: *"Hier entwickelte sich jene großartige Massenerzeugung, die schon lange die Diagnose 'schlecht und billig' (Philadelphia-Ausstellung 1876) überwunden hatte und statt dessen das Siegeszeichen 'Made in Germany' (Williams 1896) trug. Ihre rasche Entwicklung wird am besten durch Vergleich mit England beleuchtet. Bei der Reichsgründung war Englands Eisenerzeugung viermal und noch 1888 seine Stahlerzeugung dreimal größer; 1893 überholte Deutschland es in der Erzeugung von Stahl*[480]*, zehn Jahre später in der von Eisen, weiter zehn Jahre danach in der Maschinenerzeugung überhaupt*[481]*; 1913 lieferte es zweimal soviel Roheisen und zweieinhalb soviel Stahl als sein Hauptgegner. Auch in den chemisch-technischen Industrien hatte Deutschland allmählich den ersten Platz erobert.*[482] *Gleichzeitig verminderte sich Jahr für Jahr Englands Vorsprung auf seinen ureigenen Gebieten, in Schiffahrt und Handel... Auf diese Weise... stand Deutschland beim Ausbruch der Weltkrise als die größte Kapitalmacht Europas da."*[483]

---

[480] Zwischen 1880 und 1900 stieg die deutsche Stahlproduktion um 1.000 Prozent! Zugleich sanken die Herstellungskosten für Stahl in Deutschland auf 10 Prozent der Kosten von 1860.
[481] Auf der Brüsseler Weltausstellung 1910 hatte Deutschland bereits 4 Mal so viel Maschinen verkauft wie England
[482] In der Versorgung des Weltmarktes mit *elektrotechnischen Artikeln*, ferner im *Bergbau* und *Hüttenbau*, in der *Glasindustrie* und *Spielwarenindustrie* war das Reich ebenfalls das erste Ausfuhrland.
[483] Kjellén-Haushofer, „Die Großmächte vor und nach dem Weltkriege", Leipzig und Berlin 1933, Seite 14f.

„Der größte Kriegsfall den die Welt je gesehen":
Deutschland im Visier der Londoner Kampfpresse

Erfolg auf der einen schürt bekanntlich Neid und Mißgunst auf der anderen Seite. Da der deutsche Aufstieg maßgeblich auf Kosten des englischen Handels ging lagen die Dinge hier kaum anders. Es waren britische Parlamentarier, die als erste versuchten, dem preußischen Erfolgsschritt Steine in den Weg zu legen. Um die anfänglich minderwertige Ware aus dem Reich zu brandmarken, hatten sie am 23. August 1887 den „Merchandise Marks Act" erlassen, der für importierte Waren die Kennzeichnung des Herkunftslandes vorschrieb. Der Schuß ging bekanntlich nach hinten los. Während die deutschen Hersteller ihre Kampfpreise halten konnten, wurden die Produkte zugleich immer besser. „Made in Germany" war schließlich ein international hoch geachteten Qualitätszeichen. Der deutsche Aufstieg schien nicht zu bremsen. Eigentlich gut für die hart arbeitenden Teutonen, *eigentlich...*

Denn jedes Mal, wenn es ihnen aufs Neue gelang ihre angelsächsischen Vettern in den Schatten zu stellen, bekamen auf der Insel radikale Elemente Auftrieb. Die Rede ist von Männern, die die machiavellistische Politik der „Balance of Power" vom territorial-militärischen Komplex auf die Wirtschaft verlagert sehen wollten. Nun hatte es einen Präventivkrieg gegen einen sich außenpolitisch bescheidenden ökonomischen Mitbewerber in dieser Form noch nicht gegeben. Was nicht ist - sagt man aber - kann noch werden. Und daß in England über gewaltsame Wege nachgedacht wurde konnten die Deutschen mehr als nur einmal in der britischen Presse nachlesen.

So stand in der einflußreichen englischen Wochenzeitung "Saturday Review" am 24. August 1895 zu lesen: *"Wir Engländer haben bisher immer gegen unsere Rivalen im Handel und Verkehr Krieg geführt, und unser Hauptrivale ist heute nicht Frankreich, sondern Deutschland. Im Falle eines Krieges mit Deutschland wären wir in der Lage, viel zu gewinnen und nichts zu verlieren."*

Ein Jahr später begann das gleiche meinungsbildende Londoner Blatt eine Artikelserie, die stereotyp mit dem Satz "Germaniam Esse Delendam" (Deutschland muß vernichtet werden) endete. Unter dem 1. September 1896[484] wurde das Ziel der Kampagne auf den Punkt gebracht: *„Schwache Rassen werden eine nach der anderen vertilgt und die wenigen großen beginnenden Arten waffnen sich gegeneinander. England ist die größte unter ihnen, was geographische Verteilung angeht, die größte an Ausdehnungskraft, die größte an Rassenstolz, England hat Jahrhunderte hindurch den letzten, den einen wirklich gefährlichen Krieg vermieden... Die Deutschen sind ein wachsendes Volk, ihre Wohnsitze liegen über ihre Reichsgrenzen hinaus, Deutschland muß neuen Raum gewinnen oder bei dem Versuche untergehen... Wäre morgen jeder Deutsche beseitigt, es gäbe kein englisches Unternehmen, das nicht wüchse... Amerika wäre vor Deutschland unser*

---

[484] Verschiedentlich wird auch der 1. *Februar* 1896 als Ausgabenummer genannt.

Feind, wenn nicht die Amerikaner als Nation zufällig noch Platz fänden innerhalb ihrer Grenzen... Einer von beiden muß das Feld räumen, einer von beiden wird das Feld räumen. Macht Euch fertig, zum Kampf mit Deutschland; denn Deutschland muß zerstört werden."

Ein Jahr darauf, am 11. September 1897, führte wiederum die „Saturday Review" aus: „Englands Gedeihen kann nur gesichert werden, wenn Deutschland vernichtet würde. England mit seiner langen Geschichte erfolgreicher Angriffe, mit seiner wunderbaren Überzeugung, daß es zugleich mit seiner Fürsorge für sich selbst Licht unter die im Dunkeln lebenden Völker verbreitet[485], und Deutschland, demselben Fleisch und Blut entsprossen, mit geringerer Willensstärke, aber mit vielleicht noch kühnerem Geiste, wetteifern miteinander in jedem Winkel des Erdballs. Überall hat der deutsche Handlungsreisende mit dem englischen Hausierer gestritten. Eine Million kleiner Zänkereien schaffen den größten Kriegsfall, den die Welt je gesehen hat. Wenn Deutschland morgen aus der Welt vertilgt würde, so gäbe es übermorgen keinen Engländer in der Welt, der nicht reicher wäre als heute. Völker haben jahrelang um eine Stadt oder um ein Erbfolgerecht gekämpft; müssen sie nicht um einen jährlichen Handel von 250 Millionen Pfund Sterling Krieg führen? England ist die einzige Macht, die ohne enormes Risiko und ohne Zweifel am Erfolg Deutschland besiegen kann. Eine Vergrößerung der deutschen Flotte würde nur dazu beitragen, den Schlag, den Deutschland von England erhielte, um so schwerer fühlbar zu machen. Seine Schiffe würden bald auf dem Grunde des Meeres liegen. Hamburg und Bremen, der Kieler Hafen und die Ostseehäfen würden unter den Kanonen Englands liegen, die warten würden, bis die Entschädigung vereinbart wäre. Nach getaner Arbeit könnten wir ohne Bedenken zu Frankreich und Rußland sagen: Sucht Kompensationen! Nehmt in Deutschland, was Ihr wollt! Ihr könnt es haben"*[486]

Nur wenige Monate vor seinem Tod erklärte der alte Bismarck 1897: „Die einzige Möglichkeit, die deutsch-englischen Beziehungen zu verbessern, wäre, unsere wirtschaftliche Entwicklung zurückzuschrauben. Und dies ist nicht möglich."[487] Lag er mit dieser Erkenntnis wirklich an der Quelle allen Übels? Oder ließ sich der Pfad des Hasses noch weiter verfolgen? Wer genau dachte hier ebenso anonym wie laut über einen Krieg nach bzw. ließ über diesen nachdenken? Wer suchte den ohne jeden Zweifel vorhandenen Gegensatz zu instrumentalisieren, und sei es zunächst „nur" zur Volksverhetzung?

---

[485] Die Diktion ist dem Freimaurer-Vokabular entlehnt.
[486] Überliefert durch *Berliner Monatshefte für internationale Aufklärung*, Februar 1931, S. 112 (hrsg. von der Zentralstelle für Erforschung der Kriegsursachen). Interessant ist an dem Artikel u. a., daß der Autor die später tatsächlich zustande gekommene Weltkriegsallianz England-Frankreich-Rußland gegen Deutschland vorwegnimmt. Bis zu diesem Zeitpunkt konnte von einer Bündnissituation zwischen diesen Staaten keine Rede sein.
[487] Karl Helfferich, „Der Weltkrieg: Vorgeschichte des Weltkrieges", Ullstein, Berlin 1919, Seite 165f.

Der Zionismus als treibende Kraft

Zeitlich berührt sich der Beginn der Hetze mit dem Regierungsende des Premierministers Rosebery, der 1895 ganz offen verkündete: *"Die Störung des Verhältnisses zwischen Deutschland und England ist darauf zurückzuführen, daß Deutschland England auf wirtschaftlichem Gebiete überflügelt."*[488] Das sprach derselbe Rosebery, der den Imperialismus in die bis dahin friedvolle Liberalpartei trug. Derselbe Rosebery, der sich im gleichen Moment vom englischen Grundsatz der Erhaltung der Türkei lossagte und der britischen Außenpolitik somit eine grundsätzlich neue - zionistische - Wendung gab. Derselbe Rosebery, der in die Familie Rothschild geheiratet hatte. Diese Bankdynastie fungierte - auch das ist uns inzwischen bekannt - als heimlicher Führer der jüdischen Nationalbewegung. Reiner Zufall, daß sich die weltweiten Geschäfts-Operationen des Hauses Rothschild und der von ihr beeinflußten Londoner „City" seit 1895 direkt gegen Deutschland richteten?[489]

Wohl kaum. Und damit wären wir wieder beim Zionismus angelangt, bei Herzl und Nordau mit all ihren frühen, mysteriösen Weltkriegsprophezeiungen. Schon am 10. Juni 1895 notierte Herzl in sein 1922 veröffentlichtes Tagebuch, *„daß der nächste europäische Krieg nicht schädigen, sondern nur fördern kann, weil alle Juden ihr Hab und Gut drüben* (in den USA, der Verf.) *in Sicherheit bringen werden; übrigens werden wir beim Friedensschluß schon als Geldgeber dreinreden und Vorteile der Anerkennung auf diplomatischem Wege erzielen."*[490] In einem ähnlichen Sinne orakelte Herzl vier Jahre später...

1899 kam es mit der Haager Friedenskonferenz zur ersten weltweit beschickten Rüstungsbegrenzungskonferenz. Pate dieser nur dem Namen nach honorigen Veranstaltung war der aus Polen stammende Wirtschafter Ivan Bloch, der im Russischen Kaiserreich ein riesiges Vermögen durch die Beschaffung internationaler Anleihen für den Eisenbahnbau angehäuft hatte. Bloch war es gewesen, der den Zaren davon überzeugte, daß Rußland während des Ausbaues seines enormen Eisenbahnnetzes nicht mehr mit Deutschland und Österreich-Ungarn auf dem Sektor der schweren Artillerie Schritt halten könnte - außer es gab etwas von der Art eines zeitweisen, internationalen Rüstungs-Stillhalteabkommens.[491] Was dieser nicht anzuzweifelnden diplomatischen Leistung Blochs eine eigene Note gibt, ist die Tatsache, daß Bloch nicht allein ein Pole mit russischem Paß war. Bloch verstand sich in erster Linie als Jude[492] und

---

[488] Adam Buckreis, *„33 Jahre Weltgeschehen 1901 bis 1933"*, Buch- und Zeitschriften- Verlag Dr. Hans Riegler, Stuttgart 1955, S. 65
[489] E. C. Knuth, „The Empire of the City. The Jekyll/Hyde Nature of the British Government", The Noontide Press, USA 1983, Seite 69
[490] Theodor Herzls Tagebücher, 1922, Jüdischer Verlag Berlin, Band 2, Datum
[491] W. Rathenau, „Die neue Gesellschaft", Berlin 1920, Seite 122f., nach David L. Hoggan, „Das blinde Jahrhundert. Erster Teil: Amerika", Grabert-Verlag, Tübingen 1979, Seite 380.
[492] Bloch konvertierte zwar aus Geschäftsgründen zum Schein zum Kalvinismus, erklärte jedoch in seinem Testament stolz: „Ich war mein ganzes Leben lang ein Jude und sterbe als ein Jude."

Zionist. So konnte es nicht ausbleiben, daß er auf der Haager Konferenz sogleich Kontakt zu dem gleichfalls anwesenden Theodor Herzl fand, der für die Wiener „Neue Freie Presse" von der Konferenz berichtete.

Im Haag war es, wo Herzl Bloch in die geheimen jüdische Planung einweihte, mit der man sich für jene Art von weltweitem Krieg rüsten wollte, der dann 1914 tatsächlich entfesselt wurde. Herzl sagte zu Bloch: „Die Völker werden hinterher in zwei verfeindete Gruppen geteilt sein: in die Schiedsrichter-Staaten (die siegreichen Alliierten und Begründer des Völkerbundes, der Verf.) und die geächteten Staaten (die besiegten Mittelmächte, der Verf.)."[493]

Diese aufschlußreiche Information erklärt zum einen, warum Bloch, der bislang seinen enormen Reichtum für die Gründung russisch-jüdischer Kolonien in Argentinien bereitgehalten hatte von nun an seine unerschöpflichen Mittel zur jüdischen Ansiedlung in Palästina umlenkte und damit zum wichtigsten finanziellen Verbündeten der Rothschilds wurde.[494] Sie erklärt aber vielleicht auch ein damals unerklärliches Verhalten ebendieser Zionistenfamilie. Als in Frankfurt am Main 1901 die Stammfirma der Rothschilds mit dem Tode Wilhelm Carl Rothschilds erlosch, waren die Rothschilds trotz der Befürwortung durch Kaiser Wilhelm II. nicht gewillt ein neues Geschäftshaus in Deutschland zu eröffnen. Dies war um so unerklärlicher, als Deutschland zum damaligen Zeitpunkt zu den drei prosperierendsten Staaten der Welt gehörte, und es war noch nie vorgekommen, daß sich die Rothschilds ein gutes Geschäft hatten entgehen lassen.

Schlauer war man indes siebzehn Jahre später, als mit Ende des ersten Weltkrieges die Rothschild-Bankhäuser von London und Paris auf der Siegerseite standen - ohne daß wie sonst üblich am Ort der Niederlage (in diesem Fall Frankfurt) Verluste verbucht werden mußten. Dieser Krieg hatte sich übrigens für die Rothschilds nicht allein finanziell bezahlt gemacht. Auf dem Höhepunkt der Kämpfe richtete die britische Regierung an den Chef des Londoner Bankhauses Nathaniel Rothschild die berühmte Balfour-Erklärung, in der dem Judentum die Einrichtung einer Heimat in Palästina versprochen wurde. Ganz wie das Nordau in seiner bemerkenswerten Leiter-Rede vorausgesehen hatte. Nathaniel Rothschild war aktiver Zionist und höchstrangiger Funktionär der Round Table-Gesellschaft.[495] Der Round Table plante wie gesagt eine zentralisierte Welt, nach Dr. Quigley beherrscht von den „English-Speaking Peoples", die Ideologen wie H. W. Armstrong mit den „elf verlorenen Stämme Israels" identifizieren. Der ehemalige Führer der sephardischen Gemeinschaft der Vereinigten Staaten, Henry Pereira Mendes enthüllte diesen Plan in seinem Buch „England and America, the

---

W. Rathenau, „Die neue Gesellschaft", Berlin 1920, Seite 126, nach David L. Hoggan, „Das blinde Jahrhundert. Erster Teil: Amerika", Grabert-Verlag, Tübingen 1979, Seite 381.
[493] W. Rathenau, „Die neue Gesellschaft", Berlin 1920, Seite 125, nach David L. Hoggan, „Das blinde Jahrhundert. Erster Teil: Amerika", Grabert-Verlag, Tübingen 1979, Seite 381.
[494] W. Rathenau, a.a.O., Seite 124f., nach David L. Hoggan, a.a.O., Seite 380f.
[495] Peter Blackwood, „Die Netzwerke der Insider", Leonberg 1986, Seite 279 sowie Gary Allen, „Die Insider", Verlag für Angewandte Philosophie", Wiesbaden 1974, Seite 98

Dream of Peace" (1898), ebenso wie er - das ist jetzt neu - in „Looking Ahead" (1899) den Ersten Weltkrieg und seine Folgen, unter ihnen die Schaffung einer jüdischen Heimat, ankündigte."[496] Hosiannah, möchte man hinzufügen, wenn die Sache nicht so ernst wäre.

Jetzt dürfte auch dem Letzten klar werden, warum alle Zionisten so fest auf ein englisches Mitgehen setzten. Die Rothschilds hatten in den vergangenen Jahrzehnten ihre Geschäftstätigkeit vom europäischen Kontinent ganz nach Großbritannien verlagert. Dort förderten sie den Imperialismus bis London geradezu an der Schwelle zur Weltherrschaft stand. Deshalb befand sich England auf dem Höhepunkt seiner Eroberungen noch im direktem Einfluß der Rothschilds.[497] Deshalb wußte man in der Downing Street wie in keinem zweiten Regierungssitz um den Wert des Geheimvatikans und ahnte vielleicht auch schon, daß die fruchtbare Zuarbeit jederzeit mit bösen Folgen in ihr Gegenteil verkehrt werden konnte.[498] Deshalb ist es kaum verwunderlich, daß die Briten als erste die ihnen von Herzl & Co. zugedachte biblische Kriegsherrnrolle einnahmen.

Die Einbindung der Freimaurerei

Dem als Hilfstruppe des Geheimvatikan bekannten Logentum[499] fiel dabei die Aufgabe zu, den jahwitischen Plan in England populär zu machen und anschließend seine Ausführung international zu koordinieren. Die Umsetzung wurde scheinbar umgehend in Angriff genommen. Daß die britische Freimaurerei nämlich bereits in den 90er Jahren auf einen Weltkrieg zuarbeitete und dabei Deutschland als Gegner ins Visier nahm belegt ein Eingeweihter, dessen Name bis heute in hohem Ansehen steht: Rudolf Steiner.

Dieser bedeutende Goetheforscher ist allgemein für seine erziehungswissenschaftlichen Arbeiten (Steiner-Schulen) und ganzheitlichen Theorien (Eurythmie) bekannt. Manch einer weiß noch, daß Steiner als erster die landwirtschaftliche Bedeutung biologischen Anbauweise (biodynamischer

---

[496] Bis hierlang insgesamt Peter Blackwood, „Die Netzwerke der Insider", Leonberg 1986, Seite 279ff.
[497] Ehrenberg, ein sehr vorsichtiger Schriftsteller, berichtete um die Jahrhundertwende: „In London ist die Stellung des Lord Nathanael Rothschild noch immer eine außerordentlich starke. Außereuropäische Staaten, wie Brasilien und Chile, hängen finanziell von ihm ab und ihre Regierungen hören auf ihn auch in anderen Fragen." (Ehrenberg, „Große Vermögen", Jena 1902, Bd. I., Seite 161)
[498] Die Rede ist hier von dem „schicksalhaften" Abstieg Großbritanniens nach 1919. Er kam zustande, nachdem London in maßloser Selbstüberschätzung seine Zusammenarbeit mit dem Zionismus verwarf und bereits gegebene Versprechungen einseitig aufkündigte.
[499] Zu den Verhältnissen in Großbritannien schrieb ein ungenannter Verfasser in der englischen Zeitung 'The Eye Wittness' in einem profunden Serienbericht im Jahre 1911: "Die Lage der Juden in England ist dadurch gekennzeichnet, daß sie die Vorherrschaft in den geheimen Gesellschaften errungen habe, namentlich in der Freimaurerei." (*The Eye Wittness*, 'The jewish question', September 1911)

Landbau) lehrte. Kaum bekannt dagegen ist die mystische Lebensgeschichte des großen Denkers, die ihn längere Zeit zu einem hochrangigen Adepten des Freimaurertums werden ließ.

Zu den weiteren Hintergründen: Gegen Ende des 19. Jahrhunderts trat Steiner in Wien der Theosophischen Gesellschaft bei, einem tiefgründigen Okkultistenzirkel, der sich an der archaischen Überlieferung menschlichen Weistums inspirirt(e). Als das Londoner Hauptquartier im Jahre 1902 mit der „Deutschen Theosophischen Gesellschaft" einen Ableger in Berlin errichtete, wählte man den vielseitigen Österreicher zum Generalsekretär. Steiner, der über seine Funktionärsaufgaben hinaus von 1903-1908 das Vereins-Periodikum *Luzifer* herausgab, fand schließlich zu einem eigenen (mehr abendländisch-christlichen) Lehrgebäude, das er wenige Monate vor Ausbruch des Krieges nach Streitigkeiten mit der Organisationszentrale unter dem Namen „Anthroposophie" verselbständigte.

Daß sich Steiner nun so gut in Logenkreisen auskannte ist hauptsächlich auf zwei Gründe zurückzuführen. Zum einen hatten die Theosophen schon immer inhaltlich starke Bezüge zum Freimaurertum, da die offensten Teile ihrer „Geheimlehre" den letzten Weihungen - dem großen Arkanum - der Maurer entsprechen. Aber auch rein äußerlich begann die Theosophische Gesellschaft seit der Machtübernahme der Engländerin Annie Besant 1891 stark im freimaurerischen Fahrwasser zu schwimmen.[500] Wenn es hier eine gemeinsame Plattform gegeben haben sollte, dann dürfte Steiner diese sehr gut gekannt haben, da er der Esoterischen Sektion der T. G. angehörte - einer Art Orden innerhalb der Gesellschaft.

Damit aber nicht genug. Steiner wurde zudem lange Zeit im dunklen Umfeld des „Ordo Templi Orientis" (O.T.O.) gesichtet. Für die Taufhebung dieses hochverschwörerischen Freimaurerordens im Jahre 1895 zu Wien zeichneten der österreichische Industrielle Karl Kellner und der deutsche Okkultist Franz Hartmann verantwortlich. Beide Gründer waren Steiner persönlich bekannt und es liegt nahe, daß er von Hartmann - der damals gemeinhin als der Theosophie-Papst in Deutschland galt - auf den O.T.O. aufmerksam gemacht wurde. So wurde der bekannte Anthroposoph zumindest in der Zeitspanne von 1905 bis 1914 Mitglied, zeitweilig amtierte er gar als Ordens-Großmeister.[501] Wie kaum eine andere Loge

---

[500] Besant, die 1902 in Paris Mitglied der Freimaurer-Loge „Droit Humain" wurde, gründete in London dessen ersten Ableger. Der der Theosophie nahe stehende Schweizer Autor Karl Heise bezeichnet sie als „Logenschwester vom Schottengrad und Protektorin und Leiterin der Adyarloge, des Sterns vom Osten und Universal Co-Freemasonry". (Heise, Seite 158) Weiter lesen wir: „Leider sind Großmeister Besants Imaginationen so trügerisch wie ihr britisch-nationalistisch- welthegemonistischer Schlachtruf: 'Wir kämpfen mit den höheren Geistern, mit Lord Buddha, mit Lord Christus, die an der Westfront (für England) streiten, wider die schwarzen Mächte (auf Deutschlands Seite).'" (Heise, Seite 348)
[501] Friedrich Hasselbacher, „Entlarvte Freimaurerei", Band II, Archiv-Edition im Verlag für ganzheitliche Forschung und Kultur, Viöl 1993, Seite 186

verfügte der Ordo Templi Orientis über hervorragende Verbindungen zur Creme der geheimen Gesellschaften.[502]

Diesen Zusammenhang muß man kennen, wenn man den Kampf verstehen will, den der überaus gut informierte Steiner im Sommer 1917 für einen gerechten Friedensschluß der kriegführenden Mächte führte. In den Jahren 1916 - 1918 hielt er vor Mitgliedern der Anthroposophischen Gesellschaft eine Reihe von Vorträgen, wobei er unter anderem auf das Wirken der nichtstaatlichen Mächte zu sprechen kam: "Ich habe Sie darauf aufmerksam gemacht, daß in gewissen okkulten Brüderschaften des Westens, für mich nachweisbar in den neunziger Jahren, von dem gegenwärtigen Weltkrieg die Rede war, und daß die Schüler dieser okkulten Brüderschaften unterrichtet wurden durch Landkarten, auf denen verzeichnet war, wie Europa durch diesen Weltkrieg verändert werden sollte. Insbesondere wurde in englischen okkulten Brüderschaften[503] auf einen Krieg hingewiesen, der kommen muß, den man förmlich heranlotste, den man vorbereitete."[504]

---

[502] In dem Manifest der Mysteria Mystika Maxima lesen wir, der O.T.O. sei eine Körperschaft von Eingeweihten, in deren Händen sich die Weisheit und Erkenntnis folgender freimaurerischer Organisationen befinde: Die gnostische katholische Kirche, der Templerorden (Tempelritter), der Johanniterorden, der Orden der Ritter vom heiligen Grabe, die geheime Kirche vom heiligen Gral, der Orden vom heiligen Gewölbe von Enoch, der Swedenborgritus der Maurerei, der Martinistenorden, der Sat Bhaiorden. (Erich und Mathilde Ludendorff, „Die Judenmacht - Ihr Wesen und Ende", Ludendorffs Verlag GmbH, München 1939, Seite 131)

[503] Es ist schwer, zweifelsfrei herauszufinden, auf welche britischen Okkultbrüderschaften Steiner konkret anspielt. Richtung England spannte der O.T.O. seine Fäden über Theodor Reuss, der 1902 die jüdischen Hochgradriten von Memphis und Misraim nach Deutschland gebracht hatte. Die besten Kontakte wurden wohl zu der einflußreichen „Societas Rosicruciana in Anglia" und dem „Order of the Golden Dawn" unterhalten. Das Oberhaupt des Golden Dawn, Aleister Crowley, übernahm 1913 die Führerschaft des englischen O.T.O. Mit Beginn des Krieges begab sich Crowley in die USA, um deren Kriegseintritt vorzubereiten. In seinen "Confessions" gibt Crowley zu, während seines Aufenthalts in New York (1914-1919) für die Zeitschrift "International" des registrierten deutschen Agenten George Sylvester Viereck geschrieben zu haben, ergänzt aber, gleichzeitig ein Doppelagent für den britischen Geheimdienst gewesen zu sein, was historisch belegt ist. Sein Verbindungsmann im englischen Geheimdienst war ein gewisser Commander Mars(d)en. Seinem 1929 in London verlegten Buch "Moonchild", ein Schlüsselroman in dem er das hintergründige Treiben von Geheimgesellschaften zur Zeit des Kriegsausbruchs behandelt (bei Peyn und Schulze, Bergen/Damme 1989), stellt Crowley als Anmerkung folgenden Satz voran: "Dieses Buch wurde im Jahre 1917 in den Mußestunden geschrieben, die mir während der Bemühungen, Amerika auf unserer Seite in den Krieg zu ziehen, blieben."

[504] Steiner, Rudolf, *Zeitgeschichtliche Betrachtungen*, Bd.1, Dornach 1966, S.22. Das Ziel, das "die Führer der westlichen Geheimzirkel" mit dieser "Politik" verfolgen, nennt Steiner in seinem Werk „*Die soziale Grundforderung unserer Zeit*",Dornach 1963, S 79 f.: Die "Ausbreitung der okkulten Weltherrschaft"

Kapitel 4.12

Der bibelfreimaurerische Einfluß auf die alliierte Politik

Die Übernahme des parlamentarischen Lebens

Vermutlich war das Schicksal des neuentstandenen Reiches bereits um die Jahrhundertwende entschieden. Das Problem lag darin, daß Bismarck und seine Nachfolger in konventionellen, also geopolitischen Maßstäben dachten. Sie rechneten mit französischen Revanchegelüsten oder mit britischem Neid und dachten beide Gefahren mit einer Politik des Good-Will bzw. außenpolitischer Selbstbescheidung in den Griff zu bekommen. Daß sich aber zur gleichen Zeit am Horizont eine weit gefährlichere - weil staatenübergreifende - Front aus Zionismus und Freimaurerei zusammenfand, wurde schlicht übersehen. Dieser Gegner war unbezwingbar. Er hatte Amerika geschaffen, Rußland in Agonie getrieben, halb Europa revolutioniert, Kriege entschieden. Seine unsichtbaren Soldaten saßen praktisch in jedem Land der Welt, während sich die scheinbar so verzettelten Kräfte durch erfolgreiche Kartellierungen bündelten.

„Es ist unerläßlich, daß die an der Regierung der Staaten befindlichen Männer entweder unsere Brüder sind oder gestürzt werden", hatte der Generalsekretär des Großorients von Italien Ulisse Bacci einmal gesagt.[505] Die Loge hielt sich an diesen Sinnspruch und so sah man wenige Jahre vor Beginn des Weltkrieges rund um den Globus erleuchtete Brüder an der Spitze der alliierten Staatswesen. Als „englische" Freimaurer überlieferte uns beispielsweise der norwegische Jurist Dr. Hermann Harris Aall die Premierminister Asquith (1908-1916) und David Lloyd George (1916-1922)[506] den Außenminister Sir Edward Grey (1905-1916)[507], die

---

[505] Nach Dr. Friedrich Wichtl, „Weltfreimaurerei, Weltrevolution, Weltrepublik", S. 155 ff. Bacci war Freimaurer vom 33. Grad und Herausgeber der „Rivista Massonica Italiana".
[506] Nach dem *Vorwärts* vom 7. Mai 1927 Großmeister einer Londoner Loge.
[507] Mitglied der Apollo University Lodge Nr. 357 in Oxford. Schloß 1907 das Abkommen mit Rußland. Durch seinen Briefwechsel mit Br. Cambon ließ er sich noch fester auf die Entente gegen Deutschland festlegen, ohne das Gesamtkabinett zu unterrichten. Durch die Einkreisung Deutschlands und die Spaltung Europas in zwei rivalisierende Mächtegruppen trug er entscheidend zum Weltkrieg bei.

Kriegsminister Richard Burdon Haldane (1905-1912)[508], Asquith (1914), Lord Herbert Kitchener of Khartoum (1914-1916)[509], David Lloyd George (1916-1918) und Churchill (1918).

Kaum anders lagen die Machtverhältnisse in Frankreich, wo wir etwas länger verharren wollen... Als der von der Freimaurerei in Gang gesetzte Erste Weltkrieg unter Hinmetzelung von Millionen junger Menschen vorüber war, spürte die bis dahin oftmals noch in idealistischer Gesinnung verhaftete deutsche Maurerei schmerzlich, zu welcher Destruktion das Logentums befähigt war. Wohl deshalb - als Abrechnung mit dem eigenen Stand - schrieb das „Mecklenburgische Logenblatt" kurz nach Ende der Feindseligkeiten über „Die internationale Freimaurerei als politischer Machtfaktor" im Abschnitt „Frankreich":

„Die französische Regierung steht vollständig unter der Herrschaft der Loge. Seit vielen Jahren gehören dort die leitenden Männer den Logenkreisen an. Seit MacMahon (1879) sind alle Präsidenten der Republik der Loge nicht bloß angegliedert, sondern tätige Agitatoren, die in den Logen eine mehr oder minder hervorragende Stellung eingenommen hatten. Desgleichen gehören alle die Männer, die in den wechselnden Ministerien oder in wichtigen Staatsämtern eine Rolle spielten, der Freimaurerei an."[510]

Die Behauptung der deutschen Brüder entspricht zweifelsohne den Tatsachen. Daß sich die Maurerei der „Grande Nation" seit Ausgang des deutsch-französischen Krieges als Körperschaft auf die Politik verlegte, gaben Jahre später sogar die französischen Freimaurer offen zu. So schrieb ein Br. Hiram (Limousin) in der "Acacia" heuchlerisch: "Das widersprach ihrer Verfassung, ihren Regeln, ihren Interessen, aber das Interesse Frankreichs und der Republik erforderte es gebieterisch."[511] Eine ganze Reihe prominentester Namen des Quai Dorset sind als aktive Logenbrüder verbürgt.[512]

Präsident der Republik

1887-1894   Carnot

---

[508] Traf mit dem französischen Generalstab die Abmachungen für das militärische Zusammenwirken der beiderseitigen Streitkräfte. Im Februar 1912 wurde er unter maßgebender Vermittlung der Juden Ballin und Cassel nach Deutschland geschickt zu Verhandlungen über eine Beschränkung des deutschen Flottenbaus und über die Bagdadbahn. Die Motive für diese Mission sind noch nicht völlig geklärt, eine Verständigung kam nicht zustande, und Haldane brachte das englische Kabinett zu der Überzeugung, daß in Deutschland eine Kriegspartei herrsche.
[509] Großaufseher der Großloge von England, Mitbegründer der Drury Lane Lodge 2127 in London und Distriktgroßmeister für Ägypten und den Sudan.
[510] Die bis hierher reichenden Sätze finden sich ohne Quellenangabe, also als eigene Meinung, in der freimaurerischen Zeitschrift „Auf der Warte", Leipzig, 1. März 1925, Seite 54, in der Rubrik „Ausland" wieder.
[511] *Acacia*, Juni 1908, Nr. 66, S. 406
[512] Die meisten überliefert durch Rechtsanwalt Dr. Aall.

1895-1899   Felix Faure[513]
1913-1920   Raymond Poincare[514]

Ministerpräsidenten

1892-1893   Alexandre Ribot
1893   Charles Dupuy
1894-1895   Charles Dupuy
1895   Alexandre Ribot
1895-1896   Bourgeois[515]
1896-1898   Felix Jules Méline[516]
1898-1899   Charles Dupuy
1906-1909   Georges Clemenceau[517]
1909-1911   Aristide Briand[518]
1912-1913   Raymond Poincare
1913   Aristide Briand
1913-1914   Gaston Doumergue
1914   Alexandre Ribot,
1914-1915   René Viviani[519]
1915-1917   Aristide Briand
1917   Alexandre Ribot
1917   Paul Painlevé
1917-1920   Georges Clemenceau

Außenminister

1890-1893   Alexandre Ribot,
1898-1905   Théophile Delcassé[520]
1913   Charles Jonnart
1913-1914   Gaston Doumergue
1914   René Viviani
1914-1915   Théophile Delcasse
1915-1917   Aristide Briand
1917   Alexandre Ribot

---

[513] Mitglied der *Loge Aménité*
[514] Mitglied des Grand Orient de France. Die Freimaurerschaft Poincarés belegt unter anderem das Jahrbuch 1913/14 des Vereins deutscher Freimaurer.
[515] Freimaurer laut Lennhoff/Posner, „Internationales Freimaurerlexikon", Zürich-Leipzig-Wien 1932
[516] Mitglied der Loge *Le Travail*
[517] Mitglied des *Grand Orient de France* nach *Deutsche Politik*, 2. Jahrg., S. 594
[518] Logenbruder laut Br. Pinkow, *Macht und Einfluß der Freimaurerei, Berliner Tageblatt* vom 3. Juni 1927 und Karl Heise (a.a.O.). Verschiedene Quellen bringen Briand mit dem *Grand Orient de France* in Verbindung. Nach Arnold Cronberg, a.a.O., Seite 93, war er Mitglied der Loge "Le Phare Soisonnais" in Soisson.
[519] Vivianis Mitgliedschaft bei der Freimaurerei belegen Karl Heise (a.a.O.) und Lennhoff/Posner, „Internationales Freimaurerlexikon", Zürich-Leipzig-Wien 1932
[520] Freimaurer nach Angaben des Schweizer Autors Karl Heise (a.a.O.).

Als Kriegsminister gaben sich Alexandre Millerand (1912-15), Paul Painlevé (1917) und Georges Clemenceau (1917-20) mit Brudergruß die Klinke in die Hand. Die militärischen Vorbereitungen zum Weltkrieg wurden durch Br. Marineminister Théophile Delcassé (1911 - 1913) und Br. Generalstabschef Marschall Joseph Joffre (1911 - 1917) geleitet.

Soweit die wichtigsten Ämter, die für die vorliegende Untersuchung als ausschlaggebend betrachtet werden. Aber auch die weniger „berühmte" Positionen reservierte die Loge gerne für die Ihren. Seit dem Waddington-Ministerium 1879 (6 von 9 Minister waren Logenmitglieder) stellten Freimaurer in allen Kabinetten die Mehrzahl. Im Ministerium Freycinet (1890) waren von 10 Ministern 6 Maurer, im Ministerium Loubet (1892) 7 von 10, im Ministerium Ribot (1892) 7 von 10. etc. pp.

Das „Mecklenburgische Logenblatt" fährt daher völlig zu recht fort: *„Der unheilvolle Einfluß, den die Loge auf die französische Regierung ausübt, macht demnach die Freimaurerei in Frankreich nicht bloß zum 'Staat im Staate', sondern rechtfertigt vollkommen das stolze Wort des offiziellen Redners aus einer Generalversammlung des französischen Großorients: 'La république, c'est la Franc-Maconnerie à découvert, de meme que depuis longtemps la Franc-Maconnerie n'est autre chose que la république.' Unter diesen Verhältnissen dürfen wir nichts absonderliches daran finden, wenn wir in den Rechenschaftsberichten der Logentagungen lesen, daß höhere Beamte, die mit Hilfe und Unterstützung in hohe staatliche Ämter gekommen sind, vor wichtigen entscheidenden Sitzungen in der Loge erscheinen und sich Instruktionen für ihre Stellungnahme zu irgendeiner die Loge interessierenden Frage holen... Diese Machenschaften haben den Erfolg erzielt, daß das französische Parlament noch ausgesprochener als das italienische als Freimaurer-Parlament bezeichnet werden kann..."*

Obzwar dies eine maurerische Quelle ist, mag die Prüfung auf dem Fuße folgen. Ergebnis: Jedes Wort stimmt. Hier nur ein Beleg von vielen: Der französische Großorient hatte auf seinem Konvent für das Maurerjahr 1898/99 laut offiziellem Kongreßbericht folgenden - nicht für die Öffentlichkeit bestimmten - Beschluß gefaßt: „Die aktiven Maurer, Senatoren wie Deputierte, vereinigen sich wenigstens einmal vierteljährlich im (Gebäude des) Großorients, um sich untereinander über die allgemeinen Interessen der Maurerei und der Republik ins Einvernehmen zu setzen."[521] Das im gleichen Jahr erschienene Bulletin des Grand Orient kommentiert: „Der tiefere Grund für das alles ist, daß ein Freimaurer sich unablässig von seinen maurerischen Gefühlen erleuchten lassen soll, und daß, je höher seine öffentlichen Funktionen sind, er desto mehr die Pflicht hat, seine

---

[521] Zitat laut offiziellem Kongreßbericht im „Compte Rendu du Convent de Grand Orient de France, 1899", Seite 44 nach: Friedrich Hasselbacher, „Entlarvte Freimaurerei", Band III, Verlag Paul Hochmuth, 1941, Archiv-Edition im Verlag für ganzheitliche Forschung und Kultur, Viöl 1992, Seite 334f.

Anregungen im Bruderkreise zu schöpfen."⁵²² Diese mafiösen Strukturen führten dazu, daß sich der idealistische Vorsitzende der belgischen Sozialdemokraten und spätere Finanzminister Hendrik de Man in seinen Erinnerungen darüber wunderte, daß vor dem ersten Weltkrieg "die Politik der sozialistischen Parteien von den gleichen Logen gelenkt wurde, wie die Politik ihrer scheinbaren Gegner, der bürgerlichen Liberalen. Die intellektuellen Führer beider 'feindlicher Lager', die einander auf der Straße bekämpften, seien im Grunde von den gleichen Hochgradmaurern dirigiert worden."⁵²³

Die Eroberung des Militärs

Straßenschlachten und internationale Kriege sind zwei verschiedene Paar Schuhe? Mag sein. Trotzdem ist die Kontrolle durch die Freimaurerei die gleiche. Zugegebenerweise gab es diese Orwellsche Allgegenwart nicht zu jeder Zeit in jedem Land der Welt - aber schließlich fängt jeder einmal klein an. Nach der Eroberung der Ministerien war die gröbste Arbeit im Grunde schon erledigt. Trotzdem reichte das den verschworenen Brüdern nicht. Vielleicht schon im Angesicht des bevorstehenden Megakonflikts wollten sie eine totale Kontrolle - bis ins letzte Glied. Hören wir, was das „Mecklenburgische Logenblatt" zu den französischen Verhältnissen schreibt:

*„Bis vor wenigen Jahren war die Armee und das Offizierskorps noch dem Einfluß der Loge entzogen.*⁵²⁴ *Aber seit der Dreyfuß-Affäre sind die Verhältnisse auch hier vollständig geändert. Die maurische Kammermehrheit hat seitdem den antimaurischen Geist aus der Armee vollständig zu vertreiben verstanden. Durch alle Mittel des gemeinsten Denunzianten- und Spitzeltums wurden die nichtmaurischen Elemente des Offizierskorps überwacht, schwarze Listen durch maurische Vertrauensmänner der Loge eingereicht und von hier an den maurischen Kriegsminister geleitet, der für die Entfernung der von der Loge geforderten Opfer aus der Armee sorgen mußte. Mit dem Namen des Kriegsministers André sind die Skandale verbunden, welche die Loge am schwersten kompromittieren. Allein in der Zeit vom 1. September 1901 bis 30. Oktober 1903 hatte der französische Großorient nicht weniger als 18.818 Angabezettel (Fiches) über Offiziere dem Kriegsministerium zur Verfügung gestellt. Was da die Freimaurer-Denunzianten: Lehrer und Ärzte, Notare und Ingenieure, was die Schneidermeister und Maurermeister über die Offiziere ihrer Garnison ermittelt hatten und an den `Grand Orient de France´, die Zentralleitung der französischen Logen, nach Paris sandten, wurde fein säuberlich geordnet und*

---

⁵²² Zitat laut „Bulletin Maconnique du Grand Orient de France", 1899, Seite 267 nach: Friedrich Hasselbacher, „Entlarvte Freimaurerei", Band III, Verlag Paul Hochmuth, 1941, Archiv-Edition im Verlag für ganzheitliche Forschung und Kultur, Viöl 1992, Seite 334f
⁵²³ Franzel, E., *Groß-Loge im Angriff*, Augsburg o.J., Seite 5
⁵²⁴ Hier sieht das Logenblatt die Lage nicht völlig richtig. Einen gewissen Einfluß der Freimaurerei auf die Armee der ´Grande Nation´ hatte es immer schon gegeben, wie der Verrat von 1870/71 zur Genüge unter Beweis stellt.

gesammelt und dann dem Kriegsministerium zur Verfügung gestellt. Im Kriegsministerium wurde dieses Material wiederum sorgsam geordnet; es bildete dann die Grundlage für die endgültige Beurteilung der Offiziere. Auf Grund dieser Zettel erhielten die Offiziere ihre Note und Zensur. Bei Beförderungen, Versetzungen und vor allem bei Übergehungen der Offiziere waren sie... ausschlaggebend."[525]

Als die ganze Bespitzelungsaffäre aufflog, gab der antifreimaurerische Abgeordnete Syveton Kriegsminister Br. André vor versammelter Kammer eine schallende Backpfeife. So was muß sich die erhabene Gesellschaft natürlich nicht bieten lassen und der schlagfertige Volksvertreter starb „plötzlich und unerwartet" durch „Selbstmord". Ein Polizeibeamter gestand später unter Eid, man habe ihn beauftragt, diesen „Selbstmord" zu inszenieren.[526]

Die Unterordnung der Presselandschaft

Ein geradezu alptraumhaftes Weltgefüge, nicht wahr? „Nein, ich glaube das nicht", wird mancher um seine bequemen Anschauungen fürchtende Leser einwenden. So viele Quellen man mir auch nennen mag, mögen sie sogar von den Freimaurern selber stammen - ich glaube ihnen nicht. Meine ganz persönliche Wahrheit ist die Tagespresse, die Zeitungen, das Fernsehen. Warum habe ich dort noch nichts von alledem gehört? Wenn die „Bild-Zeitung" oder ein politisches Nachrichtenmagazin darüber berichten sollten - am besten alle miteinander - ja, dann bin ich bereit, mir Gedanken zu machen. „Lieber Vogel Strauß", lautet die Antwort des Autors, „darauf kannst Du lange warten!"

Grund: Die Eroberung der Presse war von Anfang an der erste Zielpunkt der freimaurerischen Unterwanderung. Schon Adam Weishaupt hatte den Wert erkannt, den das geschriebene Wort einer Verschwörerorganisation bieten konnte, als er in seinen Instruktionen schrieb: "Wir müssen darauf achten, daß unsere Schriftsteller schlagfertig sind und daß sie von unseren Herausgebern geschätzt werden; wir müssen deshalb all unsere Kräfte dafür einsetzen, die Journalisten und Herausgeber zu gewinnen... Wenn ein Schriftsteller irgend etwas publiziert, was

---

[525] „Mecklenburgisches Logenblatt", Nr. 23, 47. Jhrg., 29. Juni 1919, Seite 185ff. Kapitel 1: „Die internationale Freimaurerei als politischer Machtfaktor". Abschnitt „Frankreich". Teil der Artikelserie „Auf den Pfaden der internationalen Freimaurerei". (Das Mecklenburgische Logenblatt war eine offizielle Zeitschrift der Großen Landesloge der Freimaurer von Deutschland und erschien in Rostock. Die Artikel schildern den Stand der Dinge bis 1917/18.) Das Logenblatt verweist in Bezug den für die Offizierskarriere „ausschlaggebenden" Charakter des Fiche-Skandals auf die „Deutsche Zeitung", die 1904 in ihrer Nummer 258 hierzu exemplarisch einen Briefwechsel zwischen dem französischen Hauptmann Mollin und dem Sekretär des Grand Orient, Vadecard, wiedergegeben hatte
[526] Friedrich Hasselbacher, „Entlarvte Freimaurerei", Band III, Verlag Paul Hochmuth, 1941, Archiv-Edition im Verlag für ganzheitliche Forschung und Kultur, Viöl 1992, Seite 131

beachtet wird und an sich richtig ist, aber nicht mit unseren Ideen übereinstimmt, müssen wir ihn entweder für uns gewinnen oder aber ihn fertigmachen."[527]

Da die Illuminaten und ihre Helfershelfer gut arbeiteten, hatte sich Weishaupts Schlußsatz zu Beginn der französischen Revolution erledigt; zumindest was die „Grande Nation" anbelangt, denn hier war es mittels freimaurerischer Ränke gelungen, praktisch das gesamte Pressewesen vor den Karren des neuen Regimes zu stellen. Das Herz dieser Gehirnwäsche-Maschinerie wurde 1780 unter dem Namen „Propaganda-Club" in Paris geschaffen; seine Leiter waren die Br. de LaRochefoucault[528] sowie die „Les Amis Réunis"-Logisten Condorcet und Siéyès. Nach Le Forestier, „Les Illuminés de Bavière et la Franc-Maconnerie Allemande" (1915) zählte der Club bald 50.000 Mitglieder. Sein Ziel bestand darin, die Umwälzung zu radikalisieren und vor den Völkern populär zu machen.

Bereits 1784 befand der französische Finanzminister Necker nach Tocqueville: "Die meisten Fremden können sich nur schwer einen Begriff von der Autorität machen, die heute in Frankreich die öffentliche Meinung ausübt. Sie verstehen kaum, was das für eine unsichtbare Macht ist, die bis in den Palast des Königs hineinregiert."[529] Was Necker beschrieb war nichts anderes als das Wirken der Logenmacht. Diese gibt das gelegentlich übrigens selbst zu. So schrieb der Hochgradfreimaurer Br. Hofprediger Stark über den Propagandisten-Club: „Die Propaganda war als der innere Orden des Jakobinismus oder der illuminierten Freimaurerei der Franzosen zu betrachten. Es ist unglaublich, welche Abscheulichkeiten der Logen aus der Propaganda, sobald sie nur eingerichtet war, hervorgegangen sind, und wie vieles sie dazu beigetragen, um die Grundsätze der Revolution, den Sturz der Throne und Altäre, und mit demselben den Triumph der Freimaurer-Philosophie allgemein zu machen. Aus diesen Logen und von ihren Emissarien schrieben sich die mordbrennerischen Zeit- und Flugschriften her, in welchen beinahe alle Fürsten und Regierungen von Europa verhöhnt wurden, wie der Minister Montmorin am 31. Oktober 1791 öffentlich in der Nationalversammlung erklärte... Es ist unglaublich, wie sehr unablässig die Propaganda bemüht ist, durch die ausgesendeten Emissäre allenthalben Aufruhr unter den Völkern allgemein zu machen."[530]

Tatsächlich verwunderte die *„für den oberflächlichen Beobachter zutagetretende einmütige Begeisterung, mit der die französische Revolution vielfach begrüßt wurde, die bereitwillige Aufnahme, die die von ihr vertretenen Ideen fanden, das*

---

[527] Reed, Douglas, *Der große Plan der Anonymen*, Thomas Verlag Zürich, Reprint im Faksimile Verlag, Bremen 1982, Seite 329ff. Reed war vor dem Zweiten Weltkrieg Hauptkorrespondent der "Times" für Zentraleuropa.
[528] Mitglied bei den „Les Neuf Soeurs" sowie Großmeister der Loge in der rue Héron. Siehe Friedrich Hasselbacher, „Entlarvte Freimaurerei", Band I., Verlag Richard Geller, 1934, Archiv-Edition im Verlag für ganzheitliche Forschung und Kultur, Viöl 1992, Seite 137
[529] Jacques Ploncard d'Assac, *Das Geheimnis der Freimaurer*, Priesterbruderschaft St. Pius X., Stuttgart 1990, Seite 25f.
[530] Friedrich Hasselbacher, „Entlarvte Freimaurerei", Band I., Verlag Richard Geller, 1934, Archiv-Edition im Verlag für ganzheitliche Forschung und Kultur, Viöl 1992, Seite 140f.

überraschende Tempo, in welchem die Umgestaltung der Verhältnisse im Sinne dieser Ideen sich überall vollzogen". Diese Worte entstammen dem „Mecklenburgischen Logenblatt", das auch sogleich das Rätsel wie folgt löst: *„Die Revolutions-Propaganda des ausgehenden 18. Jahrhunderte war das Werk der Freimaurer-Propaganda".*[531]

Was das ganze noch schlimmer machte, war die Tatsache, daß sich die Meinungsmache nicht allein auf den Hort ihrer Entstehung beschränkte; im Gegenteil schwappte sie sofort über die Schlagbäume in das angrenzende Ausland. "Die Freimaurerei", bestätigte der Zeitzeuge Jourde im Jahre 1797, "brachte die Propaganda auf und diese griff auf alle Nationen Europas über und schlug alle in ihren Bann."[532] Damit war die Krankheit zu einer unkontrollierbaren Seuche geworden. Zugleich gelang es den Demokratiefeinden allerorten, die Kontrolle der „öffentlichen Meinung" immer erfolgreicher zu monopolisieren, bis schließlich kaum noch eine Lücke in dem geradezu genialen Informationssystem des Geheimvatikans übrig war.

Zugegeben: Trotz „guten" Willens sahen sich die freimaurerischen Behörden auch weiterhin immer wieder einmal genötigt, der fortschreitenden Entwicklung auf dem Pressemarkt hinterherzuhinken. So faßte der offensichtlich noch nicht voll ausgelastete Oberste Rat in Paris noch im Jahre 1828 den (abgefangenen) Geheimbeschluß, die "große Tagespresse, die Werkstätten der öffentlichen Weltmeinung unter die Kontrolle der maurerischen Behörden zu stellen."[533] Insgesamt aber machte die Zentral-Steuerung der Zeitungslandschaft riesige Fortschritte. Dies lag nicht zuletzt an der Etablierung einer übergeordneten Zuliefererinstanz, welche der Geheimvatikan praktisch für sich reserviert hielt.

Die Hintergründe: Nach Erfindung des Telegrafen wurde 1835 in Frankreich mit der „Agence Havas" das erste Nachrichtenbüro der Welt gegründet, das über 100 Jahre seine kontinentaleuropäische Konkurrenz fest im Griff haben sollte. Gründer und Betreiber war der sephardische Hebräer Charles Louis Havas, vordem Bankier. Dieser entfaltete rasch ein weites Betätigungsfeld. Über dessen Arbeit Balzac schon 1840: *„Herr Havas hat eine Agentur, an deren Verbreitung niemand ein Interesse hat, weder die Ministerien, noch die Zeitungen der Opposition. Deshalb unterhält Herr Havas in der ganzen Welt seine Korrespondenten; er erhält als erster alle Zeitungen aus sämtlichen Ländern des Erdballs. Auch wohnt er 'rue Jean-Jaques Rousseau', gegenüber dem Postamt, um auch nicht eine Minute zu verlieren. - Alle Zeitungen von Paris haben aus Sparsamkeitsgründen auf Ausgaben verzichtet, welche Herr Havas um so mehr im großen Stil tätigen kann, als er nun ein Monopol besitzt. Alle Zeitungen, die nun der Mühe enthoben sind, wie früher, ausländische Zeitungen zu übersetzen und Agenturen zu unterhalten, unterstützen Herrn Havas mit einem monatlichen Beitrag, um von ihm zum bestimmten Termin*

---

[531] „Mecklenburgisches Logenblatt", Nr. 5/6, 48. Jahrgang, 19. Oktober 1919, Seite 47f.
[532] Jourde, *Les véritables auteurs de la révolution de France en 1789*, Neufchatel 1797, Seite 452
[533] *Bulletin du Grand Orient*, 1886, S. 223

die Nachrichten aus dem Ausland zu erhalten. Ohne ihr Wissen und aus sicherer Quelle erhalten die Zeitungen nur das, was der erste Minister sie veröffentlichen lassen will... Wenn es sich um 20 Zeitungen handelt und der Durchschnitt ihres Abonnements mit Herrn Havas 200 Franken betragen würde, so erhält Herr Havas 4.000 Franken im Monat. 6.000 erhält er vom Minister. Verstehen Sie jetzt die trostlose Gleichförmigkeit der ausländischen Nachrichten in allen Zeitungen? Jede färbt weiß, grün, rot oder blau die Nachricht, welche Herr Havas, der 'Maitre Jaques', der Presse sendet. In dieser Hinsicht gibt es nur eine Zeitung, die von ihm verfaßt wird und aus deren Quelle alle Zeitungen schöpfen."[534]

Gab es denn gar keine Konkurrenz? Aber klar! Unter den früheren Mitarbeitern der Havas befand sich unter anderem der Israelit Bernhard Wolff, der 1849 in Berlin eine eigene Agentur, das Wolff'sche Telegraphenbüro (W.T.B.) gründete. Im gleichen Jahr wurde die dritte jüdisch geleitete Weltagentur aus der Taufe gehoben: In Aachen gründete der Rabbinersohn Beer Josephat die Reuters Telegram Company, die er 1851 nach London verlegte. Es waren diese großen drei Informationsbörsen, die es bis Ausbruch des ersten Weltkrieges verstanden, den Nachrichtenmarkt zu beherrschen - allesamt unter mosaischer Leitung. Der aus jüdischer Familie stammende französische Volkswirtschaftler Du Mesnil-Marigny konnte also 1878 durchaus zu recht konstatieren: "Man kennt die Bestechlichkeit der Presse. Wer sind diejenigen, welche diese furchtbare Maschine, deren Macht gleichzeitig als zerstörender und aufbauender Faktor bekannt ist, in Bewegung setzen? Diejenigen, die das Gold besitzen: die Juden."[535]

Damit soll nicht gesagt sein, daß die angeführten Israeliten nicht von einander verschiedene Menschen waren, daß sie nicht unterschiedliche Leben lebten, nicht eigene Interessen verfolgten, daß sie sich nicht gegenseitig Konkurrenz - ernsthafte Konkurrenz - machten. Es wäre lächerlich, dies in Abrede stellen zu wollen. Trotzdem blieben sie alle Kinder der jahwitischen Gemeinschaft und es sollte sich noch erweisen, daß der Geheimvatikan in den Stunden der Bewährung auf fast alle seiner Schäfchen zählen konnte - und sei es auf dem Weg des Drucks.

Doch zurück zu den ersten Dienern des auserwählten Volkes, den Freimaurern. Diese hatten selbstverständlich mit der Zeit auch ihre Erfolge zu verzeichnen, so daß man kurz vor der Jahrhundertwende in dem angesehenen britischen Logenblatt „Free Mason Chronicle" lesen konnte:

---

[534] Heinz Ballensiefen, „Juden in Frankreich - Die französische Judenfrage in Geschichte und Gegenwart", Archiv-Edition im Verlag für ganzheitliche Forschung und Kultur, Struckum 1990, Seite 99
[535] Du Mesnil-Marigny in: *Histoire de l'Economie des peuples anciens*, Paris 1878, 2. Band, S. 278. Ein Jahr später - 1879 - wurde die Agentur Havas in eine Aktiengesellschaft umgewandelt, deren Hauptaktionär mit Baron Erlanger wieder ein Jahwejünger war. Sieht man von den Nachrichtenagenturen ab, so lagen die Verhältnisse auf dem eigentlichen Zeitungssektor auch nicht viel anderes. Der Pariser Logenherold „Matin" wurde 1883 vom naturalisierten Israeliten Edwards begründet, das zweite wichtige Blatt, der „Temps", gehörte dem italienischen Mosaen Claudio Trewes.

"Es gibt eine Geschichte von Gedanken und Handlungen, welche sich der Beobachtung des Historikers entzieht. Es gibt unkontrollierbare Einflüsse, welche jeder Zeit wirksam waren und noch sind und welche das Geschick sowohl einzelner Personen als ganzer Nationen bestimmen, Einwirkungen, die sich auf alle Verzweigungen der menschlichen Gesellschaft erstrecken, die aber, so gewaltig auch ihr schließliches Ergebnis sein mag, nicht klar und präzis aufzeigbar sind. Die Wirkung, welche die stille Propaganda im Dienste der freimaurerischen Grundsätze auf die Geister ausübt, führt oft lange Zeit hindurch zu keinen augenfälligen Ergebnissen. Ist aber der günstige Zeitpunkt gekommen, der notwendige äußere Anstoß gegeben, dann treten die Wirkungen dieser Propaganda im Leben der Völker und der Nationen als weltgeschichtliche Ereignisse, weithin sichtbar, in die äußere Erscheinung. Dies ist die Art und Weise, wie die Freimaurerei auf die Außenwelt einwirkt. Ihre Wirksamkeit erstreckt sich auf alle Schichten der Gesellschaft in allen ihren Verzweigungen und Beziehungen."[536]

Kann sich ein illuminierter Rechenschaftsbericht 100 Jahre nach der französischen Revolution eindrucksvoller lesen?

Zur Jahrhundertwende, da die Freimaurerei den Weltkrieg bereits vor Augen hatte, begannen die 'Brüder' Journalisten dann die Völker auf das geplante Ringen geistig einzustimmen, indem sie das „Feindbild Deutschland" zimmerten. „Unter den Mitteln, die der Isolierung Deutschlands dienen sollen, ist eines der meist verwendeten und eines der wirksamsten der Feldzug der Presse", schrieb der belgische Gesandte in Berlin am 16. Mai 1906 an seine Regierung. Da der Diplomat die französische Sprache gut beherrschte hatte er möglicherweise vor allem die zähnefletschende Presse seines Nachbarlandes vor Augen.

Fast überflüssig zu erwähnen, wer dort in mannigfaltiger Verkleidung - mal links, mal rechts, mal kirchlich - die Streitaxt schwang. Wie weit die Freimaurerei „ihre" Pressefreiheit in Frankreich zum damaligen Zeitpunkt verwirklicht hatte, beschreibt das deutsche „Mecklenburgische Logenblatt" mit Liebe zum Detail: *„In keinem anderen Lande"*, heißt es da, *„sind die großen einflußreichen Blätter derartig von den einseitigsten Interessensgruppen freimaurerischer Kapitalisten abhängig wie in Frankreich, wenigstens liegen nirgendwo anders diese Verhältnisse so klar erkennbar zutage. Vier große Blätter, - „Matin", „Temps", „Journal" und „Petit Journal" - mit einer Auflage von vier Millionen stehen im Dienste dieses Kapitals und vertreten in feinerer oder gröberer Form die Kultur- und Weltanschauungsideale und die politischen, finanziellen und ethischen Interessen der französischen Loge. Nahezu die Hälfte der französischen Wählerschaft empfängt die politische, moralische und ethische Tageskost von der Logenpresse. Ähnlich liegen die Verhältnisse bei der periodischen Literatur. Die bedeutendsten*

---

[536] *Freemason Chronicle*, London, vom 25. 12. 1887, in: „Mecklenburgisches Logenblatt", Nr. 5/6, 48. Jahrgang, 19. Oktober 1919, Seite 47f. Zitat auch nach Hermann Gruber. Verschiedene Autoren geben als Erscheinungsdatum des „Free Mason Chronicle" den 25. 12. *1897* an, was falsch ist.

Zeitschriften stehen mittelbar oder unmittelbar im Dienst der Loge. Rechnet man dazu die kleineren Blätter in der Provinz die der Logensache dienen, manche andere Blätter, die durch die zahlreichen Mittel der Beeinflussung durch die Regierung mit dem Strome zu schwimmen lernen und der herrschenden Richtung Zugeständnisse machen, so bleiben nur noch wenige Organe der öffentlichen Meinung übrig, die sich der Loge und ihrem Einfluß entziehen, und diese wenigen sind zur Bedeutungslosigkeit verurteilt."[537]

Daß es auch anderenorts kaum besser um die Pressefreiheit bestellt war, hatte der Großmeister des italienischen Großorients, der jüdische Bankier Adriano Lemmi[538], zur Genüge demonstriert, als er zur Jahrhundertwende die Presse „die freimaurerische Weltmacht" und die Journalisten „die freimaurerische Elitetruppe" nannte. Wörtlich erklärte er ferner: „Die Freimaurerei muß die Macht haben, und sie hat sie: die öffentliche Meinung zu erzeugen und zu lenken. Entweder sind wir die Erzeuger und Lenker der öffentlichen Meinung, oder wir haben überhaupt keine ernsthafte Existenzberechtigung."[539]

Zu den *englischen* Verhältnissen schrieb der deutsche Hochgradbruder Ernst Freymann in seinem
Aufsatz, "Auf den Pfaden der internationalen Freimaurerei": *„Lord Ampthill, der Großmeister der englischen Großloge, stellte in einer feierlichen Sitzung des Internationalen „masonic club" vom 1./2. November 1910 in einer Rede, in welcher er den Einfluß kennzeichnen wollte, den die Freimaurerei in der Welt ausüben könne, fest: 'Der Freimaurerei gehören zahlreiche Journalisten an, deren Macht praktisch unbegrenzt ist.' Der Freimaurer-Lord dachte wohl in erster Linie an die Northcliffepresse, die im Verein mit der internationalen maurerischen Presse des europäischen Kontinents und der ganzen Welt einen so überwältigenden, für die meisten von uns zum ersten Male in diesem Kriege in Erscheinung tretenden Einfluß nicht nur in England und in den Ländern der Entente, sondern auch bei allen Neutralen ausübte, daß man lange Zeit vor einem Rätsel zu stehen glaubte."*[540]

---

[537] „Mecklenburgisches Logenblatt", Nr. 23, 47. Jhrg., 29. Juni 1919, Seite 185ff., Kapitel 1: „Die internationale Freimaurerei als politischer Machtfaktor". Abschnitt „Frankreich". Teil der Artikelserie „Auf den Pfaden der internationalen Freimaurerei". Das Mecklenburgische Logenblatt war eine offizielle Zeitschrift der Großen Landesloge der Freimaurer von Deutschland und erschien in Rostock. Die Artikel schildern den Stand der Dinge bis 1917/18. Die Artikelserie erschien als Vorabdruck in der von der „Großen Landesloge der Freimaurer von Deutschland" 1917 im Verlag des Bruders Gustav Boldt, Rostock, herausgegebenen Schrift „Auf den Pfaden der internationalen Freimaurerei, Beiträge zur Geschichte der Gegenwart" von Bruder Ernst Freymann (Ps. für Prof. Dr. Köthner).
[538] De la Rive schreibt in „Die Juden im Freimaurertum" Seite 120, daß Lemmi, ehe der der Oberste Patriarch des Allgemeinen Freimaurertums wurde, zum jüdischen Glauben übertreten mußte.
[539] Rivista Massonica 1889-02. Zitiert in „Mecklenburgisches Logenblatt", Nr. 5/6, 48. Jahrgang, 10. Oktober 1919, Seite 47.
[540] *Mecklenburgisches Logenblatt*, hrsg. von der Provinzialloge von Mecklenburg, Handschrift für Brüder, 48 Jahrg., Nr.5/6, 19. Oktober 1919, Seite 47f. Der spät erwachte Hochgradbruder Ernst Freymann (Dr. Paul Köthner) schreibt weiter an gleichem Ort: *„Das Werk der Freimaurer-*

Was meint Freymann mit Northcliffepresse? Schlagen wir in einem Lexikon nach, dann lesen wir: Lord Alfred Charles William Northcliffe, ursprünglich Stern, dann Harmsworth. Enkel eines Issak Stern aus Frankfurt am Main.[541] Britischer Medienmogul. War am Ende des ersten Weltkrieges Besitzer von ¾ der ganzen englischen Presse.[542] Nachdem er 1896 die „Daily Mail" gegründet hatte, erweiterte er Zug um Zug sein Imperium um die wichtigsten britischen Blätter. Schließlich gehörten ihm die „Times", der „Daily Mirror", der „Observer", der „Daily Expreß" und eine ganze Reihe anderer Massenblätter.

Über Northcliffe urteilte der leitende Redakteur der „Daily News", der seinerzeit sehr bekannte englische Publizist Gardiner in einem offenen Brief: „Sie (Northcliffe) waren durch zwanzig Jahre der journalistische Brandstifter..., ein Mann, stets bereit, die Welt in Flammen zu setzen, um daraus ein Zeitungsplakat zu machen."[543] Was diesen Vorwurf vor dem Hintergrund der Kriegsplanungen des Geheimvatikans so pikant macht, ist die Tatsache, daß Northcliffe diesem als Hebräer religiös nahestand.[544]

Dabei bildete er keineswegs eine Ausnahme. Denn auch der schmale Rest der englischen Zeitungen befand sich fest in israelitischer Hand. Der „Daily Telegraph" wurde 1855 gegründet und fernerhin besessen von Levy sen. (Lord Burnhams Vater). 1888 ging er in die Hände seines Sohnes Br. Edward Levy Lawson, 1stBaronBurnham über, der 1916 zum Präsidenten der Empire Press Union „gekrönt" wurde. Die „Daily News" war Organ der Firma „Cocoa, Cohen & Co", die „Westminster Gazette" gehörte Sir Alfred Mond, der als aktiver Zionist im Vorstand der nationaljüdischen Weltanleihe Keren Hajessod tätig war.

Fast noch eindeutiger waren die Verhältnisse in Rußland: Selbst eine zaristisch-konservative Zeitung wie die „Nowoje Wremja" („Neue Zeit") ging schließlich in die Hände der jüdischen Journalistenvereinigung über. Der Hauptberichterstatter der Zeitung amtierte als Vorsitzender der jüdischen Vereinigung der Dumajournalisten. Die verbreiteteste Moskauer Zeitung, die „Russkoje Slowo" („Russische Stimme"), hatte in der Duma - mit einer Ausnahme - nur jüdische Korrespondenten. Die Petersburger Zeitungen gehörten fast zur Gänze dem

---

Propaganda (war) die Hetzkampagne gegen die Mittelmächte zu Beginn des 20. Jahrhunderts. Jetzt und damals ging dem Ausbruch der Massensuggestion eine langjährige stille Propagandatätigkeit voraus... Diese stille Bearbeitung der Presse durch die Loge und ihre Sendlinge trat bei Ausbruch des Krieges für die Mittelmächte in wahrhaft erschreckender Weise in Erscheinung. Durch die Weltpresse, die seit vielen Jahren im Sinne der allgemeinen Richtlinien des Northcliffschen Programms unter Mitwirkung der Internationalen Maurerei und Aufwendung reisenhafter Bestechungsgelder für die Interessen der Entente gewonnen war, wurde die öffentliche Meinung der ganzen Welt nicht bloß im Sinne der Entente einseitig bearbeitet, sondern geradezu vergiftet." Die Großmeisterschaft Lord Ampthills über die United Grand Lodge belegt ferner die „Neue Solidarität" vom 3.4.1996

[541] „Kyffhäuser-Taschenbuch" 1913, Seite 289f. und 366ff.
[542] Sil-Vara, „Männer und Völker" (Englische Staatsmänner), 1917, Ullstein-Verlag, S. 238ff
[543] Sil-Vara, a.a.O., Seite 243 mit Bezug auf: Carl Bücher, „Unsere Sache und die Tagespresse", Tübingen 1915
[544] Siehe unter anderem Karl Heises *Entente-Freimaurerei* (a.a.O., S. 19)

auserwählten Volk: „Retsch" („Die Rede) - Hessen und Winawer. „Birschewyja Wjedemosti" („Börsennachrichten") - Propper. „Djen" („Der Tag") - Kogan und Bickermann. „Kopejka" („Die Kopeke") - Gorodetzky. Alle illustrierten Zeitschriften gehörten Kornfeld. Israeliten gaben das „Satirikon" und alle humoristischen Blätter heraus. Hebräer führten die Herrschaft in der „Wetscherneje Wremja" („Abendzeit") des Boris Suworin. Mosessöhne dirigierten die Kioske, Verkaufsstände und Zeitungsgenossenschaften, leiteten den Anzeigenmarkt der Zeitungen, die Reklame und die Telegraphenagenturen.

Es ist keineswegs übertrieben, wenn man feststellt, daß die maßgeblichen Massenmedien der alten Welt komplett in den Händen zweier Gruppierungen lagen, die zahlenmäßig in allen Ländern eine verschwindende Minderheit darstellten. So als ob sich heute Muslime und Scientologen den europäischen Zeitungsmarkt teilen würden, so war das bei den Juden und Freimaurern (seit) Anfang des 20. Jahrhunderts tatsächlich der Fall. Ausgerechnet jene beiden Gemeinschaften, in deren Reihen einflußreiche Fraktionen einen Weltkrieg planten, kauften und mauschelten, um anschließend zu hetzen, was das Zeug hielt! Wer mag da noch an einen Zufall glauben... Als es dann schließlich gelungen war die europäischen Völker zu vergiften und gegeneinander auf die Schlachtfelder zu hetzen, resümierte Northcliffe, der als Leiter der antideutschen Propaganda in England fungiert hatte, selbstgefällig: "52 englische, russische, französische und italienische Zeitungen haben den Krieg zustande gebracht."[545]

Ein gekaufter König und die „Einkreisung"

Die zweifelhafte Ehre, die Welt in den Abgrund gestürzt zu haben, kann allerdings nicht *allein* dem alliierten Zeitungswesen zugeschrieben werden. Ganz ohne Zweifel schuf dieses die entsprechende Stimmung. Unleugbar bereitete die Journaille die Völker durch ihren Pressefeldzug auf den heißen Krieg vor. Und viele, viel zu viele Medienleute taten das ganz bewußt. Trotzdem aber hatte der zionistisch-freimaurerische Blätterwald auf die völlig gleichgestimmte *Politik* nur indirekten Einfluß; die Anti-Deutschland-Kampagne spiegelte nur Entscheidungsprozesse wieder, die auf einer anderen Ebene abliefen und die nicht minder tödlich waren. Die Rede ist von der militärstrategischen Kriegsvorbereitung, die - wie bei einer Bärenjagd - mit der Einkreisung des Opfers begann.

Daß dieser wichtige Schritt auf dem Weg in die Katastrophe erfolgreich war, konnte sich mit dem 1901 zur Macht gelangten englischen König Edward VII. ein Mann zugute halten, der vermutlich wie kein zweiter den Einfluß von Judentum und Loge in sich vereinte.

---

[545] Das Zentrums-Blatt *Germania* vom 23. 2. 1915

Allein des Monarchen Mitgliedschaften in verschiedensten freimaurerischen Organisationen sind kaum zu zählen. Seine Aufnahme in die Freimaurerei erfolgte 1868 zu Stockholm, als der Prince of Wales 27 Jahre alt war. König Karl XV. von Schweden war sein „Hierophant". Schon im zweiten Jahre seiner „Bruderschaft" bekleidete Edward 1869 den Platz des „Alt-Großmeisters" (Past Grand Master), am 18. April 1875 wurde er wirklicher Großmeister der „Vereinigten Großloge von England". Ebensolange war er Patron der irischen Großloge und „Grand Zerubabel" (Groß-Prinzipal) des Großkapitels der Royal-Arch-Maurer. Im weiteren amtierte der König noch als Großmeister der „Königlichen Archenschiffer" („Royal Ark Mariner"), die sich mit dem Mysterium der Errettung Noahs befassen. Damit war Edward VII. Großmeister von 33 freimaurerischen Weltorganisationen. Zum Großmeister machten ihn 1886 auch die „Mark Master Masons". Endlich stand seine Majestät als lebenslänglicher Meister der „Household-Brigade und der Navyloge" in London vor, war Präsident der drei großen maurerischen Wohltätigkeitsanstalten in England und noch Großpatron der „Königlichen Freimaurer-Mädchenschule" und der „Königlichen Freimaurer-Knabenschule" in London. Fürwahr, das Londoner Logenblatt „The Freemason" konnte auf der Höhe des ersten Weltkrieges mit Recht sagen: „König Edward war der größte Freimaurer der modernen Zeiten."[546]

Ebenso wohlbegründet hätte man den englischem Monarchen aber auch als den größten blaublütigen Judennassauer aller Zeiten bezeichnen können. Seine Majestät war nämlich dem süßen Leben zugetan, weshalb er ständig bei großzügig einspringenden Kapitalisten hebräischer Herkunft in der Schuld stand. Alle jüdischen Freunde des Königs gehörten den einflußreichsten Kreisen von Finanz und Wirtschaft an. Zu nennen wäre hier die Bankenfamilie der Sassoon, die man heute nur schwer in Nachschlagewerken findet, da diese Dynastie ihr Familienvermögen mit Opiumhandel in Fernost gemacht hatte. Der englischen Krone waren die Großdealer indes sehr willkommen, da sie sich bemühten ihr schmutziges Geschäft mit den imperialistischen Bestrebungen Englands abzustimmen. So wurde der in Bombay „wirkende" Sir Albert Abdallah David Sasson - ein Freimaurer[547] - 1872 zum „englischen Ritter" geschlagen. Seine Söhne gab er König Eduard als Vertraute und den Rothschild-Töchtern - als Gatten - an die Hand; womit sich ein illustrer Kreis schloß. Denn schon auf dem Trinity College in Cambridge hatte sich der Monarch mit Nathaniel Meyer Rothschilds angefreundet. Seine größten Vertrauten waren die drei Gebrüder Rothschild, von denen Alfred sogar als sein Busenfreund bezeichnet wurde.[548]

Der allzumenschliche Hintergrund dieser ungleichen Partnerschaft zeigt sich in einem Brief Wilhelm II. an den Fürsten von Bülow, in dem er wie folgt schreibt:

---

[546] Vgl. Hermann Gruber, S.J., in der „Theologisch-praktischen Quartalsschrift", 1916, Seite 671. Die vorherigen Angaben zu den verschiedenen Mitgliedschaften des Königs bei Karl Heise, „Entente-Freimaurerei und Weltkrieg", 1920 (3. Auflage), Archiv Edition im Verlag für ganzheitliche Forschung und Kultur, Struckum 1991, Seite 116f.
[547] Vgl. Heise, Seite 118
[548] *Jewish Year Book*, 1937, Seite 368

"Ballin erzählte mir: Kürzlich sei Werner Beit bei ihm gewesen. Er ist der größte Spekulant und Börsenjobber in der City, einer der Veranstalter des Burenkrieges und afrikanischen Minenschwindels. Er besorgt alle Spekulationen of 'His Majesty', der fast Teilhaber in seinen Transaktionen ist, und muß ihm, 'His Majesty', immerzu Haufen Geldes besorgen, da er immer mehr braucht. Man kann sagen 'he runs the King'."[549] Werner Beit war Anhänger des Jahwismus und der letzte Satz bedeutet zu deutsch: Er hält den König (finanziell) aus.

Dann gab es da noch Herzls Hauptfinanzier Baron de Hirsch. Von diesem überliefert Count Carl Lonyay, indem er aus den Geheimarchiven des Hofes zu Wien zitiert, folgende Begebenheit: Der Kronprinz Rudolf von Österreich, der vor seinem Selbstmord zu Mayerling (1889) eine Vorsorge für eine Freundin treffen wollte erhielt 100.000 Gulden „von dem Bankier Baron Hirsch im Austausch für einen Akt der Gefälligkeit, den er im Dezember gezeigt hatte, als er den Bankier eingeladen hatte, um den Prince of Wales (und künftigen König Edward VII) zu treffen." Baron de Hirsch wurde von dieser Vorstellung ausgehend ein intimer Freund des Prince of Wales. Als Privatbankier und Finanzberater soll er ihm künftig wertvolle Dienste erwiesen haben.

Hirsch war zudem ein Schwager eines Mr. Bischoffsheim, der in London dem Finanzhaus Bischoffsheim & Goldschmidt vorstand, einem Unternehmen, das unter seinen Mitgliedern wiederum einen Sir Ernest Cassel führte. Sir Ernest, 1870 als Ernst Josef Cassel aus Köln am Rhein nach England eingewandert[550], war vielleicht neben Rotschild der einflußreichste Bankier seiner Zeit und nannte ein sehr großes Vermögen sein eigen. Er beerbte - wie Brian Connell in einer biographischen Studie sagt - Hirschens Freundschaft zu dem künftigen König: „*Während (der 1896 gestorbene) Hirsch ein guter Freund war, sollte Cassell Edwards VII's engster persönlicher Freund werden*". Er war in der Tat der letzte im Freundeskreis des Königs, der diesen am Tag seines Todes lebend sah, wobei er auf die Erhaltung eines königlichen Versprechens an Cassell drängte und sich zu diesem Zweck selbst in die entsprechende Position setzte. Mr. Connell sagt hierzu: „*Die kleine internationale Bruderschaft in der er (Sir Ernest Cassell) vielleicht die führende Position übernahm, setzte sich aus Männern zusammen, die einen ihm ähnlichen Hintergrund hatten. Es waren Menschen, an die Cassell im Zuge seiner ausgedehnten Reisen selbst herangetreten war. Da war Max Warburg, Kopf eines großen und privaten Bankhauses in Hamburg; Edouard Noetzlin, Ehrenpräsident der Bank von „Paris und Holland" in Paris; Franz Philippson in Brüssel; Wertheim und Gompertz in Amsterdam und - über allen - Jacob Schiff der Firma Kuhn, Loeb und Co. in New York. Bindungen der Rasse und des Interesses ketteten diese Männer aneinander. Das Netz ihrer Verbindungen zitterte bei der leisesten*

---

[549] *The Spectator*, Seite 193 nach: Aldag, Peter, Der Jahwismus beherrscht England, Verlag für ganzheitliche Forschung und Kultur, Struckum 1989, Seite 153
Albert Ballin, jüdischer Generaldirektor der Hamburg-Amerika-Linie war ein enger Berater Wilhelms II.. Der 1. Aufseher der Johannisloge "Scharnhorst zum Deutschen Glauben", Hensel, nennt in dem Buch "Die Freimaurerei am Scheidewege" Ballin als Mitglied des B´nai B´rith.
[550] „Kyffhäuser-Taschenbuch" 1913, München, Zechner-Verlag, Seite 247ff.

Berührung. Sie hielten zwischen sich ein unglaublich akkurates Netzwerk ökonomischer, politischer und finanzieller Spionage der höchsten Stufe aufrecht. Sie konnten Unterstützung hier abziehen, zusätzlich Mittel an anderer Stelle anhäufen, mit Lichtgeschwindigkeit und geheim immense Summen Geldes von einer Ecke ihres Finanzreiches an eine andere verlagern, und die politischen Entscheidungen einer ganzen Menge von Staaten beeinflussen."

Ob es sich nun um den B´nai B´rith-Orden oder die Alliance Israelite Universelle handelte... Diese jüdisch-internationale Bruderschaft, dieses Netzwerk ökonomischer, politischer und finanzieller Spionage unter der Präsidentschaft Cassels dürfte die Quintessenz der jüdischen Hilfsbereitschaft zugunsten des englischen Königs dargestellt haben. Oder würde man im Ernst in Erwägung ziehen, daß sich der Regent völlig ohne Gegenleistung aushalten lassen durfte, daß all die erwiesenen Großzügigkeiten ohne jede „Berechnung" zustande gekommen waren?

Im Gegenteil, Edward VII. stand in der Schuld von Gönnern, die sehr wohl und genau wußten, was sie mit dem ganzen Segen erreichen wollten. Alle umschloß ein einigendes Band des Interesses, das sich eng an die jüdische Heimatbewegung anlehnte. Jeder der genannten Namen nimmt einen Ehrenplatz in der Ahnengalerie des Zionismus ein. Möglicherweise führten die Fäden aber noch weiter direkt ins Nervenzentrum des Geheimvatikans, denn der Monarch wurde bereits zwanzig Jahre *vor* Entstehen des Hess-Zionismus auf Israel festgelegt. Oder handelt es sich nur um eine beiläufige Anekdote, wenn Phineas J. Biron in der „Youngstown Jewish Times" „streng vertraulich" mitteilt, die biblische Vorsehung habe „König Edward mit Palästina identifiziert, als man ihn schon mit Jordan-Wasser bei der Taufe besprengt hatte."[551] Wie dem auch sei, der Regent war stets ein verläßlicher Bündnispartner der Jünger Mose, und Theodor Herzl konnte bei ihm immer auf ein offenes Ohr hoffen.

Die historische Bedeutung Ewards VII. liegt indes darin, daß er den von Herzl bzw. Nordau 1903 „vorausgesehenen" Weltkrieg vorbereiten half. Das hob seine Stellung von einem bloßen Begünstigten und Begünstiger des Judentums zu einer Trumpfkarte des Geheimvatikans. Das „Mecklenburgische Logenblatt" schrieb hierzu 1919: „Die Bekenntnisse des englischen amtlichen Freimaurer-Organs: ´Die Größe Britanniens ist das Werk der Freimaurerei´ und ´Br. König Edward VII. ist unser größter Freimaurer der modernen Zeiten´, lassen für jeden, der die Vorgänge der letzten zehn Jahre verfolgt hat, die Tätigkeit der englischen Freimaurerei erkennen, die mit ihrem königlichen Großmeister die Vorbereitungen zum heutigen Weltkrieg schuf, das Netz ausspannte, in dem sich die Mittelmächte im Interesse Englands und der von ihm geschaffenen und geleiteten Freimaurerei fangen mußten... Br. Edward VII., der größte Maurer der modernen Zeiten (wob) im Verein mit den im politischen Leben Frankreichs maßgebenden Freimaurern Poincaré, Delcassé, Millerand und mit gleichgesinnten Staatsmännern und

---

[551] Youngstown Jewish Times, 30. Januar 1936

Journalisten Englands, Frankreichs und Rußlands das Einkreisungsnetz um die Mittelmächte und (steuerte) damit indirekt auf den Weltkrieg los... Bei den bekannt guten Beziehungen des Großmeisters von Frankreich zur Regierung der Republik und bei der geschichtlich bekannten Identität der Politik der englischen Logen mit der des britischen Imperiums ist die Möglichkeit gar nicht ausdenkbar, daß die leitenden Persönlichkeiten der verschiedenen Entente-Großoriente diese (kriegstreibenden) Maßnahmen ihrer Brüder nicht gekannt oder nicht gebilligt hätten, noch dazu, wo der Großmeister der englischen Freimaurerei die Pfähle dieser Einkreisungspolitik höchst persönlich in seiner königlichen Hand hielt."[552]

---

[552] „Mecklenburgisches Logenblatt", Nr. 24, 47. Jahrgang, 20. Juli 1919, Seite 199f. und Nr. 2, 48. Jahrgang, 7. September 1919, Seite 17

> Es liegt ein gutes Stück Wahrheit in den Vorwürfen in Bezug auf die gegen die Mittelmächte gerichtete Einkreisung. Es ist gegenwärtig nicht mehr nötig, die Wahrheit zu verbergen. *(Churchill am 21. 6. 1939 gegenüber der Paris Soir)*
>
> Alle um das deutsche Kaiserreich gelagerten Mächte fassen sich gegenseitig an der Hand, sie führen im Reigen einen ganz und gar neu-artigen Tanz auf, eine bisher noch nicht erlebte Tanzfigur, die Einkreisung. *(Der Historiker und zeitweilige französische Außenminister Gabriel Hanotaux im Jahre 1908 nach Herda, Seite 177)*

Kapitel 4.13

Die Einkreisung

Der Anfang allen Übels war selbstverschuldet. Als die Erneuerung des deutsch-russischen Rückversicherungsvertrags 1890 von Berlin abgelehnt wurde, wurde der Zar den Sirenenrufen Frankreichs gefügig. Nach einem französischen Flottenbesuch in Kronstadt am 23. Juli 1891 kam eine „Entente" der beiden Mächte zustande, ein allgemein gehaltenes Einvernehmen über eine gemeinsame Außenpolitik; ferner wurde am 17. 8. 1892 eine russisch-französische Militärkonvention abgeschlossen und am 4. Januar 1894 von beiden Regierungen genehmigt.

Einen möglichen Hintergrund dieser Annäherung von Knute und Jakobinermütze beschrieb der belgische Botschafter in Berlin am 25. Oktober 1893 wie folgt: „Gibt es einen einzigen Franzosen, der nicht die Revanche ersehnt?... Es gibt nichts Gemeinsames (zwischen Rußland und Frankreich) als den Haß gegen Deutschland." Über Deutschland fand der Gesandte zur gleichen Zeit nur gute Worte: „Deutschland muß nach innen und außen stark sein im Interesse der Erhaltung des Friedens, dessen hauptsächliche, wenn nicht einzige Stütze es ist."[553]

Trotzdem schien zunächst alles weit weniger bedrohlich, als man das aus der heutigen Sicht vermuten kann. Schließlich war zwischen Petersburg und Paris ein förmlicher Bündnisvertrag eben nicht zustande gekommen, ja der Abschluß von russischen Handelsverträgen mit Österreich und Deutschland milderte die Spannung mit diesen Reichen und beseitigte das gegenseitige Mißtrauen. Man überzeugte sich, daß der Zar in der Tat aufrichtig den Frieden wolle und

---

[553] Hellmut Herda, „Die Schuld der Anderen", Archiv-Edition im Verlag für ganzheitliche Forschung, Viöl 1995, Seite 123f.

Frankreichs Revanchegelüste eher zügele als ermutige. Alle Seiten betonten den friedlichen Charakter der de-facto-Allianz.

Die Zeit der Sorglosigkeit hatte allerdings ein Ende, als mit der Inthronisierung Edward VII. die Stunde der „Einkreisung" geschlagen hatte. Jetzt wurden bald schon die diplomatischen Bemühungen spürbar, Deutschland politisch und militärisch zu isolieren. Berlin war diesem Kesseltreiben hilflos ergeben.

Italien verabschiedet sich aus dem Dreibund

So schloß Italien mit dem französischen Außenminister Delcassé den Geheimvertrag vom 26. Juli 1902 ab, der Italien das Anrecht auf Tripolis zusicherte und es für den Fall eines deutschen Angriffskrieges gegen Frankreich zur strengsten Neutralität verpflichtete; dieses Abkommen wurde im November 1902 durch einen Briefwechsel zwischen Außenminister Prinetti und dem französischen Botschafter in Rom, Barrère, ergänzt. Das offiziell mit Deutschland paktierende Italien hatte sich damit inoffiziell aus dem Dreibund verabschiedet.

„Herzliches Einvernehmen" zwischen England und Frankreich

Der nächste Schuß vor den Bug der deutschen Außenpolitik galt als abgefeuert, als Anfang April 1904 zwischen England und Frankreich die "Entente cordiale" (herzliches Einvernehmen) gegründet wurde. Daß die Verständigung zustande gekommen war, lag vor allem an dem persönlichen Einsatz der Brüder Delcassé und Edward VII..[554]

Ein beträchtlicher Teil der Absprachen wurde nicht ohne Grund lange Zeit geheimgehalten. So wußte bis zum Ausbruch des Ersten Weltkrieges im angeblich demokratischen England niemand, daß zwischen England und Frankreich ein Flottenabkommen geschlossen wurde, welches eine mögliche Verpflichtung aus dem russisch-französischen Militärbündnis in sich schloß. Um es seinem Botschafter in Paris etwas leichter zu machen, schrieb der britische Außenminister Grey vertraulich am Vorabend der Feindseligkeiten: „Im Parlament hier würde es einen heftigen Streit geben, wenn ich Worte gebraucht hätte, die die Möglichkeit einer dem Parlament in allen diesen Jahren unbekannten Übereinkunft in sich schlössen, die uns zu einem europäischen Krieg verpflichtet. Aber ich übersende eine Abschrift der Frage und Antwort. Ich formuliere die Antwort absichtlich so, um nicht den Eindruck entstehen zu lassen, daß die Übereinkunft von 1904 nicht

---

[554] Letzterer begab sich zu Verhandlungen mit dem französischen Außenminister sogar persönlich nach Paris begab.

unter bestimmten Umständen so ausgelegt werden könnte, weitergehende Konsequenzen zu haben als ihr strenger Wortlaut."[555]

Die Geheimhaltung des herzlichen Einvernehmens erstreckte sich aber noch auf andere Gebiete. So war bis zum November 1911 in England ebensowenig bekannt, daß die britische Regierung für die Anerkennung ihrer Herrschaft in Ägypten Frankreich die Vormachtstellung in Marokko zuerkannt hatte. Dies geschah in Verletzung eines Abkommens über den Status Marokkos, das von allen interessierten Nationen unterzeichnet worden war. So kam es zur ersten Marokkokrise.

Die erste Marokkokrise

Gestützt auf die englische Rückendeckung begann die „Grande Nation" sofort mit einer friedlichen Durchdringung („pénétration pacifique") des Landes, durch dessen Besitznahme es sein großes nordafrikanisches Kolonialreich abrunden wollte. Gegen die damit gegebene Ausschaltung Deutschlands, das über die Mannesmann-Werke starke wirtschaftliche Interessen in Marokko hatte, erhob nun Berlin (gestützt auf die Madrider Konvention von 1880) Einspruch; als Gegenschlag erfolgte im Frühjahr 1905 der demonstrative Besuch Kaiser Wilhelm II. in Tanger, wo der Monarch in einer öffentlichen Rede die Unabhängigkeit des Sultans, die Souveränität des Landes und wirtschaftlich eine „offene Tür für alle" forderte.

Für einen Augenblick stand Europa am Rande eines Krieges, denn der französische Außenminister war nur zu gerne bereit, den Interessenskonflikt mit Waffengewalt auszutragen. Noch einmal aber wich Paris zurück. Delcassé wurde vom Kabinett Rouvier fallengelassen und mußte zurücktreten. Zur Lösung des Streits kam es auf deutsches Drängen hin von Januar bis April 1906 zur Konferenz von Algeciras. Sie sollte dem Reich mit Macht vor Augen führen, wie weit die Einkreisung seiner Gegner bereits gediehen war: Deutschland wurde bei den Unterhandlungen nur von Österreich-Ungarn unterstützt, während das fahnenflüchtige Italien offen die Ansprüche Frankreichs gegen den Dreibundgenossen vertrat. Nur mit Mühe gelang es Berlin, wenigstens seine grundsätzlichsten Forderungen hinsichtlich der Souveränität des Sultans von Marokko und der Handelsfreiheit durchzusetzen.

Deutsche Friedens- gegen englische Kriegspolitik

Daß es Delcassé bereits 1905 auf einen Krieg ankommen lassen wollte, lag vor allem an der immer antigermanischeren Haltung Englands, über deren Hintergründe der belgische Gesandte in Berlin, Baron von Greindl, am 18. Februar

---

[555] Hellmut Herda, „Die Schuld der Anderen", Archiv-Edition im Verlag für ganzheitliche Forschung, Viöl 1995, Seite 135f. Bezug auf T. P. Convell-Evans, „Foreign Policy from a Backbench"

1905 wie folgt berichtete: *Die wahre Ursache des Hasses der Engländer gegen Deutschland ist die Eifersucht, hervorgerufen durch die außergewöhnlich rasche Entwicklung der Handelsflotte, des deutschen Handels und der deutschen Industrie. Dieser Haß wird fortbestehen, bis die Engländer sich mit dem Gedanken vertraut gemacht haben, daß der Welthandel kein Monopol ist, welches England von Rechts wegen zukommt. Es war klar, daß die Neuorganisierung der englischen Flotte gegen Deutschland gerichtet war."*

Der Schlußsatz des Botschafters zeigt, daß die wirtschaftliche Konkurrenz zwischen London und Berlin bereits militärischen Charakter anzunehmen begann. Was der Baron hier meint ist die Tatsache, daß Großbritannien sofort nach Abschluß der Entente Cordiale den Schwerpunkt seiner Flotte aus dem Mittelmeer in die Nordsee verlagerte. Gleichzeitig schuf es den ersten sogenannten „Dreadnought", einen vergrößerten Linienschiffstyp. Diese Maßnahmen sind auf keinen Fall als leere Gesten, als bloßes Muskelspiel zu deuten. Sie waren ein erster Schritt in Richtung auf einen Entscheidungskampf, auf den sich die Downing Street - sicher nicht ohne Wissen des kriegsentschlossenen französischen Außenministers - mental eingestellt hatte.

Sicher, nach außen hin trug England ein friedliches Gesicht zur Schau. Rüstung, hieß es immer wieder, sei nicht mit böser Absicht gleichzusetzen. Erfolgreich wurde der Öffentlichkeit immer wieder suggeriert, daß das Land weiter vom Krieg entfernt sei, als je zuvor. Planungen in eine derartige Richtung gebe es nicht. Viele Seiten schenkten dem Glauben, so auch der amerikanische Diplomat Henry White, der in diesen scheinbar friedvollen Tagen des Jahres 1905 eine Sondermission auszuführen hatte. Mit Blick auf die anstehende 2. Haager Friedenskonferenz hatte ihn US-Präsident Roosevelt von Brüssel nach London beordert, um den englischen Premierminister Lord Balfour zu treffen und mit diesem sicherzustellen, daß die anstehende Konferenz ein Erfolg werde. Dabei entspann sich unter anderem folgendes Gespräch:

Balfour: *Wir sind wahrscheinlich töricht, daß wir keinen Grund finden, Deutschland den Krieg zu erklären, ehe es zu viele Schiffe baut und uns unseren Handel nimmt.*

White: *Sie sind im privaten Leben ein hochherziger Mensch. Wie ist es möglich, daß Sie etwas politisch so Unmoralisches erwägen können, wie einen Krieg gegen eine harmlose Nation zu provozieren, die ein ebenso gutes Recht auf eine Flotte hat, wie Sie? Wenn Sie mit dem deutschen Handel konkurrieren wollen, so arbeiten Sie härter!*

Balfour: *Das würde bedeuten, daß wir unseren Lebensstandard senken müßten. Vielleicht wäre ein Krieg einfacher für uns.*

White: *Ich bin erschrocken, daß gerade Sie solche Prinzipien aufstellen können.*

Balfour: *Ist das eine Frage von Recht und Unrecht? Vielleicht ist das nur eine Frage der Erhaltung unserer Vorherrschaft!*[556]

Um dies zu wiederholen. Hier sprach kein subalterner Beamter für sein Land, sondern mit dem Premierminister der mächtigste Mann, der erste Politiker Englands.

Hören wir zu diesem Zusammenhang noch einmal den belgischen Gesandten Baron Greindl, der am 27. Oktober 1905 nach Brüssel berichtete: „Deutschland ist gegenüber jedem Angriff ebenso verwundbar, wie England sicher davor ist, und wenn England Deutschland angreifen sollte, bloß um einen Rivalen auszuschalten, würde dies durchaus mit alten Präzedenzfällen in Einklang stehen. Nacheinander vernichtete England die holländische Flotte mit Unterstützung Ludwigs XIV., dann die französische Flotte, und die dänische Flotte zerstörte es sogar in Friedenszeiten ohne irgend eine Herausforderung, einfach deshalb, weil sie eine Seestreitkraft und bestimmten Umfang verkörperte. Es gibt keine echten Gründe für einen Krieg zwischen Deutschland und England. Der englische Haß gegen Deutschland entsteht allein aus dem Neid über Deutschlands Fortschritt in der Schiffahrt, im Handel und in der Fabrikation." Daß ein britischer Marineschlag erfolgreich gewesen wäre, darüber gab es kaum einen Zweifel. John Fisher, Chef der britischen Admiralität, versicherte jedenfalls im Dezember 1905 seinen Vorgesetzten, daß die Kanalflotte allein stark genug sei, die gesamte deutsche Flotte zu zerschlagen.[557]

Glücklicherweise sah sich das konservative Balfour-Kabinett zur gleichen Zeit aus innenpolitischen Gründen zum Rücktritt gezwungen. Andererseits setzte die neue liberale Regierung unter ihrem Außenminister Sir Edward Grey die alte Außenpolitik fort. Das war nicht zuletzt dem britischen König zu danken, der höchstpersönlich dafür sorgte, daß das englische Staatsschiff weiter auf Konfliktkurs blieb. Als Edward VII. im März 1906 Paris besuchte, lud er den diskreditierten Ex-Minister Delcassé, einen Befürworter eines Krieges mit Deutschland, demonstrativ zum Frühstück. Über dieses Geschehen schrieb der belgische Botschafter in Paris: „Die Franzosen fühlen, daß sie gegen ihren Willen in den Wirkungsbereich der englischen Politik hineingezogen werden, eine Politik, deren Folge sie fürchten und... die sie durch die Absetzung M. Delcassés verworfen hatten... Kurzum, das Volk fürchtet, daß dies ein Zeichen dafür ist, daß England die Situation derart vergiften will, daß ein Krieg unausweichlich wird."[558]

Während sich die in Bezug auf den deutschen Nachbarn Niederlage-erfahrenen Franzosen noch fürchteten, sah die Lage in Großbritannien derweil schon anders aus. Der belgische Gesandte in London, Graf Lalaing, drahtete am 23. Juni 1906 in seine Heimat: „Deutschland ist der große kommerzielle, militärische und in der

---

[556] Wedemeyer, Albert (US-General), *Der verwaltete Krieg*, Gütersloh 1958, S.25. sowie Nevins, Allan, „Henry White, Thirty Years of American Diplomacy", Seite 257
[557] Hellmut Herda, „Die Schuld der Anderen", Archiv-Edition im Verlag für ganzheitliche Forschung, Viöl 1995, Seite 138
[558] Nock, Albert Jay, „The Myth of A Guilty Nation", Seite 69

Zukunft vielleicht auch maritime Nebenbuhler; daraufhin glaubt jeder gute (englische - der Verf.) Bürger verpflichtet zu sein, dieses Land zu hassen. Er sagt sich, daß es für den Augenblick das einzige Land ist, von dem er seit der Schwächung Rußlands und der Entente mit Frankreich etwas zu fürchten hat."[559]

Wie der britische Durchschnittsbürger zu diesem Schluß kommt kann man sich mit Rückbesinnung auf die Machtlage in der britischen Presse leicht denken. Völlig in diesem Sinne hatte der belgische Gesandte in Berlin auch wenige Wochen zuvor, am 16. Mai 1906, seiner Regierung berichtet: „Unter den Mitteln, die der Isolierung Deutschlands dienen sollen, ist eines der meist verwendeten und eines der wirksamsten der Feldzug der Presse." Zum Wahrheitsgehalt der halbamtlichen Volksverhetzung fährt er dann fort: „Seit Jahren unterstellt man Deutschland systematisch machiavellistische Machenschaften, die es niemals unternommen hat und ehrgeizige Pläne, an die es niemals gedacht hat. Durch die Wiederholung dieser Falschheiten hat man es fertig gebracht, die deutsche Politik als eine Bedrohung der europäischen Ruhe anzusehen und vergißt, daß sie uns 35 Jahre des Friedens geschaffen hat, und daß die Gefahr nicht von Deutschland kommt, das mit seinem Besitz zufrieden ist, sondern von den Mächten, die bestrebt sind, die europäische Karte zu ändern."[560]

In der Tat ließ Berlin von 1904 bis 1907 die verlockende Möglichkeit eines Blitzeinfalls in Frankreich vorübergehen, obwohl Rußland damals von inneren Unruhen und der Niederlage gegen Japan bedrängt war. Ganz im Gegenteil war das Reich sogar noch auf dem Höhepunkt der russischen Schwächung um Annäherung und friedlichen Ausgleich bemüht. Als Frucht dieser Politik hatten Kaiser Wilhelm II. und Zar Nikolaus II. im Juli 1905 auf der finnischen Insel Björkö eine Zusammenkunft, die zum Abschluß eines Beistands- und Schutzbündnis führte. Deutschland beabsichtigte, auch Frankreich in das Bündnis miteinzubeziehen, was nicht gelang.

Die Entente Cordiale zwischen Großbritannien und Rußland

Daß die zur Vernunft mahnenden Schritte Berlins nicht zum Ziel führten, lag vor allem an einem ständigen Störfeuer, das den Kontinent von der britischen Insel erreichte. Am 24. Mai 1907 meldete der belgische Botschafter in London seiner Regierung: „Es ist klar, daß das amtliche England im stillen eine deutschfeindliche Politik befolgt, die auf eine Isolierung Deutschlands abzielt, und daß der König Edward es nicht verschmäht hat, seinen persönlichen Einfluß in den Dienst dieser

---

[559] Neumann-Frohnau, Dr., *Die Zerschmetterung Deutschlands*, 1915, S.1 f.
[560] Hellmut Herda, „Die Schuld der Anderen", Archiv-Edition im Verlag für ganzheitliche Forschung, Viöl 1995, Seite 38

Idee zu stellen; aber es ist sicher sehr gefährlich, die öffentliche Meinung in so offenkundiger Weise zu vergiften."[561]

Nur Wochen nach diesen Worten vereinbarten die ehemaligen Kriegsgegner Rußland und Japan auf englische Vermittlung hin eine Konvention, die alle staatlichen Differenzen aus dem Weg räumte. Solcherart aus der Zweifrontenbedrohung entlassen, erklärte Petersburg daraufhin umgehend den Pakt von Björkö 1907 als gegenstandslos und bereits im August des Jahres ergriff das Zarenreich die ausgestreckte Hand Englands. Im Vertrag von Petersburg teilten beide Mächte das unabhängige Persien in eine englische und eine russische Interessensphäre auf und beseitigten ihre Reibungsflächen in Zentralasien. Beim Besuch des englischen Königs Edward VII. beim russischen Zaren Nikolaus II. in Reval im Juni 1908 wurde dieses Abkommen zur "Tripel-Entente".

Deutschland war damit im Kriegsfalle von drei Mächten bedroht, die aus wirtschaftlichen (Großbritannien) und territorialen Gründen (Frankreich und Rußland) nur eines wünschten: Die Vernichtung des Deutschen Reichs.

Der nachmalige englische Premierminister Lloyd George schilderte wenige Wochen später, am 28. Juli 1908, die militärische Ohnmachtslage des Reiches vortrefflich mit folgenden Worten: *"Hier sehen Sie Deutschland in der Mitte Europas, auf den Flanken Frankreich und Rußland mit Armeen, die größer sind als seine eigenen. Ich möchte unsere Freunde, die da meinen, daß Deutschland, weil es Furcht vor uns hat, auch wirklich Unheil gegen uns brütet, daran erinnern, daß dieses Land ängstlich ist aus Gründen, die unter gleichen Verhältnissen auch uns Furcht einjagen müßten."*[562] Und weiter: *"Die deutsche Armee ist eine Lebensnotwendigkeit nicht nur für das Reich, sondern auch für die Existenz und Unabhängigkeit der Nation, da Deutschland von zwei Staaten flankiert wird, deren jede fast ebenso starke Armeen unterhält. Das Land wurde so oft von seinen Feinden besetzt, überrannt und zerstört, daß es sich keinen neuen, ähnlichen Gefahren aussetzen darf. Wir dürfen auch nicht vergessen, daß während wir eine Überlegenheit von 60% über die Streitkräfte Deutschlands fordern, Deutschland selbst in militärischer Hinsicht nicht einmal Frankreich gegenüber eine solche Überlegenheit besitzt, und außerdem hat es auch mit Rußland zu rechnen. Deutschland aber macht keinen Anspruch auf einen Zweimächte-Status."*[563]

Lord Fisher's Kriegsplan

Wie real und akut die Gefahr seitens der Alliierten wirklich war, zeigt ein weiterer Kriegsplan Englands, der über Jahrzehnte geheimgehalten wurde. Admiral John A.

---

[561] Hellmut Herda, a.a.O., Seite 124
[562] *Berliner Monatshefte für internationale Aufklärung*, (a.a.O.), Februar 1931, S. 111. Das Zitat Lloyd Georges stammt vom 28. August 1908.
[563] Alfred Bornhardt, „Das Janusgesicht der deutschen Sozialdemokratie", Stuttgart 1953, Seite 34

Fisher, Oberbefehlshaber der englischen Flotte unter König Eduard VII., enthüllte ihn lange nach dem Krieg in seinen Memoiren. Danach plante der erste Seelord Britanniens, die deutsche Flotte ohne Kriegserklärung plötzlich zu überfallen und in Pommern zu landen. Im März 1908 vertrat Fisher dem König gegenüber die Ansicht:*"... daß wir mit absoluter Sicherheit Deutschland bekämpfen müssen und daher die deutsche Flotte in Kiel à la Nelson 'kopenhagen[564] sollten. Es schien mir als kluger Akt von Englands Seite, die deutsche Flotte zu beschlagnahmen, wie dies so leicht ohne Blutvergießen in der von mir Seiner Majestät vorgeschlagenen Weise zu bewerkstelligen war."[565]*

Daß derartige Vorhaben nicht zur Ausführung gelangten, hatte vor allen Dingen drei Gründe. *Erstens* hatten die Haager Friedenskonferenzen dieser Jahre dem Krieg eine juristische Gesetzgebung gegeben, die - von allen maßgeblichen Mächten akzeptiert - über Recht und Unrecht des Schlachtengetümmels bestimmte. Gerade die sogenannten „demokratischen" Nationen mußten sich an solche „Spielregeln" gebunden fühlen, zumal wenn sie - wie das der Fall war - *zweitens* nach dem zu erwartenden Sieg mit dem Unterlegenen abzurechnen trachteten. Wie später nach dem Zweiten Weltkrieg planten die Alliierten dem Kaiser und der Generalität ein Militärtribunal zu bereiten, um nach deren Schuldspruch die streitenden Nationen "gerecht" auf Kosten Deutschlands zu entschädigen.[566] *Drittens* und letztens war es durch die zunehmende Liberalisierung des politischen Lebens mehr als früher nötig geworden, die Völker über die Parlamente bei dem Entscheid über Krieg und Frieden einzubinden - bevor man sie auf den Schlachtfeldern hinmetzeln ließ.

Deshalb gab es entgegen aller Bereitwilligkeit am Ende doch keinen Überraschungsfeldzug. Deshalb suchten die Alliierten und - wie wir im Folgenden sehen werden - an ihrer Seite leitende Freimaurerkreise nach einem geeigneten Kriegsvorwand, der Deutschland bzw. dessen Bündnis ins Unrecht setzen sollte. Ein idealer „Aufhänger" hierfür wurde sehr rasch gefunden - auf dem Balkan.

---

[564] Die Rede ist von einem Konflikt, vor dem Dänemark sich aus britischer Sicht „erdreistet" hatte eine starke Marine aufzubauen und mit dieser im eigenen Hoheitsgebiet Hoheitsrechte auszuüben. Im September 1807 erschien darauf die englische Flotte plötzlich vor Kopenhagen, schoß - ohne jede Kriegserklärung - Stadt und Hafen zusammen und führte 18 dänische Linienschiffe, 15 Fregatten usw., also die ganze dänische Kriegsflotte, als Beute nach England.
[565] Schmitthenner, Paul, *Weltgeschichte vom Frankfurter Frieden bis zur Gegenwart*, 1933, S. 439 sowie Hellmut Herda, „Die Schuld der Anderen", Archiv-Edition im Verlag für ganzheitliche Forschung, Viöl 1995, Seite 38
[566] Als Untersuchungskomitee hatte man dafür bezeichnenderweise ein von B'nai B'rith Brüdern geleitetes Unternehmen um die zionistischen Reichstagsabgeordneten Oscar Cohn, Sinzheimer und Gotheim vorgesehen. Entschieden werden sollte hier über Verbrechen der deutschen Kriegsführung, die im Laufe des Krieges die alliierte Presse füllten. So berichteten britische Medien, Deutschland habe Serben unter Gas setzen lassen und auch abgehackte Kinderhände wurden geglaubt. Nach dem Krieg stellten sich diese Vorwürfe, die sogar in geschickt gefälschten Bildern dokumentiert wurden, als Propagandakonstrukte heraus.

Nicht zitierte weiterführende Literatur

Becker, Willy, „Fürst Bülow und England 1897-1909", 1929   **Kantorowicz, H.**, „Der Geist der englischen Politik und das Gespenst der Einkreisung Deutschlands", 1929 (Einkreisungskritisch)

Kapitel 4.14

Der Anlaß

Österreich annektiert Bosnien-Herzegowina

Nach der Befreiung von der türkischen Oberhoheit im Jahre 1882 hatte die Auseinandersetzung darüber, ob Serbien an der Seite Österreich-Ungarns oder Rußlands seine Sicherheitsinteressen und Expansionswünsche wahren sollte, zum Wechsel der serbischen Dynastien geführt. Als Oberst Dragutin Dimitrijevic am 10. Juni 1903 mit einer Verschwörergruppe König Alexander I. Obrenovic und dessen gesamte Familie im Belgrader Königspalast ermordete[567], war damit zugleich der Weg für die „russische Lösung" freigemacht. Seitdem bestimmte eine konstitutionelle Monarchie unter König Peter I. Karadordevic mit der russophilen „Radikalen Volkspartei" unter Nicola Pasic die Geschicke des Landes.

Dem unter dem Schutz des Zaren stehenden serbischen Großmachtgelüsten stellte sich nun auf dem Balkan die Ausbreitung des deutschen Bundesgenossen Österreich entgegen. Es war eine Frage der Zeit, wann diese Konkurrenten an einem Ort in Konflikt geraten würden. Tatsächlich passierte das schneller als erwartet, als die K+K Monarchie am 5. Oktober 1908 das seit 1878 besetzte Bosnien-Herzegowina in seinen Staatsverband eingliederte. Dieser eigentlich "nurmehr" protokollarische Handstreich, der von Rosebery-Rothschild eifrig beklatscht wurde, rief in den imperialen Kreisen Serbiens tiefste Verbitterung hervor. Belgrad, das den Balkan samt seiner Randstaaten von jeher als seine Domäne betrachtet hatte, drohte mit Krieg. Indes zu früh, denn der russische Verbündete war infolge der Verluste im russisch-japanischen Krieg 1904/1905 und des darauf folgenden Umsturzversuchs 1905 noch nicht kriegsbereit.

Die Reaktion Rußlands

Das heißt jedoch nicht, daß Rußland nicht schon damals gerne in den Krieg gezogen wäre - im Gegenteil waren die Mahner zum Frieden geradezu in der Minderheit. Wie General Alexander Gerassimoff, Chef des russischen

---

[567] Paul Chartess, „Strategie und Technik der geheimen Kriegführung. Teil II", Docupress, Berlin (West) 1987, Seite 48

Geheimdienstes Ochrana von 1905 bis 1915, später überlieferte, gab es zur Zeit der Annexion Bosniens und der Herzegowina in Petersburg eine sehr starke Kriegspartei, die den Zaren bereits zu einer Mobilmachung gegen die Donaumonarchie überredet hatte. Der auf Ausgleich und inneren wie äußeren Frieden bedachte Ministerpräsident Petr A. Stolypin konnte mit Hinweis auf die labile Lage im Inneren und den vorgeblich schlechten Ausrüstungszustand der russischen Streitkräfte Zar Nikolaus jedoch dazu bewegen, seinen Entschluß wieder rückgängig zu machen.[568]

Aber Stolypin, der wenig später einem jüdischen Attentäter zum Opfer fiel[569], war ein Rufer in der Wüste. Das Zarenreich - Serbien durch gemeinsame Religion und Kultur verbunden - sah ganz allgemein den schwelenden Konflikt als willkommene Gelegenheit, seine imperialistische Politik mit Serbien als Statthalter auf den Balkan zu tragen. Dies belegt unter anderem ein Telegramm, das der serbische Gesandte in St. Petersburg, Kosutitsch, am 18. Februar 1909 an das serbische Außenministerium sandte. In Bezug auf die Krise nach der Annexion Bosniens und der Herzegowina durch Österreich schrieb er, das der russische Botschafter in Belgrad, Gutschkow, ihm das Nichteingreifen Rußlands erklärt habe. Vordringlich sei in diesem Fall gewesen, daß der Bestand Rußlands nicht berührt worden sei. Und der serbische Diplomat fährt fort, Gutschkow wörtlich zitierend: *"Ist unsere Rüstung einmal vollkommen durchgeführt, dann werden wir uns mit Österreich-Ungarn auseinandersetzen. Beginnt jetzt keinen Krieg, denn dies wäre Euer Selbstmord, verschweigt Eure Absichten und bereitet Euch vor, es werden die Tage Eurer Freuden kommen."*[570]

Die Reaktion der Freimaurerei

Für dieses Lichte Ziel arbeitete auch die serbische Freimaurerei, deren Tätigkeit immer politisch orientiert war. So erließ 1908 der damalige serbische Ministerpräsident, Br. Swetomir (Swatomir) Nikolajewitsch, in seiner Eigenschaft als Großmeister der Belgrader Loge, an sämtliche Freimaurerlogen in Europa einen Aufruf, worin er diese aufforderte "den Serben in ihrem Kampf gegen Österreich die werktätige Unterstützung aller maurerischen Brüder zuteil werden zu lassen."

---

[568] Alexander Gerassimoff, „Der Kampf gegen die erste russische Revolution. Erinnerungen", Frauenfeld 1934, Seite 268
[569] Am 14. September 1911 wurde Stolypin im Stadttheater zu Kiew in Anwesenheit des Zaren von dem Hebräer Mordka Bogrow tödlich verwundet. Die Hintergründe des Mordanschlags dürften durchaus auf den Umstand zurückzuführen sein, daß der Ministerpräsident als Haupthindernis für einen russischen Feldzug gegen das Reich angesehen wurde.
[570] *Deutschland schuldig? Deutsches Weißbuch über die Verantwortlichkeit der Urheber des Krieges*, Herausgegeben mit Genehmigung des Auswärtigen Amtes, Berlin 1919, S.112
In der Zwischenzeit betrieb Petersburg Basisarbeit. Bis zum Weltkrieg unterhielt das russische Außenministerium aus eigenen Finanzmitteln auf österreichischem Boden - und damit auch in Bosnien - eine eigene Organisation, die ausschließlich den Zwecken der Spionage und der slawischen Propaganda diente. Siehe: Cartagena, Graf, *Erinnerungen an meine Botschaftszeit in Rußland 1914*, S.98 ff. (Cartagena war Botschafter Spaniens)

Da die Belgrader Loge eine Tochterloge der Budapester Großloge war, wandte sich Nikolajewitsch zunächst an die K+K-Ungarn, um die leitenden freimaurerischen Persönlichkeiten dort für Serbien zu gewinnen. Danach begab er sich in gleicher Mission nach Rom und Paris.[571]

In unmittelbarer Folge des ministerpräsidentiellen Aufrufs gründeten sich in Serbien verschiedene politische Geheimbünde. Sie erstrebten Österreich-Ungarn zu schwächen, Bosnien und die Herzegowina zurückzugewinnen und alle Serben in einem Großserbien zu vereinigen. Die Beziehung dieser Gruppen zur Freimaurerei war teilweise so eng, daß es schwer fällt beide Parteien exakt voneinander zu trennen. Ein anschauliches Beispiel hierfür bieten gerade jene beiden Organisationen, die Jahre später in den wohl folgenschwersten Mord der Geschichte - jenen an dem österreichischen Thronfolger - verwickelt waren.

Beginnen wir mit der *„Schwarzen Hand"*[572], die am 9. Mai 1909 von Voja Tankosic gegründet und maßgeblich von dessen attentatserfahrenen serbischen Offizierskollegen Oberst Dragutin „Apis" Dimitrijewic geleitet wurde. Es handelte sich um eine quasi-freimaurerische Verbindung, was schon die der Maurerei entlehnten Aufnahmeritualien verdeutlichten.[573] Doch die Freimaurerbezüge zeigen sich nicht nur im äußeren Erscheinungsbild - sie bestanden auch im organisatorischen Rahmen. Als Österreich im Herbst 1915 durch das Generalkommando in Belgrad Nachforschungen über das Wesen der „Schwarzen Hand" anstellen ließ, wurden Schriften beschlagnahmt, aus denen zweifelsfrei hervorging *"daß die örtlichen Ausschüsse der Schwarzen Hand Geheimabteilungen hatten, von denen mehrere, insbesondere aber deren Abteilungen für Äußeres, mit der Belgrader Freimaurerloge 'Probratim' in enger Fühlung standen und von dieser sowie ihrem Obmann, dem Minister a. D. und Universitätsprofessor Swetomir Nikolaijewitsch Aufträge erhielten."*[574] Und der ehemalige Minister Nikolaijewitsch war nun wieder derselbe Hochgradbruder, der alle Freimaurer Europas aufgefordert hatte, die Serben in ihrem Kampf gegen Österreich zu unterstützen.

Die „Schwarze Hand" unterhielt seit 1911 eine immer enger werdende Arbeitsgemeinschaft mit einer zweiten wichtigen Gruppe zur Bekämpfung Österreichs, der „Narodna Odbrana".[575] Dieser Geheimbund wurde unmittelbar nach dem Nikolajewitsch-Aufruf noch im Herbst 1908 gegründet. Zu seinem Führungskader gehörten die beiden Freimaurer Ciganovic und - einmal mehr - Tancosic. Beide Männer gehörten 1914 zum engsten Attentäterkreis beim Anschlag auf Franz Ferdinand von Österreich. Was darüber hinaus ins Auge

---

[571] *Vaterland*, Wien, 29. Oktober 1908
[572] Serbisch *erna Ruka*, auch *Vereinigung oder Tod (Ujedinjenje ili smrt)* genannt
[573] Dieser wird behandelt von Br. Eugen Lennhoff, *Politische Geheimbünde*, S. 476. Ferner ausführlich Gilbert, *Jugoslawien einst und jetzt*, 1936, S. 119 ff.
[574] *Berliner Monatshefte für internationale Aufklärung*, (a.a.O.), April 1928
[575] *Fränkischer Kurier*, 28. Juni 1928. Narodna Odbrana läßt sich etwa mit *Volkswehr* bzw. *Volksverteidigung* übersetzen.

springt ist die Tatsache, daß die Belgrader Loge ihre maurerischen „Arbeiten" in ein und demselben Haus abhielt, in dem die Narodna Odbrana ihren Sitz hatte.[576] Großmeister der Belgrader Loge: Der umtriebige Minister Swatomir Nikolajewic.

---

[576] *Latomia*, 24. Oktober 1914

Kapitel 4.15

Das freimaurerische Todesurteil

Es wäre vermessen davon auszugehen, daß dieser ganze Belgrader Aktivismus in luftleerem Raum vonstatten ging, daß er ohne die Begünstigung der deutschfeindlichen Mächte ausgekommen sei. Wenn sich z. B. der kriegsentschlossene Nikolajewitsch in maurerischen Angelegenheiten extra persönlich nach Paris bemühte, dann dürfte er dafür auch handfeste Gründe - z. B. in Form einer Einladung - gehabt haben.

Ganz offensichtlich überschauten die Brüder in Frankreich mit als erste die Nutzbarkeit des serbisch-österreichischen Gegensatzes. Denn 1910 war es ausgerechnet der vehement deutschfeindliche Groß-Orient zu Paris, der in Serbien eine Loge unter dem Namen „Ujedinjenje"[577] gründete und sich damit ein Bindeglied zur damaligen Krisenregion Nummer Eins schuf.[578] Wie sehr dem Vorgehen dieser Loge politische Absichten zugrunde lagen zeigte sich ein Jahr später - 1911 - als der österreichische Thronfolger Franz Ferdinand von demselben Grand Orient zum Tode verurteilt wurde![579] Es war klar: Gelang es, dieses Attentat auf dem Pulverfaß des Balkan auszuführen, dann würde sich angesichts der

---

[577] Zur Erinnerung: Die wenige Monate zuvor gegründete *Schwarze Hand* wurde serbisch auch *Ujedinjenje ili smrt* genannt.
[578] Am 23. Mai 1912 wurde in Belgrad der *Oberste Rat von Serbien* gegründet. Der Großmeister Br. Georg Weifert und neun andere serbische Hochgradfreimaurer erhielten vom *Obersten Rat für Griechenland* den 33. (schottischen) Grad. Weifert, einer der Gründer der serbischen Nationalbank war, welcher er unter anderem als Gouverneur vorstand, war lange Zeit Großmeister der Großloge von Jugoslawien und Großkommandeur des Obersten Rates des Alten und Angenommenen Schottischen Ritus.
Wenige Monate später (immer noch 1912), der Balkankrieg hatte bereits begonnen, fand mit dem Weltkongreß der Lausanner Konföderation in Washington zum ersten Mal außerhalb Europas ein Hochgrad-Freimaurer-Treffen statt. Die versammelten und nach dem Schottenritus orientierten Obersten Räte beschlossen die Aufnahme des Obersten Rates von Serbien in die Lausanner Konföderation. Die serbische Freimaurerei war damit als selbständige "Großmacht" in den Weltbund aufgenommen.
[579] *Paris Midi*, 1. Januar 1914. Zitiert vom „Berner Tagblatt" vom 28. Mai 1915. Bedeutsam ist diese Zeitungsmeldung insbesondere dadurch, daß sie *vor* den Schüssen von Sarajewo veröffentlicht wurde. Das *Bündner Tagblatt* nannte am 25. August 1923 als Jahr des Orient-Urteils 1912. "Urteile" dieser Art sind nicht ohne Beispiel in der Tradition der Freimaurerei und wurden in der Vergangenheit auch tatsächlich vollstreckt. So war auch die Ermordung des spanischen Ministerpräsidenten Canalejas 1912 ein Werk der Loge, wie der deutsche Freimaurer Br. Ernst Freymann in seinem lesenswerten Buch *Auf den Pfaden der internationalen Freimaurerei* (Ausgabe von Dr. Burman, S. 69) geschrieben hat.

damaligen Bündnislage der lokale Konflikt geradezu zwangsläufig zum Weltbrand ausbreiten.

Trotzdem plante die Freimaurerei den Mord an dem Prinzregenten. Eine ganze Reihe von Zeitzeugen - Freunde und Gegner der Loge - belegen dies. In eingeweihten Kreisen sprach man über die Bluttat, Jahre bevor diese durchgeführt wurde. Ein sich sicher nicht grundlos hinter einem Pseudonym (Athanasius) verbergender Autor schrieb 1912: "Vielleicht erklärt man sich eines Tages den Ausspruch eines hohen Freimaurers der Schweiz in Sachen des Thronfolgers (Franz Ferdinand): 'Er ist ungewöhnlich hervorragend; schade, daß er verurteilt ist. Er wird auf dem Wege zum Throne sterben!'"[580] Dasselbe berichtet eine französische Zeitung im September 1912[581], demselben Monat als die Gemahlin des Thronfolgers, die Herzogin von Hohenberg, gewarnt wurde, daß Franz Ferdinand "verurteilt" sei und auf dem Wege zum Thron sterben müsse.[582]

Ein weiterer Zeuge für ein freimaurerisches Mordkomplott ist der deutsche Hochgradfreimaurer Dr. Paul Köthner.[583] Dieser machte öffentlich, daß er in den Jahren 1911-13 in deutschen Logen gehört hatte, daß der Erzherzog Franz Ferdinand beseitigt, ein Weltkrieg entfesselt und in dessen Verlauf die Throne gestürzt werden sollten. Es seien die ausländischen Logen, die auf dieses Ziel hinarbeiteten. Köthner schrieb 1925 in der Zeitschrift 'Femstern': "Ich hatte in den Jahren 1911-13 - anfänglich noch gutgläubig und arglos - in den Logen anderer Städte und Länder Entdeckungen gemacht, die mich aufs heftigste erschütterten und meine ganze bisherige Auffassung von Freimaurerei über den Haufen warfen. Denn ich sah und hörte und erlebte, daß es neben der mir bekannten noch eine andere dieser todfeindlichen Freimaurerei gibt, und erhielt zufällig Beweise dafür, daß diese etwas Furchtbares gegen Deutschland plante. Aus unvorsichtigen verlorenen Bemerkungen und durch merkwürdige Umstände hatte ich den Plan der Ermordung des Erzherzogs Franz Ferdinand, zum Weltkrieg, zum Sturz der Throne und Altäre und manches, was dann bis ins Kleinste eingetroffen ist, erlauscht."[584]

---

[580] Athanasius, *Das Geheimnis der Bosheit*, 1912, S. 14.
[581] *Revue internationale des Sociétés secrètes*, 12./15. September 1912, S. 787f. Diese aufklärerische Zeitung wurde seit dem 1. Januar 1912 von dem französischen Prälaten Abbé Ernest Jouin herausgegeben. Ihre letzte Ausgabe erschien bei Ausbruch des Zweiten Weltkrieges.
[582] Karl Heise, „Die Entente-Freimaurerei und der Weltkrieg", Ernst Finckh Verlag, Basel 1919, Seite 75ff.
[583] Dr. phil. Paul Köthner, Privatdozent an der Universität Berlin, war Mitglied der Großen Landesloge der Freimaurer von Deutschland.
[584] „Der Femstern", Monatsschrift des Bundes der Guten, Nr. 8, 21.Nebelung, 1925, Seite 6 (100) bis Seite 7 (101), zitiert bei Friedrich Hasselbacher, „Entlavte Freimaurerei", Hochmuth, Berlin 1938, Band II, Seite 39f. Der gleichen Zeitschrift zufolge wandte sich Köthner daraufhin bereits am 28. Oktober 1911 an den Großmeister der Großen Landesloge von Deutschland, Graf Dohna. Köthner über dieses Gespräch: "(Ich) enthüllte ihm unter vier Augen, was ich mit eigenen Ohren gehört, mit eigenen Augen gesehen hatte, aber er schien kein Organ dafür zu haben. Diese Unterredung, die einen entschiedenen Bruch mit allen Großlogen des Auslandes hätte einleiten müssen, endete mit der kategorischen Erklärung des Landesgroßmeisters, *es gibt nur eine Freimaurerei.*

Daß der Thronfolger spätestens 1913 gar selbst von diesem, ihm zugedachten Schicksal wußte, überliefert der österreichische Außenminister a.D., Graf Czernin, in seinen Erinnerungen: "Eine hübsche Eigenschaft des Erzherzogs", lesen wir „war seine Furchtlosigkeit. Er war sich vollständig im klaren darüber, daß die Gefahr eines Attentats für ihn immer bestehe, und er sprach oft und vollständig ohne Pose über diese Eventualitäten. Von ihm erhielt ich ein Jahr vor Kriegsausbruch die Nachricht, daß die Freimaurer seinen Tod beschlossen hätten. Er nannte auch die Stadt, wo dieser Beschluß angeblich gefaßt worden sei - dies ist mir entfallen - und nannte die Namen verschiedener österreichischer und ungarischer Politiker, welche davon wissen müßten."[585]

Daß die „Brüder des Lichts" nicht umgehend zur Tat schritten, dürfte darauf zurückgeführt werden, daß es geboten schien, zuerst die Reihen der Profanen - also der alliierten Staaten - lückenlos zu schließen. Der Prozeß gegen die späteren Attentäter sollte darüber hinaus ergeben, daß man die Ausführung des Meuchelmordes zunächst ausgesetzt hatte, um die Auswahl geeigneter Ausführender zu gewährleisten.

Bleibt nachzutragen, daß der beschlußfassende Grand Orient in engster Arbeitsgemeinschaft mit der uns schon bekannten alljüdischen Weltorganisation „Alliance Israelite Universelle" stand. Zwischen der obersten Leitung beider Organisationen bestand im weitestem Umfang Personalunion. Die Verbindung datiert, seitdem Isaac Adolphe Cremieux hier wie dort die Präsidentschaft innehatte - jener Cremieux übrigens, der am Rande des deutsch-französischen Krieges für das Logenurteil gegen die deutsche Führung verantwortlich zeichnete. Seit diesen Tagen wurde die Kooperation so eng, daß alle Freimaurer, die den 18. Grad des Großorients erreicht hatten, damit auch Mitglieder der Allianz werden konnten. Noch Jahrzehnte später konnte der christdemokratische deutsche Finanzminister und Vizekanzler Matthias Erzberger schreiben: "Wenn der freimaurerische Großorient von Paris zusammentritt, so ist das fast gleichbedeutend mit einer Versammlung des Hauptvorstandes der 'Alliance Israélite'".[586] All dies sind Wiederholungen, gewiß. So wie es auch nur der Erinnerung des Lesern dienen soll, daß die Alliance Israelite eine Kampfgemeinschaft war, die als zutiefst bibeltreu zu gelten hat.

---

[585] Czernin, Graf, *Im Weltkriege*, 2. Auflage, Ullstein & Co., Berlin und Wien 1919, S. 58
[586] Friedrich Hasselbacher, „Entlarvte Freimaurerei", Band I., Verlag Richard Geller, 1934, Archiv-Edition im Verlag für ganzheitliche Forschung und Kultur, Viöl 1992, Seite 159

Kapitel 4.16

Die Alliierten in den Startlöchern

Frankreich kriegssicher

Bei aller zionistischen Unterwanderung war und blieb der Grand Orient aber nominell eine französische Angelegenheit. Es kommt daher nicht von ungefähr, daß sich der Quai d'Orsay von allen Regierungssitzen als erster merkbar auf den geplanten Katastrophenfahrplan der Loge einrichtete.

Bereits am 8. September 1911 berichtete der serbische Geschäftsträger in London an den serbischen Ministerpräsidenten Milanowitsch: "Herr Cambon (Jules C., der französische Botschafter in England, der Verf.) meint, daß die jetzigen Verhandlungen[587] zum Abschluß gelangen werden und daß irgendeine Verständigung mit Deutschland erzielt werden wird... Das Resultat dieser Verständigung wird nur ein Aufschub des Krieges um drei bis vier Jahre sein... Sowohl Frankreich als auch seine Verbündeten sind der Ansicht, daß selbst um den Preis größerer Opfer der Krieg (mit Deutschland) auf einen entfernteren Zeitpunkt verschoben werden müsse, das heißt auf 1914 bis 1915. Die Notwendigkeit dieses Aufschubs diktiert nicht so sehr die materielle militärische Vorbereitung Frankreichs - die vorzüglich ist - als die Reorganisation des Oberkommandos, welche noch nicht durchgeführt ist."[588]

Dieser Kriegsdrohung inmitten eines friedlichen Europa fand ihre Unterstreichung als am 14. Januar 1912 Raymond Poincaré Ministerpräsident und Außenminister der französischen Republik wurde. Poincaré soll aus einer naturalisierten polnischen Judenfamilie stammen[589] - das mag stimmen - sicher ist, daß er Mitglied

---

[587] Sie betrafen die zwischen Deutschland und Frankreich strittige Frage der Stellung Marokkos.
[588] *Deutschland schuldig? Deutsches Weißbuch über die Verantwortlichkeit der Urheber des Krieges*, Herausgegeben mit Genehmigung des Auswärtigen Amtes, Berlin 1919, S. 119 f.
[589] Evert, Hans Jürgen, *Verschwiegene Zeitgeschichte*, Evert-Verlag, Fischbachau, Seite 39 sowie Gerhard Müller, Überstaatliche Machtpolitik im 20. Jahrhundert, Verlag Hohe Warte, Pähl 1982, S. 84. Müller beruft sich auf eine Fußnote Ludendorffs, nach der die Vorfahren Poincarés aus Galizien stammten, der Urgroßvater unter dem Namen "Viereggl" nach Frankreich einwanderte und dessen Umtaufe in den Kirchenbüchern von Dom Remy eingetragen ist.

des Grand Orient war[590] und landesweit als eingefleischter Revanchist bekannt war. Das hatte natürlich seine Auswirkungen auf die Außenpolitik der „Grande Nation".

Am 15. Februar 1912 berichtete der russische Hochgradbruder Botschafter Alexander Iswolski in Paris über die Stimmung in den französischen Hauptstadt: "Ich weiß aus ganz sicheren Quellen, daß man trotz der glücklichen Beendigung der Marokkokrise[591] in hiesigen militärischen Kreisen neue internationale Verwicklungen zum Frühling erwartet, und daß das Kriegsministerium seine Vorbereitungen für militärische Operationen in nächster Zukunft eifrig fortsetzt."[592] Möglich, daß Hochgradbruder Iswolski - seines Zeichens ein fanatischer Panslawist - den Drahtbericht noch mit aufschlußgebenden Geheimdepeschen aus Logenkreisen „gewürzt" hat. Auf jeden Fall gewann die Kriegszuversicht in seinem Heimatland so sehr an Boden, daß der Zar dem serbischen Kronprinzen gegenüber schon im März 1912 äußern konnte, "daß nunmehr die Aspirationen Serbiens gegenüber Österreich-Ungarn bald in Erfüllung gehen werden."[593]

Währenddessen begann im gleichen Frühjahr Poincaré Frankreichs Gesellschaft von oben zu militarisieren. Der vor Jahren abgeschaffte Zapfenstreich am Samstagabend wurde wieder eingeführt. Auch die Pariser Frühjahrsparade stellte das Kriegsministerium wieder her. Seit langer Zeit wieder sah man die Truppen in Feldausrüstung statt in Paradeuniform, von brummenden Flugzeugen und lenkbaren Luftschiffen überschwebt. Wenige Wochen später, beim Nationalfest des 14. Juli, trug ein Teil der Infanterie bereits statt des altvertrauten roten Käppis den

---

[590] Die Freimaurerschaft Poincares belegt unter anderem das Jahrbuch 1913/14 des Vereins deutscher Freimaurer.
[591] Deutschland setzte sich unter Wilhelm II. besonders stark für die Selbständigkeit der arabischen Länder ein und beanspruchte hinsichtlich des imperial umstrittenen Marokko ein Mitspracherecht im Falle einer ausländischen Intervention. Frankreich und Spanien, welche bereits seit längerem planten, Marokko anzugreifen und sich als Kolonie unterzuordnen, setzten sich 1904 an einen Tisch. In dem Geheimvertrag zu Paris wurde die Teilnahme Spaniens bei einer "eventuellen Aufteilung" Marokkos für den Fall vereinbart, wenn es bei einem Vorpreschen Frankreichs keine dritte Macht (gemeint war Deutschland) zu Hilfe rufe. Wenig später kam es zur ersten Marokkokrise, als Wilhelm II., demonstrativ die Unabhängigkeit des Landes unterstreichend, den marokkanischen Sultan in Tangar besuchte und sich der französische Außenminister Delcassé selbst auf die Gefahr eines Krieges hin gegen den deutschen Anspruch, über Marokko mitzuentscheiden, wandte. Die hier von Iswolski angesprochene (zweite) Marokkokrise entwickelte sich, als Frankreich entgegen den Bestimmungen von Algeciras im Mai 1911 in einem Handstreich die marokkanische Hauptstadt Fez und Rabat militärisch besetzte. Deutschland entsandte daraufhin Anfang Juni demonstrativ das Kanonenboot "Panther" nach Agadir (*Panthersprung*). Im November 1911 beendete der Marokkovertrag zwischen Deutschland und Frankreich die schwelende Krise zuungunsten des Reichs, das seine militärische Ohnmacht bereits zu diesem Zeitpunkt eingestehen mußte: Marokko fiel als "Protektorat" an Frankreich, Spanien erhielt analog dem mit Paris 1904 geschlossenen Geheimabkommen einen schmalen Küstenstreifen und Deutschland erhielt für die Preisgabe aller Mitsprache über das vergewaltigte Land einen wirtschaftlich und strategisch unbedeutenden Teil französischen Kolonialgebiets (Neukamerun).
[592] Stieve, Friedrich, *Der diplomatische Schriftwechsel Iswolskis 1911-1914*, Berlin 1926, II, S.42
[593] Hellmut Herda, „Die Schuld der Anderen", Archiv-Edition im Verlag für ganzheitliche Forschung, Viöl 1995, Seite 35.

Stahlhelm. Diese Maßnahmen sollten die Franzosen psychologisch auf einen neuen Krieg gegen Deutschland vorbereiten.[594]

Die Aufhetzung Rußlands

Mitte August stattete Poincaré seinen Antrittsbesuch in Petersburg ab. Sein Empfang unterschied sich in nichts von dem eines regierenden Souveräns. Der neue russische Außenminister Sassanow informierte Poincaré, daß die Balkanstaaten unter russischem Patronat ein Bündnis gegen die Türkei geschlossen hätten. Hinter der Türkei aber stand die österreichisch-deutsche Koalition, die die Jungtürken mit Kruppkanonen und Offiziersmissionen versorgte...[595] Der eigentliche Grund dieses Besuches aber war ein Flottenabkommen zwischen Frankreich und Rußland, welches geheim war und das erst 1918 von der Sowjetregierung enthüllt wurde.

Seitdem wurde der Westen nicht müde, Petersburg seine Geschlossenheit und Kriegsbereitschaft unter die Nase zu reiben. Der britische Außenminister Sir Edward Grey beispielsweise gab in einer Besprechung am 24. September 1912 in Balmoral dem russischen Außenminister Sasonow nachdrücklich zu verstehen, England würde nicht zusehen, wenn Deutschland den Versuch unternehmen sollte, Frankreich anzugreifen, sondern alles tun, um dieses Land zu schützen. Er fügte noch hinzu, daß dies bereits die Ansicht Englands bei der Algecirasskonferenz von 1906, sowie auch 1911 während der Agadir-Krise gewesen sei.[596] Auch Rußland könne sich auf Großbritannien verlassen. Falls Deutschland Österreich zu Hilfe käme, werde Großbritannien „alles" einsetzen, um der deutschen Macht den gefährlichsten Schlag zuzufügen.[597] Und Poincaré legte noch im gleichen Monat nach, indem er dem russischen Außenminister die Zusicherung gab, daß Frankreich nicht einen Augenblick zögern werde, seine Verpflichtung gegenüber Rußland zu

---

[594] Entsprechende Schützenhilfe gab zur gleichen Zeit ein prominenter Logenbruder Poincarés aus England. Der belgische Botschafter in Berlin notierte diesbezüglich am 25. Juli 1912: „Indem Churchill, wie er es getan hat, Deutschland als den einzigen Feind Englands bezeichnete, steigerte er den Revanchewunsch der Franzosen auf den Siedepunkt und zum Paroxysmus." Hellmut Herda, „Die Schuld der Anderen", Archiv-Edition im Verlag für ganzheitliche Forschung, Viöl 1995, Seite 124
[595] In der Zeit vom März bis Mai 1912 hatten Bulgarien und Serbien einen Pakt geschlossen, dem im August auch Montenegro beitrat (später auch Griechenland), in welchem die Signatarmächte einander ihre staatliche Unabhängigkeit und den Bestand ihrer Gebiete garantierten. In geheimen Zusatzprotokollen wurde Makedonien aufgeteilt und Rußland für den Fall eines türkischen oder österreichischen Angriffs als "Schiedsrichter" bestellt. Im Oktober des Jahres begann der erste Balkankrieg durch den Angriff des Balkanbundes auf die Türkei. Frankreich konnte mit Genugtuung feststellen, daß es nicht nur sämtliche Siegerstaaten mit Anleihen ausgestattet hatte. Man entsann sich zudem, daß der serbische König den Rock der Offiziersschüler von Saint-Cyr getragen hatte.
[596] Hellmut Herda, „Die Schuld der Anderen", Archiv-Edition im Verlag für ganzheitliche Forschung, Viöl 1995, Seite 15
[597] Ders., Seite 31

erfüllen, wenn Deutschland bei einem Streitfall auf dem Balkan Österreich helfen werde.[598]

Als Tage darauf der russische Großfürst Nikolai Nikolajewitsch auf den französischen Herbstmanöver erschien, begleitete ihn der Kriegsminister Millerand demonstrativ an die lothringische Grenze.[599] Die den Besuch abschließende Truppenparade in Nancy wuchs sich zu einer einzigen riesigen Demonstration gegen den Frankfurter Frieden aus, der den deutsch-französischen Krieg beendet hatte. Weit bedeutsamer aber waren gemeinsame englisch-französische Kriegsvorbereitungen, die kein Mißverständnis mehr zuließen: die ganze französische Kanalflotte wurde ins Mittelmeer verlegt, die englische Mittelmeerflotte hingegen in die Nordsee - womit die Verteidigung der französischen Atlantikküste eindeutig der britischen Admiralität anvertraut war.

Die Militärs werden sich einiges zu sagen gehabt haben - auch Dinge die noch heute nicht in den Geschichtsbüchern stehen. Nikolai Nikolaijewitsch, der Vertreter des Zarenreiches, jedenfalls hob beim Abschiedsdiner sein Glas und rief unter dem begeisterten Beifall französischer Offiziere: "Ich trinke auf unseren gemeinsamen Sieg in der Zukunft, auf Wiedersehen in Berlin, Messieurs!"[600] Sprachs, fuhr nach Hause und schnitt dort als Oberbefehlshaber des Militärbezirks St. Petersburg die russische Militärtaktik offensiver denn je auf den künftigen Kriegsgegner zu. Eine während des Krieges in deutsche Hände gefallene russische Mobilmachungsorder, datiert auf den 12. Oktober (30. September russischen Kalenders) 1912 spricht da eine kaum mißzuverstehende Sprache. So heißt es in diesem amtlichen Dokument, das der deutsche Reichskanzler von Bethmann-Hollweg am 15. November 1916 im Reichstag verlas: "Allerhöchst ist befohlen, daß die Verkündung der Mobilisation zugleich auch die Verkündung des Krieges gegen Deutschland ist."[601]

Am 6. Dezember 1912 schrieb der belgische Gesandte in Petersburg an seine Regierung: „Die russische Armee wünscht den Krieg. Die feindliche Gesinnung gegen Österreich einigt alle Klassen der Nationen."[602] Wer sich über den Hintergrund dieser krankhaft-psychotischen Volksstimmung klar werden möchte, dem sei an dieser Stelle noch einmal anempfohlen im Kapitel „Pressefeldzug" unter der Rubrik „Machtverhältnisse im russischen Medienbereich" nachzuschlagen - womit wir schon beim nächsten Thema wären.

---

[598] Ders., Seite 12
[599] Poincaré stammte selbst aus Lothringen. Seine Wahl zum französischen Staatsoberhaupt nannte Jules Duheme in der *Revue de Paris* am 1. November 1916 rückblickend "das Bekenntnis der Auferweckung der nationalen Politik Frankreichs" und zugleich "das Bekenntnis zur Zurückgewinnung Elsaß-Lothringens von Deutschland durch Frankreich".
[600] Hellmut Herda, „Die Schuld der Anderen", Archiv-Edition im Verlag für ganzheitliche Forschung, Viöl 1995, Seite 23
[601] Als die Mobilisation dann 1914 tatsächlich durchgeführt wurde, ernannte der Zar den Großfürsten Nikolai Nikolajewitsch zum Oberbefehlshaber der russischen Streitkräfte.
[602] Hellmut Herda, „Die Schuld der Anderen", Archiv-Edition im Verlag für ganzheitliche Forschung, Viöl 1995, Seite 124

Der Kauf der französischen Oppositionspresse

Wie dargestellt beherrschten Zionisten und Freimaurer weite Teile des französischen Nachrichtenwesens. Das demokratische Staatswesen erschwerte indes die Kontrolle des *gesamten* Presseapparats. Dafür gab es zu viele abzudeckende Parteien und Interessensgruppen, unter denen sich sogar solche befanden, die sich einer Einvernahme offen verschlossen. Es gab klerikale Blätter, in denen eingeschworene Gegner der Jahwe-Freimaurerei das Wort führten. Es gab angesehene pazifistische Blätter, die ihr Anliegen sehr ernst nahmen und um jeden Preis einen europäischen Krieg abzuwenden trachteten.

All diese Meinungsmultiplikatoren fanden sich zu einem sich ständig erweiternden Oppositionsbündnis zusammen, als Ministerpräsident Raymond Poincaré seine Absicht bekanntgab, Präsident der Republik zu werden. Wie der deutsche Botschafter in Paris, Freiherr von Schoen, überliefert kamen, auf diese Bewerbung im französischen Volk „vor der Wahl des Präsidenten ernste Besorgnisse zum Vorschein, die sich in dem geflüsterten knappen Wort ausdrückten: ´Lui président - ce sera la guerre!´ (Er als Präsident - das gibt den Krieg)"[603] Deshalb bäumten sich noch einmal alle um den Frieden besorgten Journalisten auf. Möglicherweise wäre es den Tauben auch wirklich gelungen, die Nation von der Tragweite der anstehenden Entscheidung zu überzeugen, wenn nicht die Falken gerade noch rechtzeitig gegengesteuert hätten. Die Kriegsbefürworter machten dabei die Zeitungen, die gegen die alliierte Interventionspolitik schrieben, mundtot, indem sie ihr Schweigen schlicht und einfach erkauften.[604]

Wie man heute weiß, arbeiten bei diesem Putsch von oben Freimaurer und Zionisten Hand in Hand mit den Regierungen in Paris und Petersburg.

Am 23. Oktober 1912 schrieb Bruder Botschafter Iswolski aus Paris dem russischen Außenminister, es bestehe *„absolute Notwendigkeit, weitere Geldmittel zur Beeinflussung der französischen Presse bereitzustellen. Da ich persönlich sehr wenig Erfahrung in solchen Dingen habe, besprach ich mich mit (dem zionistischen, der Verf.) Geheimrat Raffalowitsch, der seit Jahren damit vertraut ist, und der folgenden Aktionsplan vorschlägt: Sofort für diesen Zweck 300.000 Fr. bereitzustellen, und mit der Verteilung derselben Lenoir zu betrauen, der die früheren Verteilungen geleitet hat. Es ist von Wichtigkeit, nichts zu unternehmen, ohne Poincaré zu befragen. Die französischen Staatsmänner haben in solchen Dingen eine unglaubliche Erfahrung und Gewandtheit."*

---

[603] Rudolph Stratz, „Der Weltkrieg", Verlag Scherl, Berlin 1933, Seite 18
[604] Die folgenden Ausführungen folgen den Auszügen aus dem russischen Staatsarchiv. In dem in Frankreich totgeschwiegenen Prozeß des „Matin" gegen die „Humanité", welche einen Teil der Briefe aus dem russischen Staatsarchiv im Januar 1924 veröffentlichte, erschien als Zeuge der 1906-1914 in Rußland amtierende russische Ministerpräsident Kokowzev, der unter Eid die Echtheit der Schriftstücke bekräftigte. Charles Hartmann machte sie daraufhin noch im gleichen Jahr in der Berliner „Deutschen Rundschau" publik.

Der Freimaurer Sasonow[605] beantwortete diesen Brief im günstigen Sinne (Streng geheim. St. Petersburg, 30. Oktober 1912) und teilte mit, daß der zionistische Abteilungschef Davidov beauftragt wurde, zu diesem Zweck brüderlich nach Paris zu reisen und persönlich alle weiteren Maßregeln zu besprechen. Davidow traf bereits am 29. Oktober in Paris ein, wo er nach umgehender Besprechung mit Poincaré und Iswolski an der Seite Raffalowitsch und unter Einbindung des als Finanzminister amtierenden illuminierten Jahwejüngers[606] Lucien Louis Klotz zur Verteilung der Gelder schritt. Raffalowitsch schrieb am 12. Dezember 1912 an Iswolski, daß man sich der französische Verteilungsleiter Lenoir hinsichtlich der von St. Petersburg bereitgestellten sechsstelligen Summen *„auf Veranlassung von Klotz, der hierin der Wortträger Poincarés ist, gegenüber den Zeitungen 'Aurore', 'Lanterne', 'Radical' usw. - sowie gegenüber gewissen Direktoren von Zeitungen, deren Auflage zwar klein, aber von politischen Einflusse ist, fest verpflichtet hat."*

Noch einmal für die etwas langsamen das kleine Einmaleins der Erfolgstory „Wie man eine freimaurerische Wahl gewinnt". Es geht um die Präsidentschaft. Da gibt es einen Kandidaten, der aufgrund seiner kriegerischen Haltung möglicherweise eine Bedrohung für sein Land darstellt. Deshalb - das betreffende Land ist eine sogenannte Demokratie - schreibt ein großer Teil der Presse gegen diesen Mann und trifft damit durchaus eine Grundstimmung in der Wählerschaft. Dummerweise aber sind die überstaatlichen Mächte Zionismus und Freimaurerei für den Verrückten eingenommen, weil sie den Krieg wünschen. Damit tritt von jetzt auf gerade ein großer Teil der „Schreibenden Zunft" auf die Seite des schon zum Ministerpräsidenten Aufgestiegenen, der seinen Steigbügelhaltern nichts anderes als den Krieg versprechen muß. Bleibt ein Restbestand „unverbesserlicher" Journalisten, die zufälligerweise nicht für den Zionismus oder die Loge zu begeistern sind, bzw. die den Frieden am Ende doch zu sehr lieben. Diese Aufrechten könnten die Wahl des kriegerischen Schützlings doch noch gefährden. Also müssen sie gekauft werden. Da der Kandidat selbst nicht genügend Geld auf der Hand hat wendet er sich an seine „Brüder", die die Sammelbüchse kreisen lassen und sogar im ebenfalls kriegsbegeisterten Ausland entsprechende Mittel auftreiben. Als Mittler fungieren einzig und allein die Anstifter und späteren Profiteure des Krieges: Zionisten und Freimaurer. Das Projekt gelingt und die Öffentlichkeit, die gar keinen Krieg will, sieht sich der Lichtgestalt eines allgegenwärtigen Mannes gegenüber, der vor Geld kaum laufen kann und dessen eigentlichen Hintergründe und Absichten von keiner Seite angezweifelt werden. Wie gut, meint der Leser, sind die Aussichten dieses Politikers?

Festzuhalten ist, daß sich der Autor in diesem speziellen Fall in der Tat die Karriere Raymond Poincarés zum Vorbild genommen hat. Trotzdem - und das macht die

---

[605] Sasonows Logenmitgliedschaft nach Generalleutnant A. Netchvolodow,„L'Empereur Nicholas II et les Juifs", Etienne Chiron Éditeur, Paris 1924, S. 41f. mit Bezug auf die frz.„La Franc-Maconnierue Démasquée, Ausgaben vom 10. und 25. Dezember 1919
[606] „Meyers Lexikon", 8. Auflage, Bibliographisches Institut, Leipzig 1939, 6. Band, Seite 1210 Klotz mußte im Dezember 1928 wegen Wechselfälschung seinen Senatssitz niederlegen und wurde dann zu zwei Jahren Gefängnis verurteilt.

Sache nicht gerade erträglicher - ist er bei weitem nicht der einzige „Bauer" im Schachspiel des Geheimvatikans, der auf diese Art und Weise zu Ruhm und Ehre gelangte. Es ließe sich eine lange Liste von Namen aufmachen, bei der auch so schillernde Persönlichkeiten wie Leo Trotzki, Adolf Hitler und Benito Mussolini nicht fehlten... [607]

Poincaré Präsident

Die Präsidentschaftswahl gewann Poincaré am 17. Januar. Bereits wenige Stunden später ersetzte er den zum Ausgleich neigenden französischen Botschafter in Petersburg Georges Louis durch den seinerzeit von Deutschland aus dem Amt gezwungenen Draufgänger Delcassé - was der belgische Gesandte in Paris mit der Explosion einer Bombe verglich.[608] Es war eine ebenso klare wie bewußte Entscheidung zum Konfliktkurs, was durch den ehemaligen französischen Außenminister Pichon unterstrichen wird, der am 14. Januar 1915 zu Louis sagte: „Wären Sie Botschafter in Petersburg geblieben, so hätten wir keinen Krieg bekommen. Delcassé ist am Ausbruch des Krieges mitschuldig, weil er die Russen unaufhörlich gegen Deutschland aufgehetzt hat." Wie sehr sich Iswolski über die Umbesetzung auf dem Botschafterposten in Petersburg freute, zeigt sein Telegramm an Außenamtschef Sasonow: „Ich meinerseits erlaube mir zu äußern, daß Herr Delcassé, dessen politische Vergangenheit Ihnen gut bekannt ist, dem Gedanken einer allerengsten Vereinigung zwischen Rußland und Frankreich tatsächlich ganz und gar ergeben ist, und als einer der einflußreichsten hiesigen Parlamentarier, falls die kritische Stunde kommt, eine entscheidende Rolle im Sinn der Beseitigung irgendwelchen Schwankens bei der Regierung spielen kann."[609]

Am 30. Januar 1913 meldete Iswolski nach Petersburg, und zwar, wie er ausdrücklich betonte, mit photographischer Treue" über Unterredungen mit Poincaré und anderen Männern unter anderem: „Die französische Regierung ist fest entschlossen, ihre Bündnisverpflichtungen uns gegenüber in vollem Umfange zu erfüllen und gibt vollkommen bewußt und kaltblütig die Möglichkeit zu, es könne sich für sie als Endergebnis der gegenwärtigen Entwicklung die Notwendigkeit erweisen, an einem allgemeinen Kriege teilzunehmen. Der Zeitpunkt, an dem

---

[607] Vergleiche „Israels Geheimvatikan", Band 3, in dem sehr ausführlich auf die überstaatliche Rolle von Kommunismus, Faschismus und Nationalsozialismus eingegangen wird.
[608] Poincaré hat später bestritten, an der Ernennung Delcassés beteiligt gewesen zu sein, da er zu dieser Zeit noch nicht offiziell in sein Amt eingeführt war. Im Gegensatz dazu steht ein Bericht Iswolskis vom 30. Januar 1913, in dem es heißt: „Poincaré wird die Präsidentschaft endgültig erst in drei Wochen übernehmen. Er hält sich aber bereits täglich im Ministerium auf. Der Außenminister Jonnart trifft ohne sein Wissen und Einverständnis keinerlei Anordnung." Diese aufschlußreiche Ausführung finden wir bei Friedrich Hasselbacher, „Entlarvte Freimaurerei", Band II, 1938 (3. Auflage), Archiv-Edition im Verlag für ganzheitliche Forschung und Kultur, Viöl 1993, Seite 154
[609] Beide Zitate zum Botschafterwechsel bei Friedrich Hasselbacher, „Entlarvte Freimaurerei", Band II, 1938 (3. Auflage), Archiv-Edition im Verlag für ganzheitliche Forschung und Kultur, Viöl 1993, Seite 108

Frankreich genötigt sein wird, das Schwert zu ziehen, ist durch das französisch-russische Militärabkommen genau festgesetzt, und in dieser Beziehung sind auf seiten der französischen Minister keinerlei Zweifel und Schwankungen vorhanden. Die Tatkraft, Entschlossenheit und Geschlossenheit des Charakters von Poincaré bürgen dafür, daß er in seiner Eigenschaft als Präsident der Republik mit allen Mitteln und stündlich die französische Politik, hauptsächlich die auswärtige, beeinflussen wird."[610]

Die Präsidentschaft des charakterlich geschlossenen Großbetrügers Poincaré wurde vom russischen Botschafter in London, Graf Benckendorff am 25. Februar 1913 wie folgt gesehen: „Wenn ich mir die Worte des französischen Botschafters wiederhole und dabei die Haltung Poincarés vor Augen halte, so kommt mir der Gedanke, der einer Überzeugung gleicht: Von allen Mächten ist Frankreich die einzige, die, um nicht zu sagen, daß sie den Krieg wünscht, ihn doch ohne großes Bedauern sehen würde."[611]

Die Freimaurerei war darüber natürlich beglückt. Das Organ der holländischen Brüder äußerte sich „in äußerst anerkennender Weise" über den frischgebackenen Präsidenten der französischen Republik, „den Br. Poincaré" und rühmte „in ihm gerade den Freimaurer, der nun zur Freude seiner Gesinnungsgenossen auf dem Thron sitzt, mit ihm der freimaurerische Gedanke, mit dem sein ganzes Leben bis dahin in Übereinstimmung gewesen" sei.[612] Man sollte sich als Demokrat diese Worte langsam auf der Zunge zergehen lassen...

Br. Churchill datiert den Krieg

Daß Frankreich Krieg führen würde, daß gar der Beginn der Konfrontation bereits zu diesem Zeitpunkt feststand, überliefert eine Aussage des britischen Marineministers Winston Churchill. Im Februar 1913 ließ er den Vorstand der traditionsreichen Cunard-Reederei wissen, daß die Stunde der Bewährung herannahe. Der Krieg gegen Deutschland sei sicher, spätestens im September 1914 werde er ausbrechen.[613] Churchills überaus genaue Voraussage darf angesichts seiner Vita kaum überraschen: Er war einer der eifrigsten Freimaurer seiner Zeit und galt - obwohl selbst kein Jude von Geburt - als verläßlicher Partner des Zionismus. Hatte Churchill seine prophetische Gabe jenen jüdischen Kabbalisten

---

[610] Hasselbacher, a.a.O., Seite 113
[611] Zitate aus dem Pariser Linksblatt „Lanterne" vom 8. Oktober 1921
[612] Bezug der „Zwanglosen Mitteilungen des Vereins deutscher Freimaurer" (nur für Brr. Freimaurer), Leipzig 1913, Nr. 19, Seite 48 auf die Maconiek Tijdsschrift, Februarnummer 1913. Unter der Überschrift „Auch ein Br." bezieht sich die Freimaurerzeitschrift „Zirkel", Jahrgang 45, Seite 72 ebenfalls auf die Maconiek Tijdsschrift. Alle vorgenannten Ausschnitte in Friedrich Hasselbacher, „Entlarvte Freimaurerei", Band II, 1938 (3. Auflage), Archiv-Edition im Verlag für ganzheitliche Forschung und Kultur, Viöl 1993, Seite 150f.
[613] *Der Spiegel*, Nr. 45, 1972, S. 143 f.

zu verdanken, die bestrebt waren, die Geschichte der Menschheit an den Weissagungen der Bibel zu messen?

Sollte dies so sein, dann wüßten wir auch, warum der spätere Präsident der zionistischen Weltorganisation Nahum Goldmann damals so euphorisch das öde Palästina bereiste. Im Nachwort zu seinen ersten Israel-Reiseeindrücken vom März/Juli 1913 empfahl der im russischen Wischnewo gebürtige und in Deutschland lebende Funktionär jedenfalls - trotz aller gescheiterter Besiedelungsprojekte und rückläufiger Einwanderungszahlen - allen Zionisten nach dorthin zu fahren um „"... für eine kurze Weile lebendiger Zeuge der Wiederverjüngung unseres Volkes in seinem Erez-Israel zu sein."

Rußland instruiert Serbien

Während eine sanft vor sich hin schlummernde Welt den wissenden Goldmann belächelt haben mag schrieb am 23. 4. 1913, also nur wenige Wochen, nachdem Churchill das Datum des Kriegsausbruchs festgelegt hatte, der russische Außenminister Sasonow an den russischen Gesandten in Belgrad, v. Hartwig folgende interessante Zeilen: *"Serbien aber hat erst das erste Stadium seines historischen Weges durchlaufen, und zur Erreichung seines Zieles muß es noch einen furchtbaren Kampf aushalten, bei dem seine ganze Existenz in Frage gestellt werden kann. Serbiens verheißenes Land liegt im Gebiet des heutigen Österreich-Ungarn und nicht dort, wohin es jetzt strebt, und wo auf seinem Wege die Bulgaren stehen. Unter diesen Umständen ist es ein Lebensinteresse Serbiens, (...) sich in zäher und geduldiger Arbeit in den erforderlichen Grad der Bereitschaft für den in der Zukunft unausweichlichen Kampf zu versetzen. Die Zeit arbeitet für Serbien und zum Verderben seiner Feinde...*"[614]

Dieser Brief führte offensichtlich umgehend zu direkten serbisch-russischen Gesprächen in der russischen Hauptstadt, denn nur sechs Tage später, am 29. 4. 1913 schreibt der serbischen Gesandten in Petersburg, Popowitsch, in einem Telegramm an das serbische Außenministerium wörtlich: *"Wiederum sagte er (Außenminister Sasonow, der Verf.) mir, daß wir für die künftige Zeit arbeiten müssen, wenn wir viel Land von Österreich-Ungarn bekommen werden. Ich*

---

[614] *Deutschland schuldig ? Deutsches Weißbuch über die Verantwortlichkeit der Urheber des Krieges*, Berlin 1919, S.99, Hrsg. mit Genehmigung des Auswärtigen Amtes

entgegnete ihm[615], *daß wir Bitolia den Bulgaren schenken werden*[616], *wenn wir Bosnien und andere Länder bekommen werden."*[617]

Die blutige Breitenwirkung dieser Geopolitik dürfte dabei allen Beteiligten klar vor Augen gestanden sein. Nikola Pasic, seit der Thronbesteigung der russenfreundlichen Dynastie Karadjordjevic unbestritten der leitende Staatsmann Serbiens, wies darauf hin, als er im August 1913 nach Beendigung des serbisch-bulgarischen Krieges in Marienbad erklärte: „Ich hätte schon im ersten Balkankrieg, um auch Bosnien und Herzegowina zu erwerben, es auf *den europäischen Krieg* ankommen lassen können." Und im gleichen Jahre überraschte der serbische Dauerpremier auf der Bukarester Friedenskonferenz seinen griechischen Intimus Politis mit den Worten: „Die erste Partie ist gewonnen, jetzt fehlt nur noch die Vorbereitung für die zweite Partie gegen Österreich!"...[618]

Frankreichs dreijährige Kriegszeit

Unter Poincaré war die 'Grande Nation' derweil auf dem besten Weg, alle Brücken zum Frieden hinter sich abzubrechen. Dies bestätigt der belgische Gesandte in Paris, Baron Guillaume, der uns im Sommer 1913 einen Einblick in die Hochrüstung Frankreichs gibt. Als dort am 19. Juli auf Betreiben des talmudgebildeten Kriegsministers Alexandre Millerand[619] die dreijährige

---

[615] Wobei er sich offensichtlich auf den o. g. Brief bezog
[616] Popowitsch spielt hier auf Unstimmigkeiten innerhalb des zu dieser Zeit gegen die Türkei kriegführenden Balkanbundes an. Zwar kam es im Mai 1913 in London zu einem Präliminarfrieden, in dem die Türkei auf weite europäische Gebietsteile verzichten mußte. Doch kam es schon wenige Wochen darauf, im Juni/Juli, durch den Streit der Sieger über die Verteilung der makedonischen Kriegsbeute zum zweiten Balkankrieg.
[617] Als österreichische Truppen im Dezember 1914 in Belgrad einrückten, fand Hauptmann Béla Illés als provisorischer Polizeichef von Belgrad im Schreibtisch des geflüchteten serbischen Außenministers Pasitsch eine Europakarte, die die Grenzen der Staaten folgendermaßen verschoben zeigte: Frankreich bis zum Rhein, die Tschechoslowakei, Großserbien in den Jugoslawischen Grenzen (um Albanien erweitert), Italien bis zum Brenner, Rumpfungarn, Großrumänien, einen Korridor zwischen Österreich und Ungarn. Auf der Pariser "Friedens"-Konferenz versuchte der tschechische *Grand Orient* - Bruder Benesch tatsächlich diese Verbindung mit Jugoslawien durchzusetzen. (Pauler, Ludwig, *Geheimschlüssel zur Weltpolitik...*, S. 32)
Die Russen verteilten das Fell des noch nicht erlegten Bären jedoch nicht nur in der "Alten Welt". Bereits vor den angeführten Versprechungen an Serbien war am 8. Juli 1912 ein russisch-japanischer Geheimvertrag zustande gekommen, der im Falle eines europäischen Krieges Rußland Rückendeckung in Asien gewährte und den Japanern den deutschen Besitz Kiautschau in China zusicherte. Nachdem Japan Ende August 1914 verabredungsgemäß auf alliierter Seite in den ersten Weltkrieg eingestiegen war, wurde ihm Kiautschau in Versailles auch prompt überschrieben.
[618] Dieter Rüggeberg, „Geheimpolitik 2", Rüggeberg-Verlag, Wuppertal 1997, Seite 213 f. Schon 1912 hatte Pasic öffentlich verkündet, daß das Schicksal Serbiens unzertrennlich mit dem Schicksal der Entente verknüpft sei. (Ebenda)
[619] Nach den „Archives Israélites" vom 30. September 1920 war Millerands Großvater, Cahen, Angestellter in des Synagoge in der Straße Notre Dame de Nazareth. Das Blatt ergänzt, daß die Erziehung des jungen Alexandre dessen talmudtreuer Onkel Ephraim Cahen übernahm.

Militärdienstzeit angenommen wurde, schreibt der Diplomat: "Es steht nunmehr fest, daß in die französische Gesetzgebung Bestimmungen aufgenommen werden sollen, die das Land wahrscheinlich nicht lange ertragen kann. Die Lasten des neuen Gesetzes werden für die Bevölkerung so schwer, die Aufgaben, die es mit sich bringt, werden so ungeheuer sein, daß das Land bald protestieren wird, und Frankreich wird sich dann vor die Frage gestellt sehen: entweder dem zu entsagen, was es nicht wird ertragen können, oder *in kürzester Zeit Krieg führen*. Für die, die das Volk in diese Lage gebracht haben, wird es eine schwere Verantwortung sein."[620]

Zwei Tage nach Verabschiedung der Vorlage erfuhren die Russen aus der Feder ihres Frankreichbotschafters, daß Poincaré gar nichts anderes bezweckte als eben Krieg zu führen. Am 21. Juli 1913 schrieb Iswolski „streng geheim" nach Petersburg: „Nach Einsicht des Exposés des Kriegsministers und meinem erläuternden Vortrage gab Herr Poincaré zu, daß zu keiner Zeit die außergewöhnliche internationale Lage und die politischen Konstellationen den alliierten Zielen so günstig gewesen, wie gegenwärtig. Von dieser Unterredung gewann ich die Überzeugung, daß Herr Poincaré in jeder Beziehung mit uns einig geht und den Zeitpunkt endlich für gekommen erachtet, die hundertjährigen Ziele unserer traditionellen Politik zu verwirklichen und damit das europäische Gleichgewicht durch die Rückkehr der entrissenen Provinzen Elsaß-Lothringen wiederherzustellen." Deutliche Worte, möchte man meinen.

Poincaré wäre aber nicht Poincaré, wenn er nicht gleich wieder die Situation genutzt hätte, seinen panslawistischen Freund um weitere Spenden zur Niederbügelung der Pazifistischen Opposition anzugehen. Und so setzt sich der Bericht Iswolskis nahtlos wie folgt fort: „Die größte Schwierigkeit sieht Poincaré von seiten der Sozial-Radikalen voraus, die einem jeden Kriege, aber ganz besonders einem Kriege, der seinen Ursprung auf dem Balkan nimmt, abgeneigt sind. Diese Partei hat sehr fähige Köpfe und verfügt über eine beträchtliche Anzahl Abgeordneter und Zeitungen. Herr Poincaré glaubt mit mir, daß zur Beschwichtigung dieser Opposition ein sehr großes Opfer unsererseits notwendig ist. Ich wage kaum, den Betrag anzugeben: drei Millionen Franken, wovon 250.000 Franken allein für den 'Radical', Organ des Senators Perchot. Ich schlage vor, diese Subsidien wie früher auf Monatsraten zu verteilen, um der Willigkeit der Zeitungen in jedem Augenblick sicher zu sein. - Iswolski." Am 28. Juli antwortete Sasonow „strengstens geheim", daß die geforderte Summe durch den russischen

---

[620] Draeger, Hans, *Anklage und Widerlegung, Taschenbuch zur Kriegsschuldfrage*, Berlin etwa 1928, S. 42. Im Juli 1914 erklärte General Pedoya, der Vorsitzende des Heeresausschusses der französischen Kammer: "So hatte am 1. Januar des Jahres eine Nation von weniger als 40 Millionen (Frankreich) mehr Soldaten unter Waffen als eine Nation von 68 Millionen (Deutschland)." Nicht zuletzt angesichts dieser Tatsachen erscheint es mehr als befremdlich, daß gerade der zionistische Kriegsankündiger Max Nordau am 1. November 1914 in der "Vossischen Zeitung" des mosaischen Verlegers Georg Bernhard schreiben sollte: "Der Ausbruch des Krieges war für Frankreich eine furchtbare Überraschung, für die Regierung nicht minder, wie für das Volk; dieses hatte ihn ebenso wenig gewollt, wie jene; das muß vor den Deutschen veröffentlicht und vor der Geschichte feierlich bezeugt werden."

Ministerpräsidenten im Kabinettsrat und den Zaren genehmigt worden sei. „Herr Staatsrat Davidov wird zu diesem Zweck sofort nach Paris mit weitest gehenden Instruktionen abreisen."[621]

Rußland schärft die Klingen

Dieser geballten Kriegswut stand der durch und durch um den Frieden bemühte deutsche Monarch hilflos gegenüber. Noch am 8. Juni 1913 hatten hochstehende Amerikaner wie William Howard Taft, von 1909 bis 1913 Präsident der USA, und dessen Vorgänger Theodore Roosevelt des deutsches Kaisers in der „New York Times" gedacht und ihm verschwenderisches Lob gespendet. Für Taft war Wilhelm II der Welt stärkster Friedenshort, und der republikanische Vizepräsidentschaftskandidat von 1912 N. M. Butler schloß seine begeisterten Ausführungen mit den Worten: Wenn der deutsche Kaiser nicht als Monarch geboren wäre, so hätte ihn jedes moderne Volk durch Volksabstimmung zum Monarchen oder Regierungschef gewählt."[622]

Doch alle Aufrichtigkeit mag einem Land nichts helfen, wenn seine Nachbarn sein Verderben planen. Ganz in diesem Sinne sagte im November 1913 der russische Außenminister Sasonow: „Die Friedensliebe des deutschen Kaisers bürgt uns dafür, daß wir den Zeitpunkt des Krieges selbst zu bestimmen haben werden."[623] Daß dieser Zeitpunkt immer näher rückte, dafür waren die Militärs das beste Stimmungsbarometer. Nahezu wöchentlich wuchs im russischen Verteidigungsministerium die selbstgeschürte Euphorie und das wurde gar nicht einmal sonderlich vor der Außenwelt geheimgehalten. Zu Neujahr 1914 beispielsweise konnte jedermann in der führenden Militärzeitung 'Rasejedschik' lesen: *"Uns ist sehr wohl bekannt, daß wir uns auf einen Krieg an der Westfront, vornehmlich gegen die Deutschen vorbereiten. Deshalb müssen wir allen unseren Truppenbewegungen die Annahme zugrunde legen, daß wir gegen die Deutschen Krieg führen; z. B. muß immer die eine der manövrierenden Parteien die 'Deutsche' heißen. Nicht nur die Truppe, das ganze russische Volk muß an den Gedanken gewöhnt werden, daß wir uns zum Vernichtungskampf gegen die Deutschen rüsten und daß die Deutschen Staaten zerschlagen werden müssen, auch wenn wir dabei hunderttausende von Menschen verlieren."*[624]

---

[621] Der Briefwechsel entstammt dem russischen Staatsarchiv. Zuerst veröffentlicht wurde er im Januar 1924 in der Pariser „Humanité", daraufhin noch im gleichen Jahr in der Berliner „Deutschen Rundschau" durch Charles Hartmann.
[622] Harry Elmer Barnes, „The Genesis of the World War", New York 1926, Seite 593ff.
[623] Hellmut Herda, „Die Schuld der Anderen", Archiv-Edition im Verlag für ganzheitliche Forschung, Viöl 1995, Seite 35
[624] *Der Weltkrieg 1914-1918.* Bearbeitet im Reichsarchiv. Die militärischen Operationen zu Lande, 2. Bd.: Die Befreiung Ostpreußens, Berlin 1925, S. 17 sowie G. Ottmer, „Rußland und der Kriegsausbruch", Berlin 1936, zitiert in H. Höhne, „Der Krieg im Dunkeln. Macht und Einfluß des deutschen und russischen Geheimdienstes", München 1985, Seite 118

Die antideutsche Stimmung in Rußland erreichte im Jahre 1914 ihren Höhepunkt. Die Panslawisten bejubelten einen Entschluß der Regierung, das Landheer zu vervierfachen. Graf Babrinskij, einer ihrer Sprecher, erklärte: „Rußland bereitet sich zur letzten Abrechnung mit dem Germanentum vor..."[625] Eine japanische Militärdelegation, die Anfang 1914 Rußland bereiste, vermerkte mit Betroffenheit die feindlichen Gefühle, von denen die russischen Offiziere gegen Deutschland erfüllt waren.[626]

Rüstungsstände

Die Siegeszuversicht der Franzosen und Russen war nicht unbegründet. Die Vorbereitungen der Kriegstreiber hatten sich nämlich nicht in den geschilderten Einkreisungsmanövern erschöpft. Darüber hinaus hatten die späteren Alliierten gerüstet, was das Zeug hielt - während sie zur gleichen Zeit immer wieder mit dem Finger auf den angeblichen Militärstaat Preußen zeigten. Diese Propaganda, die heute noch nachwirkt, geht an den Tatsachen völlig vorbei.

Weder das deutsche noch das österreichisch-ungarische Militärbudget war unangemessen groß. Pro Kopf gab Deutschland noch 1913 für die Verteidigung 28 Mark aus, verglichen mit 31 Mark in Frankreich und 32 Mark in Großbritannien. Auch gemessen an den Gesamtausgaben der öffentlichen Hand lag Deutschland hinter den zukünftigen Gegnern. Gemessen am Nettosozialprodukt schließlich lagen Frankreich mit 4,8 Prozent und Rußland mit 5,1 Prozent weit vor Deutschland (3,9 Prozent), Großbritannien (3,2 Prozent) und Österreich (2 Prozent).[627]

Aus diesen Gründen hatte die alliierten Hochrüstung bereits im Winter 1913/14 ihr Vorkriegsziel erreicht und Berlin rein rechnerisch an die Wand gedrückt. Als *Landmacht* konnte das Deutsche Reich lediglich qualitative Vorteile gegenüber seinen potentiellen Kriegsgegnern ins Feld führen. Allein an der Ostgrenze standen 1.5 Millionen Russen bereit, um die Grenzen zu überrennen, im Westen hatten die Franzosen 850.000 Soldaten (bei 40 Millionen Einwohnern) aufgeboten. Deutschland saß mit 725.000 Soldaten (bei 66 Millionen Einwohnern) in der Zwickmühle, alleingelassen mit Österreich-Ungarn, das nur 450.000 Mann 'mitbrachte'.[628] Frankreich und Rußland verfügten demnach gemeinsam über eine doppelt so hohe Friedensstärke ihrer stehenden Heere wie die Donaumonarchie und

---

[625] B. Harenberg/F. L. Hinz, „Chronik des 20. Jahrhunderts", Braunschweig 1982, Seite 168
[626] E. Hölzle, „Die Selbstentmachtung Europas", Göttingen 1975, Seite 299
[627] Angaben nach „Junge Freiheit", Berlin, 30. April 1999, Seite 15 mit Bezug auf das Buch des britischen Historikers Niall Ferguson, „Der Falsche Krieg", Deutsche Verlags-Anstalt, Stuttgart 1999
[628] Angaben im wesentlichen nach Hellmut Herda, „Die Schuld der Anderen", Archiv-Edition im Verlag für ganzheitliche Forschung, Viöl 1995, Seite 120. Paul Chartess, „Strategie und Technik der geheimen Kriegführung. Teil II", Docupress, Berlin (West) 1987, Seite 42, bestätigt die Zahlen, beziffert aber die französischen mit 618.000 als leicht niedriger als die deutschen.

Deutschland zusammen. Soviel zum bis heute nachwirkenden Propagandabild des preußischen Militarismus.

Kaum anders sah es bei den *Seestreitkräften* aus. Der englische Regierungspolitiker E. D. Morell wies in diesem Zusammenhang auf Zahlen hin, die das britische Kriegsministerium 1913 dem Unterhaus zur Verfügung stellte und die in Pfund Sterling-Beträgen die nationalen Aufwendungen für den Neubau von Kriegsschiffen für die Jahre 1909 bis 1914 auswiesen. Der direkte Vergleich zwischen England und Deutschland zeigte, daß Großbritannien ausnahmslos die Nase vorn hatte.[629]

	England	Deutschland
1909	11.076.551	10.177.062
1910	14.755.289	11.392.856
1911	15.148.171	11.710.859
1912	16.132.558	11.491.187
1913	16.883.875	11.010.883
1914	18.676.080	10.316.284

Die von Großadmiral von Tirpitz gegen viele innere Widerstände aufgebaute Schlachtflotte hatte schließlich bei Kriegsausbruch 1914 nur die halbe Stärke der britischen... [630]

Da konnten auch die 1914 gemeldeten Vorkriegszahlen für den *Heereshaushalt* das Bild nicht zugunsten der Mittelmächte verschieben. Deutschland, Österreich und Ungarn hatten zusammen eines Heereshaushalt von 92 Millionen Pfund, dagegen verfügten Großbritannien, Frankreich und Rußland zusammen über einen solchen von 142 Millionen Pfund.[631] Ja, nicht einmal die *Munitionsfrage* war 1914 in Deutschland geregelt. Im Eisner-Prozeß wurde ein bis dahin unbekanntes Schriftstück des preußischen Kriegsministers von Falkenhayn vom 18. Juni 1914 vorgelegt. Falkenhayn schreibt hier an den Reichskanzler, daß er zum Reichshaushalt 1915, 1916 und 1917 eine Forderung auf Erhöhung der Munitionsreserven einbringen werde. Es wurden für jedes Geschütz 1.200 Schuß gefordert und dafür 20 Millionen verlangt. Diese Summe wurde auf drei Jahre verteilt. Graf Montgelas sagte hierzu wörtlich: „Also im Jahre 1915-1917 stellt man die Munition für den seit 25 Jahren für 1914 geplanten Angriffskrieg bereit. Wir hatten tatsächlich weniger Munition für beide Fronten, als Frankreich für seine

---

[629] 1913 und 1914 wurde Deutschland sogar noch von Rußland (12.082.516) bzw. Frankreich (11.882.862) eingeholt.
[630] P. Chartess, „Strategie und Technik...", Seite 42
[631] Legt man dieser Betrachtung die Bevölkerungsstärke der einzelnen Staaten zugrunde, dann wurde im Jahre 1910 pro Kopf für Heer und Flotte ausgegeben: In England 30.99 Mark, in Frankreich 25.25 Mark, in Deutschland 10.17 Mark. (Alfred Bornhardt, „Das Janusgesicht der deutschen Sozialdemokratie", Stuttgart 1953, Seite 34)

Front allein. So sieht die kriegslüsterne Militärverschwörung im Juli 1914 in Berlin aus."[632]

Schließen wir dieses Kapitel mit folgender Feststellung ab: Selbst *wenn* Deutschland angesichts der offenkundigen Aggressionsabsichten seiner Nachbarn und der bündnispolitischen Isoliertheit seit 1905 „Auf-Teufel-Komm-Raus" gerüstet *hätte*, dürfte das niemand verwundern. Trotzdem war das nicht der Fall. Im Gegenteil sind die militärischen Anstrengungen der Alliierten auf den meisten Gebieten höher zu beziffern, was insoferne bemerkenswert ist, da diese Mächte seit spätestens 1908 von dem in der Falle sitzenden und umzingelten Deutschland nichts zu befürchten hatten. Deshalb ist der gegebene Vergleich der Aufwendungen für militärische Zwecke in der Tat ein guter Maßstab für die offensiven Absichten der Entente.

England geht mit

Während sich die Militärs in Manövern und die Strategen in Sandkastenspielen übten zerbrachen sich in London die Wirtschaftskapitäne den Kopf, wie das Abenteuer gegen Deutschland zu finanzieren sei. Deshalb erhielt im Januar 1914 der leitende Beamte im britischen Schatzamt, Sir George Paish, von seinem Schatzkanzler David Lloyd George den Auftrag, eine Studie über die Situation der britischen Goldreserven zu erarbeiten. Sir George Paishs streng vertrauliches Memorandum (das erst 70 Jahre nach seiner Abfassung zur Veröffentlichung freigegeben wurde) enthüllt die Ängste, die das Denken der Finanzelite in London bewegten: *„Ein anderer Grund, um zur Reform des Banksystems zu schreiten, liegt in der wachsenden wirtschaftlichen und finanziellen Kraft Deutschlands. Denn mit ihr wächst die Unruhe, die Goldreserven könnten vor oder mit dem Beginn eines größeren Konflikts zwischen den beiden Ländern geplündert werden."* Im weiteren Verlauf des Memorandums warnte Paish Lloyd George davor, daß ein möglicher „run" auf die Bank von London unter den derzeitigen Umständen *„die Nation ernstlich daran hindern würde, Gelder aufzunehmen, um einen größeren Krieg zu führen."*[633]

Möglich, daß aufgrund dieser Unsicherheiten England doch noch einmal bange wurde, daß es noch ein letztes Mal zögerte, endgültig in das kalte Wasser eines Weltkrieges zu springen. Sicher, man war mit der weltweit stärksten Flotte in der Hinterhand als Inselstaat gerüstet. Trotzdem hatten die Briten so ihre eigenen Vorstellungen, wie ein Feldzug zu gestalten sei. Es war bislang stets eines ihrer wichtigsten Anliegen gewesen, eigene Interessen durch Stellvertreter ausfechten zu

---

[632] Angabe nach Hellmut Herda, „Die Schuld der Anderen", Archiv-Edition im Verlag für ganzheitliche Forschung, Viöl 1995, Seite 120f.
[633] Paish, Sir George: Memorandum on British Gold Reserves sent to Chancellor. Januar 1914. Treasury, Files of British Public Record Office, T 171 53. Veröffentlicht bei F. William Engdahl, „Mit der Ölwaffe zur Weltmacht", Dr. Böttiger Verlags GmbH, Wiesbaden 1993, Seite 61f.

lassen. Das schonte die eigenen Streitmächte, hielt die Heimat aus den Wirren heraus und schwächte die kontinentalen Konkurrenten bis zur gegenseitigen Ausblutung. So war man stets gut „gefahren". Dieser Gedanke wird der Hintergrund gewesen sein, den der russische Außenminister Sasanow präventiv im Auge hatte, als er Mitte Februar dem russischen Botschafter in England Benckendorff schrieb: "Ob England will oder nicht, es wird auch marschieren müssen."[634]

Freilich, rein äußerlich ließ London an seiner kriegerischen Haltung keinen Zweifel aufkommen. So reisten die britisch-jüdischen Brüder Buxton[635] im Februar 1914 im Auftrag des Londoner Secret Service auf den Balkan und erklärten dort einzelnen Politikern und Parteien frank und frei, daß es in Kürze zu einem Weltkrieg kommen werde, in welchem die ganze Welt gegen Deutschland gehe. England werde trotz möglicher Anfangserfolge Deutschlands den Krieg gewinnen. Als die beiden Parlamentarier mit ihrer Propaganda auch in dem eng an das Reich angelehnten Bulgarien Fuß zu fassen suchten, ließ die bulgarische Regierung beide verhaften. Es gelang den englischen Emissären jedoch zu flüchten. Auch gegenüber den damals noch zur österreichischen Monarchie gehörenden Tschechen ließ London entsprechende Verhandlungen führen, wohl in der Absicht, um im künftigen Feindesland eine "Fünfte Kolonne" zu begünstigen.

Russland entschieden

Kommen wir noch einmal zurück auf das zaristische Rußland, wo bekanntlich zum Jahreswechsel 1913/14 die Militärs in Erwartung des Krieges geradezu verrückt spielten. Die kaum zu bremsende Vorfreude auf das lang ersehnte Kräftemessen äußerte sich hier nicht nur in klar interpretierbaren Aussagen bzw. mehr oder weniger offenen Rüstungsanstrengungen.

Der Chef des deutschen militärischen Nachrichtendienstes von 1912 bis 1918, Oberst Walter Nicolai, schrieb in seinen 1930 erschienen Erinnerungen, daß Rußland im Jahre 1913 den Betrag von 13 Millionen Rubel für seine Spionagedienste ausgab, in den ersten drei Monaten des Jahres 1914 aber allein 26 Millionen Rubel. Welch erstaunliche Beträge dies damals waren, wird klar, wenn man erfährt, daß die deutschen Ausgaben für Spionage und Gegenspionage im Jahre 1913 bei 400.000 Mark lagen, d. h. es wurden 450.000 Mark bewilligt, aber nur 400.000 Mark verbraucht.[636] Das dramatische Ansteigen des russischen

---

[634] Brief vom 19. 2. 1914 in: *Russische Dokumente I*, 1, Seite 274
[635] *Charles Roden Buxton*: 1910-1918 liberaler Abgeordneter im Unterhaus. Gründete als Balkanexperte mit anderen das Balkan-Komitee. 1924 und 1929/30 Landwirtschaftsminister. *Noel Buxton*: 1905-06 und 1910-1918 liberales Mitglied des Unterhauses. Wurde als Balkankenner 1913 Vorsitzender der Carnegiekommission zur Untersuchung der Greuel des Balkankrieges. 1924 Landwirtschaftsminister.
[636] Nicolai, Walter, „Forces Secrètes" (Geheime Mächte), Paris 1932, Seite 43. Der Umtauschkurs der Währungen war 1894 mit 1000 Mark - 308 Rubel festgesetzt worden.

Geheimdienstbudgets in den Jahren 1913/14 läßt laut Nicolai rückblickende nur den Schluß, daß sich Petersburg auf die ersten Offensiven vorbereitete.

Ganz auf dieser Linie lag der Umstand, daß am 21. Februar unter dem Vorsitz des russischen Außenministers Sasanow eine Konferenz in Odessa stattfand, bei der die gewaltsame Besitzergreifung der türkischen Meerengen im Falle eines europäischen Krieges vorbereitet wurde.[637]

Dann rief ein Artikel der „Kölnischen Zeitung" eine deutsch-russische Pressefehde hervor; er wies auf die ungeheuren russischen Rüstungen hin, die spätestens in drei Jahren zu einem Krieg zwischen dem Deutschen Reich und Rußland führen würden. Quasi als Antwort stand am 12. März 1914 in der Petersburger „Birschewija Wjedomosti" („Börsennachrichten) zu lesen: *"Wir stellen hier im Vollbewußtsein der Macht unseres von der ausländischen Presse beleidigten Vaterlandes fest, daß das Hauptziel der Landesverteidigung erreicht ist. Bisher hatte der russische militärische Operationsplan defensiven Charakter; heute weiß man, daß die russische Armee im Gegenteil eine aktive Rolle spielen wird."* Die Hintergründe dieser drohenden Worte erschließen sich aus einem Bericht des deutschen Botschafters in St. Petersburg Friedrich von Pourtales an den Reichskanzler v. Bethmann-Hollweg vom 16. März 1914: "Ich halte es für richtig", so Pourtales, „den Russen gegenüber den Artikel nicht Ernst zu nehmen und sich auf den Standpunkt zu stellen, daß er nicht vom Kriegsminister herrühren könne. In Wirklichkeit besteht hierüber nicht der geringste Zweifel. Von sehr gut unterrichteter journalistischer Seite erfahre ich, daß General Suchomlinow den Artikel, und zwar angeblich in einer noch schärferen Form, in dem in ganz Rußland viel gelesenen Blatt *Rußkoje Slowo* habe veröffentlichen wollen. Dieses Blatt habe jedoch den Artikel abgelehnt, weil er ihm zu scharf gewesen sei. Hierauf sei der Artikel in einer etwas abgeschwächten Form der *Birschewija Wjedomosti* gegeben worden."[638] Der deutschen Armeeführung und ihren Aufklärungseinheiten kann die Bedeutung dieser Worte überhaupt nicht entgangen sein, denn der Kriegsminister ließ seiner Geste Taten folgen. Unmittelbar nach Erscheinen des Artikels rollten seit April bereits Truppentransporte aus Sibirien an die russische Westgrenze zum Aufmarsch gegen die Mittelmächte.[639]

Die kalten Krieger im Zarenreich müssen ihrer Sache sehr sicher gewesen sein. Das meint auch der russisch-demokratische Politiker W. W. Antonow. Kurz vor Kriegsausbruch, erinnert sich Antonow, habe er den späteren Ministerpräsidenten Boris Wladimirowitsch Stürmer gesprochen und dieser habe ihm bei dieser Gelegenheit gesagt: „Alles deutet darauf hin, daß gewisse Kreise mit dem Großfürsten Nikolai Nikolajewitsch (Oberbefehlshaber der russischen Streitkräfte, der Verf.) an der Spitze auf einen Krieg gegen Deutschland hinarbeiten. Der Ring

---

[637] „Der Große Brockhaus", Handbuch des Wissens in 20 Bänden, Verlag Brockhaus, Leipzig 1935, 15. Auflage, 20. Band, Seite 165
[638] *Deutschland schuldig ? Deutsches Weißbuch...*, S. 182, 185
[639] Skandinavische Diplomaten haben diese Vorgänge *seit April 1914* auf ihrem diplomatischen Dienstweg gemeldet.

ist schon fast geschlossen, es fehlt nur noch der äußere Anlaß, den man schon finden wird. Der Kaiser (der Zar, der Verf.) ist zu schwach, um diese Katastrophe zu verhindern."[640]

Der Mordplan

Was Stürmer ahnte, jedoch offensichtlich nicht wußte: Der „äußere Anlaß" war schon längst gefunden. Wir wissen, daß die Russen wiederholt an Belgrad herangetreten waren und darauf hingewiesen hatten, der Verbündete dürfe sich schon einmal auf eine österreichische Konkursmasse vorbereiten. Bekanntlich hatte Außenminister Sasonow im April 1913 dem serbischen Botschafter gegenüber von einem „furchtbaren Kampf" gesprochen, in dem es ganz konkret um Bosnien gehe. Wenige Wochen zuvor hatte Winston Churchill das Datum des geplanten Kriegsausbruch völlig korrekt vorausgesagt. Der Marinechef mag seine Weisheit weniger den Sternen als seinen guten Verbindungen zur Freimaurerei verdankt haben, die - auch davon haben wir gehört - zuvor den österreichischen Thronfolger zum Tode verurteilt hatte. Ein klar denkende Mensch wird aus diesen Zusammenhängen kritische Schlüsse ziehen.

Wer dazu noch nicht bereit ist, dem mag folgender Zwischenfall ein Licht aufgehen lassen: Am 15. März 1914 veröffentlichte das „Neue politische Volksblatt" in Budapest ein Telegramm, das ihm am gleichen Tag aus London zuging und meldete: „...daß der serbische Kronprinz in London, wohin er eben von Petersburg gekommen war, in der Trunkenheit in Gesellschaft anderer Nachtschwärmer sich gerühmt habe, daß er eben mit Sasanow die Ermordung des österreichischen Erzherzogs Franz Ferdinand, wenn dieser seine beabsichtigte Reise nach Bosnien und der Herzegowina mache, arrangiert habe, und daß sie beide überzeugt wären, daß dieser Mord den Krieg zwischen Serbien und Österreich-Ungarn herbeiführen werde. Das Dazwischentreten Rußlands würde automatisch folgen und die unausbleibliche Folge würde sein, daß Deutschland seinen Verbündeten Österreich unterstützen werde, wie Frankreich seinen Verbündeten Rußland."[641]

Zwei Wochen später, am 28. März 1914, konnte der Führer der panslawistischen Bewegung Brancaninow (Brantschaninow) bereits in der „Nowoja Zweno" triumphieren, „der britische Außenminister Sir Edward Grey habe ihm gesagt, daß England an dem großen Kriege teilnehmen werde. In ein paar Wochen werde der Weltkrieg ausbrechen. Für England bedeutet er einen erwünschten Ausweg aus den inneren Schwierigkeiten."[642]

---

[640] W. W. Antonow, „Das Sowjetparadies. Querschnitt durch die russische Revolution", Berlin (Hendriock) 1931, Seite 56. Antonow war seit 1906 Mitglied der „Konstitutionellen Demokraten"
[641] G. W. Surya, „Das Übersinnliche und der Weltkrieg", Freiburg 1921, Nachtrag Seite 65. Surya war Rosenkreuzer.
[642] Heise, Karl, *Die Entente-Freimaurerei und der Weltkrieg*, a.a.O., S. 201 sowie Hellmut Herda, „Die Schuld der Anderen", Archiv-Edition im Verlag für ganzheitliche Forschung, Viöl

Noch einmal wenige Tage darauf, im April 1914, stattete derselbe Grey an der Seite seines Königs Georg V. dem französischen Präsidenten Poincaré in Paris einen offiziellen Besuch ab, um im Angesicht der geplanten Provokation die allerletzten Lücken in der antideutschen Einheitsfront zu schließen. Es war das erste Mal seit er Staatssekretär war, daß Grey die britischen Inseln verließ. Der russische Botschafter in Frankreich, Iswolski, wurde zu einigen Treffen des Besuchs hinzugezogen. Ziel der Besprechungen war es, Rußland in ein ähnliches Verhältnis zu England zu bringen, wie es durch die Novemberbriefe von 1912 zwischen England und Frankreich festgelegt war.[643] Die Verhandlungen, die sich auch auf die englisch-russische Marinekonvention erstreckten[644] führten zu einem geheimen englisch-französisch-russischen Militärabkommen, das sich gegen Deutschland und Österreich-Ungarn richtete.[645] Berlin und Wien wurden bewußt nicht gewarnt, daß England sich verpflichtet hatte, in den Krieg einzutreten, sobald einer seiner Bündnispartner darin verwickelt würde. Vielmehr ließ die britische Regierung die deutsche Führung bis zuletzt im Glauben an eine mögliche britische Neutralität.[646]

In den Startlöchern

Mit der Pariser Dreimächte-Konferenz hatte die Politik ihr letztes Wort gesprochen. Von nun an taten die alliierten Verschwörer nichts anderes mehr, als zu warten und die Waffen zu ölen. Der Hauptberater des amerikanischen Präsidenten Wilson, Colonel House, der in diesen Tagen Europa bereiste, faßte bei seiner Heimkehr im Mai 1914 seine Eindrücke in die knappen Worte zusammen: "Wann immer es England zuläßt, werden Frankreich und Rußland über Deutschland herfallen."

Daß London zu diesem Schritt bereit war, zeigte sich ebenfalls im Mai. Während Lloyd George aus offenkundigen Gründen als einer der ganz wenigen noch gebremst haben mag[647], ließ Bruder Marineminister Churchill bereits in Erwartung

---

1995, Seite 36. Brancaninow war der nächste Freund des tschechischen Entente-Agenten Dr. Kramarz, dem Vorsitzenden des tschechischen Nationalrates, der 1918/19 zum ersten Ministerpräsidenten der Tschecho-Slowakei gewählt wurde.
[643] Im November 1912 hatte Grey mit dem französischen Botschafter Cambon Briefe ausgetauscht, die ein gemeinsames Handeln für den Fall der Gefährdung des europäischen Friedens vorsahen. („Der Große Brockhaus", Handbuch des Wissens in 20 Bänden, Verlag Brockhaus, Leipzig 1935, 15. Auflage, 20. Band, Seite 165)
[644] „Der Große Brockhaus", Handbuch des Wissens in 20 Bänden, Verlag Brockhaus, Leipzig 1935, 15. Auflage, 20. Band, Seite 165
[645] F. William Engdahl, „Mit der Ölwaffe zur Weltmacht", Dr. Böttiger Verlags-GmbH, Wiesbaden 1992, Seite 355
[646] F. William Engdahl, a.a.O., Seite 49f.
[647] Wohl auf eine entsprechende Anfrage hin, hatte bereits am 22. Mai 1914 der höhere Finanzbeamte Basil Blackett in einem streng vertraulichen Memorandum an Lloyd George zu den „Auswirkungen des Krieges auf unsere Goldreserven" geschrieben, es sei natürlich unmöglich, klar vorauszusehen, welche Auswirkungen ein allgemeiner europäischer Krieg, an dem die Länder des Kontinents wie auch Großbritannien beteiligt sind, mit sich bringt." (F. William Engdahl, „Mit der Ölwaffe zur Weltmacht", Dr. Böttiger Verlags GmbH, Wiesbaden

der kommenden Ereignisse große Teile der britischen Royal Navy probemobilisieren. Im Juni vermeldete er voll Stolz: "Während der letzten drei Jahre waren wir niemals bereiter gewesen, als augenblicklich. Niemals war die Flotte stärker als jetzt und niemals hat sie sich in besserer Verfassung befunden."

Anders sah es auch nicht in Rußland aus, wo seit April unaufhörlich Truppentransporte nach Westen rollten. Das Zarenreich hatte es mittlerweile nach eigenen Angaben zu einer Friedensstärke gebracht, „wie sie noch nie ein Staat aufgewiesen hat". Der dies aussprechende Artikel der „Birschewija Wjedomosti", des Organs des Kriegsministers Suchomlinow, vom 13. Juni 1914 berechnete die russische Friedensstärke mit 2,32 Millionen Mann auf das 3fache der deutschen. Er verwies auch ganz offen auf die Anlage von strategischen Bahnen, die den Aufmarsch nach Deutschland erleichterten. Als Kopf führte der Bericht den bezeichnenden Titel: „Rußland ist bereit, Frankreich muß es auch sein."[648]

Das war selbstverständlich der Fall. Mit Ausnahme der eingekesselten Mittelmächte waren alle soweit. Das Opfer konnte zur Schlachtbank geführt werden...

1993, Seite 62). Er gab jedoch gleichsam zu bedenken, daß ein solcher Konflikt England zugunsten der Vereinigten Staaten ausbluten könne. Diese Aussicht dürfte Lloyd George auch zu seiner friedensgeneigten Haltung gebracht haben, denn Großbritannien hatte von allen Mächten am meisten zu verlieren. *Churchill* hat dies damals und auch später nie eingesehen, und kann daher aus der Rückschau als wahrer Totengräber des britischen Empire gesehen werden.
[648] Friedrich Hasselbacher, „Entlarvte Freimaurerei", Band II, 1938 (3. Auflage), Archiv-Edition im Verlag für ganzheitliche Forschung und Kultur, Viöl 1993, Seite 154

Kapitel 4.17

Der Vollzug des blutigen Logenurteils

Serbiens Militär-Geheimdienstchef übernimmt die Ausführung

Die freimaurerisch-alliierte Mordkonspiration gegen Franz Ferdinand von Österreich gewann einen wichtigen Verbündeten, als der Gründer und Leiter der masonisch-terroristischen „Schwarzen Hand" Dragutin Dimitrijevic („Apis") im Jahre 1913 zum Chef des serbischen Militärgeheimdienst ernannt wurde. Allerspätestens zu diesem Zeitpunkt dürfte der „Grand Orient" auch festgelegt haben, an welchem Ort die folgenschwere Hinrichtung des Thronfolgers durchzuführen sei. Als es dann tatsächlich soweit war, deuteten die Spuren der Tat auch klar auf Dimitrijewitsch, der - schließlich selbst in der Bredouille - am 28. März 1917 einem serbischen Untersuchungsgericht über das Attentat von Sarajewo zu Protokoll gab: „Die Hauptteilnehmer an dem Attentat waren alle meine Agenten und erhielten kleine Honorare, die ich ihnen durch Vermittlung des Rade (R. Malobabic) sandte. Einige von ihren Quittungen befinden sich in russischen Händen, da ich das Geld für diese Arbeit im Auslande in erster Zeit vom General Artamanow erhielt."[649]

„Apis" machte diese Aussage im Zuge eines Verfahrens, dem er sich wegen eines weniger opportunen Attentats auf den Prinzregenten von Serbien, Alexander, unterwerfen mußte. Da der Gerichtshof Dimitrijewic und seine Mitangeklagten durch einen Appell an ihre Vaterlandsliebe aufforderte, nicht über den Mord von Sarajewo zu sprechen[650], bleibt die Spur zum russischen Militärattaché in Belgrad, Artamanow, weiter etwas nebulös. Sicher ist, daß dieser sehr wohl gewußt haben muß, was im österreichisch-ungarischen Nachrichtennetz seines Bundesgenossen Apis geplant war. Es fiel in Artamanows unmittelbaren Aufgabenbereich, panslawistische Aktionen, die sich gegen Österreich richteten, zu leiten und zu finanzieren. Er traf sich auch nachweislich persönlich mit Rade Malobabic, Dimitrijewitschs Verbindungsmann zu den Attentätern. Nicht zuletzt angesichts dieser engen Zusammenarbeit kann es kaum überraschen, daß Petersburg die

---

[649] Friedrich Würthle, „Dokumente zum Sarajewoprozeß", Wien 1978, Seite 112
[650] Boghitschewitsch, Dr. M. in: *Le Proces de Salonique Juin 1917*, 1927

Nachricht über den Mord an Erzherzog Franz Ferdinand bereits mehrere Tage - vorher erwartete[651]

Sehr wahrscheinlich gab das Zarenreich auch das letztlich entscheidende „grüne Licht" zum Losschlagen. „Apis" gibt nämlich selbst zu, noch im Mai 1914 dem russischen Militärattaché gegenübergesessen zu haben. Artamanow - so der serbische Geheimdienstchef - habe nach Konsultierung vorgesetzter Stellen in Rußland wörtlich gesagt: „Macht weiter! Wenn ihr angegriffen werdet, werdet ihr nicht allein gelassen."[652] Während panslawistische Kreise das Petersburger Außenministerium auf ihre Kriegsziele einschwören[653], habe Dimitrijevic darauf die Mörder nach Sarajewo gelassen.

Genau das suchte der serbische Ministerpräsident Nikola Pasic noch in letzter Minute zu verhindern. Er hatte als Regierungschef im Mai selbstverständlich ebenfalls von dem Attentatsplan Kenntnis. Sicherlich wird er alle Vorbereitungen auch lange Zeit gedeckt haben - zumal das Ausland gedrängt haben mag. Da aber auf der Hand lag, daß das Königreich durch den Coup in eine gefährliche Lage kommen würde, die seinen Untergang zur Folge haben konnte, wurde der Premier zunehmend unsicher. Schwankend wie er war, unternahm er schließlich den unzulänglichen Versuch, den Grenzübertritt der Attentäter zu verhindern, unterließ es aber, die österreichische Regierung davon offiziell in Kenntnis zu setzen. Ebenso lavierend ging Pasic in Österreich vor. Der serbische Gesandte in Wien versuchte den Erzherzog von der Reise abzubringen, ohne das Attentat auf Franz Ferdinand zu verhindern oder den verantwortlichen österreichischen Stellen eine entsprechende Warnung zugehen zu lassen.[654]

So begab sich der Erbe der K+K Monarchie letzten Endes ungebremst auf seine Balkanfahrt. Ironie des Schicksals, daß der Todgeweihte wie kein zweiter Habsburger des Jahrhunderts großes Verständnis gerade für die slawischen Völker der Monarchie hatte. Weit mehr als sie waren die stets nach Vorzugsrechten begierigen, vom Hochmutsteufel besessenen Ungarn für ihn die Feinde. Und soweit man über seine Zukunftspläne überhaupt unterrichtet ist, dachte er daran, dem

---

[651] *Neue Freie Presse*, 4. August 1916.
[652] Cowles, Virginia, „The Russia Dagger", Seite 302 sowie das „Neue Wiener 8 Uhr Blatt" vom 27./28. Juni 1924
[653] Im Mai 1914 wurde der Freimaurer Klofatsch mit einer von dem aus der Tschechei stammenden österreichischen Offizier Bruder Hanusch Kuffner angefertigten Kriegszielkarte bei diplomatischen Vertretungen vorstellig. Er händigte das Dokument dem russischen Gesandten in Wien aus, eine Kopie ließ er dem russischen Konsul in Prag zukommen, der es sofort dem Außenminister Sasanow nach Petersburg sandte. Bedeutsam ist diese Karte nicht zuletzt deswegen, weil sie Serbien sehr genau in den Grenzen des späteren Jugoslawien zeigt. Dies ist ein Indiz, daß mit Belgrad bereits zu diesem Zeitpunkt über das geplante Attentat verhandelt worden war. Dieselbe Karte wurde im Juni 1917 während des großen Freimaurerkongresses, der auch die Statuten des zu gründenden Völkerbundes beriet, den kriegführenden Hochgradbrüdern und Bruder Wilson übermittelt. (Pauler, Ludwig, *Geheimschlüssel zur Weltpolitik...*, S. 30f.)
[654] Der Große Brockhaus. Handbuch des Wissens in 20 Bänden. 15. Auflage, 20. Band, Verlag Brockhaus, Leipzig 1935, Seite 166 sowie Hellmut Herda, „Die Schuld der Anderen", Archiv-Edition im Verlag für ganzheitliche Forschung, Viöl 1995, Seite 18

deutsch-ungarischen „Ausgleich" von 1867 ein Ende zu machen und Österreich-Ungarn in eine Föderation gleichberechtigter Nationalstaaten mit einem Zentralparlament umzuwandeln.[655] Vielleicht spürten das die Menschen, die dem Monarchensohn einen jubelnden Empfang bereiteten.

Am 28. Juni machte der Troß des künftigen Königs in der bosnischen Hauptstadt Sarajewo Station. Dort standen unter den zahlreichen Schaulustigen die Meuchelmörder. Damit auch wirklich nichts schiefgehen konnte, hatte man die Attentäter in verschiedene Gruppen aufgeteilt, die an geteilten Stellen postiert waren. Man ließ Franz Ferdinand „Spießrutenlaufen". Als der Thronfolger in seinem offenen Auto langsam durch die Straßen fuhr, warf ein Attentäter eine Bombe gegen den Wagen. Der Zündsatz verfehlte jedoch den Erzherzog und landete unter den Rädern des Begleitfahrzeugs, wobei er den Adjutanten und einige Leute aus dem Publikum verletzte. Es gelang, den Erzherzog ins Rathaus zu retten, wo die Deputationen ihn erwartete. Noch einmal gönnte Jahwe der Welt eine kurze Atempause. Es war genau 9.00 Uhr.

Grand Orient
Zwischenfälle am Sonntag den 28. Juni 1914 in London

Am gleichen Vormittag wunderte sich der englische Schriftsteller C. H. Norman in London über das seltsame Betragen eines guten Freundes.

Er schrieb später[656]: „Die folgende Schilderung einiger Geschehnisse, die sich am Tage der Ermordung des Erzherzogs Franz Ferdinand und seiner Gemahlin der Herzogin Hohenburg, zutrugen, dürften dazu beitragen, den Widerstand zu erklären, der von gewisser Seite gegen eine Untersuchung der Anklage erhoben wurde: Österreich und Deutschland seien einzig und allein für den Weltkrieg verantwortlich.

Um die Geschichte verständlich zu machen, muß der Verfasser ein oder zwei Dinge erklären, die ihn persönlich angehen. Einige Jahre vor dem Krieg stand ich in enger Beziehung zu prominenten Mitgliedern der englischen sozialdemokratischen Federation, deren Führer der verstorbene Mr. H. M. Hyndman[657] war. Einer seiner Freunde war ein gewisser Adolph Smith, der unter dem Namen A. S. Headlingey für Zeitschriften schrieb. Dieser Herr Smith war

---

[655] Robert W. Seton-Watson, „Serajewo", London 1926, Seite 84
[656] „Berliner Monatshefte für internationale Aufklärung", Hrsg. Dr. h. c. Alfred von Wegerer, Februarheft 1931, Aufsatz von C. H. Norman, London: "Grand Orient - Zwischenfälle am Sonntag dem 28. Juni 1914 in London", Seite 177 ff. Über Norman´s weiteres Schaffen findet sich die Angabe: „Verfasser von ´A Searchlight on the European War´. The Labour Publishing Company Limited, London 1924."
[657] Henry Mayers Hyndman, der erste Marxist Englands, offenbarte sich bei Ausbruch des Krieges als extremer Chauvinist, weshalb er wenig später aus seiner Partei ausgeschlossen wurde. Er gründete daraufhin die National Socialist Party.

bewandert in der auswärtigen Politik und war ebenfalls amtlicher Übersetzer des Internationalen Sozialisten-Kongresses, besser bekannt nach dem Krieg als zweite Internationale, um sie von der dritten Internationale oder kommunistischen Internationale zu unterscheiden. Als gemeinsame Besucher der Versammlungen des Zweigvereins der S. D. I. wurden A. Smith und der Verfasser miteinander bekannt.

Eines Tages im Jahre 1907 oder 1908 lud mich A. Smith ein, an einer in seinem Hause in Crookham Road, Fulham, stattfindenden Versammlung teilzunehmen. Zweck der Versammlung war, einen Londoner Zweigverein der berühmten französischen Freimaurer-Gesellschaft `Grand Orient de France´ zu gründen... Smith versuchte mich dadurch zu überreden, dem Projekt beizutreten, daß er mir mitteilte, die Mehrzahl der führenden Sozialisten und nicht-sozialistischen Politiker Frankreichs, Belgiens, Italiens und Spaniens seien Mitglieder des `Grand Orient´. Die einzige bemerkenswerte Ausnahme im Fall Frankreichs sei Jean Jaurès, dessen Ermordung als zweites Verbrechen dem Kriege vorausging. Einige Namen von Mitgliedern des `Grand Orient´ waren nach Smith: Delcassé, Poincaré, Briand und Millerand. Weitere Mitglieder waren Vandervelde, Miljukoff, Venizelos, Bissolatti und Mussolini, der sich nunmehr gegen die Freimaurerei wendet. Nachdem ich über die politischen Ziele des ´Grand Orient´ Erkundigungen eingezogen hatte, war ich der Gesellschaft gegenüber von tiefem Mißtrauen erfüllt, da ihr Ziel darin zu bestehen schien, den damaligen ´status quo´ in Europa zu stürzen. Dies sollte dadurch erreicht werden, daß ein Krieg angeregt wurde, in dessen Verlauf Frankreich sich den Rhein, Elsaß-Lothringen, Marokko usw., usw. aneignen sollte. Die Jahre vergingen und der Verfasser mußte zusehen, wie die Spannung zwischen England und Deutschland wuchs, was der Kriegspolitik des ´Grand Orient´ sehr zugute kam...

Dies waren die Vorgänge zu den eigenartigen Geschehnissen, die sich am Sonntag, dem 28. Juni, in London zutrugen und auf mich tiefen Eindruck machten, besonders im Lichte der späteren fürchterlichen Entwicklung, und die mich in meiner Haltung, als unerbittlicher Kriegsgegner, bekräftigten. Zu jener Zeit war Adolph Smith Mitglied des ´National Liberal Club´, in dem ich wohnte. Daß ich im Klub wohnte, war A. Smith bekannt. An jenem Sonntag verließ ich den Klub, um mich in mein Büro zu begeben, wo ich noch einige Arbeiten zu erledigen hatte. Als ich den Strand herunter ging, traf ich gerade vor dem Justizgebäude A. Smith, der etwas aufgeregt zu sein schien. Er kam auf mich zu und fragte mich, ob ich die Telegramm-Anschläge im Klub gelesen hätte, was ich bejahte. Darauf fragte er mich, ob aus Sarajewo Nachrichten eingetroffen seien. Nun muß ich gestehen, daß ich damals nicht viel von der Existenz dieser Stadt wußte, so daß ich ihn ziemlich erstaunt ansah und sagte: ´Welche Stadt?´ Er antwortete: ´Sarajewo, eine Stadt in Bosnien.´ Ich erwiderte, daß zur Zeit noch keine Nachrichten eingetroffen seien (es war ungefähr 11. 30 Uhr), worauf Smith sehr ärgerlich wurde und irgend etwas murmelte, was ähnlich klang wie ´Ist es möglich, daß sie einen Fehler gemacht haben?´ Durch seine Art aufmerksam geworden, fragte ich ihn, was er denn erwarte, er überhörte aber die Frage und ging weiter, während ich, etwas erstaunt über sein Benehmen, in mein Büro ging.

Der Leser wird sich vielleicht daran erinnern, daß das erste Attentat auf den Erzherzog ungefähr um 9.00 Uhr verübt wurde und fehlschlug. Das wichtigste an diesem Zwischenfall ist, daß Herr Smith scheinbar um 11.30 Uhr Nachrichten über die Ermordung, die noch nicht stattgefunden hatte, die aber zu der Zeit hätte geschehen sein können, erwartete. Die Nachricht traf tatsächlich im Laufe des Nachmittags in London ein und zwar über Athen und Paris, da die österreichische Zensur den üblichen Weg über Wien, Berlin und Amsterdam gesperrt hatte."[658]

Das Konto E

Der vorstehende Bericht ist in zweifacher Hinsicht aufschlußreich. Erstens scheint er unsere Beweisführung zu stützen, daß der französische „Grand Orient" in das Attentat auf Franz Ferdinand von Österreich verwickelt war. Zweitens erweitert er den Kreis der Eingeweihten über den Kanal hinweg nach England. Indem er sich auf britische Presseberichte bezieht schreibt Norman wörtlich an anderer Stelle: „Es besteht Grund zu der Annahme, daß Princip, der Mann, der nach dem mißglückten Bombenangriff die Pistole abfeuerte, sich einige Wochen vor dem Mord in London aufhielt, da er zweifellos in Paris gewesen ist."[659]

Gibt es im Mordfall des Thronfolgers eine „Britannia-Connection", so würde das erklären, warum Logenbruder Churchill nach dem Pariser Todesurteil und mehr als ein Jahr vor dem Attentat dermaßen konkret den Beginn des Krieges voraussagen konnte. Und dann wäre auch klar, wie Bruder Außenminister Grey dasselbe Kunststück vier Monate vor Sarajewo wiederholen konnte. Dann wäre es nämlich überhaupt kein Zufall gewesen, daß der serbische Thronfolger zur gleichen Zeit ausgerechnet in London von seinem mit Sasonow geplanten Attentat schwadronierte. Dann wäre nämlich alles zwischen der Loge und ihren hebräischen Hintermännern einerseits und dem Einkreiser-Dreieck Petersburg-Paris-London abgesprochen gewesen - und zwar bis ins Detail.

---

[658] Bleibt festzuhalten, daß der Verfasser diese mysteriöse Begebenheit erstmals im Jahre 1916 in einer Rede zu Leicester kundtat. Eine schriftliche Publizierung unter dem Titel „Some Secret Influences behind the European War" verhinderte die Polizei auf Order des Kriegsministeriums. Norman wurde in ein Gefängnis verbracht, wo er bis nach dem Waffenstillstand verblieb.
[659] „Berliner Monatshefte für internationale Aufklärung", Hrsg. Dr. h. c. Alfred von Wegerer, Februarheft 1931, Aufsatz von C. H. Norman, London: "Grand Orient - Zwischenfälle am Sonntag dem 28. Juni 1914 in London", Seite 177 ff. Auch der freimaurerische Attentäter Ziganovic, der Princip seine Mordwaffe aushändigte, hielt sich vor dem Attentat in Paris auf. (Jüri Lina, „Under the Sign of the Scorpion. The Rise and Fall of the Soviet Empire", Referent Publishing, Stockholm 1998, Seite 150)

Vor dem Hintergrund der bekanntermaßen aggressiven britischen Außenpolitik jener Tage[660], kann kaum in Zweifel gezogen werden, daß auch London sich an dem Mordanschlag von Sarajewo beteiligt hatte. Allein schon deshalb, weil derartige James-Bond-Unternehmungen schon immer fester Bestandteil englischer Außenpolitik gewesen waren. Lange Zeit bestand im englischen Budget ganz offen ein Ausgabeposten, über welchen nie ein Finanzminister von einem Parlamentsmitglied um Aufklärung ersucht wurde. Das ist das berühmte Konto E, für das alljährlich 5 Millionen Pfund Sterling ausgeworfen wurden.[661] Wem diese Summen zuflossen, ist ebenfalls bekannt: Dem „Agitationsamt für die Verwirklichung politischer Ziele"; dazu gehörte die Unterstützung revolutionärer Bewegungen im Ausland ebenso wie die Planung und Durchführung politischer Attentate. Es ist ferner kein Geheimnis, wo dieses seltsame Amt seinen Sitz hatte: in London, Southend, Hamptoncourtstreet 112. Von hier aus wurden - nach einem sehr glaubwürdigen Bericht, den die „Hessische Landeszeitung" seinerzeit über Kopenhagen erhalten hat, die finanziellen Mittel bereitgestellt, welche bei der Ermordung des französischen Sozialistenführers Jaurès nötig waren. Das Zentrums-Blatt „Germania" listete daneben in ihrer Beilage vom 28. Juli 1915 noch eine ganze Reihe weiterer prominenter Opfer dieser britischen Agentur mit der „Lizenz zum Töten" auf: Der russische Ministerpräsident Graf Witte, der Irenführer Sir Roger Casement, der König von Bulgarien und Griechenland. An der Spitze dieses Zweiges des Agitationsamtes stand Major Susley. Und der unterhielt ausgerechnet zu den in das Sarajewo-Attentat verwickelten serbischen Militärs Major Tankosic und Dimitrijewitsch-Apis fortgesetzte Beziehungen.[662]

Leider hat Susley niemals seine Memoiren geschrieben. Und auch sein Vorgesetzter R. Nathan, Chef des britischen Geheimdienstes während des Ersten Weltkrieges, übte sich bis an sein Lebensende in Schweigen. Einzig der damalige Leiter des englischen Militärgeheimdienstes in Rußland Sir Samuel Hoare - wie Nathan ein bekennender Israelit - ließ sich eine ebenso knappe und wahre Bestandsaufnahme entlocken. In seinem unter dem sinnigen Titel „Das vierte Siegel" erschienenen Erinnerungsbuch schrieb er zu dem Sarajewo-Komplex: „Wenn eine politische Krisis droht, ist nichts gefährlicher, als ein aufsehenerregendes Verbrechen oder ein Skandal, der alle Gemüter in Aufregung versetzt."[663]

---

[660] Siehe das britische Weltmachtstreben, die „Balance of Power" und die fragwürdigen Destabilisierungs-Unternehmungen von Außenamtschef Palmerston, den ganz Europa unter der Bezeichnung „Lord Firebrand" kannte und fürchtete.
[661] Vgl. auch Ludendorff, „Kriegshetze und Völkermorden in den letzten 150 Jahren, 81 bis 85 Tausend, S. 121 f., ferner Freymann, a.a.O. Seite 68
[662] Beilage der „Germania" vom 28. Juli 1915 sowie Karl Heise, „Die Entente-Freimaurerei und der Weltkrieg", Ernst Finckh Verlag, Basel 1919, Seite 75ff.
[663] Über den Glaubenshintergrund Hoares siehe Boris Baschanow, „Ich war Stalins Sekretär", Ullstein, Frankfurt/Main 1977, Seite 237

Die Schüsse, die den Weltkrieg brachten

Viele Jäger sind des Hasen Tod... Franz Ferdinand sollte dem ihm zugedachten Schicksal nicht entgehen, wobei dem Monarchen ausgerechnet seine Menschenliebe zum Verhängnis wurde. Anstatt sich nämlich auf länger im sicheren Rathaus einzurichten, äußerte der Verurteilte gleich im Anschluß an das ihm zugedachte Zeremoniell den Wunsch, seinen verwundeten Adjutanten im Krankenhaus aufsuchen zu können. Dort sollte er jedoch nie ankommen. Kurz nachdem das Auto das Rathaus verlassen hatte, wurden der Thronfolger und seine Frau von einem zweiten auf sie wartenden Attentäter durch vier Pistolenschüsse ermordet. Dadurch daß der Fahrer des Erzherzogs an einer Kreuzung die falsche Abzweigung wählte - schreibt der Autor des „Bibel Code" Michael Drosnin - brachte er den Erben des österreichischen Throns direkt an seinen israelitischen Mörder Gavrilo Princip heran.[664]

Freimaurerische Vollstrecker

Es ist heute unter Historikern unstrittig, daß die tödlichen Schüsse auf Franz Ferdinand den ersten Weltkrieg auslösten. Die Pakt- und Rückversicherungspolitik dieser Tage mußte bei einem politischen Attentat dieser Größenordnung zwangsweise in einen militärischen Konflikt münden.

Um so mehr Gewicht kommt dem Prozeß zu, in dem die Attentäter nach ihrer Tat abgeurteilt wurden. In der bisherigen Geschichte der Völker gibt es wohl kein zweites Gerichtsverfahren, das, die eine weltgeschichtlich so bedeutende Begebenheit zum Gegenstand hatte, wie die Verhandlung gegen die Mörder von Sarajewo. Bei der Bewertung des tatsächlichen Tathintergrunds bilden die Gerichtsakten und Vernehmungsprotokolle der Hauptverhandlung folglich eine unerläßliche Quelle.[665] Bezeichnenderweise aber hat man über den Verlauf derselben sowie seine Ergebnisse bis auf den heutigen Tag so gut wie nichts gehört und die Prozeßprotokolle sind selbst in historischen Staatsarchiven kaum noch zu finden. Der Grund für dieses ins Auge springende Mißverhältnis ist einfach: Hartnäckige Zweifler werden in diesem Zeitdokument die letzte Bestätigung für die Verwicklung des Logentums in die Schüsse von Sarajewo finden.

Die Aussagen der Attentäter sprechen dabei für sich selbst. Als das Gericht die Angeklagten nach ihrem Umfeld und ideologischen Hintergrund ausforschte, wurden diese auch darüber befragt ob sie Mitglied in einer Freimaurerloge seien.

---

[664] Michael Drosnin, „Der Bibel Code", Wilhelm Heyne Verlag, München 1997, Seite 170
[665] Die Veröffentlichung der Gerichtsakten erfolgte 1917 durch den Juristen Prof. Dr. Josef Kohler im Goltdammers Archiv für Strafrecht und Strafprozeß. Ein Jahr später erschienen sie im Berliner R. v. Deckers Verlag in Buchform unter dem Titel *Der Prozeß gegen die Attentäter von Sarajewo - Aktenmäßig dargestellt von Prof. Pharos, mit Einleitung von Geh. Justizrat Prof. Dr. Josef Kohler*. Aus letzterem Werk, einer Veröffentlichung der stenographisch erfaßten Gerichtsakten, wird im folgenden zitiert.

Die Angesprochenen verweigerten bei dieser Nachfrage bezeichnenderweise zumeist die Aussage, belasteten sich aber in der Folge gegenseitig. So bemerkte Princip, Cabrinovic habe geplant, in die Loge einzutreten.[666] Cabrinovic, der sich als Atheist bezeichnete, gab zu, Bücher freimaurerischen Inhalts als Schriftsetzer gelesen wie gesetzt zu haben, verweigerte aber eine Antwort auf die Frage einer Logenmitgliedschaft.[667] Die Logenzugehörigkeit des Voja Tankosic und des Ciganovic hingegen gab er zu.[668] Cabrinovic ergänzte auf Anfrage des Gerichtspräsidenten, die Freimaurerei habe, vertreten durch die beiden letztgenannten, "insofern Beziehung zum Attentat, als sie mich in meiner Absicht (den österreichischen Thronfolger zu ermorden) bestärkten. Im Freimaurertum ist es erlaubt zu töten. Ciganovic sagte mir, daß die Freimaurer den Erzherzog Franz Ferdinand schon vor einem Jahr zum Tode verurteilt hätten."[669]

Gavrilo Princip bestätigte diese Aussage mit den Worten "Ciganovic sagte mir, er sei ein Freimaurer. Als ich mich bezüglich der Mittel zur Ausführung des Attentats an ihn wandte, sagte er mir und betonte es, er werde mit einem gewissen "Mann" sprechen. Er werde von diesem die Mittel zur Ausführung des Attentats bekommen. Bei einer anderen Gelegenheit erzählte er mir, der österreichische Thronfolger sei in der Loge von den Freimaurern zum Tode verurteilt worden."[670] Selbst auf eine mögliche Logenzugehörigkeit angesprochen verweigerte Princip zunächst die Aussage, um diese dann späterhin zu bestreiten.[671]

---

[666] *Der Prozeß gegen die...*, Seite 33
[667] Die *Stimmen aus Bosnien* vom Juli 1915 (S. 11 f.) gibt die Reaktion Cabrinovic's auf die Frage des Verteidigers Dr. K. v. Premusic "Bist du ein Freimaurer?" wie folgt wieder: *Wird verwirrt und schweigt. Das Schweigen dauert eine Zeit. Er wendet sich zu Premusic und schaut ihn an: "Was fragen Sie mich darum? Ich kann darauf nicht antworten... Bitte mich das nicht zu fragen. Ich werde darauf nicht antworten."* Br. von Stradonitz, der sich auf die Aktenversion des Franzosen Moussef bezieht, gibt obige Textpassage in seiner Logenstreitschrift „Das Attentat von Serajewo" (erschienen 1932 im Verlag des „Vereins Deutscher Freimaurer) auf Seite 9f. wie folgt wieder: *Verteidiger Premuzic: „Bist du Freimaurer?" Cabrinovic: „Warum fragen Sie mich dies? Ich kann es Ihnen nicht sagen...Ich bitte, daß man über diese Frage hinweggehe; ich kann darauf nicht antworten."* Der ebenfalls angeklagte Grabez weist etwas später direkt darauf hin, daß Cabrinovic Mitglied der Loge sei. (von Stradonitz, Seite 17)
[668] *Der Prozeß gegen die...*, S. 14. sowie *Stimmen aus Bosnien*, Juli 1915, S. 11 f. sowie von Stradonitz, Seite 9f.
[669] Diese Textstelle liest sich bei der Freimaurerschrift des von Stradonitz, Seite 12f. wie folgt: Präsident: „Verherrlicht die Freimaurerei das Begehen von Attentaten gegen die Inhaber der Macht? Zum mindesten, wissen Sie etwas über diesen Gegenstand?" Cabrinovic: „Sie verherrlicht es. Ciganovic hat mir selbst gesagt, daß der verstorbene Ferdinand von den Freimaurern zum Tode verurteilt worden war..." Darauf fragte der Gerichtspräsident - bei Pharos und von Stradonitz gleichlautend: "Ist da nicht etwas Phantasie dabei? Wo wurde er verurteilt?", worauf er von Verteidiger Premusic die Antwort erhielt: "Ich werde hierfür die Beweise erbringen". Da aber diese äußerst interessanten Beweise fortan nicht mehr im Protokoll zur Sprache kommen, drängt sich der Verdacht auf, daß die Gerichtsmitschriften "gereinigt" wurden, bevor man sie zur Veröffentlichung freigab.
[670] *Der Prozeß gegen die...*, S. 33
[671] *Der Prozeß gegen die...*, S. 33

Freimaurerische Hintermänner

Über die Logenverbindungen der Mörder zum Ausland gibt das Verhör des Bombenwerfers Cabrinovic Aufschluß[672]:

Cabrinovic: "Er (Dr. Radoslav Kasimirowitsch) ist Freimaurer, im gewissen Sinne eines ihrer Häupter. Er fuhr sofort danach (nachdem sie sich für das Attentat angeboten hatten) ins Ausland. Er bereiste den ganzen Kontinent. Er war in Budapest, in Rußland und in Frankreich. Jedesmal wenn ich Ciganovic fragte, wie es mit unserer Angelegenheit (dem Attentat) stehe, antwortete er mir immer: 'Erst dann, wenn er (Kasimirowitsch) zurückkommt.' Damals sagte mir auch Ciganovic, daß die Freimaurer bereits vor zwei Jahren den Thronfolger zum Tode verurteilt haben, doch hätten sie keine Leute gehabt, die dieses Urteil vollstreckten."

Jetzt aber - gilt es einzufügen - lagen die Dinge anders, und als Kasimirowitsch von seiner Auslandsreise zurückkehrt, wurde den Attentätern umgehend grünes Licht gegeben. Es kann daher kaum überraschen daß der Bombenwerfer Cabrinovic an diesem Punkt des Verhörs einen direkten Zusammenhang herstellt.

Cabrinovic: "(Br. Ciganovic) sagte mir, als er mir einen Browning und Patronen übergab: 'Der Mann (Br. Kasimirowitsch) ist gestern abend aus Budapest[673] zurückgekehrt'. Ich wußte, daß er diese Reise im Zusammenhang mit unserer Angelegenheit unternahm und mit bestimmten Kreisen im Ausland Besprechungen hatte."

Gerichtspräsident: "Sind das auch keine Märchen, die du uns da erzählst?"

Cabrinovic: "Das ist die reinste Wahrheit und hundertmal wahrer als Ihre ganzen Dokumente über die Narodna Odbrana."

Die Ausführenden erhalten nun umgehend - und zwar bereits am nächsten Tag - durch Br. Ciganovic Browningrevolver, Bomben und Geld ausgefertigt. Br. Ciganovic wiederum hatte all dies von Br. Major (später Oberst) Tankosic übergeben bekommen. Tankosic, der die Waffen selbst eingekauft hatte, veranlaßte, daß die späteren Mörder in deren Gebrauch unterrichtet wurden...

---

[672] Kohler/Pharos, *Der Prozess...*, Seite 162

[673] Wie eng die Verbindung der Attentäter mit ungarischen Behörden gewesen sein mag, geht daraus hervor, daß bei Princip in Sarajewo, im Rahmen eines Bildes, die gleiche Anzahl Goldstücke gefunden wurden, die kurz vorher in Agram auf Weisung eines jüdischen Bruders aus dem Budapester Finanzministerium an einen „Konfidenten" aus Belgrad ausbezahlt worden waren. Dieser Fund wurde durch den leitenden Untersuchungsrichter, wie für besondere Untersuchungsergebnisse vorgesehen, der Kabinettskanzlei des Kaisers Franz Joseph gemeldet. Der Untersuchungsrichter bekam darauf eine vom Oberhofmeister Br. Fürst Montenuovo mitunterzeichnete Weisung, der Weg sei irrig und nicht weiter zu verfolgen. (Überliefert durch Erich Ludendorff in: Kriegshetze und Völkermorden, Ludendorffs Volkswarte-Verlag, München 1931, S. 115 f.)

Fassen wir noch einmal die Erkenntnisse der Gerichtsuntersuchung (so weit sie uns überliefert wurde) zusammen. 1.) Die Freimaurerei verurteilte den österreichischen Thronfolger Franz Ferdinand etwa 2 Jahre vor den tödlichen Schüssen von Sarajewo zum Tode. 2.) Die Attentäter waren zumindest zum Teil Mitglied der Freimaurerei. Diese wiederum ermutigte die Angeklagten zu Ihrem Entschluß, den österreichischen Thronfolger zu ermorden. 3.) Die endgültige Freigabe des Attentats erfolgte erst, nachdem der Hochgradfreimaurer Dr. Kasimirowitsch in dieser Angelegenheit in Frankreich, Rußland und Ungarn Rücksprache genommen hatte. Schon am Tag nach seiner Rückkehr nach Serbien erhielten die späteren Vollstrecker ihre Waffen. 4.) Diese sowie ein nicht näher bezeichneter Geldbetrag wurden den Attentätern durch Freimaurer besorgt (Tankosic) und übergeben (Ciganovic). Die Ausbildung der Täter an den Waffen wurde ebenfalls durch einen Freimaurer, wiederum Tankosic, veranlaßt.

Das alles sind Einzelheiten, die sich zu einem interessanten Täterbild fügen mögen. Was an dieser Stelle aber wichtiger ist: Die Verschwörer im Hintergrund wußten, daß Franz Ferdinand alles verkörperte, was in Österreich-Ungarn an politischen Zukunftshoffnungen noch lebendig war und daß auch sie alle im gleichen Augenblick getroffen waren, in dem der Erzherzog in sich zusammensank und die Brust des hellgrauen Uniformrocks sich mit dunklem Blut vollsog. Man wußte, daß Wien den serbischen Anschlag nicht anders auffassen konnte, als einen Anschlag auf die österreichische Zukunft, und daß demzufolge nun für Österreich nichts übrig blieb als die Vernichtung dieses Gegners. Und man war sich vollkommen im Klaren, daß eine Vernichtung Serbiens das Patronat Rußlands unter den Balkanslawen unmittelbar tangierte und daß daher Rußland einer Beseitigung Serbiens durch Österreich niemals passiv zusehen würde. Jeder Schritt Rußlands gegen Österreich wiederum mußte Deutschland mobilisieren, das nicht seinen letzten Bundesgenossen in den Untergang gehen lassen konnte - und damit wäre für Frankreich der Bündnisfall eingetreten. Kühle und umsichtige Schachspieler mußten immer weniger dazutun, daß sich die Figuren bald fast automatisch aufeinander zuschoben.

Kapitel 4.18

Die letzten Schritte in den Krieg

St. Petersburg: 19. - 22. Juli

Während Wilhelm II. am 6. Juli in Berlin seelenruhig seine Koffer packte, um sich auf seine alljährliche Nordlandfahrt zu begeben, unternahmen Paris und Petersburg bereits die ersten Schritte in eine wohlvorbereitete Kriegsdiplomatie. Am 15. Juli trat Poincaré mit seinen wichtigsten Leuten, darunter Ministerpräsident Viviani eine Reise nach Petersburg an. Die Franzosen erreichten die russische Hauptstadt am 19. Juli. Umgehend wurden politische Gespräche am Hof des Zaren sowie mit Diplomaten aller in Betracht kommender Staaten aufgenommen. Über diesen Besuch hat der englische Gesandte Bruder[674] Buchanan in seinem Telegramm vom 24. Juli 1914 berichtet, und der Bericht ist so ausgefallen, daß man geglaubt hat, ihn aus dem Blaubuch streichen zu sollen. Nur in der Inhaltsangabe des Telegramms sind - wohl aus Versehen - die Worte stehen geblieben: „Resultate des Besuchs von Poincaré".[675]

Was wurde nun eigentlich besprochen? Der damals ob seines Kampfes um die Völkerverständigung recht bekannte britische Labourabgeordnete E. D. Morel mutmaßt: "Der britische Botschafter in Wien hatte schon am 15. Juli erfahren, welchen Charakter die österreichisch-ungarische Note an Serbien haben werde; er berichtete am 16. Juli an das Auswärtige Amt in London. Man muß (...) annehmen, daß dieses dem englischen Botschafter in Petersburg die Note mitteilte. Am 21. Juli war Präsident Poincaré in Begleitung des französischen Ministerpräsidenten und des Ministers für auswärtige Angelegenheiten in Petersburg und zweifellos wurde damals die Entscheidung der französisch-russischen Kombination getroffen." [676] Mit „Kombination" umschreibt Morel den zwischen den Verbündeten abgesteckten Weg in den Krieg.

Die Erwartung eines in Bälde anstehenden Feldzuges scheint in der Tat als sicher gegolten zu haben. So resümiert der französische Botschafter in St. Petersburg, Br.

---

[674] Sir George Buchanan, 1910-17 Botschafter in Rußland, wird von dem norwegischen Juristen Dr. Hermann Harris Aall als Freimaurer überliefert.
[675] Friedrich Hasselbacher, „Entlarvte Freimaurerei", Band II, 1938 (3. Auflage), Archiv-Edition im Verlag für ganzheitliche Forschung und Kultur, Viöl 1993, Seite 154f.
[676] Morel, E. D., Truth and War" und *Internationale Rundschau*, Morel Heft 15, S. 695/96

Maurice Paléologue, in seinem Tagebuch am 22. Juli ein Festessen vom gleichen Tage wie folgt: Frohlockend sagten die Großfürstinnen Anastasia und Militza zu Paléologue, „daß wir vor Monatsende Krieg haben werden... Von Österreich wird nichts übrig bleiben... Ihr werdet Elsaß-Lothringen wiedersehen... Unsere Heere werden sich in Berlin treffen... Deutschland wird vernichtet werden!" [677] Diese Äußerung fiel am 22. Juli und der Ausdruck „vor Monatsende" bedeutet vor Monatsende des damals gültigen russischen Kalenders, also noch vor dem 13. August neuen Stils. Und das stimmte dann wirklich, denn der Krieg brach Anfang August aus.

Offenbar wurde in Petersburg leichtfertig über das Schicksal von Millionen entschieden. Der zum Ausgleich mit Deutschland neigende Altministerpräsident Joseph Caillaux, Führer der einflußreichen Radikalen Partei, berichtete später, daß der ehemalige französische Botschafter in Petersburg, Georges Louis, im Mai 1914 auf ihn zugetreten sei, um ihn zu bitten, die damals geplante Reise Poincarés nach Petersburg zu verhindern: „Herr Louis sprach von den Kriegsgefahren, die Europa bedrohten, und versicherte mir, daß die Reise nach St. Petersburg, die Poincaré beabsichtige, folgenschwer sein müsse. Er bat mich, ich möchte mich ihr widersetzen. Ich nahm an, der Gesandte übertreibe. Die Ereignisse haben mich indes eines anderen belehrt."[678] Noch deutlicher schreibt der spanische Botschafter in Petersburg, Graf Cartagena, in seinen Erinnerungen: „Poincaré war gekommen, um den Krieg vorzubereiten."[679]

Donnerstag, 23. Juli

In der Zwischenzeit hatte Wien seine Diplomatie gegen Serbien aktiviert. Daß die Österreicher dabei noch von mindestens einem späteren Alliierten, nämlich Großbritannien, in einer harten Haltung bestärkt wurden, ist ein weiteres taktisches Detail. Der britische Botschafter in Wien, Sir Maurice de Bunsen sagte jedenfalls zu dem Chefredakteur des „Fremdenblattes", Dr. Szeps: „Seien Sie überzeugt, daß das ganze englische Volk das fluchwürdige Verbrechen von Sarajewo verdammt, und daß auch nicht bei einem einzigen Engländer die geringste Sympathie für

---

[677] Gerhard Müller, „Überstaatliche Machtpolitik im XX. Jahrhundert", Verlag Hohe Warte, Pähl 1982/84, Seite 84 sowie Cowles, Virginia. „The Russia Dagger", Seite 311 Die beiden russischen Großfürstinnen waren Töchter des Königs von Montenegro. Nach dem Buch „33 Jahre Weltgeschehen, 1901-1933" (Seite 80) hatte ihr Vater, der König von Montenegro, ihnen in einem Chiffretelegramm jene Mitteilung gemacht, die sie dem französischen Botschafter Paléologue gegenüber äußerten.
[678] Caillaux, Joseph, "Meine Gefangenschaft", Rhein-Verlag, Basel/Leipzig 1921, Seite 88. Da Caillaux vor und während des Krieges eine Verständigung mit Deutschland befürwortete, hetzte die Kriegspartei gegen ihn als einen Landesverräter, und Clemenceau ließ ihn im Januar 1918 verhaften. 1920 wurde er wegen Mangels an Beweisen freigesprochen, trotzdem aber aus Paris verbannt und erst 1924 durch Herriot begnadigt.
[679] Hellmut Herda, „Die Schuld der Anderen", Archiv-Edition im Verlag für ganzheitliche Forschung, Viöl 1995, Seite 26

Serbien herrscht. Man ist müde, sich durch dieses kleine Land immer in Unruhe und Besorgnis stürzen zu lassen."[680]

Ähnlich sah man das in Wien. Zu tief saß der Schock, daß das seit Jahren gegen die K+K Monarchie zündelnde Serbien, so offen zu terroristischen Maßnahmen gegriffen hatte. Am 23. Juli, also fast vier Wochen nach dem Mord am Thronfolger übergab der österreichische Gesandte in Belgrad, Baron Giesl, gegen 18 Uhr ein auf zwei Tage befristetes Ultimatum an die serbische Regierung. Die Hauptforderungen waren: Serbien hat seine aggressive Haltung gegenüber Österreich-Ungarn einzustellen. Es muß seine Armee auf den Stand vom Frühjahr 1908 abrüsten. Belgrad soll die Attentäter vor Gericht stellen.

Zu dieser Zeit weilte die französische Delegation noch auf russischem Territorium. Erst zweieinhalb Stunden nach Aushändigung des Ultimatums verließen Poincaré und Viviani Kronstadt, um in die Heimat zurückzukehren.

Freitag, 24. Juli

Am Vormittag des 24. Juli fand in der französischen Botschaft in Petersburg eine Besprechung zwischen Sasanow, dem englischen Botschafter Buchanan und dem französischen Botschafter Paléologue statt. Sasanow erklärt, daß Österreichs Vorgehen den Krieg bedeute. Die russische Mobilisierung müsse auf jeden Fall durchgeführt werden. Paléologue erklärt, daß Frankreich zum Krieg bereit sei und alle Verpflichtungen erfüllen werde, die sich aus dem Bündnisfall mit Rußland ergaben.[681]

Damit korrespondierend traf am Nachmittag des gleichen Tages der russische Ministerrat die Feststellung, daß die innere Lage Rußlands einen Krieg zulasse und Rußland zum Krieg bereit sei. Über den österreichisch-serbischen Konflikt wollte man militärischen Druck auf Österreich ausüben.[682]

So drängte in Rußland alles zum Kampf, denn die am 24. Juli quasi gebilligte Gesamtmobilmachung war vorher als Auftakt zum Krieg gegen Deutschland vereinbart worden. Bei den russisch-französischen Abmachungen hatte General de Boisdeffre den Satz aufgestellt: "La mobilisation c´était la déclaration de guerre", und Zar Nikolaus II. hatte zugestimmt.[683]

---

[680] Hellmut Herda, a.a.O., Seite 28
[681] Friedrich Hasselbacher, „Entlarvte Freimaurerei", Band II, 1938 (3. Auflage), Archiv-Edition im Verlag für ganzheitliche Forschung und Kultur, Viöl 1993, Seite 65f.
[682] Friedrich Hasselbacher, a.a.O., Seite 66
[683] Friedrich Hasselbacher, a.a.O., Seite 155

Samstag/Sonntag, 25./26. Juli

Die russische Haltung zur Frage des überreichten Ultimatums war in Belgrad entscheidend. Bereits am 24. Juli nachmittags hatte der Zar Serbien die Zusage gegeben, daß Rußland einen Angriff auf den Balkanstaat nicht zulassen werde.[684] Derart rückengedeckt waren die militärischen Kreise gegen ein Nachgeben, während Pasic immer noch zur Annahme des Ultimatums neigte und auch den Prinzregenten Alexander dafür gewann. Am 25. mittags ließ er bereits den fremden Gesandten mitteilen, daß Serbien die Note akzeptieren würde.

Als jedoch gleichzeitig Nachrichten aus Petersburg eintrafen, die russische Hilfe in Aussicht stellten, schlug die Stimmung endgültig um. Um 15 Uhr ordnete Serbien seine allgemeine Mobilmachung gegen Österreich an und beschloß bestimmte Forderungen des Ultimatums abzulehnen. Um 18 Uhr wurde dem österreichischen Gesandten v. Giesl die serbische Antwortnote ausgehändigt. Belgrad teilte darin mit, es werde die Punkte erfüllen, bis auf jene, die "die Verfassung und Souveränität des Landes betreffen." Der österreichische Gesandte, der die Weisung erhalten hatte, die diplomatischen Beziehungen abzubrechen, wenn nicht alle Forderungen ohne Vorbehalt angenommen würden, erklärte daraufhin die serbische Antwortnote für ungenügend und reiste ab.[685] Zwischen 21 Uhr und 21.30 Uhr ordnete Österreich-Ungarn die Teilmobilmachung gegen Serbien an. Sie umfaßte 8 Armeekorps zu insgesamt 22 Divisionen. Wien hatte darauf geachtet, daß kein Bezirk der mobilisierten Armeekorps an russisches Gebiet grenzte.[686]

Am gleichen Tage hatte in Petersburg ein Ministerrat unter Vorsitz des Zaren beschlossen, die allgemeine Mobilmachung anzuordnen, falls Österreich in Serbien einmarschiere[687] Tatsächlich aber ordneten die Militärs hinter dem Rücken des Zaren binnen Stundenfrist die ersten Mobilmachungsvorbereitungen für das ganze russische Reich einschließlich der Flotte an.[688] Rußland mobilisierte -

---

[684] Karl Heise (a.a.O.) schreibt über diese russische Rückendeckung: "Unter den in Nisch gefundenen Schriftstücken des serbischen Kronprinzen fanden sich eine Depesche und zwei Briefe des Zaren Nikolaus. Darin bedeutete der Herrscher aller Reußen dem Kronprinzen Alexander, daß Serbien, wenn es seine - angeblich nach dem Nationalitäten-Prinzip aufgebauten - Ideale erreichen wolle, allen Befehlen Rußlands gehorchen müsse. Der Aufrichtung Groß-Serbiens dienten folgende russische Zurechtweisungen: 1. Serbien darf unter keinen Umständen die serbische Geheimloge 'Narodna Odbrana' auflösen. 2. Serbien muß das Ultimatum Österreich-Ungarns abweisen. Dafür hält 3. Rußland seine bewaffnete Macht bereit zur Unterstützung Serbiens und fordert Serbien zum Kampf bis aufs äußerste auf." (Gerhard Müller, Überstaatliche Machtpolitik im 20. Jahrhundert, S. 85)
[685] „Der Große Brockhaus", Handbuch des Wissens in 20 Bänden, Verlag Brockhaus, Leipzig 1935, 15. Auflage, 20. Band, Seite 166 und 168
[686] „Der Große Brockhaus", a.a.O., Seite 166 und 168
[687] „Der Große Brockhaus", a.a.O., Seite 168
[688] „Der Große Brockhaus", a.a.O., Seite 168. Siehe auch eine Meldung der offiziellen französischen Agentur 'Havas' vom 25. August 1914. Daß Rußland vor Deutschland seine Truppen mobilisierte, ist nicht ohne Bedeutung. Am 15. November 1916 gab der damalige deutsche Reichskanzler von Bethmann-Hollweg im Reichstag eine russische Mobilmachungsorder bekannt, die in deutsche Hände gefallen war und auf den 30. September

ausschließlich gegen Österreich-Ungarn - 13 Armeekorps. Dies zu einer Zeit, als der damalige russische Kriegsminister Suchomlinow und der Chef des russischen Generalstabes ehrenwörtlich jede Kriegsvorbereitung bestritten. Am Sonntag den 26. Juli war zwischen 3.20 Uhr und 3.30 Uhr für das gesamte europäische Rußland die Kriegsvorbereitungsperiode, nunmehr offiziell, in Kraft getreten.[689] Es erfolgte daraufhin eine deutsche Warnung an die russische Regierung, daß russische Mobilmachungsmaßnahmen mit einer Spitze gegen das Reich die deutsche Mobilmachung zur Folge hätten.[690]

Montag, 27. Juli

Der kriegsfeindliche Zarenberater Rasputin war bereits am gleichen Tag, als Franz Ferdinand ermordet wurde, einem Giftanschlag nur knapp entronnen. Rasputins jüdischer Privatsekretär Aron Simanowitsch schilderte in seinem Buch "Der Zar, der Zauberer und die Juden" Rasputins Gedanken und das nur wenige Wochen später auf ihn verübte zweite Attentat wie folgt[691]:

„Rasputin erzählte mir öfter, er habe nach dem Mord von Sarajewo dem Zaren unausgesetzt dargelegt, daß es nicht lohne, Serbiens wegen einen Krieg mit Österreich zu beginnen. Deswegen sei er sogar mit dem Zaren in Streit geraten. 'Du bist als unglücklicher Zar geboren', erklärte er ihm erregt. 'Das Volk hat die Katastrophe von Chodynka[692] bei der Krönungsfeier und den unseligen Krieg mit Japan noch nicht vergessen. Wir können keinen neuen Krieg beginnen. Zahle ihnen, soviel du willst. Gib Österreich 400 Millionen, nur keinen Krieg! Der Krieg wird uns alle zugrunde richten."

Einen solchen Friedensapostel konnten Zionismus und Revolutionsfreimaurerei am Zarenhof natürlich nicht brauchen. Rußland mußte in den Krieg. Es folgte daher im rechten Augenblick Rasputins Unschädlichmachung. Im Juli 1914 fuhr Rasputin, wie üblich, in seine Heimat, diesmal in Begleitung des jüdischen Journalisten Davidsohn. Davidsohn wußte als Abgesandter des Geheimvatikans um das geplante Attentat auf Rasputin und wollte sein Zeuge sein. Eine Frau namens

---

bzw. 12. Oktober 1912 datiert war. Darin hieß es: "Allerhöchst ist befohlen, daß die Verkündigung der Mobilisation zugleich auch die Verkündung des Krieges gegen Deutschland ist."

[689] „Der Große Brockhaus", Handbuch des Wissens in 20 Bänden, Verlag Brockhaus, Leipzig 1935, 15. Auflage, 20. Band, Seite 166 und 168 sowie Friedrich Hasselbacher, Band II, Seite 67

[690] „Der Große Brockhaus", a.a.O., Seite 166 und 168 sowie F. Hasselbacher, Band II, Seite 67

[691] Aron Simanowitsch, „Der Zar, der Zauberer und die Juden", Archiv-Edition im Verlag für ganzheitliche Forschung, Viöl 1994, Seite 203ff. Das vorliegende Buch, herausgegeben von Werner Gruehn, fußt auf der 1. russischen Originalausgabe. Die zweite - deutsche - Ausgabe der Simanowitsch-Memoiren erschien 1928 unter dem Titel „Rasputin der allmächtige Bauer" im Berliner Verlag Hensel. Die französische Ausgabe erschien 1930 in Paris unter dem Titel „Raspoutine par son secrétaire Aron Simanowitsch".

[692] Auf dem Chodynkafeld bei Moskau fanden am 13. Mai 1896 während der Krönungsfeierlichkeiten infolge einer ausgebrochenen Panik 5.000 Menschen den Tod.

Gussewa stieß Rasputin unvermutet in Pokrowskoje ein Messer in den Leib und verwundete ihn schwer. Nur seiner besonderen Natur hatte er es zu verdanken, daß er am Leben blieb. Aber hören wir Simanowitsch zu den Hintergründen.

„Das zweite Attentat auf Rasputin", schreibt dessen Sekretär, „wurde kurz vor Ausbruch des Weltkrieges ausgeführt. Rasputin befand sich damals in seinem Heimatdorf Pokrowskoje. Rasputin pflegte jeden Sommer in seine Heimat zu reisen und wurde diesmal vom Journalisten Davidsohn begleitet. Späterhin hörte ich, daß dieser Journalist um das geplante Attentat gewußt und beabsichtigt habe, über die Ermordung Rasputins sensationelle Berichte zu veröffentlichen..." (Simanowitsch tischt dem Leser im folgenden das unbelegte Märchen auf, der mit Rasputin zerstrittene Mönch Iliodor habe hinter dem Attentat gestanden)... „In diesem Augenblick stieß die Gussewa ihm ein Messer in den Leib, das sie unter ihrem Tuch verborgen hatte... Schwer verwundet, mit aufgeschlitztem Leib, lief Rasputin nach Hause. Die Därme traten durch die Wunde heraus und er hielt sie mit den Händen fest... Die Verwundung stellte sich als sehr gefährlich heraus. Die Ärzte hielten es für ein Wunder, daß er am Leben blieb... Durch seine Verwundung in Pokrowskoje aufgehalten, telegraphierte er dem Zaren, er möge unter allen Umständen auf einen Krieg verzichten. Doch ein Telegramm konnte nicht auf den Zaren dieselbe Wirkung ausüben wie seine persönliche Anwesenheit. Die Kriegserklärung versetzte Rasputin in eine solche Aufregung, daß seine Wunde sich wieder öffnete. Er sandte an den Zaren ein zweites Telegramm, in dem er ihn nochmals anflehte, den Krieg abzuwenden, doch es war schon zu spät." „In Petersburg waren viele der Ansicht, daß Rasputin den Krieg hätte verhindern können, wenn er zur Zeit der Kriegserklärung dort gewesen wäre. Auf Grund meiner Kenntnis Rasputins und der Verhältnisse muß ich dieser Ansicht durchaus beipflichten."[693]

Am 27. Juli kehrte der um Entspannung bemühte deutsche Kaiser Wilhelm II. von seiner Nordlandreise vorzeitig zurück[694] und erklärte nach Kenntnisnahme der serbischen Antwortnote: "Eine brillante Leistung für eine Frist von 48 Stunden! Das ist mehr, als man erwarten konnte. Ein großer moralischer Erfolg für Wien. Damit fällt jeder Kriegsgrund fort. Giesl[695] hätte ruhig in Belgrad bleiben sollen. Daraufhin hätte ich niemals Mobilmachung befohlen!" Doch zu diesem Zeitpunkt standen sich Serbien und Österreich bereits bewaffnet an der gemeinsamen Grenze

---

[693] Werner Gruehn (Hrsg.), „Der Zar, der Zauberer und die Juden - Die Memoiren von Aron Simanowitsch, dem Geheimsekretär Grigorij Rasputins", Archiv-Edition im Verlag für ganzheitliche Forschung, Viöl 1994, Seite 203f.
[694] Über die Friedensschritte des deutschen Kaisers kann in ihrer Gesamtheit nicht näher eingegangen werden. Auf jeden Fall befand der US-Senator Owen im März 1926 in einer Rede über die Kriegsschuldfrage: "Wilhelm II. war der einzige dieser nationalen Führer, der, als er entdeckte, daß ein europäischer Krieg drohte, die größten Anstrengungen machte, den Krieg zu unterdrücken." („Nation Europa", Monatsschrift, Coburg, 5/1959, Seite 4 sowie Hellmut Herda, „Die Schuld der Anderen", Archiv-Edition im Verlag für ganzheitliche Forschung, Viöl 1995, Seite 27)
[695] Freiherr von Giesl, der österreichisch-ungarische Gesandte in Belgrad

gegenüber. Schon beschossen serbische Truppen bei Temis-Kubin ihre österreichisch-ungarischen Gegenüber.

Dienstag, 28. Juli

Am 28. Juli 1914 nachmittags 4 Uhr erklärte Österreich-Ungarn an Serbien den Krieg, betonte aber nachdrücklich, daß es keinerlei Gebietserweiterungen auf Kosten des Gegners beabsichtige. Noch in derselben Nacht beschossen österreichische Batterien die Feste Belgrad.[696]

Frankreich, das die Tragweite des Geschehens voll überblickte, teilte der russischen Regierung durch die Feder des Grand-Orient Bruders Philippe Berthelot ermutigend mit, daß es im Falle eines Krieges zwischen Rußland und Österreich seine Bündnisverpflichtungen gegenüber Petersburg erfüllen würde.[697] Die "Antwort" aus Rußland war ebenso niederschmetternd wie unmißverständlich: Noch am gleichen Tag wurden nämlich damit begonnen, alle sich in Petersburg aufhaltenden Deutschen zwangsweise zu internieren.[698] Daß sein Außenamt künftig einen Weg jenseits der diplomatischen Gepflogenheiten und Chancen einschlagen würde, machte Minister Sasonow klar, indem er den russischen Gesandten in Berlin Swerbejew und seinen Amtskollegen Schebeko in Wien gemeinschaftlich abzog und die so entscheidenden Botschafterposten unterbesetzt ließ.

Mittwoch, 29. Juli

Angesichts dieser Hiobsbotschaften schlug die deutsche Regierung ihrem österreichischen Verbündeten eine Viermächtekonferenz vor. Weiterhin drängt sie darauf, den Meinungsaustausch mit Rußland nicht abzulehnen, sowie in der Frage der Kompensationen an Italien Entgegenkommen zu zeigen. Verbunden damit war die Warnung: „Wir sind zwar bereit, unsere Bündnispflicht zu erfüllen, müssen es aber ablehnen, uns von Wien leichtfertig und ohne Beachtung unserer Ratschläge in einen Weltbrand hineinziehen zu lassen."[699] Doch dieser war ohnehin zum damaligen Zeitpunkt kaum mehr zu verhindern, da an diesem 29. Juli zu allem Überfluß auch noch das russische Militär in die Offensive ging.

---

[696] Hellmut Herda, „Die Schuld der Anderen", Archiv-Edition im Verlag für ganzheitliche Forschung, Viöl 1995, Seite 27
[697] „Der Große Brockhaus", Handbuch des Wissens in 20 Bänden, Verlag Brockhaus, Leipzig 1935, 15. Auflage, 20. Band, Seite 168. Berthelot, seit 1904 in der politischen Abteilung des Außenministeriums tätig, war in den Julitagen der Verfasser sämtlicher diplomatischer Noten der französischen Regierung. Zur Zeit des Kriegsausbruchs führte er auf dem Balkan politische Verhandlungen und diente im Verlauf des Krieges als interalliierter Verbindungsmann. Das „Berliner Tageblatt" bezeichnete ihn gelegentlich als „Großmeister des Grand Orient".
[698] Nach dem Zürcher Tagesanzeiger vom 4. September 1914, der sich bei dieser Meldung auf russische Zeitungen beruft.
[699] Friedrich Hasselbacher, „Entlarvte Freimaurerei", Band II., Hochmuth, Berlin 1938, Seite 69

Als am 29. Juli in Petersburg die Nachricht eintraf, daß österreichische Batterien in der vorhergehenden Nacht Belgrad beschossen hatten, erteilte der Zar am Nachmittag auf Drängen seiner Generale die Genehmigung zur Mobilmachung von Streitkräften.
Auf ausdrückliche Anordnung Nikolaus II sollte die Mobilmachung aber nur an der österreichischen Seite erfolgen, was sich durchaus mit den Gesetzen des russischen Kaiserreichs vereinbaren ließ. Bezüglich der deutschen Grenze erging dagegen kein Befehl des Kaisers.[700] Das war aber den „Falken" im Hintergrund ziemlich egal. Da es ihnen daran gelegen war, die Situation künstlich anzuheizen, konstruierten sie einfach selbst den Befehl zur allgemeinen Mobilmachung. Erster Umsetzungstag sollte der 30. sein.

Anschließend meldeten die gleichen Kräfte telegrafisch an die französische Regierung den Vollzug des Husarenstücks, verbunden mit der Frage, wie sich Frankreichs im Kriegsfall verhalte. Poincaré antwortete umgehend daß Frankreich marschieren werde.[701] In den Aufzeichnungen des russischen Botschafters in Paris, Iswolsky finden darüber hinaus die beiden aufschlußreichen Bemerkungen: „Viviani - Ministerpräsident unter Poincaré bestätigt mir soeben den festen Entschluß der französischen Regierung, in Übereinstimmung mit uns zu handeln." „Viviani hat heute abend eine Versammlung gegen den Krieg verboten."[702]

Natürlich konnte all das nicht völlig vor dem Zaren geheimgehalten werden. Während der Herrscher aller Reußen ein Friedenstelegramm nach dem nächsten von Wilhelm II in Empfang nahm[703] erfuhr er am Abend so ganz nebenbei, daß entgegen seinen Weisungen nicht nur eine Teilmobilisierung gegen Österreich, sondern die allgemeine Mobilmachung im Gange war.[704]

Folgen wir weiter den Ausführungen der russischen Zeitung „Nowoje Slowo" („Neues Wort") vom 15. August 1934:
„Der Kaiser befahl sofort den General Suchomlinow, den damaligen Kriegsminister, zu sich und fragte ihn: 'Sagen Sie, aus welchem Grunde wird die Mobilmachung auch an der deutschen Grenze betrieben?' General Suchomlinow antwortete, daß das auf den Befehl Sr. Majestät geschähe, auf den Befehl, der durch den Außenminister Sasonow an den Generalstabschef Januschkewitsch übermittelt worden sei. Der Kaiser widersprach darauf und betonte, sein Befehl an Sasonow habe nur die Teilmobilmachung angeordnet. Er schlug dabei mit der Faust auf den Tisch und rief: 'Wladimir Alexandrowitsch, es ist notwendig, daß die Mobilmachung sofort eingestellt wird. Fahren Sie los! Tun Sie das!'

---

[700] „Nowoje Slowo" („Neues Wort"), Berlin, Nr. 5 vom 15. August 1934 mit Bezug auf den im Juli 1917 stattgefundenen Suchomlinow-Prozeß. Zitiert bei Hasselbacher, II., Seite 122f.
[701] Aus dem Pariser Linksblatt „Lanterne" vom 8. Oktober 1921
[702] Aus dem Pariser Linksblatt „Lanterne" vom 8. Oktober 1921
[703] „Der Große Brockhaus", Handbuch des Wissens in 20 Bänden, Verlag Brockhaus, Leipzig 1935, 15. Auflage, 20. Band, Seite 166 und 168
[704] „Nowoje Slowo" („Neues Wort"), Berlin, Nr. 5 vom 15. August 1934 mit Bezug auf den im Juli 1917 stattgefundenen Suchomlinow-Prozeß. Zitiert bei Hasselbacher, II., Seite 122f.

Nach langem Suchen traf Suchomlinow Sasonow in Gesellschaft des englischen Botschafters, Sir George Buchanan, und einiger russischer Parteipolitiker, die nachweislich Beziehungen zur Loge hatten. Sasonow antwortete dem Kriegsminister Suchomlinow, er habe den Befehl Sr. Majestät im Sinne einer allgemeinen Mobilmachung „verstanden" und ihn so dem Chef des Generalstabes, General Januschkewitsch, übermittelt. Wenn aber jetzt die allgemeine Mobilmachung eingestellt werde, so bedeute dies, daß Rußland Deutschland auf Gnade und Ungnade ausgeliefert sei, da „Deutschland schon die Mobilmachung verkündet habe". Der Mobilmachungsapparat sei zur Zeit schon in vollem Betrieb. Im Falle einer Demobilisierung würde eine neue Mobilmachung nur nach langer Zeit durchzuführen sein, da die Mobilisierungsanordnungen bereits ausgegeben und Kopien nicht vorhanden seien.
Dies wurde dem Zaren vorgetragen. Daraufhin telegraphierte Zar Nikolaus an Kaiser Wilhelm: 'Aus technischen Gründen kann ich die Mobilmachung nicht abstellen, aber, wenn die Verhandlungen mit Österreich-Ungarn nicht unterbrochen werden, werde ich meine Truppen von jeder Offensive zurückhalten. Dies versichere ich auf Ehrenwort'."[705]

Es ist sicher, daß der Zar am späteren Abend des 29. Juli sowohl dem Kriegsministerium wie dem Generalstabschef persönlich den telephonischen Befehl erteilte, die Gesamtmobilmachung rückgängig zu machen. Statt dessen wurde ein Befehl für eine *Teil*mobilmachung der *südlichen* Militärbezirke (1, 1 Million Mann) ausgesandt.[706]

Fraglich bleibt indes der Schluß des „Nowoje Slowo"-Berichtes, der bei anderen Chronisten völlig fehlt. Glaubt man ihnen, dann gab es lediglich ein Verbot Nikolaus II zur Generalmobilmachung, das schlichtweg ignoriert wurde. Dafür verlegten sich die Verschwörer nunmehr auf ein größeres Maß an Leisetreterei.

Nach den Memoiren des französischen Botschafters in Petersburg, Paléologue, kam „um 23 Uhr... Nikolai Alexandrowitsch Basily[707], der Vize-Direktor der Kanzlei des Auswärtigen, zur französischen Botschaft gefahren und teilte mir mit, die russische Regierung habe wegen des scharfen Tones des deutschen Botschafters beschlossen: 1. Heute nacht die Mobilmachung von 13 Armeekorps in Wirkung auf Österreich-Ungarn anzuordnen. 2. Heimlich die allgemeine Mobilmachung zu befehlen."[708] Daraufhin beauftragte die französische Botschaft einen Sekretär mit der Weitergabe der Meldung nach Paris.

---

[705] „Nowoje Slowo" („Neues Wort"), a.a.O., mit Bezug a.a.O. Zitiert bei a.a.O., Seite 122f.
[706] „Der Große Brockhaus", Handbuch des Wissens in 20 Bänden, Verlag Brockhaus, Leipzig 1935, 15. Auflage, 20. Band, Seite 166 und 168
[707] Basily war Freimaurer. Man findet ihn in der Broschüre von N. Switkow, „Die Freimaurerei in der russischen Emigration" (russisch), aufgestellt bis 1. Januar 1932, zitiert durch Friedrich Hasselbacher, „Entlavte Freimaurerei", Band II., Hochmuth, Berlin 1938, Seite 121
[708] Memoiren von Maurice Paléologue in der „Revue des deux Mondes" vom 15. Januar 1922 nach Friedrich Hasselbacher, „Entlarvte Freimaurerei", Band II, 1938 (3. Auflage), Archiv-Edition im Verlag für ganzheitliche Forschung und Kultur, Viöl 1993, Seite 155

Dies zu einer Zeit, da der Zar den Befehl Nr. 2 ausdrücklich untersagt hatte! „Hochverrat" ist die einzige zulässige Bezeichnung für ein solches Treiben, dem ein Vorsatz durchaus unterstellt werden darf. Der damalige Chef des Generalstabes, Nikolaj Nikolajewitsch Januschkewitsch, gab jedenfalls im Suchomlinowprozeß zu, daß er damals zusammen mit Sassanow die vom Zaren befohlene Rückgängigmachung der russischen Gesamtmobilmachung hintertrieben habe.[709] Und was tat die Regierung angesichts der zaristischen Ordres? „Die Minister", schreibt Raymond Recouly in der „Revue de France": „haben trotzdem ihre Arbeit fortgesetzt, um am anderen Morgen, wenn die Zurücknahme wieder zurückgenommen sein würde, den Mechanismus ohne Verzögerung in Gang zu bringen."[710]

Das liegt ganz auf der Linie des ehemaligen Dumapräsidenten Br. Alexander Gutschkow, der - nach einem Artikel Werner Graf von Alvenslebens - Anfang 1914 einem Freund mitgeteilt hatte: „In diesem Sommer wird der Krieg bestimmt beginnen. Wir haben dies vorgesehen und werden es so machen, daß die beiden Kaiser vor ein fait accompli gestellt werden."[711]

Donnerstag, 30. Juli
St. Petersburg

Im russischen Generalstab war man über die Rücknahme der Generalmobilmachung aufs äußerste erregt. Auf Veranlassung des Kriegsministers Suchomlinow und des Generalstabschefs Januschkewitsch wurde einmal mehr Außenminister Sasonow in Marsch gesetzt, um den Zaren doch noch einmal „umzudrehen". Über die Vorgänge, die zur neuerlichen und nunmehr endgültigen Bestätigung der Generalmobilmachung führten gibt es nun zwei verschiedene Versionen. Sie stimmen darin überein, daß Nikolaus die allgemeine Mobilisierung zwischen 13 und 18 Uhr des 30. Juli anordnete.

General Dobrorolski, der Chef der russischen Mobilmachungsabteilung schreibt, der Zar sei am Morgen des 30. Juli aus seiner Umgebung neuerlich auf die

---

[709] „Meyers Lexikon", Bibliographisches Institut, Leipzig 1938, 8. Auflage, 5. Band, Seite 1638
[710] „Revue de France", Nr. 17, 1921
[711] „B.Z. am Mittag", Berlin, März 1920. Alvensleben, enger Verwandter des Friedrich Jahann Graf von Alvensleben, welcher von 1900 bis 1905 als Botschafter in Petersburg gelebt hatte, war enger Mitarbeiter des späteren Reichskanzler Schleicher und Vorsitzender der „Mittwochsgesellschaft". Er wurde 1934 im Zusammenhang mit der Röhm-Affäre verhaftet und später in das Konzentrationslager Buchenwald überstellt. Der Alvensleben-Artikel wurde am 15. August 1934 durch die Ausgabe-Nr. 5 der in Berlin erscheinenden russischen Zeitung „Nowoje Slowo" bestätigt. Die „Nowoje Slowo" verweist nicht auf die „B.Z." als Quelle und macht weitergehende Angaben, so zum Beispiel, daß Gutschkows Ausführung aus dem März 1914 stammten und daß er ferner gesagt habe: „Ich rate Ihnen, nicht nach Deutschland zu reisen... Deutschland kann sich drehen, wie es will, es wird den Krieg nicht vermeiden können!" Beide Zeitungsmeldungen überliefert Friedrich Hasselbacher in „Entlarvte Freimaurerei"/II, Seite 126.

militärtechnischen Bedenken gegen eine Nur-Teilmobilisierung und auf die Bündnispflicht gegenüber Frankreich hingewiesen worden, worauf der Regent um 13 Uhr den Befehl zu der öffentlich bekanntzugebenden Gesamtmobilmachung erteilte.[712]

Der französische Botschafter Paléologue dagegen setzt den Mobilmachungsbefehl des russischen Kaisers einige Stunden später an, auf 16 Uhr[713], womit die Geschichte einen leicht geänderten Hintergrund bekommt. Denn in diesem Fall ereignete sich noch vor dem Entschluß des Zaren ein weiteres Bühnenstück der Jahwe-Freimaurerei: Während der Zar wankte und gegen die russische Kriegspartei stritt, veröffentlichte der Hochgradbruder von Kupfer[714], im profanen Beruf Chefredakteur des „Berliner Lokal-Anzeigers", ein Extrablatt mit der Lüge, daß der deutsche Kaiser die allgemeine Mobilmachung von Heer und Flotte angeordnet habe. Die Zeitung erschien mittags gegen 13 Uhr.[715] Der Kaiser aber hatte gar nichts angeordnet! Trotzdem kabelte jetzt die russische Botschaft in Berlin nach Petersburg: Mobilmachung in Deutschland. Br. Sassanow, Minister des Auswärtigen in Petersburg, „erfuhr" diese Presseente gerade "rechtzeitig" und benutze sie, um beim Zaren das Aufkommen eines Friedenswillens zu verhindern und bei ihm - wie Paléologue behauptet am *Nach*mittag - die allgemeine Mobilmachung des Heeres gegen Deutschland zu erwirken. Konkret zum „Fall Kupfer" ergänzt die russische Zeitung „Nowoje Slowo": „Das Telegramm von der Mobilmachung Deutschlands gelangte nach Petersburg, wo es wie eine explodierende Bombe einschlug. Zur selben Zeit veröffentlichte die deutsche Regierung ein Dementi. Der russische Botschafter in Deutschland, Swerbjeew, sandte diese Richtigstellung sofort nach Petersburg. Sonderbarerweise aber wurde dieses Telegramm irgendwo aufgehalten und kam erst einen ganzen Tag später an, als es längst zu spät war."[716]

Paléologue erzählt in seinem Tagebuch, er habe Außenminister Sasonow, der den Zaren zur erneuten Generalmobilmachung überreden wollte, selbst in seinem Wagen zum Monarchen gefahren. Nach einer längeren Unterredung gelang es dem Kriegstreiber demzufolge „genau um 16 Uhr", beim Zaren erneut die Anordnung der allgemeinen Mobilmachung durchzudrücken. Sasanow begründete seine Haltung, die Politik der nächsten Tage würde die allgemeine Mobilmachung doch notwendig machen und dann würde der Übergang von der Teilmobilmachung zur allgemeinen Mobilmachung infolge technischer Schwierigkeiten schwer möglich sein.[717] Außerdem hatte der russische Außenminister, so der Kriegsforscher Dr. Alfred von Wegerer „gegenüber dem Zaren falsche Gründe vorgebracht und

---

[712] Dobrorolski in der Belgrader Militärzeitschrift „Wojeny Sbornik", Ausgabe Juli-August 1921
[713] Memoiren Paléologues in der „Revue des deux Mondes" vom 15. Januar 1922
[714] Hugo von Kupfer war nach Hasselbacher II, Seite 127 Mitglied im Rat der „Höchsten Inneren Bundesoberen, die zugleich das Altschottische und das Bundesdirektorium bilden", Leiter des Logenbezirks IV der Großen National-Mutterloge „Zu den drei Weltkugeln" in Berlin
[715] Friedrich Hasselbacher, „Entlarvte Freimaurerei", Band II, Seite 71 und 120
[716] „Nowoje Slowo" („Neues Wort"), Berlin, Nr. 5 vom 15. August 1934, a.a.O.
[717] „Der Große Brockhaus", Handbuch des Wissens in 20 Bänden, Verlag Brockhaus, Leipzig 1935, 15. Auflage, 20. Band, Seite 166 und 168

behauptet, daß Österreich auch bereits gegen Rußland mobilisiert habe und die deutsche Mobilmachung infolge geheimer Rüstungen schon sehr weit vorgeschritten sei, was den Tatsachen nicht entsprach."[718] Gegen 18 Uhr wurde der Befehl an das Heer und die Flotte ausgegeben; der erste Mobilmachungstag war der 31. Juli[719]

Wieder einmal sollte der Suchomlinowprozeß[720] den Beweis liefern, daß der Zar hinsichtlich der seit langem im Stillen betriebenen Mobilmachungsmaßnahmen arglistig von der russischen Kriegspartei getäuscht wurde. So bekundete Suchomlinow, daß bereits seit mindestens 1912 systematisch verdeckt vor allem sibirische Korps nach Westen verschoben worden seien, ohne daß der russische Monarch davon informiert wurde. Bezüglich dieses 30. Juli erklärte der ebenfalls vorgeladene General Nikolaj Nikolajewitsch Januschkewitsch, der seit März 1914 Chef des Generalstabes war, er habe dem Zaren „bewußt lügend" dargelegt, es seien höchstens nur 400.000 Reservisten einberufen worden und es sei im Augenblick technisch nicht möglich, sie zu entlassen. Diese Truppen aber - sibirische Korps - waren tatsächlich seit mehr als einer Woche vor dem Attentat auf Franz Ferdinand mobil und wurden mit Hochdruck nach Westen gebracht.

Donnerstag, 30. Juli
Paris

Während sich der Konflikt zunächst logischerweise auf Serbien und Österreich konzentriert hatte und dann auf die mehr oder weniger offiziellen Garantiemächte Deutschland und Rußland übergegriffen hatte, ließ nun auch Frankreich die Maske fallen, und zeigte militärische Stärke. Als die Russen am 30. Juli allgemein mobil machten (jedoch bevor die Österreicher diesem Schritt nachkamen) gab Paris augenblicklich den Befehl zur Aufstellung des Grenzschutzes, wodurch 11 Infanterie- und 3 Kavalleriedivisionen mobil wurden. Der französische General Joffre ließ noch am 30. Juli fünf Armeekorps im Fußmarsch in die Grenzbezirke verlegen, verbunden mit dem Befehl, zehn Kilometer Abstand zur deutschen Grenze zu halten.

---

[718] Dr. h.c. Alfred von Wegerer, „Wie es zum Großen Kriege kam", Reclams Universal-Bibliothek, Seite 74
[719] „Der Große Brockhaus", Handbuch des Wissens in 20 Bänden, Verlag Brockhaus, Leipzig 1935, 15. Auflage, 20. Band, Seite 166 und 168
[720] Wladimir Alexandrowitsch Suchomlinow, einer der Hauptschuldigen am Ausbruch des Krieges, war seit 1908/09 Chef des Generalstabes und Kriegsminister und wurde Mitte 1917 in einem Prozeß zu lebenslänglichem Zuchthaus verurteilt, wenige Monate später jedoch von der Sowjetregierung wieder freigelassen, woraufhin er sich ausgerechnet nach Deutschland ins Exil begab. Der Suchomlinowprozeß wurde seinerzeit von der gesamten Weltpresse aufmerksam beleuchtet.

Freitag, 31. Juli

Am 31. Juli war der endgültige russische Gesamtmobilisierungs-Befehl bereits um 8 Uhr morgens in Petersburg öffentlich angeschlagen. Stunden später schrieb das SPD-Parteiorgan "Vorwärts" in einer unentgeltlichen Sonderausgabe "Gegen die Kriegshetzer". Aus dem augenblicklichen Erleben stand dort zu lesen: "Durch die Mobilmachung Rußlands ist die Gefahr eines Weltkrieges in größere Nähe gerückt. Die Zarenregierung treibt ein frevelhaftes und verbrecherisches Spiel mit dem Frieden und dem Schicksal der europäischen Kultur."

Die Anordnung der russischen Gesamtmobilmachung gegen Wien und Berlin hatte zur Folge, daß Kaiser Franz Joseph am 31. Juli um 11. 30 Uhr den Befehl für die allgemeine Mobilmachung Österreich-Ungarns unterzeichnete. Um 13 Uhr ordnete Wilhelm II. den „Zustand drohender Kriegsgefahr" an, der jedoch noch nicht die Mobilmachung bedeutete. Gleichzeitig wurde der Botschafter Graf Pourtalès beauftragt, die russische Regierung zu ersuchen, binnen zwölf Stunden jede Kriegsmaßnahme gegen das deutsche Reich und Österreich einzustellen, widrigenfalls das Reich selbst mobil machen würde.[721] Gegen 14 Uhr richtete sich der deutsche Kaiser mit der dringenden Aufforderung zur Einstellung der militärischen Maßnahmen einmal mehr direkt an den Zaren. Doch Rußland antwortet nicht mehr.

Dafür bereiteten sich jetzt auch noch die Franzosen auf die ersten Schlachten vor. In einer Nachmittagssitzung des Kabinetts wurde gegen 16.40 Uhr die Mobilmachung der französischen Ostkorps beschlossen. Um 19 Uhr ersuchte die deutsche Regierung daher Frankreich binnen achtzehn Stunden ultimativ um eine Erklärung „ob Frankreich in einen russisch-deutschen Kriege neutral bleiben will."

Diese Hoffnung war nun gar nicht so weit hergeholt, wie es zunächst scheinen mag. Noch immer gab es in Frankreich Stimmen, die zum Frieden mahnten. Aus der Masse ragte dabei jene des Sozialistenführers Jean Jaurès heraus. Als die internationale Lage sich mehr und mehr zuspitzte, wollte der Führer der französischen Linken Kundgebungen gegen den Krieg veranlassen, die aber sofort von Br. Viviani, dem Minister des Innern, verboten wurden. Daraufhin trat Jaurès auf einer bewilligten Anti-Kriegsdemonstrationen in Berlin auf und wandte sich beschwerdeführend an den Vorsitzenden des Internationalen Bureaus der II. Arbeiter-Internationale, Br. Vanderfelde, vor dem er ausführte, 'es läge in der Macht der französischen Regierung, Rußland am Kriege zu verhindern, aber man suche den Krieg, den man schon lange schüre.'[722] Noch am Abend des 30. Juli

---

[721] „Der Große Brockhaus", Handbuch des Wissens in 20 Bänden, Verlag Brockhaus, Leipzig 1935, 15. Auflage, 20. Band, Seite 166 und 168
[722] Müller, Gerhard, *Überstaatliche Machtpolitik im 20. Jahrhundert*, Seite 88. Emil(e) Vandervelde, eigentlicher Name Epstein, der Führer der belgischen Sozialdemokraten, war nach Friedrich Hasselbacher, „Entlarvte Freimaurerei" (Band I, Seite 163) und Arnold Cronberg, „Weltpolitik vom Sinai im 20. Jahrhundert" (Seite 93) Br. der 1798 gegründeten Brüsseler Loge „Les Amis Philantropes". Seine Mitgliedschaft bei der Freimaurerei bestätigen Lennhof/Posner in

forderte er in seiner Zeitung "Humanité", Kaltblütigkeit zu bewahren und sprach sich für sofortige Friedensgespräche aus.

Was den populären Gründer und Führer der französischen Sozialdemokratie aus Sicht des zum Krieg entschlossenen Establishments so gefährlich machte war die Tatsache, daß dieser wie sie Freimaurer war. Nur gehörte Jaurès zu jenen Männern, die lange Zeit glaubten, die Freimaurerei erstrebe tatsächlich den Weltfriedensgedanken und die Weltverbrüderung. Jetzt aber wurde dem großen Pazifisten mit einem Schlag bewußt, daß es neben der humanitären eine verschwörerische Freimaurerei gab. Entsetzt sah er das wahre Spiel der Kräfte, hinter dem vor allem der Großorient von Frankreich stand. An dieser Stelle lohnt es sich, noch einmal an den Artikel des britischen Sozialdemokraten C. H. Norman über die freimaurerischen Hintergründe des Attentats von Sarajewo zu erinnern.

Über die Einrichtung der Londoner Tochtergesellschaft des Grand Orient schreibt er: *„Smith versuchte mich dadurch zu überreden, dem Projekt beizutreten, daß er mir mitteilte, die Mehrzahl der führenden Sozialisten und nicht sozialistischen Politiker Frankreichs... seien Mitglieder des 'Grand Orient'. Die einzige bemerkenswerte Ausnahme im Fall Frankreichs sei Jean Jaurès, dessen Ermordung als zweites Verbrechen dem Kriege vorausging... Es ist... auffallend, daß Jaurès ermordet wurde, ehe er in der französischen Kammer die Rede halten konnte, in der er beabsichtigte, sich gegen die Kriegskredite auszusprechen und den 'Grand Orient' mit dem Mord von Sarajewo in Verbindung zu bringen.*"[723]

Tatsächlich kündigte Jaurès an, im Parlament Aufklärung über die wahren Hintermänner der Kriegshetze gegen Deutschland zu geben. *Einen* Drahtzieher sah der prominente Sozialist auf jeden Fall in der Hochfinanz. In seinem letzten Brief vom 30. Juli jedenfalls schrieb er: "Hier in Frankreich arbeiten wir mit allen Gewaltmitteln für einen Krieg, der ausgefochten werden muß, um ekelhafte Begierden zu befriedigen, und weil die Pariser und Londoner Börsen in Petersburg spekuliert haben..."[724] Wenige Stunden bevor die Öffentlichkeit aus dem Mund des großen Volkstribunen die ganze Wahrheit erfahren konnte schlug das „Schicksal" gerade noch rechtzeitig zu. Am Abend des 31. Juli wurde Jaurès in aller Öffentlichkeit in Paris erschossen. Sein Redemanuskript verschwand auf Nimmerwiedersehen. Der vermutlich gekaufte Auftragsmörder Villain[725] wurde

---

„Internationales Freimaurerlexikon". Vandervelde verkündete am 25. Mai 1917, ohne den Sturz Kaiser Wilhelm II. und Karl I. „ist ein Friede nicht möglich". Der Sozialdemokrat amtierte von 1918 bis 1937 als Präsident der „Zweiten Internationale".
[723] Berliner Monatshefte für internationale Aufklärung, Hrsg. Dr. h. c. Alfred von Wegerer, Februarheft 1931, Aufsatz von C. H. Norman, London: "Grand Orient", Seite 177 ff.
[724] *Die Entente-Freimaurerei und der Weltkrieg*, S. 59
[725] Villain, damals Student, ging nach dem Krieg auf die spanische Insel Ibiza. 1936 wurde er dort von Unbekannten erschossen, die seine Leiche ins Meer stürzten. Gerüchten zufolge sollen die Mörder Kommunisten gewesen sein. Dieser zunächst schwer faßbare Täter-Opfer-Zusammenhang erhellt sich erst, wenn man bedenkt, daß Stalin zu dieser Zeit reihenweise im Ausland befindliche *Trotzkisten* liquidieren ließ. Eine andere Quelle bringt Villain mit der regierungsamtlichen Terrororganisation „Agitationsamt für die Verwirklichung politischer Ziele"

verhaftet, während des Krieges mit allen erdenklichen Vorzügen in Haft gehalten und 1919 - freigelassen! Dem Frieden war auch in Frankreich abgesagt.

Doch zurück zu den diplomatischen Grabenkämpfen, die während des feigen Mordes über Wohl und Wehe der Menschheit zu entscheiden hatten. Da der deutsche Appell an den Zaren keine Wirkung gezeigt hatte und in Petersburg die Vorbereitungen zum Krieg munter ihren Fortgang nahmen, sandte Deutschland mitten in der Nacht zum 1. August, um Mitternacht nunmehr ein Ultimatum an Rußland, sofort alle Kriegsmaßnahmen gegen Österreich-Ungarn und Deutschland innerhalb von 12 Stunden einzustellen. "Eine Fortsetzung der russischen Mobilmachungsmaßnahmen wird uns zwingen, ebenfalls zu mobilisieren, und in diesem Fall ist ein europäischer Krieg kaum noch zu vermeiden", lautete die offizielle Note, die der deutsche Gesandte Pourtalès der russischen Regierung in St. Petersburg überreichte.[726] Die Antwort: Sasonow lehnte ab.[727]

Westlich des Rheins beschloß das französische Kabinett derweil in einer Nachtsitzung, am nächsten Tage den Befehl für die allgemeine Mobilmachung zu erlassen. Gegen 1 Uhr nachts schickte daraufhin der russische Botschafter in Paris Iswolski folgendes Telegramm nach Petersburg: „An den Kriegsminister. Der französische Kriegsminister (Messimy) eröffnete mir in gehobenem herzlichem Tone, daß die Regierung zum Kriege fest entschlossen sei. Er bat mich, die Hoffnung des französischen Generalstabes zu bestätigen, daß alle unsere (russischen) Anstrengungen gegen Deutschland gerichtet seien und Österreich als eine quantité négligeable behandelt werden würde."[728]

Auch England war involviert - und zwar weit stärker, als sich dies die britische Öffentlichkeit damals träumen ließ. Später, viel später erklärte der englische Blockademinister Br. Lord Robert Cecil im britischen Unterhaus, daß ein vor der Öffentlichkeit geheimgehaltenes Militärabkommen zwischen England und Frankreich schon seit 1912 bestand. Dieses Militärabkommen war vordem von englischer Seite ständig geleugnet worden. Es war in solcher Form abgeschlossen worden, daß es ohne Austausch von Ratifikationen wirksam wurde.[729] Nicht zuletzt

---

in London in Verbindung. Von diesem Amt wurden nach einem Bericht, den die „Hessische Landeszeitung" seinerzeit über Kopenhagen erhielt, die finanziellen Mittel bereitgestellt, welche bei der Ermordung des französischen Sozialistenführers Jaurès nötig waren. (Siehe die Beilage des Zentrumsblattes „Germania" vom 28. Juli 1915 sowie Karl Heise, „Die Entente-Freimaurerei und der Weltkrieg", Ernst Finckh Verlag, Basel 1919, Seite 75ff. sowie Freymann, Seite 68 sowie Ludendorff, „Kriegshetze und Völkermorden in den letzten 150 Jahren, 81 bis 85 Tausend, S. 121 f.)
[726] Friedrich Hasselbacher, „Entlarvte Freimaurerei", Band II, Seite 72
[727] „Der Große Brockhaus", Handbuch des Wissens in 20 Bänden, Verlag Brockhaus, Leipzig 1935, 15. Auflage, 20. Band, Seite 168
[728] Das Pariser Linksblatt „Lanterne" vom 8. Oktober 1921 sowie „Der Große Brockhaus", Handbuch des Wissens in 20 Bänden, Verlag Brockhaus, Leipzig 1935, 15. Auflage, 20. Band, Seite 166 und 168
[729] Vgl. den Leitartikel in Nr. 193 des „Zürcher Tagesanzeiger" vom 19. August 1918, welcher sich auf Enthüllungen des englischen Blockadeministers Br. Lord Robert Cecil am 24. Juli 1918 im britischen Unterhaus bezieht.

aus diesem Grund hatte sich die englische Flotte seit dem 16. Juni 1914 - zwei Tage nach dem Mord von Sarajewo - in mobilem Zustand zu Manövern um Portland versammelt. Trotzdem war das in weite Teile der britischen Geheimpolitik uneingeweihte englische Kabinett noch am 31. Juli unentschieden, ob es sich für einen Marschbefehl zugunsten Frankreichs und Rußlands entscheiden sollte. Selbst die Vorstellung des französischen Botschafters Cambon, der England an seine in der Marinekonvention von 1912 begründete Verpflichtung zum Schutz der französischen Nordküste erinnerte, führten zu keinem abschließenden Ergebnis.

Erst als auf eine Anregung des Generals Sir Henry Wilson die Konservativen, die zur Regierung in Opposition standen, im Sinne einer Intervention einwirken wollten, legte sich Außenminister Grey am Abend des 31. Juli auf den 1. August - während Paris und Petersburg mobilisierten - auf eine Kriegskoalition gegen Deutschland fest. Der hebräische Zeitungsbesitzer Leo Maxse bekannte in seiner englischen „National Review", daß er selbst in Gemeinschaft des späteren Kriegsministers Br. Lord Milner, des Ex-Außenministers und konservativen Oppositionsführers Br. Lord Lansdowne, des ehemaligen konservativen Schatzkanzlers Sir Austen Chamberlain, des Führers der Unionistischen Partei und späteren Schatzkanzlers Br. Bonar Law, des konservativen Vizeparteichef und künftigen Außenminister Br. Balfour und dem englischen Generalstabschef General Wilson an diesem 31. Juli 1914 die kriegerische Unterstützung Rußlands und Frankreichs auf den Weg gebracht hatte.[730]

Auf jeden Fall gab Grey an diesem Abend dem französischen Botschafter Cambon die Zusicherung, England würde in Übereinstimmung mit der gemeinsamen Marinekonvention von 1912 ein Eindringen der deutschen Flotte in den Ärmelkanal nicht dulden. Als dann am nächsten Tag die Konservativen durch ein Schreiben an den Ministerpräsidenten Asquith sich für eine Intervention Englands zur Verfügung stellten, wurde Grey auch in der Kabinettssitzung am Nachmittag zu der Erklärung an Cambon ermächtigt, die er schon abgegeben hatte; um 2. 30 Uhr erhielt Cambon diese offizielle Mitteilung von Grey. England trat damit zur See de facto in den Krieg gegen das Deutsche Reich ein.

Samstag, 1. August

Der „point of no return", der Tag, an dem es keine Umkehr mehr gab, war in Rußland spätestens am 30. Juli gekommen; seitdem konnte der Zar seine Truppen aus wirtschaftlichen und organisatorischen Gründen - selbst wenn er gewollt hätte - gar nicht mehr zum Stillstand bringen geschweige denn zurückziehen. Der Krieg war damit für Rußland unvermeidlich geworden, unabhängig davon, wie Deutschland oder Österreich auch immer gehandelt haben konnten.

---

[730] Vgl. die Berliner „Vossische Zeitung" vom 9. August 1918

Trotzdem wartete das Reich immer noch zu. Als aber am Vormittag des 1. August in Berlin noch immer keine Nachricht aus Petersburg eingegangen war - Rußland beantwortet deutsche Anfragen nicht mehr - wurde Pourtalès gegen Mittag durch ein neues Telegramm angewiesen, um 17 Uhr die Kriegserklärung zu überreichen - falls bis dahin Rußland keine befriedigende Antwort erteilt habe. Noch bevor es dazu kam wurde in Paris gegen 16.30 Uhr der allgemeine Mobilmachungsbefehl für die französische Armee vom Kriegsminister gegengezeichnet und daraufhin ausgegeben.[731] Deutschland stand vor einem Zweifrontenkrieg.

Tatsächlich war der Frieden nicht mehr zu retten, seit in Rußland die roten Mobilmachungsplakate an den Wänden hingen. Deutschland, von zwei Seiten bedroht, konnte unmöglich noch zuwarten, bis die russische Dampfwalze zu rollen begann. In diesen schicksalsschweren Tagen wurde die deutsche Politik daher in weit stärkerem Maß durch militärische Notwendigkeiten als durch die aktuelle Tagespolitik beeinflußt, mehr durch den toten Grafen Schlieffen bestimmt als durch den Kaiser oder Reichskanzler Bethmann-Hollweg. Da Schlieffens Plan davon ausging, daß Frankreich entscheidend geschlagen werden mußte, ehe noch die Russen ihren Aufmarsch abgeschlossen hatten, durfte man es nicht zulassen, daß diese noch im Frieden mobilisieren konnten. Und selbst wenn Frankreich erklären sollte, es werde seinen Verbündeten im Stich lassen und Rußland den Strauß mit Deutschland allein ausfechten lassen - konnte man denn dann damit rechnen, daß Frankreich der Versuchung widerstehen würde, seinen alten Gegner anzugreifen, wenn die deutschen Armeen erst einmal in Rußland festlagen? General von Moltkes Nachrichtenchef meldete, daß sowohl die russische als auch die französische Mobilmachung in vollem Gange sei. Die Lage war nicht nur bedrohlich - es gab ganz einfach keinen Rückweg mehr. Wenn Deutschland nicht gemäß Plan mobilisierte und unmittelbar zum Angriff überging, war der Krieg verloren, noch ehe er begonnen hatte. Deutschland mußte marschieren - und zwar umgehend.

Um 17 Uhr ordnete der Kaiser die Gesamtmobilmachung des Heeres und der Flotte an. Der deutsche Botschafter in Petersburg Graf Pourtalès kam kurz nach 18 Uhr seinem undankbaren Auftrag nach. Vor Außenminister Sasonow stehend erklärte er: da Rußland sich weiterhin weigere, die deutsche Forderung nach Einstellung seiner Mobilmachung zu erfüllen, nehme der deutsche Kaiser die Herausforderung an und betrachte sich als im Kriegszustand mit Rußland befindlich.

Über diese historische Szene schreibt Eugen Fischer, Sachverständiger in dem Untersuchungsausschuß des Deutschen Reichstages über die Kriegsschuldfrage:

„Dreimal zu fragen hatte sich der Graf vorgenommen.
'Wollen Sie ihre Mobilmachung zurücknehmen?'
'Nein! Technisch unmöglich!'

---

[731] „Der Große Brockhaus", Handbuch des Wissens in 20 Bänden, Verlag Brockhaus, Leipzig 1935, 15. Auflage, 20. Band, Seite 166 und 168

'Wollen Sie Ihre Mobilmachung zurücknehmen?'
'Nein, unmöglich!'
'Wollen Sie Ihre Mobilmachung zurücknehmen?'
'Nein!'
'So bin ich beauftragt, zu erklären: Seine Majestät der Kaiser, mein erhabener Herrscher, nimmt im Namen des Reichs die Herausforderung an!'"[732]

Bezeichnend ist die Äußerung des bekannten amerikanischen Historikers William L. Langer, daß ein deutscher Staatsmann, der im Jahre 1914 eine russische Mobilmachung nicht mit der Eröffnung der Feindseligkeiten beantwortet hätte, sich einer verbrecherischen Unterlassungssünde schuldig gemacht haben würde.[733]

Die Mobilisierung der russischen Armee war von einem Angriff nicht zu trennen und nach dem russisch-französischen Bündnisvertrag bedeutete daher diese Mobilisierung die Erklärung des Krieges. Der frühere russische Generalstabschef und Oberbefehlshaber der russischen Westarmee, General Gurko, erklärte deshalb auch 1919: „Die russische Mobilisierung bedeutete für Deutschland die Notwendigkeit, den Krieg zu erklären, ohne einen Tag zu versäumen."[734]

Sonntag, 2. August

Ein weiter ungelöstes Problem blieb Frankreich. Noch am 1. August, kurz nach 18 Uhr abends, war in Berlin die Antwort auf jene ultimative Anfrage nach Paris eingegangen; sie lautete: „Frankreich werde das tun, was seine Interessen geböten". Wer die revanchistische französische Führung kannte, wußte, das das früher oder später Angriff bedeutete.

Der vom Großen Generalstab im Frieden ausgearbeitete Schlieffenplan sah bei einem Krieg mit Frankreich eine Offensive durch Belgien vor, weil ein Kampf gegen die französischen Sperrbefestigungen zu zeitraubend gewesen wäre, um rechtzeitig die für die Niederwerfung Rußlands notwendigen Truppen verfügbar zu machen. Da nun auch Nachrichten vorlagen, daß französische Reiterei an der belgischen Grenze versammelt war und mit ihrem Vormarsch durch Belgien gerechnet werden konnte[735], erging am 2. August 20 Uhr abends die Aufforderung

---

[732] Rudolph Stratz, „Der Weltkrieg", Verlag Scherl, Berlin 1933, Seite 12
[733] Hellmut Herda, „Die Schuld der Anderen", Archiv-Edition im Verlag für ganzheitliche Forschung, Viöl 1995, Seite 36
[734] Hellmut Herda, a.a.O., Seite 133
[735] Bald nach Beginn des Krieges warf der englische Arbeiterführer und spätere britische Premierminister, Ramsey Macdonald, im „Labour Leader" Sir Edward Grey vor, dieser habe seit 1906 auf den Krieg mit Deutschland hingearbeitet *unter der Voraussetzung, daß Belgiens Neutralität von der Tripelentente nicht beachtet werde, und Deutschland habe diese Pläne durch einen russischen Großwürdenträger übermittelt erhalten. Kein Wunder kann es dann sein, wenn das Wolfbureau am 9. August 1914 mitteilte, daß der deutschen kaiserlichen Regierung zuverlässige Nachrichten darüber vorgelegen haben, daß Tripelentente-Armeen französischer Nationalität an der Maas auf der Strecke Givet-Namur durch belgisches Gebiet gegen*

an Belgien, den ungehinderten Durchmarsch der deutschen Truppen zu gestatten; es wurde voller Schadensersatz und die Unversehrtheit des territorialen Besitzstandes nach dem Krieg zugesichert. Aber Belgien wies die Forderung zurück.

Montag, 3. August

Der deutsche Generalstab wollte den Vormarsch durch Belgien spätestens am 4. August antreten; nach Ansicht des Reichskanzlers war aber, um das Notstandsrecht zur Begründung dieser Neutralitätsverletzung heranzuziehen, ein Kriegszustand zwischen dem Deutschen Reich und Frankreich notwendig. So händigte am 3.

Deutschland vorgehen sollten. (Gerhard Müller, Überstaatliche Machtpolitik im 20. Jahrhundert, Verlag Hohe Warte GmbH, Pähl 1982/1994, Seite 111) Diese Planungen scheinen indes nicht ganz ohne ein Entgegenkommen Brüssels vonstatten gegangen zu sein. Im Januar des von Macdonald genannten Jahres 1906, inmitten der berüchtigten „Einkreisungspolitik" fanden unter Einschluß Belgiens geheime englisch-französisch Verhandlungen statt, die unter anderen mit der Vereinbarung endeten, daß im Falle eines englisch-deutschen Krieges Antwerpen als Verpflegungsbasis für die britische Truppen dienen sollte. Analog hierzu arbeitete der belgische Generalstab Studien aus, die die Eisenbahnfahrt englischer Truppen auf vier Linien durch Belgien für zwei Aufmarschpläne innerhalb des Landes gegen Deutschland vorsahen. Sie waren berechnet auf Tag und Stunde des 6. bis 17. Mobilmachungstages. *(Vgl. die „Norddeutsche Allgemeine Zeitung" in ihren „Enthüllungen" vom Februar 1917)* In diesen Aufmarschplan der „verbündeten Armeen" (der belgische Generalstabschef am 10. April 1906) eingeschlossen war die vollständige Verpflegung der englischen Truppen (von 100.000 Mann) wie auch der vorauszusehenden Verwundeten, sowie die Bereitstellung eines Dolmetscher- und Gendarmenstabs seitens Belgien. *(Vgl. „Neue Züricher Nachrichten", Nr. 67 vom 9. März 1918)* Daraufhin fanden bereits vor 1909 zwischen britischen, belgischen, französischen und russischen Militärdelegierten geheime Kriegsberatungen statt, die die Zertrümmerung des Deutschen Reiches zum Ziel hatten. Dabei übernahm London die Verpflichtung, innerhalb der ersten Kriegswoche 150.000 Mann in Belgien zu landen, um im Verein mit den belgischen Truppen in die Rheinprovinz einzumarschieren, während die Franzosen durch die Vogesen und die Russen durch Ostpreußen einbrechen würden. *(Nach den Äußerungen des englischen Generals Townshend, der von 1909-1912 die britischen Besatzungstruppen in Südafrika befehligte und angab, selbst bei diesen Kriegsberatungen anwesend gewesen zu sein. Der „Berliner Lokalanzeiger" berichtete über diese - später bestätigte - Indiskretion im Frühjahr 1916. Nach: Gerhard Müller, Überstaatliche Machtpolitik im 20. Jahrhundert, Verlag Hohe Warte GmbH, Pähl 1982/1994, Seite 111)* Belgien war zum Ausbruch des Krieges also alles andere als neutral. Auf die britische Scheinheiligkeit wies unter anderem der englisch-irische Schriftsteller Bernard Shaw hin. So schrieb er im August 1916 in der *New York Times*: "Grey spricht von Deutschlands Verletzung der belgischen Neutralität... Aber Belgien war ebensowenig unabhängig wie Irland. „Für Frankreich und England war Belgien das Vorwerk gegen Deutschland; das weiß jetzt jeder Mensch, ausgenommen die Leser der... Londoner Halbpennyblätter... Wenn Grey noch immer behauptet, daß England (von Deutschland) überfallen worden sei, trotzdem das englische Kriegsministerium buchstäblich anerkannt hat, daß schon fünf Jahre vor diesem Kriege die (englischen) Pläne in Flandern sorgfältig vorbereitet worden seien, und daß der englische Oberbefehlshaber schon damals das (belgische) Gelände studiert habe, ferner daß die englische Flotte mit Munition für fünf Jahre versehen worden sei, was übrigens in dem Abkommen (mit Belgien-Frankreich) zur Bedingung gemacht worden sei, so ist es klar, daß Greys Politik dem oft gebrandmarkten Machiavellismus entspricht." *(Gerhard Müller, Überstaatliche Machtpolitik im 20. Jahrhundert, Verlag Hohe Warte GmbH, Pähl 1982/1994, Seite 109 sowie Heise, Karl, "Die Entente-Freimaurerei und der Weltkrieg", a.a.O., S. 30 ff.)*

August 18 Uhr abends der deutsche Botschafter in Paris Freiherr von Schoen dem französischen Ministerpräsidenten Viviani die Kriegserklärung aus. „Viviani", schreibt von Schoen, „nahm sie ohne jedes Zeichen innerlicher Erregung entgegen, gewissermaßen als etwas Selbstverständliches, und ich nehme gern davon Abstand, Herrn Viviani um diese eiskalte Ruhe, die er bewahrte, zu beneiden."[736] Sehr wahrscheinlich kam das Reich mit seinem Schritt Poincaré lediglich knapp zuvor, der schon am 1. August die Kriegserklärung aussprechen wollte und im Ministerrat sagte: „Frankreich läßt sich nicht den Krieg erklären."[737] Rückblickend vermerkt der englische Schriftsteller E. D. Model in seinem Buch "Truth and War": Deutschland (hat) Frankreich angegriffen, weil, wenn Deutschland nicht angegriffen hätte, wäre es von Frankreich angegriffen worden. Das ist die Wahrheit."[738]

In der Nacht vom 3. auf den 4. zogen bereits die ersten deutschen Truppen durch Belgien "nach Paris". Das rief - offiziell jedenfalls - Britannia als den Beschützer der Entrechteten auf den Plan. Natürlich war die englische Kriegsbeteiligung längst unter der Hand beschlossen worden. Bereits am 29. Juli hatte Grey dem deutschen Botschafter in London die Aufgabe der englischen Neutralität bei einem deutsch-französischen Krieg angekündigt.[739] Am 2. August um 2.25 Uhr morgens war der offizielle Mobilmachungsbefehl an die englische Flotte ergangen. Stunden später gab der britische Marineminister Winston Churchill - ohne Erlaubnis seiner Regierung und in der offenkundigen Absicht dieselbe vor vollendete Tatsachen zu stellen - dem englischen Mittelmeergeschwader den Befehl, das deutsche Kriegsschiff „Goeben" anzugreifen. Es war nur ein Glücksfall, daß die „Goeben" nicht vor die Breitseite englischer Kreuzer kam. Nun wurde am 3. August gegen 11 Uhr die Mobilmachung des englischen Landheeres angeordnet. In einer Unterhaussitzung am Nachmittag des gleichen Tages führte Grey aus, daß England wegen des Schutzes der französischen Nordküste und wegen der eigenen Interessen an Belgien nicht neutral bleiben könne.

Wiederum bietet der britische Schriftsteller E. D. Morel in seinem Buch „Truth and War" Hintergründiges zum Thema: „Am 3. August hielt der englische Minister des Auswärtigen eine leidenschaftliche Rede zugunsten der Teilnahme Englands am Kriege Frankreichs gegen Deutschland. Angeblich war das Parlament völlig frei in seinen Entschlüssen. Zweimal im Jahre 1913, zweimal wieder 1914 war dem englischen Volke versichert worden, daß es in keiner Weise gebunden sei, an einem kontinentalen Kriege teilzunehmen. An jenem 3. August nun enthüllte Sir Edward Grey, daß mit Ermächtigung der englischen Regierung, richtiger unter Mitwissen der drei entscheidenden Mitglieder des Ministeriums, schon seit der (Marokko-) Krise von 1906 und seither wiederholt Konversationen der englischen Heeres- und Flottenleitung mit den Generalstäben der französischen Armee und

---

[736] Rudolph Stratz, „Der Weltkrieg", Verlag Scherl, Berlin 1933, Seite 12
[737] Hellmut Herda, „Die Schuld der Anderen", Archiv-Edition im Verlag für ganzheitliche Forschung, Viöl 1995, Seite 37
[738] Morel, E. D., Truth and War" und *Internationale Rundschau*, Morel Heft 15, S. 695/96
[739] Friedrich Hasselbacher, „Entlarvte Freimaurerei", Band II., Seite 68

Marine stattgefunden hatten, in welchen ein gemeinsamer Kriegsplan ausgearbeitet worden war... (Sir Edward Grey) teilte mit, daß er... an Frankreich bereits englische Hilfe versprochen habe und schloß mit der Erklärung, daß... die Ehre Englands in dieser Sache bereits engagiert sei, wie es auch tatsächlich der Fall war. Im ganzen Lande hatte die Kriegspresse, die 'Times' voran, schon tagelang alle Leidenschaften aufgepeitscht... Jene seit 1906 fortgesetzten geheimen... Konversationen hatten eine moralische Verpflichtung zur Teilnahme an einem deutsch-französischen Kriege begründet."

Selbstverständlich war London auch *nicht* zum Eingreifen zugunsten Belgiens verpflichtet. Als zehn Jahre vor der Jahrhundertwende ein deutsch-französischer Krieg für möglich gehalten wurde, prüfte damals bereits England eingehend die Frage einer englischen Teilnahme. Es wurde überzeugend nachgewiesen, daß England nicht verpflichtet war, auf Grund bestehender Verträge einzugreifen. In der „Pall Mall Gazette" vom 4. und 5. Februar 1887 faßt W. P. Stead das Ergebnis seiner Untersuchungen in folgender Feststellung zusammen: „Es besteht daher keine englische Garantie gegenüber Belgien. Es ist vielleicht möglich, eine solche Garantie zu konstruieren; jede Garantie ist überhaupt nicht spezifisch auf die Neutralität Belgiens gerichtet; sie ist nicht gegenüber Belgien, sondern gegenüber den Niederlanden abgegeben."

Nichtsdestotrotz fielen Greys Argumente auf fruchtbaren Boden und so wurde in einem Ministerrat am Abend beschlossen, vom Reich die Zurücknahme jener Forderungen an Belgien und die Achtung der belgischen Neutralität zu verlangen. Am 4. August gegen 19 Uhr forderte London von Berlin durch seinen Botschafter ultimativ auf fünf Stunden begrenzt den deutschen Abzug. Da das Reich von dem Einmarsch in Belgien nicht Abstand nahm, war um Mitternacht auch der Kriegszustand mit England eingetreten. Der europäische Konflikt war damit zum Weltkrieg geworden.[740]

---

[740] England begründete seinen Kriegseintritt mit der deutschen Verletzung der belgischen "Neutralität" - was, wie angeführt, ein unaufrichtiges Argument war. Zudem ist erwähnt worden, daß England weit vor den Schüssen von Sarajewo auf den Krieg hinarbeitete. Es sollte ferner angemerkt werden daß sich die englische Flotte seit dem 16. Juni 1914 (zwei Tage nach dem Mord von Sarajewo) in mobilem Zustand zu Manövern um Portland versammelt hatte, daß am 2. August um 2.25 Uhr der offizielle Mobilmachungsbefehl an die englische Flotte erging (wobei diese 'still' seit dem 25. Juli mobilisiert wurde) und daß am Nachmittag desselben Tages der englische Kabinettsrat den Krieg gegen Deutschland beschloß, wohlweislich bevor Deutschland die belgische Neutralität auch nur diplomatisch mit seiner Note vom gleichen Tag/20Uhr angetastet hatte. Am 3. August um 12 Uhr wurde das englische Landheer mobilisiert.

Grundlegende Literatur zum Thema Geheimvatikan

Kritisch
Blau, Amram, „Über das Götzenbild des Nationalismus" (hebr.) in: „An ani homah", Jerusalem 1949 (Satmar-chassidische Sicht. Beschränkt auf den Zionismus)   **Bondarew, Gennadij**, „Anthroposophie auf der Kreuzung der okkult-politischen Bewegungen der Gegenwart", Lochmann-Verlag, Basel 1996 (Aus Sicht der Anthroposophie)   **Kuenheim, Dietrich von** (Hg.), „Sowjetagenten überall - Ein Bericht des Nachrichtendienstes der russischen Emigranten", Widar-Verlag Guido Röder, Oberreute/Allgäu 1955 (Aus russisch-monarchistischer Sicht)   **Landowsky, Josef**, „Rakowskij-Protokoll", Dürer-Verlag, Buenos Aires 1987 sowie Faksimile-Verlag, Bremen (orig. NOS, Madrid 1950) (Trotzkistisch-freimaurerische Sicht)   **Lincoln/Baigent/Leigh**, „Das Vermächtnis des Messias. Auftrag und geheimes Wirken der Bruderschaft vom Heiligen Gral", Gustav Lübbe Verlag, Bergisch Gladbach 1987   **Menkens, Harm**, „Wer will den Dritten Weltkrieg?", Lühe-Verlag, Süderbrarup 1987 (Ludendorff'sche Schule)   **Monus, Aron**, „Verschwörung: Das Reich von Nietzsche", Interseas Edition, Santon/Isle of Man 1994 (Jüdisch-freimaurerische Sicht)   **Reed, Douglas**, „Der große Plan der Anonymen", Thomas Verlag Zürich, Reprint im Faksimile Verlag, Bremen 1982 (Englisch-liberale Sicht)   **Reinhard, Severin** (eigentl.:Rene Sonderegger), „Spanischer Sommer", 1948, Aehren Verlag, Affoltern/SUI (Strasser'scher Denkansatz)   **Trimondi, Victor/Victoria**, „Der Schatten des Dalai Lama. Sexualität, Magie und Politik im tibetischen Buddhismus", Patmos-Verlag, Düsseldorf 1999 (Linkslibertäre Sicht auf nichtjüdische Drahtzieher neben bzw. hinter dem Geheimvatikan)   **Weintraub, Ben**, „The Holocaust Dogma of Judaism", Self Determination Committee, Washington, D.C., 1995 (Jüdisch-renegatische Sicht)   **Wright, Esmond** (Hrsg.), „History of the World: The Last Five Hundred Years", Bonanza Books/Crown Publishers, New York 1984/1986

Mehr in Schutz nehmend und daher versteckter behandelnd
(Trotzdem häufig punktgenauer als die kritische Literatur)
Almog, Shmuel, „Messianismus als Herausforderung des Zionismus" (hebr.) in: Baras, Z., „Meshihiyut ve-eskhatologiah" (Messianismus und Eschatologie), Jerusalem 1984   **Aronoff, Myron J.**, „The Institutionalization and Cooperation of Charismatic, Messianic, Religious-Political Revitalization Movement". In: David Newman (ed.) „The Impact of Gush Emunim", New York: St. Martin's Press 1985   **Avineri, Shlomo**, „The Making of Modern Zionism: The Intellectual Origins of the Jewish State", New York 1981   **Bartal, Jisrael**, „Messianische Erwartungen" + „Messianismus und Geschichtsschreibung" (hebr.) in: „Zion" 52 (1982) 117-30   **Dantor**, „Fortfahren, das Ende zu erzwingen" (hebr.) in: „Nekudah" 96 (1986)   **Brierre Narbonne, Jean Joseph**, „Exégèse Zoharique des prophéties Messianiques." Herausgegeben und übersetzt durch J.-J. Brierre-Narbonne. Paris 1938 **ders.**, „Le Messie souffrant dans la littérature rabbinique" (Talmud, Midrash und Zohar), Paris 1940 **Don-Yehiya, Eliezer**, „Jewish Messianism, Religious Zionism and Israeli Politics: The Impact and Origin of Gush Emunim" in: „Middle East Studies" 23, 2 (April 1987) 226   **Goldmann, Eliezer**, „Messianic Interpretations of Current Events" in: „Forum" 26 (1976)   **Heller, Yoseph**, „Between Messianism and Political Realism" in Contemporary Judaism", (Vol.2), Jerusalem, The Hebrew University 1985   **Kolat (Colat), Israel**, „Zionismus und Messianismus" (hebr.) in: Baras, Zvi (Hrsg.), „Meshihiyut ve-eskhatologiah" (Messianismus und Eschatologie), Zalman Shazar Center, Jerusalem 1983/1984   **Liver, Jacob**, „The Doctrine of the Two Messiahs" in: „Harvard Theological Review" 52

(1959), 149-85 **Luz, Ehud**, Parallels Meet. Religion and nationalism in the zionist movement, Jewish Publication Society, Philadelphia, 1985/1988 **Ravitzky, Aviezer**, „Das Anticipierte und die Erlaubnis dazu" (hebr.) in: Hareven, A (Hrsg.) „Jisrael likrat ha-me´ah ha-esrim ve-ahat", Jerusalem 1984 **Ravitzky, Aviezer**, „'To the Utmost of Human Capacity´: Maimonides on the Days of the Messiah" in: Joel L. Kraemer (Hrsg.), „Perspectives on Maimonides: Philosophical and Historical Studies", Oxford University Press, Oxfort 1991, S. 221-256 **Ravitzky, Aviezer** (Übers: Michael Swirsky/Jonathan Chipman), „Messianism, Zionism and Jewish Religious Radicalism", University of Chicago Press, Chicago 1996 **Rosmarin, Aaron**, „Der Satmaer Rebbe", New York 1967 **Schindler, Pesach**, „Hasidic Responses to the Holocaust in the Light of Hasidic Thought" Hoboken, N.Y.: Ktav Publ. House, 1990 **Shapira, Anita**, „Zionismus und Politischer Messianismus" (hebr.) in: „Temnrot ba-historya ha-yenudit he-hadashan", Jerusalem 1988/89 **Shapira, Anita/Almog,Shmuel**, „Zionism and religion", University Press of New England, Hanover 1998 **Spero, Shubert**, „Religious Zionism", Jerusalem 1989 **Urbach, Symeha Bunem**,, „Religiöser Zionismus aus messianistischer Perspektive" (hebr.) in: Tirosh, Y. (Hrsg.), „Ha-Tzionut ha-datit: Kovetz ma´amarim", Jerusalem 1974

Zusätzliche Anmerkungen

Im speziellen sei an dieser Stelle dem geneigten Leser das Studium zweier Bücher aus der Literaturliste näher ans Herz gelegt.

Beginnen wir mit dem Underground-Bestseller des US-Amerikaners Ben Weintraub, „The Holocaust Dogma of Judaism". Der Autor räumt ein, dieses Werk weder gelesen noch überhaupt gesehen zu haben. Nichtsdestoweniger weisen die raren Ausschnitte, die von ihm im Internet kursieren ganz einwandfrei darauf hin, daß wir es hier mit einem sehr wichtigen Beitrag zum vorliegenden Thema zu tun haben. Dies zumal die Lebensgeschichte des gebürtigen Juden Weintraub engstens mit dem Chassidismus – und so dem Geheimvatikan - verbunden ist. Damit liegt die Abhandlung eines echten Insiders vor, der aus ethischen Gründen einen Schlußstrich unter seinen spirituellen Weg gezogen hat und zum Christentum konvertierte, wo er heute aufklärerisch wirkt.

Dann ist es unumgänglich, auf das Verleger-Paar Herbert und Mariana Röttgen hinzuweisen, das unter dem Pseudonym „Victor und Victoria Trimondi" eine wahrhaft explosive Untersuchung zum tibetischen Buddhismus verfaßt hat. Der Titel lautet „Der Schatten des Dalai Lama". Auf mehr als 800 Seiten findet sich hier die dunkle Seite einer fernen Machtelite beschrieben, die für den Frieden steht, aber, – so die Autoren – die Gewalt mythologisch verinnerlicht hat. Die grundlegende Bedeutung dieses Lamaismus-Verrisses besteht darin, daß er uns die Wirkkräfte hinter(!!) dem Geheimvatikan vor Augen führt: Es sind dies tantrisch-sexualmagische Geheimorden innerhalb der tibetischen Kurie, welche sich als Vollstrecker einer unterirdischen Zentrale sehen, die der Legende zufolge seit Jahrtausenden von einer „übermenschlichen" Elite bewohnt ist – Shambhala. Aus diesem okkulten Zentrum heraus werden, heißt es, die Fäden zu den stets aufeinander folgenden Aufstiegs- und Niedergangsphasen der irdischen Entwicklung gezogen. An den Nahtstellen der Zeitenwenden stehen apokalyptische „Reinigungsbäder", in denen sich Sintfluten und Sintbrände ablösen. Letztere Katastrophe befindet sich derzeit als globaler Atomkrieg in Vorbereitung. Er wird geschürt von Vertretern des okkulten Buddhismus und - was die

Trimondis nicht thematisieren - von Streitern des Geheimvatikans, die auf dem Höhepunkt der Kämpfe ihren Messias aus Shambhala erwarten.

Soweit zu den vielleicht wichtigsten Geschichts- und Religionsbetrachtungen der letzten Dekaden. Unter diesen „Sahnehäubchen" verbergen sich nun noch eine ganze Reihe attraktiver Kuchenstücke, die ebenfalls einer näheren Betrachtung für wert befunden werden sollten: Recht gute Einblicke in die aktuelle Politik des Geheimvatikans gaben in diesem Sinne immer wieder aus anarchistischer Sicht der US-Literat Noam Chomsky, das in Jerusalem herausgegebene Trotzkistenblatt „News from within", die in Wiesbaden verlegte „Neue Solidarität" sowie die Satmar-chassidische Wochenzeitung „Der Jid" (New York). Unter den Verlagen, die sich des Themas angenommen haben, stehen jene an erster Stelle, die sich dem Erbe des Autoren-Ehepaars Ludendorff verpflichtet fühlen, also „Lühe", der „Verlag für ganzheitliche Forschung und Kultur" sowie „Hohe Warte". Das Haus Rüggeberg nähert sich den überstaatlichen Machinationen aus okkult-rosenkreuzlerischer Perspektive, was an und für sich eine Nähe zum Shambhala-Pfad anzeigt.

Für eine freiere Recherche sollte der Leser seine Aufmerksamkeit folgenden Begriffen zuwenden, die sich mitunter auch in allgemein-religiöser Literatur findet: „Neturei Karta" und „Satmar" (die hebräische Gegenbewegungen zum Geheimvatikan), „Messias ben Joseph" und - in verschiedenen Schreibweisen - „Zaddik" (das den vorapokalyptischen Erfüllungsprozeß leitende Kollektiv), „Tikkun" (der Erfüllungsprozeß als solcher), „Alef-Beit"/hebr. und „Hidden Hebrew"/engl. (als Träger der verschlüsselten Vollzugsanweisungen der Propheten) sowie „Uradam".

Anhang

Anhang 1	Das Alte Testament über die politische Sendung des Judentums
Anhang 2	Kabbalistische Weltpolitik und das Mysterium Zaddik
Anhang 3	Tikkun: Der Imperativ des historischen Aktivismus
Anhang 4	Kabbalistischer Satanismus: Verderbnis als Weg zur Erlösung
Anhang 5	Großbritannien: „Reich des Bösen"?
Anhang 6	Endzeitprojekt Aufklärung: Der Einfluß des okkulten Chassidentums

Um 40 Jahrhunderte auf der Erde zu existieren...; um so viele Male seine Gebiete zu verlieren, seine politische Unabhängigkeit, Gesetze, fast sogar den Glauben – zu verlieren und sich jedes Mal wieder zusammenzufinden, wieder zu erstehen in der alten Idee... ein Volk von einer derartigen Beispiellosigkeit in der Welt konnte nicht ohne einen ´Staat im Staate´ existieren, den es sich immer und überall bewahrte, in der Zeit seiner tausendjährigen schrecklichesten Zerstreuungen und Verfolgungen... Äußere Anzeichen dieses ´Staates im Staate´... sind die Absonderung und Entfernung auf Grund eines religiösen Dogmas, die Reinhaltung der Rasse, der Glaube daran, daß es auf der Welt nur eine menschliche Persönlichkeit gibt – den Juden, daß die anderen zwar da sind, aber gleichsam als nicht vorhanden anzusehen sind. *(Th. M. Dostojewski, „Tagebuch eines Schriftstellers" - 1877 März, Kapitel 2, S. 93-95)*

Anhang 1

Das Alte Testament über die politische Sendung des Judentums

Der Gegensatz von jüdischer und christlicher Überlieferung

Zu dem stark ausgeprägten Gegensatz zwischen Juden- und Christentum lassen sich in religiöser Hinsicht kaum Parallelen finden. Während der Christ an ein Weiterleben nach dem Tode glaubt, liegt das Paradies des gläubigen Juden im Hier und Jetzt. Während Katholiken wie Protestanten ihren Erlöser in der Person Jesu bereits "erlebt" haben, predigt der Rabbiner die zukünftige Ankunft des "Messias" und betrachtet den „abtrünnigen" Religionsstifter schlichtweg als Betrüger. Erwarteten Christen in der Vergangenheit die Ankunft des Antichristen, so fanden sich häufig nicht wenige Mosaen, die für den gleichen Zeitpunkt die Ankunft des hebräischen Befreiers ankündigten.[741] Diese Polarität erscheint auf den ersten Blick unbegreiflich, schöpfen doch Juden wie Christen aus derselben Quelle, der Bibel.

---

[741] Vergleiche insbesondere die bipolaren Endzeiterwartungen im Juden- und Christentum im Jahre 1666 n. Chr. Während die Christen mit der baldigen Ankunft des Antichristen rechneten, meinten Juden aus Rußland, der Ukraine, Persien, vom Osmanischen Reich bis hin nach Holland und der Atlantikküste, den Messias in dem selbsternannten Propheten Sabbatai Zwi (auch

Indes ergibt schon eine recht oberflächliche Prüfung, daß das vermeintlicherweise so durchgängige "Wort Gottes" Gegensätzlichkeiten aufweist: Obwohl an ein und demselben Ort, in Judäa, entstanden, wird im Buch der Bücher mit zwei doch recht verschiedenen „Sprachen" gesprochen. Folgerichtig kennt die Bibel auch *zwei* Überlieferungen, die voneinander inhaltlich streng zu scheiden sind: Das *Alte* Testament, welches die Religion des Judaismus wiedergibt sowie das zeitlich weit später entstandene *Neue* Testament, das die[742] Lehren Jesu Christi behandelt.

Ebenso wie in der iranischen (Ahura-Mazda) und indischen (Brahma) Religion der Fall, ist der christliche Gott wie auch sein "Sohn" oder "Verkünder" Jesus Christus eine Wesenheit, die sich in ihrer Liebe allen Menschen unterschiedslos zuwendet. Demgegenüber unterstreichen die Überlieferer des Alten Testaments immer wieder, daß ihr Gott nicht der Vater der Menschheit schlechthin oder das Ideal universeller Barmherzigkeit ist. Im Gegenteil zeigt er sich als strenger, mitunter gar furchteinflößender Richter, dessen Werk allein dem auserwählten Stamm der Juden zugewandt ist. Alle anderen Nationen bzw. Religionen bedenkt Jahwe mit Gleichgültigkeit bis hin zur offenen Ablehnung. Am Ende der Tage soll es ihr Schicksal sein, in die Dienerschaft Israels überführt zu werden.

Dieses göttliche Ausleseprinzip offenbarte der alttestamentarische Schöpfer mit Abraham schon dem Stammvater aller Hebräer."[743] Und auch Mose durfte sich mehr als nur einmal durch den „Herrn" die Auserwähltheit seiner Gefolgschaft versichern lassen. Er nennt diese "ein Volk, das besonders ist und nicht unter die Völker gerechnet wird"[744] und sagt im direkten Dialog: „Du bist ein heiliges Volk, und Jahwe hat dich auserwählt aus allen Völkern"[745]... „Darum sollt ihr mir heilig sein, denn ich Jahwe, bin heilig, der euch abgesondert hat von den Völkern."[746]... „Gesegnet wirst du sein vor allen Völkern."[747]... „Dich hat der Herr, dein Gott, erwählt, daß du sein eigentümlich Volk seiest von allen Völkern, die auf Erden sind."[748] Soweit nur eine kleine Auswahl von göttlichen Ergebenheitsadressen, die sich beliebig erweitern ließe.

Die dem Neuen Testament fremde Sonderbeziehung gilt aber nur, solange die Gemeinde in Ehrfurcht und Demut verharrt. Für die Abtrünnigen hat Jahwe - der

---

Sabbataj Zbi) zu sehen. Die Bewegung, die von ihm angeführt unter dem Einfluß der Kabbala 1666 entstand, nannte sich Sabbatianer. Interessant ist in diesem Zusammenhang, daß das von dem neutestamentarischen Apostel Johannes als Manifestation des Anti-Christen angekündigte "Tier 666" in der Esoterik für den Löwen steht (s. Aleister Crowley, „Liber CDXVIII. Die Vision und die Stimme", Peyn & Schulze Verlag, Bergen/Damme 1990, S. 24), dem Stammeszeichen des jüdischen Volkes. Johannes spielte mit diesem zahlenmystischen Teil seiner Offenbarung vermutlich sehr bewußt auf die jüdisch-babylonische Geheimlehre an, die er gekannt haben dürfte.

[742] ... damals schon von der jüdischen Orthodoxie als abweichlerisch verdammten...
[743] 1. Mose 12, 1-3
[744] 4. Mose 23,9
[745] 5. Mose 14,2
[746] 3 Mose 20,26
[747] 5. Mose 7,14
[748] 5. Mose 7,6

sich selbst als „eifersüchtiger" Gott bezeichnet - ein Sammelsurium einschneidender Strafen parat. So lesen wir bei Mose: „Wenn dich dein Bruder, deiner Mutter Sohn, oder dein Sohn oder deine Tochter oder das Weib in deinen Armen oder dein Freund, der dir ist wie dein Herz, heimlich überreden würde und sagen: Laß uns gehen und andern Göttern dienen! - die du nicht kennst noch deine Väter, von den Göttern der Völker, die um euch her sind, sie seien dir nahe oder ferne, von einem Ende der Erde bis an das andere - so willige nicht darein und gehorche ihm nicht. Auch soll dein Auge seiner nicht schonen, und sollst dich seiner nicht erbarmen noch ihn verbergen, sondern sollst ihn erwürgen. Deine Hand soll die erste über ihm sein, daß man ihn töte, und darnach die Hand des ganzen Volkes. Man soll ihn zu Tode steinigen."[749]

Wer nun glaubt, derartig befremdliche Auslassungen stünden für sich allein, wird sich beim näheren Studium des Alten Testaments enttäuscht sehen. Natürlich soll hier die mitunter hohe Moralität des religiösen Gesamtwerks nicht in Zweifel gezogen werden. Trotzdem muß jedem im Prinzip der Bergpredigt erzogenen Menschen das radikale Eifertum auffallen, das gerade den Kern der jahwitischen Überlieferung - die Bücher Mose („Thora") - durchzieht.[750]

Gott, sein auserwähltes Volk und dessen Sendung

Mehr als nur zehn Gebote

Ein recht anschauliches Beispiel für den Dualismus der Thora bietet der Bündnisschluß zwischen Jahwe und dem aus Ägypten fliehenden Volk Israel am Berge Sinai. Vielen wird diese Begebenheit noch aus dem Religionsunterricht oder der Kirchenpredigt in warmer Erinnerung sein, erhielt doch Mose bei dieser Begebenheit die auch dem Christen heiligen 10 Gebote ausgehändigt. Weithin unbekannt ist indes die Tatsache, daß Gott seinen Schäfchen bei dieser Gelegenheit eine ganze Reihe weiterer Anordnungen mit auf den Weg gab, welche im Gegensatz zu dem landläufigen Bibelverständnis des Lesers stehen dürften.

So lesen wir: „Einen Altar aus Erde sollst du mir machen, und du sollst darauf deine Brandopfer und deine Gemeinschaftsschlachtopfer, dein Kleinvieh und dein Großvieh opfern." (2. Mose 20, 24) „Falls ein Mann seinen Sklaven oder seine Sklavin mit einem Stock schlägt und dieser unter seiner Hand tatsächlich stirbt, so soll er unbedingt gerächt werden. Wenn er jedoch einen Tag oder zwei Tage am Leben bleibt, so werde er nicht gerächt, denn er ist sein Eigentum." (2. Mose 21, 20-21) „Auge für Auge, Zahn für Zahn, Hand für Hand, Fuß für Fuß. Brandmal für Brandmal, Wunde für Wunde, Hieb für Hieb." (2. Mose 21, 24-25) „Du sollst eine

---

[749] 5. Mose 13, 7-11
[750] Vergleiche im Einzelnen bei Rainer Schepper, „Gott beim Wort genommen. Das alte Testament auf dem ethischen Prüfstand. Das Buch der Bücher als Manifest des Hasses und der Rachsucht" sowie Israel Shahak, „Jüdische Geschichte, Jüdische Religion", Lühe-Verlag, Süderbrarup 1988.

Zauberin nicht am Leben lassen." (2. Mose 22,18) „Wer irgendwelchen Göttern opfert außer Jahwe allein, soll der Vernichtung geweiht sein." (2. Mose 22, 20) „Deinen vollen Ertrag und den Überfluß deiner Presse sollst du nicht zögernd geben. Den Erstgeborenen deiner Söhne sollst du mir geben. So sollst du mit deinem Stier und mit deinem Schaf verfahren. Sieben Tage wird es bei seiner Mutter bleiben. Am achten Tag sollst du es mir geben." (2. Mose 22, 29-30)

Die Landnahme Israels

Im gleichen Geist martialisch zeigte sich der jüdische Gott, als er die Israeliten in das gelobte Land, nach Palästina, schickte. (2. Mose, 23, 23ff.) Die Anweisungen „des Herrn" zum Umgang mit der dort angestammten Bevölkerung lassen sich anfänglich noch unter dem Prinzip „Ausgrenzung" zusammenfassen. Je näher aber die Israeliten gen Kanaan vorrückten, desto drakonischer gestalteten sich gleichsam die Maßgaben Jahwes.

Am Berge Sinai, also zu Beginn der staatsstiftenden Mission, befahl Gott den Seinen bezüglich des religiösen Umgangs mit den zur Eroberung freigegebenen Kulturkreisen: "Du sollst dich nicht vor ihren Göttern niederbeugen..., sondern du wirst sie unbedingt niederwerfen, und du wirst ihre heiligen Säulen unweigerlich abbrechen." (2. Mose, 23, 24) „Ihre Altäre sollt ihr niederreißen, und ihre heiligen Säulen sollt ihr zerschlagen, und ihre heiligen Pfähle sollt ihr umhauen. Denn du sollst dich nicht vor einem anderen Gott niederwerfen." (2. Mose 34, 13)

Den gleichen Geist atmen die Anweisungen zum sozialen Kontakt: „Sei auf der Hut", heißt es in 2. Mose 34, 12, „daß du nicht einen Bund mit den Bewohnern des Landes schließt, in das du gehst, damit es sich in deiner Mitte nicht als Schlinge erweist."

Nun war wohl schon damals klar, daß sich ein derart auf kämpferische Absonderung gründender Gottesstaat nicht auf ewig würde halten können. Konsequenterweise empfiehlt die Thora daher für die zweite Phase der Besatzung den Israeliten ganz eindeutig die Vertreibung der ansässigen Bevölkerung. Über diese vielleicht erste Form einer „ethnischen Säuberung" lesen wir in 2. Mose 23, 30-33: „Und ich will deine Grenze festlegen vom Roten Meer bis zum Meer der Philister und von der Wildnis bis zum Strom; denn ich werde die Bewohner des Landes in eure Hand geben, und du wirst sie gewiß vor dir vertreiben. Du sollst keinen Bund mit ihnen und ihren Göttern schließen. Sie sollten nicht in deinem Land wohnen, damit sie dich nicht veranlassen, gegen mich zu sündigen."

Als die Hebräer bereits in Sichtweite des gelobten Landes vorgerückt waren, betonte Jahwe in den Wüstenebenen Moabs am Jordan bei Jericho Mose noch einmal in aller Eindringlichkeit seine weitgehenden Maßnahmen. „Rede zu den Söhnen Israels", lesen wir in der Bibel, „und du sollst zu ihnen sagen: Ihr zieht über den Jordan ins Land Kanaan hinein. Und ihr sollt alle Bewohner des Landes vor euch vertreiben und alle ihre Steinfiguren vernichten, und alle ihre Bilder von gegossenem Metall solltet ihr vernichten, und alle ihre heiligen Höhen solltet ihr vertilgen. Und ihr sollt das Land in Besitz nehmen und darin wohnen, denn euch werde ich bestimmt das Land geben, damit ihr es in Besitz nehmt... Wenn ihr jedoch die Bewohner des Landes nicht vor euch vertreiben werdet, dann werden die, die ihr von ihnen übrig laßt, wie Stacheln in euren Augen und wie Dornen in euren Seiten werden, und sie werden euch in dem Land, in dem ihr wohnen werdet, tatsächlich befehden."' (4. Mose 33, 50-53+55)

In Konsequenz folgte auf die Anordnung zur Massenvertreibung schließlich der Befehl zur Ausrottung der angestammten Völker. In 5. Mose 7 lesen wir dazu : „Wenn Jahwe, dein Gott, dich schließlich in das Land bringt, in das du ziehst, um es in Besitz zu nehmen, wird er dann gewiß volkreiche Nationen vor dir vertreiben, die Hethiter und die Girgaschiter und die Amoriter und die Kanaaniter und die Perisiter und die Hiwiter und die Jebusiter, sieben Nationen, die volkreicher und mächtiger sind als du. Und Jahwe, dein Gott, wird sie dir bestimmt überlassen, und du sollst sie besiegen. Du sollst sie unweigerlich der Vernichtung weihen. (Vers 1+2) Ihre Altäre solltet ihr niederreißen, und ihre heiligen Säulen solltet ihr abbrechen, und ihre heiligen Pfähle solltet ihr umhauen, und ihre geschnitzten Bilder solltet ihr mit Feuer verbrennen. (Vers 5) Und du sollst alle Völker vernichten, die Jahwe, dein Gott, dir gibt.. Es soll deinem Auge nicht leid sein um sie, und du sollst ihren Göttern nicht dienen, denn das wird dir zur Schlinge sein. (Vers 16) Und Jahwe, dein Gott, wird auch das Gefühl der Niedergeschlagenheit über sie senden, bis die umkommen, die übriggelassen wurden und die sich vor dir verbargen (Vers 20) Und Jahwe, dein Gott, wird diese Völker vor dir nach und nach austreiben. Du wirst ihnen nicht ein rasches Ende bereiten dürfen, damit sich die wilden Tiere des Feldes nicht gegen dich mehren. Und Jahwe, dein Gott, wird sie dir tatsächlich überlassen und sie mit einer großen Verwirrung verwirren, bis sie vertilgt sind. Und er wird ihre Könige in deine Hand geben und du sollst ihre Namen unter dem Himmel hinweg vernichten. Kein Mensch wird vor dir standhalten, bis du sie ausgerottet hast." (Vers 22-24)

Diese blutigste aller Aufforderungen findet sich wenige Seiten darauf in einer speziellen Anweisung zur „Befriedung" der Grenzregionen noch einmal. In 5. Mose 20, 10-17 lesen wir: „Falls du dich einer Stadt näherst, um gegen sie zu kämpfen, so sollst du ihr Friedensbedingungen antragen. Und es soll geschehen, daß, wenn sie dir eine friedliche Antwort gibt und sich dir geöffnet hat, ja es soll geschehen, daß alles Volk, das sich darin vorfindet, dein werden sollte zur Zwangsarbeit, und sie sollen dir dienen. Wenn sie aber nicht Frieden mit dir macht, und sie führt tatsächlich Krieg mit dir, und du mußt sie belagern, dann wird Jahwe, dein Gott, sie bestimmt in deine Hand geben, und du sollst jede männliche Person darin mit der Schärfe des Schwertes schlagen. Nur die Frauen und die Kleinkinder und die Haustiere und alles, was sich gerade in der Stadt befindet, ihre ganze Beute, wirst du für dich plündern, und du sollst die Beute deiner Feinde essen, die Jahwe, dein Gott, dir gegeben hat. Auf diese Weise wirst du mit allen Städten tun, die von dir weit entfernt sind, welche nicht zu den Städten dieser Nationen gehören. Jedoch von den Städten dieser Völker, die Jahwe, dein Gott, dir als Erbe gibt, sollst du nichts Atmendes am Leben erhalten, denn du solltest sie unbedingt der Vernichtung weihen, die Hethiter und die Amoriter, die Kanaaniter und die Perisiter, die Hiwiter und die Jebusiter, so wie es Jahwe, dein Gott, dir geboten hat."[751]

Glücklicherweise wurden die Vernichtungsordres den Mosaen erst Jahrhunderte nach Abschluß der Eroberung Kanaans bekannt. Die genannten Auslassungen finden sich nämlich zusammen mit einer ganzen Reihe weiterer Entgleisungen allesamt in jenem "5. Buch Mose", das – auch Deuteronomium genannt – erst im Jahre 621 vor Christi Geburt bei der Wiedererrichtung des Salomonischen Tempels gefunden wurde. Die Entwicklung war damit dieses eine Mal an der Vorsehung vorbeigegangen und hatte die Urbevölkerung Palästina möglicherweise vor einem schlimmeren Schicksal bewahrt. Für die Nachwelt erhielt das bei weitem chauvinistischste Mose-Buch indes seinen ganz besonderen Stellenwert zugeteilt. Noch im Jahr seiner Entdeckung erklärte der junge König Josia die wichtigsten Passagen, das sogenannte "Gesetz", als das Kernstück einer großen religiösen Reform staatrechtlich verbindlich. Die hier zusammengestellten Gesetzesvorschriften enthalten den Kern aller späteren "Gesetze" des jüdischen Priesterstaates, wie er sich allerdings erst im 5. Jhd. entwickeln konnte...

Der prophezeite Exodus

Etwas mehr als 1000 Jahre lebten die Hebräer Seit an Seite mit anderen Völkern unter wechselvollem Schicksal in Palästina. Selten hatte das „Volk Gottes" wie unter David oder dem sagenhaften König Salomo die alleinige Herrschaft inne. Zumeist wurde das Land durch seine mächtigen Nachbarn fremdbestimmt. So lösten sich Assyrien, Babylonien, Persien und Griechenland nacheinander als Besatzungsmächte ab. Wiederholt wurden dabei Tausende von Israeliten von den Siegern als Kriegsbeute aus ihrer Heimat entführt. Das Los dieser Verschleppten war jedoch weit weniger schwer, als man sich das heute denken mag. Im entwickelten Babylonien beispielsweise kamen so viele Juden zu Wohlstand, daß sich nach der Befreiung durch die Perser nur eine kleine Minderheit zur Rückkehr in das rückständige Israel entschließen konnte. Auch war keines dieser erzwungenen Exile von nennenswert langer Dauer. Nach ein paar Jahren war der Spuk wieder vorbei. So wurde scheinbar immer wieder aufs Neue eine Entscheidung „vertagt", die Jahwe den Seinen zugedacht hatte: die vollständige Austreibung aus dem Heiligen Land – der Exodus.

Tatsächlich kündigt schon das Alte Testament ganz deutlich die Verwüstung und Inbesitznahme des Landes durch die Feinde an. Es spricht wörtlich von der „Zerstreuung des Volkes unter alle Völker". In 3. Mose 26. 33 lesen wir: „Euch aber will ich unter die Heiden streuen und das Schwert ausziehen hinter euch her,

---

[751] Die Anhäufung derartiger Textstellen führt den jüdischen Schriftsteller Noam Chomsky zu dem Urteil: „Unter allen klassischen Büchern steht wohl die Bibel am meisten für Völkermord."

daß euer Land soll wüst sein und eure Städte zerstört. Und ihr sollt umkommen unter den Heiden, und eurer Feinde Land soll euch fressen." Gleiches findet sich in 5. Mose 4, 27+28: „Und Jahwe wird euch bestimmt unter die Völker zerstreuen, und ihr werdet in der Tat als eine geringe Zahl übriggelassen werden unter den Nationen, wohin Jahwe euch vertreiben wird. Und dort werdet ihr Göttern dienen müssen, dem Erzeugnis von Menschenhände, Holz und Stein, die nicht sehen oder hören oder essen oder riechen können." Am unmißverständlichsten ist die Mahnung in 5. Mose 28, 64-66: „Und Jahwe wird dich bestimmt unter alle Völker zerstreuen, von einem Ende der Erde bis zum anderen Ende der Erde, und du wirst dort anderen Göttern dienen müssen, die du nicht gekannt hast, weder du noch deine Vorväter, Holz und Stein. Und unter jenen Nationen wirst du keine Rast halten, noch wird sich dort irgendein Ruheort für deine Fußsohle finden; und Jahwe wird dir dort gewiß ein zitterndes Herz geben und Versagen der Augen und Verzweiflung der Seele. Und du wirst bestimmt in größter Lebensgefahr und bei Nacht und Tag in Schrecken sein, und du wirst deines Lebens nicht sicher sein." Eine passendere Beschreibung für Ahasver, den ruhelos wandernden Juden, dürfte sich in der antiken Literatur wohl kaum finden.

Die Umsetzung des Gotteswortes

Der Grundstein zu dieser Vorausschau wurde schließlich unter der Römerherrschaft von den Juden selbst - oder korrekter gesagt: ihrem Geheimvatikan - gelegt. Dieser bediente sich zur Erreichung seines unheiligen Zieles eines ebenso probaten wie einfachen Mittels: Er schürte zwischen seinen Schäfchen und der Besatzungsmacht Zwietracht. Angetrieben durch den eigenen Klerus, der die baldige Ankunft des Messias verkündete, begannen sich die Juden bald immer offener zu radikalisieren. Namentlich in Alexandrien und in Cäsarea gab es wiederholt blutige Auseinandersetzungen.

Es waren dies die Wirkungstage Jesu, der sich mit seiner Lehre praktisch zwischen alle Stühle stellte. Indem er Liebe gegenüber dem Feind predigte, distanzierte er sich von den nationalistischen Idealisten, die gegen die römische Okkupation kämpften, indem er die jüdischen Geldwechsler - das frühe Bankensystem - attackierte, zog er den Haß der reichen Kapitalisten auf sich, indem er den jüdischen Auserwähltheitsgedanken verwarf, rührte er an den Grundfesten des Religionsgebäudes und vertat es sich mit religiösen Dogmatikern wie mit weltlichen Chauvinisten, durch seine Botschaft von der den Sünder suchenden Liebe Gottes, brachte er schließlich noch den letzten Kirchenfunktionär in Harnisch, erlöste er doch mit diesem Gedanken die Menschen von aller Gewissensnot und Priesterherrschaft, indem er sie als Kinder Gottes in ein unmittelbares Verhältnis zu Gott führte. Es war nur eine Frage der Zeit, wann er das Schicksal seines gemordeten Taufpaten Johannes teilen würde. Tatsächlich wetzten seine Feinde bereits seit langem die Messer, nur nach einem Weg suchend, den Aufrührer zu fassen und vor Gericht zu stellen. Den finalen Hinweis zur Ergreifung des „Verkünders" lieferte letzten Endes ausgerechnet ein Jünger Jesu: Judas

Ischarioth. Dessen Beiname Sikarier („Dolchträger") enthüllt zugleich den Grund des Verrats, denn Judas gehörte in Galiläa zelotischen Kreisen an, einer radikalen Bewegung, die das baldige Herannahen des Messias und die Beseitigung der verhaßten Römerherrschaft nicht nur erwartete, sondern auch aus dem Untergrund heraus aktiv den Kampf gegen das Besatzungsregime betrieb. Es liegt nahe, daß Judas enttäuscht über Jesu unpolitisch-religiöse Haltung diesen in der Absicht seinen Gegnern auslieferte, um den Lehrer letztlich mit Gewalt auf den Weg der politischen Messianität zu zwingen. Dadurch, daß er außerdem den bis dahin von den Jüngern geheimgehaltenen Anspruch auf Jesu Gottessohnschaft preisgab, ermöglichte er das Hauptmotiv zur Verurteilung wegen angeblicher Gotteslästerung. Die Passionsgeschichte zeigt, daß die Juden, um seine Verurteilung zu erreichen, ihn als Messiasprätendenten dem Pontius Pilatus überlieferten, der aber keine Schuld an ihm fand. Erst auf nachhaltiges Drängen der Pharisäer, die das von ihnen völlig beherrschte politische und soziale Gefüge des damaligen Judentums durch die Lehre Jesus bedroht sahen, wurde der christliche Heiland durch den widerstrebenden römischen Prokurator zum Tod am Kreuz verurteilt.

Zur gleichen Zeit schäumte selbst in Rom und überall im römischen Reich, wo jüdische Kolonien bestanden, der gegenseitige Haß auf. Der verstärkt betriebene Werbefeldzug in der Proselytenmission, durch die nach einer erfolgten Beschneidung jeder Mann, gleich welcher religiösen oder ethnischen Herkunft zum Judentum übertreten konnte, verbunden mit der Ausschließlichkeit und Verachtung aller anderen Kulte, forcierten den "Antisemitismus" der gesamten griechisch-römischen Welt ebenso wie die wirtschaftliche Expansion der Jahwiten in allen Handelsstädten des Imperiums. Möglicherweise bereits aus diesem finanziellen Grund begünstigten manche Kaiser, so Claudius (41-54), ganz offen die ungeliebten Neureichen. Allein, später entschloß sich selbst dieser milde Fürst zu einer Ausweisung aller Juden aus Rom. Nach Claudius Vergiftung übernahm Nero die Herrschaft.

Währenddessen hatten sich die Verhältnisse in Palästina keineswegs entspannt. Immer wieder kam es hier zu Unruhen. Ein blutiger Streit in Cäsarea zwischen Juden und Griechen, von Nero zugunsten der Griechen entschieden, bildete schließlich das Fanal zur allgemeinen Erhebung, die sich durch die Unterstützung der Orthodoxie wie ein Flächenbrand ausbreitete. So schlug 66 n. Chr. auch in der Metropole Jerusalem die Flamme des Aufstandes empor, nachdem Fanatiker unter den Pharisäern, besonders die Zeloten, das Übergewicht über die Gemäßigten gewonnen hatten. Als diese Radikalen die römische Besatzung Jerusalems nach deren Kapitulation niedermetzelten war das lediglich der Auftakt einer langen Gewaltorgie, welche stellenweise an die Herrschaft der Jakobiner in den Zeiten des Konvents erinnert. Rom sah sich gezwungen, Truppen zu entsenden. Nach zähen Kämpfen beendete erst im August 70 die Eroberung Jerusalems durch Titus den jüdischen Krieg. Die Römer machten die Stadt dem Erdboden gleich, zerstörten und plünderten den Tempel.

In Jerusalem fiel gleichfalls mit den nationalen Träumen die nach außen hin wichtigste religiöse Zentrale des Judentums. Der Hohepriesterstaat war damit am Ende. Der erstmals unter der griechischen Fremdherrschaft im 3. Jahrhundert erwähnte jüdische Sanhedrin, der „Hohe Rat", welcher unter dem Vorsitz eines Hohenpriesters die oberste jüdische Staatsbehörde in Staats-, Rechts- und Religionssachen bildete, wurde umgebildet. Nunmehr stand dieser thoratreuen Körperschaft ein selbstgewählter Präsident (Nassi) vor, dessen Zuständigkeit auf Druck der Römer auf zivilrechtliche und religiöse Gebiete beschränkt war. Der bisherige Sitz - eine Halle des Jerusalemer Tempels - mußte aufgegeben werden.[752] Palästina wurde kaiserliche Provinz mit dem Zentrum Cäsarea. Der erste größere jüdische Exodus schloß sich an.

Doch immer noch gab es einen hohen Anteil heimatverbundener Juden, die das Land ihrer Väter auch um den Preis eines mühseligen Aufbaues nicht verlassen wollten. Und so schloß sich - wohl um endgültig Flurbereinigung zu schaffen - dem ersten bald ein zweiter Aufstand an. Ohne jede realistische Erfolgschance zog er sich von 132 bis 135 hin. Führer des Aufstandes war Simon Bar Kochba („Sternensohn"), dessen Messiasanspruch von dem berühmten Mischnalehrer Rabbi Akiba unterstützt wurde. Erst durch schärfste Maßnahmen bekam Rom Palästina wieder in den Griff, um daraufhin zur endgültigen Befriedung der unruhigen Provinz zur drakonischsten aller Maßnahmen zu greifen: Alle Juden wurden offiziell aus Judäa vertrieben, das Betreten Jerusalems bei Todesstrafe verboten.

Der Geheimvatikan konnte jubilieren, denn wie von den Propheten vorhergesagt, verteilte sich das Volk Jahwes nun über alle Länder der Welt, um fern der Heimat in zahllosen Gastkolonien weiterzubestehen. Damit war gleichsam das eigentliche Fundament zur Weiterführung des göttlichen Plans in weltweitem Maßstab gelegt.

Da aber an eine kompakte Umsetzung des Bibelplans vor einer globalen Machtfestigung nicht zu denken war, stand die Orthodoxie jetzt vor der wohl schwersten Bewährungsprobe ihrer Geschichte. Sie mußte es nämlich sprichwörtlich bis zu den in der Bibel prognostizierten letzten Tagen gewährleisten, daß das in alle Winde zersplitterte Volk der Israeliten anthropologisch, kulturell und vor allem religiös erhalten blieb...

---

[752] Nach dem Fall Jerusalems verlegte der Sanhedrin, welcher in Palästina blieb, mehrmals seinen Sitz. Zuerst bildete er sich in Jabneel (Jamnia/Jebna) bei Jaffa. Dort wurde auch eine Akademie zur Ausbildung von Rabbinern eröffnet und bald darauf ein Patriarch ernannt. Anschließend wanderte der Mittelpunkt des Judentums nach Uscha, Sepphoris (Saforie/Saffurije) bei Nazareth und dem im gleichen Kreis befindlichen Tiberias. Als 429 der byzantinische Kaiser Theodosius II. den jüdischen Patriarchen Gamaliel IV. absetzte, siedelte die Geheimregierung nach Babylon über. 1005 war dann auch hier ein Ende gekommen: Kalif Kader-Billach jagte den Synedrion auseinander und ließ den „Fürsten des Exils" (Nasi) aufhängen. Mit diesem Ereignis ging der Geheimvatikan auf der spanischen Halbinsel (erst Granada, dann Gerona) in den Untergrund. Seit dem 15. Jahrhundert war Safed im Norden Israels, eine der vier heiligen Stätten der Religiös-Orthodoxen, Zentrum des Judentums im Orient. Hier wurde auch vor allem im 16./17. Jahrhundert die jüdische Mystik (Kabbala) gepflegt.

Überlebensstrategien für das Exil

Die einzige Lösung dieses Problems konnte darin bestehen, innerhalb der Aufnahmeländer die jüdische Minderheit auf Dauer streng abzusondern. Jede Tendenz von Eingewöhnung, Angleichung, Verweltlichung mußte vermieden werden, da sie zugleich die Gefahr einer Entfremdung gegenüber dem eigenen Kultus in sich barg. Eine künstliche Isolierung konnte aber nur durch Druck erzielt werden. Und so darf das von Alters her über so viele Sprach-, Glaubens- und Kulturkreise hinweg periodisch wiederkehrende Phänomen des Anti-Semitismus nicht zuletzt *auch*[753] auf diese fundamentalistische Abwehrtaktik zurückgeführt werden. Ohne beständige Pressionen von außen hätte sich das jüdische Volk ohne Zweifel binnen weniger Generationen assimiliert und wäre heute ethnographisch komplett verschwunden. Hier braucht man nur eins und eins zusammenzuzählen, um die eigentlichen Profiteure des blutigen Treibens in der Führung des Judentums selbst ausfindig zu machen.[754] Dies zumal sich die heftigsten Übergriffe stets ausgerechnet dann einstellten, wenn sich die Israeliten ihrer Religion zu entledigen „drohten" und den christlichen Lockungen, als Gleiche unter Gleichen zu leben, folgten.

Durch den Gewaltmechanismus aber rückten die eingeschüchterten Hebräer immer wieder hinter ihrer Führung zusammen und waren angesichts einer scheinbar dauerhaft feindlichen Umwelt schließlich sogar bereit, die ihnen von den Rabbinern abverlangte Ghetto-Isolierung in Kauf zu nehmen. Nahum Goldmann, 1938 bis 1977 Leiter des global operierenden israelitischen Dachverbands „Jüdischer Weltkongreß", schreibt selbst ausdrücklich, es sei „zu unterstreichen, daß das Ghetto historisch gesehen eine jüdische Erfindung ist. Es ist falsch zu behaupten, daß die Gojim die Juden gezwungen haben, sich von der übrigen Gesellschaft zu trennen."[755]

Mit dem innerhalb der jüdischen Religionsgemeinschaft so verächtlich gebrauchten Begriff „Gojim" (etwa: Heide) nähern wir uns noch einmal dem dritten Pfeiler, auf dem der die Jahrtausende überdauernde Fortbestand der jahwitischen Gemeinde bis auf unsere Tage ruhte: Es ist dies das, die Abneigung gegen alles Fremde und Andersgläubige begünstigende, mosaische Gesetz. Die bis zum Haß gesteigerte Gefühlskälte nach außen könnte dabei zusätzlich instrumentalisiert worden sein, um der nach innen errungenen Liebe und Eintracht als ausgleichendes Ventil zu dienen. Genau so wie die Sippe der primitiven Jäger sich gegen die Außenwelt, dem Igel vergleichbar, feindlich abschließt, bauten die fundamentalistischen Schriftgelehrten

---

[753] Selbstverständlich keineswegs ausschließlich, ja in vielen Einzelfällen nicht einmal überwiegend.
[754] Daß hier zwischen Führung und Gefolgschaft streng zu scheiden ist versteht sich ebenso von selbst wie die Tatsache, daß nicht alle Profiteure in der Führung notwendigerweise zugleich Akteure im Untergrundkampf (oder auch nur Mitwisser) waren. Die Rede ist hier von einem sehr eng umgrenzten Kreis religiöser Eiferer, dem analog zu den frühen Jesuiten der Zweck jedes Mittel heiligte.
[755] Nahum Goldmann, „Das jüdische Paradox", Köln/Frankfurt 1978, Seite 96

auf diese Weise um ihre Gemeinde eine uneinnehmbare Mauer, die sich aus Chauvinismus und Verachtung gründete.

Die Problematik des Talmud

Daß das jüdische Volk trotz Verlust seines Staatswesens nicht zerfiel kann in der Tat in stärkstem Maße darauf zurückgeführt werden, daß unter Leitung der Rabbiner „das Gesetz" des Alten Testaments und die Synagoge als erhaltende Kraft zum neuen Mittelpunkt wurden. Nach dem Exodus kam dabei der Ausgestaltung des sogenannten „Talmud" eine besondere Bedeutung zu. Was dürfen wir uns unter diesem für rabbinische Texte vergleichsweise neuen Werk vorstellen?

Die erste Ausgabe der "The Jewish Library", die von der "Union of Orthodox Jewish Congregations of America" herausgegeben wurde, erklärt unter dem Titel „Hauptwesenszüge des Judaismus" ("Essentials of Judaism"): "*Das jüdische Gesetz besteht aus dem mündlichen Gesetz und dem geschriebenen. Das letztere ist im Pentateuch (dem Alten Testament, der Verf.), genauer der Thora enthalten. Das erste wurde für lange Zeit ungeschrieben gehalten und über die Generationen nur von Mund zu Mund weitergegeben. 'Moses gab es Joshua, und Joshua den Ältesten, die Ältesten an die Propheten, die Propheten an die Männer der Großen Synode und diese an die Rabbiner' (Mischna, Aboth I, i) bis mit dem Auszug aus Israel die Gefahr erwuchs, daß es vergessen werden könnte. Rabbi Judah der Prinz (200 n.Chr.) sammelte es und gab es schließlich in der Mischna heraus. Die Mischna enthält also den Körper des jüdischen Gesetzes. Wie alle anderen Gesetze, wurden auch diese kommentiert, um ihre genaue Wirksamkeit festzusetzen. Sie wurden in den jüdischen Akademien von Palästina und Babylonien diskutiert, und wir besitzen authentische Überlieferungen dieser Diskussionen, die Gemara (Gömörra) genannt werden. Um 400 n. Chr. wurden diese Diskussionen in Palästina, um 500 n. Chr. in Babylonien gesammelt und anschließend zusammen mit der Mischnah in einem großen Band, dem Talmud, zusammengefaßt. Der Talmud ist eine Encyclopädie von jüdischer Lehre und Leben, da er - über die Gesetze hinausgehend - die Grundsätze, Gleichnisse und Leitsätze, die im Laufe der Jahrhunderte gebräuchlich waren, beinhaltet. Jedes dieser beiden Länder entwarf seinen eigenen Talmud, so daß wir heute den Palästinensischen und den Babylonischen Talmud haben, wobei der letztere, weit mehr erhalten gebliebene, der maßgebliche für das Judentum ist.*"[756]

Diese Maßgeblichkeit bestand wie gesagt vor allem darin, daß der Talmud Israel den Wegfall der politischen Autorität ersetzte. Da die Rabbiner - in ihrer Akribie den modernen „Zeugen Jehovas" nicht unähnlich - sprichwörtlich jeden Bibelspruch des Alten Testaments für den Alltag auslegten, bestimmte dieses achtzehn große Bände umfassende Mammutwerk fortan in jeder Hinsicht das

---

[756] Zitiert nach Denis Fahey, „The Mystical Body of Christ in the Modern World", Reprint der dritten Editon (1939), Omni Publications, Hawthorne/Ca. 1987, Seite 283f.

Leben des Juden - ob auf religiösem oder sozialem Gebiet. Die mosaische Lehre wurde so durch eine „amtliche Glaubensinterpretation" endgültig zum Dogma. Deshalb ist der Talmud *mehr* als die zweite Bibel bzw. das zweite Gesetzbuch des Judentums. Deshalb veranschlagen die Rabbiner, daß die Gesetze des Talmud den Vorschriften des Alten Testament in Bedeutung voranstehen, weshalb die "Jewish Encyclopaedia" auch ganz folgerichtig schreibt: "Für die Mehrzahl der Juden ist er immer noch die oberste Autorität der Religion."

Nun gibt es jedoch in diesem gewaltigen und in so vielen Dingen durchaus begrüßenswerten Werk eine grundsätzliche Problematik, die den Rabbinern von alters her überkommen war. Die mosaischen Gesetze enthielten nämlich, wie wir bereits gesehen haben, eine Fülle Ausländer- und außerreligionsfeindlicher Grundsätze, die dem Judentum schon *vor* Christi Geburt das Leben außerhalb der Grenzen Palästinas erschwert hatten. Die Führer der israelitischen Gemeinde hatten bei der späten Abfassung des Talmud also die einmalige Chance, alte Fehler zu korrigieren, indem sie unmoralische Forderungen des Mose, die unzweifelhaft aus der Bedrückung der Kampfzeit heraus formuliert waren, relativierten. Unglücklicherweise wurde jedoch der Talmud ebenfalls in einer Zeit niedergelegt, als das Judentum mit dem Rücken zur Wand stand, und so darf es nicht überraschen, daß die Rabbiner jede Möglichkeit ergriffen, die Worte Mose so fundamentalistisch wie irgend möglich auszulegen. Gerade weil sie das Überleben des verstreut lebenden Judentums sicherten, mußten die Gesetze des Alten Testaments erhalten werden. So überdauerte der heute sprichwörtlich gewordene „alttestamentarische Haß" auch die Schriftlegung des Talmuds, der die im Judaismus inhärenten Prinzipien der Isolation und des Mißtrauens im Gegenteil weiter befestigte. Mitunter bis hin zum aktiven Übelwollen.

Die Klassen- und Kastenlehre der Schöpfung

In der Tat strotzen die rabbinischen Lehren derart von Beschimpfungen auf alles Nichtjüdische, daß der jüdisch-hellenistischen Philosophen Philo Judaeus knapp befand: „Die heiligen Schriften schreiben vor, was wir tun sollten, indem sie uns Haß gegen die Heiden und ihre Gesetze und Einrichtungen vorschreiben."[757]

Den einschneidensten, weil grundlegendsten Fehlgriff stellt dabei die wiederkehrende Behauptung dar, die Dienerschaft Jahwes sei nicht allein geistig, sondern auch als Volk von höherwertigem Wesen.

In diesem Sinne referiert Bodenschatz in seinem Werk über die "Kirchliche Verfassung der heutigen Juden" (Erlangen 1748), daß nach rabbinischer Auslegung "die Juden bis in das 13 Jahr viehische Seelen haben, denn so liest man im *Jalkut chadasch, fol.154. col.2 num.7 unter dem Titel: Nefchamoth.* Die Seele des Lebens

---

[757] H. P. Blavatsky, „Die Geheimlehre", Verlag J.J. Couvreur, Den Haag/Holland, Band II, Seite 494

ist diejenige Seele, welche unter dem Thron der Herrlichkeit herausgehauen (oder formiert) ist; die lebendige Seele aber ist diejenige Kraft, welche dem Vieh und Tieren gegeben; und haben die Völker keine Seele, als diejenige Kraft des Viehes und der Tiere. Ein Israelit hat auch bis zu seinem 13 Jahr allein selbige Kraft: Vom 13. Jahr aber und darüber hinaus wird er der Seele des Lebens würdig, wann der es durch das Gesetz verdienet." Bodenschatz zeigt den Auserwähltheitswahn im Talmud auch in einem Zusammenhang, der eindeutig belegt, daß die Lehre von der Seelenwanderung Eingang in die Orthodoxie des Jahwekultus gefunden hat. Hier heißt es: "Gleich sind ein Mörder, der einen Israeliten umgebracht hat, und ein abgefallener Jude, welcher das Hauptwerk der jüdischen Religion verleugnet, wie auch ein Verräter, welcher einen Juden, oder die ganze Judenschaft beim König und seinen Fürsten verrät, und ihm Schaden zufügt. Alle diese Haufen sind unwürdig, in das Firmament des Himmels aufzusteigen, und den Vorhof und Palast des Königs zu betreten, sondern die Engel fällen droben (einem jeden) sein Urteil, und schicken alsbald ein Gericht von Teufeln herunter, um ihn zu richten. (Diese Verdammten) laufen in der Luft der Welt flüchtig herum, bis daß die über sie bestimmte Zeit vorbei ist, und fahren in leblose Dinge in Erdgewächse, in Tiere und Menschen, wie auch in die sieben Erden, bis daß sie die Hölle annehme, in welcher sie zwölf Monate gerichtet werden. Danach schreien sie und steigen herauf, und werden zum zweiten mal erschaffen, damit sie verbessert, geläutert und gereinigt werden. Der heilige gebenedeite Gott (läßt sie) von einer Staffel zur anderen steigen. Zuerst versetzt er ihre Seelen in ein stummes oder lebloses Ding, und von den Leblosen steigen sie zu den Erdgewächsen, und von dem Erdgewächs steigen sie zu den vernünftigen Tieren, und nach diesen zu den Menschen, und fahren in Heiden oder Knechte, danach aber in Israeliten."

Hemmungslose Ausfälle dieser Art finden sich überall in den talmudischen Überlieferungen. Einige Beispiele aus vielen mögen das veranschaulichen: „Es wird gelehrt: R. Simon b. Johaj sagte: Die Gräber der Nichtjuden sind nicht (levitisch) verunreinigend, denn es heißt: ihr aber seid meine Schafe, die Schafe meiner Weide, Menschen seid ihr, ihr heißt Menschen, nicht aber heißen die weltlichen Völker Menschen (sondern Vieh)."[758] "Der Hof eines Nichtjuden gleicht einem Viehstalle."[759] "(Rabbi) Sila geißelte einen Mann, der eine Nichtjüdin beschlafen hatte; da ging dieser Mann und verleumdete ihn beim König, indem er sprach: Es gibt unter den Juden einen Mann, der ohne Genehmigung des Königs richtet. Da schickte er nach ihm einen Beamten, und als er kam, sprachen sie zu ihm: Warum hast du diesen gegeißelt? Er erwiderte: Er hat eine Eselin beschlafen. Jene sprachen: Hast du Zeugen? Er erwiderte: Ja. Da kam Elijahu, der ihnen wie ein Mensch erschien, und bezeugte dies... Da übergaben sie ihm (Anm.: Rabbi Sila) einen Stab und sprachen zu ihm: Sprich Recht. Nachdem er fortgegangen war,

---

[758] Der Babylonische Talmud, Traktat Baba Mecia IX, xiii/13 fol. 114b. In der deutschen Übersetzung des vollständigen Babylonischen Talmud durch Lazarus Goldschmidt, 3. Auflage, Königstein/Taunus 1980, Band VII, Seite 845
[759] Der Babylonische Talmud, Traktat Erubin VI, ii/2, fol. 62a/b. In der deutschen Übersetzung des vollständigen Babylonischen Talmud durch Lazarus Goldschmidt, 3. Auflage, Königstein/Taunus 1980, Band II, Seite 186f.

sprach ein Mann zu ihm: Der Allbarmherzige läßt also den Lügnern Wunder geschehen! Er erwiderte: Ruchloser, werden sie denn nicht Esel genannt!? Es heißt ja: deren Fleisch dem Fleische der Esel gleicht."⁷⁶⁰ „Gott schuf die Nichtjuden in Menschengestalt, denn zu keinem anderen Zwecke wurden sie geschaffen, als um Tag und Nacht den Juden zu dienen und nicht abzulassen von ihrem Dienst. Nun ist es aber nicht geziemend für einen Königssohn (d. h. für einen Hebräer, der Verf.), daß ihm diene ein Tier in Tiergestalt, sondern ein Tier in Menschengestalt."⁷⁶¹

Zusammenfassend darf mit den Worten des Bischofs von Dijon, Mgr. Landrieux, gesagt werden: "Hier wird der Rassestolz zur Spitze des Wahnsinns getrieben... Im Auge des Talmudisten, bildet allein die jüdische Rasse das Menschengeschlecht; die Nichtjuden sind keine menschlichen Geschöpfe. Sie sind allein tierischer Natur."⁷⁶² Was diesen an sich schon bedenklichen Chauvinismus wirklich gefährlich macht, sind die von den Schriftgelehrten für die „Gojim" aufgestellten juristischen Bestimmungen. Denn Landrieux fährt fort: „Sie haben keine Rechte. Die Moralgesetze, die die wechselseitigen Beziehungen unter den Menschen regeln, die Zehn Gebote, finden auf diese keine Anwendung. Sie gelten allein unter den Juden. Hinsichtlich der Gojim (Nichtjuden) ist alles erlaubt: Raub, Betrug, Meineid, Mord."⁷⁶³

Erlaubte Rechtsverstöße

Tatsächlich finden sich vor dem Hintergrund scheinbar grenzenloser Selbstüberhöhung im Talmud eine ganze Reihe von befremdlichen Gesetzesauslegungen, durch welche der fromme Jude zu Ungerechtigkeit gegenüber seiner „ungläubigen" Umwelt geradezu angehalten wird.

Zu den harmlosesten Vergehen zählt dabei noch die Segnung der Lüge. „Wenn ein Israelit mit einem Nichtjuden vor dir zu Gericht kommt", lesen wir „so sollst du ihm nach jüdischem Gesetz nach Möglichkeit recht geben und zu jenem sagen: So sei es nach unserem Gesetz. Und wenn nach dem Gesetz der weltlichen (nichtjüdischen) Völker, dann sollst du ihm recht geben und jenem (dem Nichtjuden) sagen, so sei es nach eurem Gesetz. Wenn aber dies auch nicht, so komme jenem (dem Nichtjuden) mit einer Hinterlist."⁷⁶⁴ An anderer Stelle heißt es: „Wenn ein Nichtjude vor Gericht einen Juden als Zeugen gegen einen Juden laden

---

⁷⁶⁰ Der Babylonische Talmud, Traktat Berakhot IX, 1-5, fol. 58a. In der deutschen Übersetzung des vollständigen Babylonischen Talmud durch Lazarus Goldschmidt, 3. Auflage, Königstein/Taunus 1980, Band I., Seite 259
⁷⁶¹ Talmud, Nidr. Tolp., nach Friedrich Hasselbacher, „Entlarvte Freimaurerei", Band I., Verlag Richard Geller, 1934, Archiv-Edition im Verlag für ganzheitliche Forschung und Kultur, Viöl 1992, Seite 128
⁷⁶² Mgr. Landrieux, „L'Histoire et les Histoires dans la Bible", zitiert nach Denis Fahey, „The Mystical Body of Christ in the Modern World", Reprint der dritten Edition (1939), Omni Publications, Hawthorne/Ca. 1987, Seite 281
⁷⁶³ Mgr. Landrieux, a.a.O., zitiert nach Denis Fahey, a.a.O., Seite 281
⁷⁶⁴ Baba kamma 113

will, und dieser Jude eine ehrliche (belastende) Aussage machen könnte, so ist ihm dies dennoch untersagt; wenn aber ein Jude in einem ähnlichen Fall einen Juden als Zeuge gegen einen Nichtjuden begehrt, darf er dies tun."[765]

Einen deutlichen Schritt weiter als die Erlaubnis zur Falschaussage gehen jene rabbinischen Textpassagen, in denen der Gemeinde Raub und Betrug gegenüber ihrer Umwelt gestattet wird. Auch dieses offenkundige Verbrechen wird von nicht wenigen Schriftgelehrten durchaus gebilligt, wie folgende ausgewählte Beispiele belegen:
„Dem Juden ist es erlaubt zum Nichtjuden zu gehen, diesen zu täuschen, mit ihm Handel zu treiben, ihn zu hintergehen und sein Geld zu nehmen. Denn das Vermögen des Nichtjuden ist als Gemeineigentum anzusehen und es gehört dem ersten (Juden), der es sich sichern kann." [766] "Wenn ein Mensch (Jude) einen Nichtjuden zum Kunden hat, so gibt es Orte, an denen man bestimmt, daß es einem anderen Juden verboten ist, ihm (dem Juden) Konkurrenz zu machen und mit jenem (Nichtjuden) Geschäfte zu machen. An anderen Orten wird dies erlaubt - denn Hab und Gut des Nichtjuden ist wie herrenloses Gut, und jeder, der zuerst zugreift, ist im Recht."[767] „Die Landgüter der Nichtjuden sind wie Wildnis; wer sich zuerst auf ihnen niederläßt, erwirbt das Recht auf sie."[768] „Wenn ein Jude seinen Spaten in das Land eines Nichtjuden gestoßen hat, ist er der Eigentümer des ganzen geworden."[769] „Der Besitz der Nichtjuden ist wie eine Sache ohne Eigentümer."[770] „Ein Jude darf alle Fundstücke, die einem Nichtjuden gehören, behalten. Denn der, welcher verlorenen Besitz an Nichtjuden zurückgibt, sündigt gegen das Gesetz, indem er die Macht der Gesetzesbrecher vergrößert. Es ist indessen lobenswert, verlorenen Besitz zurückzugeben, wenn man dies zur Ehre des Namens Gottes tut; indem man dies nämlich tut, werden Christen die Juden preisen und sie als ehrenhafte Menschen betrachten."[771] „Woher wissen wir, daß das Verlorene eines Nichtjuden erlaubt ist (d. h. das diebische Einbehalten verlorenen Gutes, wenn es einem Nichtjuden gehörte, der Verf.). Es heißt (Deuteronomium 22,3): Mit allem Verlorenen deines Bruders. Also deinem Bruder mußt du es zurückbringen, nicht aber einem Nichtjuden. Bringt er es ihm aber zurück, so begeht er eine große Gesetzesübertretung. - Schemoel sagte: Das Irreführen des Akum beim Zurückgeben oder ihn betrügen beim Zurückzahlen ist erlaubt."[772] „Die Beraubung eines Bruders ist nicht erlaubt, die Beraubung eines Nichtjuden ist erlaubt, denn es stehet geschrieben (Lev. 19,13): Du sollst deinen Bruder kein Unrecht tun. Aber diese Worte - sagte Jehud - haben auf den Goj keinen Bezug, indem er nicht dein Bruder ist."[773] „Nach Rabbi Jehuda ist die Beraubung eines Bruders nicht erlaubt, die Beraubung eines Nichtjuden ist

---

[765] Schulchan Aruch, Choszen Hamiszpat, 28 art, 3 and 4
[766] Choschen Ham 156,5 Hagah
[767] Schulchan Aruch, Choschen hammischpat, Seite 136, 3, (Haga=Anmerkung)
[768] Baba(Bava) batra(bathra), 14 b
[769] Baba Batra, 55 a
[770] Schulchan Aruch: Choszen Hamiszpat, 116,5
[771] Choschen Ham 266, 1
[772] Baba kamma 113b
[773] Baba(Bava) mezia 61a

erlaubt."[774] „Wie man den Begriff 'Raub' interpretieren sollte. Einem Nichtjuden ist es verboten einen Nichtjuden oder Juden zu bestehlen, zu berauben, dessen Frau als Sklaven zu nehmen etc., aber ihm (dem Juden) ist es nicht untersagt, auf diese Weise mit einem Nichtjuden zu verfahren."[775] „Ist dann den Gerechten erlaubt, (mit den Gottlosen) betrügerisch umzugehen? Ja freilich: denn es steht in 2. Sam. XXII.27 geschrieben: Gegen den Reinen erzeigest du dich rein, und gegen die Verkehrten erzeigest du dich verkehrt."[776]

Die letzte Stufe auf der langen Leiter fundamentalistischer Haßpredigten sind rabbinische Auslassungen, die soweit gehen, den Wert des nichtjüdischen Lebens grundsätzlich in Frage zu stellen. Wie nahezu alle Ausuferungen des Talmud, begründen sich diese Textstellen hauptsächlich auf das extremistische 5. Buch Mose.

So lesen wir: „Bei der Lebensrettung richte man sich nicht nach der Mehrheit. Wenn aber die Mehrheit aus Nichtjuden ist, so ist man zur Lebensrettung nicht verpflichtet."[777] „Habe kein Mitleid mit ihnen, da es geschrieben steht: Habe kein Erbarmen mit ihnen (5. Mose 7,2). Daher, wenn du einen Akum (Heide, der Verf.) in Schwierigkeit des Ertrinkens siehst, dann gehe ihm nicht zu Hilfe. Und wenn er in Todesgefahr schwebt, dann rette ihn nicht."[778] „Wenn du einen Ketzer, der nicht an die Thora glaubt, in einen Brunnen, wo es eine Leiter gibt, fallen siehst, dann beeile dich und nimm die Leiter weg und sage ihm: 'Ich muß gehen und meinen Sohn vom Dach heruntersteigen lassen' oder sonst etwas."[779] „Ketzer, Verräter und Apostaten sind in einen Brunnen zu werfen und nicht zu retten. Sogar die besten der Gojim müssen getötet werden."[780] „Der beste Arzt gehört in die Hölle und der beste Metzger ist ein Genosse Amaleks und den Besten der Gojim sollst du töten."[781] „Einen Gojim zu ermorden ist wie ein wildes Tier zu töten."[782] „Wenn ein Goy einen Goy oder einen Juden tötet, dann ist er schuldig, wenn aber ein Jude einen Goy tötet, dann ist er nicht schuldig."[783]

---

[774] Baba(Bava) mezia 111
[775] Tosefta, Aboda Zara, VIII, 5
[776] Tr. Bava bathra, fol. 123, col.1 nach Zohar 1, 160a
[777] Joma 85a
[778] Hilkkoth Akum 10,1
[779] Schulchan Aruch, Choschen(Choszen) Hamiszpat 425,5
[780] Babylonischer Talmud, Traktat Abhoda(auch Abodah) Zara(h) (26b)
[781] Kiddischin 82a. Amalek steht in der Bibel für ein feindliches Volk. Der Begriff wurde später von Rabbinern auf zahlreiche andere Völker angewandt - heute insbesondere auf Deutsche und Palästinenser. (Siehe Israel Shahak, „Jüdische Geschichte, Jüdische Religion", Lühe-Verlag, Süderbrarup 1998, Seite 142, 155, 167f., 204/Anm. 10
[782] Sanhedrin 59a
[783] Tosefta, Aboda Zara, VIII, 5

Der Talmud als Geheimlehre

Die vorgestellten und jeglicher religiöser Ethik hohnsprechenden „Glaubens"-Auslegungen mögen mit erklären, warum die Schriftgelehrten die jüdische Gemeinde immer wieder darauf verpflichteten, ihre Lehre vor der Außenwelt streng geheimzuhalten.

Nach dem Babylonischen Talmud, Tr. Chagiga Fol. 13a wies Rabbi Aman (3. Jhrd. n.Chr.) seine Schäfchen an: „Überliefert einem Nichtjuden nicht die Worte der (jüdischen) Lehre." Gleiches findet sich bei Jalkut Chadasch unter dem Stichwort Thora Nr. 721/Jaktu Chadasz, 171,2: "Es ist verboten, irgendeinem Nichtjuden die Geheimnisse der Lehre (Sitre tora) zu entdecken. Wer das aber tut, der tut so viel, als wenn er die ganze Welt vernichtet und den heiligen Namen Gottes verleugnet." Babylonischer Talmud, Sanhedrin 59 a. Aboda Zora 8-6: Szagiga 13/Talmud Sanhedrin 59a (Babylonischer Talmud) führt aus: "Rabbi Jo(c)hanan (gest. 279 n.Chr.) hat gesagt: 'Ein Goy (Nichtjude), der sich mit dem Gesetz beschäftigt (der im Talmud liest) und jeder Jude, der ihm dabei hilft, ist des Todes schuldig.' Denn es heißt (5. Moses 33,4): 'Die Thora hat Mose *uns* befohlen zum Erbteil, nicht für sie (die Nichtjuden).' " Und im Libbre David 37 lesen wir: „Das Entschlüsseln unserer Religion an einen Goy ist gleichbedeutend mit dem Hinmorden aller Juden, denn wenn die Gojim wüßten, was wir über sie lehren, dann würden sie uns offen töten."

Der Talmud und das Christentum

Natürlich konnte es den Hütern der Gesetze Mose nicht auf ewig gelingen, ihre Lehren vor der Außenwelt abzuschotten. Die ersten Nichtgemeindemitglieder, die mit ihnen schon sehr früh Bekanntschaft machten, waren Christen, welche von jüdischen Konvertierten in die dunklen Seiten des Talmud eingeweiht wurden. Mehr als alle anderen müssen gerade diese Frommen über die ihnen dargebotenen Auswüchse erschüttert gewesen sein:

Denn was im Talmud besonders ins Auge springt und sich an kaum einer Stelle relativiert findet, das ist der abgrundtiefe Haß auf Christus und seine Anhängerschaft. Dieser Haß hat etwas Unheimliches, denn wohl nie sind einem Manne, dem selbst die fremdesten Völker ihre Achtung nicht versagten, durch Jahrtausende hindurch soviel Schimpfnamen gegeben und erhalten worden, wie Bastard, Hurensohn, Sohn des Unzuchttieres, der Gehenkte, Sohn der Ehebrecherin und Menstruierenden und, um dem allen die Krone aufzusetzen, der "auf dem Dunghaufen begrabene tote Hund."[784]

---

[784] Sohar Przemysl, Verlagsjahr 1880, III, 282a
In Sanhedrin 105ab steht: "Jesus trieb Unzucht mit seinem Esel." In Gittin 57a heißt es "Jesus ist in der Hölle und wird bestraft, indem er in heißem Samen gekocht wird. Christen werden in Dung gekocht." Neben dem Talmud besitzt das Judentum noch ein anderes, aus ihm entwickeltes und Christus gewidmetes Werk: das Toldoth Jeschu (Leben Jesu), welches in leicht voneinander

Der später ermordete römisch - katholische Priester I. B. Pranaitis, welcher die antichristlichen Ausfälle des Talmud sammelte, präsentiert uns dabei Bezeichnungen für Christus wie Narr, Zauberer und Verführer. Er benennt Textstellen, nach denen Jesus gekreuzigt und in der Hölle begraben wurde; wir erfahren, daß er von dieser Zeit an als Götze von seinen Anhängern aufgestellt wurde. Über die Aussagen führender Rabbiner im Hinblick auf die Christen schreibt Pranaitis: "Sie sagen, die Christen wären Götzendiener, viel schlimmer als Türken, Mörder, unzüchtige Menschen, unreine Tiere, nicht würdig, Menschen genannt zu werden, Bestien in menschlicher Gestalt..., daß sie teuflischen Ursprungs sind... und nach dem Tod zum Teufel in die Hölle zurückkehren."[785]

Vor diesem Hintergrund kann die harsche Reaktion der katholischen Kirche nicht überraschen, als ihr die entsprechenden Entgleisungen des Talmud erstmals zwischen 1238 und 1240 durch jüdische „Verräter" bekannt[786] gemacht wurden. Gregor IX. (*1227-41*) erließ 1239 als erster Papst eine Bulle, in der er befahl, sämtliche Exemplare des Talmuds einzuziehen. Frankreich machte sich zum Vorreiter dieses Beschlusses. Allein in Paris wurden in einem Monat des Jahres 1242 insgesamt 24 Fuhren mit Talmudbüchern öffentlich verbrannt.[787] Papst Innozenz IV.(*1243-54*) bestätigte den Einzugserlaß Gregors und befahl in der Bulle "Impia Judaeorum perfidia" weitere Verbrennungen. Diese Anordnung gelangte denn auch in Spanien, Portugal, Frankreich, Rom und in anderen Ländern mehrfach zur Ausführung.

Fortgesetzte Denunziationen aus der jüdischen Gemeinde heraus, die zum Teil durchaus orthodoxe Erfordernisse befriedigen sollten, sorgten dafür, daß die Hatz lange Zeit andauerte: Da gab es in Spanien jenen zu den Dominikanern konvertierten Juden, der den Namen Pablo Christiani (Paul, der Christ) angenommen hatte. In einer Zeit jüdischer Wohlfahrt und beginnender Assimilation denunzierte dieser Mann den Talmud bei Clemens IV. (*1265-68*) und erreichte außerdem, daß alle jüdischen Bücher auf christenfeindliche Stellen durchsucht

---

abweichenden Abwandlungen in einer großen Anzahl von Lesungen das Leben Christi erzählt. Gemein ist allen Büchern eine Behauptung, Maria sei während ihrer Verlobung mit einem anderen Mann von ihrem betrunkenen Nachbarn Josef geschwängert worden, während sie menstruierte. Jesu Wundertaten werden als Ergebnis betrügerischer Zauberei geschildert. Das Toldoth ist relativ alt. Schon der Bischof Agobert von Lyon (9. Jahrh.) war mit ihm bekannt. Nach dem Zeugnis des Juden S. Krauß befinden sich Toldoth Manuskripte "auch jetzt noch in Händen von schlichten Juden". Den Zweifel, daß das Toldoth nicht den Anschauungen der Juden entspreche, fertigt Krauß selbstbewußt ab. "Meine Glaubensgenossen", sagt er, "werden dagegen protestieren, daß das Toldoth als authentische Wiedergabe jüdischer Anschauungen zu gelten habe; allein, dann müssen sie auch gegen den Talmud protestieren." (Samuel Krauß, *Das Leben Jesu nach jüdischen Quellen*, S. 238)

[785] I. B. Pranaitis, „Der enthüllte Talmud", St. Petersburg 1892. Deutsche Übersetzung durch Mariza Ruppmann, Stuttgart

[786] Denis Fahey, „The Mystical Body of Christ in the Modern World", Reprint der dritten Edition (1939), Omni Publications, Hawthorne/Ca. 1987, Seite 18 Am nachhaltigsten wirkten dabei die Aussagen des zum Christentum übergetretenen Hebräers Nicolas Donin. Dieser zählte öffentlich auf dem Lateran die das Christentum verunglimpfenden Lehren des Talmud auf.

[787] Heinz Ballensiefen, „Juden in Frankreich", Archiv-Edition im Verlag für ganzheitliche Forschung und Kultur, Struckum 1990, Seite 7

wurden.[788] Letztlich führten diese und andere Bloßstellungen dahin, daß die päpstliche Bulle „Turbato Cordo" erlassen wurde. Diese wiederum bildete in der Folgezeit dann für die Inquisition die Legitimation zur Massenverfolgung und Verbrennung der sogenannten „Marranos", spanischer jüdischer Konvertiten, die verdächtigt wurden, insgeheim weiter ihren jüdischen Riten anzuhängen.

Als der Talmud schließlich auch den breiten Schichten des Volkes bekannt wurde, was insbesondere im Laufe des 16. Jahrhunderts dank der Erfindung des Buchdrucks der Fall war, erhob sich in der christlichen Welt die bis dahin größte Welle der Entrüstung. Jetzt forderte selbst Martin Luther, der Begründer des „aufgeklärten" Protestantismus, die massenhafte Vernichtung des rabbinischen Schrifttums. Es kehrte erst wieder Ruhe ein, als eine jüdische Generalversammlung im Jahre 1631 anordnete, die anstößigsten Passagen fernerhin nicht mehr abzudrucken und die Auslassungen statt dessen mit einem kleinen Kreis zu versehen. Dies sollte die Rabbiner und Schullehrer anhalten, die entsprechenden Passagen nur noch mündlich zu vermitteln, so daß die Gelehrten unter den Christen „keine Handhabe mehr besitzen, uns in diesem Zusammenhang anzugreifen".[789]

Einheit und Abgrenzung als Ziel

Und wieder stehen wir vor der Frage: Warum diese Haßpredigten? Und wieder lautet die Antwort: Um die Einheit der Gemeinde zu bewahren. Denn gerade in der Messiasgestalt Christi war den jüdischen Schriftgelehrten ein gefährlicher Gegner entstanden, dies um so mehr, als er und seine Jünger selbst Kinder Israels waren. So sind die heftigen Auswürfe gegen Jesus zunächst einmal in der wohlbegründeten Angst zu sehen, die Gefolgschaft an einen zweiten populären Religionsstifter zu verlieren, welcher der Auserwähltheit die Gleichheit und dem Haß die Barmherzigkeit gegenüberstellte. In den Augen der Rabbiner bestand damit eine akute Gefahr, daß die Hebräer in die Menschenfamilie herabstiegen, um in dieser aufzugehen, was sicher schnell zum Ende der jüdischen Religion als solcher geführt hätte. Deshalb schürte der Talmud Vorurteile gegen das in vielen Bereichen verwandte Christentum, welches in seinen Umarmungsbestrebungen die Kaste der Pharisäer zu erdrücken drohte.

Die Feindbild-Politik dauert bis auf den heutigen Tag mit fatalen Folgen an. So schrieb der amerikanische Jude Jack Bernstein nach einem längeren Aufenthalt in Israel Mitte der 80er Jahre über die gebräuchliche Gesetzgebung des gelobten

---

[788] Edward H. Flannery, „The Anguish of the Jews", New York 1985, Seite 129
[789] Der Bischof von Dijon, Mgr. Landrieux in seinem Werk „L'Histoire et les Histoires dans la Bible" unter wörtlicher Anführung des von dem ehemaligen Rabbiner Drach verfaßten Werkes „Harmony between the Church and the Synagogue". Zitiert nach Denis Fahey, „The Mystical Body of Christ in the Modern World", Reprint der dritten Edition (1939), Omni Publications, Hawthorne/Ca. 1987, Seite 281. Ende des 19. Jahrhunderts wurden ein zweites Mal besonders verletzende antichristliche und chauvinistische Passagen innerhalb des jüdisch-religiösen Schrifttums der Zensur unterworfen. Ebenso wie im ersten Fall wurden diese Stellen gesammelt und separat unter dem Judentum verbreitet.

Landes: "Die israelischen Gesetze unterdrücken jede Religion. Es ist zum Beispiel gegen das Gesetz, zu versuchen, einen Juden zu einer anderen Religion zu bekehren, sogar, wenn der Jude Atheist oder Humanist ist. Einem Christen ist es erlaubt, das Evangelium in einem Kirchengebäude zu predigen, aber für den Geistlichen oder jeden, der gar außerhalb des Kirchengebäudes jemandem etwas über die Lehren der Bibel erzählt, wird dies eine Gefängnisstrafe von fünf Jahren einbringen. Einem Christen, der einem Juden eine Bibel oder einen anderen religiösen Artikel gibt, wird dies ebenso eine Strafe von fünf Jahren einbringen. Sogar eine Gefälligkeitshandlung eines Christen gegenüber einem Juden, wie das Überreichen einer Gabe Nahrungsmittel, kann als Versuch ausgelegt werden, den Juden zum Christentum zu bekehren, und kann eine Gefängnisstrafe von fünf Jahren bringen."[790]

Eine natürliche Folge dieser „von oben" betriebenen Ausgrenzungsbemühungen ist die religiöse Unduldsamkeit weiter Teile des Fußvolkes. Ramon Bennett, ein in Jerusalem lebender und ausgesprochen proisraelischer Christ, schreibt über eine Missionierungsaktion im Jahre 1986: „Eine Massenverteilung von (christlichen) Traktaten hatte wegen der ganz realen Gefahren, die damit verbunden waren, zuvor in Jerusalem noch nicht stattgefunden. Sowohl religiöse wie auch nichtreligiöse Juden sind imstande, der Person oder dem persönlichen Eigentum von 'Missionaren', wie die an Jesus Gläubigen genannt werden, ernsthaften Schaden zuzufügen."[791]

Es war das jüdische Ghettosystem, welches die Anthropologie, die Kultur und die Religion des Judentums gleich einer Arche Noah durch die wechselvollen Epochen der Geschichte schiffte. Dieses Unterfangen konnte aber nur so lange gelingen, solange sich die an Bord zusammengepferchten ihrer mißlichen Lage nicht bewußt waren, oder solange sie die vorbeiziehenden Gestade - aus welchen Gründen auch immer - als wenig vorteilhaft betrachteten. Es war nicht zuletzt der Talmud, dem dabei die Rolle zukam, den ruhelos dahinziehenden Ahasver ständig aufs Neue auf seinem einsamen Weg zu bestärken, doch zu welchem Preis!

---

[790] Bernstein, Jack, *Das Leben eines amerikanischen Juden im rassistischen, marxistischen Israel*, Lühe-Verlag, Süderbrarup 1985, Seite 39f. Angesichts der katastrophalen Wirkung auf die Öffentlichkeit in den verbündeten USA soll Tel Aviv diese faschistischen Gesetze später abgemildert haben. Dem Autoren ist hierüber nichts näheres bekannt. Eine Meldung der „Jungen Freiheit" vom 29. Mai 1998 weist jedoch indirekt darauf hin. Dort lesen wir auf Seite 18 unter der Überschrift „Israel: Regierung für Anti-Missionsgesetz": „Das israelische Parlament hat einen Gesetzesentwurf zur Verschärfung des Anti-Missionsgesetzes angenommen und mit den Stimmen der Regierung an den Rechtsausschuß der Knesset verwiesen. Einem Bericht der 'Jerusalem Post' zufolge sieht der.. eingebrachte Entwurf vor, daß mit drei Jahren Gefängnis oder umgerechnet 25.000 Mark bestraft wird, 'wer durch Predigt oder auf eine andere Weise eine Person zum Religionswechsel bewegen will'... Die Regierung Netanjahu (befürwortet) die Initiative. Beobachter halten deshalb eine rasche Verabschiedung des Gesetzes in der Knesset für wahrscheinlich."

[791] Siehe Ramon Bennett, „Wenn Tag und Nacht vergehen", Christliche Kommunikation und Verlagsgesellschaft, Lübeck 1996, Seite 87

Der bereits weiter oben genannte Nahum Goldmann offenbart: „Eines der großen Wunder der jüdischen Psychologie, das weitgehend das außergewöhnliche Überleben unseres Volkes - trotz zweitausendjähriger Verstreuung - erklärt, bestand darin, einen absolut genialen Verteidigungsmechanismus entwickelt zu haben, der gegen die politisch-wirtschaftliche Situation, gegen die Verfolgung und das Exil half. Dieser Mechanismus kann in wenigen Worten erklärt werden: die Juden betrachteten ihre Peiniger als eine minderwertige Rasse...""[792]

Ebenso zielstrebig an die völkisch-psychologische Zielsetzung des Talmuds herangehend schreibt der jüdische Schriftsteller Bernard Lazare in seinem Buch "L'Antisémitisme": „Ohne das Gesetz, ohne das es bewahrende Israel, würde die Welt zu bestehen aufhören, Gott würde aufhören, diese zu erhalten. Die Welt wird Glück nur kennen, wenn es diesem Gesetz unterworfen ist, das heißt, dem Gesetz der Juden. Konsequenterweise ist das jüdische Volk jenes Volk, das von Gott erwählt wurde, Treuhänder seiner Wünsche und Begehren zu sein. Das jüdische Volk ist das einzige, mit dem die Gottheit einen Pakt geschlossen hat. Der Jude ist der Auserwählte des Herrn. Als die Schlange Eva in Versuchung führte, sagt der Talmud, infizierte sie diese mit ihrem Gift. Als Israel am Sinai die Verkündung erhielt, wurde die jüdische Rasse von dieser Infizierung befreit: die anderen Nationen aber bleiben dieser erlegen... Israel ist der auserwählt geliebte Sohn des Allerhöchsten, das Volk, welches allein das Recht hat, an seiner Liebe, seiner Güte, seinem einzigartigen Schutz teilzuhaben. Die Menschen der anderen Nationen stehen in seinen Augen auf einer niedrigeren Stufe als die Hebräer. Es ist nur eine Konzession, daß die an der göttlichen Freigiebigkeit Anteil nehmen dürfen, da nur die Seelen der Juden vom ersten Menschen abstammen. Die Besitztümer, die den anderen Nationen unterstellt sind, gehören in Wahrheit Israel...

Dieser Glaube an ihre Bestimmung, an dem Faktum, daß sie Gegenstand einer speziellen Ausgenommenheit sind, führte zum Aufkommen eines gewaltigen Stolzes bei den Juden. Das Ergebnis davon war, daß sie auf Nichtjuden mit Verachtung herabsahen... Die Juden mischten sich so als Eroberer und nicht als Gäste unter die modernen Nationen. Sie waren wie eine Herde oder ein Rudel, das seit langem eingepfercht war. Als mit einem Schlag die Hindernisse niedergebrochen wurden, enteilten sie in das Feld, das ihnen geöffnet war. Nun waren sie keine Krieger, und abgesehen davon war der Zeitpunkt zur Führung eines Feldzugs für eine relativ kleine Streitmacht nicht günstig, aber es gelang ihnen eine Unterwerfung, für die sie wirklich ausgerüstet waren, die wirtschaftliche Unterwerfung, für die sie sich seit Jahren vorbereitet hatten."[793]

---

[792] Nahum Goldmann, „Das jüdische Paradox", Köln/Frankfurt 1978, Seite 25
[793] Bernard Lazare, „L'Antisémitisme", Seite 9 und 223. Zitiert nach Denis Fahey, „The Mystical Body of Christ in the Modern World", Reprint der dritten Editon (1939), Omni Publications, Hawthorne/Ca. 1987, Seite 281f.

Die messianische Sendung

Lassen wir zum Ausklang dieses Kapitels *(die vorliegenden Ausführungen sollten ursprünglich das 2. Buchkapitel bilden, wurden dann aber kurz vor Drucklegung ersetzt, der Verf.)* noch einmal in wenigen Worten den Inhalt des vorliegenden Buches Revue passieren.

Es begann mit der Frage: Wer steckt wirklich hinter dem vielbeschworenen Thora-Code? Alles deutete dabei auf radikalorthodoxe Kreise innerhalb des Judentums hin, sozusagen der ersten Generation des Geheimvatikans. Sie waren vor Christi Geburt die einzig bekannte Gruppe in der Alten Welt, die mit entsprechenden Verschlüsselungssystemen vertraut war. Und sie wandten zumindest einen Teil dieses Wissen nachweisbar bei der Niederschrift der Bibel an.

Die von uns angenommenen „Verschwörer" konnten ihre Texte aber nur dann sichern, wenn es ihnen gelang, Inhalt und Abfolge des Bibeltextes vor jedweder noch so kleinen Änderung zu bewahren. Der jeden einzelnen Buchstaben heiligende Umgang mit dem äußerlichen „Körper" der israelitischen Überlieferung mag veranschaulichen, daß auch auf diese Bedingung Rücksicht genommen wurde. Jetzt gab es also nach der Niederlegung der Nachrichten zugleich die Gewißheit, daß die einmal verschlüsselten Zukunftsvisionen für alle Zeit abfragbar waren.

Daß diese mehr oder weniger versteckten „Gottesworte" von nicht wenigen kabbalistischen Fundamentalisten (sagen wir „den Nachfolge-Generationen" des Geheimvatikans) auch tatsächlich abgefragt wurden und als Auftrag zur eigenen Tat verstanden wurden, haben wir ebenfalls in zwei verschiedenen Etappen gesehen. Die Eckpunkte der Motivierung mögen dabei je nach individuellem Einweihungsgrad von dem „Wissen" bzw. der „Esoterik", über den „Gehorsam" bis hin zum mehr oder weniger blinden „Glauben" reichen.

Nachdem wir auf diesem Wege die Hauptmerkmale der Kriegerkaste Jahwes untersuchten, wandten wir uns dann dem Wesen des Judentums an sich zu, wo wir unter einem rassistischen Überbau ein erschreckendes Maß an Vor- und Großmachtstreben entdecken konnten. Diese Charakterzüge scheinen durchaus dazu angetan, das über die Religionsgrenzen hinaus gerichtete Wirken des Geheimvatikans zu verstärken. Sie mögen seinen Ausführungsorganen als stete Ermutigung gedient haben, selbst das Rad der Geschichte in Gang zu setzen, um die erweiterte Menschheit mit den elitären Planungen ihres Gottes und ihrer Propheten zu „beglücken".

Auch angesichts der klaren Sprache Lazares, welcher in Termina wie „Eroberung" und „Unterwerfung" spricht, scheint es daher an der Zeit, sich an dieser Stelle etwas näher mit den Zukunftserwartungen des biblischen Judentums auseinanderzusetzen. Gibt es einen für unsere Forschungen bedeutsamen Endzustand, einen

Lebenszweck, den die gläubigsten Hebräer im Herzen halten, einen Zielpunkt dem sie im täglichen Leben zusteuern?

Wieder einmal ist es in diesem Zusammenhang hilfreich bei dem bereits genannten Nahum Goldmann nachzuschlagen. Dieser schreibt zu den Erwartungen der jahrtausendelang über die Welt verstreut lebenden Juden: „Die Politik der Gojim (Nicht-Juden) interessierte sie nicht: diese Welt war ihnen fremd, und sie fühlten sich wie auf der Durchreise; eines Tages würde der Messias kommen und sie nach Israel mitnehmen. Also war das wichtigste, bis zur Ankunft des Messias zu überleben, ohne sich übermäßig um die 'anderen' zu kümmern..."[794]

Der Messias - fast hätten wir ihn vergessen. Während das Christentum seinen Heiland bereits durch Jesus erlebt hat, wartet der fromme Jude ja noch weiter auf seinen Erlöser... Was aber verbindet sich mit dieser Erwartung? Ist es die Vergebung der Sünden, ist es das ewige Leben? Schlagen wir im Lexikon nach, dann lesen wir unter dem Stichwort „Judaismus": „Die unerschütterliche Hoffnung Israels hat zwei Eckpfeiler: erstens, daß es irgendwann zum gelobten Land Kanaan zurückkehrt und zweitens, daß in Israel der Messias erscheint, der die Welt zwingen wird, sich seinem Gott zu beugen und sein Volk zu den Weltbeherrschern machen wird."[795] Sieht man einmal von der „Weltbeherrschung" ab, so ist dies ziemlich genau eine Wiederholung der Goldmannschen Zukunftsschau.

Nehmen wir zum Quervergleich ein zweites Lexikon zur Hand, so findet sich unter dem Begriff „Messias" eine ähnliche Darstellung. Hier steht geschrieben: „In der königlosen Zeit bezeichnete das Wort den für die Endzeit erwarteten, von den Propheten geweissagten gottgesandten Gründer des messianischen Reiches. In dieser zunächst politisch gearteten Erwartung dereinstiger Weltherrschaft des Volkes Israel lag die Hoffnung auf Vollendung der Jahweverehrung beschlossen. Der Gründer dieses irdischen Gottesreiches wurde als ein zweiter David gedacht. In der späteren Apokalyptik wurde die Vorstellung weitergebildet, indem man sich den Messias als vorweltliches Wesen dachte, das mit seinem Reich vom Himmel zur Erde herabkommen werde. In den letzten Zeiten vor seiner Erscheinung sollten sich alle Übel und Schrecken der Natur und des Menschenlebens aufs höchste steigern und damit erschöpfen (Messiaswehen)."[796]

Wieder lesen wir also in einer grundlegenden Definition über die „jüdische Weltherrschaft", ein Begriff, der übrigens im gleichen Nachschlagewerk noch einmal - und diesmal allein - als Erklärung des „messianischen Reiches" aufscheint...[797]

Wer unter den Lesern würde derart machtorientierte Vorstellungen nicht einzig und allein in der kämpferischen Welt des Islam für möglich halten? Und nun soll sich

---

[794] Nahum Goldmann, „Das jüdische Paradox", Köln/Frankfurt 1978, Seite 26
[795] Columbia-Enzyklopädie, Ausgabe 1950, Seite 1026
[796] Meyers Lexikon, 7. Auflage, 8. Band, Bibliographisches Institut, Leipzig 1928, Seite 303
[797] Meyers Lexikon, 7. Auflage, 8. Band, Bibliographisches Institut, Leipzig 1928, Seite 251

ausgerechnet das Opfervolk der Juden anschicken, den iranischen Gottesstaat durch ein weltweites Modell zu übertreffen? Die Antwort lautet eindeutig „Ja". Das Alte Testament bestätigt diese erschreckende Vision ebenso wie der Talmud. Und da auch andere grundlegende Schriften des Jahwitischen Kultus - darunter die von den Kirchenvätern als heilig akzeptierten aber nicht in den Bibelkanon aufgenommen „Apokryphen" (griech: „verborgene") - in denselben Tenor einstimmen, befindet noch heute jeder halbwegs beschlagene Kenner der hebräischen Eschatologie: Die Endzeiterwartungen des Judentums richten sich auf einen von Jerusalem aus regierten Welt-Bundesstaat.

Was passieren wird oder soll, ist damit geklärt. Die Frage nach dem *„Wie"* führt uns zurück in das erste Kapitel, zum Ursprung dieses Buches: Dem bibeltreuen Wirken des Geheim-Vatikans. Viele hundert Jahre vor ihrem christlichen Gegenpart zu Rom waren die selbsternannten Stellvertreter Jahwes auf Erden bereits in Palästina politisch aktiv. Wie nach ihnen die Päpste, konnten auch die schriftgelehrten Hohenpriester Bibelstellen namhaft machen, die ihren Anspruch, Gottes Wort in die Tat umzusetzen zu dürfen, stützten.[798] Mehr aber als die Kirche des Nordens sollte der Sinai den Sieg in diesem himmlischen Feldzug um die Vorherrschaft über den Menschen davontragen. Die Söhne Mose waren vor allem deshalb so erfolgreich, weil sie unerkannt aus dem Dunkel heraus arbeiteten und - dieser Grund ist nicht zu unterschätzen - weil sie die kampffähigere Religion besaßen. Dabei wurde das gesamte Volk in die Waagschale der Auseinandersetzung geworfen. Denn nach der Anweisung des David „Schreite zur Unterwerfung inmitten deiner Feinde. Dein Volk wird sich willig darbieten am Tag deiner Streitmacht" (Psalm 110, 1-3) hatten aus Sicht des Geheim-Vatikans die gläubigen Juden in aller Welt das ihre zum Gelingen des heiligen Krieges beizutragen.[799]

Es ist eine tragische Koinzidenz, daß der Geheimvatikan das Judentum *als ganzes* für seinen Kampf reklamiert bzw. einzuspannen gedenkt – setzte diese zumeist unfreiwillige Verpflichtung das gemeine und passive Fußvolk doch immer wieder Angriffen von außen aus. Doch dessen ungeachtet sprach der prominente jüdische Historiker Heinrich Graetz noch 1864 keineswegs für sich alleine, als er in Wien

---

[798] Eine dieser Auslegungen folgt dem tatsächlich in der Bibel anklingenden Gedanken, daß das Judentum als ganzes Höchstselbst den Messias darstelle. Vergleiche hierzu Psalm 2,6-9, Psalm 110, 1-3, Offenbarung 2, 26-28, Offenbarung 12, 5 in Verhältnis zueinander. Wiewohl hier der gleiche Zusammenhang beschrieben steht, ist der Adressat dennoch sowohl das Judentum als auch (besonders deutlich bei Off. 12,5) der Messias.
[799] Daß sich dabei nur eine kleine Minderheit als „5. Kolonne" mißbrauchen ließ, steht auf einem anderen Blatt geschrieben. Tatsache ist indes, daß es die Einforderung von Zuarbeit immer gegeben hat. Glaubt man dem jüdisch-amerikanischen Mossad-Biographen Viktor Ostrovsky, dann gelingt es dem Staat Israel noch heute aus dem im Judentum verbreiteten Grundsatz „Entscheidend ist die Religion, die Staatsangehörigkeit spielt eine untergeordnete Rolle" außenpolitisch Profit zu schlagen. Hierin mag ein wichtiger Grund gesehen werden, warum die Presse und Bildungseinrichtungen in Israel so gebetsmühlenhaft die Formel lehren: „Alle Juden auf der Welt bilden insgesamt eine Nation." Siehe hierzu auch die Stellungnahme des israelischen Knessetabgeordneten Uri Avnery in dessen Buch „Israel ohne Zionisten", Gütersloh 1969, Seite 160

enthüllte, „daß der Träger der messianischen Sendung, von der in den Prophetien Jesajas gesprochen wurde, das jüdische Volk sei und nicht eine einzelne Person."[800] Und in diesem Sinne befand der chassidische Esoteriker Dr. Alfred Nossig: „Die jüdische Gemeinschaft ist mehr als ein Volk im modernen, politischen Sinne dieses Wortes. Sie ist die Trägerin einer welthistorischen, ja kosmischen Aufgabe, die ihr von ihren Gründern, von Noah und Abraham, von Jakob und Moses auferlegt wurde."[801]

Daß sich das Wesen dieses epochalen Unternehmens exakt mit der Beweisführung des vorliegenden Bibelcode-Kapitels deckt, soll abschließend anhand zweier hebräischer Quellen illustriert werden.

Hören wir einleitend Jacob Katz, welcher über die geistige Welt des Diasporajudentums referiert. Er sieht sie bestimmt „von seiner Hingabe an die religiösen Traditionen, deren heilige Texte in einer streng fundamentalistischen Weise verstanden wurden. Man glaubte, daß die Schriften der Bibel und des Talmud, auch die Kabbala, verborgene Bedeutungen und Botschaften enthielten, die entschlüsselt werden könnten und sollten. Für ein Volk, das von seiner endlichen Erlösung überzeugt war, deren vorbestimmtes Datum vielleicht in einem der heiligen Dokumente verschlüsselt war, wurde die Entdeckung dieses Datums zu einem begehrten Ziel. Die jüdische literarische Tradition enthielt auch deutliche Aussagen über die Bedingungen für das Kommen des Messias... Auch diese Aussagen wurden wörtlich genommen... Zu bestimmten Zeiten war es die erklärte Absicht, das messianische Zeitalter durch die Erfüllung seiner in der Überlieferung festgelegten Vorbedingungen herbeizuführen."[802]

Diese „welthistorische Aufgabe" (Nossig) fand in der wechselvollen Geschichte der Menschelt ihre Erfüllung. Daß „es" dabei von Ereignis zu Ereignis immer blutiger zuging, war dabei nicht etwa zufällig sondern ein beabsichtigter weil endzeitlicher Effekt. Der in Wien geborene und Ende der 60er Jahre in Jerusalem gestorbene chassidische Religionsphilosoph Prof. Martin Buber, betonte in seinem Buch „Gog und Magog" deshalb die Pflicht zur Tat mit folgenden eindrucksvollen Worten:

„Die Welt der Völker ist in Aufruhr geraten und wir können nicht wollen, daß es aufhöre, denn erst, wenn die Welt in Krämpfen aufbricht, beginnen die Wehen des Messias. Die Erlösung ist nicht ein fertiges Geschenk Gottes, das vom Himmel auf die Erde niedergelassen wird. In großen Schmerzen muß der Weltleib kreißen (in Geburtswehen liegen, der Verf.), an den Rand des Todes muß er kommen, ehe sie geboren werden kann... Selber müssen wir dahin wirken, daß das Ringen sich zu

---

[800] Jacob Katz, „Zwischen Messnianismus und Zionismus", Jüdischer Verlag, Frankfurt am Main 1993, Seite 28f.
[801] Nossig, Dr. Alfred, *Integrales Judentum*, Interterritorialer Verlag „Renaissance", Wien/Berlin/New York, 1922, S. 1 f.)
[802] Jacob Katz, „Zwischen Messnianismus und Zionismus", Jüdischer Verlag, Frankfurt am Main 1993, Seite 25f. Kapitel „Messianismus und Zionismus". Erstmals erschienen in „Commentary" 83, 1987

den Wehen des Messias steigere. Noch sind die Rauchwolken um den Berg der Völkerwelt klein und vergänglich. Größere, beharrlichere werden kommen. Wir müssen der Stunde harren, da uns das Zeichen gegeben wird... Nicht zu löschen, ist uns dann aufgetragen, sondern anzufachen."

Das ist „self-fulfilling-prophecy" im besten Sinne. Mehr Ehrlichkeit kann man von einem Eingeweihten des Geheim-Vatikans wirklich nicht verlangen...

Weiterführende Literatur

Shahak, Israel, „Jüdische Geschichte, Jüdische Religion. Der Einfluß von 3000 Jahren", Lühe-Verlag, Süderbrarup 1998

Zusätzliche Anmerkungen

Die hier zur Darstellung gebrachten Auswüchse der jüdischen Religion sollten keinesfalls als stellvertretend für den Jahwismus schlechthin gesehen werden. Wie jede Religion steht auch das Judentum für eine Vielzahl begrüßenswerter Moralstandards, die die breite Masse der Hebräer zu allen Zeiten als unteilbar betrachtet haben dürfte. Trotzdem existiert diese „dunkle Seite" und der Vorsitzende der israelischen Liga für Menschen- und Bürgerrechte Prof. I. Shahak bringt eine ganze Reihe von Beispielen, welch z. T. blutige Folgen die Verhetzung noch heute im Umfeld des Fundamentalismus zeitigt. Angesichts der starken Stellung religiöser Parteien im Gelobten Land reicht dieser der Kampfzeit entstammende Arm Mose bis hinein in politische Belange.

> Rabbi Nachmann sagt von den Zaddikim, daß sie 'im Offenbaren' gar keine Macht zeigen, 'aber im Verborgenen das ganze Geschehen regieren.' *(S. Ipares, „Geheime Weltmächte", Ludendorffs Verlag, München 1937, Seite 22)*

Anhang 2

Kabbalistische Welt-Politik und das Mysterium Zaddik

Die Zaddik-Chronik

Im hebräischen wird Zaddik (auch Zaddek) "der Gerechte" bzw. der "Fromme" genannt, im Chassidismus steht diese Person für einen nahezu entrückten Lehrer und Meister. Damit wird innerhalb der radikalfundamentalistischen bzw. kabbalistischen Gemeinde Israels eine Art „Übergott" in Menschengestalt umzeichnet. Denn der jeweils regierende Zaddik steht in seiner Bedeutung noch über Jahwe. Wenn der Zaddik befielt, muß Jahwe und jeder Jude seine Befehle ausführen. Alle Befehle des Zaddik sind "unumkehrbar" und müssen auf Biegen und Brechen präzise ausgeführt werden. Hierfür steht dem Mittler Gottes eine erlesene Mannschaft von ca. 25 Cohens (Hohepriester), sowie hunderte von eingeweihten Rabbinern, Bankfürsten, Politikern, Journalisten und Experten aus allen weltlichen Branchen auf Abruf zur Verfügung. Folgt man der Sicht des Geheimvatikans, dann waren die „Propheten" der Thora unmittelbare Vorläufer des Zaddiks, was nichts anderes bedeutet, als daß das Judentum als ganzes seit nunmehr 5000 Jahren von einer höchst *leibhaftigen* Instanz inspiriert und geführt wird.

Der eigentliche Begriff des Zaddik wurde jedoch erst in jüngerer Zeit ins Leben gerufen, und zwar in Polen. Das war im Mittelalter und danach das Zentrum zahlreicher obskurer Sekten, wobei Lublin um 1700 als Hochburg dieser Kabbalisten galt.[803] Im 18. Jahrhundert wurde nun die talmudische Enklave Polen von den Chassiden aus der Ukraine überrollt. Und die brachten die Vorstellung des Zaddik, eines Mittlers zwischen Himmel und Erde, mit ins Land. Die Chassiden entwickelten sich in verschiedenen Gruppen – meist als Familiendynastien. Oft wirkten sie direkt auf das politische Spannungsfeld ihrer Zeit ein. Der Zaddik von

---

[803] Als talmudische Denkfabrik bekannt geworden ist die Yeshivot Chachmei Lublin oder die Akademie der Sages von Lublin. Zwei Namen der damals lebenden „Heiligen" sollte man sich dabei merken: Rabbi Meir Lublin (1558-1616) und Solomon Luria (1501-1573).

Gurja Kalwarja besipielsweise schickte zusammen mit dem jüdischen Bankenguru Jacob Schiff 320 Kommissare 1918 nach St. Petersburg, wo sie zusammen mit Lenin und Trotzki die kommunistische Revolution durchpeitschten, die mit dem Tode von 150.000 Russen endete. Der Zaddik von Lubatschow erklärte Adolf Hitler und dem deutschen Volk am 23. März 1933 den Krieg. Hierzu entwarf er den Plan, Deutschland von einer Million Fallschirmjägern und 30.000 Spezialpanzern angreifen zu lassen. Er war der Erfinder der bedingungslosen Kapitulation ohne Friedensschluß, als Voraussetzung für alle zwischen 1941 und 1945 gegen Deutschland ins Auge gefaßten Teilungs- und Vernichtungspläne (Nitzer, Morgenthau, Kaufman etc.). Indes scheint es in diesem Fall eine Art Doppelspiel gegeben zu haben. Erfahren wir doch an anderer Stelle, daß die nazistische Reichsleitung wenige Jahre später den griffbereiten Rebben nicht inhaftierte, sondern im Gegenteil die Überführung Schneersons in seine Heimat unterstützte. (Symptomatologische Illustrationen, Nr.15, Basel/CH November 2000, Moskau-Basel-Verlag, Seite 5). Einen möglichen Grund für dieses seltsame Verhalten eröffnet uns ein Nachruf Rabbi Menachem Mendel Schneersons, welcher der Nachfolger des Genannten Yosef-Yitzak Schneerson war. In diesem lesen wir nämlich, daß dieser stets die „Assimilierung der Juden bekämpft" habe (Ebenda). Hatte er das hitleristische Dogma von seinem Vorgänger übernommen?

Weiteres Informationsmaterial zum Themenkreis Zaddik findet sich in den Büchern "DIE GEKLONTE MENSCHHEIT" Teil I und Teil II sowie "GEHEIMBÜNDE REGIEREN DIE WELT", die von Jan Van Helsing „Co-Autiert" sind. Zu Kabbalistik, Chassidismus und der Chronik des Zaddik siehe das Buch THE DOCTRINE OF THE ZADDIK von Rabbi Yaakov Yosef of Polnoy. Dort findet man auch Hinweise auf Menschenopfer-Rituale zu Ehren des satanischen Gottes Baal. Sehr aufschlußreich und empfehlenswert zu diesem Thema ist dann noch das Buch von Dr. Moses Idel: DER GOLEM IN JEWISH MAGIC AND MYSTICISM. Zu den Hintergründen des Chassidismus siehe ENCYCLOPEDIA OF HASIDISM von Tzvi Rabinowicz.

Anhang 3

Tikkun: Der Imperativ des Historischen Aktivismus

Die alte Kabbala der Kontemplation

Die jüdische Mystik beschäftigt sich seit jeher intensiv mit dem Problem der Sünde, insbesondere mit der Natur und Bedeutung von Adams Sündenfall.

Die ursprünglichste aller kabbalistischen Deutungen besagt dabei, daß die Emanationsstufen Gottes, die sogenannten „Sefiroth", „dem Adam in der Form des Baumes des Lebens und des Baumes der Erkenntnis enthüllt wurden, das heißt in symbolischen Repräsentationen der vorletzten und der letzten Sefira. Anstatt deren ursprüngliche Einheit zu bewahren und dadurch die Sphären des 'Lebens' und der 'Erkenntnis' zu vereinigen und in solcher Vereinigung der Welt die Erlösung zu bringen trennte er die beiden und entschied sich für die ausschließliche Verehrung der Schechina, ohne ihre Einheit mit den anderen Sefiroth in Betracht zu ziehen. Dadurch unterbrach Adam den Lebensstrom, der von Sphäre zu Sphäre fließt, und brachte Trennung und Vereinzelung in die Welt. Seitdem gibt es... irgendeinen geheimnisvollen Riß, zwar nicht in der Substanz der Gottheit, aber in ihrem Leben und Wirken...

Freilich, in der unerlösten Welt wird jener Riß, der eine ständige Verbindung Gottes mit der Schechina verhindert, durch die religiöse Tat Israels, durch die Thora, Gebot und Gebet überwunden, ausgebessert. Auslöschung des Makels, Wiederherstellung der Harmonie, das ist der Sinn des hebräischen Wortes Tikkun, das die kabbalistischen Nachfolger des Sohar für die Aufgabe des Menschen (also allein der Juden, W. E.[804]) in dieser Welt gebrauchen."[805]

---

[804] Die Kabbala sieht allein im Juden einen Menschen und ein Kind Gottes. Außerhalb der Synagoge lebende Subjekte sind durchweg satanischer Herkunft. Dementsprechend ist Jahwes Auftrag zum Tikkun auch *nur den Juden* zuteil geworden. Die meisten jüdischen Verfasser führen darüber ihre nicht-hebräische Leserschaft bewußt in die Irre. Die Israelis Israel Shahak und Norton Mezvinsky schreiben dazu: „Diese Autoren, Gershon Scholem ist einer der signifikantesten, verwandten den Trick Worte wie 'Menschen', 'menschliche Geschöpfe' und 'Welten' zu gebrauchten, um entgegen der Wahrheit zu suggerieren, daß die Kabbala einen Weg zur Erlösung für alle menschlichen Geschöpfe darstelle. Die eigentliche Tatsache ist aber, daß die kabbalistischen Texte... die Erlösung nur für Juden unterstreichen." (Shahak/Mezvinsky, „Jewish Fundamentalism in Israel", Pluto Press, London 1999, Seite 58) Shahak betont noch einmal an

Dieser Vorgang wurde nun zunächst ebenso *vergangenheits*orientiert wie *kontemplativ*, als ein rückführender Weg des Einzelnen nach innen, aufgefaßt. „So schuf die Versenkung des Kabbalisten in Theogonie und Kosmogenie", bestätigt der jüdische Mystiker Gershom Scholem, „in gewisser Weise eine unmessianische und individuelle Art der Erlösung oder des Heils."[806] Scholem sieht aber bereits die Gefahren:

„Wo die Versenkung des Mystikers", schreibt er, „in einer großartigen Revolution des Gefühls als religiöse Aktivität der gesamten Gemeinde gleichsam nach außen umgestülpt wird, da vermag, was vorher mit dem zarten und zurückhaltenden Begriff des Tikkun, der Ausbesserung, Gestaltung oder Wiederherstellung, gedeckt war, sich nun als eine entscheidende Waffe zu enthüllen, die den Zusammenbruch der Ordnungen des Bösen, das heißt aber die Erlösung, herbeizuführen vermag."[807]

Und genau dieser Weg wurde schon bald im Lager der Kabbalisten in seiner vielleicht radikalsten Form beschritten - und zwar ebenso *zukunfts*gerichtet wie geschichts*gestaltend*. Letztlich auslösender Anlaß hierzu war die von den jüdischstämmigen Großinquisitor Torquemeda 1492/1496 durchgesetzte Vertreibung der Juden aus Spanien und Portugal; ein Ereignis, das wie kaum ein zweites von den Israeliten endzeitlich bewertet wurde.

Von der spanischen Vertreibung zum Aufbau des „Safed-Vatikans"

„In der alten Kabbala", lehrt uns Scholem, „hat es an messianischen Berechnungen, Gedanken und Visionen, die die Zeit des Endes betrafen, natürlich nicht vollkommen gefehlt. So wenig für sie das Problem der Erlösung 'in unserer Zeit' entscheidend ist. Wenn sie sich jedoch damit beschäftigte, so geschah es im Geiste einer zusätzlichen, nicht in ihr selbst angelegten Fragestellung. Als eine furchtbare Bestätigung des den Mystikern von jeher gegenwärtigen Doppelsinnes solchen Denkens über Erlösung erscheint es in der Tat, daß gerade das Jahr 1492 lange Zeit hindurch und von vielen kabbalistischen Autoren als Erlösungsjahr verkündet worden war. Nun zeigte es sich, daß an Stelle der Befreiung von oben das tiefste Exil hier unten getreten war. Die Schärfe und Unerbittlichkeit, mit der dieses Bewußtsein von der Zweideutigkeit der Erlösung und von der Gegenwart des Exils

---

anderer Stelle: „Die großen Autoritäten - solche wie Gershom Scholem - haben ihre Autorität in all den 'sensiblen' Bereichen einem System der Täuschungen geliehen, wobei die bekannteren Persönlichkeiten die unehrlichsten und irreführendsten sind." (Israel Shahak, „Jüdische Geschichte. Jüdische Religion", Lühe-Verlag, Süderbrarup 1998, Seite 45)
[805] Gershom Scholem, „Die jüdische Mystik", Suhrkamp Taschenbuch, Frankfurt/Main 1996, Seite 253f.
[806] Gershom Scholem, „Die jüdische Mystik", Suhrkamp Taschenbuch, Frankfurt/Main 1996, Seite 268
[807] Gershom Scholem, „Die jüdische Mystik", Suhrkamp Taschenbuch, Frankfurt/Main 1996, Seite 269

in allen Dingen sich in der neuen religiösen Bewegung durchsetzte, ist nur die andere Seite jener Erscheinung, die als das Hineinwandern der Apokalypse in die jüdische Realität bezeichnet werden kann."[808]

Dieser Prozeß führte zu einer immer stärker anwachsenden Verbindung der messianischen und apokalyptischen Elemente des Judentums mit jenen der alten Kabbala. Die letzten Tage und der Weg zu ihnen werden ebenso wichtig wie die ersten. Statt an den Uranfang vor aller Geschichte oder zu ihren metaphysischen Voraussetzungen zurückzukehren, gilt es nun, das Endstadium des kosmologischen Prozesses zu erstürmen. Das Pathos des Messianismus durchzieht die ganze neue Kabbala, die sich jetzt im heiligen Land bildet.

Dabei besteht eine eigenartige Konstanz: Die *alte* Geheimlehre hatte ihre wichtigste Entwicklung in einer einzigen Stadt Kataloniens, in der kleinen Gemeinde von Gerona, durchgemacht, wo in der ersten Hälfte des 13. Jahrhunderts eine ganze Gruppe von Mystikern wirkte, denen es zuerst gelungen ist, die Gedankenwelt der Kabbala in einflußreichen Kreisen des spanischen Judentums heimisch zu machen. Genau so bildete sich jetzt - vierzig Jahre nach der Vertreibung aus Spanien - wieder in einer kleinen Stadt das Zentrum, in dem die *neue* religiöse Bewegung sich am großartigsten kristallisiert und von der aus sie ihren Siegeszug durch die jüdischen Gemeinden aller Länder der Diaspora antreten soll.

Die Rede ist von Safed (Zefat) in Obergaliläa. Und es gibt eine zweite, viel weitgreifendere Besonderheit. Ausgerechnet hier an diesem verschlafenen Örtchen kam es zeitgleich zur Gründung jener bedeutsamen Organisation, die diesem Buch den Namen gab: Inspiriert durch die Überlieferung, daß die messianische Ära durch horrende Katastrophen eingeleitet werde hatte eine Gruppe aus Spanien vertriebener Rabbis eine ordensähnliche Gemeinschaft ins Leben gerufen, wo in Erwartung des Messias das ganze Leben auf den Prinzipien der Heiligkeit und mystischen Kontemplation aufgebaut wurde. Unter der Führung von Jacob Berab wurde 1538 sogar die alte Praxis der Priesterweihe wiedereingeführt, die den Mittelpunkt eines wiederbelebten Sanhedrin bilden sollte, da für die Abhaltung ritueller Prozeduren ordinierte Autoritäten benötigt wurden. Wir sehen hier den Geheimvatikan in seinen ersten Anfängen. Nur vier Jahre nach Konstituierung des römisch-katholischen Jesuitenordens kämpften damit schon zwei israelitisch inspirierte wie dominierte[809] Geheimgesellschaften um die Vorherrschaft der Alten Welt. Besser geführt, nach innen gefestigter und nach außen hin weit abgeschlossener sollte der Vatikan zu Safed letzten Endes die Oberhand über seinen Gegenspieler in Rom erlangen.

Aus diesem religiösen Untergrund heraus gewann Safed - wie eingangs erwähnt - nun noch auf einem zweiten Gebiet eine wichtige Bedeutung für das Judentum. Mit

---

[808] Gershom Scholem, „Die jüdische Mystik", Suhrkamp Taschenbuch, Frankfurt/Main 1996, Seite 269
[809] Der Jesuitenorden rekrutierte seine Führung und wichtigsten Streiter aus dem Judentum.

der neuen Kabbala, die das politische Programm des Geheimvatikans am besten umriß: Aktionismus im hier und jetzt für die Zukunft...[810]

Die neue Kabbala der Aktion

Für die alte Kabbala verlief der Weltenbildungsprozeß in recht einfachen, durchschaubaren Bahnen. Alles beginnt mit jenem Urknall, in dem Gott nach außen tritt und seine Schöpferkraft aus seinem Wesen hinausprojiziert. Jeder weitere Akt ist ein weiteres solches Hinaustreten. Der Prozeß verläuft von oben nach unten in eindeutiger Linie, wobei sich Gottes schöpferische Kraft bildlich in zehn „Sefirot" (Emanationsstufen) entlang eines im Himmel wurzelnden und nach unten wachsenden schematischen Baumes abbildet.

Dieses harmonische Konzept wurde nun von Isaak Luria (1534-1572) in gnostischer Weise verändert. In Lurias Mythos ist davon die Rede, daß der allgegenwärtige Gott sich zunächst aus einem bestimmten Bereich zurückzieht („Zimzum"), in den er dann anschließend in der eigentlichen Schöpfung und Offenbarung hinaustreten konnte. Der erste Akt ist also kein Akt der Offenbarung, sondern ein Akt der Verhüllung und Einschränkung. Erst im zweiten Akt tritt nun Gott mit einem Strahl seiner Wesenheit aus sich hinaus und beginnt seine Offenbarung oder seine Entfaltung als Schöpfergott in jenes relative Vakuum, das er sich selbst geschaffen hat.

Im Zuge dieses Prozesses erschafft Gott den Urmenschen Adam Kadmon dadurch, daß er einen Lichtstrahl aus seinem Wesen in den Urraum fallen läßt, was jedoch mit einem solchen urethralen Druck geschieht, daß die Gefäße, die diese Flut hätten aufnehmen sollen, zerbrechen (Schebirath ha-Kelim, „Bruch der Gefäße", W. E.) und es aus den Augen, Ohren, den Nasenlöchern und dem Mund des Urmenschen nur so herausflutet. Dadurch vermischen sich die dämonischen (Kelipoth/"Schalen") und die guten Kräfte, was die eigentliche Katastrophe des Geschehens darstellt.

Hören wir weiter bei Scholem: „Dieser Bruch der Gefäße ist der entscheidende Vorgang im Weltgeschehen. Er führte dazu, daß alle Dinge in gewisser Weise diesen Bruch in sich tragen, daß allem Existierenden, solange dieser Bruch nicht geheilt ist, ein gewisser innerlicher Mangel anhaftet, da ja bei dem Bruch der Gefäße das Licht sich nach allen Seiten verbreitete, teils in seinen Ursprung zurückflutete, teils aber auch nach unten (in die „Tiefen des großen Abgrundes", W. E.) stürzte. Aus den Scherben der zerbrochenen Gefäße, an denen einige Funken des heiligen Lichtes aus Gottes Essenz hoch hafteten, entstanden die dämonischen Gegenwelten des Bösen, das sich auf allen möglichen Stufen der

---

[810] Hieraus leitet sich die berühmte Hellsichtigkeit des eingeweihten(!) jüdischen Kabbalisten Nostradamus ab, welche auf 1555 n. Chr. datiert.

Weltentwicklung einnistete. Die heiligen Elemente haben sich solcherart also mit den unheiligen und unreinen vermischt."[811]

Das Drama des Adam Kadmon auf der theosophischen Ebene wiederholt sich später in gleichem Ablauf beim Drama des Adam Rischon auf der anthropologischen. Adam war ein spirituelles Wesen, das sich ebenso in der spirituellen Welt Asija befand. Erst infolge seiner Sünde fiel auch diese Welt von ihrer Stufe herab und vermischte sich dadurch mit dem unter ihr befindlichen Bereich der Kelipoth. So erst entstand nicht nur die materielle Welt, in der wir leben, sondern auch der Mensch als ein aus Materie und Geist zusammengesetztes Wesen. Die Ursünde wiederholt also den Bruch der Gefäße auf einer niedereren Ebene. Wieder ist das Resultat die Vermischung von Gut und Böse, die durch Herausholung der Elemente des Lichts und Zurückführung in ihre frühere Lage wieder gesondert werden müssen.

Tatsächlich ist die Restitution des idealen Zustandes, auf den die Schöpfung ursprünglich zielte das geheime Ziel allen Geschehens. Erlösung heißt nichts anderes als Wiederherstellung des ursprünglichen Ganzen, als Tikkun. Das besondere an diesem himmlischen Weg ist indes, daß er (obschon in seinem Verlauf vorbestimmt) nicht von Gott, sondern durch den gläubigen Juden beschritten werden muß. Lesen wir noch einmal bei Scholem nach: „Es gibt Stücke des Restitutionsprozesses, die dem Menschen überantwortet sind. Nicht alle Lichter, die in den Kerker der bösen Gewalten gefallen sind, erheben sich von selbst."[812] „Es gilt - dem Juden -, sie wieder zu sammeln, an ihren richtigen Ort hinaufzubringen und das geistige Wesen des Menschen in jener ursprünglichen Reinheit, in der es von Gott beabsichtigt war, wieder herzustellen."[813] „Es ist also mit anderen Worten der Mensch, der dem Antlitz Gottes die letzte Vollendung gibt, der Gott als den König und mystischen Gestalter aller Dinge erst eigentlich in sein Himmelskönigtum einsetzt und dem Gestalter selbst die letzte Gestalt gibt... So entspricht dem inneren, zeitlosen Vorgang des Tikkun, der im Symbol der Geburt der Persönlichkeit Gottes geschildert wird, der zeitliche Prozeß der Weltgeschichte. Der historische Prozeß und dessen geheimste Seele, nämlich die religiöse Tat des Juden, bereiten die endgültige Restitution aller versprengten, ins Exil der Materie gesandten Lichter und Funken vor. So steht es also in der freien Entscheidung des Juden... diesen Prozeß zu beschleunigen oder zu verlangsamen. Jede Tat des Menschen hat Bezug auf diese letzte Aufgabe, die Gott seiner Kreatur aufgetragen hat."[814] „So sind wir in einem gewissen Sinne nicht nur Herren unseres eigenen

---

[811] Gershom Scholem, „Die jüdische Mystik", Suhrkamp Taschenbuch, Frankfurt/Main 1996, Seite 294
[812] Gershom Scholem, „Die jüdische Mystik", Suhrkamp Taschenbuch, Frankfurt/Main 1996, Seite 300
[813] Gershom Scholem, „Die jüdische Mystik", Suhrkamp Taschenbuch, Frankfurt/Main 1996, Seite 306
[814] Gershom Scholem, „Die jüdische Mystik", Suhrkamp Taschenbuch, Frankfurt/Main 1996, Seite 300

Schicksals und im Grunde selbst verantwortlich für die Fortdauer des Exils, sondern wir erfüllen zugleich auch eine Sendung, die weit darüber hinausgeht."[815]

Hier liegt ein sehr entscheidender Unterschied zur Bewertung der Entwicklung, den die jüdische Mystik schließlich nehmen sollte: Die alte Kabbala richtete sich in Fragen der Messianistik passiv aus. Ohne dies vielleicht zu intendieren erzog sie ihre Studenten dahingehend, den historischen Prozeß zunächst einmal als gottgegeben hinzunehmen und nicht abkürzend in das Geschehen einzugreifen. Nicht Abschluß und Erlösung lauteten die Maxime der Gefolgschaft. Nicht das Vorwärtsstürmen durch die Geschichte, um ihre Krise und Katastrophe zu beschleunigen.

Der Zusammenbruch von 1492 änderte das Gesicht der Kabbala jedoch genau in diese Richtung. Denn die Schriftgelehrten der neuen Generation verständigten sich auf die Auslegung, daß mit der Vertreibung die „Geburtswehen der messianischen Zeit" eingesetzt hatten. Damit erhielt jetzt auch - in einer vorangesetzten Stufe - die jüdisch-kollektive Mission des Messias ben Joseph grünes Licht. Ihr vom Tikkun geprägter Weg, in dessen Abschluß nach Luria das Erscheinen des Messias ben David stehen sollte, war vorgezeichnet in jenem Bibelplan, den Nostradamus als eifriger Kabbalist gekannt haben mag.

Als vollziehende „Handlanger Gottes" fungierten dabei seit 1666 die häretischen Bewegungen des Sabbatianismus und des Chassidismus. Aus dem nordöstlichen Karpatengebiet, dort wo Graf Dracula der Sage nach sein Schloß hatte, zog diese immer wieder mit blutigen Ritualen und Opferungen in Verbindung gebrachte Bewegung[816] aus, die Welt nach den Vorgaben der alten Propheten zu richten. Und

---

[815] Gershom Scholem, „Die jüdische Mystik", Suhrkamp Taschenbuch, Frankfurt/Main 1996, Seite 301

[816] Als „Gründer" des Chassidismus gilt allgemein Rabbi Israel Baal Shem Tov genannt. Dieser Rabbi soll sich - wie schon sein Name ausweist - auch auf häretisch-satanische Stellen der Bibel gestützt haben. (Buch der Richter, 2:16: Er schwor Gott ab und wandte sich dem satanischen Baal zu). Zufall? In Zentren des Chassidismus - *nicht aber in jenen des konventionellen Judentums* - kam es im Laufe der Geschichte immer wieder zu unerklärlichen Todesfällen, die mit schwarzmagischen Riten in Verbindung zu stehen schienen. Die Serie des Schreckens erreichte einen Höhepunkt 1698 in Sandomir. Weitere gerichtsbekannte und großes Aufsehen erregende Fälle der ersten Generation ereigneten sich 1748 in Dunigrod, 1753 in Pavalochi und 1753 in Zhytomir. Der unter rätselhaften Begleitumständen verstorbene Engländer Arnold Leese war der einzige Buchautor, der über dieses Thema vor dem Hintergrund kabbalistischer Gruppen berichtete. Er kam nach Auswertung der Statistiken zu dem Schluß: "... wo auch immer sich die Sekte der XXXXXXXXXXXX Chassiden niederließ, stiegen damals die gemeldeten Ritualmorde rapide an."
In der Tat wurden im Umfeld des Chassidismus mehr als sonderbar zu nennende Totenkulte betrieben. Eine heute noch bekannte Abart ist das magische Bestreben, toten Körpern Leben einzuhauchen und auf diese Weise einen künstlichen Menschen (den *Golem*) zu schaffen. Als moralische Absicherung diente dabei der babylonische Talmud (Sanhedrin 65b) wo Rabbi Rava einen künstlichen Mann schuf und diesen zu Rabbi Zera schickte. Noch deutlicher ist das Buch der Offenbarungen 13:13-15 wo ein Gott jemandem die Macht übertragen hat, in eine Kreatur Leben einzuhauchen. Die Idee scheint bereits um 1600 von dem berühmt-berüchtigten Golem-Erzeuger Rabbi Jehudah Löw ben Bezalel von Prag perfektioniert worden zu sein. Ein Nachkomme des Israel Baal Shem Tov, der Rabbi Nachman von Bratslav, beschäftigte sich

wie im berühmten Roman Stokers war ihr erstes Ziel London. Kurze Zeit später begann an gleicher Stelle die endzeitliche Geheimgesellschaft der Freimaurer ihr dunkles Wirken aufzunehmen...

ebenfalls ausgiebig mit diesem befremdlichen Hobby. Rabbi Yedudah he-Hasid sowie Rabbi Eleazar von Worms schrieben sogar eine Art Grundlagenwerk zur Frage der Erschaffung künstlicher Kreaturen.
Noch heute stellt eine Autoriät des Chassidismus, Dr. Moshe Idel von der Hebräischen Universität in Jerusalem, eindeutig fest, daß die Kreation von Menschen laut Talmud erlaubt sei. Die angesichts fortschreitender Gentechnikerfolge heute mehr denn je aktuelle Frage trägt indes etwas bedrohlich-apokalyptisches in sich: Bekanntlich spricht die Offenbarung vom „Zeichen des Tieres" (die Zahl 666), die entweder auf der Stirn oder am Handrücken der Menschen aufgebracht werden wird. Und im Buch des Rabbi Eleazar müssen auch seine Golems mit einem Zeichen auf der Stirn herumlaufen.

Anhang 4

Kabbalistischer Satanismus: Verderbnis als Weg zur Erlösung

Der Sabbatianismus

Als das Jahr 1666 näherrückte, kam es zu einer Welle der Hysterie, die in brutaler Klarheit die Gegensätzlichkeit jener Gruppen offenlegte, die sich am alten Testament inspirierten: Während nämlich viele Christen mit der baldigen Ankunft des *Antichristen* rechneten, meinte zur gleichen Zeit die Mehrzahl der Juden aus Rußland, der Ukraine, Persien, vom Osmanischen Reich bis hin nach Holland und zur Atlantikküste, den *Messias* in dem Rabbiner Rabbi Shabbetai Tzevi von Smyrna (1626-76) zu erkennen. Dieser verkündete 1665, er sei der fleischgewordene Erlöser des Judentums. Von muslimischen Behörden festgesetzt konvertierte der vermeintliche Heiland jedoch schon ein Jahr darauf zum Islam, um wenig später sein Leben im Exil zu beenden.

Nun mag man meinen, daß Tzevis Mission kläglich gescheitert war. Nichtsdestoweniger war es dem umtriebigen Propheten aber gelungen, eine verschworene Gefolgschaft um sich zu sammeln. Und aus dieser entstand eine Sekte, welche überlebte - insbesondere dank des Aktivismus des Nathan von Gaza (1644-80), welcher jene Aktionen Zewis, die den jüdischen Gesetzen entgegenstanden durch Theorien erklärte, die sich auf der Lurianischen Sicht der „Reparatur" aufbauten: die „Sünden" sollten als der Abstieg des vergeistigten Juden in den Abgrund der Schalen verstanden werden, um aus diesen die gefangenen Partikel des göttlichen Lichts zu befreien.

„Wir alle", illustriert der jüdische Mystiker Scholem dieses Gedankengebäude „müssen in den Abgrund de Bösen hinunter, um es von innen her zu überwinden. Es gibt - so lehrten die Apostel des Nihilismus unter allen möglichen theoretischen Einkleidungen -, es gibt gewisse Bezirke, in denen der Prozeß des Tikkun nicht mehr durch heilige Handlung vollzogen werden kann. Hier kann das Böse nur durch sich selbst überwunden werden... Das ist die verhängnisvolle und doch zugleich verführerische Lehre von der Heiligkeit der Sünde... Und die ließ sich unter den Nichtjuden, die aus kabbalistischer Sicht das satanische Prinzip an sich darstellten, durchaus anwenden.

Die von der Thora statuierte Verbindung der ersten Sünde mit dem Ursprung der Scham stellt die Kabbalisten, die über den Tikkun, die Ausbesserung des Makels der Sünde, nachdenken, vor die heikle Frage der Aufhebung der Scham im neuen messianischen Stande. Der umgekehrte Weg, die Erlösung geradezu durch Zertreten des Schamgefühls zu erlangen, wie es ein berühmt gewordenes apokryphes Wort, das die Gnostiker Jesus zuschrieben, fordert, ist unter den radikalen Sabbatianern bewußt und nachdrücklich von Jakob Frank verkündet worden. Das abgründige alte Wort der Mischna, daß man Gott auch mit dem 'bösen Triebe' lieben könne, bekam hier eine Bedeutung, an die sein Autor nicht gedacht hat.

Moses Chagis spricht 1714 über zwei Richtungen der sabbatianischen Ketzerei: 'Der Weg der einen Sekte ist, jeden Unreinen, der sich selber mit leichten oder schweren Sünden verunreinigt, für einen Heiligen zu halten.. Sie sagen, wenn wir mit unsern eigenen Augen sehen, wie sie an den Fasttagen essen, daß dies kein körperliches, sondern ein spirituelles Essen sei und daß, wenn sie sich vor den Augen der Welt verunreinigen, dies keine Unreinheit ist, sondern sie damit den Geist der Heiligkeit auf sich herabziehen. Und von jeder bösen Handlung, von der wir sehen, daß sie sie nicht nur in Gedanken, sondern auch in der Tat begehen, sagen sie, daß es gerade so sein muß und ein Mysterium bei der Sache ist und alles ein Tikkun ist und ein Herausholen der Heiligkeit aus den Kelipoth. Und so kommen sie dahin überein, daß jeder, der sündigt und Böses tut, in Gottes Augen gut und redlich ist. Eine andere Sekte unter ihnen wendet die Häresie aber nach einer anderen Seite. Sie pflegen zu argumentieren, daß mit der Ankunft Sabbatai Zwis der Fall Adamas schon ausgebessert und daß das Gute aus dem Bösen und den Schlacken herausgeholt ist. Seitdem sei eine neue Thora ergangen, durch die alle möglichen Verbote der Thora erlaubt werden, nicht zum letzten auch die von ihr verbotenen Arten von sexuellen Beziehungen. Denn da alles rein ist, gibt es bei allen diesen Dingen nichts Verwerfliches mehr...'

Diese Äußerung von Chagis... wird in der Tat durch das, was wir über die Entwicklung des Sabbatianismus zwischen 1700 und 1760 wissen, durchaus bestätigt. Aber nichts... kann sich entfernt an Entschiedenheit mit jenem Evangelium des Antinomismus messen, das Jakob Frank (1726 bis 1790) in mehr als zweitausend Lehrworten seinen Jüngern verkündet hat..."[817]

Der Frankismus

Soweit die Ausführungen Gershom Scholems, die uns an diesem Punkt von den Wurzeln der unmittelbaren Tzevi-Jünger zum Stamm einer neuen Bewegung überleiten. Sie hatte sich als nötig erwiesen, weil die erste Generation des Sabbatianismus zu versanden drohte, wofür nicht zuletzt auswärtige Pressionen

---

[817] Gershom Scholem, „Die jüdische Mystik", Suhrkamp Taschenbuch, Frankfurt/Main 1996, Seite 346f.

maßgeblich waren (Einen Höhepunkt dieser Bewegung bildete 1683 die Schein-Konvertierung der morgenländischen Anhängerschaft als „Dönmeh" zum Islam).

Der Geburtsort der neuen Mystiker war kaum zufällig die Hautwirkungsstätte ihrer Vorgänger. „Die Sekte", schreibt Scholem über die Pilgerväter nach Tzevi, breitete sich „durch die Tätigkeit eines Sabbatianers, Chajim ben Salomo, besser bekannt als Chajim Malach... in den südlichen Provinzen Polens aus... So wurde vor allem Ostgalizien und Podolien ein Zentrum des Sabbatianismus, der sich hier mit großer Hartnäckigkeit relativ lange erhalten hat."[818] Und genau hier entstand nun unter der Führerschaft des selbsternannten Messias Jacob Frank seit 1750 ein neuer, noch extremerer Sabbatianismus.

Scholem urteilt: „Seltsame, mehr oder weniger paradoxe Aussprüche des Talmuds und anderer Schriften und manche ursprünglich ebenfalls ganz anders gemeinte Symbole der Mystik erscheinen bei den radikalen Sabbatianern als Losungen und Symbole eines religiösen Nihilismus, in dem die Gedanken einer in Abgründe versunkenen depravierten Mystik in offenen Konflikt mit jeder positiven Religion treten. Talmudische und halbtalmudische Worte wie 'Groß ist eine Sünde um ihrer selbst willen' oder 'Die Aufhebung der Thora kann ihre wahre Erfüllung werden' - Worte, deren Sinn im Talmud selbst natürlich ein völlig anderer ist, deren Wortlaut aber eine solche Interpretierung zuläßt - bezeichnen diese Stimmung. Die Thora ist, wie die Sabbatianer im Gleichnis auszuführen liebten, das Samenkorn der Erlösung. So wie das Samenkorn in der Erde faulen muß, um zu keimen und Frucht zu bringen, so auch muß die Thora, um in ihrer wahren messianischen Gestalt erscheinen zu können, im Bereich unserer Taten vernichtet werden. Der Prozeß des Tikkun ist nach dem Gesetz des organischen Lebens, das alle Welten durchzieht, daran gebunden, daß auch die Taten des Menschen mindestens in gewissen Bezirken dunkel und sozusagen faulig werden. Der Talmud sagt: 'Der Sohn Davids (das ist der Messias, W. E.) kommt nur in einem Zeitalter, das entweder ganz schuldig oder ganz unschuldig ist.' Aus diesem Epigramm folgerten viele Sabbatianer: da wir nicht alle Heilige werden können, so laßt uns alle Sünder sein."[819]

So erklären sich letztlich die „dunklen Wendungen Franks vom 'Abgrund, in den wir alle hinein müssen', und von der 'Last des Schweigens', die wir auf uns nehmen müssen" eben messianisch.

Frank wiederholte das Schicksal seines Vorgängers Zewi, indem er 1759 mitsamt seiner polnischen Anhängerschaft zum Schein konvertierte. Das religiöse Auffangbecken war in diesem Fall die Römisch-Katholische Kirche. In Böhmen und Mähren allerdings blieben die Frankisten nach außen hin Juden. Scholem: „Es

---

[818] Gershom Scholem, „Die jüdische Mystik", Suhrkamp Taschenbuch, Frankfurt/Main 1996, Seite 332
[819] Gershom Scholem, „Die jüdische Mystik", Suhrkamp Taschenbuch, Frankfurt/Main 1996, Seite 348

waren gerade diese Kreise, die die äußere Verbindung zwischen sich und dem rabbinischen Judentum nicht zerschnitten haben, die als Schrittmacher der neuen Bewegung im Judentum seit der Französischen Revolution auftraten." Die Rede ist von der Geburt des Reformjudentums, das die Aufklärung in die Reihen der Israeliten trug. Indes wurde und wird dieser Einfluß der jüdischen Mystik auf die Politik unter den Tisch gekehrt.[820]

Der Chassidismus

Allerdings hatten sich die Entwicklungsstränge der jüdischen Mystik damit noch nicht erschöpft. Denn parallel zum Wirken Franks entstand nun mit dem Chassidismus abermals eine Bewegung, in der die Lurianische Kabbala eine wichtige Rolle spielte. Wieder wechselte der Messianismus den Staffelstab, indem er zu einer neuen Maske griff. Scholem deutet diesen Umstand an, wenn er schreibt: „Der Chassidismus ist,... was keineswegs zufällig sein kann, in denselben Gegenden entstanden, in denen der radikale Sabbatianismus am tiefsten Wurzeln geschlagen hatte, das heißt in Podolien und Wolhynien."

Und der große israelitische Mystiker sieht auch die Beweggründe des Bäumchen-Wechsel-Dich-Spiels. Die Radikalisierungen hatten den Sabbatianismus und den Frankismus zu Fall gebracht: „Israel Baal-schen, der Stifter der Bewegung... und seine ersten Schüler... haben ihre Konsequenzen aus dieser Erfahrung gezogen." Und Scholem gibt zu, daß gerade zu Anfang eine „Fluktuation unter den Anhängern der beiden Richtungen bestanden hat. Jene Gruppen des polnischen Judentums, die sich vor und zur Zeit des Auftretens des Baal-schem 'Chassidim' nannten, waren von Sabbatianern stark durchsetzt, wenn es nicht überhaupt ihrem Wesen nach krypto-sabbatianische Gruppen gewesen sein sollten."[821]

Der Chassidismus hat sich bis heute erhalten. Er ist vor allem in London, New York und Israel einflußreich und beeinflußte alle späteren Satelliten des Geheimvatikans bis hin zu Rabbi Kook.

---

[820] Selbst um Vorsicht bemüht führt Scholem diesen interessanten Punkt nicht weiter aus. Anstelle dessen setzt er auf Seite 449 als Anmerkung eines Zeitgenossen zu den entsprechenden Verbindungen die Worte „Es ist aber die Frage, ob es klug ist, jetzt diesen Punkt zu diskutieren."
[821] Gershom Scholem, „Die jüdische Mystik", Suhrkamp Taschenbuch, Frankfurt/Main 1996, Seite 362f.

> Um den Schlüssel zu allen Revolutionen, angefangen von der Ermordung Karls I. bis zur Ermordung Ludwigs XVI. zu finden, muß man sich stets in erster Linie zu den geheimnisvollen Freimaurerbruderschaften wenden. – Die rote phrygische Mütze, die 1793 zum Emblem der Jakobinder wurde, war gleichfalls der Kopfschmuck der britischen Independenten während des Aufstiegs Cromwells.
> *(Lombard de Landre, „Les Sociétés Secrètes en Allemagne", 1819)*

Anhang 5

Großbritannien: „Reich des Bösen"?

Die Vertreibung des Judentums

Im Jahre 1290 waren die in England lebenden Juden in ihrer Gesamtheit des Landes verwiesen worden. Die Regierung erklärte diesen Schritt mit wiederholten finanziellen Betrügereien, darunter auch die Auflage von Falschgeld[822], die aus den Reihen der Neubürger betrieben worden sei.

Das Ausweisungsgesetz hebt indes eine andere Begründung hervor: „Im dritten Jahre seiner Regierung" heißt es dort, „hatte der König (Edward I) bereits angeordnet, daß kein Jude seines Reiches Geld gegen Wucherzinsen verleihen soll... Außerdem hatte der König bestimmt, daß die Juden in Zukunft ihren Lebensunterhalt durch Handel und ehrbare Arbeit verdienen sollten. Sie kamen aber unter sich nach wohldurchdachtem, schändlichen Plan überein, den Wucher auf andere, viel schlechtere Art weiter zu betreiben. Dies nannten sie ʹHöflichkeitʹ. Unter einem solchen Deckmantel trieben sie ihre dunklen Geschäfte mit dem Volke in einem Umfange, daß ihr jetziges verbrecherisches Treiben doppelt so nachteilig ist wie früher. Zur Vergeltung ihrer Verbrechen und für die Ehre des Gekreuzigten haben wir sie als Verräter aus unserem Reich verbannt."[823]

Dabei blieb es lange Zeit und selbst den judenfreundlichen Revolutionären um die messianische Gestalt Oliver Cromwells gelang es nach 1650 nicht, die bei Handel

---

[822] Vgl. Peter Aldag, „Der Jahwismus erobert England", Verlag für ganzheitliche Forschung und Kultur, Struckum 1989, Seite 66-69
[823] Close Rolls of Edward I, Bd. 12881296, Seite 109

und Volk populäre Order rückgängig zu machen. Dieser Schritt war nun aber nach dem Willen des geschichtsbildenden Kabbalismus, der damals in Holland seinen Hauptstützpunkt gefunden hatte, unumgänglich. Zu eindeutig verwies mit den israelischen Propheten die historische Vorsehung selbst auf eine derartige Entwicklung. Nach Spanien und den Niederlanden sowie vor den USA sollte jetzt England als Achse des okkulten Judentums zum eigentlichen Wasserträger und Vollstrecker der Jahwitischen Religion „aufsteigen".[824]

Da sich der Umschwung in England auf legalem Wege nicht durchführen ließ, rüstete man ein Umsturzunternehmen aus, das mit einer ausländischen Aggression attachiert wurde. Als hauptsächliche Verbündete betätigten sich dabei protestantische Freischärler und Wilhelm III. von Oranien...

Wie einem Holländer der englische Thron gekauft wurde

Im Jahre 1685 bestieg in Britannien der zum Katholizismus übergetretene Jakob II. den englischen Thron. Maßgebender Berater wurde ihm der Jesuit Petre, den Jakob in den Geheimen Staatsrat berief. In London wurde ein Jesuitenkolleg eröffnet, ein Nuntius in London aufgenommen. Nur dreißig Jahre nach den Religionswirren der englischen Revolution wurde diese Entwicklung von der protestantischen Opposition mit schwerer Mißgunst verfolgt. Als wider Erwarten dem inzwischen bereits bejahrten Jakob am 10. Juni 1688 auch noch ein Sohn geboren wurde, schien die Herrschaft einer katholischen Dynastie auf dem englischen Thron dauernd begründet. Nunmehr traten die Führer des englischen Protestantismus mit Wilhelm von Oranien, dem Schwiegersohn Jakobs, in Verbindung, damit dieser nach einer ins Auge gefaßten Invasion im Lande die Uhren wieder zurückstelle. Kaum zu Unrecht bezeichnete der Poet John Dryden jene Verschwörer als „eine Truppe von Männern, die vielleicht wie keine zweite in der geschichtlichen Überlieferung bar jeden Ehrgefühls und gottverlassen" gewesen sei.[825]

Nun fehlte es aber dem niederländischen Erbstatthalter an Geld, das der Protestant insbesondere zur Ausrüstung eines größeren Expeditionskorps benötigte. Die Feldzugspläne befanden sich an einem toten Punkt. Da sprang – wie es den Anschein hat – der Geheimvatikan in die Bresche: Glaubt man der jüdischen Geschichtsforschung, dann waren es nämlich in Amsterdam ansässige Hebräer, die das Putschunternehmen mit einigen sehr hohen Zuwendungen entscheidend auf die Beine stellten. Allen voran soll die Finanzierung in den Händen des israelitischen

---

[824] Im gleichen Sinne schreibt der amerikanische 32-Grad-Bruder Sol Clark: „Diese als Anglo-Israelismus bekannte Theorie, stimmt mit vielen Prophezeiungen der hebräischen Schriften überein. Unter diesen 'Erfüllungen' sind solche, daß Israels Name geändert würde, daß seine Söhne im Norden wohnen würden, daß sie den göttlichen Namen 'in the isles of the sea' (Isaiah) preisen würden, und daß einer ihrer Stämme, Manasseh, eine unabhängige Macht werden würde, wie es das Beispiel der Vereinigten Staaten zeigen sollte." (Siehe das offizielle Organ des US-amerikanischen Höchsten Rates des Alten und Angenommenen Schottischen Ritual der Freimaurerei „The New Age", Washington D. C., Ausgabe Oktober 1952)
[825] Siehe „Great Catholics", Sheed & Ward, Seite 266

Bankiers Francisco Lopez Suasso, Baron d´Avernas-le-Gras, der sich später in England niederließ, gelegen haben. Die fraglichen Darlehen dürften über die Regierung Hollands und nicht direkt an den Statthalter der Niederlande geflossen sein, da – so Picciotto – „wir durch Lord Macaulay darüber informiert sind, daß bald nachdem der erste Beamte Hollands den britischen Thron bestiegen hatte, das englische Parlament 600.000 Pfund als Rückzahlung an die Niederländische Republik für die Kosten des Feldzuges bewilligte."[826]

Der nicht unbekannte hebräische Historiker Margoliouth macht darüber genaue Angaben. Nach seiner Schilderung mußte Wilhelm die Vorbereitungen für seine Expedition nach England tatsächlich wie erwähnt vorübergehend aus Geldmangel einstellen. Als er verzweifelt nach einem Ausweg suchte, wurde ihm ein Jude gemeldet, der ihm ohne Übergang mitteilte, „die jüdische Nation sei bereit, ihn mit 2 Millionen (wahrscheinlich Gulden) zu unterstützen. Haben Sie Erfolg, zahlen sie es uns zurück. Geht die Sache schief, sind wir quitt."[827]

Die „Sache" klappte. Am 5. November 1688 landete Wilhelm von Oranien mit 15.000 Mann in der Bucht Torbay. Von dort zog er in London ein und übernahm die Regentschaft. Als erster Monarch der Geschichte wurde der Putschist wenige Monate darauf in die Freimaurerei aufgenommen. Er begründete eine einmalige Dynastie, denn bis auf den heutigen Tag amtierten die Regenten des Buckingham Palace als nominelle Staatsoberhäupter Englands stets zugleich als höchste Würdenträger jener geheimen Bruderschaft, die von London aus ihre mächtigen Arme in die Welt verteilt."[828]

So mag es nicht verwundern, daß das „Mecklenburgische Logenblatt" in den 20er Jahren zum Verhältnis der Politischen Maurerei zu seinem Mutterland befinden konnte: „Die englische Politik (hat) seit 200 Jahren mit unentwegter bewunderungswerter Konsequenz die Richtlinien der freimaurerischen Ideale eingehalten... (Es) wurde die Freimaurerei die Verkörperung der englischen Politik derart, daß man meinen könnte, die Freimaurerei sei eigens zu dem Zwecke gegründet worden, um England die erstrebte Vorherrschaft als See-, Handel- und

---

[826] James Picciotto, „Sketches of Anglo-Jewish History", Trubner & Co., 1875, Seite 52f. Auch A. M. Hyamson, „A History of the Jews in England", London 1928, Methuen, 2nd. Edition, Seite 187f.
[827] M. Margoliouth, „The History of the Jews in Great Britain, 1851, Bd. II, Seite 40ff. sowie ders., „A Pilgrimage to the Land of my Fathers", 1850, Bd. II, Seite 229 sowie ders., „The Anglo-Hebrew", 1856, Seite 47. Von weiteren jüdischen Autoren, die auf den Zusammenhang bezug nehmen sind zu nennen: Lucien Wolff in seinen „Essays in Jewish History" (Vgl. „Jewish Historical Society of England", 1934, Seite 215). Er erwähnt, daß es Suasso gewesen sei, der die genannten 2 Millionen ausgehändigt habe.
[828] „Die Zugehörigkeit", schreibt das Internationale Freimaurerlexikon unter dem Stichwort *England/Königshaus*, „ist dabei in den allermeisten Fällen nicht als Formalität betrachtet worden, die königlichen Prinzen nahmen auf die Entwicklung der englischen Freimaurerei entscheidenden Einfluß." (Lennhoff/Posner, „Internationales Freimaurerlexikon", Wien 1932, Spalte 435)

Kolonialmacht zu verschaffen und zu sichern."[829] Die englische Politik seit der Zeit der Gründung der Freimaurerei ist Freimaurer-Politik."[830]

Die Übernahme der englischen Finanzwelt

Mit der Machtübernahme Wilhelms begann sich das hebräische Finanzzentrum sofort von Amsterdam nach London zu verlagern. „Gegen Ende des 17. Jahrhunderts", illustriert der Volkswirt Werner Sombart, „finden wir die königliche Börse (seit 1698 Wechselgasse) bereits voller Juden... (Der plötzliche Zustrom) war auf die zahlreichen Juden zurückzuführen, die in Wilhelms Gefolge aus Amsterdam angereist waren."[831]

Am Ort des Geschehens erfaßte der Einfluß dieser Neubürger praktisch sämtliche Bereiche des finanziellen Systems. Der israelitische Historiker Hyamson etwa befindet: „Die jüdischen Händler, die Wihlem III. begleiteten, transferierten den *Edelmetallhandel* von Amsterdam nach London."[832] Werner Sombart dagegen erscheint die Erkenntnis wichtiger, „daß das Geschäft professionellen *Wertpapierhandels* und damit der professionellen Spekulation durch Juden an der Londoner Börse eingeführt wurde." „Ebenso plötzlich wie die Minerva tauchte auch der Wertpapierhandel auf, das heißt, er erschien voll entwickelt auf der Bildfläche."[833]

Zweifelsohne den größten Einfluß aber lancierte der Geheimvatikan künftig über die 1694 gegründete „Bank von England", die nachmalige Zentrale Notenbank. „Allerdings", schreibt Hilaire Belloc, „war die Bank von England keine Regierungseinrichtung, wie dies erwartet werden sollte. Es handelte sich vielmehr um eine unabhängige Einrichtung, die – von der Regierung priveligiert und garantiert – eine völlig eigenständige Politik betrieb. Von diesem Tag an hatte die Bank von England in immer größerem Ausmaß das letzte Wort in jeder Ausgaben betreffenden Regierungspolitik, was besonders den Umstand von auswärtigen Kriegen anging."[834]

---

[829] Daß dem in der Tat so war befand „The Free Masons' Chronicle" 1902/I/319: „Die Größe Englands", lesen wir dort frank und frei, „ist das Werk der Freimaurerei".
[830] „Mecklenburgisches Logenblatt", nach Friedrich Hasselbacher, „Entlarvte Freimaurerei", Verlag Paul Hochmuth, 1941, Seite 278f. und 285f.
[831] Werner Sombart, „Die Juden und das Wirtschaftsleben", Seite 104ff. mit Bezug auf zeitgenössische Berichte
[832] Auch A. M. Hyamson, „A History of the Jews in England", London 1928, Methuen, 2nd. Edition, Seite 188
[833] Werner Sombart, „Die Juden und das Wirtschaftsleben", Seite 104ff. mit Bezug auf John Francis und „zahlreiche Aussagen, die insbesondere durch jüdische Schriftsteller in jüngster Zeit erstmalig vorgelegt worden sind."
[834] Hilaire Belloc, „A shorter History of England", Seite 455f. Zu der geschichtlich sehr zentralen Rolle der jahwitischen Bankiers siehe insbesondere Josef Landowsky, „Rakowskij Protokoll", Faksimile Verlag, Bremen 1987

Anhang 6

Endzeitprojekt Aufklärung: Der Einfluß des okkulten Chassidentums

Der israelische Wissenschaftler Jacob Katz schreibt in seinem Buch „Zwischen Messianismus und Zionismus": „Unter dem Eindruck von Moses Mendelssohn wuchs eine Generation heran, die zwar sein Ideal, alle trennenden Mauern zwischen Juden und Christen einzureißen, übernahm, die jedoch nicht von seinen beiden Tugenden des Abwartens und der Mäßgung beseelt war. *Seine Schüler und Nachfolger wollten im praktischen Leben das erreichen, woran man sie zu glauben gelehrt hatte, und sie waren bestrebt, den Aufnahmeprozeß in die Zellen ihre ihrer gesellschaftlichen Umgebung voranzutreiben - und hier waren die freimaurerischen Zellen, wie man meinte, von grundlegender Bedeutung. Wenngleich diese Gruppe außerstande war, jegliche Opposition zu überwinden, so unterstützte sie doch jede Anstrengung auf seiten der Freimaurer, neue Bedingungen zu schaffen, unter denen das Prinzip der Gleichheit von Juden und Nichtjuden aufrechterhalten werden sollte. Drei oder vier derartige Versuche zeichneten sich gegen Ende des Lebens von Moses Mendelssohn (1786) ab, als die ersten Gesetze in Kraft traten, die die bürgerliche Benachteiligung der Juden beseitigen sollten, und als sie erste Bewegung zur Integration der Juden in die Gesellschaft stattfand.*[835]

Es sind das die einleitenden Worte zu einem Kapitel, welches Katz einer speziell jüdischen Freimaurerloge widmet. Die Rede ist vom „Orden der Asiatischen Brüder", welcher 1780/81 in Wien gegründet wurde und einflußreichste Mitglieder - darunter Bischoffwerder, Wöllner und sogar den Kronprinzen, den späteren König Friedrich Wilhelm II. von Preußen - in seinen Reihen gehabt haben soll. „Bis zum Ende des Jahres 1786 oder dem Anfang des Jahres 1787", erfahren wir, „blieb das Zentrum der Bewegung Wien. Dort hatte der ´Sanhedrin´, der den Orden beherrschte, seinen Sitz. Dieser Rat bestand aus sieben Mitgliedern und einigen Amtsträgern und besoldeten Angestellten. Der ´Sanhedrin´ delegierte die Macht an die vier Gebietsvorsteher in ganz Europa, und diese Vorsteher

---

[835] Jacob Katz, „Zwischen Messianismus und Zionismus", Jüdischer Verlag, Frankfurt am Main 1993, Seite 72

wiederum ermächtigten die einzelnen Zellen in ihren entsprechenden Regionen."[836]

Das interessante an dieser Gesellschaft ist nun, daß sie geradezu wie geschaffen zu sein scheint, um die Monus'schen Enthüllungen über den sabbatianisch-messianischen Hintergrund der Maurerei unter Beweis zu stellen. So schreibt Katz: „Über die unmittelbaren Ursachen, die zur Gründung dieses Ordens führten, liegen mir keine direkten Quellen vor, so daß ich auf Aussagen von Mitgliedern angewiesen bin, die später aktiv hervortraten. Ihnen zufolge war es ein früherer Franziskanermönch namens Justus, dessen bürgerlicher Name Bischoff gewesen war, dem eine herausragende Rolle bei der Gründung des Ordens zukam. Justus hatte mehrere Jahre im Orient, besonders in Jerusalem, verbracht, wo er mit jüdischen Kabbalisten in Berührung gekommen war. Er vertiefte sich in ihre Lehren und erhielt von ihnen sogar Manuskripte, auf die die theosophischen Lehren und zeremoniellen Regeln des Ordens zurückzuführen sind. Obwohl diese Details nicht im einzelnen bestätigt werden können, sind die Spuren seiner Person doch so weit nachweisbar, daß an seiner Existenz kaum, wenn überhaupt, gezweifelt werden kann. Hinsichtlich einer anderen Person, namens Azariah, der angeblich Justus die Manuskripte gegeben hat, ist die Quellenlage eher zweifelhaft. Wollen wir dem Zeugnis von Ephraim Joseph Hirschfeld *(urspr. Hirschel, Gründungsmitglied, lebte in Offenbach, dem Zentrum des sabbatianischen Frankismus W. E.)* Glauben schenken, so gehörte Azariah einer kabbalistischen Sekte an, die anderen Quellen zufolge als ein Zweig der Sabbatai-Zwi-Bewegung zuzurechnen ist. Seine persönlichen Geschäfte übertrug er auf seine Söhne, um als Emissär der Sekte von Ort zu Ort reisen zu können. Obwohl an der Verbindung zwischen den Asiatischen Brüdern und der sabbatianischen Bewegung durch andere Quellen kein Zweifel besteht, so ist die Person Azariahs dennoch... vage und unbestimmt; wir wissen über ihn nur wenig, und das Wenige ist widersprüchlich. Allem Anschein nach ist er eine Erfindung der Mitglieder des Ordens, die damit der Behauptung Glauben verleihen wollten, der Orden sei orientalischen Ursprungs. Die Mitwirkung eines Dritten ist dagegen über jeden Zweifel erhaben. Es war dies Baron Thomas von Schoenfeld, ein von Glauben abgefallener Jude, der sich als Verfasser zahlreicher Schriften einen Namen gemacht hatte. Sein Mitwirken spiegelt sich in der Literatur über den Orden hinlänglich wider, und sein Anteil an dessen Gründung ist aus anderen Quellen bekannt... Im Orden der Asiatischen Brüder widmete sich Schoenfeld dem Kopieren und Übersetzen jüdisch-kabbalistischer Werke. Der Geschichtsschreiber des Ordens, Franz Josef Molitor, schloß sich der Überlieferung an, wonach Schoenfeld der Enkel R. Jonathan Eybeschütz' war, dessen Sammlung sabbatianisch-kabbalistischer Werke er geerbt hatte. Schoenfelds Stammbaum läßt sich allerdings inzwischen genauer angeben. Er entstammte der Familie Dobruschka aus Brünn und war mit Eybeschütz weder verwandt noch verschwägert. Dennoch entbehrt diese angebliche verwandtschaftliche Verbindung nicht eines gewissen wahren Kerns,

---

[836] Jacob Katz, „Zwischen Messianismus und Zionismus", Jüdischer Verlag, Frankfurt am Main 1993, Seite 87

insofern Mosheh Dobruschka, alias Thomas von Schoenfeld, tatsächlich ein aktives Mitglied der sabbatianischen Bewegung gewesen war. Wie wir noch sehen werden, war er es, der viele Gedanken des Sabbatianismus in die Lehren des Ordens einfügte."[837]

„Anleitungen und Übungstexte mußten verfaßt werden, um die Mitglieder in ihrem 'Werk' zu leiten. Hierzu gehörten herleitende Symbolinterpretationen, Wort- und Buchstabenkombinationen und ähnliches. Ganz im Einklang mit dem Ursprung der Lehren der Asiatischen Brüder entnahm man das Material für die religiös-spirituellen Bemühungen des Ordens der kabbalistischen Literatur."[838] Dann geht der Autor näher auf die Ritualien der Loge ein, die auch für esoterisch verschlossene „normaljüdische" Ohren einen befremdlichen Klang haben müssen. „Derartige widersprüchliche Auffassungen", erklärt Katz dem Leser „ließen sich nur in sabbatianischen Ideen wiederfinden, und dieser Einfluß war, wie wir bereits gesehen haben, durchaus vorhanden. Moses Dobrushka-Schoenfeld, ein vom Glauben abgefallener Sabbatianer, war hier der entscheidende Vermittler, der diese Ideen auf den Orden der Asiatischen Brüder übertrug. Andere Mitglieder entstammten möglicherweise einem ähnlichen sabbatianischen Milieu, und ihre sektiererische Vergangenheit machte es ihnen vielleicht möglich, sich einer jüdisch-christlichen Gesellschaft anzuschließen, die ihre früheren Lehren und Regeln übernommen hatte."[839]

Gershom Scholem bestätigt den engen Zusammenhang zwischen Sabbatianismus und „Aufklärung" – zumal jener innerhalb des Judentums selbst - in seinem Standardwerk „Die jüdische Mystik". Hier erfahren wir näheres über die zum Schein zum Islam oder zum Christentum konvertierten Sabbatianer und jene Glaubensbrüder, die innerlich *und* äußerlich innerhalb des Verbandes des Judentums verblieben.
„Es waren gerade diese Kreise", schreibt Scholem, „die die äußere Verbindung zwischen sich und dem rabbinischen Judentum nicht zerschnitten haben, die als Schrittmacher der neuen Bewegung im Judentum seit der Französischen Revolution auftraten. Um 1850 wußte man noch manches von diesen Zusammenhängen zwischen Sabbatianismus und Reform. Aus den Kreisen der gemäßigten Reform haben wir sehr beachtenswerte und sicher glaubwürdige Traditionen, daß der erste Pionier des Reformjudentums in Ungarn, Aron Chorin, in seiner Jugend dem Prager Sabbatianistenkreise angehört hat.[840] Hamburg und Proßnitz, die im 18. Jahrhundert Mittelpunkte sabbatianischer Propaganda...

---

[837] Jacob Katz, „Zwischen Messianismus und Zionismus", Jüdischer Verlag, Frankfurt am Main 1993, Seite 74f.
[838] Jacob Katz, „Zwischen Messianismus und Zionismus", Jüdischer Verlag, Frankfurt am Main 1993, Seite 81f.
[839] Jacob Katz, „Zwischen Messianismus und Zionismus", Jüdischer Verlag, Frankfurt am Main 1993, Seite 85
[840] Leopold Löw, 'Gesammelte Schriften', vol. II, p. 255, und A. Jellineks Brief ibid., vol. V, p. 193, der sehr bezeichnender Art sagt: „Über den Sabbatäismus Chorins habe ich einen Zeugen, der merkwürdige Beweise gibt: es ist aber die Frage, ob es klug ist, jetzt diesen Punkt zu diskutieren." (Bei Scholem findet sich diese Fußnote auf S. 449)

gewesen waren, gehörten am Anfang des 19. Jahrhunderts zu den wichtigsten Zentren der Reformbewegung. Die Söhne jener Prager Frankisten, die noch 1800 nach Offenbach bei Frankfurt, dem Sitz von Jakob Franks Nachfolgern, pilgern und ihre Kinder im Geiste ihrer mystischen Sekte erziehen, stehen um 1832 mit an der Spitze der ersten Organisation der 'Reform' in Prag. Die Schriften von Jonas Wehle, dem geistigen Haupt dieser Prager Mystiker um 1800, verraten durchweg schon eine ganz seltsame Verbindung von Mystik und Aufklärung... Sabbatai Zwi und Moses Mendelsohn, Isaak Luria und Immanuel Kant sind für ihn... in gleichem Maße Autoritäten...

Wie nun gerieten die Kabbalisten, soweit sie von der sabbatianischen Bewegung ergriffen wurden, auf Gedankengänge, die haarscharf an die Grenze des rabbinischen Judentums oder direkt zu offenem Konflikt mit ihm führten? Diese Frage kann am besten durch Zurückgreifen auf das beantwortet werden, was ich im letzten Kapitel über die Erlösung durch den 'Tikkun' gesagt habe."[841]

---

[841] Gershom Scholem, „Die jüdische Mystik", Suhrkamp, Frankfurt/Main 1996, Seite 333

Epilog

Es wird, glaube ich, keinen Leser geben, den nach der Lektüre dieser Aufzeichnungen über das Wirken des geheimen Vatikans vom Sinai nicht die Angst überkommt, in einer Truggesellschaft zu leben, in der nichts, was wahr aussieht, auch wirklich wahr ist, da man niemals ganz die Hintergründe erfährt. Zugegeben, die "Geschichte neben der Geschichte" vermittelt vorderhand ein gewisses Gefühl der Ohnmacht. Aber diese unterirdische Welt ist trotz aller zur Schau getragenen Macht nicht unverwundbar; sie bezieht ihre Stärke eben sehr zentral durch ihr Geheimnis. In dieses hineinzuleuchten heißt, ihre Pläne tief durchkreuzen. Und deshalb hat ein Historiker seine Aufgabe eben nur dann ganz erfüllt, wenn er versucht hat, die verborgenen Triebkräfte der Ereignisse zu erkennen…

In diesem Sinne überlassen wir das eigentliche Schlußwort dem französischen Generalstabsoffizier Pierre Desgranges (Joseph Crozier) vom 2. Büro des Französischen Generalstabs, Sektion I, Geheimer Nachrichtendienst und Gegenspionage. In seinem Buch "In geheimer Mission beim Feinde"[842] schrieb er in den 20er Jahren bezüglich der Kriegsschuldfrage des 1. Weltkrieges:

"Der, der die Arbeit eines Historikers und nicht eines Polemikers leisten wollte, müßte sich über die Parteien und Nationen erheben und auf diesem Wege die verantwortlichen Urheber des Krieges suchen. Eine harte Arbeit, denn undurchsichtige Schleier verbergen diese Herrscher, die nur Gold und Schatten suchen - aber sie ist nicht unmöglich.

Dieser Mann hätte das Verdienst, nützliche Arbeit für den Frieden zu leisten, denn er hätte die Gefahr gezeigt, dem der Frieden durch die unmittelbarste und wirksamste Drohung ausgesetzt ist, und er hätte die Diskussionen und Streitigkeiten über eine besonders erregende Frage beigelegt.

Im Laufe der letzten Jahre konnten geübte Blicke bei allen großen Ereignissen den Einfluß der geheimen und namenlosen Geldmächte spüren, die hinter den Kulissen der Ersten Haager Konferenz mit dem Worte 'Unterausschuß der Abwesenden' bezeichnet wurden. Es waren die gleichen, die dem zusammenbrechenden Wilson Befehle für den Vertrag von Versailles erteilten, die gleichen, die das uneinnehmbare Bollwerk errichtet haben, an dem sich sogar Clemenceaus Energie gebrochen hat, die gleichen, die ihn schließlich dahin brachten, dem Marschall Foch gegenüber einzugestehen: 'Als Oberbefehlshaber der alliierten Armeen können Sie Befehle erteilen und deren Befolgung durchsetzen, ich kann es nicht.'

---

[842] Verlag Grethlein & Co., Leipzig/Zürich, 1930, S. 126 ff.

Man sieht nur die, die im Felde sind, und übersieht die Drahtzieher. Der Krieg für Recht und Freiheit ist eine hübsche Fabel wie jede Fabel über den Krieg."

Mit diesen Worten, die bereits eine Verbindung zu den beiden nachfolgenden Bänden herstellen (vgl. die Vorschau auf den folgenden Seiten), treten wir an die grundlegende Bedeutung dieses Werkes heran. Denn zweifelsohne sind die vorgestellten Erkenntnisse dazu angetan, die internationale Konfliktforschung auf ein tiefreichendes wie zugleich erweitertes Fundament zu stellen. Tatsächlich wurde die Veröffentlichung von „Israels Geheimvatikan" am Ende über alle Schwierigkeiten hinweg gerade deshalb durchgesetzt, um der Versöhnung zwischen den Völkern und damit dem Frieden zu dienen. Zwei Weltkriege, die im eigentlichen Sinne keine Sieger sondern nur überstaatliche Profiteure kannten, stehen als geschichtliche Mahnung vor der Kulturwelt. Möge sich die leidgeprüfte Menschheit das letzte noch ausstehende Gemetzel und die daraus resultierenden Folgen selbst ersparen.

Grafiken

Grafik 1   Organisatorischer Aufbau des Geheimvatikans

Grafik 2   Der Machtaufbau innerhalb des kabbalistischen Judentums

Grafik 3   Wesen und Wirken des Geheimvatikans und seiner Satelliten

Grafik 4   Konkurrenz unter den Überstaatlichen

Grafik 5   Zusatz

Grafik 6   Zeittafeln

Grafik 7   Die Deutschlandpolitik der führenden Mächte zwischen den Weltkriegen

Organisatorischer Aufbau des Geheimvatikans

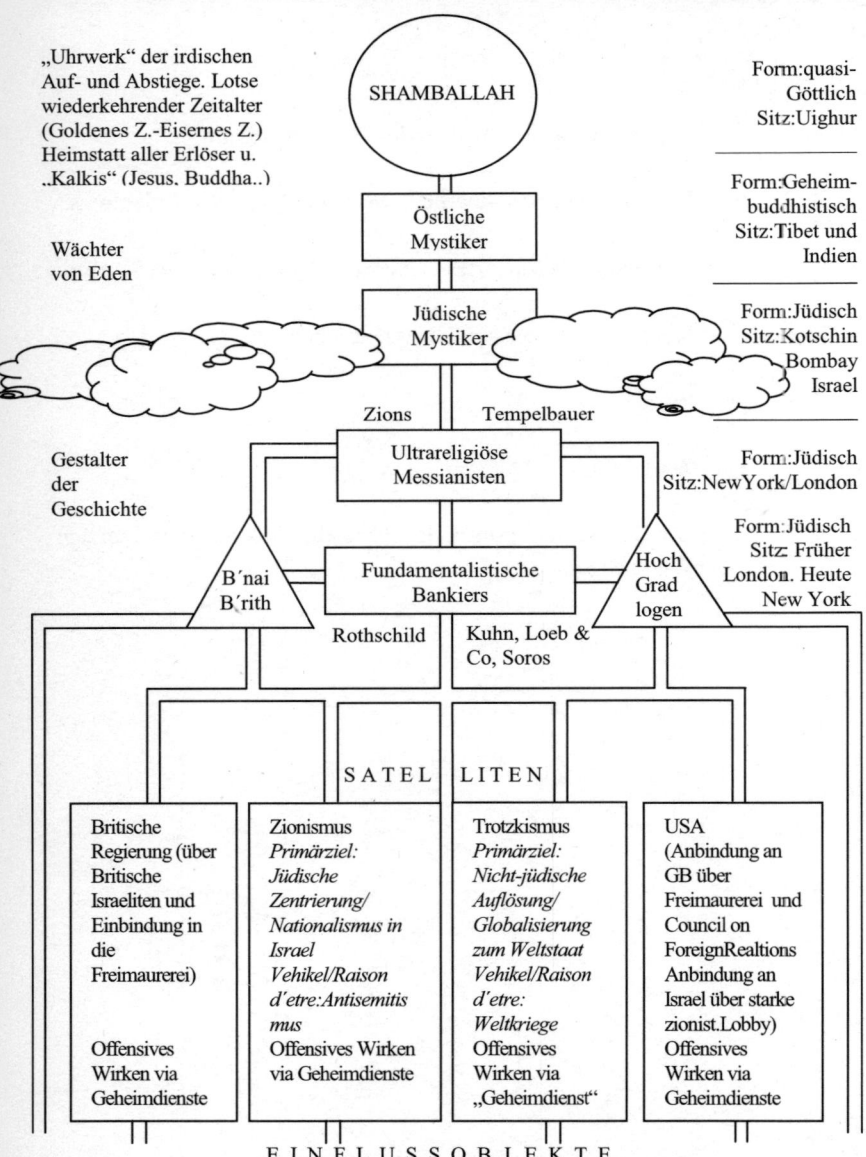

Der Machtaufbau innerhalb des kabbalistischen Judentums

Nach S. Ipares, „Geheime Weltmächte", Ludendorffs Verlag, München 1937, Seite 24f.

Wesen und Wirken des Geheim-

	Ethnisch-Organisator. Aufbau	Zentrale	Politisch vordergründiges Wesen	Biblisch hintergründige(s) Ziel(e)	Beteiligung am Ausbruch des 1.WK
Geheimvatikan Rein religiöse Ebene Vor Chr. Geb.	Rein Jüdisch	Jerusalem New York	Missionsarbeit im Judentum. Vorgeblich nicht politisch aktiv.	Theokratie des Judentums in einem von Jerusalem aus zentral regierten Weltstaat	Kabbalistisch deutbar. Sichtbar im Wirken seiner „Agenturen" *siehe folgend*
Großbritannien Paktpartei seit 1648 (Manasse ben Israel und Puritaner)	Nichtjüdisch/ Einbindung durch Freimaurerei	London	Vorgeblich rein britisch-national	Via „Britische Israeliten" u. Freimaurerei biblisch	Stark: Siehe z.B. Wirken Edwards VII.
Freimaurerei 1717 Gründung der ersten Großloge in GB	Formal nicht jüdisch/ Über Hochgrade, B'nai B'rith und Illuminati aber jüdisch geleitet/ Logenaufbau	London Paris	Vorgeblich nicht politisch aktiv. Präsentiert sich gern in Sachen Wohltätigkeit	Aufbruch national-unabhängiger Herrschaft. Begünstigung des Judentums. Letzlich siehe Geheimvatikan	Kriegsvorbereitungen in den Reihen der Alliierten. Todesurteil und Attentat gegen den österreich. Thronfolger.
Privatbanken-Imperium (Rothschild etc) ca. 1800	Stark jüdisch/ Leitende Köpfe meist Mitglieder in Logen	New York London	Kapitalist. Gewinnbildung. Vorgeblich nicht politisch aktiv	Wirtschaftliche Assistenz jüdischer Belange (u. a. Zionismus und russ. Revolution)	Bei Rothschild spürbar, bei Schiff/USA nachweisbar
Zionismus 1860/90	Rein jüdisch/ Beim biblischen Zionismus (Ginsburg) Logenaufbau	Wien-> Berlin-> London-> New York	Erwerb Israels als nationale Heimstätte (Nationalismus)	Erwerb Israels als Organisationszentrale des Geheimvatikans und späteres Weltzentrum (Biblischer Zionismus)	Spürbar in prophetischen Vorhersagen u. jüd. Kriegsvorbereitungen i.d. verschiedenen Ländern. Mosaischer Hintergrund von Gavril Princip
Trotzkismus ca. 1895 (Hess/Marx seit 1825)	Stark jüdisch/ Logenaufbau. Zusätzl.Wirken über kommunist. Parteien, die Komintern und neulinke „Volks-Parteien" (Doriot etc.)	London New York Moskau	Internationalismus u. Sozialismus. Daneben antichristlich bis hin zum Satanismus (dieser ist ebenfalls logenmäßig strukturiert)	Schaffung eines sozialistischen Weltstaates als Überbau - mittels Weltrevolution u. Anarchismus	Gavril Princip Trotzkist

Anmerkung und Ergänzung: Neben den dargestellten Satelliten gibt es noch einen weiteren Verbündeten des Geheimvatikans, der sich die Gleichschaltung des christlichen Denkens zur Aufgabe gemacht hat und der daher allein auf *religiöser* Plattform auftritt. Es ist dies das bereits im Puritanismus spürbare „Christentum des Geheimvatikans". Seine hauptsächlichen Vertreter sind heute neben den Zeugen Jehovahs vor allem biblisch-endzeitliche Kulte in den USA und die Internationale Messianisch- Jüdische Allianz. Allen gleich ist die

Vatikans und seiner Satelliten

Ziel-Umsetzung	Rückschläge und Umbrüche	Warum Unterstützung Hitlers	Form der Unterstützung	Rückschläge und Umbrüche	Ergebnis des 2. Weltkrieges
Eroberung Palästina für den Zionismus. Völkerbund. Weltrevolution. Russ. Umsturz. Biblisch	Nein, sie gelten (bis hin zu Krieg und Holocaust) als biblisch vorbestimmt Siehe Geheim-Vatikan	Bibeltreues Handeln Siehe Geheim-Vatikan	*Siehe folgend* Englische Politiker, Finanziers und Pressezaren.	Nein, da diese biblisch vorgeplant sind. Seit 1919 Machtverlust nach Zionismus-Kontroverse	Siehe *folgende* Ablösung Englands durch die Vereinigten Staaten
Siehe Geheim-Vatikan. Abschaffung der Monarchien durch von Zionisten und Trotzkisten begünstigte Erhebungen	Siehe Geheim-Vatikan und *folgende*. Scheinbar durch rechte Restauration in den 20er und 30er Jahren	Siehe Geheim-Vatikan u. *folgende*.	Schacht Jungkons. Herrenclub. Tatkreis. „Die Kommenden". Ermächtigungs-Gesetz. Appeasement.	Siehe Geheimvatikan und *folgende*.	Siehe *folgende*
Adressat der Balfour- Erklärung und Finanzier der Oktober-Revolution	Individueller Machtverlust. Via Warburg/ Soros jedoch Konstanz	Siehe Geheim-Vatikan u. *folgende*	Warburg Montagu Norman Schroeder als Finanziers	Keine	Siehe *folgende*
Unter-Druck-Setzung Britanniens führt 1917 zur Balfour-Deklaration	Nach Bruch des Palästina-Versprechens + rückläufiger Israel-Einwanderung (20er Jahre) politische Radikalisierung (->Jabotinski)	1. Antisemit. NS-Regierung begünstigt jüd. Auswanderung nach Zion/30er Jahre 2. Holocaust führt zur Aufwertung des zionistischen Israel-Anspruchs/ 40er Jahre	Insbesondere Finanziers (s. Banken) Außenpol. Absichern Hitlers durch Zuarbeit in Pol, GB u. Frankreich	Jabotinski-Ermordung (Sommer 1940)	Erwerb Israels und Aufbau des Staates als weltweite Organisations-Zentrale des Geheimvatikans
1.Popanz Krieg dient als Hebel für den Völkerbund. 2. Deutsche u. US-Juden lancieren Trotzkis Oktober-Revolution -> UdSSR	Kaltstellung des Trotzkismus und Macht-Übernahme Stalins. Ausweisung Trotzkis (1921-1929)	1. Hoffnung, daß ein dt-sowjet.Krieg zu Putsch(?), Weltkrieg(!) u. damit letztlich zur Weltrevolution führt. 2. Belastung des nichtjüdischen Nationalismus	Zuarbeit durch KomIntern u. Kreml- Finanziers/ Kooperation Heß-Trotzki/ Labour-Appeasement i. GB	Moskauer Partei-Verfahren. Ermordung Trotzkis im Sommer '40	Beschleunigte Globalisierung (UNO, Weltbank etc) Über NATO und EG zum Europäischen Zentralstaat.

Verbindung von Judentum und Christentum in einem Endprodukt, das in der abermaligen Erwartung eines Messias Jesus die einzigartige Erwählung Judas und Israels vor Gott bestehen läßt. Letztlich wird so der Gekreuzigte vor den Jahwitischen Karren gespannt und auf diesem Umweg das Christentum für die jüdische Messiaserwartung dienstbar gemacht. Seit Übernahme des römischen Vatikans durch den Polen Karol Wojtila beginnt dieser Geist auch in der katholischen Kirche Fuß zu fassen.

Konkurrenz unter den Überstaatlichen vor dem Hintergrund eingeweihter publizistisch-politischer Aufklärungszentralen

(*Organisationszugewandt. Gegen die Konkurrenz gerichtet.
**Organisationskritisch. Oft Renegaten
***Kritisch gegen innen und außen)

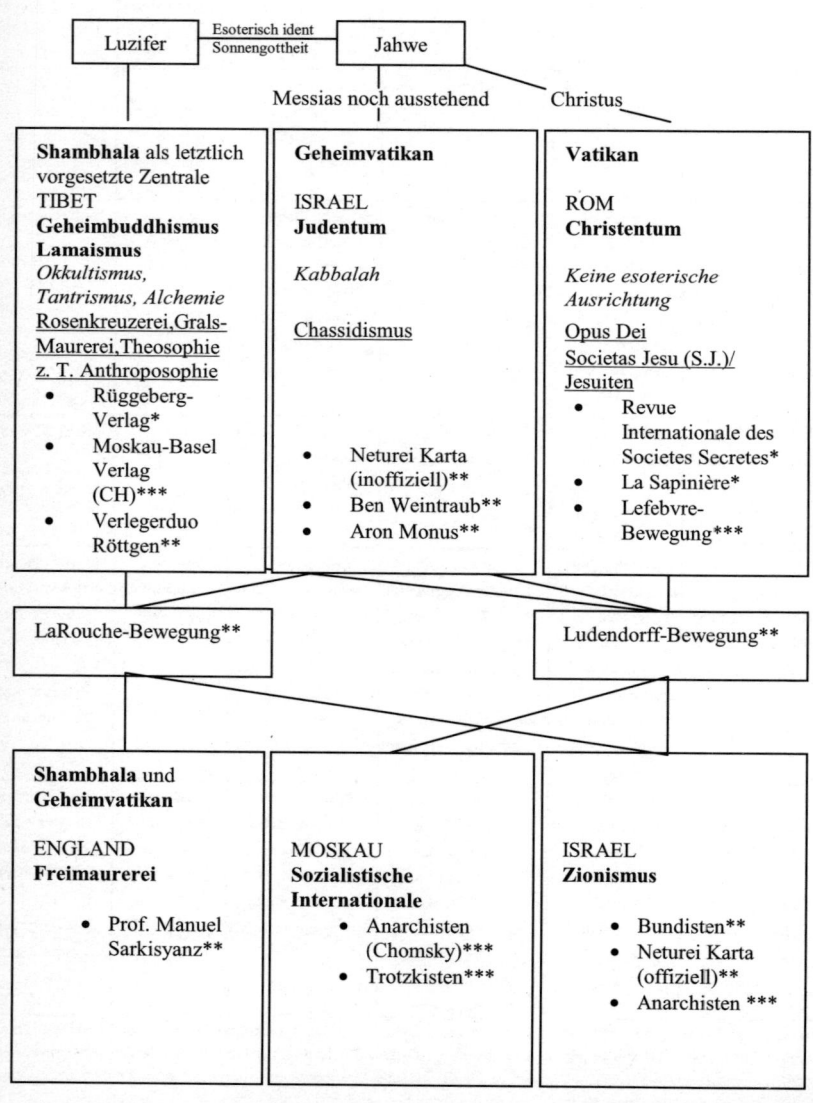

Zusatz:
Die Verschwörungstheorie, von „rechts" gesehen

Es ist wiederholt versucht worden, die Aufklärungsarbeit der **Ludendorff-Bewegung** dergestalt zu diskretitieren, daß man diese als Wasserträger der NSDAP bzw. Hitlers verleumdete. Sieht man von der Tatsache ab, daß sich Teile der Feindbilder formal deckten, hält dieser Vorwurf einer historischen Prüfung nicht stand. Richtig ist vielmehr, daß die Ludendorff-Bewegung seit Mitte der 20er Jahre in entschiedener Opposition zum Hitlerismus stand und dies in ihrer Arbeit politisch wie publizistisch immer wieder deutlich zum Ausdruck brachte. In diesem Zusammenhang standen Enthüllungen, die die Nazis in Kumpanei zu Vatikan, Freimaurerei, Zionismus und Okkultismus zeigten. Nach der Machtergreifung Hitlers mußte dieser Kampf naturgemäß vorsichtiger geführt werden. Trotzdem wurden Anhänger Ludendorffs in KZs verschleppt und die Bewegung des Generals als solche staatlicherseits reglementiert (wiederholte Publikationsverbote etc.)

Die Moskau- und Judenfeindliche Nationalsozialistische Bewegung hat gegen den Vatikan, den Geheimvatikan, den Zionismus und den Okkultismus nie wirklich gekämpft. Im Gegenteil kam es gerade mit diesen Machteliten immer wieder zu symbiotischer Zusammenarbeit. Während dabei im Fall der katholischen Kirche oder des jüdischen Nationalismus allein praktische Gesichtspunkte zum Schulterschluß geführt haben dürften, lassen sich für die **Tibet-Connection** seitens des Faschismus sogar ideologische Beweggründe ins Feld führen. Die Anfälligkeit von Hitler-Vorbild Richard Wagner für diesen Ideenkreis ist erst in jüngster Zeit Gegenstand literarischer Untersuchungen gewesen. Darüber hinaus weiß man um entsprechende Neigungen von NS-Urvater Dietrich Eckart bzw. der braunen Ideologen Haushofer, Rosenberg und Evola. Fakt ist ferner, daß große Teile der östlich-esoterischen Rechten eine Heimstatt **in der SS** suchten und fanden. Dies begann mit den List'schen Armanen der Jahrhundertwende und fand seine natürliche Fortsetzung mit Namen wie Karl Maria Wiligut, Schwartz-Bostunitsch, Ignatz Trebitsch-Lincoln, Otto Rahn, Kurt Eggers bis hin zu dem okkultgläubigen Heinrich Himmler selbst. Noch bis in unsere Tage hinein halten rechtsgewirkte Autoren wie Miguel Serrano, Richard Schepmann, Wilhelm Landig das zweifelhafte Erbe arisch-tantrischer Kultur hoch, ohne dabei auf staatliche Restriktionen zu stoßen.

Eine spezielle antibritische und probolschewistische Spielart des Tibetabenteuers vertrat mit **Graf Ernst zu Reventlow** einer der geistigen Köpfe der nichtchristlichen religiösen Bewegung. Nach dem Weltkrieg gehörte er der deutsch-völkischen Bewegung (seit 1924 als MdR), seit 1927 der NSDAP (seit 1928 als MdR) an. Er war und blieb ein Gegner Englands und befürwortete eine Verständigung mit der Sowjetunion. 1920 gründete Reventlow seine eigene Wochenschrift „Der Reichswart", in der er besonders für deutschen Sozialismus und religiöse Glaubensfreiheit eintrat. 1934 bis 1936 amtierte er als stellvertretender Leiter der „Deutschen Glaubensbewegung". Der Graf stellte die religiöse Frage im indoarischen Sinne (z. B. „Für Christen, Nichtchristen und Antichristen", 1928) und betonte die Skepsis gegenüber allen christlichen Begriffen. Für ihn – so seinerzeit „Meyers Lexikon" – wurzelte „die Religion in der über den Sinnenschein hinaus zum Eigentlichen strebenden Persönlichkeit mit der ständigen und unaufhebbaren schöpferischen Innenspannung ihres 'Dämons' (im goethischen Sinne)." Als vermeintlich „tibetischer" Gegner von Christentum, Judentum und Freimaurerei gehört Reventlow in die Reihe halbgebundener Aufklärungszentralen. Da er sich für Moskau und gegen London stellte, blieb ihm im III. Reich der Einfluß versagt.

Noch vehementer traf dieses Schicksal die Anhänger des ehemaligen Hitler-Intimus **Otto Strasser**: Diesen erklärten Gegner überstaatlicher Macht machte seine prosowjetische Gesinnung das Leben in der Partei schließlich unmöglich. So brach er mit der NSDAP und ging 1933 ins Exil. Ein Großteil der zurückgebliebenen Weggefährten – darunter viele in einflußreichen Staatspositionen – wurde ein Jahr darauf am Rande des „Röhmputsches" ermordet. Das in unserem Sinne aufklärerische Erbe Strassers wird noch heute von einigen national-/sozialrevolutionären Gruppierungen bzw. Individualisten (z. B. dem Schriftsteller Henecke Kardel) aufrechterhalten.

Zeittafel I

Zeitrechnung:

jüdisch	christlich	Geschehnis
5000	1240	Der „heilige Gral" gelangt im Süden Frankreichs in die Hände der Katharer. In Spanien (Gerona) und der Provence entwickelt sich die theoretische Kabbala.
	1492/ 1496	Vertreibung der Juden aus Spanien und Portugal durch Verfügung des jüdischstämmigen Großinquisitors Torquemeda.
	1517/ 1518	Palästina fällt an die osmanischen Türken
	1534	Gründung des Jesuitenordens unter jüdischer Führung
	1539	In Palästina (Safed) entwickelt sich die praktische Kabbala. Der Geheimvatikan wechselt von Gerona (Spanien) hierher und erneuert sich organisatorisch.
	1688	Wilhelm von Oranien putscht sich in England zur Macht: Eingeweiht in die Loge begründet er die Tadition, daß jeder englische Monarch zugleich säkulares Haupt der Weltfreimaurerei ist.
	1694	Aufbau der Bank von England
	1717	*Offizieller* Beginn der Freimaurerei. Erster Dachverband (Großloge) in London
	1773-1783	Amerikanische „Revolution"
	1776	Gründung des Illuminaten-Ordens. Unabhängigkeitserklärung der USA.
5550	1789	George Washington zum ersten Präsidenten der USA gewählt. Beginn der Französischen Revolution
5555	1794	Ende der Französischen Revolution
	1843'	Gründung des B'nai B'rith-Ordens. *Spätestens ab diesem Datum sind 25-50-75 und 100-Jahresschritte zu beachten*
	1864	1. Internationale in London gegründet./US-Präsident Lincoln am 14. April 1865 ermordet. Die französischen Schutztruppen verlassen den Kirchenstaat. Dieser wird bis auf Rom von carbonarischen Freischärlern besetzt. Die AIU erklärt den Beginn des messianischen Zeitalters
	1869-1871	Suezkanal eingeweiht. Staatliche Einigung in Deutschland und Italien. Fall Roms, das Italiens Hauptstadt wird. Logenurteil gegen Deutschland.
	1889	Dreikaiserjahr in Deutschland (1888). 2. Internationale in Paris gegründet.1890 Bismarck entlassen
	1897	1. Zionistenkongreß in Basel. Gründung der Russischen Sozialdemokratischen Partei am Rande der Gründung des „Jüdischen Arbeitsbundes".
5666	1906	Revolution in Rußland (1905/06). Labour-Party erstmals im Unterhaus
	1914	Ermordung des österreichischen Thronfolgers durch trotzkistische Freimaurer. Beginn des ersten Weltkrieges. Hauptverantwortlich zeichnen neben dem Geheimvatikan („Bedienung" der Prophetie) Zionisten (Israelprogramm), Trotzkisten (Rußlandprogramm), Freimaurer (Völkerbundprogramm) sowie staatlicherseits offene (GB, FRA, Rus) und versteckte Imperialismen (USA)
5677	1917	Februar- und Oktober-Revolution in Rußland. Gleichzeitig Balfour-Erklärung. Beginn des 100jährigen messianischen Countdowns
5678	1918	Kriegsende. Aufbau des Völkerbundes. Einrichtung einer Kriegskonferenz in Versailles.Damit erfüllt sich die letzte Vorkriegs-Prophezeiung des Zionistenführers Max Nordau („Leitersprossvoraussage").

Zeittafel II

Zeitrechnung:

jüdisch	Christlich	Geschehnis
	1918ff.	Der Geheimvatikan beginnt die Vorarbeiten zum 2. Weltkrieg. Konflikt des Zionismus mit England über der Palästinafrage und mit der Sowjetunion über die jüdische Emanzipation.
	1923	Erste Förderung des Faschismus durch die Satelliten des Geheimvatikans. Maßgeblich sind verschiedene, sich geradezu widersprechende Antriebe.
	1928ff.	Beginn der zweiten Förderung Hitlers durch die Satelliten des Geheimvatikans. Instrumentalisierung des römischen Vatikans.
	1929	Der von britischen und amerikanischen Bankerkreisen in Szene gesetzte US-Börsenzusammenbruch reißt die Weltwirtschaft in eine Talsohle. Massenarbeitslosigkeit in Deutschland.
	1930ff.	Außerparlamentarische Sonderdiplomatie Rosenbergs versichert England einen deutschen Rußlandfeldzug nach der Machtergreifung der Nationalsozialisten.
	1933	Machtergreifung Hitlers in Deutschland und Roosevelts in den USA. Pakt zwischen den USA und der UdSSR zur Teilung Europas. Auf der anderen Seite Bevorteilungspolitik seitens Englands und Frankreichs gegenüber Berlin. Der Sieg des Nationalsozialismus bedient aus jüdisch-kabbalistischer Sicht die „Cheble Moschiach", d.h. die nach der Weissagung dem Messias vorausgehenden Heimsuchungen.
	1937	Höhepunkt der Trotzkistenprozesse. Radeks Enthüllungen über die wahre Rolle der Freimaurerei, des Trotzkismus und des Zionismus hinter den Konflikten der Zeit. In Deutschland Verbot des B´nai B´rith und englandgerichteter Logen. Entmachtung der sowjetischen Armee durch einschneidende Säuberungen. Die UdSSR scheint auf Jahre wehrlos. Hitler beginnt unverzüglich den aktivistischen Teil seiner Großraumpolitik.
	1939	Beginn des zweiten Weltkrieges. Hauptverantwortlich zeichnen neben dem Geheimvatikan („Bedienung" der Prophetie) Zionisten (Blutzollpolitik), Trotzkisten (Weltrevolutionsprogramm), Freimaurer sowie offene (D) und versteckte Imperialismen (GB/SU/USA).
5700	1940	Schwenk des Zionismus. Ermordung Trotzkis, Jabotinskis und hoher britischer Appeasementpolitiker. Churchill wird englischer Premier.
	1941	Hitlers Stellvertreter Rudolf Heß fliegt zu Ausgleichsgesprächen nach England, wird aber festgenommen. Deutsche Kriegseröffnung gegen die Sowjetunion. Kriegseintritt der USA.
	1942-44	Holocaust als erster jüdischer Höhepunkt der Messiaswehen.
	1963	Ermordung von John F. Kennedy. Evidente Parallelen zum Fall „Lincoln" und „Sarajewo".
	1967	50. Jahrestag der Balfour-Deklaration und Scheitelpunkt der „letzten 100 Jahre vor Ankunft des Messias". Die israelische Armee besetzt nach chassidischen Forderungen im „6-Tage-Krieg" den Westen Jerusalems. Verstärkung des Parteienübergreifenden Messianismus in Israel.
	1989	„Edoms Untergang": Zusammenbruch der Sowjetunion.
	20??	3. Weltkrieg mit atomarem Schlußakkord in Nahost.
5777	2017	Geplante Ankunft des Messias.

Die Deutschlandpolitik der führenden Mächte zwischen den Weltkriegen

	USA	GROSS-BRITANNIEN	RUSSLAND/SU
-1914	Formal neutral	Kriegsvorbereitungen	Kriegsvorbereitungen
1914-1916	Formal neutral	Im Krieg. Klare Position gegen D	Im Krieg. Klare Position gegen D
1916	*Druckmittel zionistischer Politik. Wechselseitig parteiisch (D/GB)*	Im Krieg. Klare Position gegen D	*Druckmittel zionistischer Politik. Tendenz zu Ausgleich mit D.*
1917	*Trotz Kriegserklärung gegen D kein entschlossenes Eingreifen*	Im Krieg. Klare Position gegen D	*Engl.-zionistischer Putsch bringt wiederum klare Position gegen D*
1918	Im Krieg. Klare Position gegen D	Im Krieg. Klare Position gegen D	*Deutsch-jahwitischer Putsch bringt Frieden mit D*
1919-1928	*Deutschland ökonom. entlastende Anti-Versailles-Politik (z.T. anti englisch vom Zionismus inspiriert)*	*Deutschland nat.soz. imperialsisierende Anti-Versailles-Politik (gegen die Sowjetunion zielend)*	*D nationalkonservativ imperialisierende Rapallo-Politik (gegen den Westen + Polen zielend)*
1929-1933	Weltwirtschaftskrise führt zu Abwendung von europ. Belangen	*Zuarbeit für Hitler (gegen die Sowjetunion zielend)*	*Nach Wiederaufnahme von Beziehungen zum Logentum und zionistischem Ausgleich Zuarbeit für Hitler*
1933-1938	Isolationistische Politik, die innenpolitischen Belangen Vorzug gibt Aber: 1933 Schulterschluß mit SU	*Zuarbeit für Hitler. Entsprechende Beeinflussung von Polen und Frankreich (gegen die Sowjetunion zielend)*	*Zunächst ausgleichende, dann einkreisende Haltung*
1939-1940	*Treibt Polen in den Krieg und England/Frankreich zu Kriegsbeteiligung. Antideutsche Rüstung Dabei formal neutral.*	*Auf amerikanischen Druck hin rein formal betriebene anti- NS-Politik. De facto Fortdauer der Detente*	*Offene Bündnispolitik Dadurch 4. Teilung Polens und innenpolitische Schwächung Frankreichs im Westfeldzug*
1941-	*Nach deutschem Angriff auf SU offen zum Krieg gegen D treibend*	*Nach deutschem Angriff auf SU „verrealisierter" Krieg gegen D*	Im Krieg. Klare Position gegen D

Die Buchreihe **„Israels Geheimvatikan"** umfaßt drei in sich abgeschlossene Bände.

Band 2

Teil A: Der Zionismus – „Dirigent" des ersten Weltkrieges

Der Zionismus auf dem Weg zum radikalen Fundamentalismus: Der Kampf um das britische Uganda-Angebot * Die Suche Herzls nach einem Ausgleich in Rußland * Ultrareligiöse Widersacher Herzls * Das Attentat auf Nordau * Das gewaltsame Ende von Herzl und Plehwe * Gegen die Integration: Die „Protokolle der Weisen von Zion", eine zionistische Fälschung? * Der Russisch-Japanische-Krieg und die Revolution durch Trotzki und Parvus * Zionistischer Terror * Weizmann verwirft das Uganda-Programm

Die überstaatlichen Mächte - Zünglein an der Waage: Italiens sonderbarer Weg in den Krieg * Unruhen in Deutschland und Großbrittannien * Der Kriegseintritt Rumäniens

Das Geheimnis der Balfour-Erklärung: Der Zionismus tritt auf den Plan * Ein russischer Separat-Frieden als Trumpf im Spiel mit England * Der Schacher um Palästina * Wie der Zionismus mit England handelseinig wurde

Wie der Zionismus die USA in den Krieg brachte: Präsident Wilsons freimaurerische Verbindungen * Wilsons zionistische Hintermänner * Die Instrumentalisierung eines „Bad Boy" * Die Organisierung der Juden Amerikas * Der Geheimvatikan treibt Amerika in den Krieg * Der jüdisch-nationale Presse-Feldzug in Amerika * Greuellügen * Der Druck des Zionismus auf einen blauäugigen Präsidenten

Der überstaatliche Frühjahrsputsch in Rußland: Berlin und Moskau vor einem Sonderfrieden * Die Finanzierung der russischen Februar-Revolution durch Jakob Schiff * Die Loge als Erfüllungsgehilfe * Freimaurerische Putschpläne * Englische Verwicklungen * Eine freimaurerische Regierung und die gewaltsame Zaren-Demission * Jahwes Wille geschehe * Wilsons Kriegserklärung an Deutschland

Auf dem Weg zur Balfour-Deklaration: Der Entschluß zum Marsch auf Jerusalem * Abschluß der Verhandlungen * Die Balfour-Erklärung * Kabbala, Prophetie, Freimaurerei * Der jahwitisch-freimaurerische Völkerbund

„Dolchstoß" - *Der deutsche Zusammenbruch:* Freimaurerische Pläne für das Reich * B´nai B´rith * Die zersetzende Wirkung des deutschen Kommunismus * „Deutsche Patrioten" mit zwei Gesichtern * Knapp vor dem Sieg - Die deutsche Westoffensive * Trotzkis Finanztransaktionen * „Wir haben... ihre Dienste gezahlt". Geld und Lügen von den Westalliierten * Friedensschalmeien als Waffe *

Einmal mehr zionistische Komplizen * Die Folge: Deutschland eine hohle Hülle * Die Novemberrevolution * Zeugnisse von den Wirkkräften der deutschen Niederlage

Der betrogene Betrüger - Geheimvatikan vs. Zionismus. Zionismus vs. England: Vertagung der Israelgründung - der Geheimvatikan läutet die Vorphase des 2. Weltkriegs ein * London „vergißt" sein Balfour-Versprechen * Der Kampf der jüdischen Nationalstaatsbewegung gegen England * Britische Niederlagen in aller Welt – Trotzkis Kommunistische Internationale als verlängerter Arm des Zionismus

Teil B: Brennpunkt Sowjetunion

Bolschewismus - Zionismus – Freimaurerei: Der Grand Orient und die russische Linke * Der jüdische Anteil in der Opposition * Der Trotzkismus und die Vorbereitung des Weltkrieges: Der Grand Orient, Serbien und die russischen Emigranten in Frankreich * Princip und Ciganovic in Paris * Princip - Freimaurer und Trotzkist * Der Geheimvatikan und die Absetzung des Zaren * Br. Kerenski-Statthalter der Macht * Trotzkis gekaufte Oktober- „Revolution" * Der Trotzkismus als Erfüllungsgehilfe des Zionismus * Der Zionismus im Gegensatz zum Leninstaat * Kampf gegen den Frieden von Brest-Litowsk und Bürgerkrieg

Deutschland als Jokerkarte im Pokerspiel der Überstaatlichen: Der Kapp-Putsch - Berlin als Bundesgenosse oder Bremsklotz der polnischen Bedrohung * Der Vertrag von Rapallo * Der Mord an Rathenau und die Absetzung Lloyd Georges

Zionismus, Trotzkismus und England gegen Moskau - Die antisowjetische Mission des Faschismus: Die sowjetische Assimilierungspolitik als Grund zionistischer Pro-Hitler-Politik * Trotzkis Weltrevolution als Grund britischer Pro-Hitler-Politik * Die Thronanwärterschaft des nationalrussischen Stalinismus als Grund trotzkistischer Pro-Hitler-Politik * Der Rechtsschwenk der deutschen Freimaurerei * Lenins Kampf gegen den Trotzkismus und die Freimaurerei * „Das Geheimnis des Krieges" * Lenins Ermordung

ISBN 3-935845-02-2

Band 3

Teil A: Überstaatliche Einflußnahmen auf Faschismus und Krieg

Profiteure des Todes: Der zweite Weltkrieg und seine Nutznießer * Israel: Antisemitismus für das Besiedelungsprogramm * Deutschlands Rechte im Blickfeld des Zionismus * England: Feldzug Barbarossa für die Rettung des Empire * Deutschlands Rechte im Blickfeld Englands * Deterding, Shell und der Gedanke eines Ostkrieges * Von Hoffmann zu Hitler * Sowjetunion: Weltkrieg, Weltrevolution und der Untergang Europas - Stalins Motive zur Förderung Hitlers * Moskaus Übereinkunft mit England und der Freimaurerei * Die Ausweisung Trotzkis

Die Machtergreifung des Faschismus in Deutschland (1929-1933): Versailles * Versklavung auf Generationen? Der Young-Plan * Der Aufstieg des Nationalsozialismus * Der New Yorker Börsenkrach * Im Zentrum des Geheimvatikans: Kuhn Loeb & Co. Die Wallstreet als Finanzier Hitlers * Englische Zeitungslords - Trommler für Hitler * Die englischen Missionen des Thule-Bruders Rosenberg * Die sowjetisch-kommunistische Allianz mit der NSDAP * Trotzkismus und „Barbarossa", Weltkrieg und Weltrevolution. Sowjetische Unterstützer. Komintern und deutsche Linke * Deutschlands Rechte im Blickfeld des Trotzkismus * Hitlers freimaurerische Trumpfkarte Hjalmar Schacht * Der Herrenklub – Konservative Steigbügelhalter Hitlers * Von Schacht zu Norman zu Schröder

Anfänge der NS – Außenpolitik (Mitte 1933): Kampf gegen Sowjetrußland als einziger Inhalt * Die Einweisung der Reichswehr in das Offensivprogramm der NSDAP * Der 4-Mächte-Pakt

Der amerikanisch-russische Ausgleich (Ende 1933): Doppelspiel: Die Freimaurerei als Garant der Sowjetunion * Kriegsentscheid 1933: Der Zukunftspakt zwischen der USA und Sowjetrußland

Hitlers Polenpakt (1934): Die Ostfrage und Polen * Polens Interesse an einem Ost-Feldzug * Der Pakt des Zionsfreundes Pilsudski mit Hitlerdeutschland

Stalin erledigt den Trotzkismus – Der trojanische Krieg findet nicht statt (1934-1937): Der Trotzkismus als Bündnispartner * Die Kriegsvorbereitungen des APA und ihres Chefs Rosenberg * Der Mord an Kirow * Die antitrotzkistische Prozeßlawine * Br. Radek und die Doppelstrategie der politischen Maurerei * Das illuminierte Bündnis zwischen Frankreich und Rußland * Ein Geheimnis für zwei Weltkriege, eine Waffe dagegen * Die Kriegserwartungen Trotzkis und Rothschilds

Hitlers unblutige Siege (1937-1939): Albrecht Haushofer: Der Geheimdiplomat Adolf Hitlers * Einverständnis statt Beschwichtigung: Appeasement als deutschenglisches Geheimbündnis * Hitlers englische Steigbügelhalter 2. Teil * Frankreich: Desinteresse und trotzkistische Volksfront * Österreich und Tschechien - Aufrüstung durch Annexion

Wende durch die USA (1939): München. Die Reichskristallnacht. Roosevelts Einflußnahme auf Polen und England. Stalin auf Rakowski-Kurs

Scheinkrieg in Europa (1939-1940): Der europäische Konflikt * Ein „Scheinkrieg" als Fortsetzung des Appeasement? * Die „Falle" des Geheimvatikans * Massensterben deutscher Paktpartner: Jabotinski, Trotzki, und britische Imperialisten * Die verspätete Englandflug des Hitler-Stellvertreters Rudolf Hess

Das Ende (1941/1942): Der kalkulierte Weg in den Weltkrieg * Roosevelts Pazifische Hintertür zum Krieg * Unconditional Surrender und zionistische Vernichtungspläne gegen Deutschland (Kaufman, Nitzer...) * Die Reaktion Hitlers

Teil B: Überstaatliche Einflußnahmen auf Antisemitismus und Holocaust

Zionismus und Holocaust (1942-1944) : Der geförderte Holocaust, der Geheimvatikan und das Kommen des Messias * Die Nähe von deutschem und jüdischem Extremnationalismus * Die unmittelbaren Folgen der Machtergreifung * Sowjetische Erkenntnisse * Gemeinsame Politik zwischen Nazis und Zionisten * Heydrichs Berufung * Eichmann und die Haganah * Von der Flucht aus Deutschland zur Judaisierung Palästina * „Nur Israel": Das gefährliche Wirken des Zionismus * Kriminelle Blindheit, Thora-treue oder Politische Berechnung? * Schlußakkord: Die biblische „Opferung" - der Holocaust * „Nicht Wille zur Rettung sondern Wille zur Ausnutzung" * Kabbalismus besser verstehen

Die Staatswerdung Israels (1945-): Europa und die Gründung des Staates Israel: Mc Carthy- und SU-Antisemitismus * Israels Zionisten und die Weltherrschaft * Der letzte Prozeß: Zionisten und der Mord an Lenin. Der Mord an Stalin * Der zionistische Ungarn-Aufstand

Zeichen der (End-) Zeit: Vereinigten Staaten von Europa * Der Zusammenbruch der Sowjetunion

Teil C: Die Verschwörung am Ende der Tage

Der Kampf um Babylon/Irak: Saddam Hussein, der Liebling des Westens * Israel will den „Präventivschlag" * Die Propaganda und der „neue" Irak * Washington bringt die „freie Welt" auf Linie * Kuwait - Hintertür in den Krieg * Grünes Licht vom US-Außenministerium * Die torpedierte Jidda-Konferenz und der Beginn des Krieges * Krisensichernde Maßnahmen * Wie Jahwe seine Diener vor Saddams Scud-Angriff warnte

Von kommenden Dingen: Der „gottbefohlene" Mord an Itzhak Rabin * Der Bibel-Code und der geplante dritte Weltkrieg * Die „Weissagungen" der letzten Tage - die Bedrängniswehen *   Gläubige Stellvertreter Jahwes oder: Wer führt die Führungsmächte? * Gog-Rußland, der Gegenspieler * Kriegsszenarien zwischen Rußland und Nahost * Konflikte und nationale Selbstaufgabe. Vom Weltkrieg zum Weltstaat * Die Jerusalemer Weltregierung in der biblischen Prophetie * „Ein Volk, ein Reich, ein Führer" - Die totalitäre Konstanz des „Tausendjährigen Reiches"

Die Bundeslade und die Ankunft des jüdischen Messias: Die Enthüllung des Grals * Das Mysterium des Sirius * Technik, Technao: Absichtliche Irreführung der modernen Wissenschaft durch die Feuertechniker * Die Atlanter und der Äther. * Der Weg des Gral * Der Wiederaufstieg der Menschheit vom Himalaja * Mission oder Diebstahl Israels? * Eine Ufo-Sichtung in der Bibel? * Geheimhaltungspolitik als Versklavungsprogramm * Die Templer-Mission * Geheime Anfangsjahre und archäologische Grabungen * Der „Heilige Gral" der Troubadoure * Aufstieg. Verschwörung? Zerschlagung! Das Schicksal der Templer * Der Baphomet. Weisheit * Die vermeintliche Zerschlagung des Templer-Ordens * Flucht nach Schottland * Die Fortsetzung der Konspiration * Metaphysik contra Physik: Helene P. Blavatsky * Bulwer-Lytton, Rudolf Steiner, Vril-Gesellschaft * Die Umsetzung des Gral in Deutschland: Swastika, Hess, Himmler et al.   * Ufos unterm Hakenkreuz * Dr. Ing. Fritz Todt und die deutsche Atombombe * Ahnenerbe, Waffen-SS, Skoda und die Tschechen * Die Ufos und Israel * Ins Herz des Geheimvatikans: Die Tempel-Bauer * Das Jahr 2016 (5777) Die Ankunft des jüdischen Messias in einem UFO

Nachträge zur Förderung Hitlers durch den Okkultismus: Geheimbuddhismus-Lamaismus-Faschismus: Tibet als überstaatlicher Machtfaktor * Führer oder Geführter? Hitlers Noviziat * Die Rolle des Einflußagenten Trebitsch-Lincoln * Die Ludendorffbewegung zum Thema Hitler und der Okkultismus" * Die Katastrophe, die keine war...

ISBN 3-935845-03-0